三聯學術文庫

古代北京與西方文明

歐陽哲生 ／ 著

出版說明

　　上世紀八十年代以來的中文學術出版，從以譯介西方學術和思想精華為主，逐漸發展至開掘本土學術資源與引進世界級學術成果並重。在過去三十年間，學科體系漸趨完備，中文原創學術作品與論述體系已成規模，學術出版也因此而獲得源源不斷的知識資源。

　　三聯書店素負有「傳播新銳思想、弘揚中國文化」的使命，自三十餘年前便開始出版不少學術系列叢書，如「近代中國學術名著叢書」、「三聯精選・學術系列」、「西方文化叢書」等。當時的出版風格已相當超前，不拘囿於學科界限，為我們今天的學術出版打下了堅實的基礎。在中西文化交匯、多元學術價值並存的今日之香港，傳承和發揚這一獨特的出版傳統，並使之在與外部世界的對話中迸發出新的火花，是我們的使命，更是夙願。

　　「三聯學術文庫」正是為發揚這一傳統而新設立的開放、多元、自由的學術出版平台。文庫收入人文與社會科學領域的海內外中青年學者以中文寫作、富有學術創見的原創專著，每年分輯推出。作品需交由學術專家評審通過，並符合學術規範，方可入選。文庫以嚴格的標準接納多元思維，尤其強調作品能夠體現新視角、新見解或是新的研究方法。

　　學術研究對於世界的意義，從來不限於在經濟、社會及文化上提供量化的價值。儘管世界在急遽變化，思想卻愈需要空間去沉澱。學

術研究是複雜且糾結、漫長且孤獨的過程，我們願一如既往，鼓勵和襄助海內外優秀學者，將他們歷經多年思考與積澱的論述，以樸實而典雅的形式，凝聚為充實而有光輝的著作，呈現於讀者面前，真正實現以學術出版引領社會思潮。我們期待海內外學人不吝賜稿、充實文庫，在當代學術史上劃下光亮的軌跡。

三聯書店（香港）有限公司編輯部

目錄

導　論

北京作為元、明、清三朝古都，是中國政治、經濟、文化、軍事的中心，在中西關係特別是中西文化交流史上，她扮演著極其重要的角色，其歷史地位堪與漢、唐長安媲美。從元代以來，西方的旅行家、傳教士、外交使節和商人源源不斷地走向北京，他們將自己親身經歷的「北京經驗」（The Beijing Experience）以筆記、日記、書信、回憶錄等各種文體記錄下來，帶回到自己的故土，成為西方世界介紹北京、想像北京的經典素材，構成西方「北京形象」的源泉。從這些西方人士的「北京經驗」中，我們可以窺見西方人士近千年中國觀的演變過程 —— 從極為傾慕，到逐步滲透。通過解析這一過程，我們將看到中西關係演變的一個側面 —— 西方視野裡的北京形象。

一、選擇「古代北京與西方文明」課題的緣由

確定以「古代北京與西方文明」作為自己的研究課題，是由文獻的、歷史的、學術的、現實的和個人的多重因素合力促成。

從文獻材料看，元代以降，西方人士源源不斷地走向北京，或遊歷，或傳教，或經商，或奉使，北京是西方人士進入中國後的首要目的地，北京的城市文化、風土人情、建築園林也成為他們考察、記錄的主要對象。圍繞這座文明古城和享譽世界的大都市，來京的西方人士撰寫了數量眾多的不同體裁的紀實作品，包括日記、書信、遊記、回憶錄、考察報告、旅行札記、社會調查、繪畫作品，它們具有紀實、寫實的性質，這類作品可謂西方人士親歷北京的歷史記錄，亦是西方人士留存的「北京經驗」或「北京記憶」的歷史文獻。這些不同體裁的作品值得特別提到的有：反映元大都盛景的《馬可波羅行紀》、《鄂多立克東遊錄》；反映晚明北京風情的意大利耶穌會士《利瑪竇中國札記》及其書信、俄羅斯伊萬・佩特林使團《關於中國、喇嘛國和其他國土、遊牧地區

與兀魯思以及大鄂畢河和其他河流、道路等情況之報告》；反映清初改朝換代後北京狀況的有葡萄牙傳教士安文思（P. Gabriel de Magalhaens）著《中國新史》、荷蘭使團管事約翰·尼霍夫（Johan Nieuhof）著《荷使初訪中國記》、俄羅斯使團《費·伊·巴伊科夫條陳文本對比》、斯帕法里（Nikolai Spafary）《中國介紹》；反映康熙前期京師風貌的有法國耶穌會士李明（Louis Le Comte）著《中國近事報道》、白晉（Joachim Bouvet）著《康熙傳》、《張誠日記》、荷蘭伊茲勃蘭特·伊台斯與德國亞當·勃蘭德合著《俄國使團使華筆記》；反映 18 世紀北京風俗政情的有法國傳教士漢學名著《耶穌會士中國書簡集》、《中華帝國全志》、《中國叢刊》；反映 18 世紀末乾隆接待英國馬戛爾尼使團的紀實作品有《馬戛爾尼勳爵私人日誌》、巴羅（John Barrow）著《中國行紀》、斯當東（George Thomas Staunton）著《英使謁見乾隆紀實》和隨團畫家亞歷山大的大量畫作。1997 年牛津大學出版社出版由新西蘭駐華大使克里斯·埃爾德（Chris Elder）編纂的《老北京：世界統治者之城》，該書搜集了從 1300 年至 1993 年七百年間出版的 142 種有關北京的英文書籍（部分作品為英譯著作），從中摘選了 400 多處精彩片斷，按十六個專題，分門別類，編選成書，濃縮了西方人士對北京的評價和印象。該書被列為「中國城市舊聞叢書」首卷出版，足見西方人士對北京歷史文化的濃厚興趣和強烈愛好。[1] 據我個人不完整的統計，迄今僅使用英、法、德、俄、葡、荷等歐美語種寫作的以北京為題材或研究對象的著作，至少在五百種以上，這是值得我們重視的一筆學術、文化資源，其所蘊含的豐富的歷史文獻價值和學術研究價值，理應為我們所重視和取鑒。

從歷史地位看，北京是繼長安之後中國歷史上又一中外文化交流

1　Chris Elder edited, *Old Peking: City of the Ruler of the World* (Hong Kong: Oxford University Press, 1997).

的中心。長安作為漢唐時期的中國政治、經濟、文化中心，是公元前 2 世紀到公元 9 世紀這一時段內中外文化交流的中心，她對溝通中原與西域、中亞、印度、波斯等地的文化交流產生了關鍵的作用。北京作為元、明、清三朝古都，是這一時期中國政治、經濟、文化、軍事的中心，也是同期中外文化交流的中心。在中國古代歷史上，長安（西安）、北京有如前後並峙、交互輝映的雙子星座，北京在中外文化交流史上的重要地位由此可見一斑。

相對於北京這一歷史地位而言，我們現今對北京與外來文化之間關係的研究，顯得相對薄弱。對北京與中西文化交流更是缺乏有深度的研究。

當然，之所以選擇這一研究課題，與我個人的研究興趣亦有很大關係。在京二十餘年，從最初的嚮往，到長年浸泡在北京文化所產生的陶醉，對這座城市的感情可謂與日俱增，因而對這座城市也產生了從學術上探究的興趣。平時閒逛書店，留意搜購北京歷史的研究專著和古籍文獻。出國訪學，也著意尋訪收集西方有關北京學的文獻材料、研究著作，日積月累，這方面的材料逐漸增多。以自己長期從事研究中國近現代史的工作感受，以為中西關係是近代以來最為關鍵、最為複雜、最難處理的一對關係。把握好這一關係，對中國的發展、對中華民族的偉大復興可以說極為重要。因此，產生了研究中西關係史，特別是中西文化交流史的興趣。而以「古代北京與西方文明」作為切入點，具有天時（時代的急迫需要）、地利（身處北京的地緣）、人和（京城近年國際漢學研究的熱烈氣氛）的優勢，可謂是再合適不過。另外，北京大學本身具有研究中外文化交流史與北京學的學術傳統。前輩學者如向達先生的《唐代長安與西域文明》即為研究長安與西域關係的經典之作。季羨林先生以研究中印文化交流史與敦煌學見長，在地域上實為以漢唐長安與外來文明的關係為中心。周一良先生在 1980 年代組織北京大學相

關專業教師，撰寫了《中外文化交流史》（河南人民出版社，1987 年），再次確認了北大在這一領域的領先地位。侯仁之先生在英國利物浦大學留學時即撰寫以北京為題材的博士論文《北平歷史地理》，[2] 從此將其身心投入北京歷史地理的研究，他是大家所仰慕的北京歷史地理研究的宗師。他們的長處是具有國際視野，他們的研究從一開始就建立在廣闊的國際視野基礎之上，因為他們的研究成就，國際學術界才對中國在這些領域的學術研究表現出應有的尊重。我從事古代北京與西方文明這一課題研究，實際上是傳承北大老一輩學者開創的這一學術傳統。這多重因素的結合將我引入「古代北京與西方文明」這一課題中來，這項課題實際上是我多重興趣點的結合與貫通。

二、關鍵概念的梳理：古代北京、西方

本課題的研究涉及兩個關鍵概念，這裡有必要先作一梳理和釐清：一、古代北京；二、西方。

北京建城之始約為周朝初年。《史記‧燕召公世家》稱：「周武王之滅紂，封召公於北燕。」從考古發掘的遺址看，在北京的房山琉璃河董家林發現了大面積的燕國古城遺址，東西長約 850 米，南北寬約 600 米，城牆厚約 4 米，用土夯築而成。城牆分主城牆、內附牆和護坡三部分。城垣外有溝池環繞，頗具規模。這可能是燕國的都邑所在。迄今已有 3000 多年。[3] 侯仁之先生對燕薊歷史有經典說明：

2　Ren-Zhi Hou, *An Historical Geography of Peiping*, Ph. D Dissertation (Liverpool: University of Liverpool, 1949). 中譯本有侯仁之著，鄧輝、申雨平、毛怡譯：《北平歷史地理》，北京：外語教學與研究出版社 2014 年版。

3　參見朱祖希：《北京城演進的軌跡》，北京：光明日報出版社 2004 年版，第 24 頁。

春秋時期，燕併薊，移治薊城。薊城核心部位在今宣武區，地近華北大平原北端，係中原與塞上來往交通之樞紐。

薊之得名源於薊丘。北魏酈道元《水經注》有記曰：「今城西北隅有薊丘，因丘以名邑也，猶魯之曲阜、齊之營丘矣。」證以同書所記薊城之河湖水系，其中心位置宜在今宣武區廣安門內外。

薊城四界，初見於《太平寰宇記》所引《郡國志》，其書不晚於唐代，所記薊城「南北九里，東西七里」，呈長方形，有可資考證者，即其西南兩城牆外，為今蓮花河故道所經；其東牆內有唐憫忠寺，即今法源寺。[4]

另據《史記·周本紀·正義》載：「薊、燕二國俱武王立，因燕山、薊丘為名，其地足自立國。薊微燕盛，乃并薊居之，薊名遂絕焉。」1995年北京市宣武區人民政府在今廣安門北濱河公園內修建了一座「薊城紀念柱」。其上篆書：「北京城區肇始於斯地，其時惟周，其名為薊。」並由北京大學教授、著名歷史地理學家侯仁之先生題寫了碑文 ——「北京建城記」。

公元前 221 年，秦始皇統一中國後，初設三十六郡，薊城為廣陽郡的治所。兩漢時期，燕地或設燕國、廣陽國，或仍稱廣陽郡，其治所都在薊城。魏晉時期，廣陽郡屬魏國；西晉薊城初為燕王封地，後隸屬幽州治所。五胡十六國時期，薊城成為後燕的都城。北魏統一北方後，燕郡隸屬幽州，州、郡治所俱在薊城。隋重新統一中國後，初廢燕郡存幽州，大業初年改幽州為涿郡，均治薊城。唐代隋後，改涿郡為幽州，仍治薊城（或名幽州城）。可以説，迄至唐末，薊城是北方重鎮，是漢

4　侯仁之：《北京建城記》，收入氏著：《北京城的生命印記》，北京：生活·讀書·新知三聯書店 2009 年版，第 492 頁。

族與北方少數民族交集的重要地區。

契丹政權建立後，後唐節度使石敬瑭曾以稱臣、割讓十六州給契丹。遼國建立後，在幽州建立陪都，因地處其所轄疆域南部，故稱為南京（又稱燕京）。金滅遼後，金海陵王遷都燕京，模仿汴京建造宮闕，「廣燕京城」，並以之為中都。北京正式成為皇都。

忽必烈建立元朝後，派人來燕京勘察，經過周密規劃，決定放棄燕城舊址，改在其東北方以金朝瓊華島離宮為中心興建新都。1267 年開始大規模興建新城工程，1276 年皇城的主體建築基本竣工。1283 年皇室、衙署、商舖相繼遷入大都。元大都是中國政治中心，也是中外文化交流的中心。伴隨蒙元的征服步伐走向歐洲、西亞、北非，大都的盛名遠播亞、歐、非。元大都可謂當時世界上最輝煌、最雄壯、最繁華的城市。西人稱之為「汗八里」，意為大汗之城，表現了其對該城的極度稱羨之情。

明朝建立之初，定都南京，將大都府改為「北平府」，在此設地方行政機構——北平布政司。1399 年燕王朱棣起兵，攻下南京，1403 年升北平為北京，改北平府為順天府。北京再次成為全國政治、經濟、文化中心。1644 年，明亡清興，清承明制，定都北京。

古代北京經歷了從一個地方性的重鎮，到北方的主要城市，再到全國性的政治中心，直至聞名世界的大都市的發展過程。在其成長的過程中，各族人民對北京做出了貢獻。北京是中華民族凝聚力的象徵，是博大精深、豐富多彩的中華文化的體現。

「西方」在中國歷史地理學上是一個含混而不確定的名稱，它與歷史上的中西交通密切相聯，這一名稱經歷了一個漫長的變遷、演變過程。要理解中國人的「西方」觀念，首先要從追溯中國歷史上與這個概念相聯的兩個地域名稱說起，即漢唐時期的「西域」和宋元明時期的「西洋」。探討歷史上從「西域」、「西洋」到「西方」的名稱轉換過程，

可以看出中國人的西方觀念之變遷。

中原通西域始自漢武帝建元二年（前 139 年）張騫出使西域。司馬遷所作《史記‧大宛列傳》詳記張騫出使事跡，文中出現了「西域」一詞：「是歲漢遣驃騎破匈奴西域數萬人，至祁連山。」在《史記‧衛將軍驃騎列傳》有「匈奴西域王」之稱，也使用了該詞。可見，「西域」之名在漢武帝時期已使用，其所指並不明確，將「匈奴西域」並聯在一起，說明西域為匈奴之地或匈奴統轄之區域。

對「西域」一名的範圍明確做出界定的是《漢書‧西域傳》，稱：「西域以孝武時始通，本三十六國，其後稍分至五十餘，皆在匈奴之西，烏孫之南。南北有大山，中央有河，東西六千餘里，南北千餘里。東則接漢，阨以玉門、陽關，西則限以蔥嶺。」余太山先生認為：「這一關於『西域』的定義可能形成於西漢開展西域經營之前，亦即上述地區被匈奴統治的時期。據《漢書‧匈奴傳上》，前 176 年（文帝前元四年）冒頓單于遺漢書中提到匈奴征服了『樓蘭、烏孫、呼揭及其旁二十六國』。這『二十六國』顯然是『三十六國』之誤。也就是說，由於冒頓發動的戰爭，『三十六國』成了匈奴的勢力範圍。正是這一範圍，被匈奴稱為『西域』。」[5] 余氏這一看法，與我上述對《史記‧大宛列傳》中的「匈奴西域」一詞解析相一致。即西域最早是指匈奴統治的區域，但西域之名是否為匈奴所命名，還是漢人之稱呼，仍有待考證，從語義上說，「西域」初義應指西部化外之域，這應是漢人對西部的指稱。

《漢書‧西域傳》實際所涉範圍要較此更大，該傳述及當時的中西交通：「自玉門、陽關出西域有兩道：從鄯善傍南山北，波河西行至莎車，為南道；南道西踰蔥嶺則出大月氏、安息。自車師前王廷（今吐魯番）隨北山，波河西行至疏勒（今喀什），為北道。北道西踰蔥嶺則出

5　余太山：《兩漢魏晉南北朝正史西域傳要注》，北京：中華書局 2005 年版，第 60 頁。

大宛、康居、奄蔡（今黑海、鹹海間）焉。」這就是當時西域的範圍。現今論者一般認為，「『西域』有廣狹二義。廣義的『西域』，泛指玉門關、陽關以西的廣大地區。狹義的『西域』主要指塔里木盆地及其周圍地區。」[6]《漢書·西域傳》實際介紹的是廣義的「西域」。

隨著中西交通範圍的拓展，東漢的「西域」範圍也隨之增大，由於東羅馬帝國與東漢通使，歐洲開始進入中國的文獻記載。《後漢書·西域傳》稱：「西域內屬諸國，東西六千餘里，南北千餘里，東極玉門、陽關，西至蔥嶺。其東、北與匈奴、烏孫相接。南北有大山，中央有河。其南山東出金城，與漢南山屬焉。」所載範圍還包括大秦（東羅馬帝國）、天竺（印度）等國，可見當時「西域」範圍之廣，遠超《漢書·西域傳》。「具體而言，將意大利半島和地中海東岸、北岸和南岸也包括在內了。這是兩漢魏晉南北朝正史『西域傳』所描述的『西域』中範圍最大的，以後各史『西域傳』實際描述的範圍再也沒有越出此傳。」[7]當時中原與西域交通的情形與西漢相比似無大改，具體情形為：「自敦煌西出玉門、陽關，涉鄯善，北通伊吾千餘里，自伊吾北通車師前部高昌壁千二百里，自高昌壁北通後部金滿城五百里。此其西域之門戶也，故戊己校尉更互屯焉。」而西域通中亞、印度、地中海諸國的交通情形：「自鄯善踰蔥領出西諸國，有兩道。傍南山北，陂河西行至莎車，為南道。南道西踰蔥領，則出大月氏、安息之國也。自車師前王庭隨北山，陂河西行至疏勒，為北道。北道西踰蔥領，出大宛、康居、奄蔡焉。」（《後漢書》卷八十八《西域傳》）這些路線實際上就是當時的絲綢之路，故西域也是與絲綢之路緊密相聯的一個歷史地理概念。

有關魏晉南北朝至唐朝的正史著作，如《魏書》、《南史》、《北

6　同上，第 60 頁。

7　同上，第 258 頁。

史》、《新唐書》均設《西域傳》，多取西域之廣義。而《魏略》、《晉書》、《梁書》及後來的《舊唐書》則設《西戎傳》，其所述範圍涵蓋此前的西域。唐朝與西域的交通較此前更為發達，中原與西域的關係自然更為密切。其中《舊唐書·西戎傳》中「拂菻」一條記「大秦」之事曰：「拂菻國一名大秦，在西海之上，東南與波斯接。地方萬餘里，列城四百，邑居連屬。」（《舊唐書》卷一九八《西戎傳·拂菻》）《新唐書·西域傳》記「拂菻」一條曰：「拂菻，古大秦也，居西海上，一曰海西國。去京師四萬里，在苫西，北直突厥可薩部，西瀕海，有遲散城，東南接波斯。」（《新唐書》卷二二一《西域傳·拂菻》）顯然，隨著中國與中亞、西亞、歐洲的交通日益增多，中國對這一帶地區諸國情形的了解越來越清晰。

　　與西域相聯的一個名稱是「西天」。印度古稱「天竺」，古代中國通稱印度為「西天」。其名來源可能有二：一是唐代佛教信徒玄奘前往「天竺」取經，俗稱「西天取經」，這是就地理上而言，意指比西域更為遙遠的西方。二是在佛教用語中，「西天」意為極樂淨上、極樂世界。唐代皇甫曾《錫杖歌送明楚上人歸佛川》詩曰：「上人遠自西天至，頭陀行遍南朝寺。」宋代晁沖之《以承宴墨贈僧法一》詩中有「王侯舊物人今得，更寫西天貝葉書」之語。可見，唐宋時期「西天」一詞已經流行。

　　《宋史》未再列《西域傳》，而在卷四百九十列傳第二百四十九《外國六》之下列「天竺」、「于闐」、「高昌」、「回鶻」、「大食」、「層檀」、「龜茲」、「沙州」、「拂菻」諸條。可見宋朝失去了對西域的控制。《元史》亦未再設《西域傳》，甚至《外國傳》，只是在卷六十《志第十二·地理三》有「甘肅等處行中書省」涉及原轄西域之地區的介紹，這可能是因元朝所轄之區域空前之廣大，所謂「西域」和「外國」大多在其控制或相關汗國的統治區域內。《明史》在卷三百二十九至卷

三百三十二設《西域傳》，其所涉範圍大致只是狹義上的「西域」了。而在《西域傳》之前設有《外國傳》，顯示出明朝與西域微妙而複雜的關係，既不同於「外國」，又與內地有別，但「西域」作為中西交通的特殊區域或必經之地已失去原有的意義和價值。

「西洋」這一名稱的出現相對較晚。如果説，「西域」一詞與中西陸路交通緊密相聯，那麼，「西洋」的名稱則是伴隨中西海路交通興起的產物。從「西域」到「西洋」，實為中西交通由陸路轉向海路的飛躍。

「西洋」的名稱可能最早見於五代。據劉迎勝先生考證，《西山雜誌》記載，泉州蒲氏家族成員蒲有良至五代時「之占城，司西洋轉運使」，宋末其族人蒲甲又「司占城西洋之轉運使」。這裡的「西洋」大體上指今馬來半島和印尼蘇門答臘周圍海域。[8] 開封為宋代猶太人居住集中之地，開封猶太寺院中曾存四通碑文，其中《重建清真寺記》刻於明弘治二年（1489），文稱：「噫！教道相傳，授受有自來矣。出自天竺，奉命而來，有李、俺、艾、高、穆、趙、金、周、張、石、黃、李、聶、金、張、左、白七十姓等，進貢西洋布於宋，帝曰：『歸我中夏，遵守祖風，留遺汴梁。』」[9] 此處「進貢西洋布於宋」一語説明宋代已使用「西洋」一詞。元代劉敏中所著《中庵集》之《不阿里神道碑》提到不阿里的遠祖從西域的「哈剌哈底」徙居「西洋」，此處「西洋」意指印度東南海岸的馬八爾國。元代汪大淵的《島夷志略》十餘處使用「西洋」一詞，如「西洋絲布」、「出於西洋之第三港」、「後西洋人」、「舶往西洋」、「舶泛西洋者」、「用西洋絲布」、「舶往西洋」、「國居西洋

---

8 劉迎勝：〈「東洋」與「西洋」的由來〉，收入南京鄭和研究會編：《走向海洋的中國人》，北京：海潮出版社 1996 年版，第 128 頁。

9 〈重建清真寺記〉，收入李景文、張禮剛、劉百陸、趙光貴編校：《古代開封猶太人：中文文獻輯要與研究》，北京：人民出版社 2011 年版，第 21 頁。

之後」、「至西洋或百日之外」、「亦西洋諸番之馬頭也」、「界西洋之中峰」、「西洋亦有路通」等，[10] 足見元代「西洋」一詞流布之廣。周達觀的《真臘風土記》述及真臘國「服飾」時，稱「往往以來自西洋者為上」。[11] 周致中的《異域志》在「虎六母思」、「西洋國」、「黑暗國」條下三次提到「西洋國」或「西洋」。[12]

萬明女士對「西洋」一詞在元、明兩代的演變作了梳理。她認為：「將『西洋』作為一個區域來整體看待，並將這種稱謂固定下來，被人們廣泛地接受、採納和統一應用，經歷了一個歷史過程，這一過程的開端是在元代，而它的完成是在明初下西洋的時代。」她將明代「西洋」一詞的演變分為兩個階段：洪武年間到永樂年間，《明太祖實錄》洪武三年（1370）出現有「西洋瑣里」的國名。《明太宗實錄》永樂元年（1402）有「西洋剌泥回回哈隻馬哈沒奇剌泥等來朝，貢方物」。隨著鄭和下西洋，馬歡述「往西洋諸番」，費信「歷覽西洋諸番之國」，而鞏珍所著書名《西洋番國志》則將下西洋所到國家和地區，包括占城、爪哇、舊港乃至榜葛拉國、忽魯謨斯國、天方國，均列入西洋諸番國，從而擴展了「西洋」的範圍。[13] 記錄鄭和下西洋的著作有馬歡的《瀛涯勝覽》（1451）、費信的《星槎勝覽》（1436）、鞏珍的《西洋番國志》（1434）、黃省曾的《西洋朝貢典錄》（1520）。其中《西洋番國志》所載西洋二十番國為：占城、爪哇、舊港、暹羅、滿剌加、啞嚕、蘇門答剌、那孤兒、黎代、南浡里、錫蘭、小葛蘭、柯枝、古里、溜山、祖法

10　參見（元）汪大淵著、蘇繼廎校釋：《島夷志略校釋》，北京：中華書局 2000 年版，第 133、178、187、214、218、240、264、280、318、325、339、352 頁。

11　（元）周達觀著、夏鼐校注：《真臘風土記校注》，北京：中華書局 2000 年版，第 76 頁。

12　（元）周致中著、陸峻嶺校注：《異域志》，北京：中華書局 2000 年版，第 23、30 頁。

13　萬明：〈從「西域」到「西洋」──鄭和遠航與人類文明史的重大轉折〉，載《河北學刊》2005 年第 1 期，第 168-170 頁。

兒、阿丹、榜葛剌、忽魯謨斯、天方。[14]《西洋朝貢典錄》對《西洋番國志》的錯誤有所修正，所載西洋諸國增至二十三個：占城、真臘、爪哇、三佛齊、滿剌加、浡泥、蘇祿、彭亨、琉球、暹羅、阿魯、蘇門答臘、南浡里、溜山、錫蘭山、榜葛剌、小葛蘭、柯枝、古里、祖法兒、忽魯謨斯、阿丹、天方。[15] 這可以說是歐人來華前中國人的「西洋」範圍。張燮所著《東西洋考》（1617 年刻印）所載「西洋列國」只有交阯、占城、暹羅、下港、柬埔寨、大泥、舊港、麻六甲、啞齊、彭亨、柔佛、丁機宜、思吉港、文郎馬神、遲悶。範圍較《西洋番國志》、《西洋朝貢典錄》所述略小。[16] 「西洋」一詞廣泛運用於明代社會，出現了廣、狹兩義。狹義包括鄭和所到的今天的東南亞、印度洋至波斯灣、北非紅海一帶；廣義「是一個象徵整合意義的西洋，有了引伸海外諸國、外國之義」。[17] 也有學者根據《東西洋考》卷九《舟師考》中的「西洋針路」、「東洋針路」之說，提出西洋與東洋最初並非地理之概念，而是航線概念，沿南海以東航行所經諸地為東洋，沿南海以西航線航行所經各處為西洋。[18] 此說可備一說。

不過，明代雖使用「西洋」之名，其所指範圍並非限宇歐洲，甚至不含歐洲，而是指東南亞、西亞、東非或印度洋周圍國家。鄭和下

---

14 參見（明）鞏珍著、向達校注：《西洋番國志》，北京：中華書局 2000 年版。

15 參見（明）黃省曾著、謝方校注：《西洋朝貢典錄校注》，北京：中華書局 2000 年版。

16 參見張燮著、謝方點校：《東西洋考》，北京：中華書局 2000 年版。

17 萬明：〈從「西域」到「西洋」── 鄭和遠航與人類文明史的重大轉折〉，載《河北學刊》2005 年第 1 期，第 170 頁。有關「西洋」概念的探討，還可參見洪建新：〈鄭和航海前後東、西洋地域概念考〉，收入《鄭和下西洋論文集》第 1 集，北京：人民交通出版社 1985 年版，第 207-221 頁。沈福偉：〈鄭和時代的東西洋考〉，收入《鄭和下西洋論文集》第 2 集，南京大學出版社 1985 年版，第 218-235 頁。陳佳榮：〈鄭和航行時期的東西洋〉，收入《走向海洋的中國人》，北京：海潮出版社 1996 年版，第 136-147 頁。

18 參見劉迎勝：《海路與陸路 ── 中古時代東西交流研究》，北京大學出版社 2011 年版，第 17 頁。

西洋中的「西洋」即是指其所經這些地區。接近近代地理概念的「西方」是伴隨歐洲傳教士東來而出現的一個地域名詞。據黃時鑒先生查閱所獲，利瑪竇（Matthieu Ricci）《畸人十篇》中有述：「沙辣丁者，西方七十國之總王也」、「佛氏竊聞吾西方天堂地獄之說」。此處「西方」指歐洲無疑。自稱「耶穌教學子」的李應試在其《刻〈兩儀全覽圖〉》短文中六次使用「西方」一詞，都是指歐洲而言。其文末句是「西方人西泰先生及其耶穌會士，吾友人也」。[19] 對歐洲地理最早作系統介紹的是意大利籍耶穌會士艾儒略（P. Jules Aleni）的《職方外紀》，該書卷二介紹了歐洲諸國及其地理。[20] 首次正式使用「西方」一詞，且明確直指歐洲者可能是艾儒略的另一部不太為人們所提及的小冊子 ——《西方答問》，此書開宗明義謂：「敝地總名為歐邏巴，在中國最西，故謂之太西、遠西、極西。以海而名，則又謂之大西洋，距中國計程九萬里云。」該書將世界分為五大洲：亞細亞、歐邏巴、利未亞（即非洲）、亞墨利加（即美洲）、墨瓦臘尼加（即大洋洲）。「自此最西一州，名歐邏巴，亦分多國，各自一統。敝邦在其東南，所謂意大利亞是也。此州去貴邦最遠，古未相通，故不載耳。」[21] 該著分上、下卷，上卷分國土、路程、海舶、海險、海賊、海奇、登岸、土產、製造、國王、官職、服飾、風俗、五倫、法度、謁饋、交易、飲食、醫藥、性情、濟院、宮室、城池兵備、婚配、守貞、葬禮、喪服、送葬、祭祖，下卷分地圖、曆法、交蝕、星宿、年月、歲首、年號、西土諸節。其中在「路程」一

---

19 參見黃時鑒：〈「西方」何時指稱歐洲？〉，收入氏著《黃時鑒文集》III，上海：中西書局 2011 年版，第 125 頁。

20 參見〔意〕艾儒略原著、謝方校釋：《職方外紀校釋》，北京：中華書局 2000 年版，第 67-104 頁。

21 黃興濤、王國榮編：《明清之際西學文本：50 種重要文獻滙編》第二冊，北京：中華書局 2013 年版，第 736 頁。

節介紹了自歐洲來華的航行路線和時間。在「登岸」一節對歐洲與「回回」、天主教與「天竺浮屠」（印度佛教）作了區別。「問：貴邦到敝邦，從何省登岸？曰：極西海舶，不到貴國，只到小西洋而回。西客在小西換舟，到廣東香山邊，予輩亦乘客舟而至。」「問：有西方人從陝西進，三年一貢。亦有傳道之僧從四川、雲南而來者，不知與貴邦同否？曰：來自秦中皆回回之類，此與中國相連地，與敝邦相懸絕也。來自四川、雲南者，天竺浮屠之類，與天主聖教又懸絕也。」[22]

　　隨後由耶穌會士利類思（P. Louis Buglio）、安文思、南懷仁（P. Ferdinand Verbiest）編寫的《西方要紀》，實為《西方答問》的增刪本。[23]該書開首即稱：「西洋總名為歐羅巴，在中國最西，故謂之大西。以海而名，則又謂之大西洋。距中國計程九萬里云。」由於該書出自利類思、安文思、南懷仁三位傳教士之手，故對西方之介紹帶有相當正面的色彩。如「風俗」一節：「西洋風俗，道不拾遺。偶或有遺，得之者則懸垣壁，以便原主復取。」如「法度」一節：「西洋雖以德養民，亦有囹圄刑罰以懲已犯罪而儆未犯者，但不用箠楚耳。定罪必依國法，不敢參以私意。若不依法者，罪反歸於有司矣。」如「性情」一節：「尚直重信，不敢用詐欺人，以愛人如己為道，有無相濟。又尚志，難於忍辱。交處多情義，一國中少有不得其所者，即他邦之人至，尤不敢慢，更加禮焉。」如「教法」一節：「西方諸國奉教之後，千六百年，大安

22　黃興濤、王國榮編：《明清之際西學文本：50 種重要文獻滙編》第二冊，北京：中華書局 2013 年版，第 740 頁。有關對艾儒略《西方答問》的研究，參見 John L. Mish, "Creating an Image of Europe for China: Aleni's Hsi-fang Ta-wen Introduction, Translation, and Notes," *Monumenta Serica*, (1964) *Journal of Oriental Studies* Vol.XXIII, pp.1-87（《華裔學志》23 卷，1964 年，第 1-87 頁）。

23　同上，第 829-838 頁。

長治，人心風俗和善相安，家給人足，不爭不奪，各樂其業。」**24** 由此可見，「西方」作為一個地理名稱明確指稱歐羅巴洲，是由明末清初耶穌會士艾儒略撰著的《西方答問》和利類思、安文思、南懷仁編寫的《西方要紀》兩書確定下來的。有趣的是，張潮在將該書收入《昭代叢書》時，為該書作《跋》稱：「西洋之可傳者有三：一曰機器，一曰曆法，一曰天文。三者亦有時相為表裡。今觀《西方要紀》所載，亦可得其大凡。然必與其國人之能文者相與往復問難，庶足以廣見聞而資博識也。」將西洋可資學習者定格在「機器」、「曆法」、「天文」三項，顯示張潮對西學的了解尚較為膚淺和片面，也反映了時人對西方認識的局限，但與近代洋務運動「中體西用」的思想主張聯繫起來，它又不失為學習西方的先聲。

與「西方」一詞同時採用並廣為流行的指稱「歐羅巴」的同義詞還有「泰西」、「太西」、「極西」、「遠西」。耶穌會士熊三拔（P. Sabbathin de Ursis）撰說、徐光啟筆記、李之藻訂正的《泰西水法》（1612年初刻）和耶穌會士鄧玉函（P. Jean Terrenz ou Terentio）譯述、畢拱辰潤定的《泰西人身說概》（1643年刻）兩書的書名即採用了「泰西」這一名詞。此詞一直到晚清仍然沿用，如晚清介紹西方的重要典籍，徐繼畬所著《瀛寰志略》，魏源編撰的《海國圖志》、英國傳教士李提摩太（Timothy Richard）口譯、蔡爾康筆錄的《泰西新史攬要》、德國傳教士花之安（Ernst Faber）撰寫的《自西徂東》等書，即採用了「泰西」一名指稱歐洲。「極西」、「遠西」常見於各種介紹西方學術書籍的作者署名前，如《修身西學》、《齊家西學》兩書作者署名為「極西高一志撰」，《超性學要》作者署名為「極西耶穌會士利類思譯義」，《四末真論》作者署名為「遠西耶穌會士柏應理撰」，《西方答問》作者署名為

---

24 同上，第 834-837 頁。

「遠西艾儒略撰」。

　　「西洋」、「西海」兩詞繼續沿用，但其義由原來的泛指東南亞、西亞、東非一帶，逐漸轉向專指歐洲，這也許最能反映明末以後中西交通的實際。《四庫全書》收入南懷仁撰寫的《坤輿圖說》，卷前介紹：「懷仁西洋人，康熙中官欽天監監正。是書上卷，自坤輿至人物，分十五條，皆言地之所生。下卷載海外諸國道里、山川、民風、物產，分為五大州，而終之以西洋七奇圖說。」[25] 這裡的「西洋」係指稱歐洲。「西海」則常見於來華西人撰譯的各種書籍署名中，如 1614 年初刻於北京的《七克》，作者署名「西海耶穌會士龐迪我撰述」。1623 年在杭州成書的《性學觕述》，署名「西海後學艾儒略著」。艾儒略所撰《職方外紀》卷二《歐邏巴總說》開首曰：「天下第二大州名曰歐邏巴。其地南起地中海，北極出地三十五度。北至冰海，出地八十餘度，南北相距四十五度，徑一萬一千二百五十里。西起西海福島初度，東至阿比河九十二度，徑二萬三千里。共七十餘國。」[26] 這裡的「西海」即為大西洋。當時，人們對「洋」與「海」之區別並不甚在意或了解，故「西洋」與「西海」混用是常見的事。

　　與「西方」相聯的還有一些詞，如「西學」、「西儒」、「西醫」、「西曆」、「西國」等，幾乎同時出現在介紹西方學術、醫學、曆法、地理的書籍裡。最早使用「西學」一詞的可能是意大利耶穌會士艾儒略的《西學凡》（1623 年初刻）。該書開首即稱：「極西諸國，總名歐邏巴者，隔於中華九萬里。文字語言經傳書集，自有本國聖賢所紀。其科目考取雖國各有法，小異大同，要之盡於六科。一為文科，謂之勒鐸理加；一為理科，謂之斐錄所費亞；一為醫科，謂之默第濟納；一為法科，謂之

25　收入黃興濤、王國榮編：《明清之際西學文本：50 種重要文獻滙編》第四冊，第 1732 頁。
26　艾儒略原著、謝方校釋：《職方外紀校釋》，第 67 頁。

勒義斯；一為教科，謂之加諾搦斯；一為道科，謂之陡錄日亞。」[27] 第一次在中文世界系統介紹了西學及其門類。比利時耶穌會士金尼閣（P. Nicolas Trigault）撰述的《西儒耳目資》（1626 年刻）較早使用了「西儒」一詞。以「西學」命名刊刻、篇幅量較大的書籍當推意大利耶穌會士高一志（P. Alphonse Vagnoni）編撰的《修身西學》、《齊家西學》、《治平西學》三書。作為與中學相別的「西學」在明末的少數士大夫中開始傳播。

晚清以降，西方對中國的影響漸次擴大到軍事、經濟、政治、文化諸方面，地理範圍也由歐洲擴展到美洲、澳洲。「西方」成為基督教文化圈的代名，並被賦予地理以外其他方面的內涵。第二次世界大戰以後，世界出現所謂東西方冷戰，這裡的「西方」則是指以美國為首的資本主義陣營（包括亞洲的日本、大洋洲的澳大利亞、新西蘭），它是一個意識形態共同體的指稱，以蘇聯為首的東歐社會主義國家被排除在「西方」以外。冷戰結束以後，雖然蘇聯解體，取而代之的俄羅斯不為西方或歐共體所接受，俄羅斯仍是與西方並立的另一極，所謂「西方」當然也不包括俄羅斯和其他與俄羅斯關係密切的獨聯體國家。

從歷史上看，古代西方文明主要是指古代希臘、古代羅馬所涵蓋的區域，它與東方文明國家（包括地處近東、中東、遠東的四大文明古國，即埃及、巴比倫、印度、中國）相對應，主要是一個地理概念。在近現代，隨著西方國家意識形態色彩的加重，西方學者就認為：「西方文明首先可以近似定義為法治國家、民主、精神自由、理性批判、科學和以私有制為基礎的自由經濟。」[28] 它顯然帶有排斥非「西方」文化或

27　收入黃興濤、王國榮編：《明清之際西學文本：50 種重要文獻滙編》第一冊，第 233 頁。

28　〔法〕菲利普‧尼摩著、閻雪梅譯：《什麼是西方》，桂林：廣西師範大學出版社 2009 年版，第 2-3 頁。

文明的意味。在這種背景下，當西方學者使用「西方」這一名稱時，就不僅是一個地理指稱，可能還帶有某種程度的文化優越感，它與「西方中心主義」有著某種關聯。有的西方學者區分了「舊西方」與「新西方」兩個概念：「舊西方大約從凱撒開始，一直持續到法國大革命。舊西方是指一種歐洲文化秩序：它在哲學上以柏拉圖為主導，在宗教上以希伯來聖經的倫理一神教為主導，在法律和社會組織上則以古羅馬遺產為主導。拉丁基督教會是它的中心，也是它最持久的機構。現代批判性思維的興起和啟蒙運動深深地影響了舊西方，接著在 19 世紀，舊西方進入知識和工業快速發展的時期。」「新西方」是指從 20 世紀 50 年代開始由美國領導的西方，「新西方是某種類似於人類頂峰的事物，因為它是以第一批得到徹底解放的人的出現為標誌。這些人知道，他們自己是他們的世界觀、知識體系、技術和價值的唯一創造者。他們的世界完全是屬人的世俗的世界。他們的政治是自由民主的政治，他們的經濟秩序是『社會市場』或『國家主導的資本主義』，他們的倫理首先是人道主義」。「在藝術和個性方面，西方人特別羅曼蒂克，他們堅持把他們自己看做是自己生活的創造者。他們熱愛『時尚』，表現自我。每個人都想成為他自己，用自己的『生活方式』安排生活。」[29] 按照這種區分，古代北京實際對應的是「舊西方」。第二次世界大戰以後，中國才真正面臨同以美國為首的「新西方」打交道。

　　梳理中國人的「西方」觀念，從漢唐時期的「西域」到宋元明時期的「西洋」，最後到明末清初以後出現的「西方」、「泰西」，可以看出中國人的「西方」觀之演變是與中西交通密切相聯的一個概念，中西

29　Don Cupitt, *The Meaning of the West: An Apologia for Secular Christianity* (London: SCM Press, 2008), pp.1-2. 中譯文參見〔英〕唐·庫巴特著，王志成、靈海譯：《西方的意義》，成都：四川人民出版社 2012 年版，第 2-3 頁。

交通伸向哪裡,「西方」的意涵就指向哪裡,「西方」可以說是一個流動不居的歷史地理概念。「西方」這一名稱往往表現的是一種異域、異種情調,即為華夏文明之外的化外之域或非我族類的文化,從文明程度來看,「西方」文明經歷了一個從異域文明到強勢文明的演變過程,在這一演進過程中,它既受到了中國文化的排拒,又常常通過交流、融會,為華夏文明所吸收。近代歐美的崛起,亦即「西方」的崛起,與華夏文明形成新的對峙,也是中國最重要的參照系。作為新興的強勢文明,西方在與大清帝國的軍事對決中勝出,其在宗教、科技、軍事、經濟、政治、法律方面的優勢地位因此確立。在西方文明的強大衝擊下,中國傳統的價值體系和社會 — 文明結構逐漸解體,中華民族以其頑強的生命力和深厚的文化底蘊,謀求建設一種適合自我生存的新文明,中國在與西方的衝突、交流、融合中開始艱難的社會轉型和步入現代化的歷程。

北京與歐洲發生關係是在元朝以降,故我們這裡討論的古代北京與西方文明的關係,實際上是元、明、清三朝北京與西方的交往。北京與歐洲的來往除俄羅斯循陸路來京外,其他歐洲國家來京主要是走海路,由西向東,在泉州、廣州、澳門等地登陸,然後北上。由於北京是元、明、清三朝的政治、經濟、文化中心,西方來京人士日益增多,中西文化交流遂在北京的對外交流中份量加重,晚清以後實際成為中外文化交流的主體內容。

三、國內有關古代北京與西方關係的研究成果概述

探討北京與西方文明關係的論著可從直接論述與相關論述兩方面來把握。直接論述是指以探討北京與西方文明關係為主題的論著,這方面的論著多以研究西方傳教士在北京的活動為主,如余三樂的《早期西方傳教士與北京》(北京:北京出版社,2001 年)、《中西文化交流

的歷史見證 —— 明末清初北京天主教堂》（廣州：廣東人民出版社，2006年）兩書，前書圍繞「17-18世紀的北京 —— 中西文化交流的中心」這一論點展開論述，對這一時期較為重要的來京西方傳教士，如利瑪竇、鄧玉函、羅雅谷（Jacques Rho）、龍華民（Nicolas Longobardi）、湯若望（Jean Adam Schall von Bell）、利類思、安文思、南懷仁、安多（Antoine Thomas）、白晉、張誠（Jean-François Gerbillon）、巴多明（Dominique Parrenin）、宋君榮（Père Antoine Gaubil）、龐嘉賓（Gaspard Kastner）、紀理安（Bernard-Kilian Stumpf）、戴進賢（Ignace Kögler）、劉松齡（August Allerstein）、徐日昇（Thomas Pereira）一一作了介紹，對傳教士所涉歷史的幾個亮點，如傳教士與欽天監、傳教士與中俄《尼布楚條約》的簽訂、傳教士與《皇輿全覽圖》、傳教士與中學西傳等問題作了重點討論，對傳教士在京的兩處墓地 —— 柵欄、正福寺墓地的歷史變遷也作了介紹，堪稱第一部系統討論西方傳教士與北京關係的中文論著。後書則主要以17、18世紀天主教在京的南堂、東堂、北堂的歷史演變為討論對象，內容較前書更為深入、細化。其中對清代文人學士們所寫的與中西文化交流史相關的詩文收集，對南懷仁在清初擔任清朝與俄羅斯談判的翻譯工作所做的細緻爬梳，都可見作者的獨到功力。

北京天主教墓地是明清中西文化交流的重要歷史遺跡，學界對這些歷史遺跡非常關注，其中圍繞柵欄墓地的圖冊有林華、余三樂、鍾志勇、高智瑜編《歷史遺痕 —— 利瑪竇及明清西方傳教士墓地》（北京：中國人民大學出版社，1994年），高智瑜、馬愛德（Edward Malatesta）主編《雖逝猶存 —— 柵欄：北京最古老的天主教墓地》（澳門特別行政區政府文化局、美國舊金山大學利瑪竇研究所，2001年），北京行政學院編《青石存史 ——「利瑪竇與外國傳教士墓地」的四百年滄桑》（北京：北京出版社，2011年）。這些書籍圖文並茂，保留了大量柵欄墓地和石刻的珍貴歷史照片。明曉艷、魏揚波主編《歷史遺踪 —— 正福寺

天主教墓地》（北京：文物出版社，2007 年）敘述了在京法國耶穌會、遣使會的歷史演變，對正福寺墓地、墓碑拓片錄文作了詳細註釋。吳夢麟、熊鷹著《北京地區基督教史跡研究》（北京：文物出版社，2010 年）從文物發掘的視角，對北京地區基督教史跡專門做了研究，內容涉及北京景教史跡文物、元明清天主教史跡文物、東正教史跡文物及其相關研究成果的述評，內容獨特，具有一定學術價值。此外，陳東風著《耶穌會士墓碑人物誌考》（北京：中國文聯出版社，1999 年）中對在京耶穌會士墓碑碑文的翻譯和分析、人物考證、歐洲來華船隻、墓碑人物在華時間表等，亦有一定參考價值。

通論性的北京天主教史、基督教史研究著作值得一提的有：陳月清、劉明翰著《北京基督教發展述略》（北京：首都師範大學出版社，1998 年），該書為北京市哲學社會科學「八五」規劃的研究項目，將上起元代，下至 1949 年的北京基督教史分為「基督教的傳入中國與元代汗八里的『也里可溫』」、「明末清初天主教在北京的傳播和發展」、「近代北京基督教的發展」、「傳教士在北京教會的文教活動」、「東正教在北京」、「北京基督教的教堂及教徒生活習俗」六章敘述，內容簡略，粗線條地勾勒了基督教在北京的傳播和發展史。佟洵主編《基督教與北京教堂文化》（北京：中央民族大學出版社，1999 年），該書為北京學研究所、燕京研究院所立課題。《緒論》綜論「一、源遠流長的北京教堂文化」、「二、北京教堂文化的特點」、「三、北京教堂文化對北京傳統文化的影響」。《基督教在北京的傳播與發展》一節分別論述天主教、東正教、新教在北京的傳播始末。《著名的傳教士與信徒在北京地區的活動》一篇介紹了元代第一位來京大主教約翰‧蒙特‧科維諾（Giovanni da Montecorvino，即孟高維諾）、明末來京傳教士利瑪竇、清朝第一位欽天監洋監正湯若望、康熙至乾隆年間在京的傳教士南懷仁、張誠、白晉、戴進賢、劉松齡、郎世寧（Giuseppe Castiglione）等。《北

京地區的教堂和傳教士墓地》一篇對北京主要基督教教堂、東、南、西、北四大天主教教堂及柵欄、正福寺兩處墓地做了介紹。相對過去同類書籍，該書內容較為詳盡，但編排混亂、錯舛不少，如目錄中將蔣友仁列為「康熙年間的法國傳教士」，將鄧玉函、羅雅谷與龍華民列為「在清朝曆局任職的傳教士」等。楊靖筠著《北京天主教史》（北京：宗教文化出版社，2009 年）和《北京基督教史》（北京：宗教文化出版社，2014 年），前書為北京市哲學社會科學「十一五」規劃重點項目，全書五章，分別討論「天主教傳入北京」、「明清時期的北京天主教」、「近代時期的北京天主教」、「新中國成立後的北京天主教」、「北京天主教文化」諸題。後書共四章，分別討論「基督教概述」、「基督教傳入北京」、「近代時期的北京基督教」、「北京基督教的文化事業」諸題。兩書的線索清晰、內容較前此各書有一定擴充，但徵引文獻材料基本上局限於通論性或介紹性的中文文獻，幾乎沒有發掘相關檔案材料，反映了作者視野的局限。

此外，姜立勳、富麗、羅志發的《北京的宗教》（天津：天津古籍出版社，1995 年）第五篇《北京的基督教》討論涉及北京的天主教、基督教、東正教，該書為北京市哲學社會科學規劃辦公室組織的科研項目，內容仍較簡略，論述下迄 1949 年以後北京天主教、基督教、東正教的情形，因作者姜立勳擔任北京市民族事務委員會主任，使用了一些官方的材料，此點常成為後來論者迴避討論 1949 年以後北京天主教、基督教的理由，但究其內容，實際拓展的深度卻有限。佟洵等編著《北京宗教文物古跡》（北京：光明日報出版社，2004 年），該書第一章《北京的天主教及其教堂》、第二章《北京的東正教》、第三章《北京的基督教》，在編排體例上較作者原所主編《基督教與北京教堂文化》一書有很大進步，新增「北京天主教若瑟修女會」、「北京基督教青年會與女青年會」等內容，為同類書籍所無。上述兩種編著大體平鋪直敘天

主教、基督教在北京的發展過程，內容比較通俗，屬於一般性的介紹文字。

左芙蓉的《北京對外文化交流史》（成都：巴蜀書社，2008 年）和《古近代北京對外文化關係史》（北京：光明日報出版社，2011 年）是研究北京對外文化交流史的代表性作品。前著主要考察北京與外國之間的文化交流，包括在北京發生的文化交流活動，北京或北京人與外國或外國人之間的文化交流，外國人在北京的相關活動等。上起元朝，下迄近代，其中上編內容為元、明、清（1840 年以前），共五章，分別討論「元與亞非諸國的交流」、「元與歐洲的往來」、「明清之際與亞歐洲的交往」、「西學東漸與中學西傳」（此節涉及天主教在北京的傳播）、「中西交流與衝突」（包括禮儀之爭、英國使團入京、中西方貿易、從會同館到四譯館）。後著為北京市哲學社會科學「十五」規劃項目，在《元明清初編》，分別以專題「使節往來」、「科技交流與貿易往來」、「中外旅行家」、「宗教文化交流」、「涉外機構與語言學校」、「外國人看古代北京」六章的篇幅討論古代北京對外文化關係史，兩著框架設計大體完備，且不重複，內容仍較為簡略。

從現有的北京與西方文明關係研究狀況來看，絕大部分論著尚停留在一般性介紹的水平。對相關外文研究論著或外文文獻徵引很少，與國際學術界同行對話尚談不上；對中文檔案材料的發掘和利用亦明顯不夠。總的來看，這一課題確為北京史研究中的薄弱環節。

間接研究或相關研究論著大都是以中西文化交流史、中國天主教史等為主要內容或研究對象，其中部分內容或篇章與北京相關。這方面與本課題相關的國內研究論著較多，主要涉及以下八個方面：

一、《馬可波羅行紀》研究。《馬可波羅行紀》是一部奇書，是第一部向西方詳細介紹元大都的經典遊記，對其內容的真實性在西方一直爭議不斷，它被譯介到中國後，國內學者對它的研究一直比較重視，相

關的研究論文、著作持續出現。一般來說，中文世界偏向認為該書為西人遊歷中國一部內容比較真實的遊記，將之與中國文獻相互印證。較為重要的著作有：(1) 余士雄主編《馬可波羅介紹與研究》（北京：書目文獻出版社，1983 年），該書選輯了從 1874 年（清同治十三年）映堂居士在《中西聞見錄》發表的第一篇介紹馬可‧波羅（Marco Polo）的文章《元代西人入中國述》到余士雄在《中國建設》1982 年第 4 期發表的《馬可波羅在中國》這一百多年間，國內報刊發表的有關馬可‧波羅的介紹文字和研究論文，共 38 篇，作者包括名家向達、岑仲勉、邵循正、楊志玖、張維華等人，其中所收張寧《〈馬可波羅行紀〉中的元大都》（原載《人民日報》1980 年 4 月 10 日）一文與本課題直接相關。(2)中國國際文化書院編《中西文化交流先驅 —— 馬可‧波羅》（北京：商務印書館，1995 年），1991 年 10 月 6-9 日中國國際文化書院、意中文化交流協會、北京對外文化交流協會等聯合主辦了馬可‧波羅國際學術研討會，作為馬可‧波羅離開中國、回到意大利 700 週年之紀念，這是一次高質量的國際學術研討會。該書是這次研討會的論文結集，共收中外學者論文 30 篇，分五章分別討論「馬可‧波羅到過中國的考證」、「馬可‧波羅在中國的文化見證」、「馬可‧波羅與宗教」、「《馬可‧波羅遊記》對西方文化的影響」、「馬可‧波羅學在中國」等主題，在第二章收有張寧《〈馬可‧波羅游記〉中的大都文明》一文。(3) 楊志玖著《馬可波羅在中國》（天津：南開大學出版社，1999 年），該書可謂楊先生研究馬可‧波羅成果的彙集，它針對國外學者對馬可‧波羅到過中國的質疑，從中國史籍搜尋材料與《馬可波羅行紀》印證馬可‧波羅到過中國，《馬可波羅行紀》並非偽書，這是中國學者研究馬可‧波羅最具功力的著作。其中第六篇《馬可波羅只到中國北方嗎？ —— 與海格爾先生商榷》開首提到海格爾（John W. Haeger）《馬可波羅在中國？從內證中看到的問題》（*Marco Polo in China? Problems with Internal Evidence*），

該文認為馬可‧波羅只到過元大都，他有關中國其他各地的記載，都是在北京聽來的。(4) 彭海著《馬可波羅來華史實》(北京：中國社會科學出版社，2010年)，探究馬可‧波羅和他叔父離鄉返鄉二十六年間 (1270-1295)，特別是在元廷任職外放十七年間 (1274-1290) 在華遊歷的史實。它從三個方面探討馬可‧波羅在華史事：一是對屠寄1921年前成書的《蒙兀兒史記》中《馬可波羅傳》的相關指認進行辨析、補充。二是考證馬可‧波羅來華存世物證。三是辨析馬可‧波羅對於他在華期間出仕、出使的親身記述，其中對《馬可波羅行紀》中的襄陽炮戰、揚州為官兩大疑案作了重點探討。此外，余士雄的《中世紀大旅行家馬可‧波羅》(北京：中國旅遊出版社，1988年) 對馬可‧波羅來華歷史背景、《馬可波羅行紀》記述的元初中國狀況和各地城市情況、《馬可波羅行紀》的外國版本和中文譯本、馬可‧波羅對後世的影響等問題作了探討，其中有不少作者獨到的研究所獲。党寶海著《馬可波羅眼中的中國》(北京：中華書局，2010年)，行文流暢、文畫並茂，對馬可‧波羅來華路線、元代的北京與杭州、忽必烈、馬可‧波羅的真實性諸題做了生動的描述。

二、明末清初傳教士在北京活動研究。明末清初來京傳教士利瑪竇、龐迪我 (Didace de Pantoja)、湯若望、南懷仁的個案研究，歷來是中國天主教史研究的重點，而對利瑪竇又尤為重視。1983年9月11-13日在台北、2010年12月9-11日在肇慶先後兩次召開學術研討會，會後將與會者提交的論文分別結集為《紀念利瑪竇來華四百週年中西文化交流國際學術會議》(論文集) (台北：輔仁大學出版社，1983年)、《利瑪竇與中西文化交流 —— 第二屆利瑪竇與中西文化交流學術研討會論文集》(香港：香港出版社，2012年)，前書收入論文44篇，後書收入論文23篇，兩書以利瑪竇為中心，對明末清初以來的中西文化交流史做了諸多新的探討。研究利瑪竇值得推介的專著有：羅光著《利瑪竇傳》

（台北：光啟出版社，1960 年）是較早的利瑪竇傳記作品，行文通俗，徵引中、外文文獻材料豐富，對利瑪竇在北京的敘述佔全書篇幅的一半。張奉箴著《利瑪竇在中國》（台南：聞道出版社，1983 年）對利氏的著述與影響、利氏與中國士人、利氏與在華西洋同工、利氏與中國耶穌會士等問題的探討有一定深度，著述與交友是利氏在北京活動的主要內容，可視為利氏的「北京經驗」。林金水著《利瑪竇與中國》（北京：中國社會科學出版社，1996 年），對利氏所受的科學教育、利氏與中國士大夫的交往、利氏對中國天文學、數學、地理學、思想、語言、美術、音樂、中外學術的影響這些專題，做了較為深入的探討，徵引中外文相關文獻資料豐富，是一本具有較高學術水準的著作。宋黎明著《神父的新裝 ── 利瑪竇在中國（1582-1610）》（南京：南京大學出版社，2011 年）充分利用了德禮賢編輯整理的原版《利瑪竇資料》，對相關的中文翻譯作品所存誤譯做了訂正，對利氏的「北京歲月」、利氏的遺產之論述下力較大，學術質量在已有研究基礎上有新的超越。

張鎧的《龐迪我與中國 ── 耶穌會「適應」策略研究》（北京：北京圖書館出版社，1997 年）過去人們將焦點投注在利瑪竇身上，幾乎無人顧及他的助手龐迪我，張鎧的這本著作具有填補空白之用。該著既在縱向展示龐氏的生平活動，又橫向考察了耶穌會「適應」策略的形成與發展、龐氏與利瑪竇和龍華民之間的關係、龐氏在中西文化交流中的先驅作用等問題，對西文資料的發掘不遺餘力，它在中文世界第一次敘述了龐迪我 1602 年 3 月 9 日致西班牙托萊多主教路易斯‧德古斯曼的長信，即《一些耶穌會士進入中國的記實及他們在這一國度看到的特殊情況及該國固有的引人注目的事物》，這封信詳細報告了龐迪我與利瑪竇歷盡艱辛到達北京的歷程，他倆如何通過向萬曆皇帝貢獻禮品，獲得在北京的居留權；中國的地理概貌、行政區劃；中國政治、經濟、軍

事、風俗、各個階層和婦女等，可以說是中國國情的匯報提綱，[30] 極具文獻價值。張著是一本具有開拓性意義的研究著作。

黃正謙著《西學東漸之序章 —— 明末清初耶穌會史新論》（香港：中華書局，2010年），主要探討耶穌會士東來之政治背景、在華耶穌會之適應政策及禮儀之爭、在華耶穌會士之上層傳教策略、在華耶穌會士所傳播之宗教文化等問題，對西文資料的發掘甚為用力，梳理材料條分縷析，是近年來中文世界少見的以研究明末清初耶穌會士為主題的力作。

現有研究來華西方傳教士的著作幾乎都集中在耶穌會這一教派，對其他教派的研究鮮有人問津。崔維孝著《明清之際西班牙方濟會在華傳教研究（1579-1732）》（北京：中華書局，2006年），是國內第一部系統探討方濟各會（Franciscan Order）在華早期傳教史的著作，該著在第二章《西班牙方濟會傳教士艱難的中國之行》第三節《西班牙傳教士北京之行與福建教難（1637）》介紹了雅連達、馬方濟兩位西班牙方濟各會士於1637年8月14日到達北京，並經湯若望幫助安置，在京居留了半個多月。這是對明末方濟各會上第一次來京之情形的記載。[31]

三、西方使節來京訪問及中西關係史研究。17、18世紀中西關係史研究的成果相對較多，其中研究教廷與中國關係史的有：羅光著《教廷與中國使節史》（台北：傳記文學出版社，1983年），該著分上、下

---

30 張鎧：《龐迪我與中國 —— 耶穌會「適應」策略研究》，北京圖書館出版社1997年版，第110-141頁。

31 崔維孝：《明清之際西班牙方濟會在華傳教研究（1579-1732）》，北京：中華書局2006年版，第92-98頁。馬方濟、雅連達之譯名可能有誤，應譯為艾文德（Francisco de la Madre de Dios）、艾肋德（Gaspar Alenda），參見〔意〕柯毅霖（Gianni Criveller）著、王志成等譯：《晚明基督論》，成都：四川人民出版社1999年版，第168頁。〔美〕鄧恩（George H. Dunne）著，余三樂、石蓉譯：《從利瑪竇到湯若望：晚明的耶穌會傳教士》，上海古籍出版社2003年版，第228、230頁。

兩冊，與本課題相關的內容有「教廷和元朝的往返使節」、「多羅宗主教出使中國」、「嘉樂宗主教出使中國」諸節，內容佔全書篇幅的一半以上。該著徵引西文資料相當豐富，方豪雖在《中國天主教史人物傳》中對該著有所補正，但該著在研究羅馬教廷與中國關係史方面仍不失為扛鼎之作。研究羅馬教廷與中國關係史的著作還有：顧衛民的《中國與羅馬教廷關係史略》（北京：東方出版社，2000 年），該著第一章《羅馬教廷與蒙古帝國》、第二章《明清之際中國的天主教》、第三章《中國「禮儀之爭」》與本課題相關。在材料上這三章內容較羅光一著並無新的增加，因題為「史略」，該書的基本構架略當大綱性質。陳方中、江國雄的《中梵外交關係史》（台北：台灣商務印書館，2003 年），該著只有第二章《未建立外交關係時期》所研究的「蒙古時期」、「葡萄牙保教權時期」、「法國保教權時期」屬於本課題的研究範圍，該著內容側重於 20 世紀以後中國與羅馬教廷的關係。《中梵外交關係史國際學術研討會論文集》（台北：輔仁大學歷史學系，2002 年），是 2002 年 12 月 5-6 日「中梵外交關係史國際學術研討會」的論文結集，其中查時傑《從蠶池口到西什庫 —— 天主教北京北堂的歷史》、馮明珠《堅持與容忍 —— 檔案中所見康熙皇帝對中梵關係生變的因應》兩文與本課題相關，馮文利用《康熙朝漢文朱批奏摺滙編》、《康熙朝滿文奏摺全譯》研究羅馬教廷多羅、嘉樂使華過程，在材料上有新的拓展。

　　以 1999 年澳門回歸祖國為契機，國內學術界對澳門史、中葡關係史研究及其相關歷史文獻的整理有了重大進展。過去研究中國與葡萄牙關係的僅有周景濂編著《中葡外交史》（北京：商務印書館，1991 年）這本小冊子。近期研究中葡關係史的重要著作有：（1）萬明著《中葡早期關係史》（北京：社會科學文獻出版社，2001 年）。該著廣泛採用了近半個世紀出版的中文明清史籍、檔案、地方志、文集和各種相關外文文獻，在材料上較周景濂編著《中葡外交史》大有擴充，在研究視角

上，該書圍繞澳門探討中葡早期關係史，對中葡早期關係史設置專題加以探討，是一部具有一定深度的專題研究著作。其中第二章《中葡兩國的第一次正式交往》、第九章《外交往來與交鋒》與本課題關聯密切。(2) 黃慶華著《中葡關係史》(3 卷，合肥：黃山書社，2006 年)。該著列入中國社會科學院重大課題，皇皇三大卷，上百萬言。其中上冊探討的範圍是從明朝到鴉片戰爭前的中葡關係史，在材料上廣搜中文、葡文相關歷史文獻，在內容上不局限於澳門史的角度，而是從更為廣闊的視野來把握中葡關係史，是迄今最具功力、也是最大篇幅的中葡關係史著作。

研究中俄關係史較早的代表性著作有陳復光著《有清一代之中俄關係》(昆明：雲南大學文法學院，1947 年)，該書前兩章對 17、18 世紀俄羅斯遣華使節巴依闊夫 (Baikov，又譯巴伊科夫)、伊茲勃蘭德·義傑斯 (Izbrandt Ides，又譯伊茲勃蘭特·伊台斯)、伊茲瑪依洛夫 (Izmailov)、薩瓦 (Sava Vladislavitch)，以及俄國東正教傳教團隨團來京留學生有簡略評述。「文革」時期，鑒於在意識形態上反對蘇聯修正主義和新沙皇的需要，中國史學界曾大張旗鼓地研究沙俄侵華史，一方面組織力量翻譯《十七世紀俄中關係》等一批與中俄關係有關的俄文歷史文獻，一方面研究、編撰《沙俄侵華史》，其中中國社會科學院近代史研究所編著《沙俄侵華史》(4 卷，北京：人民出版社，1976-1990 年) 為同類著作之魁楚，該書第 1 卷《敘述 17、18 世紀沙俄對中國的侵略》，第 2 卷第一章《〈尼布楚條約〉後一百五十年間沙俄侵略黑龍江的野心》敘述 19 世紀前期沙俄的侵華活動，對同時期俄羅斯來華使團經歷、俄國東正教會的侵略活動均有論述。以「侵華史」概括 17、18 世紀俄羅斯對華關係史似有失全面，同時期俄羅斯與中國的關係畢竟屬於平等交往的範疇，故雙方來往還包含正常的文化交流、貿易往來的一面。1980 年代，對 17、18 世紀中俄關係的敘述逐漸從「沙俄侵華史」

回歸到「中俄關係史」研究。張維華、孫西著《清前期中俄關係》（濟南：山東教育出版社，1997 年）是這一轉向的一個標誌，該書以早期中俄關係史為研究對象，內容涉及中俄軍事衝突、外交談判、貿易往來和俄羅斯東正教來華傳教團等問題，是一部較為系統研究早期中俄關係史的專著。與此同時，對中俄關係史各個方面的研究逐漸展開，孟憲章主編的《中蘇貿易史資料》（北京：中國對外經濟貿易出版社，1991 年）和《中蘇經濟貿易史》（哈爾濱：黑龍江人民出版社，1992 年），李明濱著《中國與俄蘇文化交流志》（上海：上海人民出版社，1998 年），宿豐林著《早期中俄關係史研究》（哈爾濱：黑龍江人民出版社，1999 年）等書，從經貿關係、文化交流等方面拓展中俄關係史研究。葉柏川著《俄國來華使團研究（1618-1807）》（北京：社會科學文獻出版社，2010 年），該書第一次對俄國來華使團進行了全方位剖析與解讀。作者「抓住了俄國來華使團集『陪臣』與『商賈』於一身的特點，從政治、經濟、文化三方面交叉研究，分別論述了俄國來華使團的自身構成及其與中俄禮儀之爭、中俄邊界交涉、中俄貿易、北京俄國傳教團等等的關係」。[32] 在發掘中俄文材料、比較同時期俄國與西方赴華使團及鴉片戰爭前後俄國來華使團方面，作者均一展其長。

中國與西班牙關係史是鮮見人涉足的一個領域，張鎧著《中國與西班牙關係史》（鄭州：大象出版社，2003 年）可謂填補空白之作。由於西班牙與中國的關係是片斷的，該著設置相關專題，從古代絲綢之路延伸至西班牙（1-5 世紀）、海上絲綢之路時代的中國與西班牙（6-15 世紀）直到 20 世紀的中國與西班牙，其中所設「西班牙來華傳教士在促進中國與西方文化交流中的先驅作用」一題，討論了來京的耶穌會

---

32 宿豐林：〈早期中俄關係史研究的最新力作 ——《俄國來華使團研究》（1608-1807）〉，載《西伯利亞研究》2011 年第 2 期，第 92 頁。

士龐迪我、因 1664 年教案被押送北京的多明我會士利安當（Antonio de Santa Maria Caballero）、閔明我（Philippe-Marie Grimaldi），並第一次對閔明我的《中華帝國歷史、政治、倫理及宗教論集》做了系統介紹。[33] 李向玉、李長森主編《明清時期的中國與西班牙國際學術研討會論文集》（澳門：澳門理工學院，2009 年），收集了 2007 年 10 月 30 日至 11 月 2 日在澳門理工學院舉行的同名會議的論文，共 20 篇，當中涉及來京傳教士的有趙殿紅〈西班牙多明我會士閔明我在華活動述論〉、黃鴻雁〈從清朝中期兩宗教案看嘉慶帝的中西文化觀〉、湯開建和劉清華〈康熙時期艾若瑟出使羅馬始末考〉、張西平和駱潔〈柏應理與中國儒學的西傳〉等文。

研究明、清兩代外交及中外關係史的專著有：萬明著《中國融入世界的步履：明與清前期海外政策比較研究》（北京：社會科學文獻出版社，2000 年初版；故宮出版社，2014 年修訂版）主要從靜態、動態兩方面對明、清（1840 年以前）兩朝的海外政策做了分析，並給予了歷史的反思，對中國古代朝貢體系重新加以探討，該著是較早對明、清兩代的對外關係做出系統分析的論著。李雲泉著《萬邦來朝：朝貢制度史論》（北京：新華出版社，2004 年初版，2014 年修訂版）是國內第一部系統探討朝貢制度的專著，它從通史角度考察朝貢制度，既考察了不同時期朝貢制度的發展，又對各個時期（特別是明清兩朝）朝貢機構以及禮儀變化做了全面的論述。王開璽著《清代外交禮儀的交涉與論爭》（北京：人民出版社，2009 年）、曹雯著《清朝對外體制研究》（北京：社會科學文獻出版社，2010 年）、何新華著《威儀天下 —— 清代外交禮儀及其變革》（上海社會科學院出版社，2011 年），三著均從外交禮儀的角度對清代外交制度做了系統探討。王著是研究清代外交禮儀的交

---

33 參見張鎧：《中國與西班牙關係史》，鄭州：大象出版社 2003 年版，第 208-255 頁。

涉與論爭的專著,〈緒論〉對外交的定義、中國古代外交的萌動、傳統外交與近代外交、中國的重禮傳統、中國傳統外交禮儀的異同作一概説。第一章〈明清天朝大國與東方國家的秩序〉、第二章〈清朝初期中俄兩國外交使團的交往禮儀〉、第三章〈中英外交禮儀衝突的初起〉涉及清朝前期中西關係。曹著專題性較強,第一部分〈清朝藩封體制的建立與運作〉第一章〈藩封體制框架下的清朝與周邊國家、地域的關係〉、第二章〈清前中期的中俄關係〉、第四章〈在華傳教士的影響〉、第五章〈嘉慶朝對天主教的取締〉諸章與本課題相關。何著為探討清代外交制度與外交禮儀的專著,首先總論「清代屬國來華朝貢的一般性規定」,如關於貢期、貢道等規定;次論清代屬國來朝禮儀、冊封禮儀、頒詔禮儀;再論清代中荷、中葡、中俄、中英外交禮儀交涉;是書前七章內容與本課題相關。吳建雍著《18世紀的中國與世界(對外關係卷)》(瀋陽:遼海出版社,1999年)內容側重清代前期中外經濟貿易關係,其中「北京中俄貿易」一節與本課題有關。

　　四、俄羅斯東正教傳教團在北京的活動研究。由於俄羅斯東正教傳教團長駐北京,研究它的歷史實際上也是研究東正教在北京的歷史。這方面的中文著作有:吳克明著《俄國東正教侵華史略》(蘭州:甘肅人民出版社,1985年)、蔡鴻生著《俄羅斯館紀事(增訂本)》(北京:中華書局,2006年)、肖玉秋著《俄國傳教團與清代中俄文化交流》(天津:天津人民出版社,2009年)、張雪峰著《清朝前期俄國駐華宗教傳道團研究》(新北:花木蘭出版社,2012年)等。蔡著對「俄羅斯館的起源和沿革」、「俄羅斯館與漢學」、「中俄貿易與俄羅斯館」等問題作了深入探討,在發掘中文文獻和中俄文文獻相互印證方面做了相當細緻的工作。肖著對俄國東正教駐北京傳教團的宗教活動、研究活動、教育活動和其他文化交流活動(圖書、醫學、美術)等方面做了比較系統的評述,在發掘相關俄文文獻材料下力較大。此外,張綏著《東正教和東

正教在中國》（上海：學林出版社，1986 年）的第三編《東正教在中國的歷史》第一章《俄羅斯正教傳入中國》、第二章《1860 年以前的俄羅斯正教駐北京傳道團》也涉及俄國傳教團在北京的歷史。

　　五、英國馬戛爾尼使團訪華研究。朱傑勤著《中外關係史論文集》（鄭州：河南人民出版社，1984 年）收入作者的三篇論文：〈英國第一次使臣來華記〉（1936 年）、〈英國東印度公司之起源及對華貿易之回顧〉（1940 年）、〈英國第一次使團來華的目的和要求〉（1980 年），是為這一課題研究的開拓之作。朱雍著《不願打開的中國大門 —— 18 世紀的外交與中國命運》（南昌：江西人民出版社，1989 年），是第一部系統探討 18 世紀（實際上主要是乾隆時期）清朝外交與中國歷史命運之間關係的博士論文，該著對清朝外交政策走向封閉的原因、英國為打開與中國通商大門所作的努力、馬戛爾尼使團訪華及其遇挫作了通盤性的考察，作者對這段歷史的反思性結論令人深省。張芝聯主編《中英通使二百週年學術討論會論文集》（北京：中國社會科學出版社，1996 年），是 1993 年 9 月中旬在承德召開的同名會議的論文結集，共收中外學者論文 22 篇，其中秦國經〈從清宮檔案看英使馬戛爾尼訪華歷史事實〉、〔法〕戴廷傑（Pierre-Henri Durand）〈馬戛爾尼使團的外表與內幕〉、〔德〕達素彬（Sabine Dabringhaus）〈第三者的觀點：赫脫南關於馬戛爾尼使團的描述〉等文對馬戛爾尼使團研究在材料上有新的發掘。秦國經、高換婷著《乾隆皇帝與馬戛爾尼》（北京：紫禁城出版社，1998 年）通過發掘清宮檔案和中文文獻，還原了馬戛爾尼使團在北京、承德的訪問過程。葉向陽著《英國 17、18 世紀旅華遊記研究》（北京：外語教學與研究出版社，2013 年）通過對馬戛爾尼使團成員提供的報告、遊記和日誌的研究，發掘了大量相關英文文獻材料，從一個側面充實了對馬戛爾尼使團的研究。這些論著反映了 1989 年以後國內學術界在該領域的新近進展。

六、早期漢學研究。西方早期漢學主要是由遊記漢學、傳教士漢學和專業漢學三部分組成，它們（特別是前二者）均與北京有著密切的關係。上世紀 80 年代隨著對外開放的進行，中國學術界翻譯、介紹外國學術著作蔚然成風，以《海外中國研究叢書》為代表的系列叢書拉開了大規模譯介海外中國歷史文化研究成果的陣勢。90 年代以後，國內學術界興起一股研究國際漢學的熱潮，任繼愈主編《國際漢學》、閻純德主編《漢學研究》、劉夢溪主編《世界漢學》等刊相繼問世，這些刊物刊登了不少與本課題相關的中外學者的論文。

《國際漢學》刊登的相關論文（包括國外漢學家發表的在內）有：〔德〕孫志文（Arnold Sprenger）〈湯若望的教育基礎及當時之學術思潮〉（2 輯），〔荷〕許理和（Erik Zürcher）〈十七、十八世紀耶穌會研究〉、黃一農〈明末清初天主教傳華史研究的回顧與展望〉、〔比〕鐘鳴旦（Nicolas Standaert）〈基督教在華傳播史研究的新趨勢〉（4 輯），〔美〕孟德衛（David E. Mungello）〈中國禮儀之爭研究概述〉、余三樂〈利瑪竇中國遺址考察初記〉（5 輯），高倩〈一個葡萄牙冒險家的傳奇 —— 平托和他的《遊記》〉、許光華〈16 至 18 世紀傳教士與漢語研究〉（6 輯），〔美〕魏若望（John W. Witek）〈晚明時期利瑪竇在中國的傳教策略〉（7 輯），〔法〕雅夫－西爾韋斯特·德·薩西〈與北京的文學通信（至 1793 年）〉（9 輯），〔英〕A. 明甘那（A. Mingana）〈基督教在中亞和遠東的早期傳播〉、耿昇〈法國對入華耶穌會士與中西文化交流的研究〉（10 輯），魏若望〈湯若望和明清之際的變遷〉、〔德〕柯藍妮（Claudia Von Collani，又譯柯蘭霓）〈紀理安 —— 維爾茨堡與中國的使者〉（11 輯）、吳梓明〈西方中國基督教史研究述評〉（12 輯），〔丹〕龍伯格〈韓國英 —— 中國最後的索隱派〉（13 輯），〔波〕愛德華·卡伊丹斯基（Edward Kajdański）〈波蘭人 17-20 世紀在向歐洲介紹中國和中國文化中的貢獻〉（14 輯），柳若梅〈18 世紀俄羅斯漢學概說〉（15 輯），龍雲

〈法國專業漢學的興起〉（16 輯），柯藍妮〈白晉的索隱派思想體系〉、〔俄〕米亞斯尼科夫（Myasnikovich）〈俄羅斯檔案總局主辦的「清代俄羅斯與中國」展覽〉（17 輯），辛岩譯〈張誠書信選譯〉、柯藍妮〈顏璫在中國禮儀之爭中的角色〉（19 輯），〔比〕南懷仁〈康熙朝歐洲天文學的回歸〉（20 輯），〈紀念利瑪竇逝世 400 週年〉專欄（四篇）、魏若望〈消除誤解：薄賢士和他的《中國禮儀之爭問題的說明》〉（21 輯），〔德〕埃利希‧蔡特爾〈鄧玉函，一位德國的科學家、傳教士〉、李晟文〈從沙忽略到利瑪竇：早期來華耶穌會士遣使赴京傳教策略的醞釀、演變與實施〉（22 輯），湯開建〈清宮畫家法國耶穌會修士王致誠在華活動考述〉（23 輯），〔德〕李文潮〈龍華民及其《論中國宗教的幾個問題》〉（25 輯），〔美〕斯坦尼斯拉夫〈耶穌會士與北京的數學與科學〉（26 輯）等。

《漢學研究》刊登的相關論文（包括國外漢學家發表的在內）有：〔意〕史興善〈利瑪竇入華的行程路線〉（1 輯），〔法〕皮埃‧於阿爾、明翁〈法國入華耶穌會士對中國科技的調查〉（2 輯），〔法〕詹嘉玲（Catherine Jami）〈18 世紀中國和法國的科學觸撞〉、佚名〈中國在早期西方的形象〉（3 輯），耿昇〈意大利入華畫家年修士事跡鉤沉〉和〈從法國安菲特利特號遠航中國看 17-18 世紀的海上絲綢之路〉、余三樂〈北京正福寺法國傳教士墓地的歷史變遷〉（4 輯），〔法〕米桓夫人〈從《中國通史》看法國 18 世紀的「中國熱」〉、康志傑〈明清之際在華耶穌會士為何抵制荷蘭染指中國〉（5 輯），余三樂〈17、18 世紀北京成為中西文化交流的中心探因〉（6 輯），閻國棟〈俄國漢籍收藏家斯卡奇科夫〉、肖玉秋〈18 世紀俄國來華留學生及其漢學研究〉、魏若望〈湯若望與明清變遷〉（7 輯），耿昇〈16-18 世紀的入華耶穌會士與中西文化交流〉、肖玉秋〈俄國東正教駐北京傳教士團的儒學研究〉、張西平〈明末清初天主教入華史中文文獻研究回顧與展望〉（8 輯），〔俄〕A. H. 霍

赫洛夫〈卡法羅夫：生活與科學活動〉（8、9 輯），金國平、吳志良〈伊比利亞文獻對長城早期記載〉（9 輯），陳開科〈巴拉第·卡法羅夫對中國基督教史的研究〉、曹青〈法國耶穌會士白晉事跡綜述〉、柯蘭霓〈耶穌會士紀理安的《北京文書》〉（10 輯），李偉麗譯〈俄國漢學家 Н·Я·比丘林著作自序三題〉、〔意〕馬西尼（Federico Masini）〈意大利傳教士漢學研究評述〉、余三樂〈論南懷仁的《歐洲天文學》〉（11 輯），張雪峰〈清朝初期中俄兩國官方媒介語言的確立〉（12 輯），姜西良〈晚明西人入華方式比較及歷史背景分析〉、〈利瑪竇研究〉專欄（13 輯），〔比〕高華士（Noël Golvers）〈南懷仁的《歐洲天文學》〉、〔法〕尼奈特·布思羅伊特〈西方中國遊記散論〉（14 輯），張永奮〈意大利漢學概説〉（15 輯），王碩豐〈賀清泰與《古新聖經》〉（16 輯），錢林森〈16 世紀法國對亞洲和中國的發現與描述〉、耿昇〈路易九世遣使元蒙帝國，中法關係的肇始〉（17 輯）等。這些論文或譯文，對所探討問題相對比較深入，可謂學術界研究元明清時期中西文化關係的最新成果。

進入新世紀後，系統研究歐美漢學的專著持續推出，這方面的研究著作有：吳孟雪、曾麗雅著《明代歐洲漢學史》（北京：東方出版社，2000 年）、張國剛等著《明清傳教士與歐洲漢學》（北京：中國社會科學出版社，2001 年）、計翔翔著《十七世紀中期漢學著作研究 —— 以曾德昭〈大中國志〉和安文思〈中國新志〉為中心》（上海古籍出版社，2002 年）、張西平著《歐洲早期漢學史》（北京：中華書局，2009 年）等。閻純德主編《列國漢學史書系》（北京：學苑出版社）第一輯所出熊文華《英國漢學史》和《荷蘭漢學史》、閻國棟《俄羅斯漢學三百年》、陳開科《巴拉第的漢學研究》、趙春梅《瓦西里耶夫與中國》、李偉麗《尼·雅·比丘林及其漢學研究》、許光華《法國漢學史》、胡優靜《英國 19 世紀的漢學史研究》，第二輯所出耿昇《法國漢學史論》等著均與本課題相關。對西方早期漢學的研究，有助於「古代北京與西

方文明」課題研究的深化。

　　七、明清時期中西文化交流史研究。明清時期中西關係的主要內容是文化交流，故學界歷來重視對中西文化交流史的研究。前輩學者在這一課題做出開拓性貢獻的著作有：張星烺著《歐化東漸史》（上海：商務印書館，1934 年），向達著《中外交通小史》（上海：商務印書館，1933 年）和《中西交通史》（上海：中華書局，1934 年），張維華著《明史佛郎機呂宋和蘭意大里亞四傳注釋》（北平：燕京大學哈佛燕京學社，1934 年），[34] 陳受頤著《中歐文化交流史事論叢》（台北：商務印書館，1970 年），方豪著《中西交通史》（台北：中華文化出版事業委員會，1953 年）、《方豪六十自定稿》（台北：台灣學生書局，1969 年）、《方豪六十至六十四自選待定稿》（台北：台灣學生書局，1974 年）與《方豪晚年論文輯》（台北：輔仁大學出版社，2010 年），朱謙之著《中國哲學對於歐洲的影響》（福州：福建人民出版社，1985 年），范存忠著《中國文化在啟蒙時期的英國》（上海：上海外語教育出版社，1991 年）等，這些著作奠定了中文世界研究中西文化交流史的基本格局。張星烺編注《中西交通史料匯篇》（北平：輔仁大學圖書館，1930 年），其中第一編《古代中國與歐洲之交通》編譯兩漢到明代中國與歐洲交通史料，則為研究古代中國與歐洲文化交流史提供了可資利用的基本文獻。馮承鈞翻譯了上百種西方漢學家有關東南亞史地、西北史地、中西宗教交流史的著作，為研治中西交通史做出了重要貢獻。

　　1990 年代以後，研究中西文化交流史的風氣再起，出現了大批這方面的研究論著。其中研究明清時期中西文化交流史的專著有：許明龍主編《中西文化交流先驅 —— 從利瑪竇到郎世寧》（北京：東方出版社，1993 年）和所著《歐洲十八世紀「中國熱」》（北京：外語教學

34　張維華此著後又修訂，改題《明史歐洲四國傳注釋》（上海古籍出版社 1982 年版）。

與研究出版社，2007 年）、馬肇椿著《中歐文化交流史略》（瀋陽：遼寧教育出版社，1993 年）、林仁川和徐曉望著《明末清初中西文化衝突》（上海：華東師範大學出版社，1999 年）、何兆武著《中西文化交流史論》（北京：中國青年出版社，2001 年）、沈定平著《明清之際中西文化交流史》（北京：商務印書館，2001 年初版，2012 年增訂版）、張西平著《中國與歐洲早期宗教和哲學交流史》（北京：東方出版社，2001 年）、吳伯婭著《康雍乾三帝與西學東漸》（北京：宗教文化出版社，2002 年）、張國剛著《從中西初識到禮儀之爭 ── 明清傳教士與中西文化交流》（北京：人民出版社，2003 年）、卓新平主編《相遇與對話 ── 明末清初中西文化交流國際學術研討會文集》（北京：宗教文化出版社，2003 年）、朱雁冰著《耶穌會與明清之際中西文化交流》（杭州：浙江大學出版社，2014 年）、吳莉葦著《天理與上帝 ── 詮釋學視角下的中西文化交流》（北京：宗教文化出版社，2014 年）等。研究中西科技交流史的有：樊洪業著《耶穌會士與中國科學》（北京：中國人民大學出版社，1992 年），潘吉星著《中外科學之交流》（香港：中文大學出版社，1993 年）與《中外科學技術交流史論》（北京：中國社會科學出版社，2012 年），韓琦著《中國科學技術的西傳及其影響》（石家莊：河北人民出版社，1999 年），張承友、張普、王淑華著《明末清初中外科技交流研究》（北京：學苑出版社，2000 年），王冰著《中外物理交流史》（長沙：湖南教育出版社，2001 年），劉潞主編《清宮西洋儀器》（上海：上海科學技術出版社，1999 年），郭福祥著《時間的歷史映像 ── 中國鐘錶史論集》（北京：故宮出版社，2013 年）。研究中西音樂交流史的有：陶亞兵著《中西音樂交流史稿》（北京：中國大百科全書出版社，1994 年）和《明清間的中西音樂交流》（北京：東方出版社，2001 年）。研究中西美術交流史的有：莫小也著《17-18世紀傳教士與西畫東漸》（杭州：中國美術學院出版社，2002 年）、嚴

建強著《18世紀中國文化在西歐的傳播及其反應》（杭州：中國美術學院出版社，2002年）、聶崇正著《清宮繪畫與「西畫東漸」》（北京：紫禁城出版社，2008年）。此外，中華文化通志編委會編《中華文化通志》第九典《宗教與民俗》中的卓新平著《基督教猶太教志》，第十典《中外文化交流》中的李明濱著《中國與俄蘇文化交流志》、朱學勤和王麗娜著《中國與歐洲文化交流志》。季羨林主編《中外文化交流史叢書》（長沙：湖南教育出版社，1998年。按照學科分文學、哲學、醫學、美術、音樂、宗教、教育、圖書八種），李喜所主編《五千年中外文化交流史》第一、二卷（北京：世界知識出版社，2002年），張國剛、吳莉葦著《中西文化關係史》（北京：高等教育出版社，2006年），何芳川主編《中外文化交流史》（上、下冊，北京：國際文化出版公司，2008年），張國剛著《文明的對話：中西關係史論》（北京：北京師範大學出版社，2013年），耿昇著《中法文化交流史》（昆明：雲南人民出版社，2013年），多有涉及元明清三朝中西文化交流史方面的內容和篇章。眾多這一方面論著的問世，帶來了中西文化交流史研究新的繁榮。

澳門文化司署出版的《文化雜誌》（1987年創辦至今）是一家以東西文化交流史為主題的雜誌，它為在這一領域研究的中外學者提供了新的園地。該刊刊登與本課題有關的論文有：諾奧·巴斯多〈十七世紀葡國為建造北京兩座最早的耶穌會教堂所做的貢獻〉（1987年，第2期），若埃爾·加良（Joel Canhão）〈徐日昇神父：十七世紀在中國皇宮的葡萄牙樂師〉（1988年，第4期），若昂·德烏斯·拉莫斯（João de Deus Ramos）〈一幅送給雍正皇帝的里貝拉宮壁毯〉（1993年，第15、16期），E. 布拉章（Eduardo Brazão）〈葡萄牙和中國外交關係史的幾點補充：馬努埃爾·迪·薩爾達尼亞出使中國（1667-1670）〉、亞卡西奧·費爾南多·德·索薩（Acácio Fernando de Sousa）〈十八至十九世紀葡萄

牙傳教士在中國：北京教父〉（1994 年，第 18 期），陳占山和黃定平
〈16 至 18 世紀入華葡籍耶穌會士述考〉、阿布雷沃（António Graça de
Abreu）〈北京主教湯士選與馬戛爾尼勳爵使團〉（1997 年，第 32 期），
阿布雷沃〈最後一批葡萄牙耶穌會士在北京的財產〉（2000 年，第 40、
41 期），熊鷹〈北京石刻藝術博物館及所藏外國傳教士墓碑〉、明曉艷
〈北京法國耶穌會士墓地及錢德明神父墓碑〉（2003 年，第 48 期），姚
京明〈平托《遠遊記》裡的中國形象〉（2004 年，第 53 期）、余三樂〈北
京天主教南堂在中西交流中的文化功能〉（2007 年，第 65 期）、吳艷玲
〈使命與生命：17-18 世紀宮廷葡萄牙傳教士的教務活動〉（2012 年，第
83 期）與〈北京天主教東堂與中葡文化交流〉（2013 年，第 88 期）等。

　　八、文化形象與都市想像研究。西方的中國觀或中國形象是近年
來跨文化研究中的主要課題，投入這一課題研究的多為歷史學、比較文
學等專業的學者，吳孟雪著《明清時期歐洲人眼中的中國》（北京：中
華書局，2000 年）、張國剛和吳莉葦著《啟蒙時代歐洲的中國觀 ——
一個歷史的巡禮與反思》（上海：上海古籍出版社，2006 年）、周寧著
《天朝遙遠 —— 西方的中國形象研究》（2 冊，北京：北京大學出版社，
2006 年）可謂這方面的代表作。周寧主編的《世界之中國 —— 域外
中國形象研究》（南京：南京大學出版社，2007 年）及《世界的中國形
象叢書》（北京：人民出版社，2010 年），其中李勇著《西歐的中國形
象》、孫芳和陳金鵬等著《俄羅斯的中國形象》兩書的部分章節與本課
題相關。

　　從現有的國內研究成果來看，主要集中在傳教士與中西文化交
流、西方外交使節與明清兩朝的接觸（特別是交往中的禮儀之爭）等問
題研究。在材料發掘方面，有關明清檔案和歷史文獻的整理、出版取
得了重大進展，為從事明清時期的中西文化交流史和中西關係史研究提
供了比較便利的條件。有關清代天主教檔案史料，最早進行發掘的是陳

垣編輯《康熙與羅馬使節關係文書影印本》（北平：故宮博物院，1932年），公佈相關檔案 14 件。[35] 20 世紀六七十年代，吳相湘先生主編、台灣學生書局影印出版《天學初函》（明末李之藻編刊於 1626 年，6 冊，1965 年）、《天主教東傳文獻》（1966 年）、《天主教東傳文獻續編》（3冊，1966 年）、《天主教東傳文獻三編》（6 冊，1972 年）。1990 年代以後，新的一波整理中國天主教史文獻浪潮再起，由比利時鐘鳴旦教授與荷蘭杜鼎克教授聯合發起，中國台灣學者祝平一、黃一農教授等收集和整理的《徐家滙藏書樓明清天主教文獻》（5 冊，台北：輔仁大學神學院，1996 年）出版，將原藏於上海徐家匯藏書樓，1949 年被耶穌會士帶到菲律賓後，又輾轉收藏於台灣的一批漢文文獻公諸於世。接著，鐘鳴旦、杜鼎克主編了《耶穌會羅馬檔案館明清天主教文獻》（12 冊，台北：台北利氏學社，2002 年）。他倆還與蒙曦一起主編了《法國國家圖書館明清天主教文獻》（26 冊，台北：台北利氏學社，2009 年）。這三大宗文獻為研究明清天主教史提供了大量新的歷史材料。此外，輔仁大學天主教史研究中心陳方中主編《中國天主教史籍彙編》（台北：輔仁大學出版社，2003 年）收入《天主教傳行中國考》、《燕京開教畧》、《正教奉褒》三種，是研究中國天主教早期歷史的重要史料。

與此同時，中國大陸對天主教文獻的整理也開始起動，復旦大學教授朱維錚先生編輯《利瑪竇中文著譯集》（香港：香港城市大學出版社、上海：復旦大學出版社，2001 年）。葉農教授整理《艾儒略漢文著述全集》（2 冊，桂林：廣西師範大學出版社，2011 年）。周駬方先生編校《明末清初天主教史文獻叢編》（5 冊，北京：北京圖書館出版社，2001 年）收入了明萬曆年間至清康熙朝有關天主教史文獻七種：《辯學

---

35 此書後有李天綱整理本，收入〔意〕馬國賢著、李天綱譯：《清廷十三年 —— 馬國賢在華回憶錄》，上海古籍出版社 2004 年版，第 141-171 頁。

遺牘》、《代疑篇》、《三山論學紀》、《天學傳概》、《破邪集》、《辟邪集》、《不得已》。韓國學者鄭安德博士在北京大學進修期間編輯、整理《明末清初耶穌會思想文獻滙編》（5卷，北京：北京大學宗教研究所，2003年）。中國第一歷史檔案館編《清中前期西洋天主教在華活動檔案史料》（4冊，北京：中華書局，2003年）。中國第一歷史檔案館、中國海外漢學研究中心合編、安雙成編譯《清初西洋傳教士滿文檔案譯本》（鄭州：大象出版社，2015年）。黃興濤、王國榮編《明清之際西學文本：50種重要文獻滙編》（4冊，北京：中華書局，2013年）。張西平主編《梵蒂岡圖書館藏明清中西文化交流史文獻叢刊》（第一輯44冊、177種，鄭州：大象出版社，2014年）。此外，像中國第一歷史檔案館編《康熙朝漢文朱批奏摺滙編》（3冊，北京：檔案出版社，1985年）、中國第一歷史檔案館編《康熙朝滿文朱批奏摺全譯》（北京：中國社會科學出版社，1996年）也保存了不少與傳教士在北京活動相關的檔案材料。[36] 由於這些檔案材料新近出版，現有的中國天主教史研究實際利用率較低，收藏在歐洲羅馬教廷、巴黎圖書館等處的大量教會檔案和中文檔案尚待整理出版。

中西關係史專題檔案整理成為這時期明清檔案整理的一大亮點。有關清代中俄關係的有：中國第一歷史檔案館編《清代中俄關係檔案史料選編》（第一編，北京：中華書局，1981年），第一編所收檔案文獻的時間範圍從順治十年三月至雍正十二年十二月。原定乾隆、嘉慶、道光為第二編，可惜尚未編成出版。有關中英關係檔案文獻有：中國第一歷史檔案館編《英使馬戛爾尼訪華檔案史料彙編》（北京：國際文化出

---

36 有關這方面的情形，參見馮明珠：〈堅持與容忍 —— 檔案中所見康熙皇帝對中梵關係生變的因應〉，收入《中梵外交關係史國際學術研討會論文集》，台北：輔仁大學歷史學系2002年版，第145-182頁。

版公司，1996 年）。有關中葡關係檔案文獻有：第一歷史檔案館編《中葡關係檔案史料滙編》（2 冊，北京：中國檔案出版社，2000 年），中國社會科學院近代史研究所張海鵬主編《中葡關係史資料集》（上、下卷，成都：四川人民出版社，1999 年），中國第一歷史檔案館、澳門基金會、暨南大學古籍研究所合編《明清時期澳門問題檔案文獻匯編》（6 冊，北京：人民出版社，1999 年）。由於上世紀 90 年代香港、澳門先後回歸祖國，學界對中英、中葡關係的研究比較重視，故加大了對相關檔案的發掘力度，對其利用率也相對較高。

四、西方相關研究及其值得注意的動向

西方漢學興起之初，即對中西關係史研究比較重視，可謂其強項，這當然與其謀求向中國殖民開拓的戰略相關，西方早期漢學研究在相當長時期具有服務或服從於其對華政策的需要，表現出強烈的「西方中心主義」色彩，這是難以諱言的事實。

北京作為地理名稱出現在西文文獻中可追溯到元代。在《馬可波羅行紀》中被稱為「汗八里」（Cambaluc, Khan-baligh），此名可能出自突厥語「皇城」（han-baliq）。《鄂多立克東遊錄》亦稱之為「汗八里」（Cambalech），此語可能出自中亞對元大都的稱呼，Cam=Khan，Balech=Baliq，意為汗之城。[37] 明代，西班牙人門多薩（González de Mendoza）編撰的《中華大帝國史》稱北京為 Paguia，其意為皇帝的駐

---

37 何高濟譯：《海屯行紀、鄂多立克東遊錄、沙哈魯遣使中國記》，北京：中華書局 2002 年版，第 79 頁。

地，或「北方的宮廷」。³⁸葡萄牙使節多默‧皮列士（Thomas Pirés，一譯托梅‧皮雷斯）於 1512-1515 年間撰寫的《東方志 —— 從紅海到中國》首次將「汗八里」稱為北京 Peqim。³⁹參加皮雷斯使團的克利斯多弗‧維埃拉在 1524 年從廣東發出的信中將北京拼寫成 Piquim。⁴⁰葡萄牙籍耶穌會士費爾南‧門德斯‧平托（Ferão Mendes Pinto, 1514-1583）成稿於 1576 年的《遠遊記》稱北京為「八京」或「巴京」（Paquim），一般認為是粵語 Pequim 的訛音或諧音。⁴¹第一位訪問明朝的西班牙天主教傳教士馬丁‧德‧拉達（Martin de Rada）在他撰寫的《記大明的中國事情》（1576 年）中稱北京為 Pacquiaa，⁴²這是極少見的一種拼讀，可能是北京拼讀的西班牙語轉寫。波蘭耶穌會士卜彌格（Michel Boym）編輯的《中國地圖集》中，北京用拉丁文標為 PEKIM。⁴³清代，法語文獻中稱呼北京的名稱有 Pékin、Pekin、Peking、Pé-kin，如法國皇家科學

---

38 參見〔西〕門多薩著、何高濟譯：《中華大帝國史》，北京：中華書局 2004 年版，第 21 頁。

39 〔葡〕多默‧皮列士著、何高濟譯：《東方志：從紅海到中國》，南京：江蘇教育出版社 2005 年版，第 97 頁。

40 〈廣州葡囚書簡：克利斯多弗‧維埃拉的信〉，收入〔葡〕巴洛斯、〔西〕艾斯加蘭蒂等著，何高濟譯：《十六世紀葡萄牙文學中的中國 —— 中華帝國概述》，北京：中華書局 2013 年版，第 82 頁。

41 參見〔葡〕費爾南‧門德斯‧平托著、金國平譯：《遠遊記》上冊，澳門：葡萄牙航海大發現事業紀念澳門地區委員會、澳門基金會、澳門文化司署、東方葡萄牙學會 1999 年版，第 307、309 頁。又參見費爾南‧門德斯‧平托著、王鎖英譯：《葡萄牙人在華見聞錄》，澳門：澳門文化司署、東方葡萄牙學會，海口：海南出版社、三環出版社 1998 年版，第 199 頁。

42 C. R. Boxer edited, *South China in the Sixteenth Century: Being the narrative of Galeote Pereira Fr. Gaspar Da Cruz, O. P. Fr. Martín De Rada, O. E. S. A. 1550-1575* (London: Printed for the Hakluyt Society, 1953), p.270.

43 參見〔波〕卜彌格著、張振輝及張西平譯：《卜彌格文集》，上海：華東師範大學出版社 2013 年版，第 196-197 頁。

院主席多爾圖・德梅朗《致北京耶穌會傳教士巴多明神父關於中國各種問題的通信》用的是 Pékin。[44] 法國耶穌會士錢德明等編著《中國叢刊（北京傳教士關於中國歷史、科學、藝術、風俗、習慣之論考）》則用 Pekin。[45] 荷蘭德勝使團法籍翻譯小德經（1759-1845）著《北京、馬尼拉、毛里西亞島遊記》使用 Peking。[46] 第二次鴉片戰爭後法國特使團專員克魯雷著《北京之旅，遠征中國的回憶》用的是較少見的 Pé-kin。[47] 英語文獻中出現的北京名稱有 Pe-king、Pekin、Peking，如荷蘭使團成員約翰・尼霍夫《荷使初訪中國記》一書的最初英文譯本（1669 年版）和法文譯本（1665 年版）用的都是 Peking。[48] 荷蘭使節范罷覽《1794 年和 1795 年荷蘭東印度公司駐中華帝國朝廷使節紀實》一書的英譯本用的是 Pe-king。[49] 英國馬夏爾尼使團禮品總管約翰・巴羅著《中國遊記：從北京到廣州》用的是 Pekin。[50] 可見，在歐洲早期文獻中，北京並無一個確定、

44 Dortous de Mairan, *Lettres au R. P. Parrenin, Jésuite, Missionnaire à Pékin: Contenant Diverses Questions sur la Chine* (Paris: Imprimerie Royale, 1770).

45 Joseph Marie Amiot, *Mémoires Concernant l'Histoire, les Sciences, les Arts, les Mœurs, les Usages, &c. des Chinois / par les missionnaries de Pe-kin,* 16 vols (Paris: Nyon, 1776-1814).

46 Chrétien-Louis-Joseph de Guignes, *Voyages A Peking, Manille et l'île de France: Faits Dans l'intervalle des années 1784 à 1801,* 3 vols (Paris: de L'Imprimerie imperiale, 1808).

47 Georges de Kéroulee, *Un voyage à Pé-kin-Souvenirs de Expédition de Chine* (Paris: P. Brunet, 1861).

48 Johan Nieuhof, *An embassy from the East-India Company of the United Provinces, to the Grand Tartar Cham, Emperor of China delivered by their excellencies, Peter de Goyer and Jacob de Keyzer, at his imperial city of Peking* (London: Printed by J. Macock for the author, 1669).

49 A. E. van Braam Houckgeest, *An authentic account of the embassy of the Dutch East-India company to the court of the emperor of China in the years 1794 and 1795 (subsequent to that of the Earl of Macartney.), containing a description of several parts of the Chinese empire, unknown to Europeans / taken from the journal of André Everard van Braam; translated from the original of M.L.E. Moreau de Saint-Mery,* 2 vols (London: Printed for R. Phillips, 1798).

50 John Barrow, *Travels in China: containing descriptions, observations, and comparisons, made and collected in the course of a short residence at the imperial palace of Yuen-Min-Yuen, and on a subsequent journey through the country from Pekin to Canton* (London: Printed for T. Cadell and W. Davies, 1806).

統一、規範的名稱，上述各名稱應是拉丁文的轉寫。晚清以降，漢字的拉丁文轉寫先後使用威妥瑪式拼音和郵政式拼音，這兩種拼音系統都將北京拼寫為「Peking」。威妥瑪式拼音由英國人威妥瑪（Thomas Francis Wade，1818-1895 年）所創，1867 年開始使用。郵政式拼音是一個以拉丁字母拼寫中國地名的系統，為 1906 年春季在上海舉行的帝國郵電聯席會議通過，將其作為拼寫中國地名標準的方案。中華民國成立以後繼續沿用這兩種拼音。20 世紀上半期各種英文書籍基本上都將北京拼讀成 Peking，如〔瑞〕喜仁龍（Osvald Sirén）的《北京的城牆和城門》（*The Walls and Gates of Peking*）、〔英〕裴麗珠（Juliet Bredon）的《北京紀勝》（*Peking: A Historical and Intimate Description of its Chief Places of Interest*）、〔英〕立德夫人（Mrs. Archibald Little）的《我的北京花園》（*Round About My Peking Garden*）、〔英〕安妮．布里奇（Ann Bridge）的《北京郊遊》（*Peking Picnic*）、〔美〕甘博（Sidney David Gamble）的《北京社會調查》（*Peking: a Social Survey*）、〔英〕燕瑞博（Robert William Swallow）的《北京生活側影》（*Sidelights on Peking Life*）等，顯然這是威妥瑪式拼音和郵政式拼音普及的結果。中華人民共和國成立以後，1958 年在中國大陸地區威妥瑪式拼音和郵政式拼音被漢語拼音所取代，北京的漢語拼音為 Beijing。Peking 只使用於某些特定的專有名稱，如 Peking Opera、Peking Duck、Peking University 等。

歐美學界對古代北京與西方文明關係的研究大致是從以下四個方面來展開：

一、**基督教入華史研究**。教會研究機構在這一研究領域扮演關鍵角色。利瑪竇、湯若望、南懷仁是 17 世紀耶穌會在北京的核心人物，也是國際學術界最為重視研究的來華傳教士主要代表。

《華裔學志》社是較早成立的中國天主教研究機構，1935 年創辦於北平，1949 年轉到東京，1963 年搬到美國加州大學洛杉磯分校

（UCLA），1972 年遷到德國聖奧古斯丁至今。該社定期出版刊物《華裔學志》，迄至 2015 年已出版 63 卷。內中不少與本課題相關的論文，如：第 1 卷載福克司（Walter Fuchs）〈清朝地圖繪製之相關資料〉。第 3 卷載裴化行（Henri Bernard）〈湯若望關於天文曆法的著作（《崇禎曆書》、《西洋新法曆書》）〉。第 4 卷 J. Van den Brandt〈北堂的圖書館小史〉、Joanne Baptista Thierry〈遣使會 1862 年北平北堂圖書目錄〉、H. Verhaeren〈北堂圖書館中文書目〉。第 5 卷裴化行〈南懷仁為湯若望的科學工作繼承者〉。第 23 卷 John L. Mish〈艾儒略介紹給中國的一個歐洲的偉大形象 ——《西方答問》（導論、譯文、註釋）〉。第 25 卷 George L. Harris〈利瑪竇在 16 世紀引導文化改變的努力之實例研究〉。第 41 卷柯蘭霓〈《明史》中的利瑪竇：1707 年出自耶穌會士白晉給耶穌會士安多的報道〉。第 42 卷柯蘭霓〈耶穌會士閔明我對教宗特使多羅抵達中國的報道〉。第 48 卷 Elena Nesterova〈俄國畫家 Anton Legašov 在中國：俄國北京傳教士團的歷史略談〉。第 53 卷柏里安（Liam Matthew Brockey）〈「葡萄牙」教會耶穌會在十七世紀的北京〉。第 54 卷勞悅強（Yuet Keung Lo）〈第二我：利瑪竇在中國結交之友誼〉、高馬士（Josef Kolmaš）〈耶穌會神父嚴嘉樂（1678-1735 年）—— 第一位波希米亞漢學家〉。第 55 卷柯蘭霓〈西方與《易經》的首次相遇 —— 18 世紀法國耶穌會士的書信、拉丁文本及其譯文的介紹與編輯出版〉、梅歐金（Eugenio Menegon）〈耶穌會的象徵在中國：《口鐸日抄》（約 1640 年）所描述的佛蘭德版畫及其歐洲寓意在中國的運用〉。第 58 卷高華士〈清代耶穌會士傅聖澤在北京北堂（1720 年）私人收藏的西文書籍以及耶穌會士在中國的矛盾交織狀態〉。第 60 卷斯坦尼斯拉夫·葉茨尼克（Stanislav Južnič）〈架設聖彼得堡與北京天文台之間的一座橋樑：斯洛文尼亞傳教士劉松齡研究〉等文。

　　《華裔學志》社出版的專書有：Shu-Jyuan Deiwiks, Bernhard Führer

和 Therese Geulen 編《歐洲與中國互見：17 世紀歐中科學交流》（*Europe meets China, China meets Europe: The Beginnings of European-Chinese Scientific Exchange in the 17th Century*, 2014），該書是 2012 年 6 月 12-13 日在波恩東亞學社舉行的一次會議論文結集，這次會議以探討 17 世紀中歐之間早期科技交流為主題，收文 7 篇，主要涉及徐光啟、湯若望、康熙與中歐科技交流史事。Christian Stücken 著《來自天上的官員：戴進賢（1680-1746）及其生平與事業》（*Der Mandarin des Himmels: Zeit und Leben des Chinamissionars Ignaz Kögler SJ*（1680-1746），2003），該書主要評述來華德國傳教士戴進賢在清廷欽天監的工作。馬雷凱（Roman Malek）和柯毅霖（Gianni Criveller）編《燭頌，與中國相會時的友誼》（*Light a Candle. Encounters and Friendship with China: Festschrift in Honour of Angelo S. Lazzarotto P.I.M.E.*, 2010 年），內收多篇論文涉及中歐早期文化交流。

　　該社出版的《華裔學志叢書》（*Monumenta Serica Monograph Series*），其中有數種與本課題相關，如評述湯若望在北京傳教及在清廷任職的活動有〔德〕魏特（Alfons Väth SJ）著《耶穌會神父湯若望（1592-1666）：中國傳教士、皇帝的天文學家以及朝廷的顧問》（*Johann Adam Schall von Bell SJ: Missionar in China, kaiserlicher Astronom und Ratgeber am Hofe von Peking, 1592-1666: Ein Lebens- und Zeitbild*, 1991）。馬雷凱編《西學與基督教在中國：湯若望（1592-1666）的貢獻與影響》（*Western Learning and Christianity in China: The Contribution and Impact of Johann Adam Schall von Bell, S. J.*（*1592-1666*），2 vols, 1998 年），為紀念湯若望誕辰 400 週年，1992 年 5 月在德國聖奧古斯丁舉行了盛大的國際學術研討會，該書為提交這次國際會議的論文結集，收文 54 篇。按內容分為八部分：一、湯若望：其人與背景。二、湯若望與同時代的中國人。三、湯若望：占星術、天文學與曆法。四、西學在中國：湯若望的貢獻。五、湯若望的宗教寫作與活動。六、在文字與插圖中的湯若望。七、湯若望：接受與影響。八、中歐相

遇：其他案例。評介南懷仁天文學成就及在京活動的有：高華士英譯《南懷仁的〈歐洲天文學〉》（1687 年迪林根）：原文、翻譯本、註腳以及註釋》（*The Astronomia Europaea of Ferdinand Verbiest, S.J. (Dillingen, 1687): Text, Translation, Notes and Commentaries*, 1993）。高華士搜集並英譯了南懷仁的天文學著作，反映了清初耶穌會士在清廷傳播歐洲天文學的情形。魏若望編《傳教士・科學家・工程師・外交家南懷仁（1623-1688）》（*Ferdinand Verbiest, S. J. (1623-1688) Jesuit Missionary, Scientist, Engineer and Diplomat*, 1994），為紀念南懷仁逝世三百週年，1988 年在比利時魯汶大學召開了「南懷仁國際學術研討會」，該書是這次會議的論文結集，共收與會中西學者論文 31 篇，按內容分六部分：一、南懷仁的歐洲背景，二、作為科學家的南懷仁，三、作為工程師的南懷仁，四、作為外交家的南懷仁，五、作為傳教士的南懷仁，六、南懷仁對中國和歐洲的影響，全面評述了南懷仁各方面的成就及影響。社會科學文獻出版社 2001 年出版了該書中文簡體字譯本。[51] 探討柏應理生平及其來華傳教活動的有〔比〕韓德力（Jerome Heyndrickx）編《柏應理（1623-1693）：將中國帶到歐洲的人》（*Philippe Couplet, S. J. (1623-1693): The Man Who Brought China to Europe*, 1990），該書是 1986 年在魯汶大學召開的「柏應理國際學術研討會」會議論文的結集，收文 10 篇。比利時耶穌會士柏應理最先將中國哲學及孔子介紹到歐洲，對西方影響極大；他還帶了一位中國教徒沈福宗返回歐洲，一起會見法國國王路易十四；柏應理在晉見教皇述職時，為耶穌會在華的傳教立場作了解釋。該著對柏應理在中國與歐洲及教廷的關係上所扮演的重要角色做了系統闡述。探討明末清初教廷與中國禮儀之爭的有孟儒衛（D. E. Mungello）編《中國禮儀之爭：它的歷史與意

---

[51] 中譯本有〔美〕魏若望編：《傳教士・科學家・工程師・外交家南懷仁（1623-1688）——魯汶國際學術研討會論文集》，北京：社會科學文獻出版社 2001 年版。

義》（*The Chinese Rites Controversy: Its History and Meaning*, 1994），該書是 1992 年 10 月 16-18 日利氏學社在舊金山召開的「中國禮儀之爭在中西歷史中的意義」國際學術研討會論文的結集，收文 15 篇，按內容分五部分：一、介紹。二、禮儀之爭的中國觀點。三、多明我派與未來主義者。四、神學的、政治的爭論。五、過去、現在與未來的禮儀之爭。六、評論。探討中國基督教發展史的有馬雷凱編《耶穌基督的中國面相》（*The Chinese Face of Jesus Christ*, 2002），該書共 5 卷（現已出 4 卷），收錄研究在華耶穌會最新成果，前 4 卷內容涉及從唐朝到當代關於基督教的中國面相的討論，西文、中文有關耶穌基督在華的著作詳解目錄和總索引、詞彙表。第 5 卷擬定為西方傳教士和中國人嘗試用藝術的方式所刻畫的耶穌肖像。值得一提的是，該社還出版了〔美〕安‧絲婉‧富善（Anne Swann Goodrich）撰著的三種研究北京風俗、宗教的專著：《北京東嶽廟》（*The Peking Temple of the Eastern Peak: The Tung-yueh Miao of Peking and Its Lore with 20 Plates*, 1964）、《中國地獄：北京寺廟的十八層地獄與中國的地獄概念》（*Chinese Hells: The Peking Temple of Eighteen Hells and Chinese Conceptions of Hell*, 1981）和《北京紙神：家庭崇拜的觀點》（*Peking Paper Gods: A Look at Home Worship*, 1991），顯示了該社對北京民俗研究的特殊興趣。

利氏學社是致力推動中國天主教史研究的又一機構。台北利氏學社於 1966 年創立，巴黎利氏學社（Institut Ricci de Paris）1972 年創立，舊金山大學利瑪竇中西文化歷史研究所（Ricci Institute for Chinese-Western Cultural History, University of San Francisco）1984 年創立，在此基礎上 1989 年成立國際利氏學社。1999 年又在澳門設立利氏學社。[52]

澳門利氏學社出版與本課題相關的著作有：(1)《〈北京大事記：

---

52 意大利馬切拉塔利氏中心（Istituto Matteo Ricci per le relazioni con l'oriente, Macerata）成立時間較早，與利氏學社無組織隸屬關係。

康熙時期西方歷史資料〉學術研討會論文集》。德國耶穌會士紀理安（1655-1720）留下一部《北京大事記》手稿，主要記述了 1705-1710 年間發生在北京的重要事件，內容涉及教廷使節多羅訪華與中國禮儀之爭。這本論文集圍繞這部手稿的史料價值做了富有深度的探討，共收文 16 篇，書前有魯保祿（Paul Rule）長文評介《〈北京大事記〉的歷史意義》(*The Historical Significance of the Acta Pekinensia*)。正文將所收論文分為三部分：一、《北京大事記》工程。二、《北京大事記》與禮儀問題的背景。三、《北京大事記》與中歐關係的演變。[53]（2）〔波〕萬德化（Artur Wardega）、〔葡〕薩安東（António Vasconcelos de Saldanha）編輯論文集《在一個皇帝的光與影下：徐日昇（1645-1708），康熙帝與在華耶穌會士》。為紀念徐日昇逝世三百週年，2008 年 11 月 10-12 日在里斯本、11 月 27-29 日在澳門舉行了同名學術研討會，提交論文的作者共 22 位。論文按內容分為六部分：一、傳教與人。二、宮廷與中國文化。三、康熙皇帝時期的中國傳教士。四、歐洲科學與知識在中國的披露。五、中俄談判在尼布楚。六、西方音樂傳入中國。[54]

　　比利時魯汶大學南懷仁研究中心是中國天主教史研究、出版的又一個重要機構。其前身為南懷仁基金會（Ferdinand Verbiest Foundation），1982 年由比利時聖母聖心會和魯汶大學共同創立，2007 年易名為南懷仁研究中心（Ferdinand Verbiest Institute），該機構致力於中國天主教史研究，並謀求與中國學者的合作，迄今已舉辦十二次學術會議（每三年

53　The Macau Ricci Institute, *Acta Pekinensia: Western Historical Sources for the Kangxi Reign, International Symposium Organised by the Macau Ricci Institute, Macao, 5th-7th October 2010 (Macau: The Macau Ricci Institute, 2013).*

54　Artur K. Wardega SJ and António Vasconcelos de Saldanha edited, *In the Light and Shadow of an Emperor: Tomás Pereira, SJ (1645-1708), the Kangxi Emperor and the Jesuit Mission in China* (Macau: The Macau Ricci Institute, 2013).

舉辦一次），出版了 31 種外文著作、14 種中文著作。其出版品中與本課題相關者有：〔法〕伊夫斯·德·托瑪斯·博西耶爾夫人（Mme Yves de Thomaz de Bossierre）著《耶穌會士張誠神父傳（1654-1707）：法王路易十四的數學家，法國來華使節團長》(Jean-François Gerbillon, S.J.（1654-1707）: Mathématicien de Louis XIV. Premier Supérieur Général de la Mission Française de Chine)[55]，該書發掘了耶穌會羅馬檔案館、巴黎外方傳教會收藏的有關張誠的檔案和書信，對張誠從暹羅到中國的旅行，張誠伴隨康熙的第三到第八次轙軺旅行，張誠在宮廷的生活，張誠與歐洲的關係做了具有原創性的還原敘述，是迄今唯一的張誠傳記。高華士著《南懷仁的中文天際》(Ferdinand Verbiest, S.J. (1623-1688) and the Chinese Heaven, 2003)，該書彙集了現在歐洲收藏的南懷仁天文學著作約 220 篇，並從天文、漢學、歷史、語言、藏書學等視角進行討論，書中插入大量圖解（60 幅圖片、6 幅圖表、4 幅地圖），對了解西方天文學在中國的傳輸、耶穌會遺存在歐洲的出版物頗有助益。高華士等編《南懷仁與十七世紀在中國的耶穌會科學》(Ferdinand Verbiest and Jesuit Science in 17th Century China)，該書發掘了南懷仁 1676 年寫於北京的兩部未刊手稿，它們曾由俄國使節斯帕法里帶回莫斯科，呈獻給俄國沙皇。譯者將拉丁文本重新編排、譯成英文，並詳加註釋。高華士著《為中國而設的西學圖書館：歐洲與中華耶穌會傳教站間的西書流通（大約 1650 到 1750 年間）》(Libraries of Western Learning for China: Circulation of Western Books between Europe and China in the Jesuit Mission (ca. 1650 –ca. 1750)，全書分三部：第一部《書籍的取得與流通機制》(Logistics of book acquisition and circulation)、第二部《耶穌會圖書館的設立》(Formation of Jesuit libraries)、第三部《圖書與讀者》(Of Books

---

55 中譯本有〔法〕伊夫斯·德·托瑪斯·德·博西耶爾夫人著、辛岩譯：《耶穌會士張誠 —— 路易十四派往中國的五位數學家之一》，鄭州：大象出版社 2009 年版。

and Readers）。該書主要探討「西學東漸」中「書路」（Book Road）如何取代此前的「絲路」在中西文化交流中所扮演的角色。解答那些傳教士想引進什麼書，為何他們認為這些書應該引進，書籍如何取得以及如何流通，中國人如何才能參考這些圖書，有無閱讀流通網的建立，以及這些書籍最後的落腳處等鮮為人知的問題。第一部介紹耶穌會在華傳教站取得西方新書的過程，第二部敘述在華耶穌會的學校及會院怎樣配置西方圖書，第三部介紹引進這些西書的內容。其中在第二部對北京天主教東、南、西、北四堂的圖書館創建和收藏西書情形作了介紹，特別提到龍華民於 1610 年前後所定下的開館策略以及金尼閣與鄧玉函在 1616-1619 年間執行的情況。並對耶穌會圖書館的特色，以及其與當時歐洲耶穌會圖書館作了比較。方豪先生早在 20 世紀 40 年代就注意到西書在中土的收藏、流布這一問題，他撰寫《明季西書七千部流入中國考》、《北堂圖書館藏書志》等文，[56] 發掘了相關中文文獻材料和當時北堂的收藏。高華士此著在材料發掘和歷史還原方面，下力甚大，覆蓋了前此相關成果，體現了其深厚的功力，是一部探討「西學東漸」具有里程碑意義的巨著。

其他還值得提到的中國基督教史研究著作，探討元代蒙古與教廷關係的有：〔法〕伯希和（Paul Pelliot）著、馮承鈞譯《蒙古與教廷》（北京：中華書局，2001 年），澳洲學者羅依果（Igor de Rachewiltz）著《出使大汗的教皇使節》。[57] 探討明末清初來華耶穌會士的專著有：〔法〕裴化行著、管震湖譯《利瑪竇神父傳》（北京：商務印書館，1993 年）；〔美〕鄧恩（George H. Dunne）著、余三樂和石蓉譯《從利瑪竇到湯若

56　參見《方豪六十自定稿》上、下冊，台北：學生書局 1970 年版，第 39-54 頁、1833-1848 頁。

57　Igor de Rachewiltz, *Papal Envoys to the Great Khans* (Stanford: Stanford University Press, 1971).

望 —— 晚明的耶穌會傳教士》（上海：上海古籍出版社，2008 年）；[58]
柏里安著《東遊記 —— 耶穌會在華傳教史 1579-1724》（澳門：澳門
大學，2014 年）；[59]〔英〕林輔華（C. W. Allan）著《耶穌會士在北京宮
廷》；[60]〔英〕羅博登（Arnold Rowbotham）著《傳教士與滿大人：耶穌
會士在清廷》；[61] 魏特著、楊丙辰譯《湯若望傳》（上、下冊，上海：商
務印書館，1949 年）。探討法國耶穌會士的論著有：〔法〕衛青心（Wei,
Louis Tsing-Sing）著、黃慶華譯《法國對華傳教政策》（2 冊，北京：中
國社會科學出版社，1991 年）；柯蘭霓著、李岩譯《耶穌會士白晉的生
平與著作》（鄭州：大象出版社，2009 年）；魏若望著、吳莉葦譯《耶
穌會士傅聖澤神甫傳：索隱派思想在中國及歐洲》（鄭州：大象出版社，
2006 年）等，這些著作在其從事的專題研究上對本課題均有參考價值。
此外，公認的權威性的中國基督教通史著作、工具書，如〔美〕賴德烈
（Kenneth Scott Latourette）著《基督教在華傳教史》；[62]〔英〕阿‧克‧穆
爾（A. C. Moule）著《一五五〇年前的中國基督教史》；[63]〔法〕沙百里
（Jean-Pierre Charbonnier）著、耿昇譯《中國基督徒史》（北京：中國社

58 George H. Dunne S.J., *Generation of giants: the story of the Jesuits in China in the last decades of the Ming Dynasty* (Notre Dame: University of Notre Dame Press, 1962).

59 Liam Matthew Brockey, *Journey to the East: the Jesuit mission to China, 1579-1724* (Cambridge, Mass.: Belknap Press of Harvard University Press, 2007).

60 C. W. Allan, *Jesuits at the Court of Peking* (Shanghai: Kelly and Walsh Limited, 1935).

61 Arnold Rowbotham, *Missionary and Mandarin: The Jesuits at the Court of China* (New York: Russell & Russell, 1966).

62 Kenneth Scott Latourette, *A History of Christian Missions in China* (New York: The Macmillan Company, 1929). 中譯本有〔美〕賴德烈著，雷立柏、靜也、瞿旭彤、成靜譯《基督教在華傳教史》，香港：道風書社 2009 年版。

63 A. C. Moule, *Christians in China before the year 1550* (London: Society for Promoting Christian Knowledge; New York & Toronto: The Macmillan Co., 1930). 中譯本〔英〕阿‧克‧穆爾著、郝鎮華譯《一五五〇年前的中國基督教史》，北京：中華書局 1984 年版。

會科學出版社，1998 年）；〔法〕謝和耐（Jacques Gernet）著、耿昇譯《中國與基督教》（上海古籍出版社，2003 年）；〔法〕費賴之（Louis Pfister）著、馮承鈞譯《在華耶穌會士列傳及書目》（2 冊，北京：中華書局，1995 年）；〔法〕榮振華（Joseph Dehergne）著、耿昇譯《在華耶穌會士列傳及書目補編》（2 冊，北京：中華書局，1995 年），亦是本課題研究常備的參考書。

二、中西文化交流史。在近代以前的歐洲各國中，法國是與中國文化交流較為頻繁的國家。法國漢學界因此對中法文化交流史研究相對也最為重視。提到法國漢學研究，人們自然會想到《通報》（T'oung Pao），該刊創於 1890 年，迄今已出 101 卷，它對中西文化交流史、中西關係史頗為重視，在這一領域刊登了不少力作或史料。與本課題相關的論文有：1890 年第 1 卷 2 期載 Girard De Rialle《十七世紀赴威尼斯的中國使團》（Une mission chinoise à Venise au XVIIe siècle），1891 年第 2 卷 4 期載〔法〕考迪埃（Henri Cordier，一譯考狄，漢名高第）《約翰・曼德維爾》（Jean de Mandeville），1893 年第 4 卷 1 期載宋君榮《韃靼地區霍林人的現狀：宋君榮神父未發表的手稿，發表於此並附序言及評注》（Situation de Ho-lin en Tartarie, Manuscrit inédit du Père A. Gaubil, S. J., publié avec une introduction et des notes），1906 年第 7 卷 4 期載考迪埃《張誠神父未發表的五封信》（Cinq lettres inédites du Père Gerbillon, S. J.），1908 年第 9 卷 1 期載考迪埃《十八世紀法國駐廣州領事館》（Le Consulat de France a Canton au XVIIIe siècle），1911 年第 12 卷 4 期載考迪埃《葡萄牙人來到中國》（L'arrivée des Portugais en Chine），1915 年第 16 卷 4 期載考迪埃《地理及歷史集：宋君榮神父的未刊手稿》（Mélanges géographiques et historiques. Manuscrit inédit du Père A. Gaubil S.J.），1916 年第 17 卷 3 期載考迪埃《對耶穌會的取締及北京傳教團》（La suppression de la Compagnie de Jésus et la mission de Peking），1922 年第

21 卷 5 期載阿‧克‧穆爾《關於鄂多立克的書目札記》（Bibliographical Notes on Odoric），1934 年第 31 卷 1/2 期載普理查德（E. H. Pritchard）《駐北京的傳教士與馬戛爾尼使團有關的書信（1793-1803 年）》（Letters from Missionaries at Peking Relating to the Macartney Embassy (1793-1803)）、伯希和《關於澳門早期的一部著作：張天澤〈中葡 1514-1644 年間的貿易：葡中文獻綜合〉》（Un ouvrage sur les premiers temps de Macao），1936 年第 32 卷 5 期載〔荷〕戴宏達（J. J. L. Duyvendak）《荷蘭早期的中國研究》（Early Chinese Studies in Holland），1938 年第 34 卷 1/2 期載戴宏達《派駐中國宮廷的最後的荷蘭使團（1794-1795）》（The Last Dutch Embassy to the Chinese Court (1794-1795)），1938 年第 34 卷 3 期載陳觀勝（Kenneth Ch'en）《利瑪竇對中國周邊地區所作筆記的可能來源》（A Possible Source for Ricci's Notices on Regions near China）、伯希和《十六、十七世紀中國的方濟會》（Les Franciscains en Chine au XVIe et au XVIIe siecle）、戴宏達《〈實錄〉中最後的荷蘭使團》（The Last Dutch Embassy in the "Veritable Records"），1940 年第 35 卷 5 期載戴宏達《關於荷蘭最後駐中國宮庭的使團的補充文件》（Supplementary Documents on the Last Dutch Embassy to the Chinese Court），1944 年第 39 卷增刊載 Albert Kammerer《十六世紀葡萄牙人對中國的發現以及海圖的繪製》（La Decouverte de la Chine par les Portugais au XVIeme Siecle et la Cartographie des Portulans），1954 年第 43 卷 1/2 期載傅樂淑（Lo-Shu Fu）《康熙年間兩個葡萄牙赴華使團》（The Two Portuguese Embassies to China during the K'ang-Hsi Period），1956 年第 44 卷 1/3 期載 Luciano Petech《關於康熙年間葡萄牙赴華使團的評價》（Some Remarks On the Portuguese Embassies To China in the K'Ang-Hsi Period），1992 年第 78 卷第 4/5 期載劉怡瑋（Cary Y. Liu）《元首都，大都：帝國建造計劃與官僚體制》（The Yüan Dynasty Capital, Ta-Tu: Imperial Building Program and Bureaucracy）。

在研究中西關係方面，《通報》應是最值得我們關注的西方刊物。

法國漢學界研究中歐文化交流史（特別是中法文化交流史）的專著有：〔法〕謝和耐、戴密微（Paul Demiéville）著，耿昇譯《明清間耶穌會士入華與中西滙通》（北京：東方出版社，2011 年）；〔法〕艾田蒲（Rene Etiemble）著，許鈞、錢林森譯《中國之歐洲》（2 冊，桂林：廣西師範大學出版社，2008 年）；〔法〕維吉爾．畢諾（Virgile Pinot）著、耿昇譯《中國對法國哲學思想形成的影響》（北京：商務印書館，2000年）；〔法〕陳艷霞（Ysia Tchen）著，耿昇譯《華樂西傳法蘭西》（北京：商務印書館，1998 年）；〔法〕貝爾納．布里賽（Bernard Brizay）著，王嵋、麗泉、趙麗莎譯《法蘭西在中國 300 年 —— 從路易十四到戴高樂》（上海：遠東出版社，2014 年）；〔法〕藍莉（Isabelle Landry）著，許明龍譯《請中國作證 —— 杜赫德的〈中華帝國全志〉》（北京：商務印書館，2015 年）[64] 等。

此外，李弘祺（Thomas H. C. Lee）編輯《中國與歐洲：16 至 18 世紀的形象與影響》一書，是從 1987 年 3 月在香港中文大學主辦的一次同題學術研討會上提交的 26 篇論文中選擇 13 篇而成，論文多討論這一時期中歐之間的思想、科技、藝術交流和交互影響。[65]

三、**國際漢學中的北京研究。**早在元代，北京已進入西方的視野，並在《馬可波羅行紀》中留下了對元大都的大篇幅記載。但對北京進行研究，而不是停留在一般簡單描述的基礎上，應是在 17 世紀以後。葡萄牙耶穌會士安文思積其在京二十年生活經驗撰寫的《中國新

---

64 Isabelle Landry, *La preuve par la Chine: la "Description" de J.-B. Du Halde, Jésuite, 1735* (Paris: Editions de l'Ecole des hautes études en sciences sociales, 2002).

65 Thomas H. C. Lee edited, *China and Europe: Images and Influences in Sixteenth to Eighteenth Centuries* (Hong Kong: The Chinese University Press, 1991).

史》，用數章篇幅對其所推崇的「北京之宏偉」作了詳細描述，其內容可以說具有研究的成分。18 世紀以後，法國來京的耶穌會士與巴黎出版商合作編輯出版的《中華帝國全志》、《中國叢刊》（或譯作《中國雜纂》），包括大量有關北京的政情、風俗、建築、園林的介紹和研究。俄國東正教第九屆傳教團大司祭比丘林編譯的《北京志》可謂第一部以俄文系統介紹北京的著作。近代以後，隨著西方殖民者侵入北京，以北京為專題的研究著作隨之也大量出現。1876 年上海美華書館出版貝勒撰著《北京及周圍的考古和歷史研究》，介紹了北京及其周圍的文物和歷史。[66] 顧路柏（Wilhelm Grube）是德語世界最早關注北京學的漢學家，他於 1898 年在北京北堂出版的《北京東方學會雜誌》（*Journal of The Peking Oriental Society*）第 4 卷發表《北京喪葬習俗》（Pekinger Todtengebrauche），1901 年出版《北京民俗概況》（*Zur Pekinger Volkskunde*），[67] 比較系統的介紹北京風土人情和社會習俗。1902 年法國出版樊國梁（Alphonse Favier）著《北京：歷史與描述》，對北京的風土人情、人文景觀、政治機構作了全面介紹，並詳敘西方（特別是傳教士）與北京的關係，是近代西人評述北京的一部巨著。[68] 1922 年上海別發洋行出版英國女作家裴麗珠著《北京紀勝》，主要介紹北京的城市風貌、風俗節氣與重要建築。[69] 1924 年倫敦 John Lane 出版社出版喜仁龍著《北京的城牆和城門》，對北京的內外城牆、內外城門做了實地考察和

66 E. Bretschneider, *Archaeological and Historical Researches on Peking and its Environs* (Shanghai: American Presbyterian Mission Press; London: Trübner & Co., 1876).

67 Wilhelm Grube, *Zur Pekinger Volkskunde, Veröffentlichungen aus dem Königlichen Museum für Völkerkunde,* Königliche Museen zu Berlin; Bd. 7, Heft.1-4 (Berlin: W.Spemann,1901).

68 Alphonse Favier, *Peking, histoire et description* (Peking: Impr. Lazaristes, 1897. reed. 1898; Lille: Societe de Saint Augustin, 1900; Lille: Desclee de Brouwer, 1902).

69 Juliet Bredon, *Peking: A Historical and Intimate Description of its Chief Places of Interest* (Shanghai: Kelly & Welsh, 1922 & 1931).

描述，並配以大量相關圖片，在北京城門、城牆盡遭拆毀的背景下，該書具有歷史文獻價值。[70]1932 年倫敦出版斯文赫定（Sven Hedin）著《熱河：帝王之城》，介紹了熱河的寺廟建築和歷史，並備一章述及馬戛爾尼使團在熱河覲見乾隆的情形。[71]1934 年美國伊利諾伊大學出版社出版麻倫（Carroll Brown Malon）著《清代北京圓明園和頤和園的歷史》，詳介康熙到乾隆時期圓明園的建造，在第二次鴉片戰爭時期被劫以及衰落的情形。這是較早系統介紹清朝皇家園林的一部專著。[72]1935 年北平魏智初版阿靈頓（L.C. Arlington）的《尋找老北京》，對北京內、外城的重要景觀及其傳說故事做了翔實介紹。[73] 南希·斯坦哈特（Nancy Shatzman Steinhardt）著《中國帝都規劃》（*Chinese Imperial City Planning*），其中第八章對明清時期的北京城市規劃作了探討。[74]2000 年美國加州大學出版社出版韓書瑞（Susan Naquin）的巨著《北京寺廟與城市生活（1400-1900）》，以寺廟為中心展示了明清時期的北京城市生活和社會風貌。[75] 此外，〔俄〕斯卡奇科夫（P. E. Skachkov）著，柳若梅譯《俄羅斯漢學史》（北京：社會科學文獻出版社，2011 年）前六章相當一部分內容評述俄國傳教團傳教士在北京的漢學研究；〔英〕傅熊（Bernhard Führer）著，王艷、〔德〕儒丹墨（Rudanmo）譯《奧地利漢學史》（上

---

70 Osvald Siren, *The Walls and Gates of Peking* (London: John Lane press, 1924).

71 Sven Hedin, *Jehol, city of emperors*, translated from the Swedish by E. G. Nash (London: Kegan Paul, Trench, Trübner and Co., Ltd., 1932).

72 Carroll Brown Malone, *History of the Peking Summer under the Ch'ing Dynasty* (Urbana: The University of Illinois Press, 1934).

73 L.C. Arlington and William Lewisohn, *In Search of Old Peking* (Peking: Henri Vetch, 1935).

74 Nancy Shatzman Steinhardt, *Chinese Imperial City Planning* (Honolulu: University of Hawai'i Press, 1990)

75 Susan Naquin, *Peking: Temples and City Life, 1400-1900* (Berkeley: University of California Press, 2000).

海：華東師範大學出版社，2011 年）在「起始時期」一篇介紹了衛匡國（Martino Martini）、白乃心（Jean Grueber）、恩理格（Christian Herdtricht）、劉松齡、魏繼晉（Florian Bahr）等來京傳教士的漢學成就。可以說，北京作為西方漢學經久不衰的題材，其歷史文化、風土人情和城市建築，是西方漢學家、外交使節和旅行家們津津樂道的話題。

四、中西關係史。中西關係構成元、明、清時期北京與西方文化交流的大背景。有關中西關係史的通論性著作有：〔美〕馬士（Hosea Ballou Morse）著，張滙文等譯《中華帝國對外關係史》（上海：上海書店出版社，2000 年）；〔英〕赫德遜（Geoffrey Francis Hudson）著，李申、王遵仲、張毅譯《歐洲與中國》（北京：中華書局，2004 年）；孟德衛著，江文君等譯《1500-1800 中西方的偉大相遇》（北京：新星出版社，2007 年）。探討中意關係的有：〔意〕白佐良（Giuliano Bertúccioli）、〔意〕馬西尼著，蕭曉玲、白玉崑譯《意大利與中國》（北京：商務印書館，2002 年）。探討中荷關係史有〔荷〕包樂史（Leonard Blussé）著，莊國土、程紹剛譯《中荷交往史》（阿姆斯特丹：路口店出版社，1989 年，北京：1999 年修訂版）。探討中英關係的有：普理查德著《早期中英關係的關鍵年代》[76] 及《十七、十八世紀中英關係》；[77]〔法〕阿蘭・佩雷菲特（Alain Peyrefitte）著，王國卿、毛鳳支等譯《停滯的帝國 —— 兩個世界的撞擊》（北京：三聯書店，1993 年）；〔英〕格林堡（Michael Greenberg）著，康成譯《鴉片戰爭前中英通商史》（北京：商務印書館，1961 年）；〔美〕何偉亞（James L. Hevia）著，鄧常春譯《懷柔遠人：馬

---

76 Earl H.Pritchard, *The Crucial Years of Early Anglo-Chinese Relation, 1750-1800* (Washington: Research Studies of the State College of Washington, 1936).

77 Earl H.Pritchard, *Anglo-Chinese Relations during Seventeenth and Eighteenth Centuries* (Urbana: The University of Illinois Press, 1930).

嘎爾尼使華的中英禮儀衝突》（北京：社會科學文獻出版社，2002 年）等。研究中俄關係史的論著有：〔法〕加斯東·加恩（Graston Cahen）著，江載華、鄭永泰譯《彼得大帝時期的俄中關係史（1689-1730 年）》（北京：商務印書館，1980 年）；〔俄〕特魯謝維奇（Trusevich）著，徐東輝、譚萍譯《十九世紀前的俄中外交及貿易關係》（長沙：岳麓書社，2010 年）；〔俄〕阿·科爾薩克（A. Korsak）著，米鎮波譯《俄中商貿關係史述》（北京：社會科學文獻出版社，2010 年）；〔蘇〕米·約·斯拉德科夫斯基（Mikhail Iosifovich）著，宿豐林譯《俄國各民族與中國貿易經濟關係史（1917 年以前）》（北京：社會科學文獻出版社，2008 年）；〔英〕約·弗·巴德利（John Frederick Baddeley）著，吳持哲、吳有剛譯《俄國·蒙古·中國》（上、下卷，北京：商務印書館，1981 年）等。從歷史的角度考察，俄國、英國是在近代以後才真正對中國產生較大影響的歐洲國家，歷史學者因為後來的重要，往往因此將眼光回溯到前近代。比較而言，西方學者在研究中俄關係史、中英關係史方面積累的成果相對更有分量。

20 世紀 70、80 年代以來，西方研究中西關係史或中西文化交流史呈現出某些新的特點或新的趨向，值得我們關注：

第一，研究呈現整體視野。西方學者在研究西方與東方、西方與中國的歷史關係方面不乏體系龐大、敘事宏闊的巨著，如〔美〕唐納德·F·拉赫（Donald F. Lach）著《歐洲形成中的亞洲》，全書三卷，從 1965 年出版第一卷，到 1970、1977 年出版第二卷，再到 1993 年出版第三卷，前後耗時近三十年，這是一部敘事宏大、取材豐富的巨著。[78]

---

78 Donald F. Lach, *Asia in the Making of Europe*, 3 Vol. (Chicago: University of Chicago Press, 1965, 1977, 1993). 中譯本有〔美〕唐納德·F·拉赫著、周寧總校譯：《歐洲形成中的亞洲》（3 卷，9 冊），北京：人民出版社 2013 年版。

作者的關注點在「發現」亞洲對歐洲形成的影響，這是一個全新的主題。第一卷《發現的世紀》敘述地理大發現時代歐洲與亞洲的「新信息渠道」（香料貿易、印刷文獻、基督教傳教團），以及來自葡萄牙人、耶穌會士、意大利人、英國人、荷蘭人的印度觀、東南亞觀、日本觀、中國觀。第二卷《奇跡的世紀》的視覺藝術篇敘述歐洲各國的亞洲珍寶收藏、各類藝術品收藏和亞洲動物繪畫；文學藝術篇則展示了16世紀進入歐洲的亞洲圖書對歐洲各國文學的影響；學術研究篇則探討了技術與自然科學、製圖和地理學、引入歐洲語言中的亞洲語彙。第三卷《發展的世紀》先從歐洲各國對亞洲的貿易、葡萄牙保教權下的亞洲傳教活動、歐洲各國文獻中的亞洲三方面探討歐亞之間的關係，然後分別論述歐洲人在南亞、東南亞、東亞的活動。全書表現了作者的整體視野，將歐洲與亞洲的互相關聯全面地展現出來。

　　無獨有偶，另一部以亞洲為研究對象的〔美〕莫菲特（Samuel H. Moffett）著《亞洲基督教史》（*A History of Christianity in Asia*, 香港：基督教文藝出版社，2000 年），同樣是一本「資料豐富，視野廣闊，治學嚴謹卻能深入淺出」的好書，作者在序中自稱：「著手進行這本早期亞洲基督教研究，是希望提醒大家：教會始自亞洲，教會最早的歷史是亞洲教會史。其首個中心亦在亞洲。」該書對從古代到 1900 年的亞洲基督教史做了全景式的描述。

　　上述兩書的敘史方式，可能因受研究主題所限，涉及的是亞洲與歐洲的關係，但作者處處留意二者之關聯，不是從局部，而是從整體把握歐亞之間的關係，注重發掘亞洲在與歐洲交往中的影響因素，這一研究取向可能與全球史的興起和全球史觀念的風行有一定關係。

　　第二，研究視角逐漸調整到以研究中國對歐洲的影響為主，改變了殖民統治時代或帝國主義時代強調西方對東方影響的偏向。如法國學者艾田蒲所著《中國之歐洲》（*L'Europe Chinoise*），這部作者用時五年撰

寫的兩卷本巨著，上卷《從羅馬帝國到萊布尼茨》，論述從羅馬帝國時代與中國的早期交流到阿拉伯遊記、《馬可波羅行紀》描述的中國，再到明末清初耶穌會士從中國帶來的消息及在歐洲產生的反應；下卷《西方對中國的仰慕到排斥》，內涉羅馬教廷否認耶穌會士眼中的中國之歐洲、17 至 18 世紀歐洲戲劇中的幾個中國側面、仰慕中國的伏爾泰、仰慕與排斥中國者之間的爭論。作者從前言《歐洲中心論招搖撞騙的傑作：谷登堡為印刷術發明家》開宗明義就高舉反對歐洲中心主義的大旗，表現了其超越歐洲本土文化的情懷。誠如中譯本譯者許鈞所評價的那樣：「他不像以往某些崇尚中國的思想家，對中國文化隔霧看花，盲目崇拜，而是刻意尋求真切的了解；也不像當代一些平庸的文化史家，只滿足於對既成的文化事實作一般性的考察和描述，而是力圖對所描繪的事實作當有的思考和評價，他高於前人和同輩的地方，似乎正在於他對自己的研究對象，既充滿一種激情、一種真情實感，又具有深刻的理性認識。換言之，他能把自己對中國文化的熱愛、迷戀建立在理性的科學基礎之上，切忌以個人感情好惡來代替理性評判。他在這部著作中尖銳地批評了西方某些哲學家憑借對中國的一知半解和個人好惡，濫用自己的感情，或『捧』，或『罵』，愛走極端的傾向。」[79]

又如法國學者維吉爾·畢諾的《中國對法國哲學思想形成的影響》一書，該書中譯本譯者耿昇認為，「作者從宏觀上論述了 17-18 世紀中國對法國哲學思想形成的影響，尤其是以儒家思想為代表的中國文化與以基督教為代表的西方文化的衝撞、影響及造成的後果。他對法國人自西東來的過程，以及由此而引起的西學東漸和東學西漸的許多問題，都有獨到的見解，觀點也比較公正客觀」。「他立足於法國哲學思想史，

---

79 〔法〕艾田蒲著，許鈞、錢林森譯：《中國之歐洲》上卷，桂林：廣西師範大學出版社 2008 年版，〈譯序〉第 4-5 頁。

從中揭示出受中國哲學思想和文化影響並且汲取了中國文化營養的成分，巧妙地將中國文化史與法國文化史有機地結合起來，全面論述，深入分析，從整體上得出了概括性的結論。這種做法在外國的中國學研究領域中還未曾有過先例。因為西方的漢學家，往往懂得中國史而不精通本國史，精通本國史的學者對於中國史又不甚了解，這兩個領域之間似乎總有一條鴻溝相阻隔。畢諾的這部書可以說打破了這種阻隔，為研究中西文化交流開闢了新的蹊徑。」[80]

文化交流的深入之處在於價值交流。兩書作者關注的主題是中國文化（特別是中國哲學）對歐洲的影響，表現了他們對歐洲與中國文化交流的深度關切，實際上也是承認了中國文明的合理性及其存在價值，這可以說是後殖民時代西方學術界出現的新的文化轉向。

第三，注重發掘相關檔案文獻。發現新的材料是推動歷史研究進步的主要途徑，中西關係史研究自然也不例外，最近二、三十年來西方有關中西關係史方面比較有分量的論著在這方面都有出色的表現。如維吉爾·畢諾的《中國對法國哲學思想形成的影響》一書，該書第一卷第一篇《有關法國認識中國的資料》，即著力介紹 17、18 世紀法國耶穌會士有關中國的材料，篇幅佔全書的三分之一。第二卷《有關法國認識中國的未刊文獻》，收入傅聖澤致羅特蘭修道院長、弗雷烈致入華耶穌會士等書簡，共 41 件，這些書簡在〔法〕杜赫德（Jean-Baptiste Du Halde）編輯的《耶穌會士中國書簡集》均未見收。有關探討法國「國王的數學家」赴華的兩本論著：伊夫斯·德·托瑪斯·德·博西耶爾夫人《耶穌會士張誠 —— 路易十四派往中國的五位數學家之一》（鄭州：大象出版社，2009 年）及柯藍妮《耶穌會士白晉的生平與著作》也從

---

80 〔法〕維吉爾·畢諾著、耿昇譯：《中國對法國哲學思想形成的影響》，北京：商務印書館 2000 年版，〈譯者的話〉第 2 頁。

法國國家圖書館、耶穌會羅馬檔案館、倫敦公共檔案部、巴黎外方傳教會等處發掘了大量未刊的法文手稿、拉丁文手稿文獻材料。探討馬戛爾尼使團訪華的兩本最有份量的著作：佩雷菲特《停滯的帝國》幾乎利用了英國、法國、中國三方收藏的檔案文獻材料，何偉亞《懷柔遠人》從英國印度事務部發掘了馬戛爾尼、阿美士德使團的檔案材料。

第四，注重關鍵「地方知識」的發掘與研究。在中國廣大的區域中，究竟哪些地方對西方來說更為重要？當然是那些與西方利益關聯度較高的地方。西方的中國地方研究主要集中在三個區域：少數民族邊疆地區、北京、沿海通商口岸。其中對北京的關注和研究，可謂西方持續千年、不斷積累的核心「地方知識」。西方對中國的研究從其初始即關注中國的少數民族與邊疆地區的研究，與漢唐史、元史、清史相關的西域學、敦煌學、蒙古學、藏學、滿學這些學問的興起，表現了西方對中國少數民族和邊疆地區的高度關注，即反映了西方的這一價值取向。漢唐時期的長安為中外文化交流的中心，西人經中亞、西域，沿絲綢之路萬里迢迢來到長安，但在西方歷史文獻中對這方面的記載相對匱乏。在近代以前，北京無疑是西方最為重視的中國城市，人們幾乎找不到第二個像北京這樣更能對西方產生持久吸引力並留下諸多歷史紀錄的城市。對於其他區域只能說有些零星的觀察紀錄，沒有系統的研究。近代以後，隨著一批沿海通商口岸的開埠，西方逐漸將注意力轉移到經營他們獲取特權和租界的通商口岸城市。

中西文化關係史研究是歐美漢學研究的強項。在長期的研究過程中，他們形成了自己的學術傳統，佔有了支撐其優勢地位的學術資源。相對來說，我們的中西文化關係史研究仍是一個比較薄弱的環節。要迎頭趕上歐美在這方面的學術水準，尚需下大力氣，不斷進取，做出艱苦的努力。

五、研究「古代北京與西方文明」課題的主要內容、基本思路

研究「古代北京與西方文明」這一課題，主要是探討古代北京與西方文明之間關係，它主要包括兩方面內容：一方面探討西方人士在北京的活動及其相關歷史記載，西方有關北京的歷史文獻及其所形成的北京形象，西方人士的「北京經驗」對西方文化、歷史的影響；一方面探討嵌入北京的「西方元素」（如天主教、基督教、東正教）對北京城市文化及中國歷史文化的影響。具體探討的問題主要為：一、元朝中西交通的新形勢及西人在「汗八里」的活動與相關歷史記載。二、明末清初西方耶穌會士在北京的活動與相關歷史文獻。三、明末清初俄國使團的「北京經驗」。四、18 世紀法國耶穌會士的「北京經驗」。五、俄羅斯東正教傳教團的「北京經驗」。六、西方外交使節（主要是羅馬教廷、荷蘭、葡萄牙）的「北京經驗」。七、英國馬戛爾尼、阿美士德使團的「北京經驗」。這是一項跨元明清史、中西關係史、國際漢學、北京史等領域的研究。

研究「古代北京與西方文明」課題，旨在通過發掘鴉片戰爭以前北京與西方交往的歷史文獻材料，主要是傳教士、外交使節、旅行者來京訪問、旅行、工作或居住的歷史文獻，勾勒鴉片戰爭以前西方人士的「北京經驗」，評介西方與北京相關的重要歷史人物及其代表作，從而梳理「西方北京學」的歷史沿革，構築「西方北京學」的基本框架，將「西方北京學」內含的豐富性、複雜性呈現出來；對鴉片戰爭以前西方人士來京的諸多歷史作用、鴉片戰爭以前西方與中國文明及實力重新做出評估，為中西關係史、國際漢學、北京史研究拓展一片新的天地。

在文獻材料上，本課題以利用鴉片戰爭之前來京西方人士撰寫的遊記、回憶錄、書信、日記、調查報告和美術作品等紀實、寫實的作品

為主，同時參考西文相關研究著作和中文歷史文獻材料（特別是檔案文獻），做到中西結合，中西文獻相互印證。應當承認，西方文獻材料具有不同於中文歷史文獻材料的自身特點，來華西人初來乍到，他們的觀察和活動常常帶有「田野考察」的性質。他們觀察的視角和留意的地方，常有中文文獻所不涉及，或語焉不詳，或避諱之處。來京的西方使節或傳教士多受到清朝皇帝的召見，他們對觀見清帝時的宮廷場景、皇帝相貌的描寫，對接受的外交禮儀之重視，在中文文獻中常常鮮見道及；他們因條件限制，多只與接待的官員發生關係，對接觸的滿漢官吏差異的敏銳洞察，是極好的政治史材料；早期西方來華使節、傳教士和旅行者幾為清一色的男性，他們對中國婦女裝束審美趣味的品頭論足，可謂當時婦女生活的寫生素描。日本學者矢澤利彥發掘、利用這方面的材料，撰寫過《西人所見 16-18 世紀的中國婦女》、《西人所見的中國皇帝》、《西人所見 16-18 世紀的中國官僚》三著，顯示出西文文獻材料的特殊性。[81]

在結構佈局上，本課題將全面介紹與重點研究相結合，即先以概略性的文字評述某一時期或某一專題西方人士的「北京經驗」，然後以代表人物或重要文獻為案例作重點解析。在已有研究的基礎上，採取詳人所略，略人所詳的做法，盡量爭取詳略得當。

在問題設置上，本課題既與傳統的中外文化交流史重視中外之間科技、藝術交流有別，也與一般意義上的中國外交史關注雙方訂立的條約制度不同，它以研究元、明、清（鴉片戰爭以前）來京的西方傳教士和遣使的「北京經驗」為主，著重探討西人來京的路線、途徑，在京居

---

81 參見〔日〕矢沢利彥著：《西洋人の見た十六～十八世紀の中國女性》，東京：東方書店 1990 年版；《西洋人の見た中國皇帝》，東京：東方書店 1992 年版；《西洋人の見た十六～十八世紀中國官僚》，東京：東方書店 1993 年版。

住、生活、活動和通信手段，與元、明、清三朝和北京士人的交往，對北京建築、風俗、歷史、地理的觀察和研究，在北京對中國政治、經濟、文化和軍事情報的搜集和研究等問題。這些問題大多不在傳統的中西關係史、中西文化交流史的視野之內。

開展「古代北京與西方文明」的課題研究，具有重要的學術價值：第一，西方人士的「北京經驗」既是中西關係（特別是中西文化交流）的核心內容，是我們了解中西關係的主要線索，又是西方世界想像北京的重要歷史素材，構成西方視野裡「北京形象」的源泉。開展本課題研究，有助於我們了解西方視野裡的北京形象及其演變，有助於深化中西關係史的研究。第二，「鴉片戰爭以前西方人士的『北京經驗』」構成國際漢學研究（特別是傳教士漢學）的重要組成部分。西方來京人士留下的歷史文獻，如《馬可波羅行紀》、利瑪竇著《耶穌會與天主教進入中國史》、《耶穌會士中國書簡集》、《馬戛爾尼勳爵私人日誌》等，既是西方人士有關其「北京經驗」的歷史記錄，又是西方漢學的經典。研究這些名著所包含的西人「北京經驗」，將大大拓展、充實現有的國際漢學研究，有助對西方北京學知識譜系的掌握。第三，北京與外來文明之間的關係，是北京史研究中的薄弱環節，開展本課題研究，意在充實這一領域的研究，從一個側面深入拓展北京史研究。第四，隨著北京的國際化程度越來越高，北京的國際地位日益提升，在人們呼喚把北京建設成為第一流國際大都市的時刻，我們務必對北京作為歷史文化名城的外來文化因素做一系統清理，從而使北京建設國際化大都市的構想建立在紮實、可靠、穩固的歷史基礎之上。

第一章

歐洲與中國文明對話的新開端

—— 以西人在元大都「汗八里」的經驗為中心的考察

從元朝開始，歐洲與中國文明的對話和交流進入一個新階段。這裡所謂「新」主要包含三層意義：一是從元朝開始，中歐文化交流地點發生了轉移，歐洲與中國文化交流的重心由長安轉向元大都——「汗八里」。二是從元朝開始，歐洲與中國的交往正式見諸於各種西人遊記、書信記載，例如，《馬可波羅行紀》、《鄂多立克東遊錄》、《馬黎諾里遊記》等即是當時意大利商人、遣使遊歷中國的代表性作品，它們見證了歐洲與中國交往的歷史，也是最早報道北京的西方遊記作品。三是從元朝開始，羅馬教廷派遣孟高維諾（Giovanni da Montecorvino）[1] 等方濟各會士赴元大都，在這裡設立教堂，發展信徒，從此羅馬天主教傳入到中國內地，中西宗教交流進入一個新的階段。[2]

不過，有關元朝時期中西交通的材料在中國史籍中的記載相對較少，作為正史的《元史》除了記述也里可溫教和馬黎諾里（Giovanni de' Marignolli）使華外，鮮少相關記載，這反映了明朝對前朝這方面史跡的忽略甚至可能是忌諱。因此今天我們研究有元一朝的中西交通史主要是依賴西籍史料。英國著名東方學家裕爾（Henry Yule）編譯的四卷本巨著《東域紀程錄叢——古代中國聞見錄》（*Cathay and the way thither: being a collection of medieval notices of China*）即是這方面文獻的滙集，張星烺編注、

---

1 即本書導論引佟洵主編《基督教與北京教堂文化》所譯之約翰·蒙特·科維諾，以及下文引張星烺編注《中西交通史料滙編》所譯之約翰孟德高維奴。

2 有關元代在中西交通史上的歷史地位，向達先生曾指出：「從元代以後，西方——或者更確實一點是歐洲——的文化逐漸向東方傳佈。七百年來的中國，同西方的文化一天一天的接近，同印度的文化一天一天的離遠。」他還說：「到了元朝，中西交通之盛，為以前所未有，西方歐洲諸國的人士聚焦於和林以及大都者為數不少。加以也里可溫教的存在和僧人約翰的傳述，於是羅馬教皇便想用宗教的力量來感化這獷悍的蒙古人，以求得一次意外的收穫……那時北京一隅，奉天主教的至幾萬人，漳泉一帶，都有教堂，也可算盛矣。」對元代在中國與西方（歐洲）關係的新拓展所起的歷史作用給予高度評價。參見向達：《中西交通史》，〈敘論〉，長沙：岳麓書社 2012 年版，第 7-8 頁。

朱傑勤校訂的《中西交通史料滙編》第 1 冊第五章〈元代中國與歐洲之交通〉即多取材於該書。[3] 以往論者對馬可·波羅及其遊記研究相對較多，[4] 而對孟高維諾、鄂多立克（Odorico da Pordenone）、馬黎諾里等方濟各會士留下的遊記、書信論述較少。本章試以現存西籍所載「汗八里」的材料為基礎，勾勒西人最初的北京形象 ——「汗八里」。

一、中西交通的新形勢及西人來華路線

13 世紀蒙古族的鐵蹄遍佈歐亞大陸，在他們所征服地區，成吉思汗及其子孫們先後建立元朝和四大汗國：金帳汗國、察合台汗國、窩闊台汗國、伊利汗國。這些汗國將歐亞大陸連成一片，在被征服的廣闊疆

---

3 參見張星烺編注、朱傑勤校訂：《中西交通史料滙編》第 1 冊，北京：中華書局 2003 年版，第 255-420 頁。H. Yule trans & ed., *Cathay and the Way Thither*, 4 Vol. (London: Hakluyt Society, 1913-1916). 1938-1939 年該書在我國影印出版，由文殿閣書莊發售。該書第一卷有中譯本〔英〕裕爾撰、〔法〕考迪埃修訂、張緒山譯：《東域紀程錄叢 —— 古代中國聞見錄》（昆明：雲南人民出版社 2002 年初版；北京：中華書局 2008 年再版）。第二卷《珀德農的鄂多立克》（*Odoric of Pordenone*）有中譯本〔意〕鄂多立克著、何高濟譯：《海屯行記、鄂多立克東遊錄、沙哈魯遣使中國記》（北京：中華書局 2002 年版），但註釋部分刪略不少。第三卷分《來自中國和印度傳教士的信件和報告》（*Letters and Reports of Missionary Friars from Cathay and India*）、《蒙古人治下的中國》（*Cathay under the Mongols*）、《裴戈羅提有關前往中國路線的記載》（*Pegolotti's Notices of the Land Route to Cathay*）、《馬黎諾里的東方行記》（*Marignolli's Recollections of Eastern travel*）四部分。大部分內容的中譯文見諸張星烺編注、朱傑勤校訂：《中西交通史料滙編》第 1 冊，第 318-420 頁。第四卷為《伊本·白圖泰遊記》（*Ibn Batuta's Travels in Bengal and China*）、《鄂本篤從阿格拉到中國行記》（*The Journey of Benedict Goës from Agra to Cathay*）。

4 中文有關馬可波羅的權威研究論著首推楊志玖著《馬可波羅在中國》，近有彭海著《馬可波羅來華史實》。而專就《馬可波羅行紀》記述元大都盛景研究之論文則有張寧《〈馬可波羅行紀〉中的元大都》，收入余士雄主編：《馬可波羅介紹與研究》，北京：書目文獻出版社 1983 年版，第 85-106 頁。朱耀廷：《〈馬可波羅行紀〉中的元大都 —— 農業文化與草原文化結合的產物》，載《北京聯合大學學報（人文社會科學版）》2009 年第 2 期等文。

域，蒙古各大汗國之間為了政治、軍事、經濟方面聯繫的必要，開拓海陸交通，建立通訊驛站，從而使中國與中亞、西亞、歐洲地區的聯繫和來往更加緊密。

與以往歷朝相比，蒙元帝國交通之發達，主要體現在海運交通和郵驛制度這兩方面。白壽彝先生論及元代海運開拓的重要性時說：「元明清交通底特色，是海運底發達。」「元以前的海運，並不是有整個的計劃，而元以前的海運也與國家大計，無密接的關係。自元時起，海運底意義便顯然和以前不同，這時的海運，顯然關係著國家底根本；它在元明清的重要，一如運河之在唐宋。」[5] 方豪先生指出元朝時期郵驛之發達：「元代幅員最廣，東西交通亦最發達，欲究其原因，誠不易言，而我國之郵驛制度亦以元時為最發達，實為最大原因之一。然以郵驛完善，乃促進交通之頻繁；而交通之頻繁，固亦使郵驛之制，益臻完善也。」[6] 鄂多立克的遊記對蒙元驛站發達情形的形象報道，可為此提供佐證：

因為旅客需要供應，所以他叫在他的整個國土內遍設屋舍庭院作為客棧，這些屋舍叫做驛站（yam）。這些屋舍中有各種生活必需品，〔對於在那些地區旅行的一切人，無論其境況如何，有旨叫免費供給兩餐。〕當帝國中發生新事時，使者立刻乘馬飛奔宮廷；但若事態嚴重緊迫，他們便乘單峰駱駝出發。他們接近那些驛站 —— 客棧或車站時，吹響一隻號角，因此客棧的主人馬上讓另一名使者作好準備；前來投遞情報的騎士把信函交給他，他本人則留下來休息。接過信的另一名使者，趕快到下一驛站，照頭一人那樣做。這樣，皇帝在普通的一天時間

5　白壽彝：《中國交通史》，北京：商務印書館 1993 年版，第 159-160 頁。

6　方豪：《中西交通史》下冊，上海人民出版社 2008 年版，第 325 頁。

中得知三十天旅程外的新聞。

　　但步行的急差則另有安排，一些被指派的急差長期住在叫急遞鋪
（chidebeo）的驛舍中，而這些人腰纏一帶，上懸許多鈴子。那些驛舍彼
此相距也許有三英里；一個急差接近驛舍時，他把鈴子搖得大聲叮噹
響；驛舍內等候的另一名急差聽見後趕緊作準備，把信盡快地送往另一
驛舍。於是消息從一名急差轉給另一急差，迄至它送抵大汗本人。總
之，整個帝國內發生的事，他就能馬上或者至少迅速地全部獲悉。[7]

內中有關急遞鋪之敘述，與中文文獻《經世大典・急遞鋪總序》所記內
容頗為接近。[8] 蒙元交通、郵驛之空前發達，成為蒙元史的一大特徵。因
而研究蒙元交通也成為中外學術界的一大課題。[9]

　　元代發達的交通網絡，為西人來華提供了必要條件。西人前往元
大都「汗八里」所走的路線，大致可分為陸路、海路兩途。選擇陸路者
可以馬可・波羅、馬黎諾里為代表。馬可・波羅是從意大利出發，渡過
地中海，先到君士坦丁堡，然後橫過黑海，到達克里米亞，再穿過西
域的大沙漠，到達上都，最後南下抵達人都。[10] 馬黎諾里先由海道抵君
士坦丁堡，然後渡黑海抵喀法，穿過察合台汗國都城阿力麻里，「過沙

7　H. Yule trans & ed, *Cathay and the Way Thither*, Vol.2, pp.231-233. 中譯文參見何高濟譯：《海屯
　　行紀、鄂多立克東遊錄、沙哈魯遣使中國記》，北京：中華書局 2002 年版，第 84-85 頁。

8　參見方豪：《中西交通史》下冊，第 327-328 頁。

9　有關這方面的研究成果，參見德山：《元代交通史》，呼和浩特：遠方出版社 1995 年版。
　　党寶海：《蒙元驛站交通研究》，北京：崑崙出版社 2006 年版。德國學者奧博瑞熙特
　　的《13-14 世紀蒙古統治下中國的驛站交通》（Peter Olbricht, *Das Postwesen in China unter der
　　Mongolenherrschaft in 13. und 14., Jahrhundert*, Wiesbaden: Otto Harrassowitz, 1954）。〔日〕岩井
　　大慧：〈元代の東西交通〉，收入東京帝國大學史學會編：《史學會創立五十週年紀念
　　東西交涉史論》上卷，東京：冨山房，1939 年版，第 359-394 頁。

10　參見尚銘：〈馬可・波羅和《馬可波羅遊記》〉，收入陳開俊等譯：《馬可波羅遊記》，
　　福州：福建科學技術出版社 1981 年版，第 1 頁。

山，乃至東方帝國都城汗八里」。[11] 選擇海路者以鄂多立克、孟高維諾為代表。鄂多立克是從君士坦丁堡出發，先到巴格達，再由波斯灣乘船經過印度、斯里蘭卡、蘇門答臘，最後抵達中國廣州，以後走陸路到揚州，沿大運河北上到大都。[12] 孟高維諾先到波斯國討來思城，然後泛洋至印度，再經東南亞海域、南海到中國。[13] 歐諺曰：「條條大路通羅馬。」在 13、14 世紀，元大都作為世界性的大都會，可謂四通八達，條條大路通大都。

由於陸上交通相對便捷，當時「歐洲的旅行者們前往中國旅行大多數走的是陸路」，這與明清時期主要通過海路前往中國的西方傳教士、商人明顯有別。張星烺先生論及元朝中歐通商情形時指出：「裴哥羅梯之《通商指南》最可證明當時中歐通商之盛。氏雖未親至東方，然確聞諸曾至東方商人。吾人讀其書，可悉當時歐亞二洲陸道通商所經之道途及情況若何也。」[14] 此處張星烺先生所說的裴哥羅梯（Francesco Balducci Pegolotti）的〈通商指南〉，第一章即述「陸道至契丹」。張先生附註曰：「《元史》卷一一七〈朮赤傳〉，謂其封地在西北極遠，去京師（汗八里即北京）數萬里，驛騎急行二百餘日方達京師，朮赤封地即欽察國。後經拔都力征經營，疆宇更廣。其都城在窩爾加河畔撒雷城。約翰孟德高維奴第一遺札言由克里米亞至北京須時五六月，裴哥羅梯

---

11 H. Yule trans & ed, *Cathay and the Way Thither*, Vol.3, pp.209-214. 中譯文參見《馬黎諾里遊記》，收入張星烺編注、朱傑勤校訂：《中西交通史料滙編》第 1 冊，第 351-353 頁。

12 參見何高濟譯：《鄂多立克東遊錄》中譯者前言，收入《海屯行紀、鄂多立克東遊錄、沙哈魯遣使中國記》，第 31-32 頁。

13 H. Yule trans & ed., *Cathay and the Way Thither*, Vol.2, p.43. 中譯文參見〈約翰孟德高維奴信之一〉，收入張星烺編注、朱傑勤校訂：《中西交通史料滙編》第 1 冊，第 320 頁。

14 〈三六、商人裴哥羅梯及其《通商指南》〉，收入張星烺編注、朱傑勤校訂：《中西交通史料滙編》第 1 冊，第 413 頁。

《通商指南》謂須時八閱月以上。三書小有不同，而大抵相符也。」**15** 也就是說，當時從歐洲由陸路來元大都，大約需六到八月不等。而從海路來華，則需兩年多時間。

元朝後期，各大汗國之間烽火連天、戰爭不斷，陸路交通受到阻礙。孟高維諾在對陸、海兩路進行比較時提到這一點：「來此道途，以經峨特（Goths）國境（今克里米亞 Crimea）為最便捷。沿驛道，隨郵差而行，五六閱月即可抵此。若由海道則道途遼遠，且危險萬狀。其第一程，約與阿扣港（Acre）至渤洛文斯省（Provence，古代法國省名）相等。第二程，約與阿扣港至英格蘭相等。苟無信風，至有須二年餘始得抵此者。然陸道梗絕，不通已久，韃靼諸王自相攻伐故也。」**16** 馬黎諾里後來也由於各大汗國互相攻擊，陸路交通受到阻斷，被迫改由海路返回。他述此情時說：「陸路因有戰爭，閉塞不通，行旅裹足。」**17** 伴隨著蒙元帝國的崩潰，中西交通的諸種條件隨即消失，因此，「基督教使團和商人活動很快從歐洲與中國的交流中退出」。**18** 明末清初以後，西歐來華之傳教士、商人或使節，幾乎均取海路前往中國，這與當時歐亞大陸出現奧斯曼、俄羅斯兩大帝國的崛起，以及這兩人帝國在陸路阻斷中西交通有關。

關於蒙元帝國在中西交通史上的歷史作用，西方與中國學者都曾給予充分肯定：

---

15 同上，第 415 頁。

16 H. Yule trans & ed., *Cathay and the Way Thither*, Vol.3, pp.48-49. 中譯文〈一七、約翰孟德高維奴信之一〉，收入張星烺編注、朱傑勤校訂：《中西交通史料滙編》第 1 冊，第 323 頁。

17 H. Yule trans & ed., *Cathay and the Way Thither*, Vol.3, p.228. 中譯文〈二七、馬黎諾里遊記〉摘錄，收入張星烺編注、朱傑勤校訂：《中西交通史料滙編》第 1 冊，第 355 頁。

18 H. Yule trans & ed., *Cathay and the Way Thither*, Vol.1, p.172. 中譯文〔英〕裕爾撰、〔法〕考迪埃修訂、張緒山譯：《東域紀程錄叢 —— 古代中國聞見錄》，北京：中華書局 2008 年版，第 134 頁。

要是沒有蒙古帝國，馬可‧波羅和許多其他人也許還留在本鄉，或到別的地方發揮他們的冒險精神去了，因為他們無法在不安全的條件下完成穿越亞洲的長途跋涉，也無法為他們的商業活動或傳教活動在中國找到必要的條件。因此，蒙古帝國時代，雖然中國人將其視為自己歷史上最憂傷的時代，但實際上卻是人類最有魅力的一個時代。由於當時歐洲所充滿的活力和只有世界性的帝國才能提供的安全保障，才使得人員易於往來，思想易於交通，貨物易於流通。[19]

蒙古人，雖然是殘忍的，但是還有一種對於世界的責任感，並且對文明作出了一定的貢獻。他們從亞洲的一端到另一端開闢了一條寬闊的道路，在他們的軍隊過去以後，他們把這條大道開放給商人和傳教士，使東方和西方在經濟上和精神上進行交流成為可能。[20]

他們所建立的完備而高效的郵驛制度無疑推動了歐亞文明之間的交流，元朝也因此而成為歷史上中國與西方交通最為頻繁的朝代之一。[21]

蒙元郵驛和交通之發達實為當時的中西關係和文化交流奠定了新的基礎，東西方文化第一次在蒙元帝國的懷抱裡聚合在一起。

19 〔意〕白佐良、〔意〕馬西尼著，蕭曉玲、白玉崑譯：《意大利與中國》，北京：商務印書館 2002 年版，第 24 頁。

20 〔英〕道森（C. Dawson）著、呂浦譯：《出使蒙古記》，〈緒言〉，北京：中國社會科學出版社 1983 年版，第 29-30 頁。

21 孫尚揚、〔比〕鐘鳴旦：《一八四〇年以前的中國基督教》，北京：學苑出版社 2004 年版，第 82 頁。

二、 馬可‧波羅進入元大都的路線、時間、住所

《馬可波羅行紀》（以下簡稱《行紀》）堪稱西方世界第一部真正意義上的「發現東方」之巨著。其問世以來，在西方廣為流傳，版本達143種之多。[22]《行紀》第一卷記述了「馬可波羅自地中海岸赴大汗忽必烈駐夏之上都沿途所經之地及傳聞之地」，也就是說，這一卷實際交代馬可‧波羅赴上都所走路線，這在地理學上是一大貢獻。其中「引言」部分為概述大致經過。

馬可‧波羅父親尼古剌（Nicolas）與其弟瑪竇（Matteo）為威尼斯富商，1260年自君士坦丁堡前往黑海營商，中途遭遇戰火，為安全只好向東，在波斯境內的不花剌城遇見東韃靼君主旭烈兀遣往上都覲見大汗的使臣，他願帶馬可兄弟二人前往上都去見大汗。1266年馬可兄弟隨使臣到達上都大汗駐地。忽必烈接見馬可兄弟二人，詳詢教皇、教會、羅馬諸事，隨即作書，請馬可兄弟與一男爵作為使臣，「此類書信之內容，大致命教皇遣送熟知我輩基督教律，通曉七種藝術者百人來」。[23]波羅兄弟返回途中，抵達阿迦，時在1269年4月，聞教皇

---

22 法國學者考迪埃對《馬可波羅行紀》的版本從出版次序上作了歸類：第一類是原本，如頗節（Pauthier）本；第二類是改訂本，如剌木學（Ramusio）本；第三類是合訂本，如裕爾（一譯玉耳）和考迪埃（H. Yule-H. Cordier）的校訂本。參見馮承鈞：〈序〉，收入〔法〕沙海昂（A. J. H. Charignon）注、馮承鈞譯：《馬可波羅行紀》，北京：商務印書館2012年版，第1頁。頗節本的中譯本以是書為代表。合訂本以〔意〕馬哥孛羅（Marco Polo）著、〔英〕亨利玉爾（H. Yule）英譯兼注、〔法〕亨利考狄（H. Cordier）修訂兼補注、張星烺漢譯補注《馬哥孛羅遊記》（第1冊，北平：燕京大學圖書館1929年版）為代表，惜未譯完。有關《馬可波羅行紀》的版本源流及在中國介紹，參見楊志玖：《馬可波羅在中國》，天津：南開大學出版社1999年版，第41-45、195-236頁。党寶海：〈新版前言〉，收入沙海昂注、馮承鈞譯、党寶海新註：《馬可波羅行紀》，石家莊：河北人民出版社1999年版，第3-15頁。

23 沙海昂注、馮承鈞譯：《馬可波羅行紀》，第19頁。

逝世之消息，遂往見埃及之主教大使梯博（Thibaudde Plaisance），後者建議他倆回去等候新教皇選出。波羅兄弟遂回家鄉威尼斯（一譯物搦齊亞），攜馬可「逕赴阿迦」，因教皇沒有選出，經大使同意，波羅兄弟攜帶馬可，從阿迦出發，「擬往覆命大汗」。行到刺牙思，聽說大使梯博業已當選教皇，號梯烈果兒，遂改回阿迦謁見教皇。「教皇以禮待之，並為祝福。嗣命宣教士二人往謁大汗，履行職務。此二人皆為當時最有學識之人。一名尼古勒（Nicole de Vicence），一名吉岳木（Guillaume de Tripoli）。教皇付以特許狀，及致大汗書。他們四人接到書狀以後，教皇賜福畢，遂攜帶尼古剌君之子馬可，辭別教皇，從阿迦到剌牙思。」[24] 由此可見，波羅兄弟是負有教皇與大汗之間往來傳遞書信使命的。

經過三年的艱苦跋涉，波羅兄弟及馬可抵達上都。大汗設宴款待三人。馬可「嗣後熟習韃靼的風俗語言，以及他們的書法，同他們的戰術，精練至不可思議。他人甚聰明，凡事皆能理會，大汗欲重用之」。其後人皆稱之「馬可波羅閣下」（Messire Marc Pol）。「馬可波羅仕於大汗所垂十七年，常奉使往來於各地。」[25]

第一卷正文部分詳載馬可兄弟及小波羅從威尼斯到上都的路線及其沿途見聞。1271 年，他們從威尼斯起程，渡過地中海，到達小亞細亞半島的小阿美尼亞、突厥蠻州（Turcomanie）、大阿美尼亞、谷兒只（Georgie）；然後南行，沿著底格里斯河谷，途經毛夕里國（Mossoul）、報達城（Badad）、帖必力思城（Tabriz）、法兒斯國，到達伊斯蘭教古城巴格達；隨後向東，進入波斯境內，經過耶思德、起兒漫國、哈馬底城、忽魯模思城（Ormus）、忽必南城，這裡是伊兒汗國的管轄範圍；

---

24 沙海昂注、馮承鈞譯：《馬可波羅行紀》，第 25 頁。

25 同上，第 28 頁。

再向東穿過今阿富汗境內的巴里黑城、巴達哈傷州、帕篩州、客失迷兒州、翻過帕米爾高原，穿經今新疆西部的可失合兒國（Kachgar），開始進入西域的鴨兒看州（Yarkend）、忽炭州（Khotan）、培因州（Pein）、車兒成州（Ciarcian, Tchertchen）、羅不城（Lop）、唐古忒州（Tangout）、哈密州（Camul）、欣斤塔剌思州（Chingintalas），然後沿著河西走廊，經過肅州、甘州，折向北到達唐古忒州的亦集乃城（Bdzina），最後到達上都 —— 哈剌和林城（Karakorum）。時在 1275 年夏。

《行紀》對馬可波羅來華沿路情形記載的另一個重要價值是對沿途的基督教徒散佈狀況做了紀錄。[26] 朱謙之認為：「據《馬可波羅遊記》所收漢文資料，均足以證元代景教的發達情形。據《馬可波羅遊記》所述由喀什噶爾以東，直至北京沿路一帶，幾無一處無聶派基督教徒。」[27] 其所經之可失合兒國、鴨兒看州（今新疆境內）、唐古忒州、肅州、甘州、額里湫、鄅州、額里哈牙國（今甘肅境內）均載有聶思脫里派之基督教徒。[28]

在 13 世紀的外文文獻中，記載有關通過陸路從西歐來到元上都的有《柏朗嘉賓蒙古行紀》、《魯布魯克東行紀》，從歐洲經西亞、新疆來到元大都的有《馬黎諾里遊記》，但他們對沿途所經之地的記載比較簡略，遠不如《馬可波羅行紀》詳細。《行紀》對沿途的風土人情、歷史

26 《馬可波羅行紀》有關基督教的材料摘錄，參見 A. C. Moule, *Christians in China before the year 1550*, pp.128-143. 中譯文參見〔英〕阿・克・穆爾著、郝鎮華譯：《一五五〇年前的中國基督教史》，第 147-165 頁。相關研究成果介紹，參見張西平：〈《馬可・波羅遊記》與中國基督教史研究〉，收入氏著《中西文化的初識：北京與羅馬》，上海：華東師範大學出版社 2012 年版，第 126-133 頁。

27 朱謙之：《中國景教》，北京：人民出版社 1993 年版，第 177 頁。

28 沙海昂注、馮承鈞譯：《馬可波羅行紀》，第 86、87、88、109、113、117、119、148、150 頁。

地理均有報道。馬可波羅對此有所交代：「馬可慎重執行他的使命，因為他從前屢見使臣出使世界各地，歸時僅知報告其奉使之事，大汗常責他們說：『我很喜歡知道各地的人情風俗，乃汝輩皆一無所知。』大汗既喜聞異事，所以馬可在往來途中注意各地之事，以便好歸向大汗言之。」[29] 這是《行紀》可能詳細描寫所經之地的風俗、地理的緣由。由此可以看出，《行紀》作為一部地理文獻具有極高的價值。

　　馬可·波羅到達大都的時間尚不可確考，一般認為他抵達上都的時間是在 1275 年（至元十二年），到達大都應在同一年。他到達大都後，忽必烈交給他的第一次使命是出使雲南，據陳得芝先生考證，「波羅出使雲南的時間不會早於至元十七年」，而「波羅經過京兆的時間大約在至元十七年六月之前不久」。[30] 由此可以推斷，馬可·波羅第一次到大都的時間大致是在 1275 年（至元十二年）到 1280 年（至元十七年）之間。在大都期間，馬可·波羅學習了數種語言。於是，「大汗欲重用之」，「命他奉使至一程途距離有六個月之地」。[31] 第二次在大都的時間是 1280 年從雲南回京到 1282 年出使揚州、杭州之間，《行紀》所述 1282 年 3 月阿合馬被殺一事，馬可·波羅自稱此時正在大都。第三次在大都的時間是 1286 年馬可·波羅在揚州任官三年後，從揚州回到大都作短暫停留，到隨同忽必烈征討乃顏（1287 年春末）之間。第四次是 1287 年回到大都到 1288 年南下出使「印度」（即今東南亞）之間。第五次是 1290 年從「印度」回到大都到 1291 年 1 月奉命出使波斯之

---

29 沙海昂注、馮承鈞譯：《馬可波羅行紀》，第 27-28 頁。

30 陳得芝：〈馬可波羅在中國的旅程及其年代〉，收入氏著《蒙元史研究叢談》，北京：人民出版社 2005 年版，第 432 頁。

31 沙海昂注、馮承鈞譯：《馬可波羅行紀》，第 27 頁。

間。[32] 總之，馬可‧波羅五次在元大都的時間前後約九年，佔其來華時間（1275-1291 年）一半以上。

有的學者認為，「如果馬可波羅至元十二年（1275）到大都，那麼他最初住在南城老會同館，至元十三年（1276）遷入北城新會同館」。[33] 這種說法值得商榷，馬可‧波羅初到大都時，可能住進會同館，這是合乎常理的安排。但到他後來為元廷服務後，應另有安排，不會繼續住在供使節下榻的會同館。

三、《馬可波羅行紀》中的「汗八里」

《行紀》對中國繁華的城市、豐富的物產、發達的交通、有序的政治、多元的宗教極度稱羨的描寫，對尚處在「黑暗的中世紀」的歐洲產生了強烈的衝擊和震撼。由於元大都是元朝政治、經濟、文化的中心，也是當時中外文化交流的中心，是書對元大都濃墨重彩的描述，成為全書最重要的亮點所在。故將《行紀》中有關元大都的描述文字做一解析，實為總結馬可‧波羅的「汗八里」經驗。

描述「汗八里」的內容主要集中在該書第八十三章〈大汗之宮廷〉到第一〇四章〈契丹州之開始及桑乾河石橋〉，篇幅約佔全書的十分之一。如果說，《行紀》是一部奇書，那麼，馬可‧波羅對「汗八里」的宮殿之建制、街道之佈局、大汗之誕節、朝會、行獵及其周圍交通、郵驛的大手筆描寫，對一個遠道而來的歐洲旅行者來說，毫不誇張地說，

---

32 有關馬可‧波羅在華遊歷憶述，參見彭海：《馬可波羅來華史實》，北京：中國社會科學出版社 2010 年版，第 131-172 頁。林梅村：〈馬可波羅在北京〉，收入氏著《大朝春秋：蒙元考古與藝術》，北京：故宮出版社 2013 年版，第 171-172 頁。林文認為馬可‧波羅四次在京。

33 林梅村：〈馬可波羅在北京〉，收入氏著《大朝春秋：蒙元考古與藝術》，第 173 頁。

稱得上是一大「奇觀」。《行紀》多處使用「奇觀」二字，正是表現了馬可‧波羅對「汗八里」的這種觀感。《行紀》對「汗八里」的描述，著力於大汗威權和物質財富，體現了「權力的發現」和「物質的啟蒙」這兩大後來為西人所重視的元素。故《行紀》所蘊藏的豐富的「汗八里」的史料價值，值得我們發掘和解讀。

「汗八里」之意涵　「汗八里」之名最初出現在《行紀》中是在第八〇章〈大汗還汗八里城〉：「大汗討滅乃顏以後，還其汗八里都城，大行慶賞。」[34] 馮承鈞先生注曰：「汗八里（Cambaluc, Khan-baligh）猶言汗城，後此第八十四章別有説。波羅此名先指金之故都，繼指新舊二城。有若干本（如剌木學本之類）別名新城曰大都，但自明代以後，此城則以北京之名而顯。」[35] 馬可‧波羅到達「汗八里」的最初時間可能是在 1275-1276 年間。第八四章〈大汗太子之宮〉再次解釋道：「古昔此地有一名貴之城名稱汗八里，汗八里此言『君主城』也。」[36] 馮承鈞根據耶穌會士宋君榮《北京志》一文解釋：「波羅於此處訓釋汗八里名稱之義。其後宋君榮神甫亦云汗（can, khan）猶言帝王。巴勒哈（balga）、巴勒哈惕（balgat）、巴勒哈孫（balgasun）、八里黑（balik）等字，在韃靼語中皆猶言『城』，則當作 Cambalik 或 Khambalik，而在此處訛作 Cambaluc，質言之，帝城是已。案蒙古語宮廷名稱斡耳朵（ordo），則亦得名此城斡耳八里（ordobalik）矣。」[37] 此處馮氏認為「汗八里」一詞出自韃靼語，似有不妥。《辭海》（1980 年版）、《漢語大詞典》（2001 年第二版）中，均釋為源自「突厥語」。英國學者吳芳思（Frances Wood）

---

34 沙海昂注、馮承鈞譯：《馬可波羅行紀》，第 176 頁。

35 同上，第 177-178 頁。

36 同上，第 189 頁。

37 同上，第 190 頁。

在《馬可·波羅到過中國嗎？》一書也認為，該詞源自突厥語「皇城」（han-baliq——汗八里）一詞，拉希德 1291-1293 年與和德里（即鄂多立克）14 世紀 20 年代的作品中，也提到同一詞彙，顯然這是當時中亞細亞人對北京的稱呼。**38**

　　皇宮、皇城、鐘樓　《行紀》對「汗八里」的介紹是從皇宮入手。雄偉壯麗、氣勢軒昂的宮闕建築，顯然最易打動人們的心靈，引起西方讀者對東方帝都的嚮往。第八三章〈大汗之宮廷〉對皇宮的描繪拉開了介紹「汗八里」的序曲：

　　周圍有一大方牆，寬廣各有一哩。質言之，周圍共有四哩。此牆廣大，高有十步，周圍白色，有女牆。此牆四角各有大宮一所，甚富麗，貯藏君主之戰具於其中，如弓、箙、弦、鞍、轡及一切軍中必需之物是已。四角四宮之間，復各有一宮，其形相類，由是圍牆共有八宮，甚大，其中滿貯大汗戰具。但每宮僅貯戰具一種，此宮滿貯戰弓，彼宮則滿貯馬轡，由是每宮各貯戰具一種。

　　此牆南面闢五門，中間一門除戰時兵馬甲仗由此而出外，從來不開。中門兩旁各闢二門，共為五門。中門最大，行人皆由兩旁較小之四門出入。此四門並不相接，兩門在牆之兩角，面南向。餘二門在大門之兩側，如是佈置，確使此大門居南牆之中。

　　此牆之內，圍牆南部中，廣延一哩，別有一牆，其長度逾於寬度。此牆周圍亦有八宮，與外牆八宮相類。其中亦儲君主戰具。南面亦闢五門，與外牆同，亦於每角各闢一門，此二牆之中央，為君主大宮所在，其佈置之法如下。

38　參見〔英〕吳芳思著、洪允息譯：《馬可·波羅到過中國嗎？》，北京：新華出版社1997 年版，第 80 頁。

君等應知此宮之大，向所未見。宮上無樓，建於平地，惟台基高出地面十掌。宮頂甚高，宮牆及房壁滿塗金銀，並繪龍、獸、鳥、騎士形像，及其他數物於其上。屋頂之天花板，亦除金銀及繪畫外別無他物。

大殿寬廣，足容六千人聚食而有餘，房屋之多，可謂奇觀。此宮壯麗富贍，世人佈置之良，誠無逾於此者。頂上之瓦，皆紅黃綠藍及其他諸色。上塗以釉，光澤燦爛。猶如水晶。致使遠處亦見此宮光輝，應知其頂堅固，可以久存不壞。[39]

這段文字描繪的應是指元朝的「大明殿」。它一方面表現了皇宮之大，殿堂之寬，建築之美，藏物之豐，「可謂奇觀」；一方面告訴人們宮中「貯藏君主之戰具」，讓人產生宮禁森嚴之聯想。這是馬可‧波羅向人們推出的第一幅宮殿場景。所述宮殿頂瓦塗以彩釉，則與後來考古發掘元宮所得材料完全一致。[40]

《行紀》似乎注意到宮廷空間還保留了蒙元王朝的遊牧民族特性。「上述兩牆之間，有一極美草原，中植種種美麗果樹。不少獸類，若鹿、獐、山羊、松鼠，繁殖其中。帶麝之獸為數不少，其形甚美，而種類甚多，所以除往來行人所經之道外，別無餘地。」[41] 這段描寫與《南村輟耕錄》的「萬歲山」條中所謂「山之東為靈囿，奇獸珍禽在焉」一語頗為相符。[42]

---

39 沙海昂注、馮承鈞譯：《馬可波羅行紀》，第 182-183 頁。

40 張寧：〈記元大都出土文物〉，《考古》，1972 年第 6 期。

41 沙海昂注、馮承鈞譯：《馬可波羅行紀》，第 183 頁。

42 （元）陶宗儀撰、王雪玲校：《南村輟耕錄》（一）卷之一〈萬歲山〉，瀋陽：遼寧教育出版社 1998 年版，第 14 頁。

《行紀》還描寫了太液池、金水河、萬歲山這一帶的風景：[43]

由此角至彼角，有一湖甚美，大汗置種種魚類於其中，其數甚多，取之惟意所欲。且有一河流由此出入，出入之處間以銅鐵格子，俾魚類不能隨河水出入。

北方距皇宮一箭之地，有一山丘，人力所築。高百步，周圍約一哩。山頂平，滿植樹木，樹葉不落，四季常青。汗聞某地有美樹，則遣人取之，連根帶土拔起，植此山中，不論樹之大小。樹大則命象負而來，由是世界最美之樹皆聚於此。君主並命人以琉璃礦石滿蓋此山。其色甚碧，由是不特樹綠，其山亦綠，竟成一色。故人稱此山曰綠山，此名誠不虛也。

山頂有一大殿，甚壯麗，內外皆綠，致使山樹宮殿構成一色，美麗堪娛。凡見之者莫不歡欣。大汗築此美景，以為賞心娛樂之用。[44]

相對上述頗節本及諸古本之描敘，馮承鈞認為「剌木學本較有次第，自外牆及於中央，此外別有若干細情不見於諸原本者」，「用見北京初建時之遺跡」：[45]

此城之廣袤，說如下方，周圍有二十四哩，其形正方，由是每方各有六哩。環以土牆，牆根厚十步，然愈高愈削，牆頭僅厚三步，遍築女牆，女牆色白，牆高十步。全城有十二門，各門之上有一大宮，頗壯

---

43 有關《馬可波羅行紀》與中國史籍所載的出入和相合之處比較，參見張寧：《〈馬可波羅行紀〉中的元大都》，收入余士雄主編：《馬可波羅介紹與研究》，北京：書目文獻出版社 1983 年，第 85-106 頁。

44 沙海昂注、馮承鈞譯：《馬可波羅行紀》，第 183-184 頁。

45 同上，第 184 頁。

麗。四面各有三門五宮，蓋每角亦各有一宮，壯麗相等。宮中有殿廣大，其中貯藏守城者之兵杖。街道甚直，此端可見彼端，蓋其佈置，使此門可由街道遠望彼門也。**46**

各大街兩旁，皆有種種商店屋舍。全城中劃地為方形，劃線整齊，建築房舍。每方足以建築大屋，連同庭院圍圍而有餘……方地周圍皆是美麗道路，行人由斯往來。全城地面規劃有如棋盤，其美善之極，未可言宣。**47**

這段對大都城的描寫，有三處不確：一是大都並非正方形，而是呈南北稍長的長方形；二是大都並非十二城門，而只有十一城門；三是大都面積較《行紀》所述要小。**48** 這些不確之描述，《鄂多立克東遊錄》亦存在。**49**「環以土牆」、「街道甚直」則與實際相符，「有如棋盤」更是對大都平面規劃的經典描繪。

大都城中建有一座鐘樓，《行紀》報道了這座鐘樓，且提到了當時實行嚴厲的「宵禁制度」：「城之中央有一極大宮殿，中懸大鐘一口，夜間若鳴鐘三下，則禁止人行。鳴鐘以後，除為育兒之婦女或病人之需要外，無人敢通行道中。縱許行者，亦須攜燈火而出。每城門命千人執兵把守。把守者，非有所畏也，蓋因君主駐驆於此，禮應如是，且不欲盜賊損害城中一物也。」**50** 這座鐘樓建於至元九年二月。當時大都的確實

---

46 沙海昂注、馮承鈞譯：《馬可波羅行紀》，第 189 頁。

47 同上，此段出自剌木學本第二卷第七章，第 192 頁注七。

48 參見（元）陶宗儀撰、王雪玲校：《南村輟耕錄》（二）卷之二十一〈宮闕制度〉，第 245-251 頁。

49 參見何高濟譯：《海屯行紀、鄂多立克東遊錄、沙哈魯遣使中國記》，第 79 頁。

50 沙海昂注、馮承鈞譯：《馬可波羅行紀》，第 190 頁。

行嚴格的「禁夜」。所謂「一更三點，鐘聲絕，禁人行」。[51]

阿合馬之被刺及其主謀人之處死 《行紀》第八四章記述了一起「汗八里城之謀叛及其主謀人之處死」，此事因馬可‧波羅聲稱「適在其城」，且其敘述真實，可與中國史籍印證，故被人們視為馬可‧波羅1282年在汗八里的證據。

據《行紀》所載，事情的大致經過是，「有一會議，正式任命十二人組合成之，職司處分土地官爵及一切他物，惟意所欲。中有一人是回教徒，名稱阿合馬（Ahmed），為人較狡黠而有才能，權任甚重，頗得大汗寵任。大汗寵之甚切，任其為所欲為」。阿合馬任職二十二年，「迄後國人，質言之契丹人，因其妻女或本身蒙大辱或受奇害者，忍無可忍，乃相謀殺之而叛政府」。[52] 於是契丹人千戶陳箸與萬戶王箸合謀，趁大汗和皇太子離開汗八里，「駕幸上都駐驆三月之時舉事」，王、陳二人將起事之謀通知了國中契丹要人。起事之因除了他們個人及家庭受辱外，根本原因為其長官為韃靼人，多為回教徒，「待遇契丹人如同奴隸也」；另一原因是大汗對所征服之地，「因是疑忌土人，而任命忠於本朝之韃靼人回教徒或基督教徒治理」，[53] 漢人得不到信任和任用。毫無疑問，這是一次民族起義。舉事當日，王箸、陳箸「矯傳令旨，偽稱皇太子已歸，召阿合馬立入宮」，王箸坐宮中寶座，乘阿合馬入宮跪謁之際，陳箸在旁「舉刀斷其首」。守護在宮門的韃靼軍人發現是計，射殺王箸，擒獲陳箸，起事遂敗。大汗班師回朝，「已而得阿合馬罪狀，始知其父子作惡多端」，故命人沒收阿合馬財產，開棺戮阿合馬屍，並嚴禁回教。

51 《元典章》卷57，〈刑部卷之十九‧禁夜〉，北京：中華書局2012年版，第1903頁。

52 沙海昂注、馮承鈞譯：《馬可波羅行紀》，第192-193頁。

53 同上，第194頁。

《行紀》對此事件的敘述基本上與歷史相合。值得追究的是《行紀》記述此事所取的立場，由於馬可‧波羅屬於色目人，且熟悉波斯語，他對事件性質的把握和描述，與拉施特（Rashīd al-Dīn Tabīb）《史集》的觀點基本一致。[54] 他稱王箸刺殺阿合馬為「叛亂」，「視此案為漢人造反排斥色目，又指責元廷因而迫害伊斯蘭教徒，是反映了波斯人或回回人的政治觀點」。[55] 馬可‧波羅的這一政治立場可能與他在中國操波斯語有關。波斯語是當時中亞和中國商貿往來的通用語言。

大汗之執掌大權之十二男爵、禁衛 《行紀》記載了元朝的中樞機構：「應知大汗選任男爵十二人，指揮監察其國三十四區域中之要政。」「應知此十二男爵同居於一極富麗之宮中，宮在汗八里城內。宮內有分設之房屋亭閣數所，各區域各有斷事官一人書記數人，並居此宮之內，各有其專署。此斷事官及書記等承十二男爵之命，處理各該區域之一切事務，事之重大者，此十二男爵請命於君主決之。」[56] 這與《元史》的記載出入較大，說明馬可‧波羅對元朝省、台、院的運作並不真正了解。[57]

《行紀》詳介了元廷的禁衛 —— 怯薛丹之禁衛：「應知大汗之禁衛，命貴人為之，數有一萬二千騎，名稱怯薛丹（Quesitan），法蘭西語猶言『忠於君主之騎士』也。設禁衛者，並非對人有所疑懼，特表示其尊嚴而已。此一萬二千人四將領之。每將各將三千人。而此三千人衛守宮內三晝夜，飲食亦在宮中。三晝夜滿，離宮而去。由別一三千人衛

---

54 參見〔波斯〕拉施特主編，余大鈞、周建奇譯：《史集》第二卷，北京：商務印書館 1985 年版，第 341-346 頁。

55 蔡美彪：《試論馬可波羅在中國》，收入中國國際文化書院編：《中西文化交流的先驅 —— 馬可‧波羅》，北京：商務印書館 1995 年版，第 302 頁。

56 沙海昂注、馮承鈞譯：《馬可波羅行紀》，第 221 頁。

57 參見彭海：《馬可波羅來華史實》，第 174-177 頁。

守，時日亦同。期滿復易他人，由是大汗常有名稱怯薛丹之禁衛三千騎更番宿衛。此一萬二千人輪番守衛各有定日。周而復始，終年如此。」**58** 這與《元史·兵制·宿衛》對禁衛的記載大致相符。

大汗之禁衛所披袍服珍貴異常，顯示其特殊身份：

應知大汗待遇其一萬二千委質之臣名曰怯薛丹者，情形特別，誠如前述。緣其頒賜此一萬二千男爵袍服各十三次。每次袍色各異，此一萬二千襲同一顏色也，彼一萬二千襲又為別一顏色，由是共為十三色。

此種袍服上綴寶石珍珠及其他貴重物品，每年並以金帶與袍服共賜此一萬二千男爵，金帶甚麗，價值亦巨，每年亦賜十三次，並附以名曰不里阿耳（Bolghari）之駝皮靴一雙。靴上繡以銀絲，頗為工巧，彼等服之，儼同國王，每年在十三次節慶中，命各人各衣其應服之袍服。

君主頒賜一萬二千男爵每人袍服十三襲，合計共有十五萬六千襲，其價值甚巨，前已言之……應知節慶舉行之日，引一大獅子至君主前，此獅見主，即俯伏於前，似識其主而為作禮之狀，獅無鍊紲，未見此事者，聞之必以為奇也。**59**

大朝會、誕節、年終慶節、行獵 《行紀》的一大特色是花了相當篇幅對元廷政俗加以介紹，極力渲染元廷盛大的場面。元朝每年例行有三大慶祝活動：大朝會、大汗誕辰節和年終慶典。每年五月，「大汗歸其都城汗八里後，留居宮中三日，於是設大朝會，偕諸后妃大事宴樂。然後從汗八里宮出發，赴上都，即前此所述有大草原及竹宮，並馴養海青之地也。大汗留居上都，始陽曆五月初，迄陽曆八月之二十八

---

58 沙海昂注、馮承鈞譯：《馬可波羅行紀》，第 197 頁。

59 同上，第 204-205 頁。

日。……夫然後還其汗八里都城。在此都城於陽曆九月中舉行萬壽節，嗣後歷十月十一月十二月一月二月。於二月舉行所謂白節之元旦節」。然後外出遊獵三月。大致說來，全年如是分配：「居其都城者六閱月，遊獵者三閱月，居其竹宮避暑者三閱月，偶亦赴他處，惟意所欲。總之，其起居悉皆歡樂也。」[60] 這些慶典活動既表現了元朝的政治禮制，又反映了當時的風俗約規。

　　大朝會的場面令馬可·波羅大開眼界，他記下了這一激動人心的盛會。先看大朝會體現的元朝宮廷的等級秩序：「大汗開任何大朝會之時，其列席之法如下。大汗之席位置最高，坐於殿北，面南向，其第一妻坐其左。右方較低之處，諸皇子侄及親屬之座在焉。皇族等座更低，其坐處頭與大汗之足平，其下諸大臣列坐於他席。婦女座位亦同，蓋皇子侄及其他親屬之諸妻，坐於左方較低之處，諸大臣騎尉之妻坐處更低。」[61] 再看前來朝貢的外國人士，「殿外往來者四萬餘人，緣有不少人貢獻方物於君主，而此種人蓋為貢獻異物之外國人也」。[62] 接下來是大朝會的宴慶活動，充滿了節日般的歡樂氣氛：「大汗所坐殿內，有一處置一精金人甕，內足容酒一桶（untonneau communal），大甕之四角，各列一小甕，滿盛精貴之香料。注大甕之酒於小甕，然後用精金大杓取酒。其杓之大，盛酒足供十人之飲……應知此種杓盞價值甚巨，大汗所藏杓盞及其他金銀器皿數量之多，非親見者未能信也。」[63]「獻飲食於大汗之人，有大臣數人，皆用金絹巾蒙其口鼻，俾其氣息不觸大汗飲食之物。大汗飲時，眾樂皆作，樂器無數。大汗持盞時，諸臣及列席諸人

60　沙海昂注、馮承鈞譯：《馬可波羅行紀》，第 214 頁。

61　同上，第 197 頁。

62　同上，第 197 頁。

63　同上，第 197-198 頁。

皆跪，大汗每次飲時，各人執禮皆如上述。至若食物，不必言之，蓋君等應思及其物之豐饒。諸臣皆聚食於是，其妻偕其他婦女亦聚食於是。食畢撤席，有無數幻人藝人來殿中，向大汗及其他列席之人獻技。其技之巧，足使眾人歡笑。諸事皆畢，列席之人各還其邸。」**64** 這簡直是一幅夢幻般的歡慶場面。

每年大汗的誕辰日都會舉行規模盛大的慶祝儀式。馬可·波羅目睹現場，對與會男爵騎尉衣著的奢華大為感歎：「大汗於其慶壽之日，衣其最美之金錦衣。同日至少有男爵騎尉一萬二千人，衣同色之衣，與大汗同。所同者蓋為顏色，非言其所衣之金錦與大汗衣價相等也。各人並繫一金帶，此種衣服皆出汗賜，上綴珍珠寶石甚多，價值金別桑（besant）確有萬數。此衣不止一襲，蓋大汗以上述之之衣頒給其一萬二千男爵騎尉，每年有十三次也。每次大汗與彼等服同色之衣，每次各易其色，足見其事之盛，世界之君主殆無有能及之者也。」**65** 在這樣的慶典上，與會的外賓照例向大汗貢獻禮品，而大汗會賞賜他選任的十二男爵：「慶壽之日，世界之一切韃靼人及一切州區皆大獻貢品於大汗。此種貢品皆有定額，並有他人獻進厚禮以求恩賞。大汗選任男爵十二人，視其應頒賞之數而為賞賜。」各界宗教人士也會舉行相應的祈禱活動，以示敬賀。「是日也，一切偶像教回教基督教之教徒，及其他種種人，各向其天主燃燈焚香，大事祈禱禮讚，為其主祝福求壽，大汗壽誕之日，慶祝之法蓋如此也。」**66**

每年年終，大汗也會與其臣屬舉行節慶，是日現場之華麗，馬可·波羅歎為「世界最美之奇觀」：

---

64 沙海昂注、馮承鈞譯：《馬可波羅行紀》，第 198 頁。

65 同上，第 200-201 頁。

66 同上，第 201 頁。

是日依俗大汗及其一切臣民皆衣白袍，至使男女老少衣皆白色，蓋其似以白衣為吉服，所以元旦服之，俾此新年全年獲福。是日臣屬大汗的一切州郡國土之人，大獻金銀珍珠寶石布帛，俾其君主全年獲有財富歡樂。臣民互相饋贈白色之物，互相抱吻，大事慶祝，俾使全年納福。

應知是日國中數處入貢極富麗之白馬十萬餘匹。是日諸象共有五千頭，身披錦衣甚美，背上各負美匣二，其中滿盛白節宮廷所用之一切金銀器皿甲冑。並有無數駱駝身披錦衣，負載是日所需之物，皆列行於大汗前，是為世界最美之奇觀。

尚有言者，節慶之日黎明，席案未列以前，一切國王藩主，一切公侯伯男騎尉，一切星者哲人醫師打捕鷹人，以及附近諸地之其他不少官史，皆至大殿朝賀君主。其不能入殿者，位於殿外君主可見之處。其行列則皇子侄及皇族在前，後為諸國王公爵，其後則為其他諸人，各按其等次而就位。**67**

這裡所言從大汗到臣民都穿白衣，確是蒙古人的風俗，他們認為白衣為吉祥的象徵。**68** 各就各位後，主持儀式者呼眾向大汗鞠躬。「諸人跪拜，首觸於地，祝贊其主，事之如神。」然後至一壇前，壇上有一金牌，上書大汗名，牌前有一金爐，大家焚香。禮畢，遂以貢獻之物上呈大汗，「其物頗美而價值甚貴」。大汗檢視貢物後，與眾人回案進食。「食畢，諸藝人來前作術以娛觀眾，諸事畢後，諸人各歸其邸。」**69**

大汗有行獵之習，他命周圍獵戶打獵，以供其需。「大汗居其都城

---

67 沙海昂注、馮承鈞譯：《馬可波羅行紀》，第 202-203 頁。

68 參見楊志玖：《馬可波羅在中國》，第 17 頁。

69 沙海昂注、馮承鈞譯：《馬可波羅行紀》，第 203 頁。

之三個月中，質言之陽曆十二月一月二月中，在四圍相距約四十日程之地，獵戶應行獵捕鳥，以所獲之鳥與大獸獻於大汗。大獸中有牝鹿、花鹿、牡鹿、獅子，及其他種種大野獸，其數居獵物之強半。」[70] 在「汗八里」還建有豢養野獸的動物園。「大汗豢有獅子，以供行獵捕取野獸之用。又有山貓（loupscerviers）甚夥，頗善獵捕，更有獅子數頭，其軀較巴比倫（Babylonie）之獅子為大，毛色甚麗，緣其全身皆有黑朱白色斑紋也，此則豢養以供捕取野獸、熊鹿、野驢及其他大猛獸之用。此種獅子獵取猛獸，頗可悅目。」[71]

大汗行獵之場面頗為壯觀。大汗有兩男爵 —— 伯顏、明安，為其親兄弟，稱「古尼赤」，係「管理番犬之人」。大汗行獵時，其一男爵古尼赤將所部萬人，攜犬五千頭，從右行。別一男爵古尼赤率所部從左行。「相約並途行。中間留有圍道，廣二日程。圍中禽獸無不被捕者。所以其獵同獵犬獵人之舉動，頗可觀。」[72] 從陽曆十二月到第二年二月，大汗駐蹕都城。陽曆三月初即從都城開始南下，至於海洋，其距離有二日程。大汗出行的陣仗龐大，「行時攜打捕鷹人萬人，海青五百頭，鷹鶻及他種飛禽甚眾，亦有蒼鷹（autours），皆備沿諸河流行獵之用」。打獵按一定的數目分配，「每所分配禽鳥一二百，或二百以上，為數不等，此種打捕鷹人以其行獵所獲多獻大汗」。[73]

大汗行獵時，「各人有一小笛及一頭巾，以備喚鳥持鳥之用，俾君主放鳥之時，放鳥人勿須隨之」。君主之鳥，爪上各懸一小牌，以便認識。其他男爵之鳥亦然。大汗由此路徑赴海洋，其地距其汗八里都城有

70　沙海昂注、馮承鈞譯：《馬可波羅行紀》，第 206 頁。
71　同上，第 207 頁。
72　同上，第 208 頁。
73　同上，第 209 頁。

二日程，「沿途景物甚麗，世界賞心娛目之事無逾此者」。「大汗坐木樓甚麗，四象承之，樓內布金錦，樓外覆獅皮。攜最良之海青十二頭。扈從備應對者有男爵數人。」大汗在樓中臥床觀看海青捕物，其他侍從在旁觀望，其樂融融。「故余敢言世界之人，娛樂之甚，能為之優，無有逾大汗者。」[74]

汗八里之商貿　大都作為元朝都城，商業貿易亦頗為活躍。北京本來就是北方重鎮，遼、金兩朝移都於此後，即已成為北方少數民族與漢族交錯滙集之地，商貿繁榮。元世祖定都大都後，大規模建築新城，人口相應增加，商業貿易亦呈現前所未有的繁榮局面。第九四章〈汗八里城之貿易發達戶口繁盛〉描述了這一盛景：「應知汗八里城內外人戶繁多，有若干城門即有若干附郭。此十二大郭之中，人戶較之城內更眾。郭中所居者，有各地來往之外國人，或來入貢方物，或來售貨宮中。所以城內外皆有華屋巨室，而數眾之顯貴邸舍，尚未計焉。」[75] 大都周圍的附城滙聚了來自各地的富商大賈。

世界各地的珍奇異物和各種商品源源不斷地運往大都，以供大都各個階層之需：「外國巨價異物及百物之輸入此城者，世界諸城無能與比。蓋各人自各地攜物而至，或以獻君主，或以獻宮廷，或以供此廣大之城市，或以獻眾多之男爵騎尉，或以供應屯駐附近之大軍。百物輸入之眾，有如川流之不息，僅絲一項，每日入城者計有千車。用此絲製作不少金錦綢絹，及其他數種物品。」[76] 天下之寶物盡納於大都，大都是當時經濟的重心所在。

74　沙海昂注、馮承鈞譯：《馬可波羅行紀》，第 210-211 頁。

75　同上，第 215 頁。馮承鈞引剌木學本補註：「城外每門有附郭甚大，其街道與兩鄰近城內之附郭相接。延長有三四哩。每一附郭或街道，有華廈甚眾，各地往來之商人居焉。每國之人各有專邸。」

76　同上，第 215 頁。

伴隨繁榮的商貿，大都還存在兩萬多妓女，但這樣的報道在外國文獻中甚為少見：「凡賣笑婦女，不居城內，皆居附郭。因附郭之中外國人甚眾，所以此輩娼妓為數亦夥，計有二萬有餘，皆能以纏頭自給，可以想見居民之眾。」[77]《行紀》這一記載與實際甚為相合，當時因為戰亂，大都及周圍一帶地區的娼妓甚眾。

大都與周圍的城市保持密切往來：「約有城市二百，位置遠近不等。每城皆有商人來此買賣貨物。蓋此城為商品繁盛之城也。」[78] 顯然，大都是全國的商貿中心。

「汗八里」商貿發達的一個重要表現是紙幣的流通。第九五章〈大汗用樹皮所造之紙幣通行全國〉記載了當時發行之紙幣，具有極高的史料價值：「在此汗八里城中，有大汗之造幣局，觀其制設，得謂大汗專有方士之點金術。緣其製造如下所言之一種貨幣也。此幣用樹皮作之，樹即蠶食其葉作絲之桑樹。此樹甚眾，諸地皆滿。人取樹幹及外面粗皮間之白細皮，旋以此薄如紙之皮製成黑色。」[79] 這些紙幣可與當時西方的貨幣兌換，説明當時中西商貿往來之頻繁：「幅最小之紙，值禿兒城之錢（denier tournois）一枚，較大者值物搦齊亞城之銀錢（gros ventitien）半枚，更大者值物搦齊亞城之銀錢一枚。而有值物搦齊亞銀錢五枚六枚十枚者。又有值金錢（besant d'or）一枚者，更有值二枚四枚五枚以至十枚者。此種紙幣之上，鈐蓋君主印信，由是每年製造此種可能給付世界一切帑藏之紙幣無數，而不費一錢。」[80] 紙幣在市場交易中普遍流通，反映了當時元大都商業的繁榮：「既用上述之法製造此

---

77 沙海昂注、馮承鈞譯：《馬可波羅行紀》，第 215 頁。

78 同上，第 215 頁。

79 同上，第 216-217 頁。

80 同上，第 217 頁。

種紙幣以後，用之以作一切給付。凡州郡國土及君主所轄之地莫不通行……蓋大汗國中商人所至之處，用此紙幣以給費用，以購商物，以取其售物之售價，竟與純金無別。」[81] 不過，大都的第一功能畢竟是政治中心，故對來大都的外國商人之商貿活動也會做出相應的限制。「尚應知者，凡商人之攜金銀寶石皮革來自印度或他國而蒞此城者，不敢售之他人，只能售之君主。有賢明能識寶貨價值之男爵十二人專任此事。君主使之用此紙幣償其貨價。商人皆樂受之，蓋償價甚優，可立時得價，且得用此紙幣在所至之地易取所欲之物，加之此種紙幣最輕便可以攜帶也。」[82] 商人可以「優價」售出貨物，然後得有償之紙幣而歸，何樂而不為。

大都附近的山區出產「黑石」，可作燃料。《行紀》寫道：「契丹全境之中，有一種黑石，採自山中，如同脈絡，燃燒與薪無異，其火候且較薪為優。蓋若夜間燃火，次晨不息。其質優良，致使全境不燃他物。所產木材固多，然不燃燒。蓋石之火力足，而其價亦賤於木也。」[83] 這可能是歐洲最早對煤的記載。這一記載與熊夢祥的《析津志》對煤的記載相符。[84] 後來至京的西人都頗留意於煤礦。

元代釀酒業發達，官家專設「尚飲」、「尚醞」局，管理酒業。[85]《行紀》對契丹之酒頗為讚賞：「契丹地方之人大多數飲一種如下所述之酒：

81　沙海昂注、馮承鈞譯：《馬可波羅行紀》，第 217 頁。

82　同上，第 217 頁。

83　同上，第 231 頁。

84　（元）熊夢祥：《析津志輯佚》，北京古籍出版社 2001 年版，第 209 頁。「城中內外經紀之人，每至九月間買牛裝車，往西山煤頭載取煤炭，往來於此。新安及城下貨賣，咸以驢馬負荊筐入市，蓋趁其時。冬月，則冰堅水涸，車牛直抵窯前；及春則冰解，渾河水泛則難行矣。往年官設抽稅，日發煤數百，往來如織。二、三月後，以牛載草貨賣。北山又有煤，不佳。都人不取，故價廉。」

85　參見《元史》卷八七〈百官三〉，北京：中華書局 2013 年版，第 2201 頁。

彼等釀造米酒，置不少好香料於其中。其味之佳，非其他諸酒所可及。蓋其不僅味佳，而且色清爽目。其味極濃，較他酒為易醉。」[86]

汗八里之交通、郵驛 大都作為全國的政治、經濟、文化中心，交通四通八達，郵驛暢通。《行紀》對此亦有記載：

應知有不少道路從此汗八里城首途，通達不少州郡。此道通某州，彼道通別州，由是各道即以所通某州之名為名，此事頗為合理。如從汗八里首途，經行其所取之道時，行二十五哩，使臣即見有一驛，其名曰站（Iamb），一如吾人所稱供給馬匹之驛傳也。

此種驛站中備馬，每站有多至四百匹者。有若干站僅備二百匹，視各站之需要而為增減。蓋大汗常欲站中存有餘馬若干，以備其所遣使臣不時之用。應知諸道之上，每二十五哩或三十哩，必有此種驛站一所，設備如上所述。[87]

出生於威尼斯的馬可·波羅對橋有著特殊的敏感和愛好，也許這易勾起他對故鄉的情思，《行紀》有多處記載他所見的石橋，其中在途經大都郊區桑乾河畔發現的一座石橋，令他印象深刻：

自從汗八里城發足以後，騎行十哩，抵一極大河流，名稱普里桑乾（Pulisangin, Pulisangan）。此河流入海洋。商人利用河流運輸商貨者甚夥。河上有一美麗石橋，各處橋樑之美鮮有及之者。橋長三百步，寬逾八步，十騎可並行於上。下有橋拱二十四，橋腳二十四，建置甚佳，純用極美之大理石為之。橋兩旁皆有大理石欄，又有欄，獅腰承之。柱

---

86 沙海昂注、馮承鈞譯：《馬可波羅行紀》，第 230 頁。

87 同上，第 223 頁。

頂別有一獅。此種石獅巨麗，雕刻甚精。每隔一步有一石柱，其狀皆同。兩柱之間，建灰色大理石欄，俾行人不致落水。橋兩面皆如此，頗壯觀也。[88]

馬可‧波羅所記「桑乾河石橋」成為後來西人來京搜尋的重要標誌性建築，以致他們以「馬可‧波羅橋」來命名這座橋。清初耶穌會士安文思、殷鐸澤（Prosper Intorcetta）在他們的著作中對此橋亦有詳記。[89] 今人則以「盧溝橋」之名稱之。

處在桑乾河石橋西南的涿州是大都通向南方的分岔路口，是大都的門戶，這裡工商業頗為發達。「從此石橋首途，西行二十哩，沿途皆見有美麗旅舍，美麗葡萄園，美麗園圃，美麗田畝，及美麗水泉。行畢然後抵一大而美麗之城，名曰涿州（Giogiu）。內有偶像教徒之廟宇甚眾，居民以工商為業，織造金錦絲絹，及最美之羅，亦有不少旅舍以供行人頓止。從此城首途，行一哩，即見兩道分歧，一道向西，一道向東南，西道是通契丹之道，東南道是通蠻子地域之道。」[90] 馬可‧波羅第一次出使雲南時即經此地南下。

汗八里之貧民、星者　《行紀》考察了汗八里的各個階層，注意到在顯赫、奢華的皇公貴族之外，還存在一個需要接濟的貧民群體，其數量「甚眾」。「大汗在此城中，選擇貧戶，養之邸舍之中。每邸舍六戶八戶十戶不等。由是所養貧民甚眾。每年賑給每戶麥糧，俾其能供全年之食。年年如此。此外欲逐日至宮廷領取散施者，每人得大熱麵包一

88　沙海昂注、馮承鈞譯：《馬可波羅行紀》，第 236-237 頁。

89　參見〔葡〕安文思著、何高濟譯：《中國新史》，鄭州：大象出版社 2004 年版，第 7-9、16-17 頁。

90　沙海昂注、馮承鈞譯：《馬可波羅行紀》，第 238 頁。

塊，從無被拒者。蓋君主命令如是散給，由是每日領取賑物之人，數逾三萬。是蓋君主愛惜其貧民之大惠，所以人愛戴之，崇拜如同上帝。」[91]

「汗八里」存在為數不少的占星巫師。《行紀》首次提及「汗八里」之星者是在第八四章，它與大都營建新城有關。「大汗曾聞星者言，此城將來必背國謀叛，因是於舊城之旁，建築此汗八里城。中間僅隔一水，新城營建以後，命舊城之人徙居新城之中。」[92] 第一〇三章〈汗八里城之星者〉對此行業者有詳細介紹：

汗八里城諸基督教徒回教徒及契丹人中，有星者巫師約五千人，大汗亦賜全年衣食，與上述之貧戶同。其人惟在城中執術，不為他業。

彼等有一觀象器，上注行星宮位，經行子午線之時間，與夫全年之凶點，各派之星者每年用其表器推測天體之運行，並定其各月之方位，由是決定氣象之狀況。更據行星之運行狀態，預言各月之特有現象。[93]

這段文字說明：一、在元大都充當「星者巫師」者多為基督徒、回教徒和契丹人。二、這是一個專門職業，從業者享受大汗所賜衣食。

大都的葬俗因宗教信仰不同而有所區別：「應知城內不許埋葬遺骸。脫死者是一偶像教徒，則移屍於城郭外，曾經指定一較遠之處焚之。脫死者所信仰者為別教，則視其為基督教徒回教徒或他教之人，亦運屍於郭外，曾經指定之遠地殯葬，由是城內最適宜於衛生。」[94]

---

91 沙海昂注、馮承鈞譯：《馬可波羅行紀》，第 233 頁。

92 同上，第 189 頁。

93 同上，第 233-234 頁。

94 同上，第 215 頁。

大都的居民待人禮貌，給人賓至如歸之感。「其人語言和善，互相禮敬。見面時貌現歡容。食時特別潔淨。禮敬父母，若有子不孝敬父母者，有一特設之公共法庭懲之。」**95**

從《行紀》對「汗八里」的描寫看，雖然有關大汗的誕節、禁衛、年終慶節、行獵、大朝會這方面的內容較多，所花筆墨亦多，但在當時似應屬流行的街巷傳聞，後來訪問元大都的鄂多立克留下的遊記亦不乏這方面的描寫，當然也不排除後者抄襲《行紀》的可能。但《行紀》對元朝宮廷的描寫極為細緻，說明馬可・波羅出入宮廷是極為頻繁，甚至可能是家常便飯，否則他不可能了解其中這麼多的細節。有的學者認為，馬可・波羅是教皇派往中國的使節，從他對「汗八里」留下的紀錄來看，我們不能證明這一點。《行紀》除了在第八四章（重）〈汗八里城之謀叛及其主謀人之處死〉、第一〇三章〈汗八里城之星者〉兩章提到基督教徒外，並沒有留下有關元大都基督教情形的紀錄，教皇使節孟高維諾來元大都是在馬可・波羅離開中國之後發生的事，天主教在元大都還沒有生根，但基督教的另一支 —— 聶思脫里派，應已滲入元大都，《行紀》對馬可・波羅來華所經之中亞、西域當地的宗教情形，特別是基督教（實為聶思脫里教）特別留意記載，而對元大都之宗教現狀所留筆墨甚少，這說明他在「汗八里」時與宗教並沒有多大關係。相反，《行紀》有關元大都商貿情形的描述堪稱具有獨特的價值，這可能與馬可・波羅本人的商人身份有關，他對商業情報的搜集可以說不遺餘力。

---

95 沙海昂注、馮承鈞譯：《馬可波羅行紀》，第 235 頁。

四、《馬可波羅行紀》與同期中外北京史籍的比較及其影響

在 13 世紀，歐洲人到中國旅行、經商或傳教者，並不只有馬可·波羅。但像馬可·波羅這樣，在朝廷任職且多次外放，因而遍游中國，最後又將自己的經歷整理成文，留下寶貴歷史紀錄的，則只有他一人。「因此，在歷史上，歐洲第一次有了關於中國及其鄰國的詳細紀述，而這些文字絕非建立在道聽途說或胡亂猜測的基礎上。」[96]

在大航海時代以前，《行紀》與西方另一重要東方遊記 ——《曼德維爾遊記》齊名，後者是歐洲人描寫亞洲（特別是中國）的經典讀物。不過，《行紀》與後者相比，顯然更具實錄性質，雖然《行紀》對其所經地區風土人情的描寫並非都是親歷所聞，不乏道聽途說，但大體來說仍是有所根據。一般認為，《曼德維爾遊記》是英國曼德維爾爵士（Sir John Mandeville）虛構的東方遊記，文學虛構的成分多於寫實，但它的抄本、版本達 300 多種，遠遠超過了《行紀》，可見其傳播範圍之廣。[97]

---

[96] Donald F. Lach, *Asia in the Making of Europe*, Vol. I, Book one (Chicago: University of Chicago Press, 1965), p.35. 中譯文參見唐納德·F·拉赫著、周雲龍校譯：《歐洲形成中的亞洲》第一冊（上），第 39 頁。對《馬可波羅行紀》有關亞洲知識的系統研究，見 L. Olschi, *L'Asia di Marco Polo* (Florence: Sansoni, 1957). 此書有 John A. Scott 的英譯本，*Marco Polo's Asia: An Introduction to His "Description of the World" called "Il Milione"* (Berkeley and Los Angeles: University of California Press, 1960).

[97] 有關《曼德維爾遊記》的版本介紹，參見〔英〕約翰·曼德維爾著，郭漢民、葛桂錄譯：《曼德維爾遊記》，上海書店出版社 2006 年版，〈中譯本序〉，第 13-14 頁。Frances Wood, *The lure of China: writers from Marco Polo to J.G. Ballard* (New Haven, Conn& London: Yale University Press, 2009), pp.11-16. 吳芳思（Frances Wood）不僅介紹了《曼德維爾遊記》的版本流行情形，而且將《曼德維爾遊記》與《馬可波羅行紀》做了比較。在《馬可·波羅到過中國嗎？》一書中，吳芳思對馬可·波羅是否去過中國提出強烈的質疑，並做了詳細的論證。在《中國的魅力》一書中，她強調《曼德維爾遊記》在十七世紀以前的重要性和影響力超過了《馬可波羅行紀》。

該書從第六六章〈契丹國及其無窮的財富〉到第七八章〈韃靼皇帝繼承人的冊立〉，涉及到對契丹、大汗、大都的記敘，但其內容明顯可見出自中國遊客的傳說。儘管作者聲稱：「我們一行人在可汗宮中的十六個月中，可汗正與蠻子王開戰。戰爭的緣由是大汗想親眼看看那裡的宮殿是否如傳說中的那麼莊嚴華麗，而事實是美麗更有過之，若非親眼所見，決不敢相信。相比較而言，我們的飲食更為簡純，那裡的平民各種動物的肉都吃，餐罷便在衣裙上揩揩手，一天只吃一餐，很少吃麵食。但貴族的餐飲更為花樣繁多，講究禮儀。」[98] 這段話很難作為作者親臨元大都的實證。在對中國財富、大都場景和大汗威權的描寫上，《曼德維爾遊記》雖與《行紀》異曲同工，但我們仍只能以虛擬的文學作品來界定該作品的性質。請看該書〈大都：大汗雄偉華麗的宮殿〉一節對大都的描寫：

　　在契丹省的東部有一座舊城，旁邊韃靼人又建了一座新城，取名為大都（Cadon），該城共有七個城門，每個城門相隔整整一英里，所以新舊兩城的城牆加起來約有 20 英里長。城中建有大汗雄偉華麗的宮殿，宮牆長約兩英里。內部美景令人目不暇接。宮中的御花園內有小山，山頂上有一座大殿，其精巧華美無與倫比。山上山下樹木茂盛，果實纍纍。四周有一道溝渠與縱橫的小河相連，有成群野禽游嬉其中，所以，不出宮大汗便可享受狩獵之趣。山頂的大殿有二十四根包金的殿柱，過道鋪有昂貴的豹皮。這些獸皮不僅花紋美麗，而且氣味宜人，花紋顏色如血一般鮮紅，在陽光的照耀下令人不可逼視。這種皮革貴如黃金。

98　〔英〕曼德維爾著、任虹譯：《曼德維爾遊記》，收入周寧編注：《契丹傳奇》，北京：學苑出版社 2004 年版，第 407 頁。

皇宮的中央是大汗的殿宇。殿宇中鑲有各種寶石，四周懸有美麗的掛件。在殿的四角下方各有一條金龍，水可由龍口導出。整個殿宇富麗堂皇，殿盡頭的首座是皇帝的龍床，前面的桌子鑲有金邊、寶石、珍珠。登上寶座的台階用各式寶石鋪就，旁邊鑲金。[99]

這段對大都城門數目、城牆長度、皇宮建築的描寫顯然虛擬、想像的成分較多，一個親臨大都的作者絕不可能寫得如此離譜。從書的內容和風格來看，《曼德維爾遊記》更像一部適合當時歐洲讀者口味的騎士傳奇，這也可能是它流傳更廣、版本更多的原因。

不過，《曼德維爾遊記》雖非作者親歷，但其中的有些情節卻所據有實，並非全為杜撰。以其描寫「汗八里」為例，如談到赴華路程時說：「契丹是一個富饒的大國，商業發達。每年商賈都會雲集於此買賣香料和其他商品。那些來自龐巴底或意大利，如威尼斯、熱亞那的商人，要爬山涉水歷經六個多月才能到達這裡。」[100] 所言「六個多月」的時間正是當時歐洲商人經陸路來華的路程。

漢文記載元大都之著述有《析津志》、《南村輟耕錄》。《析津志》為元末熊夢祥所撰。熊氏利用出任崇文監丞之機，接觸了大量內府藏書和文獻資料，並實地考察了大都及所轄地區的山川名勝。元大都曾被稱為析津，遼代定南京為析津府，治析津宛平（即今北京西南）。該書對元大都的城池街市、朝堂公宇、台諫敘、工局倉廩、額辦錢糧、祠廟儀祭、寺觀、河閘橋樑、古跡、東西馬步站、名宦人物、歲紀風俗、學校、物產、屬縣都有較詳細的記載，是最早記述北京地區的一部專門志

---

99 〔英〕曼德維爾著、任虹譯：《曼德維爾遊記》，收入周寧編注：《契丹傳奇》，北京：學苑出版社 2004 年版，第 405-406 頁。

100 同上，第 405 頁。

書。[101]《析津志》因早已佚失，其確切卷帙已不可得。現今的《析津志輯佚》係從《永樂大典》、《日下舊聞考》、《憲台通紀》、《順天府志》（殘卷）等書輯佚而成。外人對此書基本上缺乏了解，更不用說進入研究視野。

《南村輟耕錄》為元末明初陶宗儀（1321-1407）所撰，共三十卷，該書「凡六合之內，朝野之間，天理人事，有關於風化者，皆採而錄之」。記載元代社會的掌故、典章、文物、天文、曆算、地理、風俗及評述詩詞、小說、戲劇、書畫方面的內容，內中涉及不少元大都歷史、地理、風情、人文方面的掌故。馮承鈞先生為《行紀》第二卷第八三章《大汗之宮廷》作案語曰：「案《輟耕錄》是布萊慈奈德同《新元史》所採史料之要源，曾詳述元末之宮闕制度。」[102] 其所指為俄國布萊慈奈德（E. Bretschneider，1833-1901）的《北京考古記》（*Archaeological and historical researches on Peking and its environs*）。也就是說，《南村輟耕錄》進入了歐洲學者的研究視野。

與上述兩本漢文著作比較，《行紀》對「汗八里」的記述，在內容側重上明顯不同，一是介紹大汗的宮廷、禁衛、誕節、行獵、大朝會所用的篇幅較大，這部分內容在中文著作付諸闕如。其中之原因，可能是漢文作者沒有機會直接接觸大汗，因而也就缺乏這方面的觀察和體驗。而馬可·波羅作為歐洲人，在元朝被列入色目人一等，則有機會接觸大汗，並有較多機會聞說大汗之事跡。二是對「汗八里城之貿易發達戶口繁盛」的介紹，在漢文著作中也幾乎沒有，雖然漢文著作也有對物產、市場的介紹，但其角度與《行紀》迥然不同，其對商貿的介紹缺乏比較

---

101 參見〈整理說明〉，收入（元）熊夢祥：《析津志輯佚》，北京古籍出版社 2001 年版，第 6-7 頁。

102 沙海昂注、馮承鈞譯：《馬可波羅行紀》，第 187 頁。

的成分和世界的視野。由此可見，《行紀》從史料價值而言，亦可補漢文著作之不足，或與之互相參證。

《行紀》在 14 世紀初開始出現手抄本和各種版本，逐漸在意大利、法國等國流行開來。1477 年德國紐倫堡刊行了第一個德譯本。1579 年英國倫敦刊印了第一個英譯本。「在 1550 年之前，馬可‧波羅為歐洲提供了關於東方的最為廣泛、最為權威的描述。在他對中國的遼闊疆土的觀察中，馬可‧波羅沒有對大汗的政策提出任何批評，事實上，讀者還為馬可‧波羅對於韃靼人和忽必烈大汗的同情和敬重所打動。」[103]

《行紀》對 15 到 18 世紀西方讀者了解北京有很大影響，成為那些前往北京訪問、旅行的傳教士、遣使、商人們的旅行指南，或為他們觀察北京的必備參考書。自《行紀》出版以後，歐洲開始興起一股尋找東方的熱潮。《行紀》早期讀者中最著名者莫過於哥倫布（Cristóbal Colón），熟讀《行紀》的他在閱讀過的書頁空白處留下了近百處眉批。受《行紀》影響，哥倫布帶著尋找東方財富的美好理想，攜帶西班牙國王費爾南多二世（Fernando II de Aragón el Católico）致大可汗的信函，踏上了發現「大汗之國」的航程。研究哥倫布的學者認為：「哥倫布在準備西航和率船隊橫渡大西洋的整個航程中，始終把中國（大汗之國）作為航行的目的地，並不斷尋找通往大汗京城的航道。哥倫布在啟航前就帶了西班牙國王致蒙古大汗的國書和禮物。他在航行中和到達加勒比海的古巴島、海地島等地時一直在尋找通往亞洲大陸腹地大汗宮廷的道路，他確信他的船隊所到達的這些島嶼就是亞洲東岸中國大陸沿海的島

103 Donald F. Lach, *Asia in the making of Europe*, Vol. I, Book one, p.36. 中譯文參見唐納德‧F‧拉赫著、周雲龍校譯：《歐洲形成中的亞洲》第一冊（上），第 40 頁。

嶼。這在哥倫布第一次航行和航海日記中有清楚的記錄。」[104] 證之於哥倫布的《航海日記》，當他的船隊航抵古巴島時，誤認為古巴即是《馬可波羅行紀》中所說的西邦戈島 —— 日本島。1492 年 10 月 24 日他寫道：「我認為彼等所謂之古巴島，即人們經常談及的充滿奇聞異事的西邦戈島。從地球儀和世界地圖上看，它也正處於這片海域。」[105] 帶著尋找大可汗國的使命，船隊繼續前行，10 月 30 日哥倫布寫道：「遠征軍司令説，應設法前往大可汗之國。他認為大可汗就在附近，也即大可汗居住之契丹城就在附近。」[106]

　　1585 年在羅馬出版的西班牙人門多薩所著《中華大帝國史》一書，談及西方人士有關中國的遊記時，也花了大篇幅介紹《馬可波羅行紀》，其中提及《行紀》記敘「汗八里」時説：「當汗遷往 Khanbalu，即汗八里（汗之城），據信即今北京時，馬可也隨同前往。這座城市被認為在壯麗方面超過他所曾見到的一切東西。宮殿的面積包括一個每邊長六英里的四方廣場，此説和事實出入不太大。然而，在這個範圍內有皇家的武器庫，及田地和草地，養育有各種獵物。寬大殿室的屋頂蓋有華麗的金箔，繪有鮮艷的色彩，而在四壁刻有龍和戰爭的圖像。宮殿的北面有一座山頭，叫做綠山，四圍約有一英里，生長著從帝國各地採集的最好的樹，而這是由大象運到這裡的。」「這個敘述和現代旅行家的敘述驚人地一致，而在記該國的內政、郵遞制度，還有在歉收時期皇

---

104 薩那：〈新航路開闢與中西經濟文化交流〉，收入黃邦和、薩那、林被甸主編：《通向現代世界的 500 年 —— 哥倫布以來東西兩半球匯合的世界影響》，北京大學出版社 1994 年版，第 373 頁。

105 〔意〕克里斯托瓦爾·哥倫布著、孫家堃譯：《航海日記》，南京：譯林出版社 2011 年版，第 49-50 頁。

106 同上，第 56 頁。

家倉廩把穀物施捨等方面，也和迄今所知中國史的記載符合。」[107] 可以說，在 16 世紀，《行紀》是歐洲人了解中國的主要必備參考書。

明末第一位來到北京的意大利耶穌會士利瑪竇在他的回憶錄《利瑪竇中國札記》中提到了馬可·波羅對契丹（Cathy）、汗八里（Campalu）、中國（China）的記載，並表示：「如果有人反駁說，或許馬可波羅所說的契丹的疆界較現在的中國更廣大，這種反對理由儘管存在，它卻什麼也證明不了。」[108]

1688 年在巴黎出版的葡萄牙耶穌會士安文思《中國新史》一著，書中談及馬可·波羅所述「契丹」（Catai）和「蠻子」（Mangi）同屬中國時，列舉了五大證明，其中第二、三、四即是以北京為例。[109] 顯然，到 17 世紀中期，《行紀》仍是西方來華人士研究北京最重要的參考書目。

《行紀》在 1793 年訪華的馬戛爾尼使團成員著作中被多次提到，顯示出使團成員對《行紀》作過仔細研究。使團由大沽口登陸到達天津時，使團秘書斯當東在《英使謁見乾隆紀實》一書中寫道：「在十三世紀馬哥孛羅到中國的時候，天津已被稱為『天府之城』了。雖然在十三世紀天津已是一個大城市了，但天津的老名字叫『天津衛』。」[110]《行紀》中未

---

107 〔西〕門多薩著，何高濟譯：《中華大帝國史》，〈緒論〉，北京：中華書局 1998 年版，第 13 頁。

108 〔意〕利瑪竇、〔比〕金尼閣著，何高濟、王遵仲、李申譯、何兆武校：《利瑪竇中國札記》，北京：中華書局 2001 年版，第 332-333 頁。相關詳細論述詳見本書第 158-159 頁。

109 安文思著，何高濟、李申譯：《中國新史》，第 6-7 頁。相關詳細論述詳見本書第 170-173 頁。

110 Sir George Staunton, *An authentic account of an embassy from the King of Great Britain to the Emperor of China: including cursory observations made, and information obtained in travelling through that ancient empire, and a small part of Chinese Tartary*, Second Volume (London: G. Nicol, 1797), p.204. 中譯文參見〔英〕斯當東著、葉篤義譯：《英使謁見乾隆紀實》，上海書店出版社 1997 年版，第 279 頁。

提長城，這個問題在 17 世紀中期波蘭耶穌會士卜彌格的著作中曾多次解釋過。斯當東在《英使謁見乾隆紀實》一書中用一章（第十三章）的篇幅討論了他們所見到的長城，顯見他們對這一經歷的格外重視。當他們穿過長城時，也考究起馬可‧波羅在《行紀》中為何未提長城的緣故：

> 第一個寫中國遊記的歐洲人馬哥孛羅穿行韃靼區到北京去的時候一定經過了長城，但他在遊記裡卻未提一個字。……《馬可孛羅遊記》裡沒有提到長城，但這一件事情絕不能抵消這麼多證明它的存在的信而有徵的歷史文件。《馬可孛羅遊記》是他回國以後寫的。即使他當時確曾穿過長城，可能他在中國所記的原始筆記不齊全，也或者可能他在寫書的時候，原始材料不在手頭，以致把長城遺漏掉。後來在威尼斯的道奇圖書館找出馬哥孛羅到中國的路線圖，這個疑問才告解決。原來當時馬哥孛羅並不是通過韃靼區到北京的，他從歐洲同東方商人結隊到達撒馬爾罕和卡什戛；從這裡朝著東南方向，穿過恆河到達孟加拉；以後沿著西藏山脈之南到達中國陝西省，最後由陝西省經過山西省到達北京；因此，他事實上並沒有穿行長城線。[111]

直到 19 世紀下半期，在西方介紹中國、研究中國的書籍中，《行紀》仍是最常被提及或引用的參考書。如美國學者衛三畏（S. Wells Williams）的《中國總論》（*The Middle Kingdom*）就多處引用《行紀》中的文字和對「汗八里」的描寫。[112]

---

111 Sir. George Staunton, *An authentic account of an embassy from the King of Great Britain to the Emperor of China*, Second Volume, pp.366-367. 中譯文參見斯當東著、葉篤義譯：《英使謁見乾隆紀實》，第 344-345 頁。

112 S. Wells Williams, *The Middle Kingdom*, Vol. I (New York: Charles Scribner's Sons, 1895), p.32, 87, 318; Vol. II, p.423.

《行紀》對「汗八里」的描繪成為西方首次建構北京形象的經典文本。在這個文本中，我們看到的是大汗至高無上、君臨天下的威權，規模浩大的東方典禮儀式，排列有序、若如棋盤的街道佈局，繁榮的東西貿易，遊牧民族的朝會、行獵習俗，聚焦在「汗八里」的形形色色的各種膚色、各種信仰、各個階層的群體，豐饒的物產（如煤、酒），這是一幅世界帝國之都的圖景。在馬可‧波羅的眼裡，「汗八里」真正是令其大開眼界的國際性大都市。從這個經典文本中，歐洲讀者可以感受到令人震撼的諸多元素：威嚴的大汗、壯麗的都城、浩大的典禮、繁榮的商貿、豐饒的物產。毫無疑問，《行紀》將打動每一位歐洲讀者的心靈，激發他們對未來、對世界的想像。無獨有偶，與馬可‧波羅同時代的意大利詩人但丁寫下《論世界帝國》，主張建立一個大一統的世界帝國，由一位至高無上的君主實行統治，以保障世界人民所要求的最大和平。馬可‧波羅的綽號為「百萬」（11 Milione），意指他與人交談他那些荒誕離奇的東方經歷時，常將「百萬」掛在嘴上。以至《行紀》一書一度曾以《百萬》命名，以迎合那些意欲向東方尋找財富的人們的口味。《行紀》對中國與亞洲諸國的記述，很快進入歐洲地理學家的視野，他們在自己的著述或地圖中，紛紛採納《行紀》的描述。大汗國、契丹、「汗八里」這些中國地理名詞，逐漸為歐洲讀者所熟知。「從西方地圖繪圖對遠東的描述這一角度來看，馬可‧波羅的影響甚至到 18 世紀都沒有完全消失。」「在歐洲對遠東的認識史的研究中，馬可‧波羅是後古典時代被引用得最多的作者之一。地圖製圖和地理學文獻都不斷引用他的描述。」[113]《行紀》對「汗八里」的誇張描寫，喚起歐洲讀者

113〔意〕曼斯譯‧奎尼（Massimo Quaini）、米歇爾‧卡斯特諾威（Michele Castelnovi）著，安金輝、蘇衛國譯：《天朝大國的景象：西方地圖中的中國》，上海：華東師範大學出版社 2015 年版，第 4-5、112 頁。

對東方帝都的嚮往，也點燃起他們向東方尋找財富的慾火。

五、孟高維諾筆下的北京天主教

當蒙古軍隊的鐵蹄掠過俄羅斯大地向西猛烈推進時，歐洲各國一片恐慌。羅馬教皇英諾森四世（Innocent IV）一方面欲溝通與蒙古的關係，規勸蒙古大汗停止殺戮行為；一方面想打探蒙古內部的虛實，以作抵禦之策，遂於 1245 年派遣方濟各會會士柏朗嘉賓（Jean de Plan Carpin，1182-1252）為首的三人代表團出使蒙古。[114] 第二年 7 月 22 日，柏朗嘉賓及隨行抵達和林。8 月 24 日參加貴由皇帝登基大典。8 月底觀見貴由大汗（即定宗），呈遞教皇璽書。定宗復教皇書大意謂：

你教宗和王公巨卿，如誠心和我修好，便當速來見我，不可遲延。你來信要我信基督而受洗，我不知我為什麼應該受洗。你來書，又因我們殺人之多，而覺得驚奇，尤其因為信基督的波蘭人、匈牙利人、奧拉維人，而感不安，我亦不明白你驚奇的原因。我告訴你：他們不聽上天和成吉思汗的命，殺戮我們所派使臣，上天所以借我們的手來殺他們。你們西方人，自以為獨奉基督而鄙視別人，但 …… 我亦信上天，賴上天之力，我將自東徂西，征服世界。

書末璽印文曰「真主在天，貴由在地；上天神威，眾生之王。」[115] 這是羅馬教廷與蒙古發生關係的開始。顯然，柏氏未能如願完成教皇交給他的規勸蒙古人皈依基督教的使命。1247 年柏氏一行返抵里昂。次年柏

---

[114] 參見羅光：《教廷與中國使節史》，台北：傳記文學出版社 1983 年版，第 22-23 頁。
[115] 轉引自方豪：《中國天主教史人物傳》，北京：宗教文化出版社 2007 年版，第 16 頁。

氏病逝，遺留下《柏朗嘉賓蒙古行紀》（一譯為《蒙古史》），[116] 實為他此行的報告，這是我們現見最早西人在蒙古旅行的紀錄。

1253 年，魯布魯克的威廉（William of Rubruk）受法國國王路易九世的派遣，從君士坦丁堡出發去蒙古和林，沿途先後會見撒里答和拔都。1254 年 4 月到達哈剌和林，受到蒙哥汗的接見。威廉要求留在蒙古傳教，遭拒，遂於 1255 年返回的黎玻里。應當地主教之請，威廉以長信形式將自己的旅行經歷寫出來，這就是後來人們所見的《魯布魯克東行紀》。[117]

柏朗嘉賓以後，羅馬教廷與蒙古的來往逐漸增多。[118] 教廷遣使首次到達元大都的是方濟各會會士孟高維諾。1289 年教皇尼古拉四世（Nicolaus IV）派遣孟高維諾前往中國。孟氏一行先抵波斯，然後經海道在印度登陸，最後由海路到達中國的泉州。1293 年孟氏抵達元大

---

116 此著中譯本現有三種：一是〔英〕道森編，呂浦譯、周良霄註：《出使蒙古記》，北京：中國社會科學出版社 1983 年版，內收約翰・普蘭諾・加賓尼（即柏朗嘉賓）《蒙古史》及《魯不魯乞東遊記》等文，所據英文本為 Christopher Dawson ed, *The Mongol Mission. Narratives and Letters of the Franciscan Missionaries in Mongolia and China in the Thirteenth and Fourteenth Centuries* (London & New York: Sheed and Ward, 1955)。二是耿昇、何高濟譯：《柏朗嘉賓蒙古行紀 魯布魯克東行紀》，北京：中華書局 2002 年版。所據法文本、英文本為 Traduit et Annote Par Dom Jean Becquet Et Par Louis Hambis, *Jean De Plan Carpin Histoire Des Mongols* (Paris: Librairie d'Amerique et d'Orient, 1965). W. W. Rockhill, *The Journey of William of Rubruck to the Eastern Parts, 1253-1255* (London: Hakluyt Society, 1900)。三是余大鈞、蔡志純譯：《普蘭・迦兒賓行記、魯布魯克東方行記》，呼和浩特：內蒙古大學出版社 2009 年版，所據為 1957 年蘇聯沙斯契娜（N. P. Shastina）夫人的俄譯本。

117 有關魯布魯克的旅行目的，在學術界尚有爭議，有為法王使節和傳教士兩說，參見方豪：《中國天主教史人物傳》，第 17-18 頁。何高濟：《魯布魯克東行紀》中譯者前言，收入耿昇、何高濟譯：《柏朗嘉賓蒙古行紀 魯布魯克東行紀》，第 184-186 頁。

118 有關教廷與蒙古關係的研究，參見〔法〕伯希和撰、馮承鈞譯：《蒙古與教廷》，北京：中華書局 2001 年版。I. De Rachewiltz, *Papal Envoys to the Great Khans* (Stanford: Stanford University Press, 1971).

都，受到元世祖忽必烈高規格的接見，被允准在大都傳教。孟高維諾在京設立教堂三座，收納信徒達 6000 餘人，足見當時天主教在大都發展之盛。有關他在印度、中國旅行和傳教情形，現留有蒙氏東遊印度、中國時所寫的三封書信，這三封信分別於 1292 年在印度、1305 年 1 月 8 日和 1306 年 2 月在元大都所寫。

孟高維諾在元大都所寫的第一封信，主要談及他在大都的傳教情形及與聶斯脫里派的衝突：

契丹為韃靼皇帝所轄境域。皇帝之稱號曰大汗。余謁見，遞呈教皇之國書，請其改奉基督正宗。然彼迷信偶像已深，難挽回也。大汗待基督教徒頗寬厚。二年以來，余皆與之同居。

聶思脫里派徒，名為宗奉基督，而實則遠離聖道，其人在東方有權有勢。不與同道者，則雖至小教堂，不許建設，稍與異旨之文字，不得刊布也。

東方諸國，自昔聖徒絕跡。余初來此境，受聶派直接虐待，或唆使他人來欺侮余，種種情形，備極慘酷。……

余居此布教，無人輔助，幾十一年。前二年始有日耳曼科龍城（Cologne）僧人阿爾奴特（Arnold）來此相助傳道。

余於京城汗八里（Cambaliech）築教堂一所。六年前已竣工，又增設鐘樓一所，置三鐘焉。自抵此以來，共計受洗者達六千餘人。若無上方所敍讒言妨害，則至今受洗者，當有三萬餘人。來受洗者，至今尚陸續不絕也。

余嘗收養幼童一百五十人，其父母皆崇奉異端。幼童年齡，自七歲至十一歲不等。皆毫無教育，亦無信仰。余皆加洗禮，教之以希臘及

拉丁文。[119]

孟高維諾在信中還透露了他收養佐治王為信徒，並經他手建造第一座教堂之過程：

此間有佐治（George）王者，印度拍萊斯脫約翰（Prester John）大王之苗裔。門閥顯赫，昔信聶思脫里派教說。余抵此之第一年，即深與余結納，從余之言，改奉正宗（Catholic），列名僧級。每奠祭時，王亦盛裝來至余處，參預典禮，聶思脫里派徒因謗王為棄教。王率其臣民大部來歸正宗，捐資建教堂一所，雄壯宏麗，無異王侯之居。堂內供奉吾人所信仰之天主，三一妙身（Holy Trinity，譯名見《景教碑》）及吾主教皇。王賜題額為「羅馬教堂」。……

余用書寫、頌讀、口演三種方法同時並舉，廣事宣傳。佐治王生時，嘗約余將拉丁禮節全文譯成方言，俾可在其境內行用。王生時，余嘗在其教堂內，用拉丁儀節，舉行奠祭，用地方語文頌讀《聖經》及《創世記》。[120]

孟高維諾希望羅馬方面派助理輔佐他，並展示了中國領土之廣大，以示傳教之前景：

---

119 H. Yule trans & ed., *Cathay and the Way Thither*, Vol.3, p.45-47. 中譯文參見〈一七、約翰孟德高奴信之一〉，收入張星烺編注、朱傑勤校訂：《中西交通史料滙編》第 1 冊，第 320-321 頁。

120 H. Yule trans & ed., *Cathay and the Way Thither*, Vol.3, p.47, 50. 中譯文參見〈一七、約翰孟德高奴信之一〉，收入張星烺編注、朱傑勤校訂：《中西交通史料滙編》第 1 冊，第 322、324 頁。張星烺作註解釋了佐治王的生平事跡，並考證佐治王所建教堂「必在五原縣境內。距京師路程，正約二十日」。

余若有二三同伴在此助理，則至今日大汗必受洗矣！諸君欲來此傳教，余則無任歡迎。來此者須具有犧牲個人利益，而以作人儀表為職志者，方可也。

據余所聞，世界王公地之廣，人口之庶，財賦之富，無有能與大汗陛下比擬者矣。[121]

羅馬教廷收到孟高維諾來自大都的這封信，可以想像受到了極大的鼓舞，教皇遂一面任命孟高維諾為大主教，授權他統轄契丹、蠻子（中國南部）各處主教、高僧，直隸教皇；一面於 1307 年派遣七名方濟各會傳教士去襄理孟高維諾，這七位傳教士是：哲拉德（Gerard）、裴萊格林（Peregrine of Castello）、安德魯（Andrew of Perugia）、尼古拉斯（Nicholas of Bantra or of Apulia）、安德魯梯斯（Andrutius of Assisi）、賽福斯托德（Ulrich Sayfustordt）、威廉（William of Villeneuve）。這七人只有哲拉德、裴萊格林和安德魯三人到達了中國，其他四人在途經印度時遇害。[122]1311 年教皇克萊孟五世（Clement V）再增派彼得（Peter）、哲羅姆（Jerome）和托瑪斯（Thomas）三人赴中國傳教。[123]

孟高維諾在大都的第二封信中，除了談及他在大都新建教堂外，還介紹了元朝所轄國土：

---

121 H.Yule trans & ed., *Cathay and the Way Thither*, Vol.3, pp.48-51. 中譯文參見〈一七、約翰孟德高奴信之一〉，收入張星烺編注、朱傑勤校訂：《中西交通史料滙編》第 1 冊，第 323-324 頁。

122 H. Yule trans & ed., *Cathay and the Way Thither*, Vol.3, pp.71-75. 關於這七人東遊的情形，中譯文參見〈二〇、泉州主教安德魯之信〉，收入張星烺編注、朱傑勤校訂：《中西交通史料滙編》第 1 冊，第 331-337 頁。此信言之甚詳。

123 參見張星烺編注、朱傑勤校訂：《中西交通史料滙編》第 1 冊，第 330 頁。A. C. Moule, *Christians in China before the year 1550*, p.168. 中譯文參見阿·克·穆爾著、郝鎮華譯：《一五五〇年前的中國基督教史》，第 191 頁。

一千三百零五年，余在大汗宮門前，又建新教堂一所。堂與大汗宮僅一街之隔。兩處相去不過一箭耳。魯喀龍哥（Lucalongo）人彼得（Peter）者，篤信基督聖教。善營商，當余由討來思起程時，彼即伴余東來。新教堂地基，即彼購置，捐助與余，以禮敬天主。大汗國全境，適合建築教堂之地址，據余所觀，未有過於此者矣……

第一教堂與第二教堂，皆在城內。兩處相距，有二邁耳半，蓋汗八里城大，莫與比擬也。余將所收幼童，分為兩隊。一隊在第一教堂，他隊則在第二教堂，各自舉行祭務。余為兩堂住持。每星期輪流至一堂，指導莫祭。蓋諸童皆非僧人，不知禮儀也。

東方諸邦，尤以大汗所轄國境，龐大無比，全世界各國，莫與比京。余在大汗廷中有一職位。依規定時間，可入宮內。宮內有余座位，大汗以教皇專使視余，其待余禮貌之崇，在所有諸教官長之上。大汗陛下雖已深知羅馬教廷及拉丁諸國情形，然仍渴望諸國有使者來至也。[124]

從孟高維諾的這兩封信中，我們可以獲悉以下信息：首先，元朝對包括天主教在內的各大宗政策態度寬容，孟高維諾在朝廷中且是擁有很高的官位，這是孟氏在元大都得以順利傳教的保障。[125] 據陳垣先生考證，元也里可溫在朝中可領官位。「教而領之以官，自北齊之昭元寺崇虛局始。」「元制，禮部亦掌僧道，然有宣政院以專掌釋教僧徒，秩從一品；有集賢院以兼掌玄門道教，秩從二品；而禮部之掌，遂有名無

---

124 H. Yule trans & ed., *Cathay and the Way Thither*, Vol.3, pp.55-58. 中譯文參見〈一八、約翰孟德高奴信之二〉，收入張星烺編注、朱傑勤校訂：《中西交通史料滙編》第 1 冊，第 326-328 頁。

125 有關元朝對也里可溫教的優待政策，參見陳垣：《元也里可溫教考》第六至八、十章，收入《中國現代學術經典·陳垣卷》，石家莊：河北教育出版社 1996 年版，第 16-22、24-27 頁。

實。是可見元代對於僧、道之尊崇。顧也里可溫之在元，亦為一種有力之宗教，特置崇福司，秩從二品，其階級蓋在宣政之下，而與集賢等也。」[126] 元朝包容天主教的政策對改變教廷與蒙古接觸之初的恐懼、仇恨心理有一定作用。其次，孟高維諾在元大都傳教，頗受歡迎，創設教堂兩座，收納教徒甚眾。從蒙氏二信可知，他所建第一座教堂是在 1299 年（元大德三年），它配有一座三口鐘的鐘樓，這可能是北京最早的鐘樓。第二座教堂建於 1305 年（元大德九年），當年聖方濟各祭日（10 月 4 日）竣工，這座教堂內有可容 200 人的禮拜堂，屋頂豎有紅色的十字架，在城內是一個醒目的標誌。這座教堂可能是與他一起從印度邁拉爾來的意大利商人彼得魯斯捐助建成的。[127] 據徐蘋芳先生考證，孟高維諾所建的第二座教堂位置可能在元皇城的正北門厚載紅門外（今地安門以北）。[128] 最後，孟高維諾在傳教過程中，受到基督教另一教派 —— 聶思脫里派的排擠和打擊，兩派衝突激烈。聶思脫里派在唐朝時由波斯傳入，先於羅馬天主教流入中國，其勢力明顯較大。《馬可波羅行紀》對其所見聶思脫里派之情形有詳細記載，可證聶思脫里派

---

[126] 陳垣：《元也里可溫教考》第十章，收入《中國現代學術經典·陳垣卷》，第 25 頁。

[127] 參見〔法〕勒內·格魯塞（René Grousset）著、藍琪譯：《草原帝國》，北京：商務印書館 1999 年版，第 399 頁。

[128] 參見徐蘋芳：〈元大都也里可溫十字寺考〉，收入《中國考古學研究 —— 夏鼐先生考古五十年紀念論文集》，北京：文物出版社 1986 年版，第 309-316 頁。關於教堂地址另有兩說：一是張星烺先生認定：「約翰新教堂在宮門前一箭之地，當即在新華門附近。」這裡是元宮城的南門崇天門。參見張星烺編注：《中西交通史料匯篇》第 2 冊，北平：輔仁大學圖書館，1930 年版，第 115 頁，中華書局版刪去此注。二是日本學者佐伯好郎提出教堂是在元大都宮城的北門厚載門外。參見〔日〕佐伯好郎：《支那基督教の研究》第 2 冊，東京：春秋社 1943 年版，第 369 頁。

勢力在元朝前期顯盛於新來的天主教。[129] 民國初年，北京大學整理前清所遺留檔案時，發現在北京午門城樓上保存的敘利亞景教前後唱詠歌抄本，即為聶思脫里派在元大都留存的文件。[130] 聶思脫里派對羅馬天主教來華懷有妒意，故極力排斥，雙方勢同水火。據張星烺先生考證：「關於景教僧在東方之生活情況，漢文及他亞洲諸國文，皆無記載。吾人僅能於元初西歐東來人士之筆記之中，藉悉略情。然未能盡信。蓋元時西歐人東來者，如盧白魯克、仙拍德、海敦、馬哥孛羅、約翰孟德高維奴等，無不攻擊聶派也。」[131] 證之於約翰柯拉（John de Cora）約作於1330年的〈大可汗國記〉，其中所設「國中小級僧人狀況」、「國中聶派叛教者之狀況」、「大可汗對基督教徒之恩眷」諸節，言及當時天主教在華之狀況，及對聶思脫里派之惡詆，[132] 可見厭惡聶思脫里派是方濟各會會士的共識。

元朝也里可溫教內部雖然教派紛爭，但獲得很大發展，陳垣先生對此有所析論：「有元得國，不過百年耳。也里可溫之流行，何以若此？蓋元起朔漠，先據有中亞細亞諸地，皆昔日景教（聶斯托爾派）流行之地也。既而西侵歐洲，北抵俄羅斯，羅馬教徒、希臘教徒之被擄及隨節至和林者，不可以數計；而羅馬教宗之使命，如柏朗嘉賓、隆如滿、羅伯魯諸教士，又先後至和林；斯時長城以北，及嘉峪關以西，萬

---

129 有關這方面的研究，參見朱謙之：《中國景教》，北京：人民出版社1998年版，第177-183頁。江文漢：《中國古代基督教及開封猶太人》，上海：知識出版社1982年版，第118-119頁。

130 參見阿‧克‧穆爾著、郝鎮華譯：《一五五〇年前的中國基督教史》，第342-354頁。此處為譯者增補的附錄七。

131 〈一四、元時在中國之基督教之分兩派〉，收入張星烺編注、朱傑勤校訂：《中西交通史料滙編》第1冊，第314頁。

132 H. Yule trans & ed., *Cathay and the Way Thither*, Vol.3, pp.89-103. 中譯文參見〈三〇、大可汗國記〉，收入張星烺編注、朱傑勤校訂：《中西交通史料滙編》第1冊，第376-381頁。

里縱橫，已為基督教徒所遍佈矣。燕京既下，北兵長驅直進，蒙古、色目，隨便住居（詳《廿二史札記》），於是塞外之基督教徒及傳教士，遂隨軍旗彌蔓內地。以故太宗初元（宋紹定間）詔旨，即以也里可溫與僧道及諸色人等並提。及至孟哥未諸主教至北京，而羅馬派之傳播又盛。」[133] 元朝對也里可溫教的寬厚、收攬政策實在是為安撫、安置中亞、西亞、東歐之征服地異族異教的一大舉措。

除孟高維諾以上兩信外，安德魯曾於 1326 年 1 月在泉州主教任上發出一信給教皇，信中報告了他們來華途中的艱難遭遇及在華的傳教經歷，其中特別提到在「汗八里」五年所享受到皇帝賜予的優厚的「阿拉發」待遇：

足下既聞余昔與同伴主教裴萊格林（Friar Peregrine）二人，經歷艱苦饑困，海陸危險，衣衫為盜匪劫掠殆盡，九死一生之中，始得仰賴天主之靈，於一千三百零八年（元武宗至大元年）抵大可汗皇帝陛下之都城汗八里（Cambaliech）。既抵汗八里，傳教皇諭旨，拜總主教後，居其處幾五年之久。於此時間，嘗自皇帝取得阿拉發（Alafa，阿拉伯語也）一份，俾可供給吾等衣食之用。阿拉發者，皇帝所賜外國使臣、說客、戰士、百工、伶人、衛士、貧民以及諸色人等之俸金。供其生活費用也。所有俸金之總數，過於拉丁數國王之賦稅。

安德魯對中國極度讚揚，稱：「此國大皇帝之財富尊榮，國土之廣，臣民之眾，城邑之多而且大，國家組織，兵馬強盛，國中太平，無人敢執

---

[133] 陳垣：《元也里可溫教考》第十五章，收入《中國現代學術經典·陳垣卷》，第 45 頁。羅伯魯為魯布魯克的另譯。

刀以犯其鄰，種種情形，余將不復贅言。」**134**

安德魯是繼哲拉德、裴萊格林之後第三任刺桐港（即泉州）主教，自然在信中對刺桐傳教情形亦作了交待，並以其親身經歷證明元朝對天主教採取優待的政策：

在此大帝國境內，天下各國人民，各種宗教，皆依其信仰，自由居住。蓋彼等以為凡為宗教，皆可救護人民。然此觀念，實為誤謬。吾等可自由傳道，雖無特別允許，亦無妨礙。猶太人及薩拉森人改信吾教者，至今無一人。然偶像教徒來受洗禮者，前後甚眾。既受洗而不守基督正道者，亦復不鮮。**135**

孟高維諾於 1328 年逝世。教皇聞訊後，於 1333 年任命巴黎大學宗教學教授尼古拉斯（Nicholas）為汗八里總主教，同行者有教士 20 人，平民 6 人，一說其可能半途而輟，未能到任。1338 年意大利使節馬黎諾里奉使東方，至元大都時，其《紀行傳》明言大都無主教。另一說馬黎諾里抵京時，尼古拉斯尚在途中，確未到京，其可能在後來抵京。《明史》卷三二六《拂菻傳》謂：「元末，其國人捏古倫入市中國，元亡不能歸。太祖以洪武四年八月召見，命賚書詔，還諭其王。」德國漢學家夏德（Friedrich Hirth）等人認可此說。**136** 有趣的是，因孟高

134 H. Yule trans & ed., *Cathay and the Way Thither*, Vol.3, pp.71-72. 中譯文參見〈二〇、泉州主教安德魯之信〉，收入張星烺編注、朱傑勤校訂：《中西交通史料滙編》第 1 冊，第 331-332 頁。

135 H. Yule trans & ed., *Cathay and the Way Thither*, Vol.3, p.74. 中譯文參見〈二〇、泉州主教安德魯之信〉，收入張星烺編注、朱傑勤校訂：《中西交通史料滙編》第 1 冊，第 334 頁。

136 H. Yule trans & ed., *Cathay and the Way Thither*, Vol.3, pp.11-13. 中譯文參見〈二二、北京第二任總主教尼古拉斯〉，收入張星烺編注、朱傑勤校訂：《中西交通史料滙編》第 1 冊，第 340-341 頁。

維諾去世，新總主教尼古拉斯久未到京，在華之天主教徒乃上書羅馬教皇請派主教。元順帝同時亦頒給教皇諭旨，並派使者安德魯、威廉等十六人由陸路西行，於 1338 年到達意大利阿維南城。教皇當年即有回覆元朝之書，這三份文件見證了教廷與蒙元帝國後續關係互動與親近之一面。[137]

六、《鄂多立克東遊錄》中的元大都

鄂多立克（1286-1331 年），意大利人，是方濟各會的傳教士。鄂多立克 1318 年開始東遊，1321 年抵達印度，然後取海道來中國，1322-1328 年在華，先後行經廣州、泉州、福州、杭州、南京、揚州、臨清，最後到達汗八里城，在元大都待了整整三年。然後西行經甘肅、土番國（西藏），取道中亞、波斯返回意大利。死前在病榻上口述《鄂多立克東遊錄》。[138] 鄂多立克與馬可·波羅、伊本·白圖泰（Ibn Batuta）、尼哥羅康梯（Niccolò de' Conti）被譽為中世紀的四大旅行家。也許人們將聚光燈太多投射在《馬可波羅行紀》上，對《鄂多立克東遊錄》缺乏應有的關注。據統計，截止到 1938 年，《馬可波羅行紀》的各種版本達 138 種之多，而《鄂多立克東遊錄》（以下簡稱《東遊錄》）各種歐洲語言的版本也有 76 種，可見鄂氏一書的後續影響也不可小視。

裕爾編撰《東域紀程錄叢 —— 古代中國聞見錄》第二卷收入其

---

137 H. Yule trans & ed., *Cathay and the Way Thither*, Vol.3, pp.177-183. 中譯文參見〈二三、元順帝諭羅馬教皇〉、〈二四、阿蘭人上羅馬教皇書〉、〈二五、教皇回報元朝書〉三篇，收入張星烺編注、朱傑勤校訂：《中西交通史料滙編》第 1 冊，第 341-346 頁。

138 有關鄂多立克的生平，參見何高濟譯：《海屯行紀、鄂多立克東遊錄、沙哈魯遣使中國記》，第 31-32 頁。另參見方豪：《中國天主教史人物傳》，第 23-24 頁。方豪以「和德里」名之。

譯注的《鄂多立克東遊錄》，足見此書在中西交通史文獻中所佔份量之重。裕爾編輯整理的《鄂多立克東遊錄》共有 52 節，其中涉及他在汗八里經歷的為第 37 節〈該僧侶抵達汗八里，對它們的描述，關於那裡的大可汗廷的宮殿〉到第 42 節〈關於汗所保留的四大節日〉這六節。

在第 37 節，鄂多立克描述了所見元大都的城市佈局和雄偉壯麗的宮廷建築：

這後一城有十二門，兩門之間的距離是兩英里；兩城之間也有大量居民，二者的四周加起來超過四十英里。大汗在這裡有他的駐地，並有一座大宮殿，城牆周長約四英里。其中尚有很多其他的壯麗宮殿。〔因為在大宮殿的牆內，有第二層圍牆，其間的距離約為一箭之遙，而在兩牆之間則有著他的庫藏和他所有的奴隸；同時大汗及他的家人住在內層，他們極多，有許多子女、女婿、孫兒孫女以及眾多的妻妾、參謀、書記和僕人，使四英里範圍內的整個宮殿都住滿了人。〕

大宮牆內，堆起一座小山，其上築有另一宮殿，係全世界之最美者。此山遍植樹，故此名為綠山。山旁鑿有一池〔方圓超過一英里〕，上跨一極美之橋。池上有無數野鵝、鴨子和天鵝，使人驚歎；所以君王想遊樂時無需離家。宮牆內還佈滿各種野獸的叢林；因之他能隨意行獵，再不要離開該地。

總之他居住的宮殿雄偉壯麗。其殿基離地約兩步，其內有二十四根金柱；牆上均懸掛著紅色皮革，據稱係世上最佳者。宮中央有一大甕，兩步多高，純用一種叫做密爾答哈（Merdacas）的寶石製成〔而且是那樣精美，以致我聽說它的價值超過四座大城〕。甕的四周悉繞以金，每角有一龍，作兇猛搏擊狀。此甕尚有下垂的大珠綴成的網縷，而這些縷寬為一拃。甕裡的酒是從宮廷用管子輸送進去；甕旁有很多金酒杯，隨意飲用。

宮殿中尚有很多金孔雀。當韃靼人想使他們的君主高興時，他們就一個接一個地去拍手；孔雀隨之振翅，狀若舞蹈。那麼這必定係由魔法驅動，或在地下有機關。**139**

第 38 節〈該僧侶敘述汗廷的情況〉描述了大汗接見外賓的壯觀場面，這一場面背後映襯的是「權力的神秘感」：

當大汗登上寶座時，皇后坐在他的左手，矮一級坐著他的另兩個妃子；而在階級的最低層，立著他宮室中的所有其他婦女。已婚者頭上戴著狀似人腿的東西，高為一腕尺半，在那腿頂有些鶴羽，整個腿綴有大珠，因此若全世界有精美大珠，那準能在那些婦女的頭飾上找到。

國王右手是他的將繼位的第一個兒子；下面立著出身於皇親血統者。還有四名書記，記錄皇帝說的話。皇帝前立著他的諸王及其他人，其數無窮，除了說些渾話逗樂君王的小丑外，沒有人敢置一詞，除非君主點到他。但甚至他們也不敢斗膽越國王給他們設置的雷池一步。

宮門前站著諸王作守衛，以防有人接近門口；倘若他們抓到這樣做的人，他們把他打個半死。

當大王想設筵席的時候，他要一萬四千名頭戴冠冕的諸王在酒席上侍候他。他們每人身披一件外套，僅上面的珍珠就值一萬五千佛洛林。宮內安排得井井有條，一切人都編入十戶、百戶和千戶內，各有執掌，對自己權限中或其屬下權限中的差錯，相互負責。**140**

---

139 H. Yule trans & ed., *Cathay and the Way Thither*, Vol.2, pp.217-222. 中譯文參見何高濟譯：《海屯行紀、鄂多立克東遊錄、沙哈魯遣使中國記》，第 79-81 頁。

140 H. Yule trans & ed., *Cathay and the Way Thither*, Vol.2, pp.222-225. 中譯文參見何高濟譯：《海屯行紀、鄂多立克東遊錄、沙哈魯遣使中國記》，第 81-82 頁。

鄂多立克為意大利方濟各會傳教士，故對元大都的宗教狀況頗為留意。在這一節他還提及各種人種、各大宗教雲集宮廷的情形，可以窺見元朝宮廷集多元文化為一體的盛況：

我，僧侶鄂多立克，在他的那城市中整整住了三年；因為吾人小級僧侶在王宮中有指定的一席之地，同時我們始終必須盡責地前去為他祝福。於是我抓住機會勤勉地詢問基督徒、撒剌遜人和各色偶像教徒，也詢問皈依吾教的信徒，其中有些是該宮廷中的大王公，且僅與皇帝本人發生聯繫。現在這些人都異口同聲告訴我說：僅皇帝的樂人就有十三土綿；其餘看管獵犬和野獸禽鳥者是十五土綿；給御體看病的醫師是四百偶像教徒、八名基督徒及一名撒剌遜人。所有這些人都從皇帝的宮廷領取他們需要的供應。〔人數不多也不少，但當有人死了，就另派人接替他。〕至於其餘的機構，無法計算。〔總之，宮廷確實雄偉，世上最井井有條者，有諸王、貴人、奴僕、書記、基督徒、突厥人及偶像教徒，都從宮裡領取他們所需的東西。〕**141**

第 39 節〈大可汗出巡時的次序〉談到了大汗夏天在上都，冬季回到「汗八里」及大汗出巡時雄壯的隊列情形：

當他要從一個地方出巡到另一個地方時，下面是其次序。他有四支騎兵，一支在他前面先行一日程，兩翼各一支，另一支殿後一日程，所以他可說是始終走在十字的中心。這樣行軍，各支人馬都有為它逐日

---

141 H. Yule trans & ed., *Cathay and the Way Thither*, Vol.2, pp.225-226. 中譯文參見何高濟譯：《海屯行紀、鄂多立克東遊錄、沙哈魯遣使中國記》，第 82-83 頁。

規定的路線，並在其停駐地獲得糧草。[142]

第 40 節〈汗域之廣大；其中的客棧怎樣得到供給；消息怎樣送給
君王〉，介紹了元朝廣闊的領土：

這個帝國被其君主劃分為十二部分，每部分叫做一個省（Singo）。
這十二部分中，蠻子那部分構成一個省，下屬兩千大城。並且，確實
地，他的那個帝國是那樣大，如有人想逐個訪問這些省，那他要足足花
上六個月的時間；而這尚不把為數五千的島嶼算在內，它們不包括在
十二個省中。[143]

第 41 節〈有關汗的大狩獵〉介紹了大汗的狩獵活動：

大汗要去狩獵時，其安排如下。離汗八里約二十天旅程之地。有
一片美好的森林，四周為八日之程；其中有確實令人驚奇的大量形形色
色的野獸。森林周圍有為汗駐守的看管人，精心地給予照看；每三年或
四年，他要帶領人馬到這片林子去。[144]

第 42 節述及大汗保留的四大節日等民俗：

---

142 H. Yule trans & ed., *Cathay and the Way Thither*, Vol.2, p.228. 中譯文參見何高濟譯：《海屯行紀、
鄂多立克東遊錄、沙哈魯遺使中國記》，第 83 頁。

143 H. Yule trans & ed., *Cathay and the Way Thither*, Vol.2, p.231. 中譯文參見何高濟譯：《海屯行紀、
鄂多立克東遊錄、沙哈魯遺使中國記》，第 84 頁。

144 H. Yule trans & ed., *Cathay and the Way Thither*, Vol.2, pp.234-235. 中譯文參見何高濟譯：《海
屯行紀、鄂多立克東遊錄、沙哈魯遺使中國記》，第 85 頁。

每年，那位皇帝要保留四大節日，就是說，他的生日，他行割禮的日子，等等。他召他的諸王、他的俳優及他的親屬都去參加這些節日盛會，所有這些人在節日盛會上均有他們固定的位子。但是，特別在他的生日和割禮日，他希望大家都出席。[145]

鄂多立克係從海路來到中國，《東遊錄》對他沿途所經國家的風俗、物產、地理和到達中國廣州後，歷經泉州、福州、杭州、揚州等城市的情形作了詳細記載，這是《東遊錄》的另一重要價值。這些知識對那些由海路前往中國的西方旅行者自然會有所助益。此前孟高維諾雖亦泛洋東來，但僅留一信述及他到達印度的情形，故遠不如鄂多立克對沿途情形交代之詳。鄂多立克為何東來，在元大都有何具體活動，《東遊錄》沒有材料説明。《東遊錄》記錄相對零碎，篇幅也遠小於《馬可波羅行紀》，其價值與《馬可波羅行紀》不可同日而語。但其對元朝宮廷和大汗生活的介紹，對所經地區風土人情的記載，均保有相當重要的史料價值，可以説是《馬可波羅行紀》的續篇。

七、馬黎諾里遊記中的「汗八里」

1338 年，教皇班尼狄德十二世遣使馬黎諾里（約 1290-?）攜帶國書、禮物來華。1342 年馬黎諾里一行抵達元大都，在「汗八里」駐留四年（一説三年）。1353 年返歸阿維南，向教皇英諾森六世（Innocent VI）遞呈大汗國書。1354 年在羅馬城得遇日耳曼皇帝查理四世（Charles

---

145 H. Yule trans & ed., *Cathay and the Way Thither*, Vol.2, p.237. 中譯文參見何高濟譯：《海屯行紀、鄂多立克東遊錄、沙哈魯遣使中國記》，第 86-87 頁。

IV），應招前往日耳曼，晚年將其奉使東遊事跡著書存世。[146] 不少內容涉及他在「汗八里」的珍貴史料。

馬黎諾里在遊記中，首先交代他奉教皇之命赴華及對華之印象：「愚陋無才，時虞蹉跎。一千三百三十八年（元順帝至元四年）教皇班尼狄德十二世命余與數人攜國書與禮物，贈送韃靼大汗。其國在東方，威權所達，幾有東方世界之半。兵馬強盛，國庫充實，城邑相連，管轄眾國，難於勝數。各民族之在其境內者，不知凡幾，皆各自有語言文字，若一一言之，將駭人聽聞也。」馬黎諾里觀見大汗時，最為人稱道者是他獻「天馬」之舉，其遊記不惜筆墨記下了這一幕：

過沙山，乃至東方帝國都城汗八里。其城之大，戶口之眾，軍威之盛，吾將不復贅言矣。大汗見大馬、教皇禮物、國書、羅伯塔王（King Robert）書札及其餘印，大喜。見吾等後，更為歡悅。恩遇極為優渥。觀見時，皆衣禮服。余之前，有精緻之十字架先行，香燭輝煌。至宮殿內，賦《天主惟一》之章（Credo in Unum Deum）。賦詩畢，余為大汗祈禱，加福於彼。大汗亦低首受之。[147]

內中所稱「大汗見大馬」一事，在《元史》卷四《順帝本紀》中也有記載，可以相互印證：「至正二年，秋，七月，佛郎國貢異質馬，長一丈一尺三寸，高六尺四寸，身純黑，後二蹄皆白。」此事在當時傳為美

---

146 有關馬黎諾里生平簡介，參見〈二六、《馬黎諾里遊記》之發現及其行程〉，收入張星烺編注、朱傑勤校訂：《中西交通史料滙編》第 1 冊，第 346-349 頁。馬黎諾里生卒年均不詳，1357 年他仍存活於世。

147 H.Yule trans & ed., *Cathay and the Way Thither*, Vol.3, pp.209, 213-214. 中譯文參見〈二七、《馬黎諾里遊記》摘錄〉，收入張星烺編注、朱傑勤校訂：《中西交通史料滙編》第 1 冊，第 350、353 頁。

談，一時間文人士子競相以「天馬贊」、「天馬賦」為題賦詩撰文，[148] 這算是元末中西文化交流的一大盛事。

在「汗八里」，馬黎諾里受到極高的禮遇，其日常所需食宿費用均由大汗供給，遊記對此作了交代：

> 退朝至館舍。舍裝飾美麗，大汗命親王二人，侍從吾輩。所需皆如願而償。不獨飲食諸物，供給吾輩，即燈籠所需之紙，皆由公家供給。侍候下人，皆由宮廷派出。其寬待遠人之惠，感人深矣。居留汗八里大都，幾達四年之久，恩眷無少衰。吾等衣服、館舍、器具皆贈給上品。來此同事，共有三十二人，總計大汗供給費用，達四千餘馬克。

馬黎諾里作為方濟各會的傳教士，自然關注「汗八里」的天主教狀況，其中所見教堂顯為孟高維諾所建：

> 留汗八里時，常與猶太人及他派教人，討論宗教上之正義，皆能辯勝之。又感化彼邦人士，使之崇奉基督正宗。因之拯救靈魂於地獄苦境者不少也。
>
> 汗八里都城內，小級僧人有教堂一所，接近皇宮。堂內有總主教之寓所，頗為壯麗。城內他處，尚有教堂數所，各有警鐘。教士衣食費用，皆由大汗供給，至為豐足。[149]

148〈二八、元代關於拂郎獻馬之文獻〉，收入張星烺編注、朱傑勤校訂：《中西交通史料滙編》第 1 冊，第 358-369 頁。

149 H. Yule trans & ed., *Cathay and the Way Thither*, Vol.3, pp.214-215. 中譯文參見〈二七、《馬黎諾里遊記》摘錄〉，收入張星烺編注、朱傑勤校訂：《中西交通史料滙編》第 1 冊，第 353-354 頁。

馬黎諾里歸國前，大汗設宴歡送，並賜給途中所需費用，顯示出元朝與教廷的親密關係：

> 　　大汗見吾輩家鄉念切，無意流連，乃許歸還教皇，攜其贈物，並三年費用。臨行，設宴歡送，宣言請教皇復派余或他人有紅衣主教之品級者，來到汗八里充主教。蓋東方人士，不論其是否基督教徒，皆崇仰主教也。

> 　　居留汗八里約三年，乃復起行，攜大汗贈給之路費，並良馬二百匹，經蠻子國（Manzi）而歸。**150**

　　從最初不顧艱難險阻前往和林的柏朗嘉賓、魯布魯克，到長途跋涉，經過千山萬水來到「汗八里」的孟高維諾、鄂多立克、馬黎諾里，全為方濟各會士。方濟各會為 1209 年意大利人方濟各獲得教皇英諾森三世批准創立的一個教會組織，會士之間互稱小兄弟，故又稱「小兄弟會」；主張向社會底層宣講「清貧福音」，提倡過安貧、節慾的苦行生活，以托缽乞食為生。這是一個在下層民眾中有著廣泛基礎的教派。為什麼元朝時期歐洲前往中國的傳教士幾乎全是方濟各會士？意大利學者白佐良對此作了解釋：「方濟各會的創始人隨第五次十字軍遠征來到異教徒中間的時候，他是帶來福音書的第一人，並在 1219 年試圖改變回教國家的君王的信仰，未能成功。於是，方濟各會士們帶著他們的信仰前往蒙古和中國，同時還有可能領受了某種微妙的外交使命，他們成了執行這一新任務的最佳人選。」**151** 不僅如此，受命赴華的方濟

---

150 H. Yule trans & ed., *Cathay and the Way Thither*, Vol.3, p.215. 中譯文參見〈二七、《馬黎諾里遊記》摘錄〉，收入張星烺編注、朱傑勤校訂：《中西交通史料滙編》第 1 冊，第 354 頁。

151 白佐良、馬西尼著，蕭曉玲、白玉崑譯：《意大利與中國》，第 40 頁。

各會士幾乎都是低階層的傳教士，用馬黎諾里的話說：「來者須亦為小級僧人。蓋彼方人士，相識者只此級僧人而已。前教皇基羅拉摩（Pope Girolamo）初亦小級僧人。教皇派遣約翰·孟德高維奴到東方，宣教多年。阿蘭人及韃靼人仰之如聖人，而孟亦小級僧人。」[152] 這一方面可能是下級傳教士更具進取和刻苦精神，一方面或許是蒙古族在軍事上固然極其強大，但在文化（特別是宗教）方面並無優越之處的緣故。至於基督教的信眾，多為阿蘭人、突厥人，伯希和認為這可能是基督教隨元的滅亡而消失的原因：「這種十三四世紀的東亞基督教，大致可以說不是漢人之基督教，而為阿蘭人、突厥人之基督教，或者還有少數真正蒙古人信仰此教，所以在 1368 年時偕元朝而俱亡。」[153] 明末清初以後，天主教東傳的主力由耶穌會士承擔，所派傳教士不乏地位較高者，因而其對話、滲透的對象往往是飽學的士大夫和中、高級官僚階層。

結語

方豪在《中國天主教史人物傳》中，所選元代入華四人有柏朗嘉賓、羅伯魯（魯布魯克）、馬可·波羅、孟高維諾、和德里（鄂多立克）、馬黎諾里、馬薛里吉思（Mar Sargis）諸人，除馬薛里吉思為色目人，在鎮江活動以外，其他西人均來自歐洲，他們的活動舞台主要是在元大都，這說明元大都已成為當時歐洲與中國交往的中心。

通覽遊歷元大都的西人遊記、報告或書札，人們發現他們的報道

---

152 H. Yule trans & ed., *Cathay and the Way Thither*, Vol.3, p.215. 中譯文參見〈二七、《馬黎諾里遊記》摘錄〉，收入張星烺編注、朱傑勤校訂：《中西交通史料滙編》第 1 冊，第 354 頁。

153 伯希和：〈唐元時代中亞及東亞之基督教〉，原載 1914 年《通報》，中譯文收入馮承鈞：《西域南海史地考證譯叢》第一卷，北京：商務印書館 1995 年版，第 69 頁。

充滿了羨慕、讚譽之詞，他們筆下的「汗八里」是新興世界大都，其所勾勒的形象大致為：元大都是一座規劃有序、街道整齊、有如棋盤的城市；大汗擁有君臨天下的帝王之尊，其雄偉的宮殿群落、奢華的宮廷生活和宏大的出巡儀仗，充分表現了舉世無匹的皇帝威嚴；大都擁有四通八達的交通網絡和聯絡各地的郵驛，對世界各地的信息瞭如指掌；元朝對各種宗教、各種人種、各種文化採取包容的寬厚政策，元大都是多元文化的縮微體。〈大可汗國記〉稱譽「契丹國人口殷眾。都市大於巴黎、佛羅倫斯者，不一其數。人煙稠密之地甚多，至若小城市，則更不可以數計」。[154] 它反映了元代中國城市（特別是北京、杭州）的繁榮景象，確實給西人留下了深刻的印象。元代以前，儘管西人對中國有零星、碎片的記載，但還說不上已形成中國形象。[155] 元代包括《馬可波羅行紀》在內的西人遊記作品，構建了西方第一個中國形象 —— 契丹傳奇。其中至高無上的大汗、疆域廣闊的領土、威猛野蠻的軍隊、繁華富裕的都市是其主要表徵。[156] 這些充滿誇張的描寫對尚處在中世紀黑暗狀態的西方來說，無疑是「權力的發現」和「物質的啟蒙」。它不僅對誘導西方後來建立強大的中央集權、積極向海外殖民拓展、尋找夢想中的東方世界起著重要的推動作用；而且長久地成為激發西方作家想像中國靈感的主題和素材。[157]

元代將中西文化交流推進到一個新的階段。元代將中國人傳統的

---

154 H. Yule trans & ed., *Cathay and the Way Thither*, Vol.3, p.395. 中譯文參見〈大可汗國記〉，收入張星烺編注、朱傑勤校訂：《中西交通史料滙編》第 1 冊，第 375 頁。

155 日本學者岩村忍曾對元代以前歐洲人有關「東洋」的知識做過論述：參見〔日〕岩村忍：《十三世紀東西交涉史序說》，東京：三省堂 1939 年版，第 1-58 頁。

156 相關研究參見周寧編注：《契丹傳奇》，第 151-222 頁。

157 參見 Jonathan D. Spence, *The Chan's Great Continent :China in Western Minds* (New York: W. W. Norton & Company, 1999).

「西方」地理概念從漢代的西域（從新疆到中亞一帶）、唐代的西天（印度）延伸到了歐洲；文化交流的內容在原有的以輸入印度佛教、中亞各大宗教為主的基礎上，開始增添新的文化內容，這就是引入歐洲的天主教。元代以後，中西文化交流出現新的「歐洲元素」，而天主教作為歐洲宗教文化的主體，成為中歐文化交流的主要內容，中西文化交流內容獲得了新質。須加說明的是，元朝時期，天主教在中國的生存壓力並非來自於官方的壓制或儒教的排斥，而是其同教的另一教派 —— 聶思脱里派。據〈大可汗國記〉所載：「汗八里城內有叛教者甚眾，號曰聶思脱里派徒。其人皆守希臘教會禮節，不從羅馬教堂，崇奉異派。」「聶派教徒，居契丹國境內者，總數有三萬餘人。皆雄於資財，惟甚懼正派基督教徒。」[158] 可見聶思脱里派勢力之盛及與天主教衝突之激烈。迄今考古出土的元代也里可溫教遺存物大都為聶思脱里派的十字架，亦顯見聶派活動之痕跡。明初雖然因崇佛排耶，天主教一度歸於寂滅，但隨著傳教士的東來很快再度復興，明末清初天主教再次成為最具潛在勢力的外來宗教，儒耶文明對話的新格局從此真正形成，儒耶衝突亦隨之而起，其情形延續到近現代也沒有根本的改變，儒耶對話發展成為中歐文化交流的重要內容和時代話題。

---

158 H. Yule trans & ed., *Cathay and the Way Thither*, Vol.3, pp.101-102. 中譯文參見〈大可汗國記〉，收入張星烺編注、朱傑勤校訂：《中西交通史料滙編》第 1 冊，第 380 頁。

第二章

17 世紀西方耶穌會士眼中的北京

——以利瑪竇、安文思、李明為中心的討論

明末清初西方來京人員主要出自兩途，一是傳教士，二是遣使。其中傳教士又以耶穌會士人數尤多。由於各種原因，17 世紀進入北京的西方傳教士留下其在京觀察、生活紀錄者並不太多，利瑪竇、安文思、李明三位耶穌會士是這頗為稀見名單中的三位代表。他們有關北京的著述，不僅留下了當時西方耶穌會士觀察北京的親歷經驗，成為西方世界了解北京的第一手珍貴材料，而且為我們考察明末清初的北京提供了在中文文獻裡不易見到的另一面，是我們研究明末清初中西文化交流史的重要歷史文獻。

17 世紀西方耶穌會的「北京經驗」主要由三部分組成：一是在北京的實際生活經歷，包括與朝廷的關係、與士人的交往和傳教經歷，它常常是中西關係史或中西文化交流史的研究對象；二是對在北京所見所聞的實錄，特別是對北京城的基本面貌的描繪，它構成西方北京知識譜系的來源，是西方漢學的重要組成部分；三是通過對北京的「城市閱讀」，認識和評估中國的政府機構、政治制度、經濟狀況、科技水平和風俗習慣，這是一項跨文化研究，屬於「形象學」的研究範圍。現有的研究成果多集中在第一方面，[1] 故本章側重對第二、三方面內容的探討。

一、17 世紀來京耶穌會士概述

檢索法人費賴之《在華耶穌會士列傳及書目》和榮振華《在華耶

1　有關這一專題的西文研究成果相對較多，代表作有：C. W. Allan, *Jesuits at the Court of Peking* (Shanghai: Kelly and Walsh Limited,1935). Arnold Rowbotham, *Missionary and Mandarin: The Jesuits at the Court of China* (Berkeley: University of California Press, 1942). Liam Matthew Brockey, *Journey to the East: the Jesuit mission to China, 1579-1724* (Cambridge, Mass: Belknap Press of Harvard University Press, 2007)。中文專著較少，余三樂：《中西文化交流的歷史見證 —— 明末清初北京天主教堂》，廣州：廣東人民出版社 2006 年版。

穌會士列傳及書目補編》兩著，從 1598 年利瑪竇首次入京開始，到
1700 年成立在華法國耶穌會士傳教區這一百多年間，西人以耶穌會士
身份來京知名者，約為 77 人，現將這份名單從兩書列傳中輯出。[2] 按他
們來京時期，可大致劃分為三個階段。

第一階段從 1598 年利瑪竇入京至 1644 年明亡，共有 18 位耶穌
會士來京，他們是：利瑪竇（Matthieu Ricci，意）、郭居靜（Lazare
Cattaneo，意）、龐迪我（Didace de Pantoja，西）、李瑪諾（Emmanuel
Diaz，葡）、費奇觀（Gaspard Ferreira，葡）、熊三拔（Sabbathin de
Ursis，意）、龍華民（Nicolas Longobardi，意）、陽瑪諾（Emmanuel
Diaz，葡）、金尼閣（Nicolas Trigault，法）、艾儒略（Jules Aleni，意）、
畢方濟（François Sambiasi，意）、傅汎際（François Furtado，葡）、鄧
玉函（Jean Terrenz，瑞士）、湯若望（Jean Adam Schall von Bell，德）、
羅雅谷（Jacques Rho，意）、方德望（Etienne Faber，法）、陸若漢（Jean
Rodriguez，葡）、萬密克（Michel Walta，德），其中龍華民、湯若望、
方德望到清初仍居京，成為跨越明、清兩朝的在京耶穌會士。利瑪竇是
這一階段的中心人物。[3]

第二階段從 1644 年清軍進京至 1666 年湯若望病逝，共有 31 位
耶穌會士來京，他們是：安文思（Gabriel de Magalhaens，葡）、利類
思（Louis Buglio，意）、穆尼閣（Jean-Nicolas Smogolenski，波）、衛

2　以下參見〔法〕費賴之著、馮承鈞譯：《在華耶穌會士列傳及書目》上、下冊，北京：
中華書局 1995 年版；〔法〕榮振華著、耿昇譯：《在華耶穌會士列傳及書目補編》上、
下冊，北京：中華書局 1995 年版。每人後括號列其原名、國籍。

3　有關這一階段耶穌會士在中國的情形，參見 George H. Dunne, *Generation of Giants: The Story
of the Jesuits in China in the Last Decades of the Ming Dynasty* (Notre Dame: University of Notre Dame
Press, 1962).〔意〕柯毅霖著，王志成等譯：《晚明基督論》，成都：四川人民出版社
1999 年版。

匡國（Martin Martini，意）、瞿洗滿（Simon da Cunha，葡）、白乃心（Jean Grueber，奧）、吳爾鐸（Albert d'Orville，比）、南懷仁（Ferdinand Verbiest，比）、聶伯多（Pierre Canevari，意）、金彌格（Michel Trigault，法）、郭納爵（Ignace da Costa，葡）、何大化（Antoine de Gouvea，葡）、潘國光（François Brancati，意）、李方西（Jean-François Ronusi de Ferrariis，意）、張瑪諾（Emmaneul Jorge，葡）、成際理（Félicien Pacheco，葡）、汪儒望（Jean Valat，法）、洪度貞（Humbert Augery，法）、劉迪我（Jacques Le Favre，法）、聶仲遷（Adrien Greslon，法）、穆格我（Claude Motel，法）、穆迪我（Jacques Motel，法）、柏應理（Philippe Couplet，比）、蘇納（Bernard Diestel，德）、畢嘉（Jean-Dominique Gabiani，法）、殷鐸澤（Prosper Intorcetta，意）、陸安德（André-Jean Lubelli，意）、魯日滿（François de Rougemont，比）、瞿篤德（Stanislas Torrente，意）、恩理格（Christian Herdtricht，奧）、閔明我（Philippe-Marie Grimaldi，意）。⁴ 內中安文思、利類思作為戰俘押解至京，還有 21 位係因 1665 年教案從各地遣送北京。⁵ 湯若望是

---

4 〔德〕魏特著、楊丙辰譯：《湯若望傳》，第 2 冊，北京：知識產權出版社 2015 年版，第 49 頁。提到「1651 年之前，我們曾多次在北京發現索德超神甫（P. d'Almeida）之蹤跡」。此處應有誤。索德超（1728-1805）遲至 1759 年入華，參見費賴之著、馮承鈞譯：《在華耶穌會士列傳及書目》下冊，第 933-936 頁。

5 押解來京的耶穌會士名單參見費賴之著、馮承鈞譯：《在華耶穌會士列傳及書目》上冊，第 180-181 頁。榮振華著、耿昇譯：《在華耶穌會士列傳及書目補編》下冊，第 842-843 頁。

這一階段的中心人物，人們稱此期為「湯若望時代」。[6]

第三階段從 1666 年湯若望病逝至 1700 年，共有 28 位耶穌會士來京。他們是：皮方濟（François Pimentel，葡）、徐日昇（Thomas Pereira，葡）、李西滿（Simon Rodrigues，葡）、羅歷山（Alexandre Ciceri，意）、馬瑪諾（Emmanuel Rodrigues，葡）、蘇霖（Joseph Suarez，葡）、安多（Antoine Thomas，比）、塞巴斯蒂昂·德阿爾梅達（Sebastião de Almeida，葡）、[7] 洪若翰（Jean de Fonteney，法）、張誠（Jean-François Gerbillon，法）、劉應（Claude de Visdelou，法）、白晉（Joachim Bouvet，法）、李明（Louis Le Comte，法）、郅維鐸（Maur de Azevedo，葡）、郭天爵（François Simois，葡）、盧依道（Isidore Lucci，意）、李國正（Emmanuel Ozorio，葡）、紀理安（Bernard-Kilian Stumpf，德）、法安多（Antoine Faglia，意）、費約理（Christophe Fiori，意）、鮑仲義（Joseph Baudino，意）、何多敏（Jean-Dominique Paramino，意）、翟敬臣（Charles Dolzé，法）、南光國（Louis Pernon，法）、雷孝思（Jean-Baptiste Régis，法）、巴多明（Dominique Parrenin，法）、衛嘉祿（Charles de Belleville，法）、羅德先（Bernard Rhodes，法）。[8] 中心人物先後為南

---

6 有關湯若望生平事跡研究，參見魏特著、楊丙辰譯：《湯若望傳》（2 冊）。Alfons Väth SJ, *Johann Adam Schall von Bell SJ. Missionar in China, kaiserlicher Astronom und Ratgeber am Hofe von Peking 1592-1666. Ein Lebens- und Zeitbild* (Sankt Augustin: China-Zentrum and Monumenta Seriea Institute, 1991). Edited by Roman Malek, S.V.D., *Western Learning and Christianity in China. The Contribution and Impact of Johann Adam Schall von Bell, S.J. (1592-1666)*, 2 Vols., (Sankt Augustin: China-Zentrum and Monumenta Seriea Institute, 1998).

7 此人未見漢名，其生平參見榮振華著、耿昇譯：《在華耶穌會士列傳及書目補編》上冊，第 20 頁。

8 樊繼訓可能於 1700 年抵京，暫未計入，參見費賴之著、馮承鈞譯：《在華耶穌會士列傳及書目》下冊，第 573 頁。

懷仁、徐日昇和張誠。[9]1688 年法國 5 位「國王的數學家」耶穌會士來京和 1698 年白晉帶來的數位耶穌會士，使法國耶穌會士在人數上驟然增多，其所形成的「規模效應」明顯對葡萄牙在中國原有的保教權構成挑戰。[10]

從上述耶穌會士來京名單可見，17 世紀來京的耶穌會士共計 77 人，佔同時期來華耶穌會士（180 多人）逾四成，這與 16 世紀西方耶穌會士基本局限在東南沿海等地活動的歷史格局大為不同。17 世紀耶穌會士經過一個世紀的努力，深入腹地，進入北京，形成了一個散佈中國境內 12 個省份的傳教網絡。16 世紀澳門是中西文化交流的主要媒介或中轉站，到 17 世紀八九十年代，北京實已成為中西文化交流的中心。從所屬國籍或民族看，意大利 22 人，葡萄牙 20 人，法蘭西 21 人（其中 1688 年以後 12 人），德意志 5 人，[11]比利時 5 人，奧地利 2 人，波蘭 1 人，西班牙 1 人。耶穌會士的這種國籍分佈與其在歐洲的發展情形基本一致。[12]由於當時葡萄牙擁有「保教權」，葡萄牙耶穌會士在華居於領

---

9 有關南懷仁的新近研究成果，參見 Noël Golvers, *The Astronomia Europaea Of Ferdinand Verbiest, S.J. (Dillingen, 1687) Text, Translation, Notes and Commentaries*, (Nettetal Steyler Verlag, 1993). Edited by John W.Witek, S.J., *Ferdinand Verbiest, S.J. (1623-1688) Jesuit Missionary, Scientist, Engineer and Diplomat* (Nettetal Steyler Verlag, 1993).

10 有關法國傳教區的設立及其與葡萄牙保教權之間的矛盾，參見張國剛：《從中西初識到禮儀之爭 —— 明清傳教士與中西文化交流》，北京：人民出版社 2003 年版，第 228-235 頁。

11 費賴之、榮振華將鄧玉函列為德意志人，參見費賴之著、馮承鈞譯：《在華耶穌會士列傳及書目》上冊，第 158 頁；榮振華著、耿昇譯：《在華耶穌會士列傳及書目補編》下冊，第 957 頁。但亦有人認為鄧玉函應為瑞士人，參見〔瑞士〕馮鐵（Raoul D. Findeisen）、〔瑞士〕費瑞實（Thomas Fröhlich）、〔瑞士〕高思曼（Robert H. Gassmann）著，陳壯鷹譯：《走近中國 —— 瑞士人在華見聞錄》，《前言》，上海：東方出版中心 2000 年版，第 1 頁。

12 有關這方面的情形介紹，參見〔德〕埃德蒙·帕里斯（Edmond Paris）著，張茹萍、勾永東譯：《耶穌會士秘史》，北京：中國社會科學出版社 1990 年版，第 33-56 頁。

導地位。意大利、葡萄牙籍的耶穌會士在 17 世紀前 80 多年具有優勢，隨著 1688 年法國「國王的數學家」五位耶穌會士的到來，法蘭西人後來居上，到 18 世紀後逐漸取代了此前意大利人、葡萄牙人的地位。耶穌會於 1551 年創立印度果阿管區，管轄範圍包括中國、日本和葡萄牙在東方的領地，從 1582 到 1698 年中國歷任副省會長共有 23 位，內中有 18 位在京傳教，[13] 這說明北京已成為這一時期來華耶穌會士的重心所在。[14]

耶穌會士來京之緣由：一為皇帝所召，約佔來京的耶穌會士一半，這些人大多身懷一技之長，或修歷，或以數學、音樂、美術見長，或充當翻譯，他們駐京時間相對較長。鄧玉函、湯若望、南懷仁、閔明我、徐日昇、安多等先後執掌欽天監，葡萄牙籍耶穌會士在欽天監尤具勢力。[15] 二為被押解京師。1665 年因教案被押解抵京者就有 21 人，這些人

13 有關中國的歷任副省長名單參見榮振華著、耿昇譯：《在華耶穌會士列傳及書目補編》下冊，第 780-782 頁。

14 有關耶穌會的教階職務及相關問題介紹　參見戚印平：《遠東耶穌會史研究》，北京．中華書局 2007 年版，第 563-594 頁。

15 據載：「清朝建立之初，還不時檄取『澳中精於推算者』到清朝天文學最高管理機關欽天監出任職。據統計，在欽天監任過職的西方人員中，僅任過監正、副監正的葡萄牙人就有 11 位，他們為中國的天文事業做出了貢獻。在清初的地圖測繪方面，也有多位葡萄牙人參與了其中的工作，這些，都不能不說是中葡關係史上極有意義的一頁」。（中國第一歷史檔案館編：《中葡關係檔案史料滙編》上冊，北京：中國檔案出版社 2000 年版，〈前言〉第 2 頁）在欽天監任職的葡萄牙傳教士是：徐日昇（康熙二十七年至三十三年，治理曆法）、徐懋德（雍正七年至乾隆三十九年，監副）、傅作霖（乾隆十八年至四十六年，監副、監正）、高慎思（乾隆三十七年至五十二年，監副、監正）、安國寧（乾隆四十年至六十年，監副、監正）、索德超（乾隆四十六年至六十年，監副、監正）、湯士選（乾隆五十三年至六十年，監副）、福文高（嘉慶八年至道光元年，監正）、李拱辰（嘉慶十二年至道光六年，監正）、高守謙（嘉慶十四年至道光六年，左監副）、畢學源（道光四年至六年，右監副）。（參見郭世榮、李迪：〈清欽天監西洋監正高慎思〉，載《內蒙古師範大學學報》(哲學社會科學版) 2005 年 3 月第 34 卷第 2 期）從乾隆三十九年（1774 年）傅作霖起，一直到道光六年（1826 年）李拱

居京時間甚短，且無行動自由，被監禁在東堂達兩月之久，「方奉旨定斷：除南懷仁等四教士仍得留居京師外，其餘俱遣發廣東交該省總督看管」。[16] 真正自由遊歷來京或潛入京城者絕少。與西方來京的其他傳教士教派相比，耶穌會在人數上佔有絕對優勢。

來京的西方耶穌會士中，其中有一部分在京身歿，死後葬在北京西郊的柵欄墓地，他們是：利瑪竇（1610）、鄧玉函（1630）、羅雅谷（1638）、龍華民（1654）、湯若望（1666）、安文思（1677）、利類思（1682）、南懷仁（1688）、郭天爵（1694）、翟敬臣（1701）、南光國（1702）。[17] 他們成為北京的「永久居民」，是 17 世紀中西文化交流的歷史見證。

除耶穌會士外，其他還有方濟會士、多明我會士來京。1637 年 8

辰為止的 52 年中，全由葡萄牙傳教士擔任西洋監正，前後 7 任。而且同期的左、右監副，也全都是葡萄牙人。葡萄牙人在欽天監的領導人員，遠遠超過其他西方國家。葡萄牙耶穌會士在欽天監發揮了重要作用，〔葡〕佛朗西斯·羅德里傑斯（Francisco Ro-drigues）著《葡萄牙耶穌會天文學家在中國（1583-1805）》（*Jesuítas Portugueses : Astrónomos na China, 1583-1805*）（澳門文化司署 1990 年版）一書對此做了系統評述。

有關清欽天監任職情形，參見薄樹人：〈清欽天監人事年表〉，載中國天文學史整理研究小組編《科技史文集》第 1 輯《天文學史專輯》，上海科學技術出版社 1978 年版，第 86-101 頁。屈春海：〈清代欽天監暨時憲科職官年表〉，載《中國科技史料》1997 年第 3 期，第 45-71 頁。有關清欽天監的管理，參見史玉民：〈清欽天監管理探賾〉，載《自然辯證法通訊》2002 年第 4 期。史玉民：〈清欽天監研究〉（中國科學技術大學博士學位論文），2001 年。

16 王治心：《中國基督教史綱》，上海古籍出版社 2004 年版，第 105 頁。王著專立一章言及此次教案甚詳。

17 參見高智瑜、馬愛德主編：《雕逝猶存 —— 柵欄：北京最古老的天主教墓地》，澳門特別行政區政府文化局、美國舊金山大學利瑪竇研究所，2001 年，第 35 頁。

月 14 日方濟各會士艾文德、艾肋德到達北京，受到了湯若望的接待。[18] 1665 年因教案來京的有方濟各會士 1 人，多明我會士 4 人。[19] 不過，當時方濟會在京尚未自立教堂和設立教會組織。[20] 這與方濟會、多明我會的傳教策略有關，他們比較注重在下層民眾和地方傳教，在「中國禮儀之爭」中更是與利瑪竇的「適應策略」持相反意見。[21] 而耶穌會注重在上層官僚和士人中傳教，利瑪竇在北京獲得居留權後，就「打算建立基督教國家高度文明教養中心與中國知識分子之間的永久密切聯繫，片刻也不懷疑只要爭取到知識分子，全中國也就爭得了」。[22] 因此，耶穌會士始終以在北京發展教徒、爭取上層的認可和支持作為自己的目標。

17 世紀西人進入北京的另一渠道是遣使。通過遣使進入北京者有：荷蘭遣使三次（1656、1667、1686 年）、俄羅斯遣使七次（1618、1656、1660、1670 兩次、1676、1693 年）、葡萄牙遣使兩次（1670、

18 有關這兩位方濟各會士在京情形，參見 George H. Dunne, *Generation of Giants: The Story of the Jesuits in China in the Last Decades of the Ming Dynasty*, pp.247-252. 德國學者魏特將兩位方濟各會士來京時間，繫於 1650 年 7 月，此說明顯有誤。參見魏特著、楊丙辰譯：《湯若望傳》第 2 冊，第 50-51 頁。

19 名單參見費賴之著、馮承鈞譯：《在華耶穌會士列傳及書目》上冊，第 180 頁。

20 參見崔維孝：《明清之際西班牙方濟會在華傳教研究（1579-1732）》，第 467-471 頁表 1〈1579-1700 年入華方濟會傳教士統計表〉。該表注 3 說明「該表未提及 1633 年派往台灣，1634 年 11 月由台灣進入中國內陸的西班牙方濟會傳教士馬方濟（Francisco de la Madre de Dios，應譯艾文德），他曾於 1637 年與同會雅連達〔艾肋德〕一同前往北京傳教，1638 年被驅逐出境。」又據楊靖筠：《北京天主教史》，北京：宗教文化出版社 2009 年版，第 112-113 頁〈北京教區歷任主教〉載「伊大任，意籍方濟各會，1690-1721 年第一任」。方濟各會傳教士可能遲至 1690 年才將北京納入其傳教區範圍。

21 參見晏可佳：《中國天主教簡史》，北京：宗教文化出版社 2001 年版，第 98-100 頁。

22 〔法〕裴化行著、管震湖譯：《利瑪竇神父傳》下冊，北京：商務印書館 1995 年版，第 571 頁。有關利瑪竇在北京傳教的「適應策略」論述，參見沈定平：《明清之際中西文化交流史 —— 明代：調適與會通》第六章〈適應性傳教路線的最終形成和理論總結〉，北京：商務印書館 2001 年版，第 371-486 頁。

1678 年）。[23] 這些遣使團大多為清初來京。從時間上看，清初來京的人數，不管是傳教士，還是外交使團，明顯超過明末，這反映了清初順治、康熙統治時期中西關係及其文化交流的規模明顯超越了明朝。其中之原因既與清朝相對開明的對外政策有關，也與西方渴望加強與東方，特別是中國的交往，因而加大向中國的滲透力度有關。有人以為清初統治者比明朝更為保守、「排外」的說法並不足為據。

二、利瑪竇的「北京經驗」

北京作為「東方文明的交匯點」，她所展現的宏大與輝煌，始終是誘惑西方的一盞明燈。利瑪竇是我們迄今確認進入北京的第一位西方耶穌會士，此舉在西方人看來是「登上了月球」。[24] 在外人不得隨意進入內地遊歷的背景下，其進京確是充滿了神秘和傳奇色彩。對此，利氏本人有所體認：「中國人不允許外國人在他們國境內自由居住，如果他還打算離開或者與外部世界有聯繫的話。不管什麼情況，他們都不允許外國人深入到這個國家的腹地。我從未聽說過有這樣的法律；但是似乎十分明顯，這種習慣是許多世代以來對外國根深蒂固的恐懼和不信任所形成的。」[25] 因此，利瑪竇的「北京經驗」作為一個範本，向後來的耶穌會

---

23 參見費賴之著、馮承鈞譯：《在華耶穌會士列傳及書目》上冊，第 512 頁。王開璽：《清代外交禮儀的交涉與論爭》，北京：人民出版社 2009 年版，第 70-137 頁。〔俄〕娜‧費‧傑米多娃（N. F. Demidova）、弗‧斯‧米亞斯尼科夫（V. S. Miasnikov）著，黃玫譯：《在華俄國外交使者（1618-1658）》，北京：社會科學文獻出版社 2010 年版，第 21 頁。

24 George H. Dunne, *Generation of Giants: The Story of the Jesuits in China in the Last Decades of the Ming Dynasty*, p.73. 中譯文參見鄧恩著、余三樂、石蓉譯：《從利瑪竇到湯若望 —— 晚明的耶穌會傳教士》，上海古籍出版社 2008 年版，第 59 頁。

25 利瑪竇、金尼閣著，何高濟、王遵仲、李申譯：《利瑪竇中國札記》，第 62 頁。

士解答了三個問題：一是如何進入北京？二是如何在北京留下來長期居住？三是如何在北京開展傳教活動？利瑪竇留下的日記、書信及其回憶錄，為我們探討這些問題提供了較為完整的答案。[26]

　　以往的論者注意到，利瑪竇獲得北京社會「接納」經歷了三個步驟：首先是「獲萬曆皇帝允為留住京城口諭」，然後是謀求北京知識界即士大夫群的「接納」，最後是 1605 年在北京宣武門內設立天主教

26　利瑪竇作品現存主要有三個版本：一、金尼閣根據利瑪竇回憶錄手稿翻譯、整理的拉丁文譯本，1615 年在奧格斯堡（現在德國境內）出版，這是最早的利瑪竇回憶錄版本，書題《耶穌會進行基督教在中國的遠征／自同會利瑪竇神父的五卷本回憶錄／致教宗保祿五世／中國的風俗、禮法、制度和新開端／最準確、最忠實地描述傳教事業極為艱難的初始階》（ De Christiana Expeditione apud Sinas suscepta ab Societate Iesu. Ex P. Matthaei Ricij Eiusdem Societatis Commentarjis. LibriV. Ad S. D. N. Paulum V. In Quibus Sinensis Regni Mores Leges Atque Instituta & Nova illus. Ecclesiae Difficillima Primordia Accurate et Summa fide describuntur. ）。這個版本固有多種譯本而廣泛流傳。二、意大利耶穌會士文圖里（Pietro Tacchi Venturi）1909 年發現利瑪竇手稿，將其整理為《耶穌會士利瑪竇神父歷史著作集》（ Opere storiche del p. Matteo Ricci S. I. ）。全書凡兩卷，1911 年出版第一卷，題為《中國回憶錄》（ I commentarj della Cina ）。1913 年出版第二卷，題為《中國來信》（ Le lettere dalla Cina ）。三、德禮賢（Pasquale D'Elia）應文圖里之約，將《耶穌會士利瑪竇神父歷史著作集》第一卷詳加註釋，1942、1949 年在意大利羅馬國家書店（La Libreria dello Stato）出版三冊，書題《利瑪竇史料 —— 天主教傳入中國史》（ Fonti Ricciane-Dell' Introduzione Del Cristianesimo In Cina ）。相關介紹參見〔意〕利瑪竇著、文錚譯：《耶穌會與天主教進入中國史》的〈譯者前言〉，北京：商務印書館 2014 年版。利瑪竇、金尼閣著，何高濟、王遵仲、李申譯：《利瑪竇中國札記》的〈中譯者序言〉，北京：中華書局 2001 年版。

　　利瑪竇著作的中文譯本主要有三：一、利瑪竇、金尼閣著，何高濟、王遵仲、李申譯：《利瑪竇中國札記》，該書係據 Louis Joseph Gallagher 譯自拉丁文本的英譯本（New York: Random House, 1953）譯出。二、劉俊余、王玉川、羅漁合譯《利瑪竇全集》（台北：光啟文化事業 1986 年版），前兩冊為《利瑪竇中國傳教史》，譯自德禮賢整理的《利瑪竇史料 —— 天主教傳入中國史》；後兩冊為《利瑪竇書信集》，譯自文圖里整理的《中國來信》。有學者考證該譯本存在「誤譯、誤排和裝訂錯誤等」問題，參見譚世寶：〈利瑪竇中國傳教史譯本的幾個問題〉，載《世界宗教研究》1999 年第 4 期。三、利瑪竇著、文錚譯：《耶穌會與天主教進入中國史》，此書譯自德禮賢的《利瑪竇史料 —— 天主教傳入中國史》，譯文相較光啟本有新的改進。

堂（即南堂的前身）和 1610 年去世後被皇帝賜予在阜成門外二里溝墓地安葬。在京十年期間，利瑪竇對中西文化交流做出了重要貢獻：包括攜帶西物、西書進入北京，在京開展譯書活動，造就徐光啟等科學人才等。[27] 不過，利氏在中西文化交流史上還有一個重大貢獻，即向西方介紹、宣傳北京，這是過去人們常常忽略的一面，它也是利瑪竇「北京經驗」的重要組成部分，在京十年是利氏一生最重要的十年。可以這麼說，如果沒有在京這十年的生活，利瑪竇就不過是入華的一位普通傳教士而已。

利瑪竇從進入中國境內起，就將進入北京，請求皇帝允准傳教作為自己的目標。1595 年他在南昌傳教時曾獲得一個陪伴兵部侍郎余立進京的機會[28]，然而事情的進展並不如意，他走到南京就被迫止步了。他向羅馬方面報告這一消息時，毫不掩飾地表達了自己想要進京的強烈願望：

我這次旅行是希望能到北京，獲得中國皇帝的正式批准，方能放心地去傳教，否則什麼也不能做。[29]

神父，你要知道中國十分廣大，大多讀書識字，寫好的文章，但對所有外國人十分敏感，好像所有外國人皆能強佔他們的領土似的，不讓任何洋人入境。因此對傳教事業十分不利，我們不能聚集很多人給他

---

27 參見魏開肇：〈利瑪竇和北京〉，載《北京社會科學》1996 年第 3 期。有關利瑪竇的研究成果可謂汗牛充棟，相關目錄參見漢學研究中心資料組編：《利瑪竇研究文獻目錄》，台北：漢學研究中心 2012 年版。

28 過去人們根據德禮賢考證，將 Scielou 譯為石星，參見利瑪竇、金尼閣著，何高濟、王遵仲、李申譯：《利瑪竇中國札記》，第 277-290 頁。經王劍、郭麗媚〈也談《利瑪竇中國札記》中 "Scielou" 之人名〉（載《廣西地方志》2012 年第 1 期）一文考證，「當為廣西柳州人余立無疑」。

29 〈利氏致羅馬總會長阿桂委瓦神父書〉（1595 年 11 月 4 日），收入《利瑪竇全集》第 3 冊，台北：光啟出版社 1986 年版，第 201 頁。

們布道，也不能聲明我們來這裡是為傳揚天主教，只能慢慢地，個別的講道不可。現在我們所希望的，是無論採什麼方式，務必先獲得中國皇帝的青睞，准許我們自由傳教，假使能辦到這一項，我敢說，很快能歸化幾十萬、幾百萬人。[30]

利瑪竇第一次進京是 1598 年從南京乘船沿大運河北上，途經江蘇、山東、直隸三省。通過此行，利氏對大運河在向北京供應物資方面所發揮的功能有了清晰的了解，這也許是利氏「北京經驗」的最早收穫。「從水路進北京城或者出北京都要通過運河，運河是為運送貨物的船隻進入北京而建造的。他們說有上萬條船從事這種商業，它們全都來自江西、浙江、南京、湖廣和山東五省。這幾個省每年都向皇帝進貢大米和穀物。其他十個省則以銀子上稅。除去這些進貢的船隻外，還有更大量的船都屬於各級官吏們，來往不絕，再有更多的船從事私人貿易。」[31]「沿途各處都不缺乏任何供應，如米、麥、魚、肉、水果、蔬菜、酒等等，價格都非常便宜。經由運河進入皇城，他們為皇宮建築運來了大量木材、梁、柱和平板，特別是在皇宮被燒燬之後，而據說其中有三分之二都被火燒掉。神父們一路看到把梁木捆在一起的巨大木排和滿載木材的船，由數以千計的人們非常吃力地拉著沿岸跋涉。」[32] 經過調查，對北京的物資供應，利氏似已瞭如指掌。「每年南方各省要向皇帝運送各種在貧瘠的北京為生活舒適所缺少或需要的物品：水果、魚、米，做衣服用的絲綢和六百種其他物品，這一切東西都必須在規定的日期運到，否則受雇運輸的人將受重罰。」[33] 利氏的另一個收穫是對沿途

30　〈利氏致羅馬富利卡提神父書〉（1596 年 10 月 12 日），收入《利瑪竇全集》第 3 冊，第 219 頁。

31　利瑪竇、金尼閣著，何高濟、王遵仲、李申譯：《利瑪竇中國札記》，第 325 頁。

32　同上，第 326 頁。

33　同上。

所經重要城市的緯度作了精確測量：揚州北緯 32 度，淮安約 34 度，徐州 34.½ 度，濟寧 35.²⁄₃ 度，臨清 37.²⁄₃ 度，天津 39.½ 度，北京 40 度，「這就糾正了那些只憑想像認為北京位於緯度 50 度的人的錯誤」。而從南京到北京的距離為 3335 視距尺。[34] 這大概是西人第一次對於南京至北京的距離和各地緯度的精確測算。[35]

9 月 8 日利瑪竇進入北京。這一天正是聖母聖誕節的前夕，進入利瑪竇視野的北京城，與他先前居住的南京城風格迥然不同，他對這兩座城市做了比較：

城市的規模、房屋的規劃、公共建築物的結構以及防禦都遠不如南京，但人口、軍隊、政府官員的數目則超過南京。它在南面由兩層高而厚的城牆所包圍，城牆上面的寬度可供十二匹馬並行而不覺阻礙。這些城牆主要是磚建築。牆基全用巨石支撐，牆內填滿調合好的泥土。它們不比在歐洲所見的城牆更高。在北面則只有一道城牆保護。夜晚，所有這些城牆上都由大批軍隊警衛著，數量之多有如在進行戰爭……皇宮建築在南牆之內，像是城市的一個入口，它一直延伸到北牆，長度貫穿整個城市並且一直穿過城市的中心。城市的其餘部分則分佈在皇宮的兩側。這個皇帝的居處不如南京皇宮寬闊，但它建築的雅致和優美卻由於它的細長的線條而顯得突出。由於皇帝不在那裡，南京已逐漸衰微，像是一個沒有精神的軀殼，而北京則由於有皇帝在而變得越來越有吸引力。

北京很少有街道是用磚或石鋪路的，也很難說一年之中哪個季節

---

34 利瑪竇、金尼閣著，何高濟、王遵仲、李申譯：《利瑪竇中國札記》，第 328 頁。

35 參見陳觀勝：〈利瑪竇對中國地理學之貢獻及其影響〉，載 1936 年《禹貢》第 5 卷第 3、4 期。

走起路來最令人討厭。冬季的泥和夏季的灰塵同樣使人厭煩和疲倦。由於這個地區很少下雨，地面上分離出一層灰塵，只要起一點微風，就會刮入室內，覆蓋和弄髒幾乎每樣東西。**36**

利瑪竇並不覺得北京比南京好，這可能與他已習慣於南京的生活有關。利氏特別留意到北京人「在多灰塵的季節」戴面紗的習俗，「面紗的質料非常精細，可以看見外面，但不透灰塵」。「戴面紗的習慣對神父們是恰合時宜的。在戰爭歲月裡，外國人走在街上多少有些冒險，但是戴上面紗，他們可以願意到哪裡就去哪裡，不受干擾地旅行。」**37** 面紗竟然成了掩護神父們活動的面具。

像馬可‧波羅一樣，利瑪竇對北京居民使用的燃料 —— 煤發生了興趣。「我們曾說過北京樣樣物資豐富，大部分是由外面運進來的；儘管如此，北京的生活還是困難的，除了那些富有而無需節約的人以外，這裡經常缺乏薪火，但這種匱乏可由一種瀝青物質補充，它缺乏一個更好的名稱，我們稱之為瀝青或礦物膠脂。這是一種從地下挖出來的化石焦，像列日（Liege）附近的比利時人所用的那種一樣。」**38**

第一次進入北京，利瑪竇遇到的一個難題是兌現匯票。「澳門神學院院長李瑪諾神父為這次旅行寄來了很多錢，但唯恐他們在北京需用更多的錢，所以又給了他們一張匯票，這是從澳門一個商人那裡買來的，他們用這張匯票可以在北京換取同等的金額。」遺憾的是，「他們在北京找不到一個認可簽這個姓名的人」。此事說明中國商人「對這種作生

---

36 利瑪竇、金尼閣著，何高濟、王遵仲、李申譯：《利瑪竇中國札記》，第 329 頁。

37 同上，第 330 頁。

38 同上。

意的方式表示不滿，中國沒有一個地方是流行這種辦法的」。**39** 持有匯票卻不能在北京兌現，這反映了當時中西方匯兌制度的差異和隔閡。

1599 年 8 月 14 日利瑪竇致信高斯塔神父簡述了自己第一次北京之行：「去年 1598 年我曾去北京一趟，原希望能克服困難，在京都立足，只可惜基於種種原因與阻礙，仇人的作梗而功敗垂成；但這次北上並非完全虛行，我們參觀了許多地方城鎮，收穫也不算少。對北京之行我曾根據您在信中的指示撰寫漫長的報告，（經由澳門院長轉）給總會長，所以您可以就近閱讀，就不必我再重複同樣的經歷了，因為那項報告曾費我整整三、四天的功夫去撰寫它。」**40** 利氏所說的這份報告現未公佈，詳情不得而知。美國神父鄧恩後來如是評價利瑪竇的第一次北京之行：「這一次的北京之行，使利瑪竇對作為明王朝都城的北京，其政治上的作用有了進一步的了解，也使他更加確信傳教工作需要耐心和慎重，同時也堅定了必須建立一個可靠的聯絡網的信念。這趟旅程也使他們獲得了其他方面的知識。在一路北上的途中，利瑪竇和郭居靜以太陽為參照物，測算出他們所經過的大城市所在的緯度，他們還以中國的『里』為長度單位，測量出從一個城市到另一個城市的距離。到了北京之後，根據這些數據，利瑪竇認為當時的中國與馬可·波羅所講的『契丹』是一個國家。」**41** 以後，耶穌會士在利瑪竇的基礎上繼續工作，「通過比較和研究在中國、印度以及歐洲所發生的一系列的月食的觀察結果，熊三拔確定了北京的經度。與此同時，龐迪我也計算出了從廣東到北京的多數

---

39 利瑪竇、金尼閣著，何高濟、王遵仲、李申譯：《利瑪竇中國札記》，第 335 頁。

40 〈利氏致高斯塔神父書〉（1599 年 8 月 14 日），收入《利瑪竇全集》第 4 冊，第 254 頁。

41 George H. Dunne, *Generation of Giants: The Story of the Jesuits in China in the Last Decades of the Ming Dynasty*, p.55. 中譯文參見鄧恩著，余三樂、石蓉譯：《從利瑪竇到湯若望 —— 晚明的耶穌會傳教士》，第 42 頁。

主要城市的緯度」。[42]

1600 年 5 月 18 日利瑪竇第二次獲機從南京北上，不料在天津遭到太監馬堂的扣壓，經過神宗的「御批」才得以放行，並終於在 1601 年 1 月 24 日到達北京。[43] 利瑪竇最初被安排在「四夷館」居住，這是明朝接待外賓的館舍，利氏在札記中留有對「四夷館」的詳細記載：

這座外賓館是一座寬敞的建築，四周有圍牆，重門緊閉。中國人是不允許進去的，除非有特別命令，而外國人也不得離開這裡，除非是他們在中國的事已經辦完要回國去，或者是前來出庭或奉特詔進宮。這座建築裡有許多小房間，有時候住在這裡向中國皇帝進貢的外國人為數達千人以上。這些斗室簡直就是羊圈，而不是能想像給人居住的房間。房間沒有門，也沒有陳設任何傢俱，連一張椅子、一張板凳或床都沒有，這是因為所有的東方人，除中國人外，都是在地板上坐、吃和睡覺的。……

神父們在這座所謂的館舍中一經安頓下來，他們就比住在這裡的其他人受到了更高的禮遇。他們被分配住在專為中國大臣間或來此視察時居住的房間裡。這些房間裡佈置有沙發、床位和加倍厚的緞面被子，並有椅子和其他必需品。工役們對他們招待更為周到，他們的尊崇與日俱增。……

被拘留在專為他們設置的住所裡的外國人，所受的待遇很不壞，還為他們準備了糧食，要不是被運糧的人轉移或偷了這些糧食的話，糧

[42] George H. Dunne, *Generation of Giants: The Story of the Jesuits in China in the Last Decades of the Ming Dynasty*, p.116. 中譯文參見鄧恩著，余三樂、石蓉譯：《從利瑪竇到湯若望 —— 晚明的耶穌會傳教士》，第 100 頁。

[43] 利瑪竇第二次進京經歷，參見林金水：《利瑪竇與中國》，北京：中國社會科學出版社 1996 年版，第 75-82 頁。

食還會更充裕得多。外國人離境時，由一名正式官員作東為他們舉行宴會；官員的級別要看外國人來自的國家的重要性而定。**44**

不久，神宗打破西人不許長住京城的「祖制」，破例允許利瑪竇一行居留京師，並配發相當的俸祿，利氏如實地報告了這一突破性的進展：皇上「恩准我與四同伴居留京師，一如准許供職朝廷的回教人或韃靼人居留北京一般。因為曾多人相告，在中國獲此特恩，頗不容易，而這特恩為我等傳教事業卻非常有利，因為蒙准居住北京，獲皇上恩賜生活費一事，在中國社會中甚受重視，雖然所獲為我們全體會士的開支仍顯不夠，但我及四位同伴則可終老京師，且如已往和在朝廷供職的人一樣，有誦經及行動之自由」。**45** 最初的兩三年，因購置房產費用太高，利瑪竇一行擠住在一間不大的房間裡。直到 1605 年 8 月他們才在城南宣武門找到了一處固定住所，「修建一間漂亮寬闊的禮拜堂」，**46** 這就是南堂的前身。1635 年（崇禎八年）刊印劉侗、于奕正合著的《帝京景物略》對該堂和利瑪竇事跡略有記載，堪稱珍貴史料：

堂在宣武門內東城隅，大西洋奉耶穌教者利瑪竇，自歐羅巴國航海九萬里入中國，神宗命給廩，賜第此邸。邸左建天主堂，堂制狹長，上如覆幔，傍綺疏，藻繪詭異，其國藻也。供耶穌像其上，畫像也，望之如塑，貌三十許人。左手把渾天圖，右叉指若方論說次，指所說者。

---

44 利瑪竇、金尼閣著，何高濟、王遵仲、李申譯：《利瑪竇中國札記》，第 413-415 頁。

45 〈利氏致羅馬阿耳瓦烈茲神父書〉（1605 年 5 月 12 日），《利瑪竇全集》第 4 冊，第 298 頁。

46 有關利瑪竇在宣武門住所來源有兩說，一為利瑪竇自己在信中和札記中所說的自購，一為中文文獻黃伯祿《正教奉褒》和劉侗、于奕正《帝京景物略》所說的萬曆皇帝賜予。參見余三樂：《中西文化交流的歷史見證 —— 明末清初北京天主教堂》，第 6-8 頁。

鬚眉豎者如怒，揚者如喜，耳隆其輪，鼻隆其準，目容有矚，口容有聲，中國畫繪事所不及。所具香燈蓋幃，修潔異狀。右聖母堂，母貌少女，手一兒，耶穌也。衣非縫製，自頂被體，供具如左。按耶穌釋略曰：耶穌，譯言救世者，尊主陡斯，降生後之名也。陡斯造天地萬物，無始終形際，因人始亞當，以阿襪言，不奉陡斯，陡斯降世，拔諸罪過人。漢哀帝二年庚申，誕於如德亞國童女瑪利亞身，而以耶穌稱，居世三十三年。般雀比剌多，以國法死之，死三日生，生三日昇去。死者，明人也，復生而升者，明天也。其教，耶穌曰契利斯督，法王曰俾斯玻，傳法者曰撒責而鐸德，如利瑪竇等。奉教者曰契利斯當。如丘良厚等。祭陡斯以七日，曰米撒，於耶穌降生升天等日，曰大米撒。刻有天學實義等書行世。[47]

在第二次居住北京期間，利瑪竇獲得大量第一手的北京材料，豐富了他的「北京經驗」，保留至今的 1602-1609 年期間他所撰寫的十九封書信，體現了他的這一收穫。從利瑪竇書札中，我們可清晰地獲得利瑪竇在北京的傳教活動和發展教會組織的線索。據利氏自述，1602 年 8 月 10 日（聖勞倫佐節）李瑪諾曾來到北京「辦理重要事務」。[48] 1604 年，北京會院除他本人外，「尚有龐迪我神父與費奇觀神父；修士有徐必登與石宏基；另外有學生兩人，他們被視為耶穌會中之人，給我們助一臂之力；我們一共十六人，大家每日皆很忙碌」。他們當時已可自由傳教，在北京製作了世界地圖，甚受中國士人的重視。1605 年他們

47 （明）劉侗、于奕正著：《帝京景物略》，北京古籍出版社 2001 年版，第 152-153 頁。
48 〈利氏致龍華民神父書〉（1602 年 9 月 2 日），收入《利瑪竇全集》第 4 冊，第 261 頁。費賴之將李瑪諾來京時間繫於 1604 年，可能有誤。參見費賴之著、馮承鈞譯：《在華耶穌會士列傳及書目》上冊，第 78 頁。

在北京印刷了日常經文、信經、天主十誡以及其他有關天主教信仰的種種問答，分發給中國各教會使用，「這樣中國教友有了統一的經文與要理問答。這冊較以前使用的與原文更符合」。[49] 這一年「北京教友增加一倍，在領洗簿上登記的已有一百人以上」。[50]「其中幾位頗有地位，所以在教友數目字上我們不如其他教會；但如以教友的素質而言，我們卻在其他教會之上。」[51] 1606 年，「有三十六人受洗，棄嬰不計在內」。[52] 1607 年，費奇觀神父在北京近郊給 142 人付洗。這時，利瑪竇遇到了一次攻擊，「10 月 11 日，八位地位顯赫人士控告我們謀反倡亂，傾覆大明帝國。法官拒絕八人的控告，謂：他認識我們已許久了，深知我們是行善、愛好和平之人；至於所傳佈宗教之真偽，八人也無權過問；我們的房舍並非向他們所購買，他們也不是物主。但八人仍舊吵鬧不休，法官便以嚴厲的口吻將人斥退」。[53] 他們得以安然度過難關，會務工作仍然獲得發展，「我們給一百三十、四十個人付了洗，部分來自城市，部分來自鄉間。這些教友多次催促我們給更多的人講道付洗；假使有人能去和他們接觸的話，全體民眾都會歸化基督了」。[54] 到 1608 年，北京教會發展到三百餘位教友，「多為知識分子，是好教友」。為開展會務，北京教會僱傭了八、九個傭人，需用大批款項支持每日的開銷。利瑪竇

---

49 〈利氏致羅馬馬塞利神父書〉（1605 年 2 月），收入《利瑪竇全集》第 4 冊，第 264、265、268、269 頁。

50 〈利氏致羅馬總會長阿桂委瓦神父書〉（1605 年 7 月 26 日），收入《利瑪竇全集》第 4 冊，第 306 頁。

51 〈利氏致德‧法比神父書〉（1605 年 5 月 9 日），收入《利瑪竇全集》第 4 冊，第 275 頁。

52 〈利氏致羅馬總會長阿桂委瓦神父書〉（1607 年 10 月 18 日），收入《利瑪竇全集》第 4 冊，第 341 頁。

53 同上，第 341、348 頁。

54 〈利氏致羅馬高斯塔神父書〉（1608 年 3 月 6 日），收入《利瑪竇全集》第 4 冊，第 355 頁。

自曝:「西班牙國王曾給我們提供全部必需品,只可惜不易到手。中國朝廷仍繼續每月提供薪金與米糧為五人之用。但如我上面所講的,我們計有十四、十五人,當然不夠開支。」[55] 現今尚存的有關 17 世紀前十年北京天主教教徒人數的統計數據不一,應以利瑪竇書札所提人數最為權威。

傳教士對當地發生的災情有著特別的敏感,因為這是他們發展事業可以利用的機會,利瑪竇書札中有多處提到和記載了 1604、1607 年北京發生的兩次暴雨水災和隨之而出現的傳染病流行情況,即反映了這一情形:

去年北京豪雨成災,許多民房倒坍,因為他們房舍的結構不如我們的堅固,所以損失嚴重,很多村莊與農田為水淹沒,死傷纍纍,隨行而來的是大饑荒,因此不少人在街上販賣兒女,每名只要四、五兩銀子。皇帝撥下二萬銀兩濟貧,以供重建房舍,或購買其他必需品之用。此外又打開帝倉,裡面儲藏許多糧食,每年增加,這時以便宜的價錢出售給京民與附近的老百姓。京都也有許多地方每天捨飯,提供饑民果腹,但也不能救濟所有的窮人,不少人餓死在路旁,尤其城牆外,餓屍枕籍。[56](1605 年 2 月)

今年在北京發生了傳染病,正好提供教友表現愛人助人之德的機會,照顧病患。他們表現甚佳,其中有個二十二歲的青年,烈日當空,每天去看顧一個患病教友,雖然有被傳染的危險,且距我會院約三、四

---

55 〈利氏致羅馬總會長阿桂委瓦神父書〉(1608 年 8 月 22 日),收入《利瑪竇全集》第 4 冊,第 384 頁。

56 〈利氏致羅馬馬塞利神父書〉(1605 年 2 月),收入《利瑪竇全集》第 4 冊,第 270-271 頁。

里之遙；但他們熱心侍候，患者目前已痊癒了。這場瘟疫源於去年的水災，又因接踵而來的荒年，老百姓因而缺少糧米所致。[57]（1605 年 7 月 26 日）

利瑪竇信中所述 1604 年北京因暴雨所出現的水災在中文文獻中有記載，[58] 但隨後出現的疾疫流行情形似不曾見載。

去年北京下了一場豪雨，給京都帶來很大的災禍，很多房屋倒坍，百姓損失慘重，許多人喪命，運糧船千艘也沉沒了。據說為修建新宮殿的木材皆隨河水流失，值金五百萬兩，不過大部分後又找回。帝頒賜銀兩十萬，助民重建房舍，又豁免百姓稅糧。

我們的會院地勢很高，因此一切平安，毫無損失，是京師中少有的好地方。[59]

利瑪竇此信所述 1607 年北京暴雨致災在中文文獻中亦有記載，[60] 他對損失情況之記錄亦可補中文文獻之不足。

利瑪竇入鄉隨俗，在北京為適應本地習俗，做了不少自我調整。「在這裡我們都穿中國式衣服，相當體面，長袖方帽，留鬍鬚，頭髮略長。長指甲是我們不宜傚法，因為麻煩太多。」「中國人的床為木板，

---

57 〈利氏致羅馬總會長阿桂委瓦神父書〉（1605 年 7 月 26 日），收入《利瑪竇全集》第 4 冊，第 307 頁。

58 參見于德源編著：《北京歷史災荒災害紀年》，北京：學苑出版社 2004 年版，第 78 頁。于德源：《北京災害史》下冊，北京：同心出版社 2008 年版，第 722-723 頁。

59 〈利氏致羅馬總會長阿桂委瓦神父書〉（1608 年 3 月 8 日），《利瑪竇全集》第 4 冊，第 367 頁。

60 參見于德源：《北京災害史》下冊，724-726 頁。

上放草蓆一張，編織講究，但我為要習慣使用它還先吃了不少苦頭。每天只吃大米，而無麵包與葡萄酒，為我並不十分痛苦，由於已習慣了這種生活多年，如讓我更改此習，我還會感覺有些不便呢！」[61] 但他所見也有看不慣甚或厭惡的習俗，如煉金術和「企圖延年益壽長生不死」，這兩種做法當時「在全國各地而特別是在有權勢的人們當中是很普遍的」，利氏「稱之為中國人兩種非常愚蠢的作法」。[62] 他注意到這種惡習像瘟疫一樣空前流行，到處氾濫，「在我們現在居住的北京城裡，在大臣、宦官以及其他地位高的人當中，幾乎沒有什麼人是不沉溺於這種愚蠢的研究的」。[63] 在給羅馬方面的書信中，利瑪竇甚至批評當朝的神宗：「這位萬曆皇帝久久不立太子，不接見他的兒子，也不和任何人談論立太子的事，整日住在宮中 …… 我真不知道我們中有誰能了解中國的這種治理之道？」[64] 他實際已感受到大明王朝正在走向沒落。

1608 年萬曆皇帝大興土木、修築皇宮，運輸建築材料的車輛從南堂門口經過，利瑪竇記下了自己目睹的這一幕情景：「今年北京宮中開始修建一座非常雄偉輝煌的建築，據說皇帝花費了 3 百萬兩黃金；許多石塊用大車搬運，經過會院的門口，體積真是大極了，用一百匹騾子方能拉得動，這些將作大殿柱子的基石，而柱子是木頭的。基石取自不遠的山上，只是挖掘裝車，每塊需花費在千元以上。」[65] 為修理鐘錶，利瑪竇常有機會出入皇宮，他注意到皇宮內有人數眾多的太監，豢養著珍

61 〈利氏致羅馬朱利奧和熱羅拉莫 · 阿拉列奧尼昆仲神父書〉（1605 年 7 月 26 日），收入《利瑪竇全集》第 4 冊，第 316 頁。

62 利瑪竇、金尼閣著，何高濟、王遵仲、李申譯：《利瑪竇中國札記》，第 96 頁。

63 同上，第 98 頁。

64 〈利氏致羅馬總會長阿桂委瓦神父書〉（1608 年 8 月 22 日），收入《利瑪竇全集》第 4 冊，第 390 頁。

65 〈利氏致德 · 法比神父書〉（1608 年 8 月 23 日），收入《利瑪竇全集》第 4 冊，第 400 頁。

禽奇獸、成群的大象:「宮內有無數太監，分擔各種職務。皇帝、皇后、宮女、天子、公主、太后等都住在內宮中，除太監可進入外，任何人都不可以進去。宮後面有御花園，其中有花壇、假山、涼亭、蓮池與其他尋樂之處；皇帝一般不出皇宮一步，所以老百姓誰也不曾看見過皇帝一面。宮內還養了一些珍禽奇獸，如熊、虎、豹及其他動物；大象就有四十多頭，這些大象整天什麼也不做；每天晚上只有五頭象在五座大殿外值更巡邏，不過仍只是做個姿態而已。」[66] 這一年他好不容易獲得了一次參觀北京城牆的機會，「今年我應幾位太監與官吏之請，到北京城垣上參觀，看到城牆建築宏偉、甚寬廣，其上外建雉堞，內建石欄，中央為甬道，甬道鋪磚，作為禦敵之用。甬道上不但可以並行十匹馬，還可並行七、八輛車。每隔一段建有墩台，一方面為守軍住所，節日慶典時，其上旗幟飄揚，這樣墩台或碉堡究竟有多少？我也數不清，要有幾百座吧。守城之軍和其將領應在百萬以上，日夜守衛，不敢懈怠」。[67] 可見，外人平時不經允許不得隨意登上城牆。

作為一個歐洲人，利瑪竇有一項重要的「地理發現」，即他花了很大心血終於弄清了歷史上歐洲人所指稱的契丹（Cathay）、「汗八里」（Cambalu，或韃靼人所稱 Campalu）、中國（China）的真實含義。[68] 利瑪竇為這一問題專門請教當時居京的兩位阿拉伯突厥人，「他們明確告訴他，此時此地他們確實居住在大契丹，北京就叫汗八里」。利氏由此推測：「威尼斯人馬可波羅是在韃靼人佔領時期來到這個國家的。他甚至可能是和韃靼人同來的，根據他解說，中華帝國是以韃靼人所用名稱

---

66 〈利氏致德·法比神父書〉（1608 年 8 月 23 日），收入《利瑪竇全集》第 4 冊，第 400 頁。

67 同上，第 400-401 頁。

68 利瑪竇、金尼閣著，何高濟、王遵仲、李申譯：《利瑪竇中國札記》，第 331 頁。

而為歐洲所知，韃靼人稱中國為 Catai，稱首都為 Cambalu。」「以後，葡萄牙人用中國（China）這個名字，把這個國家的名聲傳遍全歐洲，這個詞很可能得自暹羅居民。同時他們稱首都為北京，這是所有中國人都知道的名稱。」[69] 利瑪竇在 1608 年 3 月 8 日致羅馬總會長阿桂委瓦神父書信中，無比興奮地匯報了自己這一「地理大發現」。[70] 這一發現隨即「傳到印度，後來又傳到歐洲」。自從《馬可波羅行紀》問世以來，西方人帶著尋找遙遠的「契丹」的夢想向東方探險，他們不知契丹與中國實為一個國家，現在終於有了結果，故對利氏來說，這當然是一個如獲至寶的發現。[71]

利瑪竇日常工作很大一部分時間為接客款友、回訪禮拜所佔用。他與京城官員、士人交往、互動頻繁，據學者考證，其在京結交的士大夫不下五十餘位，[72] 其中與徐光啟的交往被傳為佳話。[73] 他的中文著述，如《天主實義》，即經徐光啟潤色。[74] 此外，他還須回覆其他三地教士和外地中國朋友頻繁的來信。「要求代為解決他們所發生的難題，因為我較他們年紀高。此外我常有許多東西要寫；在中國各處又有不少朋友，他們也時常來信問東問西。」[75] 對此他常有精疲力竭之感。1608 年，他

69 利瑪竇、金尼閣著，何高濟、王遵仲、李申譯：《利瑪竇中國札記》，第 332-333 頁。

70 參見〈利氏致羅馬總會長阿桂委瓦神父書〉（1608 年 3 月 8 日），收入《利瑪竇全集》第 4 冊，第 376 頁。

71 有關利瑪竇對契丹即中國的考證評述，參見林金水：《利瑪竇與中國》，第 269-273 頁。

72 參見林金水：《利瑪竇與中國》附錄一〈利瑪竇與中國士大夫交遊一覽表〉，第 303-314 頁。

73 有關利瑪竇與徐光啟的交誼，參見孫尚揚：《利瑪竇與徐光啟》，北京：新華出版社 1993 年版。余三樂：《徐光啟與利瑪竇》，北京：中華書局 2010 年版。

74 參見〈利氏致龍華民神父書〉（1602 年 9 月 2 日），收入《利瑪竇全集》第 4 冊，第 261 頁。

75 〈利氏致父書〉（1605 年 5 月 10 日），收入《利瑪竇全集》第 4 冊，第 281-282、284-285 頁。

明顯意識到自己的生命可能在北京結束：「自八年前到了北京，始終都在這裡，每天相當的忙，我想我也將在此結束我的生命，因為這中國在位皇帝不希望我離開京師一步。」[76] 於是他開始安排自己的後事，撰寫回憶錄，完成自己對教廷的交待。

利瑪竇之所以能在京居留十年並自由傳教，首先是得益於皇帝的「恩准」，利氏意識到這一點：「中國皇帝願意我留在北京，並提供給我們生活費，保護我們；雖然對歸化中國帝王並無希望，但這並不重要，由於我們享有皇帝的這些特恩，許多人便皈依了基督，我們的同會同仁也能在其他地方享受太平。」[77] 利氏之所以獲得萬曆皇帝如此的「恩賜」，與他所獻方物贏得萬曆皇帝的喜歡有很大關係。進京之初，據1601 年 1 月 27 日（萬曆二十八年十二月二十四日）利瑪竇進疏可知其所貢方物：「伏念堂堂天朝，方且招徠四夷，遂奮徑趨闕廷，謹以原攜本國土物，所有天帝圖像一幅、天帝母圖像二幅、天帝經一本、珍珠鑲嵌十字架一座、報時自鳴鐘二架、萬國圖志一冊、西琴一張等物，陳獻御前。此雖不足為珍，然出自西貢，至差異耳，且稍寓野人芹曝之私。」後來實際進獻的方物有所增加，計有：「時畫：天主聖像壹幅。古畫：天主聖母像壹幅。時畫：天主聖母像壹幅（神皇啟閱，初奉御前，其後收藏御帑，今上復命重整聖龕恭奉）。天主經壹部。聖人遺物，各色玻璃，珍珠鑲嵌十字聖架壹座。萬國圖志壹冊（萬曆四十年龐迪我、熊三拔等奉旨翻譯進覽，其後艾儒略增譯，見《職方外紀》行世）。自鳴鐘大小貳架（神皇將大者造樓懸之，小者置御前）。映五彩玻璃石貳

---

76 〈利氏致其弟安東·利啟書〉（1608 年 8 月 24 日），收入《利瑪竇全集》第 4 冊，第 403-405 頁。

77 〈利氏致父書〉（1605 年 5 月 10 日），收入《利瑪竇全集》第 4 冊，第 281-282、284-285 頁。

方。大西洋琴壹張（神皇問琴操西曲，利瑪竇敬譯八章以進）。玻璃鏡及玻璃瓶大小共捌器。犀角壹個。沙刻漏貳具。乾羅經壹個。大西洋各色鎖袱共肆匹。大西洋布並葛共伍匹。」[78] 其次與他本人的科技素養和力促中西科技、文化交流的意願有關，這一點可謂正中中國士人下懷，他所製作的《世界地圖》在這方面發揮了重要作用。利氏自稱：「兩年前我寄給大人的《世界地圖》在中國已翻印十多次了，對我們推崇備至，因為這類作品是中國未曾看見過的。許多中國文人在文中談到我們，因為他們以往只知有中國，而不知尚有其他許許多多國家。現在他們跟我們的神父們學習許多新奇的事，而神父們個個精幹，中國人也自歎不如。」[79]「我在中國利用世界地圖、鐘錶、地球儀和其他著作，教導中國人，被他們視為世界上最偉大的數學家；雖然我沒有很多有關天文的書籍，但利用部分曆書和葡萄牙文書籍，有時對日月蝕的推算較欽天監所推算的還準確，因此當我對他們說我缺少書籍，不能校正中國曆法時，他們往往並不相信。所以，我建議，如果能派一位天文學者來北京，可以把我們的曆法由我譯成中文，這件事為〔對〕我並不難，這樣我們會更獲得中國人的尊敬。希望您把這件事向總會長神父美言幾句，因為這件事為〔對〕中國非常重要，這是舉國上下一致的希望，派遣一、兩位精通天文曆數者前來中國，長駐北京，因為〔對〕其他城市缺乏助力。」[80] 再次與他本人所奉行的「適應策略」密切相關，這一策略使利氏與京城士人結成了魚水般的密切關係。「我們在北京幾乎一切均

---

78 《熙朝崇正集》卷二，收入韓琦、吳旻校注：《熙朝崇正集 熙朝定案（外三種）》，北京：中華書局 2006 年版，第 19-20 頁。

79 〈利氏致父書〉（1605 年 5 月 10 日），收入《利瑪竇全集》第 4 冊，第 281-282、284-285 頁。

80 〈利氏致羅馬阿耳瓦烈茲神父書〉（1605 年 5 月 20 日），收入《利瑪竇全集》第 4 冊，第 302 頁。

按朝廷指示行事，因此帝國的高官大員無不尊重我們，也常來會院拜訪我們，彬彬有禮。我們新近購置這所宅院，靠近順成門，大小房間四十，十分寬敞，方便接見訪客。我幾乎整天座（坐）在客廳裡等候訪客的到來。每隔三、四天，我要出門回拜他們，這可說是相當疲倦的工作，確實超出了我們的體力；但又不能放棄，否則便被排斥，被目為野蠻人，那就不能再談傳教皈依的事了。」[81] 最後利氏本人的中學素養對他與士人的交往也有極大的幫助。「去年我曾把我多年翻譯的歐幾里德的一本書（即《幾何原本》前六卷，由其師克拉威奧校正重編）告竣，立刻印刷，藉此書我甚獲中國士大夫的景仰，因為我中國書看的不少，而且我是耶穌會在中國最久的神父。」[82] 這些因素構成利瑪竇在京居留的條件，也是他在京自由傳教的訣竅。

1609 年 2 月 15 日，利瑪竇向遠東副省會長巴范濟（Francesco Pasio）神父訴說了自己在北京的遭遇和苦衷：

請求中國皇帝恩准自由傳教之事，就是我日夜所思所念，也可以說，是我多年希望能夠獲得的。只可惜中國的政情與其他國家不同；不但神父您，連那些已到中國而未曾來過北京的傳教士，都不易明瞭為達到這個目的是有多難，不但不能獲得，而且連去求的可能也沒有。原因是除了太監與后妃、宮女可以和皇帝講話外，誰也不可能和他直接交談；如有事必須稟明時，只能用書面，也就是「奏疏」由閣老 —— 即大學士代為呈遞。大學士在呈遞前還應審察一番，看看是否措詞得體，

81 〈利氏致羅馬總會長阿桂委瓦神父書〉（1608 年 8 月 22 日），收入《利瑪竇全集》第 4 冊，第 391-392 頁。

82 〈利氏致其弟安東‧利啟書〉（1608 年 8 月 24 日），收入《利瑪竇全集》第 4 冊，第 403-405 頁。

合乎法令否？然後，方代為送交太監，遞呈皇帝批閱；洋人呈遞「奏疏」是行不通的，因為洋人根本禁止居留，當然不能直接上奏疏了。我到北京時，便知道朝廷有這種規定，於是便由管理我們的禮部，為我們向皇帝請求恩准合法在京師居住；先後曾上了六道奏疏，可惜皆無回音；不得已再透過一位大官，也是我的至友，代我上奏疏。他告訴我已收到我的請求，並把這項請求送到內宮。但仍無回答，我們懷疑是太監作梗。奏疏中，我不要求別的，只希望能在北京居住，或返南京。不過我們也知道，通常皇帝不會自批，是由禮部處理。幸虧我和禮部已交上了關係，他們對我們很了解，否則不但不會代我們呈遞奏疏，反而會把我們驅逐出境呢！我們方到北京所有的遭遇便是這樣……也許是因為我們在這裡居住已久，對中國的事務知之甚詳，如一旦離開回國，可能會做出其有害中國之事，故特准予居留。**[83]**

從這封信可知，利氏在京十年雖欲一睹萬曆皇帝的尊顏，卻因皇帝幽居深宮，終功敗垂成，無緣覲見。**[84]** 作為萬曆皇帝的「門客」，他只能在紫禁城周圍徘徊，為在北京定居，他實在已做出最大的努力。

利瑪竇居住北京期間，遇到的困難除了與中方的交流外，還有一層困難就是與本國教會通信。由於當時中國與歐洲沒有固定的郵政關係，利氏與本國神甫或羅馬教廷的通信，一般均需通過來往北京與廣州、澳門之間的傳教士或教徒傳遞，然後從廣州、澳門搭船經海路送往印度，再由印度寄往歐洲。可以想像這有多麼困難，需時之久難以估

---

83 〈利氏致遠東副省長巴范濟神父書〉（1609 年 2 月 15 日），收入《利瑪竇全集》第 4 冊，第 408-409 頁。

84 西方有些學者誤認為利瑪竇覲見過萬曆皇帝，參見 S.Wells Williams, *The Middle Kingdom*, Vol. II, p.282.

算。利瑪竇在南京時，他與歐洲的通信差不多需要花三年多的時間才能收到或寄到。1599 年 8 月 14 日利氏在南京回覆高斯塔神父的信中提到他們當時通信遇到的困難：「今年六月間，一連收到您兩封信，一封寫於一五九五年底，另一封寫於一五九六年，您想不到我是多麼高興啊！由此足以看出您是多麼關懷我了。因為我在遙遠的東方，能收到由歐洲來的信函，尤其是您的信函，給我帶來莫大的快慰。那兩封信差不多一年前已到中國，由於我現在住在內陸，不能很快收到它們。」[85] 一封從羅馬發出的信，花了三年多的時間才到達利氏的手中，當時的通信之難可見一斑。利瑪竇到達北京後，通信手段沒有任何改善。迄至 1605 年，耶穌會在華僅在北京、南京、南昌和韶州四處設有會院，這四處實際上也就成為耶穌會在內地的通訊聯絡點。1605 年 5 月 9 日利氏致德‧法比神父的信中提到了通信的情況，從中可見當時通信的困難：

今年我可說收到您兩封信，後一封方收到，在其中您稱曾先給我寫了一封；王豐肅神父從澳門來信，告訴我在那裡有您寄給我的一些東西，但因行李過多，只能把您的信帶給我，東西只有等七、八個月後方有人北上再帶給我。……

北京距海港很遠，在海港（按：指廣州）才能遇見葡萄牙人，他們是來遠東做生意的，藉著他們我們才能和印度、日本與歐洲聯絡交往。很對不起您，除信件外，我不能給您寄些什麼，以示我對您的尊敬。送信還須用中國行腳，而這些行腳並非時時都有，其人數也根本不多；因此當您不曾收到我的信，不必驚訝。去年一條船在途中沉了，上面有范

85〈致高斯塔神父書〉（1599 年 8 月 14 日），收入《利瑪竇全集》第 4 冊，第 253 頁。

禮安神父寄給我們的東西，約值二百兩銀子以上。[86]

　　1605 年 5 月 10 日利氏致高斯塔神父信中也提到寄信時間之長非常人所能想像：「今年尚不曾收到您的來信，也許信已到了中國，目前尚在南京途中。因為有時候一封信從澳門送到北京，需要八個月的時間才能到達。因此您如很晚才收到我的信，並不值得驚訝，因為我們相距太遠了。茲收到我啟蒙老師尼古拉神父的信，當時您正主持翡冷翠公學；我這封信也許三年後，也許七年後您方能收到。」[87] 許多信在路途中遺失，利瑪竇在信中不斷抱怨這一點。1607 年 10 月 18 日利氏致羅馬總會長阿桂委瓦神父書信中提到這一點：「已經兩年了，不曾把基督的這個新羊棧有關的近況向您報告，因為這段時期沒有船隻由印度開往歐洲；1605 年的報告早已寄出（按：信已遺失），茲把 1606 年至 1607 年 10 月的傳教情況向您稟告。」[88] 1608 年 3 月 6 日利氏致羅馬高斯塔神父信中再次提到：「我不知道是什麼原因您已四、五年不曾收到我的信。」[89] 1608 年 3 月 8 日利氏在致羅馬總會長阿桂委瓦神父的信中不得不解釋：「今年收到你的來函，您表示已數年不曾收到我的信或消息而感到難受，這本是每年應當寫的。我也感到痛苦，因為許多致您的信件在途中遺失了。」[90] 1609 年 2 月 17 日利氏在致阿耳威列茲神父信中對信件的遺失表示非常痛苦：「今年收到您 1605 年 12 月 19 日的來信一封，獲悉

---

86 〈利氏致德‧法比神父書〉（1605 年 5 月 9 日），收入《利瑪竇全集》第 4 冊，第 273、278 頁。

87 〈利氏致高斯塔神父書〉（1605 年 5 月 10 日），收入《利瑪竇全集》第 4 冊，第 291 頁。

88 〈利氏致羅馬總會長阿桂委瓦神父書〉（1607 年 3 月 18 日），收入《利瑪竇全集》第 4 冊，第 328 頁。

89 〈利氏致高斯塔神父書〉（1608 年 3 月 6 日），收入《利瑪竇全集》第 4 冊，第 353 頁。

90 〈利氏致羅馬總會長阿桂委瓦神父書〉（1608 年 3 月 8 日），收入《利瑪竇全集》第 4 冊，第 363 頁。

這數年中您不曾經收到我的信，感到十分驚訝。但神父您應知道這些年中，葡萄牙在印度洋中很多船艦遭遇不幸的海難和英、荷等的洗劫。當然我不會不給您寫信，這是千真萬確的，我認為我有義務，而且有很大的義務給您寫信。」[91] 正因為利瑪竇與歐洲之間的通信困難重重，故迄今尚存或我們現能看到的他們之間的通信頗為有限。耶穌會士與歐洲教會之間通信的困難，隨著耶穌會在中國各地教會組織的發展，聯絡網絡的擴大，才逐漸得到緩解。[92]

在西方以中國遊記為題材的作品中，《利瑪竇中國札記》是繼《馬可波羅行紀》之後又一部引起轟動，且產生深刻、長遠影響的巨著。《利瑪竇中國札記》原稿為意大利文，1615 年經金尼閣之手譯成拉丁文，題名《基督教遠征中國史》，在德國奧格斯堡出版。隨後出現各種歐洲文字的譯本，拉丁文本四種，法文本三種，德文本、西班牙文本、意大利文本各一種，1625 年《珀切斯朝聖者叢書》（Purchas His Pilgrims）出版了第一個英文摘譯本，其原稿直到 1910 年利瑪竇逝世三百週年才收入《耶穌會士利瑪竇神父歷史著作集》出版。[93] 如果說，《馬可波羅行紀》作為一部東方異國的遊記，充滿了傳奇、怪誕的色彩，因此其真實性常常遭到人們的質疑，那麼《利瑪竇中國札記》則以其真實、可靠、可信，贏得了後人的尊重，它不僅成為以後傳教士「中國經驗」的範本，而且開啟了西方傳教士漢學的先河。

從中意文化交流史的角度看，人們喜歡將利瑪竇與馬可·波羅相

---

91 〈利氏致羅馬阿耳瓦烈茲（R.Alvarez）神父書〉（1607 年 3 月 18 日），收入《利瑪竇全集》第 4 冊，第 417 頁。

92 有關耶穌會在 17 世紀中國的發展，參見王治心：《中國基督教史綱》，第 112-114 頁。書中製表：〈1664 年全國教務形勢〉、〈1701 年中國教務狀況〉。

93 利瑪竇、金尼閣著，何高濟、王遵仲、李申譯：《利瑪竇中國札記》，〈中譯者序言〉第 3 頁。原譯珀切斯為 "普察斯"，現改。

提並論，稱之為促進中意文化交流前後並峙的兩座高峰。17世紀步利
瑪竇後塵來京的意籍耶穌會士有熊三拔、龍華民、艾儒略、畢方濟、羅
雅谷、利類思、衛匡國、聶伯多、潘國光、李方西、畢嘉、殷鐸澤、陸
安德、瞿篤德、閔明我、盧依道、費約理、鮑仲義諸人，但他們並未後
來居上，超越利瑪竇，留下更為豐富的「北京經驗」文獻材料。從這個
意義上說，利瑪竇既是明末清初中意文化交流的開拓者，又是一座不曾
被人逾越的高峰。英譯本《中國在16世紀：利瑪竇日記，1583-1610》
一書譯者路易斯・J・加拉格爾稱：「《利瑪竇札記》這本書對歐洲文學、
科學、哲學、宗教及生活方面的影響，或許要超過17世紀其他任何的
史學著作。」[94] 奈傑爾・卡梅倫譽之更甚：「在所有想欲了解中國人及
其文明的歐洲人中，他是最富才藝、且最為重要。在所有曾經居留在中
國的西方人中，他是唯一一位被中國人以他們自己的語言和文學對他作
為一名學者毫無保留地給予尊重。為達此地位，利瑪竇在所有的才藝
上至少把自己變成了半個中國人。」[95] 西方學術界對利氏越來越高的評
價，顯現了利瑪竇在中西文化交流史上無可替代的地位。

三、安文思《中國新史》中的北京

安文思（1609-1677）為葡萄牙大航海家麥哲倫之後裔，十六歲加
入耶穌會。1634年抵果阿，教授修辭學兩年。1640年隨某華官赴中國
杭州。1642年8月28日抵達成都，隨利類思學習中國語言文字，在川

---

94 Mathew Ricci, *China in the Sixteenth Century: The Journals of Matthew Ricci, 1583-1610*. Translated from the Latin by Louis J. Gallagher (New York: Random House, 1953), p.xix.

95 Nigel Cameron, *Barbarians and Mandarins: Thirteen Centuries of Western Travellers in China* (Hong Kong: Oxford University Press,1970), p.149.

時，安氏遭遇張獻忠農民軍起義，將其經歷寫成《江南四川行記》、《1651年中國著名大盜張獻忠暴行記》。1648年安文思作為清軍戰俘與利類思一起被押解至北京，1651年獲釋，以後一直居京，1677年歿於東堂。[96] 在京29年中，安氏做了兩件大事：一是1655年他與利類思創建了北京第二座教堂 —— 東堂（聖若瑟教堂），開始他們在北京的傳教事業；[97] 二是1668年他撰成《中國十二絕》（或《中國十二優點》，現譯為《中國新史》）一書，其手稿由中國教團總監柏應理帶往歐洲。該著歷述中國歷史、文字、語言、典籍、民俗、商業、物產、貴族、政府部門、京城諸事，堪稱當時中國的一部「百科全書」。其生平事跡最早見於利類思著《安文思傳略》，[98] 近人費賴之《在華耶穌會士列傳及書目》第88號和方豪著《中國天主教史人物傳》亦收其傳。[99] 今人以計翔翔《十七世紀中期漢學著作研究 —— 以曾德昭〈大中國志〉和安文思〈中國新志〉為中心》一書對安氏及其所著《中國新志》有專門討論。[100]

《中國新史》原稿為葡萄牙文，經人譯成法文，1688年在巴黎出

---

96 有關安文思的生平事跡，參見利類思、南懷仁著：《安先生行述》，收入韓琦、吳旻校注：《熙朝崇正集熙朝定案（外三種）》，第407-409頁；利類思：《安文思傳略》，該傳最早見於《中國新史》法譯本。中譯本收入安文思著，何高濟、李申譯：《中國新史》，第181-187頁；費賴之著，馮承鈞譯：《在華耶穌會士列傳及書目》上冊，第256-259頁；方豪：《中國天主教史人物傳》，第285-289頁。

97 其傳教事跡參見余三樂：《中西文化交流的歷史見證 —— 明末清初北京天主教堂》，第162-176頁。

98 該傳最早見於《中國新史》法譯本。中譯本收入安文思著，何高濟、李申譯：《中國新史》，第181-187頁。

99 參見費賴之著、馮承鈞譯：《在華耶穌會士列傳及書目》上冊，第256-259頁；方豪：《中國天主教史人物傳》，第285-289頁。

100 參見計翔翔：《十七世紀中期漢學著作研究 —— 以曾德昭〈大中國志〉和安文思〈中國新志〉為中心》，上海古籍出版社2002年版，第225-320頁。

版，題名為《中國新志》（*Nouvelle Relation de la China*）。同年又據法文版譯成英文，在倫敦出版，書題 *A New History of China*。1957 年澳門又出版了據法文本譯出的新葡萄牙文本。[101] 從《中國新史》最初出版的法譯本前言可知，之所以出版該書，是因為當時羅馬德斯特列紅衣主教想從剛從中國歸來的中國傳教團總監柏應理那裡了解皇都北京及中國政府、制度的情況，柏應理因難以應對，遂將隨身攜帶的安文思的文稿呈上。受主教之命，法譯本譯者整理、翻譯了安文思的手稿。這一來由對後來我們看到的 1688 年在巴黎出版的法譯本《中國新史》，也就是最初出版的《中國新史》可能產生引導性的影響。我們現在看到的《中國新史》最重要的價值即在於它對中國政府和制度、北京城市面貌的詳細而真實的介紹，似與主教大人的要求有某種關聯。[102]

關於安文思《中國新史》記述北京的文獻價值，1688 年《中國新史》英譯本的譯者在該書第 17 章《記北京城：皇宮四周的牆及中國主要房屋的形狀》的註釋中即已特別說明：

這一章很奇特，因為它包括對中國首都及宏大皇宮的詳細記述。其他的記載，無一例外的，很少談及，而且一般也很含混，這不是值得奇怪的事。因為使臣始終住在專為接待他們的館舍，而傳教士，他們是除了路過，或者當他們在最後一次受迫害時被作為囚犯押往那裡之外，從未見過北京。所以只有湯若望神父、南懷仁神父和安文思神父才能把這個大城市的情況告訴我們。的確，這最後一位神父是惟一向我們記述

---

101 關於《中國新史》版本情況，參見〈中譯者前言〉，收入安文思著，何高濟、李申譯：《中國新史》，第 2 頁。

102 有關法譯本的翻譯、整理情形，參見〈法文版前言〉，收入安文思著，何高濟、李申譯：《中國新史》，第 5-8 頁。

它的人。他在那裡居住了 25〔29〕年。[103]

清初，在西人心目中，只有湯若望、南懷仁、安文思這三位在北京有過長期居留經歷的耶穌會士有資格傳述他們的「北京經驗」。遺憾的是，湯若望、南懷仁沒有留下這方面的大部頭著述，只有安文思的《中國新史》完成了這一使命。可見《中國新史》在耶穌會士向歐洲傳播「北京經驗」歷程中佔有的重要地位，它是第一本比較全面地向西方介紹清初中國（特別是北京）的書籍。對此，張西平在中譯本序言中明確指出：「如果和他以前的著作相比，對北京的介紹最為詳細，是這本書的重要特點。他不僅介紹了王府街、白塔寺、鐵獅子胡同、鮮魚口這樣的街道，還詳細介紹了皇城，包括皇城的大小，皇城中的二十座宮殿等。如果不是經常在皇宮中活動，絕不可能對它做如此細的描寫。正因為安文思長期生活在北京，他的這些報道和描寫不僅推動了當時西方對中國的認識，也給我們提供了許多了解和認識清代歷史的細節和材料，這些在今天依然是很有價值的。」[104]

上述中、西兩位學者對《中國新史》一書與北京關係密切的提示持之有據。驗證《中國新史》一書，其對北京言之甚詳，它將「北京之宏偉」列為「中國十二絕」之一。其中第 17 至 21 章以北京為介紹對象，內容幾佔全書的四分之一。其他有些章節，如第 11 章《中國的貴族》、第 12 章《這個國家良好的政體、官吏之間的差異以及朝廷的部門》、第 13 章《記十一個部，即文官六部、武將五部》、第 14 章《北

---

103 Gabriel Magaillans, *A New History of China : Containing a Description of the Most Considerable Particulars of That Vast Empire,* (London:Thomas Newborough, 1688), p.273. 中譯文參見安文思著，何高濟、李申譯：《中國新史》，第 136 頁。中譯本係據 1689 年英譯本譯出，北京大學圖書館藏有此書的 1688 年版。

104 張西平：〈中文版序言〉，收入安文思著，何高濟、李申譯：《中國新史》，第 2 頁。

京的其他幾個部》，所述中央政府部門亦在北京，其實也是對北京作為政治中心的介紹。可以說，《中國新史》供給我們豐富的清初北京史料，它實為安文思「北京經驗」的結晶。

與利瑪竇一樣，安文思有關北京的知識譜系最初是以《馬可波羅行紀》為底本，故在該書第一章《中國人和外國人給中國取的名字及契丹和蠻子國》開篇，安文思首先對《馬可波羅行紀》中有關北京的三處記載作了詳細考證。一是《馬可波羅行紀》關於北京城的大致描繪，即「馬可‧波羅在其著作的第 2 卷第 16 章和第 17 章中對北京新、舊城及皇宮所作的描述，因為他所說的都符合我們今天所看見的，也符合我們在本書中所描繪的」。二是《馬可波羅行紀》所提北京使用煤的記載。「宮廷中飲用的酒和燒用的石煤，稱之為煤，這種煤是從距該城兩里格的山區運來，奇怪的是這裡礦藏永不枯竭，儘管已逾四千年，不僅這個人口眾多的大城市，而且該省的大部分地區都用煤，消耗數量之大，令人難以置信。任何家庭，不管多麼窮，都有一個用這種煤取暖的暖室（熱炕），它的熱度大大高於木炭。這種暖室（熱炕）用磚砌成，如同床和臥榻一樣。有三四掌高，其寬窄視家庭人數而定。暖室（熱炕）上鋪有席墊或氈毯，人在上面躺臥、睡覺。」[105] 文中有關熱炕的記載可能是西文文獻中有關北京甚至中國北方熱炕最早、最詳細的記載。三是對《馬可波羅行紀》提的盧溝橋作了詳細考證：

馬可‧波羅在第二卷第三十七章中描寫的一座著名的橋，位於北京以西兩里格半……這座橋是中國最美麗的橋，但不是最大的，因為還有更長的橋。作者說這條河叫做普里桑乾，這是西韃靼人給它取的名字，他們當時統治全國，但有許多西韃靼人在北京仍混合於東韃靼人

---

105 安文思著，何高濟、李申譯：《中國新史》，第 6 頁。

之中。中國人稱這條河為渾河（Hoen Ho），即渾濁的河，因為河水急湍，帶來大量泥沙，使它全年渾濁。馬可‧波羅說這座橋有二十四拱，然而它只有十三拱，至於說舟船可在這條河上航行，則是不可能的。因為儘管它水位很高，由於落差很大，迂迴及佈滿岩石，而不能通航。導致馬可‧波羅出現這些錯誤的原因是，往西大約三里格遠另有一條河及一座二十四拱的橋。其中五個在中央成拱形，其餘是平的，鋪以既長且寬的大理石板，結構精美，平坦宛如一條直線。在橋中間可以看見馬可‧波羅所說的石碑。這條河叫做琉璃河（Gieu Li Hô），即玻璃河，因為它清澈、安靜，並可通航。從而你可發現作者是把這一座橋誤認為另一座橋：頭一座是中國最美麗的，由於它的優秀工藝和製作材料，可能也是世界上最美麗的，它全部用最好的白大理石，按照完美的建築學規則精工修造。兩側共有一百四十個支柱，每邊七十柱，柱與柱間相距一步半，中間裝有大理石方板，上面雕刻著各種花朵、水果、鳥及其他動物；這是一件華麗而完美的工藝品，令人讚歎不已。在橋東進口處，有兩個漂亮而高大的雕像座，覆蓋以大理石板，其上是按中國人表現形象雕刻的兩隻獅子，在這兩個獅子的腿間、背上、兩側和胸前，雕刻著各種姿態的小獅子，有的站立，有的蹲著，有的往下，有的朝上，其美麗精巧令人讚歎。向西的另一端，可以看見兩個雕像基座，兩頭象，均用同樣的大理石製成，製作的工藝和完美一如獅子。馬可‧波羅忘了描述這兩者，除非他以後再予以補充。中國人斷言這座橋已修建了兩千年，至今一直沒有受到絲毫損害。**106**

　　這是繼《馬可波羅行紀》後，西人對盧溝橋的又一次較為詳細的

---

106 安文思著，何高濟、李申譯：《中國新史》，第 7-8 頁。

記載。[107] 在介紹完盧溝橋後，安文思附帶提到了 1668 年北京的大水災以及盧溝橋兩個橋拱被衝垮的情況。[108] 這可能是西文文獻有關這次災害的最詳細的記錄。英譯者在譯注中，提到傳教士聶仲遷在《中國史》第 3 卷第 8 章中記載了盧溝橋在 1668 年 8 月 26 日坍塌，傳教士魯日滿、殷鐸澤在他們的記述中也記載了此事。[109] 中文文獻《清聖祖仁皇帝實錄》、《三岡識略》對此次水災和盧溝橋遭破壞情況亦有記載，可以相互印證。[110]

北京是中國的政治中心，如要深入「閱讀北京」，其核心內容自然離不開對北京政治內涵的深入解讀。《中國新史》的首要貢獻是對清廷政府部門機構的相關職能及其在北京的相關位置記述甚詳，篇幅幾佔該書的四分之一，這應是安氏「閱讀北京」的一大創獲。

有關中國的政治制度，《利瑪竇中國札記》在第 1 卷第 6 章〈中國的政府機構〉對明朝的政府機構略有介紹，[111] 曾德昭（Alvaro Semedo）的《大中國志》對明朝政府機構及政治制度亦有片斷的介紹，[112] 但兩書的評價對象均為明朝。比較而言，《中國新史》不僅篇幅量大，且論述系統，表現了安文思對這一主題的深入鑽研。《中國新史》從第 12 章到

---

107 計翔翔考證安文思所見「著名的橋」與《馬可·波羅遊記》所記的盧溝橋並不一致，可備一說。參見計翔翔：《17 世紀中期漢學著作研究 —— 以曾德昭〈大中國志〉和安文思〈中新新志〉為中心》，上海古籍出版社 2002 年版，第 278-280 頁。然若從安文思所記 1668 年水災的情形看，安氏對盧溝橋所知甚詳。

108 安文思著，何高濟、李申譯：《中國新史》，第 8-9 頁。

109 Gabriel Magaillans, *A New History of China : Containing a Description of the Most Considerable Particulars of That Vast Empire*), pp.28-29。中譯文參見安文思著，何高濟、李申譯：《中國新史》，第 16-17 頁。

110 參見于德源：《北京災害史》上冊，第 50-51 頁；下冊，第 758-759 頁。

111 參見利瑪竇、金尼閣著，何高濟、王遵仲、李申譯：《利瑪竇中國札記》，第 44-63 頁。

112〔葡〕曾德昭著，何高濟譯：《大中國志》，上海古籍出版社 1998 年版，第 128-173 頁。

第 16 章，用了整整五章的篇幅討論清初的政治制度。第 12 章〈這個國家良好的政體、官吏之間的差異及朝廷的部門〉首先從《中庸》的孔子九條箴言闡發中國的政治原理，然後介紹「全國的官員分為九等，每等分為兩級。這一劃分意味著皇上僅賜給官員品位，而不管其職位」。[113] 其中「第一等的官吏是皇帝的顧問」，包括內閣、閣老、宰相、相公、相國；「第二等相當於皇上顧問的助手和輔佐，很有權勢，備受敬畏」，屬於二三品官員，他們常常是從各省總督、六部首要提升，通稱為大學士；「第三等的官吏叫做中書科，即官吏的訓練所。他們的任務是謄寫文件，也就是這個衙門的事務，皇帝賜予他們行使職能的宮殿」，他們屬於四、五、六品官員。[114]

第 13 章〈記十一個部，即文官六部、武將五部〉首言文官六部，即吏部、戶部、禮部、兵部、刑部、工部的職能和部長官（尚書）、機構、辦事程序。並提到：「這六個部，按照它們的等級，設在皇宮附近，在東側一座寬廣華麗的方形建築物內，每一邊的長度為一個半火槍射距。這些建築各有門戶、庭院及房舍。第一位首腦在中間，從街道開始，有一座三扇的大門，經過其他幾個門、正門和庭院，飾有門廊，及用漂亮柱子支撐的迴廊，你就來到一座大堂，第一位首腦及他的助手在其中就座，尚有另外許多各有所司的官吏，一般稱為大堂官吏。」[115] 次言武官五府。「武將官員分為五個部，叫做五府，即五類。其衙門在西面，位於皇宮的右側，因名字而各異。」它們分別是前、後、左、右、中五府。「這五府之上有一個高級的部，叫做戎政府，即是說高級軍事

---

113 安文思著，何高濟、李申譯：《中國新史》，第 94 頁。原譯將「mandarin」譯為曼達林，現改，下同。

114 安文思著，何高濟、李申譯：《中國新史》，第 94-95 頁。

115 同上，第 97 頁。

部，其首腦一直是國內最大的公侯。」**116**

第 14 章〈北京的其他幾個部〉分別介紹了翰林院、國子監、都察院、行人司、大理司、通政司、太常寺、光祿司、太僕司、欽天監、太醫院、鴻臚寺、上林苑、尚寶司、錦衣衛、稅課司、督捕、府尹、宗人府等部門的職能和機構。

通過這三章，安文思清晰地勾勒出在北京的清朝中央機構和京兆機構，從而對作為政治中心的北京有了一個全面的介紹。像這樣系統介紹清朝的政府部門，在西方文獻中可以說是第一次。計翔翔認為：「安文思對政府各機構的詳細描述，使早期漢學在政治研究領域取得了長足的進步，從此以後，西方讀者不再滿足於以前僅僅對『閣老』和六部的介紹。安文思對宮廷和宮廷禮儀的描述，也前無古人。」**117** 安氏這一成果，當然是其長期居住北京觀察和研究所得，實具有政治情報的性質。

第 15 章〈省的幾個衙門和官員〉主要介紹地方政府的機構。第 16 章〈中國的大帝王及其賦入〉開首即對第三章所提中國人對國家起源的三種意見作了回應。這三種意見是：一、把中國的開始「說成在創世之前數十萬年」。「儘管平民百姓相信這是真的，但聰慧而有學識的人則認為這些書籍不過是無稽之談，難以相信，尤其自孔子以來把它斥為偽書。」**118** 二、「以伏羲作為這個國家的創始人，他最初在中國最西部的陝西境內統治，後來又在幾乎位於帝國中部的河南。根據他們的文獻記載，這個帝王開始統治是在基督誕生前兩千九百五十二年，大約在大洪水之後兩百年，這是根據七十家註釋所說。有學識的人認為這好像是真

---

116 安文思著，何高濟、李申譯：《中國新史》，第 103-104 頁。

117 計翔翔：《17 世紀中期漢學著作研究 —— 以曾德昭〈大中國志〉和安文思〈中國新志〉為中心》，第 246 頁。

118 安文思著，何高濟、李申譯：《中國新史》，第 37 頁。

的，其中許多人認為是無疑問的」。[119] 三、「這個國家在四千零二十五年前由一個名叫堯的君王奠基。這最後一種意見，被他們當做金科玉律，若有中國人拒不相信，他會被看做是異端，而且這樣的人要受嚴懲。所以福音的布道者一旦用文字或口頭對此表示懷疑，那就足以關閉我們的聖教之門，把我們都判處死刑。僅僅因為毫無根據地懷疑某人對此不相信，就會成為充軍的充分理由。因為這一緣故，傳教的神父們獲得聖主教的許可，承認七十家的說法，教會在第五次宗教大會上批准；同樣也承認後兩種意見，這很有可能，以避免上述的麻煩，及許多其他容易想像得到的問題」。[120] 安文思在第十六章對這三種意見巧妙地做了回應：「深通中國書籍和歷史的神父們，認為這後一種意見是確定的，第二種意見似乎有可能。又因據通俗本《聖經》的記載，有必要說伏羲和堯肯定是在洪水之前出生和統治的，因此我們在這個國家不得不依據七十家的說法。這點明確後，中國的歷史看來非常可能不僅與埃及、亞述、希臘和羅馬歷史相符合，而且與《聖經》的年表有更驚人的吻合。」[121] 英譯者在註釋中特別對此說明：「寫於 1669 年的這一章，可以作為安文思神父在一年前對第三種意見的肯定，這可從他在本書中記錄的日期不同上看出來。」[122] 安文思的這一論述，對西方讀者有一定影響，德國哲學家萊布尼茨、沃爾弗對中國歷史開端的看法，「完全接受了在華傳教士的意見而立場更加堅定」。[123]

在該章中，安文思詳細列舉了皇帝的賦入，「即每年繳給他的國庫

---

[119] 安文思著，何高濟、李申譯：《中國新史》，第 37 頁。

[120] 同上，第 38 頁。

[121] 同上，第 125 頁。

[122] 同上，第 131 頁。

[123] 參見計翔翔：《十七世紀中期漢學著作研究 —— 以曾德昭〈大中國志〉和安文思〈中國新志〉為中心》，第 296 頁。

和糧倉的賦稅」：國庫每年收入 1860 萬銀克朗，每年運送宮廷糧倉的米面達 4332 萬 8 千 8 百 34 袋，還有 1035 萬 5 千 9 百 37 個鹽塊（每塊重 50 磅）、258 磅極細的硃砂、94737 磅漆、38550 磅乾果。[124] 此外，還有絲、棉、豆料、家禽、生畜、水果等物資。為了讓讀者對他「所見的豐富物資有一個概念」，安文思還補充了一個細節加以說明，即 1669 年 12 月 8 日康熙皇帝為湯若望和 1665 年教案平反，設宴招待在京的三位耶穌會士，這是一則彌足珍貴的史料：

1669 年 12 月 8 號，皇帝命令三位官員去湯若望神父的墓地焚香，其目的是向他作特殊的禮敬；又命令賜給當時在朝的三個神父（我是其中之一）三百二十大克朗，支付他喪葬的費用。我們的幾個官員朋友和北京的大部分基督徒應邀參加了簡樸的儀式，但這不是我要述說的。第二天，按照習慣，我們回去向皇帝的格外恩賜表示謙恭的謝意。我們謝禮後，皇帝陛下派一名使者叫我們留下，因為他還有事對我們說。我們等了一個多時辰，大約下午三時，我們被引進御殿，皇帝坐在他的寶座上要我們坐在右面第三排第一張桌前，這時住在京城的大官，其中許多是皇親，按他們的品級就座。這裡有兩百五十張桌子，每張桌上有二十四個銀盤，直徑約一掌半寬。按照韃靼的方式，一個銀盤擺在另一個銀盤上，這就是說，一個盤子在桌上，其餘的盤子按一定間距一個接一個重疊地往上放，第一個盤子的邊支撐著其他盤子的邊，盤中全都盛滿食物，包括各種水果和甜品，但沒有濃湯。宴會一開始，皇帝將他自己桌上的兩個金盤送給我們，和銀盤一樣大小，盛著蜜餞和美味果子。席間，他還送給我們另一個金盤，盤內盛著二十個全國最好最大的蘋果，他們稱之為蘋果。宴會結束時，他又送給我們一盤梨及我們所提

---

124 安文思著，何高濟、李申譯：《中國新史》，第 129 頁。

到的那種金色蘋果。皇帝當時賜給我們的恩寵，在我們看來格外吃驚；對於那些聽見這個插曲的人也是一樣，但這對其餘受邀的人來說並不特殊，因為他們每天都受到皇帝同樣的宴請。不過在其他時候，某些公眾慶祝的節日上，將在宮廷裡更加隆重地招待貴冑和官員，人數約有五千。由此，讀者可以推想這位皇帝的氣派和威勢，源源不斷運往宮廷的豐富食物，大大超過我所作的敘述。**125**

接受宴請的三位神父為當時尚在京的安文思、利類思、南懷仁，其描述現場之細恐非中文文獻所能及。對於這場教案及自己的遭遇，安文思曾在 1669 年 2 月 2 日作於北京的一封信札中有所交代。**126** 康熙八年（1669），鰲拜被黜後，利類思、安文思、南懷仁上奏康熙，請求為湯若望平反。**127** 康熙為教案平反，包括為早已去世的湯若望舉行隆重的葬禮，舉行宴會安撫、慰藉曾被拘押的三位耶穌會士，後又開釋拘禁在廣州的傳教士，准許他們各歸本堂。**128**

　　《中國新史》另一大特色是對北京皇城和城市建築作了詳盡介紹，這應是安文思多次出入皇宮，實地考察或親臨現場所獲得的材料。

　　在第 2 章〈中國的廣度和分界：城市和有牆村鎮的數目及其他中國作者提供的特點〉，安文思提到中國所處的緯度：「它從北到南有二十三度，從位於緯度四十一，直隸省邊境的昌平（Cai Pim）堡起，直到廣東省南緯度十八的海南島的子午點；所以，根據中國書籍的記載，

---

125 安文思著，何高濟、李申譯：《中國新史》，第 130-131 頁。

126 參見費賴之著、馮承鈞譯：《在華耶穌會士列傳及書目》上冊，第 259 頁。

127 參見《湯若望昭雪文件》，收入《熙朝崇正集 熙朝定案（外三種）》，第 393-394 頁。

128 關於康熙平反教案一事，參見王治心：《中國基督教史綱》，第 109 頁。

中國從北到南是五千七百五十里。」[129] 他將北京最北的昌平緯度確定為北緯 41 度，這與我們現在所確定緯度基本一致。文中在介紹中國的地理時，還提到「臨海的省是北京、山東、南京、浙江、福建和廣東。和外國臨近的是北京、山西、陝西、四川、雲南、廣西」。[130]

在第 8 章〈這個民族的非凡勤勉〉中有兩處涉及北京，一處談及北京的小商小販，一處談及北京的鐘鼓樓：

> 僅在北京城，就有一千多戶人家，他們沒有正當職業，只靠出售取火盒的火柴及做蠟燭的蠟為生。還有許多人別無謀生之道，只在街頭和屋舍的垃圾堆裡撿破絲綢、棉布和麻布、廢紙及其他破爛，把它們洗乾淨，再賣給他人用來製造種種東西。他們搬運東西的發明也很奇特，因為他們不像我們那樣費大氣力搬運物品，而是用技術。[131]

> 在北京的皇宮內，你可以看見高樓上的鼓和鐘，在城裡另有兩座鐘、鼓樓。城裡的鼓直徑有 15 市腕尺，它是我第一次提及的那面鼓。宮廷鐘的大小如我在葡萄牙所見到的一樣。但聲音非常響亮，清脆和悅耳，與其說它是鐘，還不如說它是一種樂器。[132]

吉克爾神父在他《樂理》(Musurgie) 一書中稱艾福特城 (Erfort) 邁耶斯 (Mayence) 的選帝侯下面那口鐘「不僅是歐洲最大的，也是全世界最大的」。安文思根據南懷仁神父對兩鐘的比較和他在 1667 年所做的觀測，得出結論：「它比湯若望和南懷仁神父利用機械裝置，安放

---

129 安文思著，何高濟、李申譯：《中國新史》，第 19-20 頁。原譯「直隸省」作「北京省」、「昌平」作「開平」，現改。

130 同上，第 21 頁。此處所謂「北京」疑為「直隸」。

131 同上，第 76 頁。

132 同上，第 77 頁。

在我們上述鐘樓上的鐘要小。」「這口鐘是北京城夜間用來警衛和報時的，我有把握斷言，歐洲沒有類似的鐘，它完全可能是世界上最大的。當夜裡打鐘時，它的聲音，或者說可怕的響聲，竟如此之大，那樣強烈，又非常響亮，遍及全城，越過城牆，傳到郊區，響徹四方。在中國皇帝命令鑄造這口鐘的同時，還鑄了七口鐘，其中五口鐘仍躺在地上。」**133**

安文思將「北京之宏偉」列為「中國十二絕」之十二。他從第 17 章到第 21 章，用了五章的篇幅介紹北京的皇城和其他著名建築，其文獻價值堪與同時期介紹北京城市建築的相關中文文獻媲美。第 17 章〈記北京城：皇宮四周的牆及中國主要房屋的形狀〉詳細記載北京新城的大小、城門的數目和新、舊兩城的城區數：

北京城，即京城，位於一片平原上，它是大四方形，每邊長十二中國飛朗，折合大約三意大利哩，或者將近一葡萄牙里格。它有九門，三門在南，其他每邊各二門。並非如衛匡國神父在他的地圖集第二十九頁所說有十二門，看來他是依據馬可‧波羅的書（卷二第七章）來描述的。這座城現為韃靼人所佔據。**134**

英譯者在此章註釋中特別說明安文思與此前衛匡國的記載不一致，他補充了曾德昭、湯若望、柏應理和《荷蘭出使記》的相關記載，**135** 說明安文思的說法比較可靠，這大概是歐洲有關清初北京城的最新，也是最精

---

133 安文思著，何高濟、李申譯：《中國新史》，第 78 頁。

134 同上，第 132 頁。

135 1656 年荷使訪問北京的遊記，參見〔荷〕約翰‧尼霍夫（John Nieuhof）原著，〔荷〕包樂史、〔中〕莊國土著：《〈荷使初訪中國記〉研究》，廈門大學出版社 1989 年版，第 82-92 頁。

確的記錄。[136] 安文思提到北京與西方在建築上的兩點區別：第一是朝向為坐北朝南。「所有的城市及皇帝、貴冑、官吏和富人的宮室都是門戶和主房朝南。」第二是多為平房。「我們修建房屋是一層建在另一層上，而中國人的房屋卻是建在平地上，一間接一間。所以我們佔有空間，他們佔有地面。」[137]

第 18 章〈皇城的二十座宮殿〉詳細介紹了皇城內的主要宮殿及其佈局：「皇城內有二十座宮殿，它們從北到南呈一直線。」這些宮殿依次為：大清門、長安街東、西門、端門、午樓（或午門）、皇極門、皇極殿、建極殿、中極殿、保和殿、乾清門、乾清宮、中宮、奉天宮、御花園、玄武門、南上門、萬歲門、壽皇殿、北上門、北安門。安文思逐一介紹了每座宮殿的規格、建制和作用。

第 19 章〈記皇城內的二十座特殊的宮殿〉介紹了皇城內其他宮殿。「除了為皇帝本人設計的宮殿外，另外還修建了幾座特殊的宮殿，其中許多以其美觀、宏偉、廣大，足以作為大王子的府宅。」這些宮殿為：文華殿、武英殿、崇先殿、仁智殿、慈慶宮、景華宮、御婚殿、慈寧宮、儲秀宮、啟祥宮、翊號殿、祥寧宮、永壽宮、乾寧宮、交泰殿、坤寧宮、承乾宮、宏德殿、謹心殿。「這些宮殿名字在我們的語言中看來很尋常，但可以肯定的是，在中國語言中它們卻非常有意義並充滿神秘色彩，這是由他們的文人按宮殿的建築風格和用途而有意創製的。」[138] 安文思分別介紹了這些宮殿的位置、形制。

第 20 章〈同一範圍內另外幾座宮殿和廟宇〉「記述的這些宮殿，

---

136 Gabriel Magaillans, *A New History of China : Containing a Description of the Most Considerable Particulars of That Vast Empire*, pp.274-281. 中譯文參見安文思，何高濟、李申譯：《中國新史》，第 137-141 頁。

137 安文思著，何高濟、李申譯：《中國新史》，第 135 頁。

138 同上，第 160 頁。

是在宮殿圍牆的最內層，它們被兩道牆分開，彼此又被另一些同樣結構的牆隔開」。處在這兩層之間的宮殿有：重華殿、興陽殿、萬壽殿、清輝殿、英塔殿、萬娛殿、虎城殿、中砦宮、太皇殿。「除了這些宮殿外，在兩重圍牆內還有許多向偶像獻祭的廟宇；其中有四座最知名，它們也被稱做宮殿，因為它們面積大，殿堂多，建築漂亮。」[139] 這四座殿為太光明、太皇殿、馬卡拉殿（音譯）、喇嘛殿。

安文思描述了這些宮殿建築：「我們所述建築物蓋以黃、綠、蘭色大厚瓦，用釘固定以防風暴，因北京的風很大，屋脊總是從東到西，高出屋頂約一矛的高度。末端飾以龍、虎、獅及其他動物的軀體和頭部造型，它們沿著整個屋脊盤繞伸延。從它們的口和耳中，湧出各種花朵及奇形怪狀的東西或其他悅目的裝飾，一些裝飾就依附在它們的角上。由於這些宮殿都漆上上述的色彩，當太陽升起時，從老遠看去，如我多次所觀察到的，它們都是用純金製成，至少是鍍金，以藍、綠色作彩飾，產生非常美妙、華麗、莊嚴的景觀。」[140] 一幅金光燦爛的宮殿建築場景呈現在讀者眼前，讀後讓人不能不神往。

第 21 章〈北京的皇家廟宇及皇帝外出進行公祭的方式〉介紹皇城外的皇家廟宇：「除了皇城內的廟宇，皇帝還有另七座廟，他每年都要前往每座廟各作一次祭祀。五座在新城，兩座在老城內。」[141] 這七座廟為：天壇、地壇、北天壇、日壇、月壇、帝王廟、城隍廟。安文思提到「有兩個原因使皇帝離宮外出」：「第一，當他去狩獵或者出遊的時候。」「第二，當他去祭祀即公祭的時候。」安文思接著記載了皇帝出巡所帶的龐大的儀仗隊，共 24 列。這一章的內容後來在李明的《中國近事報

---

139 安文思著，何高濟、李申譯：《中國新史》，第 167 頁。

140 同上，第 170 頁。

141 同上，第 172 頁。

道》一書第 6 封信《給德布永公爵夫人》中被引述，可見安氏一書的反響。[142]

在 17 世紀葡萄牙籍耶穌會士中，先於安文思入京者有費奇觀、陽瑪諾、傅汎際，其後有瞿洗滿、郭納爵、何大化、張瑪諾、成際理、徐日昇、蘇霖、郭天爵、金彌格等人，他們中間除了徐日昇、蘇霖兩人在京居留時間超過安文思，其他似無人比安氏更長，更無人像安氏這樣留下了一部「北京經驗」歷史見證的經典著作 ——《中國新史》，這是一部個人經驗和學術研究兼備的著作。安文思在中葡文化交流史上地位之重要由此可見一斑。值得指出的是，安文思是從讚美的角度評介清廷政治制度，他將「政治之發達」、「中國君主之偉大」列為「中國十二絕」之十、十一。對於《中庸》所制定的儒家政治原理，安氏更是引為政治範型，這反映了他作為葡籍耶穌會士政治眼光的局限；安文思對北京城貌及其建築的描述，也沒有像後來的法國耶穌會士那樣帶著比較，甚至挑剔的眼光，而是傾倒在「北京之宏偉」的場景之下。儘管如此，1688年法文版譯者在回顧了西方的早期漢學史後，充滿信心地指出：「由於作者在京城長久居留，通曉那裡的語言和典籍，與當朝要人的交往，享有進入皇宮的自由，以及他對撰寫材料和事實所作的選擇，無疑會使我們確信作者對他所講述之事具有完備的知識。」[143] 從《中國新史》使用材料的真實性，從其內容顯現的重要價值，都可證明法文版譯者所言並不過譽。

---

[142] 參見〔法〕李明著，郭強、龍雲、李偉譯：《中國近事報道（1687-1692）》，鄭州：大象出版社 2004 年版，第 161 頁。李明寫道：「新近譯出並附有同樣博學而又有教育意義的註釋的安文思神父的遊記，同樣記述了當今皇帝前往天壇向上天進行祭祀時威嚴排場的出行，這次出行有些特別之處，值得在此重複談談。」

[143]〈法文版前言〉，收入安文思著，何高濟、李申譯：《中國新史》，第 5 頁。

四、李明《中國近事報道》中的北京

李明（1655-1728），中文名字復初，出生於法國波爾多。1671 年
10 月 15 日加入耶穌會，同年進入吉廷教區修院。1685 年法國國王路易
十四選派遣使赴華，李明與耶穌會士洪若翰、張誠、劉應、白晉、居
仁·塔夏爾（Guy Tachard）六人當選。出發前夕，巴黎天文台首任台長
喬瓦尼·多米尼克·卡西尼（Giovanni Domenico Cassini）與這六位耶穌
會士進行過多次會談；巴黎科學院接納了這六位學者，並為他們配置了
先進的科學儀器；國王下令為他們準備了多幅法國王宮的畫作和精美的
圖書作為禮品帶往中國。1685 年 3 月 3 日，他們從法國布雷斯特港口
出發。作為法國派往中國的第一批傳教士，他們以博學多藝著稱，被稱
為「國王的數學家」。同年 9 月艦隊到達暹羅。關於這一階段的旅行，
居仁·塔夏爾和張誠留有旅行記錄。[144]1687 年 6 月 19 日，除居仁·塔
夏爾折返法國外，其他五人從暹羅登上一艘開往寧波的中國帆船，7 月
23 日到達中國寧波。1688 年 2 月 8 日到達北京。3 月 21 日康熙皇帝在
召見五位法國使者後，決定留下張誠和白晉在宮中服務，為他講授西方
科學和擔任翻譯，其他三人可赴外地自由傳教。[145]此後李明的行跡，留
下的史料甚少。據費賴之《在華耶穌會士列傳及書目》中的李明傳載，
李明「未久派往山西與劉應神甫共處若干時，已而派往陝西，接管方德

---

144 塔夏爾著有《暹羅行記》（*Voyage de Siam des pères jésuites envoyés par le Roy aux Indes et à la Chine*），巴黎 1686 年版。張誠留有旅行報告，現存泰國曼谷金剛智國家圖書館。參見
〔法〕伊夫斯·德·托瑪斯·博西耶爾夫人著，辛岩譯：《耶穌會士張誠 —— 路易十四派往中國的五位數學家之一》，鄭州：大象出版社 2009 年版，第 3 頁。

145 此行情形，參見伊夫斯·德·托瑪斯·博西耶爾夫人著，辛岩譯：《耶穌會士張誠 —— 路易十四派往中國的五位數學家之一》，第 1-9 頁。

望神甫之舊管教區二年」。[146]「澳門葡萄牙人截留法國寄來之經費,致使明與劉應、洪若翰神甫等皆受窘迫,不得已各棄其傳教區域徙居海港附近而求自給,1690年明隨洪若翰神甫赴廣州與葡人論曲直,是行也曾將南京至廣州諸水道繪成地圖一幅。已而洪若翰神甫遣之回法國,以新設傳教會之窘狀報告上級人員。1692年抵法國,轉赴羅馬,嗣後居留法國而為勃艮第公爵夫人之告解人。1728年歿於波爾多。」[147] 李明離京以後的經歷顯然非常曲折、困窘,這與葡萄牙人利用「保教權」對法國耶穌會士的施壓有直接關係。

1687年李明等五位法國耶穌會士來華,是西方傳教史上的重要轉折點,從此「形成了獨立於葡萄牙會士之外的一個特別的集團」,[148] 使中國的傳教進入一個由葡萄牙與法國共同執掌的時代。1696年李明在法國巴黎出版《中國近事報道(1687-1692)》(*Nouveaux Mémoires sur L'etat Présent de la Chine 1687-1692*) 一書,[149] 開啟了法國傳教士漢學研究的先河。

李明的《中國近事報道》有其特殊的文獻價值。一是它為李個人獨著,這與後來出版的《耶穌會士中國書簡集》為眾多法國耶穌會士的書信彙編,屬於集體作品不同。二是它原汁原味,沒有經過編輯加工,這與《耶穌會士中國書簡集》係經杜赫德神父這位法國「18世紀中國問題的權威」編輯而成有所不同。三是它以書信體寫作報告的形式,每信有其集中討論的主題,開法國耶穌會士報告以書信體裁撰寫之先

---

146 李明本人曾對在陝西傳教一事有所提及,參見李明著,郭強、龍雲、李偉譯:《中國近事報道(1687-1692)》,第310-333頁。另見費賴之著、馮承鈞譯:《在華耶穌會士列傳及書目》上冊,第441-442頁。

147 參見費賴之著、馮承鈞譯:《在華耶穌會士列傳及書目》上冊,第441-442頁。

148 葉理世夫:《法國是如何發現中國的》,《中國史研究動態》1982年第3期。

149 一譯為《中國現勢新志》,參見費賴之著,馮承鈞譯:《在華耶穌會士列傳及書目》上冊,第442頁。

河。¹⁵⁰ 正因為集這些優點於一身，1990 年該書法文版重印時，編輯在序中對該書的價值仍大加讚賞，並深為作者在當時「中國禮儀之爭」中所遭受的悲劇命運表示不滿：

　　直到 18 世紀中葉，耶穌會士幾乎是遠東見聞獨一無二的介紹者。但是，他們的作品苦於都是集體創作：書信集更富教化意義，卻不能引人入勝。在當時，描述和記敘都是由一個出版者兼新聞檢查官編輯成冊的，而編者的主要任務就是把傳教士的信件「變得更文明」些。而《中國近事報道》卻幸運地未遭此厄運；李明的風趣、他的毫不動搖的獨特性，文筆的幽默和自然流暢都未經過任何文學上的包裝。這是一個非凡的個人人格的體現。¹⁵¹

　　從內容上看，《中國近事報道》確有其特別之處，每一封信都有其確定的討論主題。《中國近事報道》共收 14 封信，從第 1 封信「十年前下令他的六個耶穌會士臣民作為數學家去中國」一語可以證明此信約寫於 1695 年，¹⁵² 此時李明實際上已回到法國快三年了，也就是說，《中國近事報道》所收書信均為李明回到法國以後所撰寫。從第 3 封信「由於公務之需我不得不走遍幾乎整個中國。五年中，我已行程二千法里。在您所想了解的方面，可能我比任何人都更能滿足閣下的要求，並向您

---

150 這種以書札體討論問題的形式可以追溯至法國著名思想家帕斯卡爾（Blaise Pascal, 1623-1662）的《致外省人信札》，該著以批評耶穌會士的海外傳教政策而著稱於世。此書 1657 年出版後即被羅馬教會列為禁書，但這種以書信體討論問題的形式在法國漸漸流行，一直被沿襲到 18 世紀，啟蒙思想家孟德斯鳩的《波斯人信札》（*Lettres persanes*）、著名作家布瓦耶・德・阿爾讓（Boyer d'Arges, 1704-1771）的《中國人信札》（*Lettres chinoises*），即屬這類體裁的作品。

151 李明著，郭強、龍雲、李偉譯：《中國近事報道（1687-1692）》，第 8 頁。

152 同上，第 21 頁。

講述在這方面所應該持有的大體上正確的看法。下面就是我認為比較卓越，因而值得介紹的事物」一段話可知，[153] 此信及以後的信，內容均為李明有意識地報告其在某一方面所獲富有價值的信息，故在內容上雖無編輯加工之嫌，卻有作者精心構思之力。從第 5 封信述及李明與一偽裝的中國貴族婦女的一段談話中，作者自稱「我寫了幾個中國字，因為她自稱知書識字」；「我用中文和她説話；擔心她理解上有困難，我用全國通用的，宮中一直使用的官話與她對話」。[154] 由此看來，李明似懂中文，甚至能進行中文對話，這對他理解中國文化和民族習俗自然有極大幫助。

作為傳教士漢學的重要著作，《中國近事報道》的漢學研究價值已被中國學者注意。[155] 但此書包含的豐富的清初北京、或西人與清初北京關係的史料價值，卻尚未見人具體論及。由於李明在華活動地點並非只在北京，這些信件所包含的內容自然也並不局限北京。但就其所獲信息來源來説，它們應為李明的「北京經驗」之提煉和總結。其與北京相關的內容主要體現在前三封信中，下面我們將《中國近事報道》中各信所含有關清初北京的內容輯出，以顯現李明的「北京經驗」。

首先，李明在第一封信〈致蓬查特蘭大臣暨國務秘書閣下 —— 暹羅 — 北京之旅〉，詳細談及來華的準備、旅途過程，特別是從暹羅至北京之旅情形，[156] 其選擇赴華線路反映了法國耶穌會士與葡萄牙之間的

---

153 李明著，郭強、龍雲、李偉譯：《中國近事報道（1687-1692）》，第 63-64 頁。

154 同上，第 128 頁。

155 參見張西平：《歐洲早期漢學史 —— 中西文化交流與西方漢學的興起》，北京：中華書局 2009 年版，第 469-474 頁。

156 有關從暹羅至北京的旅途情形，同行的洪若翰亦有報告。參見〈耶穌會傳教士洪若翰神父致拉雪茲神父的信〉，收入〔法〕杜赫德編，耿昇譯《耶穌會士中國書簡集》，第 1 冊，鄭州：大象出版社 2005 年版，第 250-299 頁。

矛盾。

　　李明一行是 1687 年 6 月 17 日從暹羅乘船前往寧波，7 月 23 日抵達。此前張誠等四人曾經歷了從暹羅到澳門初航的失敗，並被迫折返暹羅。此次在寧波登陸後，遭到清朝地方官員的扣留，後寫信給南懷仁，經南懷仁的幫助才獲康熙皇帝允准入京。這次航行一個地理上的收穫，是他們繪製了一張寧波港的地圖。[157]

　　李明一行於 11 月 26 日由寧波坐船沿大運河北上，十三天後到達揚州，然後轉走陸路，次年 2 月 8 日到達北京。關於此次旅途，李明有所交代，在寧波出發時，「總督因接待我們的不周，擔心我們在皇帝面前說他的壞話，特地為我們派來轎子，把我們一直送上他為我們準備的上等船隻。他命一隊雙簧管樂手和幾名號手伴我們同船進京。他甚至還饋贈 10 皮斯托爾給我們，並交給我們一個叫 cam-ho 的朝廷特令，根據此命令，如果我們走水路，所到之處都要為我們提供備好的船隻和六十二名挑夫，而如果需要，如河水結冰迫使我們取道陸路，還須加派挑夫。除此以外，所經城市，都要提供約值半皮斯托爾的盤纏……另外，總督還命一官吏護送我們直至京城，並監督各地按我們的奉詔身份給予我們享受應有的待遇」。[158] 李明一行沿途受到當地官兵、居民和傳教士們的熱烈歡迎，「經過十三天的旅行，我們抵達揚州城，這裡天氣涼爽，我們有一直未曾離家的感覺」。[159] 到達揚州後，改走陸路。關於後一段旅途，李明寫道：「由於河水結冰，運河已無法航行了。人們

157 李明著，郭強、龍雲、李偉譯：《中國近事報道（1687-1692）》，第 382 頁。李明後來提及此事時說：「一張描述世界上最難進出的寧波港的入口，由於它四周遍佈無數的島嶼和礁石，所以最熟練的領航員都感到發怵。我們在這張圖上附加了從暹羅到中國的道路，還有在途中能看到的主要海岸或島嶼。」

158 李明著，郭強、龍雲、李偉譯：《中國近事報道（1687-1692）》，第 42 頁。

159 同上，第 43 頁。

為我們提供了馬匹，供我們代步，又僱傭了更多的挑夫，為我們搬運行李，大雪和嚴寒又迫使我們乘上轎子，後面還有騎馬的侍衛跟隨，以保證我們更加安全。」「由於我們途中在好幾個地方停留過。可以說，真正花在旅途上的時間是一個半月。」[160] 他承認，由於康熙皇帝的諭旨，在中國境內的長途旅行極為順利。

李明一行所走的這條路線頗為特殊，既與絕大部分歐洲傳教士、使節從廣州經陸路北上不同，又與後來英國馬戛爾尼、阿美士德使團從海路北上直奔大沽口有別。之所以做出這樣的路線選擇，與他們一行對葡萄牙傳教士的看法有關。當時葡萄牙對遠東地區擁有「保教權」，他們對中國教區的傳教士行使管理權，法國耶穌會士與葡萄牙傳教士心存矛盾，他們「認為不必再像去年那樣去澳門」，那樣做會引起葡萄牙人的不悅。[161] 在寧波被清朝官員扣留期間，洪若翰就李明一行的到來知會南懷仁，並央其提供幫助，南懷仁不顧「冒觸犯果阿總督和澳門總督的危險」，[162] 毅然盡其所能給予了幫助，向康熙請求允准李明一行進京。由此不難看出，法國耶穌會士從一開始就撇開葡萄牙澳門當局，另闢蹊徑。[163] 而李明一行在登陸以後之所以受到禮遇，與他們所持的法國國王使者的身份和康熙的詔令有關。

---

160 李明著，郭強、龍雲、李偉譯：《中國近事報道（1687-1692）》，第 44 頁。

161 同上，第 24 頁。在此語後，李明加注說明：「葡萄牙惟恐失去它對派往中國的傳教使團握有的特權，對派往康熙皇帝身邊工作、服務於法國世俗利益的『國王的數學家傳教士』的到來是敵對的。」

162 李明在信中說道：「這位神父有充分的理由置我們的請求於不顧……因為，如果他保護我們，他就會冒觸犯果阿總督和澳門總督的危險。他曾接到他們的信，而這些信件顯然既違背葡萄牙國王的意願，又不符合基督慈悲之心。」同上，第 37 頁。

163 有關法國耶穌會士與葡萄牙傳教士之間的矛盾，參見閻宗臨：〈清初葡法西士之內訌〉，收入氏著：《中西交通史》，桂林：廣西師範大學出版社 2007 年版，第 137-141 頁。張國剛：《從中西初識到禮儀之爭 —— 明清傳教士與中西文化交流》，第 228-235 頁。張著對此作了更為詳盡的討論。

在這封信中，李明根據自己在華的實地考察所掌握的數據，糾正了歐洲地理學家對中國地理知識的兩個錯誤：一是「把整個的遼東省放在長城的這邊了。它確實是在長城以外，儘管它始終隸屬中國」。二是「把整個中國王朝放在東方一邊，比它實際的位置遠約 500 法里。這是用肉眼無法發現的。但是，我們在東海岸所作的觀測結果不允許對此有所懷疑。因此，中國距離歐洲比原來認為的要近得多」。[164] 至於中國的面積，「從廣州起，我們確認它位於緯度 23 度以上，至北京，緯度達 40 度，從南到北共佔緯度 17 度，但我們定為 18 度，因為在北京以北，廣州以南至王國的邊境，還有約 20 法里。這 18 度約計 450 法里，即王國的緯度之長。由東到西的經度也不少於緯度，約 400 法里寬。這個測定是準確的，是建立在精確的觀測基礎上的」。[165] 對中國面積的估計比實際情形顯然要小，但對北京、廣州兩地的緯度觀測則準確無誤。隨後，李明述說了明末清初發生在北京的歷史故事，從李自成攻打北京到崇禎帝自縊，再到吳三桂打開山海關降敵，最後是清軍入關進京，他將這一幕接一幕的戲劇性場面呈現在讀者眼前，讓人對明末清初北京城的政治風雲變幻浮想聯翩。[166]

因為所走的路線是乘船沿大運河北上，所以李明一行對大運河沿途情形自然有相當的了解。第四封信〈致克萊西伯爵 —— 關於中國的氣候、土地、運河、河流和水果〉對大運河作了詳細的介紹。其中雖不無錯誤之處，如說明大運河南自廣州，但他的介紹大都為他們所目睹的實景：

---

164 李明著，郭強、龍雲、李偉譯：《中國近事報道（1687-1692）》，第 31-32 頁。

165 同上，第 32 頁。

166 同上，第 33-35 頁。

由於在四百多法里的大片面積上，土地高低不平，或者沒有一個適宜水流的坡度，人們不得不修建了多個船閘。儘管和我們的船閘極不一樣，但人們在談及時均如此稱呼。正是這些瀑布，猶如奔騰而下的激流，隨著各個運河所處的不同的水平高度，或急或緩地從高處落下。為了把船從較低的運河提上來，僱傭了一些人為此目的在各船閘旁聽候派遣。

如果他們能見到我們的船閘只需一個人就能輕而易舉地打開或關閉，使我們最長最重的船隻或上提或下降安全通過閘口，他們該會多麼驚奇啊！

在中國，我在多處地方見到兩條運河互不相通，然而人們依然能使船隻從一條運河過到另一條運河去，哪怕它們水平面積相差 15 法尺，這就是他們的做法。……

正如他們所稱呼的，這條水路對於將南部省份的糧食布匹運往北京是必不可少的。如果中國人的話可信，有 80 至 100 噸位的船一千艘每年航行一次，全部運載皇帝陛下所需用品，即使不計私人船隻，其數字也是可觀的。當這些龐大的船隊通過時，人們會說船上載的是東方各王國向大清帝國的貢品，並說這種船隊一次運載的貢物足夠韃靼生存幾年所需；然而，北京自己獨享全部貢品，並且如果外省不向這座大城市提供市民生存所需，這船隊運來的貨物還遠遠不敷所需。[167]

書中還特別刊用了兩幅大運河的畫作。一幅是「使船隻從一運河過渡到水平面不同的另一運河的奇觀」。一幅是「中國運河兩岸的堤壩」。[168]這應是見於西文書籍中描繪大運河的較早圖畫材料。

---

167 李明著，郭強、龍雲、李偉譯：《中國近事報道（1687-1692）》，第 109-111 頁。
168 同上，第 109 頁。

其次，李明在第二封信〈致德內穆爾公爵夫人 —— 皇帝接見及北京城見聞〉詳細描寫了他們初到北京時，迅即受到康熙皇帝的接見，這與此前來京的耶穌會士相比，可以説是一項空前未有的最高規格待遇，這應與他們的法國國王使者身份有關。

初進紫禁城，李明立即被豪華的宮殿所吸引：

我們必須乘轎子直到皇宮的頭道門外，從那裡，我們得步行穿過八進院子。這些院子長得驚人，四周是不同建築風格的住所，但是，十分一般，不夠漂亮。那些建立在過道門上的方形亭，看上去倒有幾分雄偉壯麗。從一個院子進入另一個院子的門驚人地厚實，寬大，高敞，十分勻稱，由於時間的流逝，白大理石台階已不那麼光滑美麗了。其中一個院子中橫穿著一條流動的溪流，我們走過幾座同樣是大理石修建的橋，大理石更白，雕刻得更為精緻。

夫人，很難詳細敘説並描述這座令人喜愛的宮殿，因為它的美不在於組成這座宮殿的建築物，而在於由建築物組合的奇妙的整體，沒有盡頭的院子和建築得有規有矩的園子的結合，的確顯示出莊重，並表現出這裡主人的權威。**169**

在穿過紫禁城的建築群後，李明一行終於到達康熙所在大殿。李明就自己近距離對皇帝寶座和康熙皇帝形象的觀察做了細緻、生動的記錄：

在我看來，皇帝是中等以上的身材，比歐洲人自炫身材勻稱的普通人稍胖，但比一般中國人希望的稍瘦一點；面龐豐滿，留有患過天花

---

169 李明著，郭強、龍雲、李偉譯：《中國近事報道（1687-1692）》，第 50 頁。

的疤痕。前額寬大，鼻子和眼睛是中國人式的細小的。嘴很美，面孔的下半部長得很好。他的氣色也很好。人們可以發現他的舉止行為中有某種東西使他具有主宰者的氣派，使他與眾不同。[170]

這是康熙首次接見法國人。書中特別插入一幅康熙的肖像畫，畫下的說明詞為「康熙：中國和韃靼的皇帝。時年 41 歲。畫像作於其 32 歲時」。[171] 該畫從其風格看顯係西人所畫。在介紹了康熙皇帝後，李明接著引用徐日昇神父對南懷仁葬禮的報道，它描述了南懷仁死後十分隆重的葬禮場面，南懷仁被安葬在北京西郊的柵欄墓地，緊貼在利瑪竇墓之後右側，可見其葬禮規格之高。[172]

復次，李明在第三封信〈致富爾斯登堡主教大人 —— 城市、建築物以及中國最巨大浩繁的工程〉，對北京城市面貌、人口、街區、皇宮作了詳細介紹，其中對北京和巴黎的比較頗具價值。

關於建都北京的原因，是「由於不安於現狀的好鬥的韃靼人的不斷入侵中原，迫使朝廷遷都到北方的省份，以便皇帝能夠隨時親率最龐大的一支御林軍抵禦外侵。這就是建都北京的原因」。關於北京的地理位置：「北京高於水平面 40 度，位於距離長城不遠的一個富饒的平原上，瀕臨東海。貫通南北的大運河使之與幾個美麗的省份相溝通，北京的部分衣食就來自這些省份。」從這段話可知，李明當時尚不知在中國東面，東海之北還有黃海、渤海，以為東海一直延伸到北邊，北京「瀕

<hr />

170 李明著，郭強、龍雲、李偉譯：《中國近事報道（1687-1692）》，第 54 頁。書中還特別刊用了一幅康熙畫像，這也許是出現在西方最早的康熙肖像畫。

171 同上，第 53 頁。依康熙（1654-1722）生卒年推算，此畫作於 1685 年。

172 參見高智瑜、馬愛德主編：《雖逝猶存 —— 柵欄：北京最古老的天主教墓地》，第 35 頁。按照南懷仁的死期，他的墓葬位置應排在後面，但安葬時放在利瑪竇之右後側，位置明顯靠前，顯示對其地位之特別尊重。

臨東海」。關於北京城市的面積：「北京城呈正方形，過去周邊長 4 古法里。但是，自從韃靼人在此建都以後，迫使中國人遷往城牆以外。不久，就在城外建起一座新的城鎮。由於新城是一個細長形狀，使北京城形成一個不規則形。所以北京城是由兩個城組成的：一個稱之為韃靼城；另一個名為漢人城，與韃靼城面積一樣大，但人口要多得多。兩城加起來，周邊長達 6 古法里，各邊長 3600 步。這些尺寸是準確的，因為這是皇上專門命人用繩子丈量出來的。」由此可知，李明當時對北京的面積了解頗為精確。

李明從面積、住房、人口等方面對北京與巴黎兩城作了比較，這可能是在西文文獻中，我們所見到的最早將兩城所作比較的記載。「兩城的確差別很大。根據比萊先生及受命於市府的先生們為巴黎建造新城牆所作之地圖，巴黎城最長的部分不過 2500 步。因此，即使假設它是正方形，城周也不足 8000 步。也就是説，巴黎比韃靼城的一半還小；因此，巴黎至多相當於北京城的四分之一。」[173] 北京城市面積雖大，但住房情形卻不如巴黎。「如果考慮到中式房屋一般為平房，僅一層，而巴黎的房子是一層疊一層，假設有四層之高，那麼，北京城容納的住宅不會多於巴黎，甚至，稍少於巴黎，因為北京的街道無可比擬的寬闊，皇帝的宮殿極其大，且居住人口並不多，其中還有能供 20 多萬人用的糧庫，以及大面積的草房和小型房屋供大學士考試時使用，加在一起，就使這城市變得異常巨大了。」[174] 關於北京的人口，李明是從北京的住房情形加以推論：「巴黎的住房比北京多。因此，當同樣大的空間，我們給 10 個人住，這裡就必須容納 20 至 25 人是實情的話（因為他們住得比我們擁擠得多），就只能得出結論：北京人口只有巴黎人口的兩倍

---

[173] 李明著，郭強、龍雲、李偉譯：《中國近事報道（1687-1692）》，第 64 頁。
[174] 同上，第 64-65 頁。

左右。這樣，我認為可以說北京人口是二百萬，而絲毫不必擔心與真實數字相去甚遠。」路易十四時代，巴黎人口為 50 萬。[175] 李明還特別說明：「我在人口問題上著筆這麼多是因為我注意到，這是歷史學家們研究最少的一方面。」實際上，北京城清初的人口數量較李明估計的要少，據韓光輝統計，康熙二十年北京城人口不過 766900，州縣人口 876800，合計 1643700。[176]

在李明的眼中，北京的街道繁華、熱鬧、擁擠。他說：「幾乎到處一樣。甚至在通衢大道上，道路也常被堵塞。當您看見騾馬、駱駝、車轎和一二百人在各處聚集，一起聽評書，您真會以為整省的人都壓上北京來看什麼特別節目來了。可以肯定地說，從表面現象看，我們人口最密集的城市與之相比，也成了僻靜的去處了；尤其，通常人們認為婦女的數目超過男人很多。然而，在這外出的神奇龐大的人群中，您卻從來遇不到一位女士。這就是為什麼某些人從表面現象作出判斷，認為兩城市中的居民不過六七百萬。而實際上距真實情況甚遠了。」[177] 北京街面的寬闊、筆直給李明留下了深刻印象。「這座大城市的街道都是筆直的。最大的街道寬約 6-20 法尺，長一法里多，兩側幾乎皆為商業鋪房，鋪內擺滿絲綢、瓷器和漆器的商店形成一道美妙的風景。中國人的一個習俗使店鋪變得更為美麗：每位商人都在店門前的一個支架上放上木板，板高約 7-8 肘，塗色的、塗清漆的或常常是塗成金色的，上面用大字寫上店內所售貨物的名稱。幾乎等距排列在房屋門前兩側的那些壁柱形成一個有些特別的柱廊。這在中國幾乎所有城市都是一致的。在一些地方，我還見到一些這樣的『壁柱』，那麼潔淨，就像是要把

175 李明著，郭強、龍雲、李偉譯：《中國近事報道（1687-1692）》，第 66 頁。

176 參見韓光輝：《北京歷史人口地理》，北京大學出版社 1996 年版，第 120 頁。

177 李明著，郭強、龍雲、李偉譯：《中國近事報道（1687-1692）》，第 65 頁。

街道裝飾成戲劇中的一個場景似的。」**178** 北京街道旁低矮的平房和滿是灰塵、泥土的街道，卻使李明感到不雅。「有兩樣東西損害了街道的美觀。一是街道與兩側建造得不好且低矮的房屋不成比例；二是街道上的黃泥和塵埃。在其他方面那麼文明的中國，在這方面可看不出文明體現在哪裡。無論冬天夏天，對出行的人都是不方便的。」**179** 中西方的建築風格差別主要表現為：一是在房屋高低上，中式房屋大都為平房，西式房屋多為高層建築。中低西高，西人以高為榮。二是在建築材料上，中式房屋以木製為主，西式房屋以石製為主。西式建築結實、耐久，西人以其堅固為耀。中西建築所呈現的這兩大差別，在中西方文明初遇時即已表現出來。

皇宮是人們最感興趣的建築，也是李明著力介紹並以為「值得一提」的建築：

皇宮不僅包括皇帝的寢宮及花園，而且還是一個小城市，其中朝廷的各級官員們有各自的私宅，還有許多工人住在「城」內，為皇上效力和受雇於皇上，因為，除太監外，任何人都不能在內宮的套房居住。外城四周有高牆環繞，與內宮之間還有一座稍矮的牆相隔。房子均極矮，比韃靼城的房子要遜色得多。

內宮是由處於同一水平上的九個院子組成，全部在一條中軸線上，這裡我未將側翼作為辦公室及馬廄的房子計算在內。連通院子的門是大理石的，上面均建有哥特式建築風格的大亭子，屋頂尖端的亭子的構架成為相當奇特的裝飾。這是用很多塊木頭疊砌而成的，向外突出，呈挑簷狀，從遠處望去，產生相當美的效果。

---

178 李明著，郭強、龍雲、李偉譯：《中國近事報道（1687-1692）》，第 67 頁。
179 同上。

院子的側面都是封閉的,或建有一排排的小住所,或修些長廊。皇帝的府邸更不一般,粗柱支撐的牌樓,通往前廳的白大理石的台階,覆蓋著光彩奪目的琉璃瓦的屋頂,雕刻的裝飾,清漆金飾,牆飾,幾乎一色大理石或陶瓷鋪設的路面,尤其是組成這一切的數量極大,所有的東西都具有一種華麗莊嚴的氣勢,顯示出偉大的宮殿的氣派。[180]

與皇宮相連的數量遠不如「想像得多」的侍衛、住滿宮廷的太監、數量龐大的宮女也在李明的視野之內。不過,李明根據自己的觀察,對中國建築藝術及其風格不無微詞。「套房之間缺乏渾然一體的聯繫,互相沒有呼應,裝飾也無規律可循,沒有我們宮殿那種既華麗又舒適的相輔相成的美感。再有,隨處可見一些無以名狀的玩意,恕我冒昧地說,那是一些歐洲人不喜歡的、會使對真正建築術稍有品位的人反感的東西。」李明對某些傳教士(極有可能是指安文思)渲染北京建築的言論表示不滿,以為「他們大約在歐洲沒見過更美好的建築,或者是由於長期客居中國,已是習以為常了」。[181] 在另一處,李明甚至表現出對一般中國建築不屑一顧的態度:「大概因為整個北京除皇宮以外,再也找不著其他建築物值得一提了。所以,我敢大言不慚地說,如果稱那些大人物的房子是宮殿的話,那簡直就是我們詞彙的墮落、降級。這不過是些很一般的房子,一些平房。的確,用作官員住所的房子數量之多,在一定程度上彌補了在豪華宏偉方面的不足。並非中國人不喜歡鋪張講排場,不會大手大腳,而是國家習俗所限,與眾不同是危險的。」[182] 這些批評明顯帶有他的西式審美成見。

---

180 李明著,郭強、龍雲、李偉譯:《中國近事報道(1687-1692)》,第 67-68 頁。

181 同上,第 68 頁。

182 同上,第 70 頁。

北京的城門和城牆也許是李明最欣賞的建築，也是他認為「最迷人的地方」。「城門和城牆均極宏偉，與皇城匹配得當。城門並不像中國其他公共建築的門那樣裝飾有圖像或浮雕。所有的美都在一個『高』字中，它們出奇地高，高形成了世界上無可比擬的美的效果。」他對巴黎與北京的城門做了比較：「如果只考慮建築物之精巧和建築術的美妙之處，那麼，巴黎的城門無疑是更美的。但是，當人們一旦接觸了北京，就不得不承認這些大建築物，如果我能這樣說，這些富麗堂皇的建築，儘管有些不像樣子，卻具有我們所有的裝飾所不能與之相匹敵的威嚴氣勢。另外，城門的穹頂是大理石的，其他部分則是用很厚實併砌得很好的磚建成。」「城牆和高大的門洞匹配。高牆擋住投向所有建築物的視線，寬牆可供在上面騎馬巡邏。每隔一段距離，大約一箭之遙，就有一些方楞樓作為護城。護城河是乾的，但寬且深。一切都顯得很規整，維修得相當好，像是隨時隨地都可應付一場圍城戰似的。」[183] 這裡李明對北京城牆「高大」的描述和欣賞頗為符合西方人的審美取向。

對北京觀象台的報道是第三封信的一大亮點。自從利瑪竇在京傳輸歐洲的天文儀器和西方的天文學以來，明、清兩朝對西方的天文學日益重視，湯若望、南懷仁先後執掌欽天監，觀象台儀器的歐化進程加速，觀象台成為京師中西文化交流具有歷史意義的一個象徵。[184] 李明實地考察了觀象台，他描寫了自己所見的觀象台存放的新、老儀器：

就是在這個塔樓的平台上，中國的天文學家擺上了他們的儀器。儘管儀器數量不多，卻佔滿了平台的整個空間。但是，欽天監監正南懷

---

183 李明著，郭強、龍雲、李偉譯：《中國近事報道（1687-1692）》，第 83-84 頁。

184 有關這方面的論述，參見張柏春：《明清測天儀器之歐化》，瀋陽：遼寧教育出版社 2000 年版，第 94-350 頁。

仁神父認為這些儀器對於天象觀測毫無用處，說服皇帝撤除它們以便為他的儀器騰出位置。這些儀器現仍存放在與院子相連的一個大廳裡，佈滿灰塵，被人遺忘。……

這座觀象台是老儀器，所以它不顯得那麼重要，加之它所處的地理位置，外表以及建築，就更不值得一提了。現在，南懷仁神父新安裝的青銅儀器使它得以充實。新儀器又大，鑄造又好，上面到處有龍紋裝飾，佈置得很方便實用。刻度的精確與機器的其他部分相適應。國家皇家科學院的新方法，在覘板處設置瞄準用的鏡片。在這方面，國內可能尚無可與之相比的儀器。但是，無論神父怎樣細心教他們準確地劃分度盤，中國工人，或是太粗心，或是沒能忠實依照已經作上的記號，這樣，我使用巴黎優秀工人的方法在輻線可能是 1.5 法尺的 1/4 圓周上計算，結果比塔樓上的輻線 6 法尺的還多。[185]

李明將 6 台新制的儀器分別畫出來，並對它們的大小尺寸和形製作了描繪。這 6 台儀器是黃道渾儀、二分儀、地平經度儀、大象限儀、六分儀、天體儀。[186] 李明承認「這是我所描述的儀器中最美、製作最優良的機器」。[187] 這可能是最早比較系統地向西方宣傳北京觀象台及其使用儀器的材料了。對於中國在天文學方面的成就，李明似有相當的了解和比較內行的評論，他在第八封信中評論道：「至於天文學，我們不得不承認世上從來沒有哪個民族像它那樣長期致力於天文學的研究。這門科學得益於他們無數的觀測成果，但是，這些觀測記載並未注意細節的敘述。」他注意到自 17 世紀初以來西方傳教士在天文學方面為中國做

---

185 李明著，郭強、龍雲、李偉譯：《中國近事報道（1687-1692）》，第 72-73 頁。

186 同上，第 73-81 頁。

187 同上，第 80 頁。

出的突出貢獻。[188]

李明看到了歐洲人夢寐以求的萬里長城。他在介紹建築物時特別提到了長城，稱之為「大城牆」。「萬里長城，它從東海一直伸展到陝西省。這實際並非它真有這麼長，但是，肯定地說，如果它的蜿蜒曲折都計算在內，它決不少於五百古法里。再者，這並非一堵平常的牆；牆上到處還有箭樓，這使之更為堅固，幾乎相當於軍事堡壘的城牆。」「長城蜿蜒著，沿著最高的丘陵地伸展，隨著地方的佈局和地勢的不平，忽而高些，忽而低些，不應該想像，像有些人以為的那樣，長城到處都在一個水平線上。」「整個建築幾乎都是用磚砌成，牆體建得很牢固，所以幾世紀以來，它不僅延續下來，而且至今還幾乎完好無缺。」[189] 他以為長城是一項前所未有的、最偉大的、同時也是最荒誕的工程。他不認為這座城牆能達到抵禦韃靼人的進攻目的，但他讚賞工人的靈巧及工程的難度。[190]

北京給李明留下了深刻而難忘的印象。「因它廣闊的面積、城門的高大、城牆的瑰麗、宮殿的宏偉、16 萬多駐軍的要塞和眾多的居民而成為值得稱道的首都。」[191] 儘管此前已有法國人來過北京，但沒有一人像李明這樣對北京作出如此真實而富有見地的評述。

再次，李明對中國政治的觀察和評論，借助了他的「北京經驗」。

在第六封信〈致德布永公爵夫人 —— 有關中國人生活的清潔衛生和雅致奢華〉中，李明對中國官員講究排場和皇帝出巡的浩大場面給予了描述。「在北京，親王出行是由他的四名官員開路，自己則夾在雜亂

---

188 李明著，郭強、龍雲、李偉譯：《中國近事報道（1687-1692）》，第 194 頁。
189 同上，第 85-86 頁。
190 同上。
191 同上，第 84 頁。

走著的隨從當中。」「不僅王公貴族和上流社會人士在公共場合前呼後擁地帶著隨從，就是一般人家上街，也總是以馬代步或乘坐遮得嚴嚴實實的轎子，後面跟著僕人或保鏢。韃靼女人有時也乘坐兩輪輕馬車，但幾乎不使用四輪華麗馬車。」[192] 在這封信中，李明引用安文思的描述對皇帝出巡、狩獵和豪華的公共盛典的場面作了較大篇幅的介紹。[193]

在第九封信〈致紅衣主教德斯泰大人 —— 論中國政治及政府〉，李明談到「中國政治及政府」這一敏感的話題，與一般歐洲人對中國的偏見不同，他以為：「在古代形成的各種政府思想中，可能沒有比中國的君主制更完美無瑕的了。這個強大帝國的創立者當初倡導的君主制跟今天幾乎一模一樣。」[194] 雖然荷蘭通過尼德蘭資產階級革命，已創建了共和國，但李明認為中國沒有採取共和制，卻「更反對暴政，說暴政的根源在於君主犯下的天理王法所不允許的出規〔軌〕逾矩行為，而不在於絕對權力本身」。他沒有像安文思那樣對中國政府機構做大量的介紹，而是著力於對中國政治機制的論述。李明認識到中國君主制長久存在的合理性：「法律既賦予了皇帝至高無上的權力，也要求在他行使權力過程中要溫和適度，這是長此以來支撐中國君主制廣廈的兩大支柱。」李明在介紹中國皇帝具有至高無上的權力時，借助了他的「北京經驗」。皇權表現為：一、「他掌握著舉國官員的升遷任免，可以自己做主給寵幸者封官授爵，因為他根本不會去兜售官職」。李明舉例說明：「我在北京親眼目睹過行使這種泱泱皇權的實例，奇怪的是並沒有什麼轟動。三位閣老（即三位位極人臣的顯貴，相當於國家部長）在任上中飽私囊，最後事情敗露，皇上知道後立即查抄了他們的財產，並迫

---

192 李明著，郭強、龍雲、李偉譯：《中國近事報道（1687-1692）》，第 153-154 頁。

193 同上，第 161-163 頁。

194 同上，第 217 頁。

令其辭職。前兩位是怎樣處理的我不知其詳，第三位是朝中元老，德高望重，也被判加入普通御林軍行列，把守宮掖大門。一天，我看見備受屈辱的他跟普通門衛一樣在值崗。路過的時候，我也像別人那樣給他屈膝下脆，大家對這位不久前還身居高位的人依然保持着崇敬之情。」[195] 二、「儘管每個人掌握著一定財物，可以安享自己的土地，但如果皇帝覺得國家急需，便可以增派貢賦」。在此，李明比較了當時中、法兩國的國家收入：「我仔細分析過人們的傳言和書本的記述，卻不相信國庫每年進賬二千二百萬兩白銀（葡萄牙人稱為 taëls）一說，一兩白銀差不多相當於我們的 4 法郎。但是，每年在全國徵收的稻穀、小麥、食鹽、絲綢、布匹、清漆和其他形形色色的物品也價值五千萬兩白銀之巨，也就是說將全部收入折合成白銀作出最精確的估算，皇帝的正常年收入達到二千八百萬法國斤銀。」李明在此語後特加注「1683 年，法國的國家收入增加到 116.00 萬斤銀兩」。[196] 三、「皇帝可以自由宣戰，停戰，或在保持帝國尊榮的前提下按自己屬意的條件締約」。四、「皇帝有從皇室成員或臣民中選擇繼位人的權力」。五、「歷代皇帝的絕對權力並不僅僅限於現世，他可以像對待生者一樣給死者以追封和貶謫，從而褒揚或懲治他們的後人或家庭，可以給死者追加伯爵、侯爵或其他類似的封號」。六、「他可以廢除舊文字，創立新文字；可以變更行省、府道和家族的稱謂，可以下令在談話、作文、著書時避哪些諱，用什麼詞」。[197] 其中所提供的當時中、法國家收入數據尤為珍貴。從他的評述中，可以看出他對中國的君主制並不反感，他是抱著理解的態度來解釋中國政治制度的合理性。他對中國政治的介紹，對法國 18 世紀所出現

---

[195] 李明著，郭強、龍雲、李偉譯：《中國近事報道（1687-1692）》，第 219 頁。

[196] 同上，第 221 頁。

[197] 同上，第 221-223 頁。

的加強王權的趨勢和法國啟蒙運動思想家們有關中國專制制度的論述有一定影響，魁奈的《中華帝國的專制制度》一書即或明或暗地引述了李明的著述。[198]

最後，李明介紹了北京基督教的發展情形和同行的耶穌會士張誠的工作成就。第 11 封信〈致國務參事德胡耶先生 —— 論基督教在中國的扎根和發展〉敘述了基督教在中國的傳教歷史，特別提到 1665 年教案發生時湯若望、南懷仁諸人在北京的遇難故事。[199]

第 12 封信〈致國王的懺悔神父、尊敬的拉雪茲神父 —— 傳教士在中國宣講耶穌教義的方式和新基督徒們的虔誠〉，提到了張誠在北京受到康熙寵信的緣由是他在中俄尼布楚談判中的卓越表現：

根據最初制定的計劃，我們所有人都應當留在北京的皇宮裡為皇帝效勞；但天意卻另有安排，人們最終還是依從了我們的意願，讓我們為了宗教的利益分散到各個省去。人們只是把張誠神父和白晉神父留在朝廷中，兩個人首先專心於學習語言，並取得了非常大的成功，所以他們不久之後就可以幫助基督徒了，甚至能夠在幾次重大事務中為皇帝效力。這段時間最引人注目的是人們在距離北京 300 古里的地方討論的莫斯科人同中國人之間的和平問題，張誠神父受派跟隨被任命為帝國全權代表的索額圖親王一同前去。……

---

198 參見弗朗斯瓦・魁奈（François Quesnay）著、談敏譯：《中華帝國的專制制度》，北京：商務印書館 1992 年版，第 24、40、73-77 頁。如魁奈宣稱：「我從有關中國的報告中得出結論，中國的制度是建立於明智和確定不移的法律之上，皇帝執行這些法律，而他自己也審慎地遵守這些法律。」（第 24 頁）「對於中國城市的數目之眾多與規模之宏偉，只需引用勒孔特（即李明 —— 引者按）神父的敘述，即可獲得一個大體印象。」（第 40 頁）此外，第三章〈實在法〉第二節〈皇帝的絕對權力受到制約〉、第三節〈帝國朝廷的機構〉（第 73-77 頁）都可看出魁奈對中國政治的了解。

199 李明著，郭強、龍雲、李偉譯：《中國近事報道（1687-1692）》，第 289-290 頁。

他常常穿梭於兩個營地之間傳話，出謀劃策，緩和他們的脾氣和隱瞞那些必然會激怒他們的話語。最終他巧妙地照顧了雙方的利益，使中國人和莫斯科人皆大歡喜地締結了和平協議。

索額圖親王對神父表現出的滿懷熱情和聰明才智感到非常高興，所以公開聲稱沒有他一切都將是毫無希望的。親王用同樣的話語與皇帝談論他；因此皇帝十分好奇地想見一見他。他發現神父能幹、真誠、熱心地執行，甚至是揣摸他的旨意；他喜歡這種性格。他讓神父在他身邊，在宮殿中、在郊外和鞍韉之行中陪同他。[200]

談及當時的傳教方式時，李明提到了當時耶穌會士傳教工作重點的轉移，「自從對湯若望神父的最近一次迫害以來，在目前的中國的基督徒中，我們不再考慮王公貴冑和大臣，但我們每年並未停止為官員、大學士和其他要人行洗禮。但的確老百姓佔了絕大多數 …… 我們並非今天才認識到窮人總是教堂裡優秀的一部分和耶穌基督的寶貴遺產」。李明估算了當時中國基督教徒的人數，並報道了當時北京教堂的情形，他坦白地說：「我幾乎跑遍了整個中國，甚至致力於統計信徒數量，但我從未能了解到確切的數字。然而我相信那些認為有 30 萬基督徒的人並非遠離實際在胡說八道。」具體談到北京的情形，「北京的教堂修建得非常好，主立面的石頭由傳教士親自奠基，非常精緻，有相當高的品位」。[201] 經過一個世紀的發展，與利瑪竇時代相比，基督教顯然有了較大的進步。

第 14 封信〈致比尼翁院長大人 —— 我們在印度和中國所做觀察的概述〉中，李明提到他們所做的一些天文觀察和地圖測繪工作也與北

---

200 李明著，郭強、龍雲、李偉譯：《中國近事報道（1687-1692）》，第 302-303 頁。

201 同上，第 334-335 頁。

京有關。「第一次是發生於 1688 年 4 月底的日食，儘管以前我們在北京時日食並不十分大，但我們知道在中國的某個地方應該是日全食。」「我們迅速從北京動身去山西省的重要城市絳州，根據我們的計算，在那裡太陽將會是全食；然而事實並不是那樣，我們弄錯了，因為我們尚未精確地了解中國的經度。」[202] 李明還提及他們有機會觀察到了兩顆彗星，其中「第二顆彗星於 1689 年 9 月在本地治里、馬六甲和北京出現。它的運動與第一顆相反，它遠離太陽，向南極前進，穿過天狼星座和半人馬星座，於第二年 1 月初消失在南極」。[203] 張誠參加中俄勘界工作是法國耶穌會士中一件引人注目的事件，李明興奮地報告了張誠的測繪製圖工作所取得的重大收穫，並對張誠的測繪製圖工作對歐洲漢學的貢獻和價值給予高度評價：

　　另一張更加令人感到新奇，甚至它在種類上也是獨一無二的。因為歐洲人至今極少獲得在大韃靼旅行的機會，迫使地理學家只能利用人所做的一些與事實不符的某些回憶錄描述，似乎故意要剝奪我們對此的了解。幾年前在中國皇帝和莫斯科公爵之間激烈的戰爭，使我們得以在各個方向上仔細勘察了王國的邊界，各省份的面積、土質、河流、高山、沙漠和所有可能引起君主們興趣，以及今後可能用於在他們之間締結和平盟約的事物。

　　除了這些張誠神父手中的回憶錄之外，這位神父還在國家的中心區域進行了多次二三百古里的遠足：有時向西，有時向北，盡可能多地觀察主要地域的緯度和經度。因此他所描繪的地圖給我們了解這個廣闊

---

202 李明著，郭強、龍雲、李偉譯：《中國近事報道（1687-1692）》，第 369 頁。
203 同上，第 376 頁。

國家的真正佈局以一個相當正確的概念。[204]

　　相對於《利瑪竇札記》和安文思的《中國新史》，李明《中國近事報道》「北京經驗」的成分要少得多，這與李明在北京的時間相對較短有關。但如放大到「中國經驗」，李明的《中國近事報道》則毫不遜色。三本書的共同之處是個人遊歷與學術研究兼備，在學術研究方面，李明一書所佔的份量似更重。李明對中國政治、宗教、藝術方面的介紹充滿了褒揚之詞，但他在比較中西之間科技時卻對西方科技有相當程度的自信。他以為中國人「在科學方面表現平平」，並從西方擅長的數學、天文學、航海術這幾大領域對中西差距做了比較；他承認中國「歷來就有火藥、印刷術，並使用指南針，這些在歐洲是新技術，而且是我們應該感激他們的發明」。[205] 他對中醫做了富有價值的評論，認為「作為醫學基礎的人體學和解剖學一直是他們的缺項，他們在醫學上從未取得過巨大的進展。然而，必須承認他們獲得了對脈搏的獨特的認識，這使他們在世界上享有盛名」。[206] 他的這些評論顯示了他具有相當高的學養。李明的《中國近事報道》儘管在 1700 年被巴黎索爾邦神學院禁止，但對法國啟蒙運動的思想家們（特別是重農學派）產生了重要影響。[207] 在法國五位「國王的數學家」中，最有資格談論其「北京經驗」的應推白晉、張誠兩人。他倆不僅有在北京較長的生活經歷，且有在皇帝身邊擔任翻譯和教職的經驗，這是耶穌會士前所未有的一種體驗。白晉撰寫的《康熙皇帝》和留下的書信、日記，張誠留下的日記見證了他們這一新奇的

---

204 李明著，郭強、龍雲、李偉譯：《中國近事報道（1687-1692）》，第 382 頁。

205 同上，第 204 頁。

206 同上，第 195 頁。原譯人體學作「物理學」，現改。

207 參見艾田蒲著，許鈞、錢林森譯：《中國之歐洲》下卷，第 240-249 頁。許明龍：《歐洲 18 世紀中國熱》，北京：外語教學與研究出版社 2007 年版，第 169-172 頁。

經驗。經過一個多世紀的持續努力，從利瑪竇艱難地走進北京，學會與朝廷官員交誼；到湯若望、南懷仁等憑其擁有的技藝在欽天監這樣一些科技部門謀得一官半職，再到張誠、白晉在皇帝身邊貼身服侍，耶穌會士終於進入了北京社會的核心，難得地成為融入北京的一分子。

結　語

《利瑪竇中國札記》及其書簡是 17 世紀初期（1598-1610）耶穌會士「北京經驗」的歷史記錄，安文思的《中國新史》展示了 17 世紀中期（1648-1677）耶穌會士眼中的北京，李明的《中國近事報道》展現的是 17 世紀後期（1688-1692）耶穌會士視野中的北京形象，這三部著作組合在一起，構建了一幅較為完整的 17 世紀西方耶穌會士的北京畫像，奠定了西方北京知識譜系的重要基礎。從文獻意義上說，《利瑪竇中國札記》及其書簡是以意大利文撰寫，《中國新史》是以葡萄牙文撰寫，《中國近事報道》是以法文撰寫，這三位作者對各自國家及其所屬民族乃至整個歐洲的「中國觀」（特別是「北京經驗」）的建構具有開拓性的作用，是為 17 世紀歐洲傳教士漢學的經典之作，其著作內容和著述體裁對後來都有很大的影響。

須加指出的是，上述著作帶有歐洲人那種異樣的眼光，對中國的觀察亦充滿了好奇和獵奇；他們對北京乃至整個中國的描述雖然不無比較、批評，但基本上是從羨慕、仰視的角度來介紹；他們對北京的描述，往往以此前的《馬可波羅行紀》對元大都「汗八里城」的描寫為參照，說明此前歐洲人有關北京知識的來源主要是以《馬可波羅行紀》為底本；這些著作手稿出版快，初版後在歐洲迅速出現各種語言的譯本，這一情形反映了當時歐洲對中國知識的渴求，它對推動西方向遠東的殖民拓展自然會起到重要作用。

與 16 世紀西方作者撰寫、出版的有關中國的遊記相比，如西班牙人門多薩 1585 年在羅馬出版的《中華大帝國史》中、葡萄牙人費爾南·門德斯·平托 1580 年完稿的《遠遊記》（1614 年出版），利瑪竇、安文思、李明這三部作品在敘述知識的精確度和可信度，在對包括北京在內的廣大中國的知識拓展上，都有了很大的進步。門多薩的《中華大帝國史》可謂 16 世紀西方漢學的一部巨著，係根據三位赴華傳教士的遊記和環球遊記的材料所寫，由於這三位傳教士沒到過北京，他們的遊記沒有提供任何「北京經驗」的材料，所以我們在這部大部頭的《中華大帝國史》只能看到有關北京一些零碎、帶有傳說性的描述。[208] 費爾南·門德斯·平托的《遠遊記》在該書第 105 節〈中國國王的居住地北京城的一鱗半爪〉至第 107 節〈北京城裡的若干軼事〉述及到北京，但作者是以罪犯身份押解到北京，其行動受到限制，雖有見聞，畢竟非常局限，如作者提到「北京城地處北緯四十五度」，[209] 與實際緯度相差甚大。作者在書中數處引用了他所獲得的一本「介紹北京宏偉規模的小冊子」——《亞洲聖都》，這大概是當時一本相當於《北京指南》一類的小冊子，他對北京的介紹材料不乏取自該書者。

從遣使方面言，16 世紀西方使節進入北京的記錄僅有一次，即 1521 年葡萄牙國王馬紐埃爾（Don Manuel）所派的第一個葡萄牙使節皮雷斯，從廣州經陸路到達北京。[210] 1562 年新任葡萄牙國王駐印度全權

---

208 該書僅在第 1 部《中華大帝國史》的若干處，如第 1 卷第 7 章〈這個帝國的十五省〉、第 3 卷第 2 章〈國王的宮廷、他駐蹕的城市，及全國沒有一人擁有財物的事〉等章節提到過北京、順天府、直隸省等處，但作者顯然都是據第二手材料所寫，且描述十分簡略，反映了當時歐洲人對北京所知甚少。

209 費爾南·門德斯·平托著、王鎖英譯：《葡萄牙人在華見聞錄》，第 199 頁。

210 有關「葡萄牙初次遣使明廷」的情形，詳見黃慶華：《中葡關係史》上冊，合肥：黃山書社 2006 年版，第 86-115 頁。

代表 F·庫蒂尼奧（D. Francisco Coutinho）第二次派遣迪奧戈·佩雷拉（Diogo Pereira）出使中國，該使節抵達澳門後，未獲廣東地方政府的同意。後只得改派迪奧戈·佩雷拉的妹夫戈易斯（Gil de Góis）以國王特使的身份出使中國，「但是，戈易斯特使的廣州之行，卻對恢復中葡關係和派遣耶穌會士入華傳教等事，毫無建樹」。[211] 從傳教方面看，遲到1598 年利瑪竇才首次以合法身份獲得允准進入北京。可以想像，16 世紀西方人實際的「北京經驗」確是極為貧乏，這種情形與當時比較隔膜的中西關係和疏遠的中西文化交流狀況基本一致。由此可見，耶穌會士在 17 世紀居留北京所獲得的「北京經驗」，對西方世界來說的確是一個重要的跨越，他們為西方傳教士漢學奠定了新的堅實基礎。

與中國在同一時期對歐洲的記載相比，耶穌會士的這三部作品也表現了相當的超前性。清朝前期修《明史》，內中涉及歐洲者，有〈佛郎機傳〉、〈呂宋傳〉、〈和蘭傳〉、〈意大里亞傳〉四傳，張維華先生曾從「溯源」、「輯補」和「比證」三方面對之加以評論。[212] 這四傳所據材料大都既非實證所得，亦非親歷所獲，固存諸多舛誤。這與上述耶穌會士所撰著述無論在篇幅上，還是在可信度上，其差距均不可以道里計。直到清初，中國人對歐洲的認識，尚只是停留在葡萄牙、荷蘭、意大利、西班牙這四個有過接觸的國家上，對其他國家鮮有了解，故《明史》只給這四國立傳。即使如此，對這四國的了解也摻雜諸多錯誤，對17 世紀歐洲都市（如巴黎、倫敦、羅馬等）幾無了解。[213] 這說明在 17

---

211 有關「葡萄牙二次遣使與協援平息兵變」的情形，詳見黃慶華：《中葡關係史》上冊，第 198-211 頁。

212 張維華：《明史歐洲四國傳註釋》原序，上海古籍出版社 1982 年版，第 2-3 頁。

213 參見龐乃明：《明代中國人的歐洲觀》，天津人民出版社 2006 年版。由此書可見，明代中國人對歐洲地理的了解很大程度上得自於來華傳教士的傳輸，中國人沒有留下自己赴歐洲城市遊歷的記錄，清初的情形幾無改變。

世紀，中西之間的互相認識已開始明顯朝著有利於西方的方向傾斜，歐洲在與中國的交往中，不僅掌握了主動權，而且在知識領域也開始佔據領先地位，西方有關中國的知識正在迅速地增長，而在對「北京經驗」的聚積上正在取得新的驚人突破，這與中國對歐洲都市的茫然無知恰好形成鮮明的對比。

作為「傳教士漢學」的代表性作品，利瑪竇、安文思、李明的著述明顯帶有服務於傳教的色彩，他們作品的內容包含有相當份量的宗教內容（利瑪竇、李明的著作尤其如此），且對其在北京傳教活動及其成就，時常不免有誇大之嫌。他們對於北京的考察，基本上停留在對皇宮、街區面貌描述的層次，對中國皇權和政治機制的評估常常是羨慕而不像後來的啟蒙思想家們那樣抱持批評的態度。他們在北京對中國科技狀況的觀察和交流，對增進中西文化交流確有一定的貢獻，這一反哺為主的成果雖非他們的初衷，不失為 17 世紀中西相遇和接觸一個有益的收穫。

十七世紀作為中西文化交流一個嶄新的起點，從利瑪竇到湯若望、安文思、南懷仁，再到法國五位「國王的數學家」，傳教的接力棒從意大利，傳到葡萄牙，再傳到法國，這是一個重要的歷史過渡。它表明，意大利、葡萄牙在早期的傳教地位逐漸由法國傳教士所取代，十八世紀是法國人主導歐洲與中國關係的世紀，在傳教、漢學這些領域尤其如此。隨著 1688 年法國五位「國王的數學家」耶穌會士的來京，一個屬於法國耶穌會士的時代悄然而至。

第三章

來自北極熊的窺探

——17世紀俄羅斯遣使的「北京經驗」

17世紀俄羅斯人越過烏拉爾山向東擴張，侵吞包括西伯利亞在內的大片土地，建立起一個橫跨歐亞大陸的帝國。從這時起，中國北部邊境出現一個新興的強悍異族，它逐漸取代了蒙古，成為中國北疆新的邊患。俄國人在向東方進行殖民擴張的同時，又向北京派出了一批又一批使團，努力探尋與明、清兩朝建立外交、商貿關係。

北京是17世紀俄羅斯與中國接觸的關鍵地點。她不僅是俄羅斯使團出使的目的地，而且是他們地理探索的主要考察對象。俄羅斯使團回國後留下的報告、日誌和回憶錄等文獻材料對其履行外交使命、與華商貿往來、考察地理環境等方面的情形作了詳細報道，為我們了解俄羅斯使團的來京過程提供了較為完整的歷史材料。本章即以這些材料為基礎，輔之以中國方面整理的《清代中俄關係檔案史料選編》[1]等中方相關材料，探討17世紀俄羅斯使團在京活動及使團成員對北京的觀察記錄，以展現俄羅斯使團的「北京經驗」。

一、17世紀俄羅斯赴京使節及其相關文獻概述

13世紀，成吉思汗及其後裔建立了橫跨歐亞空前的大帝國，俄羅斯人淪入蒙古人統治之下。這時中國史籍中開始出現「斡羅思」的記載，[2]

---

1 中國第一歷史檔案館編：《清代中俄關係檔案史料選編》第一冊（上、下冊），北京：中華書局1981年版。此冊提供了清朝順治至雍正年間的中方檔案文獻。

2 據張星烺考證，「俄羅斯之名，公元1223年即元太祖即位之第十八年，速不台侵俄羅斯南部時始見之，其名作斡羅斯部，又作阿羅斯，又作兀魯思，又作烏魯斯。《元朝秘史》作斡魯思，蓋皆蒙語Oros者也」。參見張星烺編注：《中西交通史料匯編》第一冊，第262頁。

15世紀俄羅斯文獻出現對中國的記載。[3]中、俄開始各自進入對方的視野。中、俄兩國的真正相遇是在17世紀。「在整個十七世紀，俄國穿越西伯利亞，一直推進到黑龍江流域。在十七世紀中葉，它似乎已經在外貝加爾區建立了固定的居留地，即市鎮或修道院，這樣，它就與截然不同於西伯利亞西部和中部遊牧民族的鄰邦中國，面對面地相遇了。它馬上就同它的鄰邦進行外交的和武力的接觸。」[4]17世紀是俄羅斯向東方擴張的第一個百年，也是中、俄碰撞的初始。

俄羅斯學者常常將俄國向東方探險和擴張的原因，上溯到16世紀英國或歐洲其他國家對俄羅斯提出過境到中國去的要求，他們指稱，「從16世紀下半葉起，莫斯科開始從外國資料獲取有關中國的信息。這是由於商人，最初是不列顛商人，然後是歐洲其他國家的商人都在努力尋找一條通往東方富裕國家的道路。俄國統治者認真關注中國始於英國人的描述，他們從16世紀後半葉起，積極尋找從東北方向（經過北方的海洋或從陸路經過俄羅斯和中亞）通往富足的東方，特別是通往中國的道路，以辟開東南方向的道路。」[5]《十七世紀俄中關係》第一卷的《第2、3、4號文件》即是輯錄17世紀初英國使臣向俄羅斯外務衙門提出讓英國商人過境前往中國、印度的相關文件。[6]這種說法是否能夠成立，值得進一步考證和推敲。的確，從16世紀起，西歐各國的商人、傳教

---

3 參見〔俄〕亞·弗·盧金（Alexander Lukin）著，劉卓星、趙永穆、孫凌齊、劉燕明譯：《俄國熊看中國龍 —— 17-20世紀中國在俄羅斯的形象》，重慶出版社2007年版，第4頁。

4 〔法〕加斯東·加恩著，江載華、鄭永泰譯：《彼得大帝時期的俄中關係史（1689-1730年）》，北京：商務印書館1980年版，第1頁。

5 亞·弗·盧金著，劉卓星、趙永穆、孫凌齊、劉燕明譯：《俄國熊看中國龍 —— 17-20世紀中國在俄羅斯的形象》，第5頁。

6 參見蘇聯科學院遠東研究所等編、黑龍江大學俄語系翻譯組譯：《十七世紀俄中關係》，第一卷第一冊，北京：商務印書館1975年版，第49-53頁。

士都有探尋從陸路通往中國的打算，但這一企圖自始即遇到了俄羅斯人的警覺和抗拒。[7] 西方學者認為：「是俄羅斯國家、商人和海盜的政治、商業和冒險的野心，才使如此值得注意的廣闊地區及時地歸屬於俄國名下。」[8] 事實上不管是英國商人也好，還是歐洲其他國家的傳教士也罷，他們尋求通過境俄羅斯前往中國的計劃都沒有成功，俄羅斯幾成為西歐通往中國不可逾越的一道屏障。

　　有關 17 世紀俄羅斯派遣使節來華次數，費賴之提到俄羅斯遣使四次（1656、1676、1689、1693 年）。[9] 加斯當‧加恩以為：「從十六世紀末葉到十七世紀末葉，俄國派往中國的僅有兩位使臣和兩次官方使團」；「一次是巴伊闊夫，他於 1656 年 3 月 3/13 日到達北京，同年 9 月 4/14 日才離開；另一次是摩爾達維亞人尼果賴，於 1676 年 5 月 15/25 日到達中國首都，並停留到 1676 年 9 月 1/11 日。介於巴伊闊夫使團和尼果賴使團之間的二十年間，俄國可能曾兩度派遣官方使節前往中國：一次是由塔拉的『貴族之子』伯夫列夫和不花剌人阿勃齡攜帶一封致中國皇帝的信離開莫斯科，信件的日期是 1658 年 3 月 10/20 日，於 1662 年

7　參見蘇聯科學院遠東研究所等編、黑龍江大學俄語系翻譯組譯：《十七世紀俄中關係》，第一卷第一冊，第 85-86 頁。「第 18 號文件 1617 年 6 月 28 日。—— 商人伊‧阿‧尤金等人就是否讓英國商人尋找前往印度和中國的道路一事在貴族杜馬的答問詞摘要」提到：「他們聽說，英國人老早就在尋找通往中國的道路，但不會找到，今後他們如再找不到，過一陣子就一定會放棄。大貴族們議決：對英國使臣仍按君主先前的諭示，並按貴族決議加以勸阻。」直到 19 世紀末，英國人才實現這一蓄謀已久的計劃，1890-1891 年英國人 Julius Mendes Price 穿過北冰洋、西伯利亞、蒙古、戈壁和中國北部，直達黃海海邊，完成了歷史性的破冰之旅。參見 Julius Mendes Price, *From the Arctic Ocean to the Yellow Sea: the Narrative of a Journey, in 1890 and 1891, across Siberia, Mongolia, the Gobi Desert, and North China* (London: S. Low, Marston & Co., 1892).

8　〔美〕喬治‧亞歷山大‧倫森編、楊詩浩譯：《俄國向東方的擴張》，北京：商務印書館1978 年版，第 13 頁。

9　費賴之著、馮承鈞譯：《在華耶穌會士列傳及書目》上冊，第 512 頁。

11 月 1/11 日回到莫斯科；第二次只由阿勃齡一人單獨回到中國，這是 1668 年至 1672 年間的事。這些俄國早期的外交使節，負責去同中國建立和平的商務關係，結果都失敗了。這是由於中國人不歡迎這兩位使節本人，而且也因為對於中俄兩國在黑龍江流域的持續鬥爭和流血衝突感到煩惱」。[10] 從這兩位法國學者的論述可見，直到 20 世紀前二、三十年俄羅斯以外的其他西方國家學者對俄羅斯遣使的真實情況仍可能缺乏全面的了解。

17 世紀俄羅斯遣使來京至少有七次：

第一次，伊萬・佩特林使團首次出使北京（1618 年 9 月 1 日至 9 月 4 日在京）。

第二次，費・伊・巴伊科夫使團出使北京（1656 年 3 月 3 日至 9 月 4 日在京）。

第三次，佩菲利耶夫出使北京（1660 年）。[11]

第四次，阿勃林使團出使北京（1670 年 6 月在京）。

第五次，米洛瓦諾夫使團出使北京（1670 年 7 月至 8 月在京）。

第六次，尼・加・斯帕法里出使北京（1676 年 5 月 15 日至 9 月 1 日在京）。[12]

---

10 加斯東・加恩著，江載華、鄭永泰譯：《彼得大帝時期的俄中關係史（1689-1730 年）》，第 1-2 頁。引文中的巴伊闊夫即巴伊科夫，又有貝科夫、拜科夫等譯。

11 這裡 1658-1662 年係指使團出使中國的起始和結束時間，而非在京時間，在京具體時間尚不詳。有關佩菲利耶夫使團的原始文獻材料早已佚失，參見 John F. Baddeley, *Russia, Mongolia, China*, Vol. II (London: Macmillan, 1919), pp.167-168. 中譯文參見〔英〕約・弗・巴德利著，吳持哲、吳有剛譯：《俄國・蒙古・中國》下卷第一冊，北京：商務印書館 1981 年版，第 1196-1198 頁。該著係引班蒂什－卡緬斯基的記述，提到使團僅有「兩名急使」。

12 尼果賴・加甫里洛維奇・斯帕法里，外人一般稱其姓斯帕法里（斯帕法利），中國人習慣稱其名尼果賴（尼古拉）。

第七次，伊台斯使團赴京（1693 年 11 月 2 日至 1694 年 2 月 19 日在京）。[13]

除了上述七次以外，在中俄《尼布楚條約》談判期間，俄國還曾派專使或信使專程前往北京呈遞國書，由於其人數甚少，故未作為使團對待。

來華的俄羅斯使者大致可分為三級：第一級是全權大使，一般由杜馬貴族或內閣大臣擔任，參加 1689 年中俄尼布楚條約談判的俄方代表戈洛文（Feodor Alekseyevich Golovin，一譯戈洛夫金）屬於這一等級。第二級是公使，由內閣大臣或其他官員擔任，斯帕法里屬於這一等級。第三級是急使或信使，一般由俄廷秘書或商人擔任，其任務不過是傳遞兩國君主的信件，在外交場合他們並不能代表俄國君主。[14]17 世紀來華的第一、二、三、四、五、七次使團都屬於這一級別。可見，17 世紀來華俄羅斯使節，其層級相對較低，反映了當時俄羅斯與中國的外交接觸實際仍處在一個較低層面。因此，俄羅斯使團在外交層面以外所做的其他方面工作，如地理考察、商貿往來，亦值得我們關注和研究。

俄國赴華使團的人數每次不等。佩特林使團最少有 4 人。巴伊科夫使團正式成員有 7 人，隨行的軍役人員有 20 人。佩菲利耶夫使團人員不詳。阿勃林使團約有 30 人。米沙瓦諾夫使團 6 人。斯帕法里使團有 20 餘人，另有 40 名哥薩克兵護衛。伊台斯使團成員有 10 餘人，火槍兵、哥薩克兵 90 人。[15]各個使團成員由使節、商人、通譯、醫生、測量人員、畫家、軍役人員等組成。[16]其中還有一些外籍人員充任使節，

---

13 伊茲勃蘭特·伊台斯，一譯為伊茲勃蘭特·義傑斯，中國史籍記作雅布蘭。

14 參見王開璽：《清代外交禮儀的交涉與論爭》，北京：人民出版社 2009 年版，第 100 頁。

15 參見葉柏川：《俄國來華使團研究（1618-1807）》，北京：社會科學文獻出版社 2010 年版，第 13-60 頁。

16 同上，第 106-120 頁。

或參與使團。使團成員的多種成分有助於使團從多方面了解中國的情況，而外籍人員的參與則為使團所獲資料向俄羅斯以外地區的傳播提供了方便。1686 年至 1689 年俄國派遣戈洛文使團與清朝談判，該團規模最大，因未進入北京，故不在本文的考察之列。由於戈洛文使團與簽訂中俄《尼布楚條約》直接相關，在 17 世紀中俄關係中所佔地位也最重要，《十七世紀俄中關係》第二卷收入《費·阿·戈洛文使團出使報告》全文，篇幅遠超過十七世紀歷次俄羅斯使團文獻之和。過去人們對該使團的關注和研究要遠超於其他俄國赴華使團。

俄國使團在京的中介或翻譯主要為在京的耶穌會士充任。在斯帕法里使團、伊台斯使團訪京期間，耶穌會士不僅擔任翻譯，而且還是使團重要消息或情資的主要來源之一。[17]

系統展現俄羅斯赴華使團的俄文文獻材料有：〔俄〕彼得·伊萬諾維奇·戈東諾夫編寫的《關於中國和遙遠的印度的消息》（1669 年編成）、俄國古文獻研究委員會編輯出版的《歷史文獻》（1841-1843 年出版）及《歷史文獻補編》（1846-1875 年出版）、[18]〔俄〕尼古拉·班蒂什—卡緬斯基（N. N. Bantysh-Kamenski）編著的《俄中兩國外交文獻滙編 1619-1792》（1803 年輯成，1882 年出版）、[19] 前蘇聯科學院遠東研究所編輯的《十七世紀俄中關係》（第一、二卷，1969、1972 年出版）[20] 等著，其中《十七世紀俄中關係》在諸著中較為系統，也較為齊全。此外，涉及歷次

---

17 有關康熙年間耶穌會士與中俄交涉的關係研究，參見曹雯：《清朝對外體制研究》，北京：社會科學文獻出版社 2010 年版，第 112-119 頁。

18 該書有中譯本，郝建恆、侯育成、陳本栽譯：《歷史文獻補編 —— 十七世紀中俄關係文件選譯》，北京：商務印書館 1989 年版。

19 該書中譯本參見〔俄〕尼古拉·班蒂什—卡緬斯基編著、中國人民大學俄語教研室譯：《俄中兩國外交文獻滙編 1619-1792》，1982 年版。

20 該書中譯本參見蘇聯科學院遠東研究所等編、黑龍江大學俄語系翻譯組譯：《十七世紀俄中關係》，北京：商務印書館 1975 年版。

使團的原始文獻還有：兩位俄國學者娜·費·傑米多娃、弗·斯·米亞斯尼科夫編著《在華俄國外交使者（1618-1658）》（當中收錄了佩特林和巴伊科夫兩次使團的報告）[21]、〔俄〕尼·加·斯帕法里著《被稱為「亞洲」的天下，包括中國各城市和省份》、〔荷〕伊茲勃蘭特·伊台斯及〔德〕亞當·勃蘭德撰著《俄國使團使華筆記（1692-1695）》[22]等。非俄語的相關文獻則以英國學者約·弗·巴德利編著的《俄國·蒙古·中國》（1919年出版）[23]一書收集材料最為系統。中國最近出版的葉柏川著《俄羅斯使團研究 1618-1807》（社會科學文獻出版社 2010 年版）是中文世界有關這一課題的最新研究成果，其中第九章《俄國來華使團的俄文檔案文獻研究》對相關檔案文獻作了較為系統的綜述，頗具參考價值。[24]

佩特林出使報告「原文最初存於聖彼得堡皇家圖書館。1625 年，珀切斯（S. Purchas）在其《遊記》中首次把該報告譯成英文，題目是：《兩名俄國哥薩克從西伯利亞去中國及其鄰近地區記事》。1628 年，德文和拉丁文的出使報告在法蘭克福出版的《東印度》和《東印度史》兩書中出現。1667 年，約翰·坎切爾在其《三篇旅行記及關於日本國簡介》一書中，發表了瑞典文譯本。彼得·范德爾·奧則於 1707 年在萊登發表了荷蘭文譯本。除這些首刊本外，其後還出版了許多其他文字的版本。出使報告最早的俄文刊印本由斯帕斯基發表在 1818 年的《西伯利亞通報》上，1914 年，弗·伊·彼克羅夫斯基依據莫斯科檔案館

21 中譯本參見〔俄〕娜·費·傑米多娃、弗·斯·米亞斯尼科夫著，黃玫譯：《在華俄國外交使者（1618-1658）》，北京：社會科學文獻出版社 2010 年版。

22 〔荷〕伊茲勃蘭特·伊台斯、〔德〕亞當·勃蘭德著，北京師範學院俄語翻譯組譯：《俄國使團使華筆記（1692-1695）》，北京：商務印書館 1980 年版。

23 John F. Baddeley, *Russia, Mongolia, China.* 該書中譯本參見〔英〕約·弗·巴德利著，吳持哲、吳有剛譯：《俄國·蒙古·中國》。

24 參見葉柏川：《俄國來華使團研究（1618-1807）》，第 407-450 頁。

的原件，把出使報告登於帝俄科學院出版的《通報》上」。[25] 約·弗·巴德利編著的《俄國·蒙古·中國》即依據俄文 1818 年《西伯利亞通報》的文本，參校原件，將這一報告譯成英文收入該書，一般被認為是最好的英譯本。[26]

費·伊·巴伊科夫使團的文獻主要保留在《費·伊·巴伊科夫條陳文本對比》（版本一、二）。[27]《俄中兩國外交文獻滙編 1619-1792》內收《1653 年派赴中國的第一個使團 —— 巴伊科夫使團》、《給巴伊科夫的訓令》、《阿勃林奉派前往北京》三條所載即與此次使團之行有關。[28]《十七世紀俄中關係》第一卷第一、二冊所收第 66-74 號文件與此行有關，[29] 其中第 74 號文件為《費·伊·巴伊科夫使團赴清帝國的出使報告》（第一、二種文本），其內容與上述《費·伊·巴伊科夫條陳文本對比》（版本一、二）基本相同。娜·費·傑米多娃在《1654-1658 年費·伊·巴伊科夫使團出使中國》一文對使團的始末及保存的使團報告兩個文本作了精深研究，[30] 以為「在描述北京城的建築和防禦工事、中國的歷史及民事等各方面，文本二都比文本一詳細得多」。[31] 前蘇聯學者

---

25 參見張維華、孫西著：《清前期中俄關係》，濟南：山東教育出版社 1997 年版，第 13-14 頁。

26 John F. Baddeley, *Russia, Mongolia, China*, pp.73-86. 中譯文參見約·弗·巴德利著，吳持哲、吳有剛譯：《俄國·蒙古·中國》下卷第一冊，第 1045-1065 頁。

27 收入娜·費·傑米多娃、弗·斯·米亞斯尼科夫著，黃玫譯：《在華俄國外交使者（1618-1658）》，第 116-163 頁。

28 尼古拉·班蒂什—卡緬斯基編著、中國人民大學俄語教研室譯：《俄中兩國外交文獻滙編 1619-1792》，第 21-28 頁。

29 收入蘇聯科學院遠東研究所等編、黑龍江大學俄語系翻譯組譯：《十七世紀俄中關係》第一卷第一、二冊，第 203-277 頁。

30 參見娜·費·傑米多娃、弗·斯·米亞斯尼科夫著，黃玫譯：《在華俄國外交使者（1618-1658）》，第 76-115 頁。

31 同上，第 104 頁。

對費‧伊‧巴伊科夫出使報告的文獻價值評價甚低:「貝科夫既不通漢語,也不通蒙古語,又沒有文化。沒有派司書跟隨他,因此後來根據他口述所寫的貝科夫出使報告,其內容只是枯燥地列舉了使節團在前往北京的艱苦途程中所經過的居民點,簡短地記述了城市、地勢以及與中國官吏的會見。」[32] 不過,使團在探索俄國前往中國的路線方面所作的貢獻,得到了俄國學者的認同,並被認為這是使西方對使團報告感興趣的亮點:「拜科夫使團幾乎沒完成俄國政府龐大計劃中的任何一條,貿易活動也屢屢受挫。但拜科夫的這次旅行卻具有極大的學術意義。在他上報給政府的《出使報告》中,記載了在他之前俄國和西方完全不知道的通往中國的道路。很可能,作為俄中貿易中間人的布哈拉人已經廣泛地使用了這些路線。此外,拜科夫還記述了很多俄國人過去對中國人的傳聞。相比佩特林的中國之行,拜科夫的中國之行在西方所引起的興趣更為強烈。1666-1672 年間在巴黎出版的旅行文集中,地理學家德維諾收入了拜科夫的《出使報告》,後來被譯成拉丁語、德語、荷蘭語和法語出版。拜科夫的《出使報告》在俄國也多次出版。」[33] 巴伊科夫使團與佩特林使團一樣,其貢獻主要是在地理發現上,這與歐洲當時大舉走向世界的抉擇有關。

　　有關伊台斯使團 1692-1695 年赴華之行的主要文獻材料為《俄國使團使華筆記(1692-1695)》。據 1967 年出版的俄譯本譯者交待,俄譯本係據伊台斯筆記 1704 年荷蘭文本第一版譯出,勃蘭德的筆記則由 1698 年的德文本第一版譯出。這一著作具有重要的文獻價值:「在伊台斯之

32　〔蘇〕普‧季‧雅科夫列娃(P. T. Ìakovleva)著、貝璋衡譯:《1689 年第一個俄中條約》,北京:商務印書館 1973 年版,第 95 頁。

33　〔俄〕Π. E. 斯卡奇科夫著、B. C. 米亞斯尼科夫編、柳若梅譯:《俄羅斯漢學史》,北京:社會科學文獻出版社 2011 年版,第 15-16 頁。

前俄國使者就已到過中國，但他們的出使報告鎖在外交事務衙門裡。斯帕法里留下了幾部有重大價值的著作，但只有為數不多的幾份抄本，伊台斯和勃蘭德則出版了自己的筆記。他們的筆記譯成了各種歐洲語言，這使他們馳名於許多國家。筆記成了十七世紀末期的地理學和民族志學文獻和俄中關係文件。」[34] 換句話說，17 世紀來華俄國使團中真正進入歐洲人的視野或為外人廣泛所知的是伊台斯使團。

伊台斯使團於 1692 年 3 月 3 日從莫斯科出發，到 1695 年 2 月 1 日返回莫斯科，歷時 2 年 10 個月 20 日。由於伊台斯是荷蘭人，他在結束使華後，即著手整理他的旅行日記，以向外公佈。「伊茲勃蘭德·義傑斯在俄國是外國人，他的商隊中也有其他外國人，這些外國人最著急的是向歐洲方面散佈他們赴華旅行時所觀察到的大部事實以及商隊所得到的結果。」「1696 年克利斯丁·門采爾在他的《中國大事簡記》中由義傑斯的旅行報告中選錄了一些片斷；次年萊布尼茲在他的《中國近況》中也同樣從中摘錄了一些。1698 年義傑斯的一個同行者德國人亞當·布蘭德於漢堡發表了一部關於此行的更為全面的作品，這本書立刻有了英譯本，接著又（在 1699 年）譯成了荷蘭文和法文。義傑斯在與韋特森取得聯繫後，於 1704 年用荷蘭文又發表了他自己的遊記，接著出版英文版（1706），德文版（1707），較遲才出版法文版（1718）。而韋特森於 1705 年又發表了他的著作的第二版，其中採用了他的朋友義傑斯所提供的資料。這樣，幸而由於義傑斯的出使北京，歐洲有文化的公眾在十七世紀的最後幾年或十八世紀初年，才得以了解中國這個國家、它的習俗和商業情況，而直到那時為止，由於缺乏個人直接的觀察與報

---

34 參見伊茲勃蘭特·伊台斯、亞當·勃蘭德著，北京師範學院俄語翻譯組譯：《俄國使團使華筆記（1692-1695）》，第 29-30、44 頁。

告，歐洲對於這些還很不了解，或了解得很不全面。」[35] 伴隨伊台斯使華遊記的出版，使團旅行情況和北京風貌很快為歐洲所知。

二、俄羅斯使團的使命

在中俄交往史上，伊萬‧佩特林使團被認為是俄國第一個官方赴華考察團，其級別較低，為西伯利亞地方政府派遣。「使團的目的並非是與中國建立外交關係，也沒有這樣的權力。它的任務是弄清通往中國的道路，獲得有關這個國家本身以及其經濟和政治狀況的信息。從佩特林的『報告』來看，這個任務得以順利完成。」[36] 俄羅斯學者弗‧斯‧米亞斯尼科夫在歸納伊萬‧佩特林使團的文獻材料時指出：

有關佩特林使團的檔案資料可以分成兩類：第一類就是考察的總結性文件，這些文件直接通報考察的路線和結果。第二類就是公文處理以及往來通信，它們提供了俄羅斯人首次中國之行的間接資料。

第一類檔案資料中保存至今的原本文件只有三份：佩特林的《關於中國、喇嘛國和其他國土、遊牧地區與兀魯思，以及大鄂畢河和其他河流、道路等情況之報告》；佩特林在索爾多格休息站回答問題的紀錄，這在歷史文獻中常被稱為《佩特林口呈》；以及佩特林和馬多夫請求獎勵他們中國之行的呈帖。這些文件使我們得以相當完整地了解到有關俄羅斯新土地開發者此次旅程的情況。[37]

---

35 加斯東‧加恩著，江載華、鄭永泰譯：《彼得大帝時期的俄中關係史（1689-1730年）》，第 72-73 頁。

36 娜‧費‧傑米多娃、弗‧斯‧米亞斯尼科夫著，黃玫譯：《在華俄國外交使者（1618-1658）》，〈前言〉第 5 頁。

37 同上，第 32 頁。

弗‧斯‧米亞斯尼科夫所述第一類檔案材料收入他與娜‧費‧傑米多娃合編的《在華俄國外交使者（1618-1658）》一書，[38] 其中佩特林的《關於中國、喇嘛國和其他國土、遊牧地區與兀魯思，以及大鄂畢河和其他河流、道路等情況報告》有兩個版本。蘇聯科學院遠東研究所編輯的《十七世紀俄中關係》一書第 24-29 號文件亦收入了佩特林使團這部分材料。[39]

費‧伊‧巴伊科夫使團一般被認為是俄羅斯派往中國的第一個正式使團。據 1675 年 2 月 23 日西伯利亞衙門致外務衙門的公函稱：「費奧多爾‧巴伊科夫不是由西伯利亞衙門派往中國，他回到莫斯科也沒有向西伯利亞衙門報到，他是由財務衙門派去中國的。」[40] 俄國學者認為，巴伊科夫使團「有兩個主要任務：一是與中國建立睦鄰關係，二是理順貿易聯繫」。[41] 也有學者認為，該使團「主要是為了貿易，因此派的不是

38　同上，第 47-75 頁。

39　蘇聯科學院遠東研究所等編、黑龍江大學俄語系翻譯組譯：《十七世紀俄中關係》第一卷第一冊，第 96-133 頁。其中第 24 號文件「1618 年 9 月 1 日和 4 日之間。—— 中國神宗皇帝致沙皇米哈伊爾‧費奧多羅維奇的國書」、第 25 號文件「1619 年 5 月 16 日以前。—— 蒙古阿勒壇皇帝就派遣使者以及托斯克軍役人員伊‧彼特林及其同伴從中國歸來等事致米哈伊爾‧費奧多羅維奇皇帝的國書」為《在華俄國外交使者（1618-1658）》所未收。不過，據 Л. И. 杜曼在《在華俄國外交使者（1618-1658）》一書〈前言〉中所言：「本書作者首次嘗試對留存的不同版本的伊萬‧佩特林和費‧伊巴伊科夫的報告進行研究。因此發現各文本之間的差異竟如此之大，甚至不得不認為其中一些版本的條陳是獨立的文獻。」「本書由條陳的文本、導讀文章和註釋組成。條陳將主要保存下來的文本同時刊印。」由此可見，從版本價值看，《在華俄國外交使者（1618-1658）》顯然更具文獻價值。

40　蘇聯科學院遠東研究所等編、黑龍江大學俄語系翻譯組譯：《十七世紀俄中關係》第一卷第二冊「第 178 號文件」，第 495 頁。

41　收入娜‧費‧傑米多娃、弗‧斯‧米亞斯尼科夫著，黃玫譯：《在華俄國外交使者（1618-1658）》，《前言》第 6 頁。另參〔俄〕特魯謝維奇著、徐向輝、譚萍譯：《十九世紀前的俄中外交及貿易關係》，長沙：岳麓書社 2010 年版第 17 頁。

使臣，而是信使，他的外交使命只是向中國皇帝遞交沙皇『親善』國書。信使選擇了托波爾斯克大貴族之子費多爾‧伊薩科維奇‧貝科夫，因為他是個精通商業的人，並且能夠經得住到中國去的遙遠而艱苦的路程。使節團的組織和派遣工作是由大國庫衙門辦理的，它給貝科夫撥了五萬盧布作為購買貨物之用，這在當時是很大的一筆款項」。[42]

　　在 17 世紀來華俄國使團中，尼‧加‧斯帕法里使團是級別較高、且負有多重使命的一個。據 1675 年 2 月 28 日俄國外務部門為尼‧加‧斯帕法里出使清帝國事給他的訓令，該使團所負使命為：

　　（1）同中國大臣商定，大君主的國書應怎樣書寫和用什麼文字書寫，才便於博格德汗了解；至於中國致俄國的信函，則希望用拉丁文或土耳其文書寫。（2）關於書寫兩國皇帝稱號的問題，擬按下述辦法解決：把大君主的稱號抄寫一份給中國大臣，同時讓中國大臣把博格德汗的稱號抄送一份給俄國。但是，如果斯帕法里發現博格德汗盜用鄰國其他大君主的稱號，應予以拒絕。（3）要仔細審查中國致大君主信函中所寫的大君主稱號，不允許和大君主國書所寫的有絲毫不同。（4）如果在中國有俄國俘虜，則請求無償釋放，或者付給一定的贖金，但每名俘虜不得超過三十盧布。（5）要求派遣真正的中國人擔任使節，攜帶友好親善文書以及各種寶石、銀錠、絲絨、花緞和各種草藥等禮品前往俄國。（6）要同中國方面商定，允許去俄國的中國使節每次可以自北京運往莫斯科一至三千萬更多普特的白銀以及各種寶石和各色絲綢，俄國方面將用大君主國庫中為中國使節所中意的各種貨物來交換。（7）要探明自中國經由鄂畢河、亞內舍爾河、色楞格河或額爾齊斯河前往俄國的水路。（8）聘請中國建造石橋的工匠去俄國作短期服務。（9）極力勸說中國商

---

42 〔蘇〕普‧季‧雅科夫列娃著、貝璋衡譯：《1689 年第一個俄中條約》，第 93 頁。

人攜帶貨物到俄國去,答應他們一定會得到俄國大君主的恩典。(10)自北京返回俄國邊界時,應派遣兩名軍役貴族和一名書吏去探明由邊界到阿斯特拉罕的道路,以便以後自莫斯科能經阿斯特拉罕前往中國經商。(11)力求在北京的耶穌會教士將中國早期給俄國的四封中文公函譯成拉丁文,因為在莫斯科過去沒有,現在仍然沒有中文翻譯,以致〔至〕俄國大君主對中國朝廷當時的要求至今仍無所悉。(12)請求允許兩國商人自由往來於雙方國境。(13)盡力探明一條可通往俄國的較近的路線,特別是水路(經由大海或江河)。如果能找到的話,他 —— 斯帕法里最好能得到允許走此路線返回。(14)最後,要說服中國大臣以友好親善的態度接受上述各點,因為俄國大君主一貫希望同他們的博格德汗永遠友愛相處。**43**

在這份交代多重任務的清單中,其中與中國建立通商關係(第 5、6、8、9、12 項)和探明前往中國的最近路線(第 10、13 項),是斯帕法里使團肩負的兩大主要任務。遺憾的是,過去我們對斯帕法里使團和此前其他俄羅斯使團的研究,多專注於外交層面,忽略了其他方面的探討,這實為一大缺陷。

實際上,17 世紀俄羅斯使團所負使命有一個拓展過程,從最初的探尋通往中國的路線和沿途進行地理考察,到尋求與中國建立商貿關係,再到試圖與中國建立比較全面的外交關係,以解決兩國之間所存的各種爭端,兩國逐漸從遠交走到近鄰。到 17 世紀末,俄羅斯實已成為中國北疆最大的陸上鄰國。

---

43 參見〔俄〕尼古拉·班蒂什—卡緬斯基編著、中國人民大學俄語教研室譯:《俄中兩國外交文獻滙編 1619-1792》,第 41-42 頁。又見蘇聯科學院遠東研究所等編、黑龍江大學俄語系翻譯組譯:《十七世紀俄中關係》第一卷第二冊「第 182 號文件」,第 503-518 頁。

三、俄羅斯使團的地理收穫

探明進入中國的路線是俄羅斯使團所肩負的使命，實際上也是使團必須首先弄清的問題。英國學者 S.A.M. 艾茲赫德論及 1655 至 1833 年西方與中國的交往之路時，稱有兩大變化：「一是由於歐洲的東印度公司和英國茶葉市場，好望角航線變成了主要的交通線，取代了文藝復興時期的大西洋航線」，廣州取代澳門成為東西交流的中心。「二是由於莫斯科公國和俄羅斯的茶葉市場，一條新的交往路線 —— 遠北陸路開始形成，並很快坐上了東西交往的第二把交椅」，並認為「西伯利亞 —中國交通航線的開闢，可被視為歐洲部分回應 17 世紀總危機的飛躍，這條路線先是通往北京，1727 年以後通往俄 — 蒙邊界的恰克圖」。[44] 可以說，遠北陸路的開闢，是俄羅斯人在 17 世紀打通東西方交通的重大突破。俄國學者特魯謝維奇在《十九世紀前的俄中外交及貿易關係》一書中專闢第三章《通往中國之路 —— 路況及運費》討論，[45] 顯示論者對這一問題之重視。

在佩特林使團出使中國前，俄國人對中國的情況了解甚少。如《十七世紀俄中關係》收入的「第 19 號文件」提到：「現在我國大君主的人也已經到達這個中國。在這個中國，皇帝名叫大明。中國城是在海灣之濱，騎上快馬繞城一周要走十天，這還不包括它的屬縣和轄地。」[46]

---

44 Samuel Adrian Miles Adshead, *China in World History,* 3rd ed (Houndmills, Basingstoke, Hampshire: Macmillan; New York: St. Martin's Press, 2000), pp.264, 276. 中譯文參見〔英〕S. A. M. 艾茲赫德著、姜智芹譯：《世界歷史中的中國》，上海人民出版社 2009 年版，第 297、311 頁。

45 參見特魯謝維奇著，徐東輝、譚萍譯：《十九世紀前的俄中外交及貿易關係》，第 59-73 頁。

46 蘇聯科學院遠東研究所等編、黑龍江大學俄語系翻譯組譯：《十七世紀俄中關係》第一卷第一冊「第 19 號文件」，第 87 頁。

「第 22 號文件」提到:「阿勒壇皇帝的使臣現在還在朕大君主處。他們談到中國時說:從他們那裡騎快馬走旱路到中國要一個月,沿途缺水,儘是沙地,路程異常艱苦。從朕的西伯利亞邊界城市托木斯克出發,經過很多遊牧汗國到阿勒壇皇帝他們那裡,大約要走十八個禮拜旱路,而且路程異常艱苦,途中缺水。中國四周用磚牆圍起來,繞城一周大約要走十天,城牆之外沒有任何屬縣。中國在河邊,不是在海邊,這條河叫什麼河,他們不知道。中國貨物不多,而黃金和其他貴重裝飾品,在中國都不出產,也不盛行。由此可以知道,這個國家不大。」[47] 可見,俄羅斯當時有關中國的知識來源尚為傳說、二手的性質。因此,佩特林使團的中國之行可謂破冰之旅,以後源源不斷派往中國的使節繼續提供有關中國的信息,對此俄羅斯學者承認:「開闢了從歐洲通往東亞,直抵太平洋沿岸這一道路的首批俄國新土地開發者和使節,為地理科學作出了巨大的貢獻。他們中最值得推崇的當屬伊萬‧佩特林、費奧多爾‧巴伊科夫和尼古拉‧斯帕法利以及其他許多在當時的地理發現中起到極其重要作用的俄國旅行家。正是他們首次提供了有關中國以及從歐洲經由西伯利亞去往中國之途的確切消息。」[48] 在《十七世紀俄中關係》等文獻中,我們可以看到保存了大量這方面的材料。

俄羅斯學者認為:「伊萬‧佩特林所收集到的信息是對 17 世紀地理學的巨大貢獻。這是歐洲人在世界上首次找到那時還不為人所知的經西伯利亞和蒙古草原通往中國的陸路路線,當時很多人都把中國想像為一個神話般的國度。他們不僅僅是找到了,而且還在其後留下了對經過蒙古這一漫長而艱難的路線的詳盡描述,以及對他們在所到諸國所見所

47 同上,第 94 頁。

48 娜‧費‧傑米多娃、弗‧斯‧米亞斯尼科夫著,黃玫譯:《在華俄國外交使者(1618-
1658)》,〈前言〉第 2 頁。

聞的口述。」[49] 佩特林的出使報告對其旅行路線的描寫，為這一結論提供了直接證明。

巴伊科夫使團對後來的影響更大，這不僅因其層級更高，而且因其在地理上的收穫更大。巴伊科夫使團回程改換了路線，其旅途非常艱難，他的報告對此作了披露：

巴伊科夫離開中國京城汗八里城回國時，選擇了另外一條路線，未按出國時所行經的介乎蒙古和布哈拉之間的道路行走。他們在相去一日路程的地方通過布哈拉的城市哈密和吐魯番，然後便向右轉去了。

他由中國京城啟程後走了半年，方回到阿勃萊屬下那些布哈拉農民的地方，旅途極為艱苦；大雪彌漫，氣候嚴寒，飼草缺乏，駱駝、馬等牲畜凍死和餓死的不少。[50]

俄羅斯學者認為：「巴伊科夫此行對於研究通往中國的陸路路線和收集關於中國及其周邊國家的信息仍然具有重要意義。費・伊・巴伊科夫帶回的信息對以後的出使和研究中亞、東亞都十分有益。」[51]《十七世紀俄中關係》所收錄的「第 176 號文件」，即 1674 年外務衙門編寫的「關於前往清帝國的路線」即是巴伊科夫使團前往中國的路線。[52] 它成為斯帕法里使團成行所依的重要文獻材料。

斯帕法里使團在地理發現上取得的進展更大。英國學者約・弗・

---

49 娜・費・傑米多娃、弗・斯・米亞斯尼科夫著，黃玫譯：《在華俄國外交使者（1618-1658）》，〈前言〉第 5 頁。

50 同上，第 162 頁。

51 同上，〈前言〉第 7 頁。

52 參見蘇聯科學院遠東研究所等編、黑龍江大學俄語系翻譯組譯：《十七世紀俄中關係》第一卷第二冊「第 176 號文件」，第 488-489 頁。

巴德利在討論斯帕法里使團留下的文獻材料時，特別強調其在地理探索上所做的重大貢獻。使團回國後留下的文獻材料主要有：（一）由托博爾斯克至中國邊境的旅途日誌，或簡稱《西伯利亞紀行》；[53]（二）《出使報告》，介紹由中國邊境至北京的旅程及在北京期間的情況；[54]（三）《中國介紹》（或譯《被稱為「亞洲」的天下，包括中國各城市和省份》），附衛匡國《韃靼戰記》的俄譯文以及地圖一幅。[55] 它們是該使團「發現中國」的主要材料。

《中國介紹》最有價值的部分是詳敘通往中國的海路、陸路。第四章《前往中國有哪些海上航線，如何乘船去中國》介紹了兩條通往中國的海路：「第一條航線乃是葡萄牙人發現的，他們早在一百五十多年前，就發現了東印度群島，佔領了一些沿海地區，接著便從印度經海上來到中國沿海的廣東省和廣州城。」「從荷蘭或葡萄牙經由這一航線去中國，需時一年，如遇順風，時間還可短些。但由於海上有狂風惡浪和其他危險，許多人都在途中喪生。然而海上航線可直通中國的許多口岸城市和港灣要塞，中國人由這些地方啟航去印度通商，印度人也經海

53 John F. Baddeley, *Russia, Mongolia, China*, Vol. II, pp.242-285. 中譯文參見約‧弗‧巴德利著，吳持哲、吳有剛譯：《俄國‧蒙古‧中國》下卷第二冊，第 1320-1391 頁，收入《斯帕法里出使中國，1675-1677 年》的〈一、從托博爾斯克至中國邊境〉。

54 參見蘇聯科學院遠東研究所等編、黑龍江大學俄語系翻譯組譯：《十七世紀中關係》第一卷第三冊「第 183 號文件」收入《出使報告》，第 518-691 頁。John F. Baddeley, *Russia, Mongolia, China*, Vol. II, pp.286-422. 中譯文參見約‧弗‧巴德利著，吳持哲、吳有剛譯：《俄國‧蒙古‧中國》下卷第二冊，第 1392-1593 頁，收入《斯帕法里出使中國（續）》的〈二、從中國邊境至嫩江〉、〈三、從嫩江到北京〉、〈四、在北京期間〉、〈五、回國的旅程〉諸節。

55 John F. Baddeley, *Russia, Mongolia, China*, Vol. II, p.208. 中譯文參見約‧弗‧巴德利著，吳持哲、吳有剛譯：《俄國‧蒙古‧中國》下卷第二冊，第 1264 頁。該冊第 1291-1303 頁輯錄了《中國介紹》最有價值的第四、五章。據巴德利考證，從第六章開始直到全書末尾，「都是逐字逐句譯自衛匡國的著作，雖偶爾作些零星補充，更多的是值得重視的刪節。」（第 1267 頁）

上來中國。」巴德利特別提到，「這條航路也通到北京，你首先在海上航行，接著溯一條大河行駛四天，即可抵達京城」。第二條航路為俄羅斯人發現，由黑龍江入海口乘船，繞過大海岬朝鮮，來到中國的遼東半島，「由遼東再到中國最大的港口天津」，「從天津到北京，僅有二百俄里水路。中華帝國各地的人，都是這樣（經海上和河流）去京城的」。「經這條海路，不僅可以去中國，也可以去日本那個大島。」[56] 可見，與西歐其他國家殖民者主要探尋海路以到達中國東南沿海城市不同，俄羅斯人的海路是以北京為目的地。而從北邊向南航行到天津這條新航線，則成為俄羅斯人可能利用的一條專線。雖然我們現在尚未發現 17 世紀俄羅斯人利用這條海路航行到北京的記錄，但顯然俄國人已掌握了這方面的地理知識。

巴德利提到英國、荷蘭當時也有從北方打通海路的打算。「英國人和荷蘭人曾不止一次地試圖從阿爾漢格爾斯克啟航，取道北海洋，經過鄂畢河、葉尼塞河和其他西伯利亞河流的入海口去中國，通過這條航線去中國和印度貿易，當然是近便多了。但是他們始終無法通過，因為夏季海上到處飄浮著冰山，而冬季，又封凍很厚。」[57] 顯然，英國人、荷蘭人這一嘗試歸於失敗。

在第五章〈前往中國有哪幾條陸路，西伯利亞等地區的人是如何去中國的，其中以哪一條路最為理想和安全〉中，巴德利介紹了「耶穌會士從波斯和印度去中國的路，我們俄國人從北方由西伯利亞去中國的路」，實際上是對此前歐洲人前往中國的陸路作了全面綜述。它包括：

---

56 John F. Baddeley, *Russia, Mongolia, China*, Vol. II, pp.223-224. 中譯文參見約‧弗‧巴德利著，吳持哲、吳有剛譯：《俄國‧蒙古‧中國》下卷第二冊，第 1291-1293 頁。

57 John F. Baddeley, *Russia, Mongolia, China*, Vol. II, p.225. 中譯文參見約‧弗‧巴德利著，吳持哲、吳有剛譯：《俄國‧蒙古‧中國》下卷第二冊，第 1294 頁。

第一條陸路「是由印度去中國，當年耶穌會士為印度名王莫臥兒了解有關中國的情況，走的就是這條路」。第二條陸路「是由波斯去中國」。第三條陸路「是巴伊科夫所走過的那條路，這條路布哈拉人、喀爾木克人以及我們俄國人都走過多次，即從托博爾斯克乘平底船溯額爾齊斯河到鹽湖，由鹽湖改行旱路，通過喀爾木克和蒙古地區到優美的中國城市庫庫屯。庫庫屯地處塞外草原，是防禦喀爾木克人的前哨，由該城再走兩個禮拜便到北京」。第四條陸路「是新近發現的，它由色楞格斯克堡出發，通過鄂齊壘賽因汗和呼圖克圖喇嘛統治的蒙古地區，在草原上，趕著載貨的牲畜要走八個禮拜，不久前，商人和哥薩克就走過這條路」。「由托博爾斯克和色楞格斯克來的兩條路，在長城外會合成一條大道直通北京。」第五條陸路即是斯帕法里此行所走的路，它「由涅爾琴斯克堡經過呼爾地區、嫩江，然後到北京。無論從俄國或俄國邊境出發去北京，這條路都要比上述幾條路更近一些，因為從涅爾琴斯克至嫩江一段，騎我們自己的馬三周即可抵達，到了嫩江就有定居的中國人（滿洲人）和達呼爾人，地方長官會為你提供車輛和伙食，將你送到北京」。第六條陸路「是由阿穆爾河畔的阿爾巴津堡通往嫩江，帶著馱畜上路，到嫩江的第一批村屯只需走十天，這是最新發現的由俄國領土去中國的最近便、最安全的路。在俄國領土與中國領土之間的那些地區，沒有（獨立的）土著部落，除俄國人和中國人外，再無其他人往來其間」。「從通嫩江的關口到濱海的長城東端之間，共有八個關口，這些關口只供中國各族臣民貿易使用，不准外國人通過。」第七條陸路「是最近剛發現的，它通過蒙古車臣汗（的領地）並經過達賚諾爾，據侍郎說，再沒有比這條路線更近的了，因為從涅爾琴斯克至達賚諾爾只是一周路程，而達賚諾爾附近居住著從事農耕的中國臣民，他們乘牛車去北京只用三周

時間」。[58] 斯帕法里所述這七條通往中國的陸路，其中後面五條陸路都是俄羅斯人所開闢，它的目標都是指向或可通往北京。換句話説，北京是俄國人最為關注的目的地。經過近半個多世紀的探索，到十七世紀七十年代，對於俄羅斯人來説，可以説已是「條條大路通北京」了。

斯帕法里的「地理發現」為巴德利所道破：「這兩章乃是對地理知識的一項貢獻，它在文章寫成的那個時期具有極大的價值，可是直到如今，斯帕法里的崇拜者中竟無一人提到它。」[59] 俄羅斯因為與中國接壤，在地理環境上較其他歐洲國家享有「地利」之便。斯帕法里寫道：「無論從俄國，西伯利亞或任何其他地區去中國，除了上述幾條路線以外，沒有也不可能再有其他的路了，因為中國的領土起自東方的邊緣，又伸向南方，再無別的地區比西伯利亞更靠近中國了，對它的京城而言，尤為如此，因由阿爾巴津騎馬去北京，僅需三個禮拜。」[60] 俄國人充分認識到自己所佔有的這種「地利」之便，故不允許其他歐洲國家染指，這是它拒絕西歐其他國家過境俄羅斯或西伯利亞前往中國的真正緣由。

有關斯帕法里帶回的地圖，他本人在《中國介紹》第二章末尾有所交代：「我們由長城來到這裡，親自進行觀察和了解，（除了）俄國人外，再無別人能如同我們現在這樣，經過（陸）路和長城關口前來中國，為了使人們更好地理解，我們不僅已將北京和長城附近居住著什麼民族等情況寫成一本書，同時也將其繪成一幅地圖 —— 北京以北地區居住著什麼民族？有哪些河流和地方？都已一一真實可靠地記載下來，

---

58 John F. Baddeley, *Russia, Mongolia, China*, Vol. II, pp.226-228. 中譯文參見約‧弗‧巴德利著，吳持哲、吳有剛譯：《俄國‧蒙古‧中國》下卷第二冊，第 1295-1298 頁。

59 John F. Baddeley, *Russia, Mongolia, China*, Vol. II, p.210. 中譯文參見約‧弗‧巴德利著，吳持哲、吳有剛譯：《俄國‧蒙古‧中國》下卷第二冊，第 1267 頁。

60 John F. Baddeley, *Russia, Mongolia, China*, Vol. II, p.228. 中譯文參見約‧弗‧巴德利著，吳持哲、吳有剛譯：《俄國‧蒙古‧中國》下卷第二冊，第 1299 頁。

並反映在地圖上，這是一個創舉，因為整個歐洲真正知道的只有一幅中華帝國地圖，耶穌會士也不例外。可是直到今日，包括耶穌會士在內，無人知道由中國到蒙古以及西伯利亞之間的情況，因為當我們在北京期間與教士們談起這些事情時，他們都表示驚奇。」[61] 據巴德利推測，這幅「地圖也是從衛匡國處借來或偷來的」，不過斯帕法里「對耶穌會士地圖中所缺部分作了補充，也就是添加了他在沿途所搜集到的關於長城以北的情況：居住著什麼民族，有哪些河流和地方，等等。若從斯帕法里就托博爾斯克至長城一段旅程逐日記下的詳細日誌判斷，他是能夠繪出這幅地圖的；他的日誌內容十分豐富和精確，無論當時或在以後很長時期中，就這段旅途的全程或其中一段所寫的任何其他作品，都是無法與之相比的。還有一個直接的證據，即當時他所攜帶的行裝包括有專供繪圖用的儀器」。[62] 顯然，這是一幅較為精確、也頗富價值的地圖。

斯帕法里使團雖然沒有完成沙皇交給他與中國政府建立貿易、外交關係的使命，但使團「為國際學術界帶來了早期在歐洲一度不為人知的、陸路經蒙古和滿洲可去中國的知識」，使團帶回的信息和材料匯聚於他們從托博爾斯克到北京沿途所寫的日誌、《出使報告》及《中國介紹》。《中國介紹》一書在17、18世紀的俄羅斯有40多種抄本，反映了當時俄人對中國的強烈興趣。「斯帕法里中國之行在國外的影響之廣遠勝於俄羅斯」，1692年法國巴黎出版了菲利普·阿夫里爾的《尋找穿越歐亞入華的新路線行紀》一書，該書絕大部分內容引自斯帕法里的《被稱為「亞洲」的天下，包括中國各城市和省份》一書。[63] 從此，斯帕法

61　John F. Baddeley, *Russia, Mongolia, China*, Vol. II, p.210. 中譯文參見約·弗·巴德利著，吳持哲、吳有剛譯：《俄國·蒙古·中國》下卷第二冊，第1267頁。

62　John F. Baddeley, *Russia, Mongolia, China*, Vol. II, p.214. 中譯文參見約·弗·巴德利著，吳持哲、吳有剛譯：《俄國·蒙古·中國》下卷第二冊，第1275頁。

63　П. E. 斯卡奇科夫著、B. C. 米亞斯尼科夫編，柳若梅譯：《俄羅斯漢學史》，第25頁。

里揚名西方，成為西歐出版商競相追逐的對象。

俄羅斯學者特魯謝維奇對俄羅斯各地到北京路程做了比較精確的估算：「從北京至恰克圖 3041 俄里（或者 1714 俄里），到伊爾庫茨克 3539 俄里（或者 2205 俄里），到下堪察加 9888 俄里，到托博爾斯克 6448 俄里（或者 5740 俄里），到莫斯科 8832 俄里（或者 8139 俄里），到彼得堡 9556 俄里，到阿爾漢格爾斯克 8509 俄里。巴伊科夫用 3 年零 5 個月的時間完成了從托博爾斯克至北京，又從北京返回托博爾斯克的旅行；伊茲瑪依洛夫從彼得堡到北京、從北京到莫斯科的雙程旅途花了兩年半的時間；伊茲勃蘭特·伊台斯從莫斯科出發，用了將近 3 年的時間。從庫倫至北京通常為 3 個月的路程，從祖魯海圖出發則需要 4 個月。」[64] 當時的交通運輸工具只是馬匹和駱駝，沿途多經過草原、戈壁灘，且常遇不明身份的強盜，其旅途之艱險可以想像。[65]

俄羅斯漢學家高度評價 17 世紀俄羅斯使團的地理學成就：「伊萬·佩特林、費多爾·拜科夫（即巴伊科夫 —— 引者按）、尼古拉·斯帕法里及其為國際學術界帶來了早期在歐洲一度不為人知的、陸路經蒙古和滿洲可去中國的知識，但是卻沒能完成交給他們的直接任務。俄羅斯中國之行的報告（記錄、出使報告、旅行日記、地圖）被譯成其他文字後很快就傳到了歐洲，豐富了世界地理學的內容。」[66] 這些在地理學及其他方面的斬獲，為俄羅斯漢學奠定了重要基礎。

---

64 特魯謝維奇著，徐向輝、譚萍譯：《十九世紀前的俄中外交及貿易關係》，第 69-70 頁。

65 相關情形的論述，參見特魯謝維奇著，徐東輝、譚萍譯：《十九世紀前的俄中外交及貿易關係》，第 59-73 頁。

66 П. Е. 斯卡奇科夫著、В. С. 米亞斯尼科夫編、柳若梅譯：《俄羅斯漢學史》，第 27 頁。

四、對北京城的觀察與記錄

俄羅斯使團中國之行的目的地是北京，其「北京經驗」的重要組成部分即是在北京現場的觀察、體驗，這方面他們留下了大量紀實性的、富有重要價值的文獻。

1618 年 9 月 1 日伊萬·佩特林使團到達北京，在京只停留了四天。齊赫文斯基稱：「彼特林是一位觀察力銳敏的人物，他在北京居留期間，善於搜集有關中國居民日常生活習俗的引人入勝的資料。」[67] 利用在京短暫的寶貴時間，佩特林對北京城做了力所能及的觀察和記錄，它可能是俄羅斯人留下的有關北京城的最早文字記錄。

首先映入伊萬·佩特林使團眼簾的是北京的城樓、城牆：

> 從白城到大中國城 2 天行程，大明皇帝就住在這裡。這座城市非常大，石頭砌成，潔白如雪，呈四方形，繞城一周需 4 日。城市四角矗立著一些高大的城樓，潔白如雪；城牆中央矗立著一些高大的城樓，城樓的顏色也是潔白如雪。城樓帶有花檐，刷著藍黃兩種顏色。城樓的炮眼上架著大炮，城門旁也架著大炮，堆放著炮彈。每座城門有 20 名衛兵把守。[68]

使團對北京的地理位置及與周圍的商品運輸作了調查：

67 〔蘇〕齊赫文斯基主編：《中國近代史》上冊，北京：生活·讀書·新知三聯書店 1974 年版，第 71 頁。

68 娜·費·傑米多娃、弗·斯·米亞斯尼科夫著，黃玫譯：《在華俄國外交使者（1618-1658）》，第 56 頁。

大明皇帝所居住的中國城地處平原，繞城有一條河，名為游河，注入黑海。據說從大中國城到大海7天行程。大船開不到距海7天路程的大中國城下，貨物都是用小船和平底帆船運到中國城。大明皇帝將這些貨物分配給中國的各個城市。而從中國的各個城市貨物又轉運到境外，到蒙古、阿勒坦汗國、黑喀爾木克等地以及其他很多國家和各兀魯思，運到布哈拉附近沙爾城的鐵王那裡。而中國人和曼齊喀圖王妃的人將貨物由邊境從有呼圖克圖和喇嘛的鄂爾圖斯國、從中國和黃蒙古以及曼齊喀圖王妃的國家運送各種貨物出境，有絲絨、綢緞、錦緞、白銀、豹皮、虎皮、黑色的津丹布等。他們用這些貨物換得馬匹，這些馬匹被運到中國，又從中國運往大海對岸的蠻子那裡，就是我們稱為涅姆齊人的。他們把銀子鑄成錠子，銀錠有值50盧布、2盧布、3盧布的，我們的貨幣單位叫「盧布」，而他們叫做「兩」。**69**

使團看到了金碧輝煌、巍峨雄壯的紫禁城：

在大中國城的白色外城之內還有一座磁城，那裡是皇帝居住的地方。據說從城牆到大中國城的白城，徒步沿著一條石砌的街道需行半日。一直到磁城，街道兩旁都是磚石砌的店鋪，出售各種各樣的貨物；街道為灰石所鋪，店鋪的上面還有磚砌的房子。店鋪前是漆成彩色的木柵欄。大明皇帝住的磁城以各種奇珍異寶裝飾起來，皇宮矗立於磁城中央，宮殿的上方是金頂。**70**

使團對北京城居民的服飾、民俗存有自己的觀察視角和看法：

69　娜·費·傑米多娃、弗·斯·米亞斯尼科夫著，黃玫譯：《在華俄國外交使者（1618-
　　1658）》，第56-58頁。

70　同上，第56頁。

中國人無論男女都很清潔，穿本民族式樣的衣服：衣袖很寬，如我國女人夏天穿的肥袖襯衣；裡面穿的半長內衣也像俄國樣式。中國人不擅戰，他們的手工業和商業十分發達。但他們打仗卻十分膽小，據說不久前蒙古人用奇襲奪取了他們兩座城市。[71]

在《1619 年 9 月 23 日至 11 月 10 日之間喀山衙門對托木斯克哥薩克伊萬·佩特林及其旅伴中國之行的問詢答辭》中，亦保有一段對北京城的描繪，其中皇城、商品和城市建築是他們的主要關注對象：

克雷姆城極其宏偉壯觀，位置接近東印度海，呈四方形。據說，繞城一周需要 10 天。城門也像前面幾座城市一樣，裝飾華美，上面用金子畫著草，鋪著大理石，在一個大屋頂下。城裡街道兩旁都是房屋，沒有菜園。城裡人口非常之多。…… 城市中央有磁石建造的宮殿，阿爾布爾皇帝就住在這裡。該城宏偉壯觀，有很多槍炮，皇帝的宮殿也是用那種磁石和石板所建。這裡的亭台樓閣極多，都刷成金銀色。[72]

這些描述北京城的第一手資料在俄文文獻中堪稱首次，顯然具有「發現」的意義。

佩特林使團報告幾乎使用了一半的篇幅描寫他們在北京的所見所聞，這足以表現他們對這一經歷的重視和炫耀。但使團在北京畢竟停留短暫，匆匆一過，走馬觀花，所得印象自然是一鱗半爪、零星片斷罷了。

費·伊·巴伊科夫使團於 1656 年 3 月 3 日到達北京，這時正是清朝初年。戰事緊密，北京城壁壘森嚴的城防氣氛給使團留下了深刻印

71　同上，第 58-59 頁。

72　同上，第 74-75 頁。

象:「當他們進入汗八里城的第一道城門時，見到在城門右側架著三尊小銅炮，都只有一俄尺半長；通過城門後，又在城樓裡邊見到左、右兩側各有兩尊同樣的炮。他們騎馬進入汗八里城後，走了三俄里左右，來到供費奧多爾·伊薩科維奇·巴伊科夫下榻的大院。他們所經過的街道兩旁，店鋪林立。在費奧多爾·伊薩科維奇·巴伊科夫下榻的院內，只有兩座磚砌的廳堂，上面還鋪有瓦片。廳堂頂上有天花板，凳子上鋪著墊子 —— 草編的蓆子。」[73] 內部陳設極為簡單。使團在北京停留了半年，到 9 月 4 日才離開，因其行動受到嚴格限制，所以並沒有機會對北京城進行足夠的遊覽和觀察。使團條陳《版本二》交代了使團由於呈遞禮品時出現的「禮儀之爭」，因而未能覲見順治皇帝和得到許可遊覽北京城的具體情形：

8 月 31 日，內閣大臣們派人來將之前強行從費奧多爾·伊薩科維奇·巴伊科夫那裡取走的沙皇禮品又送回來了。他們還傳來大臣們的話：「奉皇上的命令，現將禮品退還給你，因為你完全不服從他的旨意：既未持書信來朝廷見大臣，也未按我方朝儀下跪磕頭。」

「不論由哪個國家派來的使節，都未見過皇帝，我們也從未見過他，能接觸皇上的僅限於近臣和王爺們，王爺相當於俄國的大貴族。」

至於汗八里城是大是小，不得而知，因為俄國人不准離開他們的大院，他們像坐牢一樣被關在裡面，禁止他們自由進出的原因就是因為大使拒絕到朝廷拜見那些大臣，不願向他們交出沙皇的書信，當時那些大臣們正忙於同中國達斡爾地區交戰。[74]

---

73 娜·費·傑米多娃、弗·斯·米亞斯尼科夫著，黃玫譯：《在華俄國外交使者（1618-1658）》，第 151-152 頁。

74 同上，第 155 頁。

使團由於在京行動受到限制，所以未能如願對北京城進行足夠的遊覽或觀察。加上語言不通，其有關北京城的許多描寫，可能是根據二手材料所獲得的信息編撰而成，使團報告對此並不隱諱，文中隨處可見的「據漢人和蒙古人講」即可說明這一點。「據漢人和蒙古人講，汗八里城縱橫各為 40 俄里。大使的隨行人員中沒有人懂漢語，但是奉阿勃萊派遣與俄國大使一同前往中國京城的使者、布哈拉人伊爾克蒙會說蒙古語，托博爾斯克民團的哥薩克騎兵彼得魯什卡．馬利寧是用韃靼語與他交談的。」[75] 下面我們逐項清點使團報告有關北京的記述，略可窺斑見豹。

關於北京城的建築、皇城：

中國京城的房屋都是磚砌的，構造簡單，用各色琉璃瓦鋪頂。除了皇宮外，其他房舍都很低矮。皇帝住的院子很大，宮殿建築得高大雄偉，刷成各種顏色，共有 5 個磚砌的大門，但總是關著。大門口日夜站著衛兵，大門外有 5 座漢白玉橋，橋的欄杆也是漢白玉的，幾座橋都建造得非常出色，橋石用鐵栓相連。

橋的對面立有一個石柱，高 6 沙繩，也是用整塊同樣的漢白玉石鑿成，上面刻有金色漢字。面對皇宮有一個大廣場，各級官員每月三次來這裡向皇帝朝拜：月朔、22 日和 29 日。每月朔日，所有寺廟都掛出旗幟，使各界人士周知。大貴族也即他們所謂的王爺，以及各級官員都來到廣場跪拜，他們不用墊子，而是坐在一塊他們自己帶來的氈子上。他們穿著錦緞袍子前來朝拜，一坐便是一個多小時。然後才有一個品級不明的人從大門後的宮殿中走出來，用他們的話大聲喝令，使所有參加朝拜的人都能聽到。他們都站起來，然後不脫帽跪下磕頭三次，接著再

75 同上，第 155 頁。

坐上一個多小時。這時那個人又出來和以前一樣喝令，所有人又起立，再跪拜三次 —— 這樣共重複了三遍，但是他們從未見過汗本人。當第三次跪拜完畢後，從皇上那裡送來一些紀念品發給每個人，他們接受紀念品後，便脫下袍子各自回家了。也把大象牽到宮城的門口，叫它們按同樣的方式向皇帝跪拜。大象共計 26 頭。

皇宮的附近有個小湖，湖岸都用白色和灰色的天然石砌成。

無論在房屋上，衣袍上或在船隻上，到處都畫著龍。

關於北京城的街道、宮殿：

主要的街道都鋪著花崗石。街上挖有水井，街道兩旁都挖有很深的水溝，通到湖或小河裡。下雨時，大街小巷的雨水都從水溝裡排走了，所以街上沒有泥濘。從住宅區到街上也都有排水管道。據漢人和蒙古人說：汗八里及京城附近都沒有大河，僅有一條小河，這條河的名字叫哈頓，它起源於布哈拉人的地方，滙入湖中。據說，這條河離汗八里城並不遠，當年涅姆齊人的船隻前往中國京城時，就是在這條河的河口處撞毀的。

在中國京城，宮殿和住宅的前前後後都有花園。那裡的澡堂是用磚石砌的。

在中國京城的皇宮附近有一座圓圓的小山，山上有一片園林，據中國人講，園林中有野獸，如馬鹿、黃羊（可能指獐子或羚羊），但是沒有其他動物。小山圍有磚牆。汗八里城內還有幾個小湖，湖裡有一種小鯉魚，魚鱗呈紅色、紫色、綠色，但也有一些是紅白色的。城裡有個小湖的水是血紅的，魚也是紅的 —— 不過僅鱗片是紅色的，魚身（肉）還是白的。據漢人和蒙古人講，這個湖裡的水永遠是紅色的，從來沒有變化過。

關於北京城的民風、民俗，其中有記錄漢族婦女纏足的文字：

中國京城的男女居民都很健壯乾淨。但漢族婦女的腳非常小，小得和孩子的一樣。據說，是故意把腳纏成那個樣子的。她們穿的棉襖都很短，開襟，不過袖子卻很寬大，像我們的夏衫。她們的頭髮梳成日耳曼人的樣式。男子身穿帶扣的長袍，扣子縫在腋下，不論男女、衣服的顏色都很素淨，只有王爺和朝臣才穿華麗的衣服。他們在冬季戴一種小帽，很像便帽，只是在帽頂上有一簇紅絲纓。夏天男子戴的帽子也不大，用草編成，頂上也戴相同的纓。男子不蓄髮，僅在頭頂留一簇頭髮，梳成蒙古式辮子。……

中國京城裡的人們吃飯毫無禁忌，吃各種各樣的動物，青蛙、烏龜和狗肉都吃，在商鋪裡就有煮熟的狗肉賣。

但蒙古婦女很清潔，不纏足。她們穿卡爾梅克式的拖到地面的長袍，把腳也遮住了。她們把頭髮梳成辮子盤在頭上，不帶頭巾或帽子，但有些婦女則用黑頭巾包著。不論男女，穿的衣服都是黑顏色的。男子戴一種本民族樣式的帽子。蒙古人的宗教也是中國式的。每當王爺也即我們所說的大貴族外出時，總有人在他們面前打著兩三把傘。左右又各有 7-9 人身著彩色衣服，手持兩頭漆金長約一沙繩半的木棍。王爺經過時，迎面沒有一個人騎馬過來。從王爺對面騎馬過來的那個人，必須立即下馬，改為步行，直到看不到王爺為止。跟在王爺後面的隨從大約有100 人或者更多。**76**

這些對清初北京的描述向俄羅斯傳達了中國朝代更換後的最新信息。

---

76 以上各段所引參見娜·費·傑米多娃、弗·斯·米亞斯尼科夫著，黃玫譯：《在華俄國外交使者（1618-1658）》，第 156-159 頁。

在京城，使團見到了來自不同種族、不同信仰的人，特別是來自歐洲的傳教士和荷蘭使節，這可以說是他們的一個意外收穫：

在中國京城，有來自許多國家的涅姆齊人：法國人、立窩尼亞人、西班牙人和意大利人等等。這些人已在這裡居住多年，但仍信奉自己的宗教。

布斯林（穆斯林）們也有自己的宗教，但他們的語言已經很少有人記得，他們說：「我們的祖先是隨帖木兒阿克薩克來到中國京城的，但如今我們沒有史書可以稽考，只是根據文字聯想的。」

蒙古人佔領中國京城到現在僅僅13年。直到如今，博格達汗還經常同原先大明皇帝的兒子打仗，並為此不斷徵兵。

去年即164（1656年）年7月7日，有20名荷蘭人來到汗八里。據說這些人是乘船來的，至於他們將船開到離汗八里多麼近的地方，無人告訴我們。

中國禁止這些荷蘭人外出，也不准他們接觸俄國人。有些俄國人雖見過他們，但不懂荷蘭語，荷蘭人也不懂俄語。荷蘭人曾問道：「有人懂拉丁語嗎？」可是費奧多爾的隨行人員中沒有這樣的人。荷蘭人托別的俄國人將一封帶副本的密封信件交給費奧多爾‧伊薩科維奇‧巴伊科夫，這封信已由費奧多爾帶回俄國。當費奧多爾離開中國京城回俄國時，荷蘭人還在汗八里，但不知道中國是否准許他們離境。[77]

《荷使初訪中國記》在文中亦提到他們遇見俄國使者的情形，可以與

---

[77] 娜‧費‧傑米多娃、弗‧斯‧米亞斯尼科夫著，黃玫譯：《在華俄國外交使者（1618-1658）》，第136頁。

《費·伊·巴伊科夫條陳文本對比》相互印證。

米洛瓦諾夫使團在北京待了五個禮拜零三天（1670 年 7 月至 8月）。來京第一周，使團被安置在賓館，「派了衛兵守衛大門，並在身邊監視他們」，然後安排去衙門見清朝大臣，提交他們所攜帶的訓令，交代來意。兩個禮拜後，才安排使團去覲見順治皇帝。米洛瓦諾夫使團係由涅爾琴斯克（尼布楚）軍政長官達·達·阿爾申斯克派遣，加上米洛瓦諾夫本人為軍役人員，故其對北京的城防設施觀察有著職業軍人的特殊敏感性。在談到前往覲見康熙途中所經三道門禁和城牆，米洛瓦諾夫所作的詳盡記錄，表現了他的職業特點：

他們在中國京城騎馬走了大約半俄里，到達石築的城牆。

石牆全部是紅色的，城牆上有城樓，城樓下有兩個城門洞。在城牆和大門附近，大臣和中國軍人下了馬，也叫他們下了馬。他們跟著大臣步行進城，大約走了一百俄丈，便到了另外一道城牆。過了城牆有一條城壕，壕深約一俄丈半，壕前沒有堡壘。這道城牆上有城樓，城樓下有五個城門洞。城壕上面，有五座石橋正對大門。城裡有一條大道，他們就順著這條大道走去。路面鋪的都是磚，大約走了五十俄丈到了另一道石牆。

當他們騎馬或步行由賓館到第三道城牆時，中國京城大街上空無一人。

第三道城牆的城樓和城門，與第二道城牆的一樣，城樓的厚度約三十俄丈。由這道城牆到第四道石牆，約四十俄丈。在這兩道城牆裡有

---

78 〔荷〕約翰·尼霍夫原著，〔荷〕包樂史、〔中〕莊國土著：《〈荷使初訪中國記〉研究》，第 85 頁。

243

大道，他們走的街道也像前述一樣鋪著磚。[79]

　　米洛瓦諾夫遊覽北京城時，悉心觀摩清軍的軍事裝備。「在中國京城，庭院和庭院裡的各種建築物以及市場上的店舖，都是石築的，木築的房子和店舖沒有見到。他們在中國京城的城門處看見了六尊大炮，每尊長約一俄尺半，炮管厚四俄寸多。他們沒有見到更大的炮。這裡沒有小火槍，他們的兵器是弓箭。有些專門的商場經售各種貨物。」[80] 使團對中國城防工事和軍事裝備的濃厚興趣，在他們對沿途所經城隘的記錄中表現得淋漓盡致。

　　米洛瓦諾夫使團在北京的另一個收穫是遇見了在京的傳教士和他們建造的教堂，這在以往的俄羅斯使團記錄中似未見提到：

　　我們在博格德國遇到過三個希臘人，他們正在建造小教堂，我們在小教堂裡看到上帝救世主、聖母和其他許多聖者的聖像。我們問希臘人，他們是怎樣來到中國的？他們……說，他們是從海路平安地到達的，博格德皇帝對他們的宗教信仰不加干預。[81]

　　有三個希臘人曾經到賓館來找伊格納什卡等人，向他們打聽東正教的情況，觀看了他們身上的十字架，希臘人對此感到非常高興，對伊格納什卡等人說，他們大約是十七年前由海路漂流到中國的，博格德皇帝叫他們住下來，並沒有剝奪他們對東正教的信仰……這些希臘人正在建造一座石頭的小教堂，小教堂裡有聖像。

79　蘇聯科學院遠東研究所等編、黑龍江大學俄語系翻譯組譯：《十七世紀俄中關係》第一卷第二冊「第 141 號文件」，第 423 頁。

80　同上，第 425 頁。

81　同上「第 134 號文件」，第 407 頁；另見「第 141 號文件」，第 422-427 頁，該文件對這一過程有更為詳細的報告。

伊格納什卡等人聽說之後，走出賓館，找到了在中國京城的這座石築的小教堂。這個教堂頂上做了兩個銅鑄的圓頂，每個圓頂有兩圍粗細，小教堂的神龕裡有披著衣飾的救世主聖像，有最聖潔的聖母聖像，有約翰先知和尼古拉顯者的聖像，還有許多其他聖像。當他們來到小教堂的時候，那幾個希臘人不在那裡，無法向人問明這一切情況。當時讓他們進小教堂的是一個中國人。**82**

這裡提到的三個希臘人極有可能是當時在京的安文思、利類思和南懷仁三人，而小教堂則是他們所築的東堂，這可能是俄國人對北京教堂的最早報道，也可以說是外人較早記錄東堂的珍貴文獻。

　　尼·加·斯帕法里在京停留約三個半月時間（1676 年 5 月 15 日至 9 月 1 日），據載，使團來京的旅程「從腦溫到長城共走了二十四天，從長城到北京城走了五天。從長城到北京城的里程，是四百華里，合一百三十三俄里」。**83** 斯帕法里描繪了他們初入北京城所見到的情景：

　　我們進入中國都城北京，正好是中午，我們從北門進城。第一道城牆是土築的，城樓是石築的，但不高。城周挖有壕溝。過了土築城牆，阿思哈尼昂邦的僚屬扎爾固齊來迎接我們，把我們帶到路邊席棚裡，請使者和阿思哈尼昂邦就坐喝茶。阿思哈尼昂邦的兒子也送茶來請大家喝，停歇片刻又繼續前進。我們來到另一道大城牆，距第一道土城牆約四分之一俄里。這道城牆很高，而且很堅固，比克里姆林宮高，牆基是青灰色天然石塊砌成，上部裡外都用磚砌，中間以土填實。因此

82　同上，「第 134 號文件」，第 426 頁。另見 John F. Baddeley, *Russia, Mongolia, China*, Vol. II, pp.202-203. 中譯文參見約·弗·巴德利著，吳持哲、吳有剛譯：《俄國·蒙古·中國》下卷第一冊，第 1253-1254 頁。

83　參見蘇聯科學院遠東研究所等編、黑龍江大學俄語系翻譯組譯：《十七世紀俄中關係》第一卷第三冊「第 183 號文件」，第 557 頁。

在城牆上可以騎馬、乘車。城樓同城牆一樣寬。來到石築城牆以後，要通過兩道大城門。進入第一道城門，便是高大而堅固的城樓。城樓裡有可以容納一千多人的場地。從第一道城門到第二道城門大約有四十俄丈遠，城門包著鐵皮。城門邊放著兩門小鐵炮。城門上面建有戰鬥用的樓宇，城牆周圍是盈滿活水的護城河。每道城門都有二十名攜帶弓箭、刀劍的衛兵。從上述城門沿著兩邊有店舖的大街乘行了大約一俄里，來到城中央紫禁城附近，城牆差不多和莫斯科帝都的宮牆一樣高。紫禁城裡住著中國博格德汗。看來這座皇城以前粉刷過各種顏色。皇城附近有許多商店和商場。街中心有石橋。從大城牆的城門口到我們的下榻處，要走三俄里多。**84**

在這段描述中，我們看到作者除了對城牆、城樓建築的著意描述外，還處處帶著比較的眼光，將北京與莫斯科、紫禁城與克里姆林宮對比，這是此前俄羅斯人北京遊記未見的內容。作者交代：「關於北京城的規模和外觀，關於博格德汗的紫禁城將在描述中國的專著中詳述。」這裡所謂「專著」是指《中國介紹》，所以尼‧加‧斯帕法里的出使報告並沒有在這方面再多著墨。

斯帕法里遊覽了北京內、外兩城（即滿、漢城），他注意到兩城居民成分的區別：「北京城外有一郊區，實際上是由許多宅院和大型建築構成，宛如另一個城市；這裡居住著大量的漢人，因博格達汗幾乎全部將他們從城內趕了出來。赫伊爾巴什人、布哈拉人、喀爾木克人及其他外來人，同樣被指定在城外的宅院居住，唯獨我們（俄國人）和葡萄牙、荷蘭等國的人准許住在城裡。但城外各行各業的生意都很興隆，凡

---

84 蘇聯科學院遠東研究所等編、黑龍江大學俄語系翻譯組譯：《十七世紀俄中關係》第一卷第三冊「第 183 號文件」，第 557 頁。

城內有的，城外都有。滿洲人之所以將所有漢人即泥堪人逐出京城，是有鑒於目前正在與他們交戰，深〔生〕怕他們在城裡謀反。」[85] 滿漢民族矛盾開始進入俄人的視野。

在北京，斯帕法里遇到了一場龍捲風，他記下了當時所見的可怕一幕：

6 月 1 日，龍捲風大作，猶如大火一樣發出轟轟巨響；大風所過之處，許多商店被摧毀，較小的物品都捲入空中，形成一個通天的大風柱，它掠過大使寓所附近的城牆，然後向遠處移動，直至從視野中消失。中國人說，類似的旋風經常發生，不論在大陸或海上都有，使許多船隻被毀。[86]

在訪期間，斯帕法里特別注意到北京沒有發生火災，這與北京的建築材料有關，「因所有房頂都鋪有玻璃瓦」。

伊台斯使團從 1693 年 11 月 2 日到達通州，到 1694 年 2 月 19 日離開北京，在京停留 109 天，全程所見所聞都有詳細的訪問筆記。如在通州，使團目睹了「該城人口眾多，商業興盛」的場景，看到了停留在河上的龐大的中國帆船和瓷市上世界上最好的瓷器。從長城到北京，每走一刻鐘，使團就會遇到一座烽火台，沿途道路「寬闊筆直，維護良好」。使團進京時受到朝廷官員和士兵的熱烈歡迎，被安置在俄羅斯館。[87] 中國方面每天供給使團人員各色食物和飲料，使團受到了康熙的

---

85 John F. Baddeley, *Russia, Mongolia, China*, Vol. II, p.368. 中譯文參見約・弗・巴德利著，吳持哲、吳有剛譯：《俄國・蒙古・中國》下卷第二冊，第 1513 頁，註 2。

86 John F. Baddeley, *Russia, Mongolia, China*, Vol. II, p.349. 中譯文參見約・弗・巴德利著，吳持哲、吳有剛譯：《俄國・蒙古・中國》下卷第二冊，第 1487 頁。

87 有關俄羅斯館的情形，參見伊茲勃蘭特・伊台斯・亞當・勃蘭德著，北京師範學院俄語組譯：《俄國使團使華筆記（1692-1695）》，第 195-196 頁、第 197-198 頁註 2。

接見和設宴款待，並觀賞了中國戲劇表演節目。伊台斯對在覲見康熙時所見宮殿、皇帝寶座作了細緻描繪，它可能是外人近距離觀察清廷留下的較早文字記錄：

宮殿是一座長方形的建築物，長等於寬的兩倍，用焙燒的磚建成，屋頂鋪著黃琉璃瓦，並有獅、龍及其他禽獸飾物。宮殿高約八俄丈。上台階經殿簷下進入大殿，殿簷下有窗戶，每扇窗上有許多小窗孔，不鑲玻璃，糊著紙。

大殿兩邊各有一門，門上方有毘羅帽式的描金木雕飾物。殿裡沒有拱頂，牆一直砌到屋頂。屋頂有金漆彩繪天花板。殿內有十二根圓柱，柱上也有描金圖案。大殿長約三十俄丈，寬約十俄丈。地上按韃靼習慣鋪著織有花卉鳥獸圖案的地毯。

寶座朝東，正對大殿入口，靠近後牆，看來長寬均為三俄丈。寶座前面兩邊各有六級台階。台階上飾有植物圖案，欄杆上有金屬鑄成的描金葉形飾物。寶座的左右兩方有欄杆，也是用金屬鑄成，鍍了金。有人說，欄杆是純金鑄成，也有人說是銀子上鍍了金。

博克達汗的寶座在御壇中央，形似祭壇，覆著黑色貂皮椅披，有兩扇門，離地一肘尺高。博克達汗盤腿坐在上面。[88]

與以往來京的俄羅斯使團不同，伊台斯使團在覲見康熙以後，清廷為使團安排了一系列參觀遊覽活動。在清廷大臣的陪同下，伊台斯「遊覽了出售呢絨綢緞、金銀珠寶和貴重工藝品的幾個大市場」，參觀了藥房、服裝商店、魚市、野味市，飽覽了新春節日各種慶祝活動。清

---

[88] 伊茲勃蘭特·伊台斯、亞當·勃蘭德著，北京師範學院俄語組譯：《俄國使團使華筆記（1692-1695）》，第 212-213 頁。

廷官員還領著使團參觀了動物園，內中的象房，「有十四頭象，其中有一頭白象」。大象為使團成員表演了節目。「據官員們說，這些像是從暹羅國運來，暹羅王每年都向中國博克達汗進貢幾頭象。」[89] 在使華筆記裡，伊台斯還提到獻給康熙的白色雙角怪獸 —— 一種頗似「麋鹿」的動物：「有一次耶穌會教士們對我講，三年前東海一個島獻上四隻動物，其樣子和大小與普通馬差不多，頭上長著一對長角。博克達汗命這幾個耶穌會教士到離北京約十德里的宮廷動物園去看這些動物，並稟覆陛下，他們在印度和歐洲是否見過這種動物。他們看過後說，從未見過，也從未聽說過。」「我也很好奇，想去看看這種動物，但由於動物園離城很遠，而我啟程的日期又已臨近，因此未能看到這種動物。」[90] 京城繁華、太平的氣象令使團賞心悅目、大開眼界。

伊台斯使團在京的另一個特別之處是與在京的耶穌會士有著較多的互動。在覲見康熙時，伊台斯就見到了陪侍在康熙身邊的三位耶穌會士：張誠、安多和另一位不知名者，並與他們進行交談。在離京的前幾天，使團應耶穌會士之邀參觀了南堂，讓使團成員意想不到的是，在北京這座東方帝都居然矗立著這樣一座造型優美的意大利風格的教堂建築：

教堂圍著一道高高的石牆，裝有兩扇意大利式石門。

進入大門，在院內左側一間專用的小屋中擺著很大的天球儀和地球儀，它們的高度至少有一俄丈。有一條路從這間小屋直接通到教堂，教堂是一座非常漂亮的意大利式建築，有一架徐日昇神甫製作的很大的風琴。

---

89 同上，第 226-227 頁。

90 同上，第 227-228 頁。

舉行天主教儀式的教堂裡有許多聖像和美麗的祭壇。教堂很大，可容納兩三千人。屋頂有一座報時的鐘和使鐘開動的機器。

我仔細地參觀了教堂之後，耶穌會教士們領我到他們的陳列館去，館裡搜集了歐洲的各種珍品。[91]

使團發現當時的北京，「有八名耶穌會教士，其中兩名西班牙人，三名葡萄牙人，兩名法國人，一名羅馬人」。京城各大宗教派別林立、關係複雜，俄羅斯東正教也在京城建有教堂。「中國人，主要是宮廷中的人，很尊敬這些修道士及其他宗教界人士，但和尚們卻對他們側目而視。必須承認，羅馬天主教會為傳教盡了很大努力。俄羅斯人也在北京建了教堂，給許多要人施行了東正教洗禮。」[92] 這些北京城「西方」元素存在，給使團在語言、信息溝通上帶來不少的便利。

在伊台斯的筆記裡，保有一段對北京的綜述，可視為使團北京之行所獲印象的總結：

該城因同名的省而得名。直隸省東邊隔一個海灣同日本和朝鮮相鄰，東北與遼東省相接，北面是大韃靼牆，部分是老韃靼地區，西面和山西省毗鄰，西南靠著黃河，南邊和西南靠著貴河。全省分為八個州或者叫府：北京，保定，河間，京師，順德，廣平，大名和永平。

北京是中國歷代皇帝的名都，異常美麗，位於北緯 39°59'，在直隸省最北邊，離著名的長城不遠。城南有兩道又厚又高的城牆防護（外城也圍在城牆內），城牆只有一般的防衛設施，城門兩邊有相當堅固的

---

91 伊茲勃蘭特·伊台斯、亞當·勃蘭德著，北京師範學院俄語組譯：《俄國使團使華筆記（1692-1695）》，第 225 頁。

92 同上，第 278-279 頁。

堡壘。到外城去要從橋上過一條小河，小河順著城牆往北流，起著護城河的作用；然後要過南城門，不到半小時即可到達城邊，那裡可見到非常高的圍牆和碉堡。如果從另一邊繞城而行，則會碰上一個安有幾門大炮的圓塔樓，然後可通過原來的城門直接入城。在城牆上的碉堡和哨樓中，夜間有哨兵嚴加守衛，彷彿敵人已兵臨城下，城郊已戰火彌漫一般。白天守衛城門的是在宮廷中說話有份量的內務府的人，但是他們與其說是保衛城市，不如說是向進出城門的人勒索稅款。

市民的房子漂亮而軒敞，達官貴人們的私邸裝飾華麗，牌樓富麗堂皇，到處高聳著美麗的寺廟和塔。一般說來這座美麗城市的街道並不好，因為用鵝卵石和磚鋪設的街道極少。其原因決非缺乏石頭，而是由於某種意義重大的其他情況。這些沒有路面的街道很有損市容。無論晴天或雨天，特別是當北風呼嘯的日子，給行人帶來許多不愉快和不方便。在炎夏酷暑和久旱不雨（由於雨水稀少這在北京是常有的）的時候，令大量硝和其他輕物質的土壤往往變成微塵，即使微風輕拂也能把塵刮得滿城飛揚。濃雲似的塵土迷住眼睛，鑽進人的嘴、鼻和衣服，落滿房屋的各個角落，弄得哪裡都很髒⋯⋯

中國婦女身材矮小，貴婦人都是小腳，她們以此為驕傲。所以她們從小就纏腳，穿上硬幫鞋，使腳不能正常發育，變得嬌小，瘦弱。中國婦女不能走較遠的路，因為纏足損害了幼小的腳掌，使它不能成長，人變成了殘廢。

在街上、十字路口、城門口和小橋旁停著備好的馬和騾，花不多錢就可以騎著它們在城裡逛一整天。牲口的主人在前面跑著引路。在所有街道上可以看到許多看熱鬧的人。這裡有人在繩索上跳舞，那裡一群人圍著說書人⋯⋯

流通的銀子是不大的銀塊。買東西時要付多少，就用鐵鉗或剪刀剪下多少。因此中國人總是帶著小剪刀和戥子，放在膝旁，還帶著約半

肘尺長的細秤桿，秤桿上掛著放在小木盒裡的秤錘。

在北京經常會碰見這樣一些人，他們使勁捶胸或是用額頭碰地上的石頭，有時撞得血一滴一滴地往下流。

所有的街道上都有小飯館，門前掛著食譜，寫明可以吃到什麼，飯館清潔，招待周到。[93]

這段描述細緻入微、精確到位，若如一幅絕妙的北京風情畫，將北京城的地理位置、周邊環境、街道建築、軍事防禦、風土人情盡攬其中。北京城經過清朝近半個世紀的經營，與清初殘破的面目相比，的確大有改善，俄羅斯人的觀感從一個側面反映了這一情形。

離京前夕，清廷舉行宴會為使團餞行，許多顯貴的宮廷大臣和官員前來送行。[94] 伊台斯談起自己訪華的觀感時說：「談到中國，由於我到過皇都北京，應該說這是一個上天賜福的極美好的國家。我認為都城是全中國氣候最好、最宜人的地方。人們健壯英武，食物如穀物、水果、青菜、豆角、塊根，生活必須的一切東西，這裡都應有盡有，只是不產茶、絲綢和瓷器。冬季很冷，冰上可以走人。夏季不太炎熱，而別的省分整日酷熱。」[95] 北京給使團留下了極為美好的印象。

閱覽 17 世紀俄羅斯使團有關北京的城市記錄，可見他們對北京的都城風貌、街道建築、風土人情、歷史地理都有了一個由表及裡的觀察和了解，在此基礎上形成了他們的「北京印象」。不像其他西方外交使團是從南向北縱貫而過大半個中國，對中國許多城市有可能或有機會旅

<hr>

93 伊茲勃蘭特·伊台斯、亞當·勃蘭德著，北京師範學院俄語組譯：《俄國使團使華筆記（1692-1695）》，第 235-237 頁。

94 同上，第 228 頁。

95 同上，第 276 頁。

行經過，因而對中國南北城市也可能有所比較，俄羅斯使團只涉足北京這座皇都，北京以南的城市在 17 世紀對他們來說尚是一片模糊。俄羅斯使團除了對北京以北沿途的地理、風景留意記錄外，北京當然就是他們心營目注投射的焦點了，由於當時俄羅斯與中國在邊境上的軍事摩擦、衝突不斷，故俄羅斯使團對北京的軍事設施顯然也多了一個心眼，有關北京的城防報道比較詳細。俄羅斯使團在北京現場所獲得的觀察材料，是其「中國經驗」的最大收穫所在。

五、外交往來與禮儀之爭

17 世紀俄羅斯使團與中國方面的接觸過程中，雙方經歷了一個摩擦、磨合、衝突、以至妥協的過程，自始至終存在所謂外交禮儀之爭。在俄中早期外交交往中，俄羅斯使節有時表現了強悍的一面，清朝方面也以強勢應對，與俄羅斯使團進行有理、有利、有節的鬥爭，雙方的爭執頗能反映當時俄、中兩國外交禮制的隔閡和矛盾，過去中外學者對此多有論述。[96]

首次到京的佩特林使團因為不懂中國禮制，沒有呈獻禮品，故未能見到明皇神宗，他的出使報告對此有明確交代：

96　參見張維華、孫西著：《清前期中俄關係》，濟南：山東教育出版社 1997 年版。王開璽：《清代外交禮儀的交涉與論爭》第二章〈清朝初期中俄外交使團的交往禮儀〉，北京：人民出版社 2009 年版，第 96-169 頁。曹雯：《清朝對外體制研究》第二章〈清前中期的中俄關係〉，北京：社會科學文獻出版社 2010 年版，第 53-82 頁。何新華：《威儀天下 —— 清代外交禮儀及其變革》第六章〈清代中俄外交禮儀交涉〉，上海社會科學院出版社 2011 年版，第 178-205 頁。Mark Mancall, *Russia and China: Their Diplomatic Relations to 1728* (Cambridge: Harvard University Press, 1971).

我們沒有到過大明皇帝的宮殿，也沒有見到皇帝。原因是沒有可進獻的禮物。「我們中國有這樣的規矩：沒有獻禮不得覲見吾皇。汝等為白沙皇的首批使臣，哪怕向吾皇獻上薄禮：吾所重者，非為獻禮，吾所重者，為白沙皇向吾皇獻禮一事本身。這樣，吾皇亦會賞賜使臣，打發你們回去並立刻派自己人前往。儘管如此，吾皇仍會修國書一封，令汝等帶去給你們的沙皇。」[97]

明神宗雖然沒有召見佩特林，但修國書一封送交俄使。國書說明了俄羅斯與中國交往應注意的禮節和事宜。[98]這封國書當時因未能及時送達俄國沙皇，且因俄方無人能譯，故長期不為外界所知。明朝之所以修國書，試圖與俄羅斯建立關係，可能與當時國內紛擾的局勢和東北滿洲的興起有關，故向俄羅斯伸出了橄欖枝。[99]由於當時俄方沒有譯員，其內容在 1675 年 4 月 15 日前不被俄人所知。直到斯帕法里使臣離開莫斯科前往中國時，帶去了這封國書和後來的另一封國書。斯帕法里到達托摩爾斯克後，在當地找到一名懂漢語的軍役人員翻譯了這兩封國書。[100]斯帕法里在給俄國外務衙門復函時，寄回了這兩封國書的俄譯

---

97 娜‧費‧傑米多娃、弗‧斯‧米亞斯尼科夫著，黃玫譯：《在華俄國外交使者（1618-1658）》，第 56 頁。

98 參見尼古拉‧班蒂什－卡緬斯基編著、中國人民大學俄語教研室譯：《俄中兩國外交文獻滙編 1619-1792》，第 20-21 頁。

99 第二封國書可能為崇禎皇帝所修，其內容似對俄使更為客氣、禮遇。參見尼古拉‧班蒂什－卡緬斯基編著、中國人民大學俄語教研室譯：《俄中兩國外交文獻滙編 1619-1792》，第 21 頁。

100 收入蘇聯科學院遠東研究所等編、黑龍江大學俄語系翻譯組譯：《十七世紀俄中關係史》第一卷第一冊，第 24、51 號文件，第 96-97、164-165 頁。另收入尼古拉‧班蒂什－卡緬斯基編著、中國人民大學俄語教研室譯：《俄中兩國外交文獻滙編 1619-1792》，第 20-21 頁。但對第二封國書的時間，兩書的說法不一。前一書置於 1642 年，後一書置於 1649 年。後一說可能有誤，因此時明朝已被推翻。

本。[101] 今天人們所見即係這份譯本。

巴伊科夫使團初到北京時，清朝方面按通常標準給使團「以口糧」，「巴伊科夫領到的是一隻羊、一小罈酒和兩條魚 —— 魚不太大，很像俄國的鯿魚 —— 還有三碗麵粉、一碗茶葉和兩碗小麥。他的人和廚師領到的是牛肉，對此每人每天還有小麥一碗，酒兩杯，但是沒有茶葉和麵粉。一碗相當於 ¼ 俄磅。俄國政府人員、韃靼民團人員、俄國商人以及布哈拉商人總共領到的是：每天羊一隻，小麥兩碗，每兩個人一碗茶葉和兩碗麵粉，每人酒兩杯」。[102] 這是不菲的待遇。使團要求向清帝面交禮品和沙皇的書信，清朝官員則按中方規定要求先取走禮品，然後向朝廷官員遞交信件，雙方為此展開爭執。使團要求覲見清帝時按他們覲見沙皇時的禮儀行事，中方沒有答應他們這樣做，而是要求使團按照清朝的禮儀叩頭，在覲見順治皇帝時下跪，為俄方拒絕，因而使團最終未能如願見到順治皇帝。巴伊科夫遵照訓令不願將國書交給接待的官員，結果他的禮物也被如數退回，清朝最後按規定打發巴伊科夫回去。對這一不太愉快的接觸過程，巴伊科夫在陳文中作了交代。[103]《清世祖實錄》亦保有類似的記載。[104] 在清檔中，存有一份《順治帝致俄沙

---

101 參見尼古拉．班蒂什 —— 卡緬斯基編著、中國人民大學俄語教研室譯：《俄中兩國外交文獻滙編 1619-1792》，第 20 頁註 4。不過，對這兩書還存有另一種解釋，斯帕法里在北京期間，耶穌會士讀到這兩個文件時對他說，這兩份文件是明成祖寫給松花江流域某些王公的冊封證書，是讓那些王公統治那一帶地方。參見同書，第 21 頁註 2。另參見蘇聯科學院遠東研究所等編、黑龍江大學俄語系翻譯組譯：《十七世紀俄中關係》第一卷第三冊「第 183 號文件」，第 617 頁。

102 娜．費．傑米多娃．弗．斯．米亞斯尼科夫著，黃玫譯：《在華俄國外交使者（1618-1658）》，第 131 頁。

103 同上，第 130-133 頁。

104《清世祖實錄》卷 135，順治十七年五月丁巳。「後於十三年又有使至，雖具表文，但行其國禮，立而授表，不跪拜。於是部議，來使不諳朝禮，不宜令覲見，卻其貢物，遣之還。」

皇敕書》(順治十二年五月二十二日)，[105] 即是清帝對此次使團的回覆。

來華的使命沒有完成，巴伊科夫使團可謂悻悻離開北京，清朝按常規打發使團回國旅程所需的食品：

165（1656 年）年 9 月 4 日，大使被送出中國京城汗八里，帶著大君主書信。中國人並沒有發給大使可以馱運沙皇財物的馱畜，只是依皇帝旨意發給他路上的口糧和三隻綿羊，隨行人員和廚師只得到一些小麥；給政府民團人員、俄國商人及布哈拉商人每人三隻羊。發給大使、政府民團人員及商人的小麥僅供 50 天食用；騎兵和商人的糧食按每人每天兩碗發給，而廚師的標準則是一碗。[106]

雖然雙方存在禮儀之爭，應該說清朝對俄羅斯使團的禮數還是盡到了，至少是客套地打發巴伊科夫使團出京，沒有讓俄方過於難堪。

當時在京的荷蘭使者尼霍夫所留下的《荷使初訪中國記》對俄國使者在京的遭遇從旁觀者的角度作了解釋，它對於我們了解事情的真相會有所幫助：

九月十四日，莫斯科來的使臣連皇宮都未能進去，就必須離開北京了。有人說他不願按照這個國家的律令，在皇帝的聖旨前下跪、叩頭，所以他不得不離開這個國家。當我們的使臣閣下用中餐時，莫斯科使臣的一個最重要的隨員以他們全體人員的名義向我們告辭。使臣閣下感謝他來辭行，並祝願他們旅途順利，一路平安。他還向我們要求一封

---

105 收入中國第一歷史檔案館編：《清代中俄關係檔案史料選編》第一冊（上冊），第 18 頁。

106 娜・費・傑米多娃、弗・斯・米亞斯尼科夫著，黃玫譯：《在華俄國外交使者（1618-
1658）》，第 161 頁。

短箋，以便當他們返回莫斯科時，可以證實他們曾在中國見過什麼人，使臣閣下就寫給他了。我們後來聽說，這個使團被扣留在這個國家，在接到皇帝准許他們自由通行的命令前不能繼續他的行程。[107]

英國學者巴德利還發現了荷蘭使者尼霍夫的另一份手稿，它對我們了解巴伊科夫使團受到清廷冷落的真相亦有幫助：

荷蘭使節在北京見到一位由莫斯科公國大公派去的大使。他經陸路走了半年才抵達北京，但如果是在夏天而不是冬天，則這段旅程本來用四個月就夠了。大使在去年就已到達北京，他從俄國帶來紫貂等各種毛皮，換回了貴重的禮物，中國方面並允許莫斯科公國再次派人前來，但條件是必須先將商品提供給陛下，然後再供其他人選購，大使便是在達成這樣的協議後回國的。初到北京時，俄國人曾受到優厚待遇，使節及其隨行人員可自由外出，任意買賣。一個月後，由於他們行為不端，經常闖入北京的妓院，滋事生非，中國才限制他們的自由，不過仍經常允許他們去街頭散步。但是由於大使堅持一定要將國書呈遞給皇帝本人，又拒絕按中國朝儀向陛下的御璽磕頭，中國才拒其覲見，於9月14日將他打發回國。[108]

巴德利認為俄國使團受到冷遇的另外一個原因是當時俄國在中國黑龍江流域到處活動，惹事生非。「巴伊科夫之所以受到不太體面的對待，其主要原因恐怕在於：當他出使北京之際，俄國人正在阿穆爾河沿岸到

---

107 約翰‧尼霍夫原著，包樂史、莊國土著：《〈荷使初訪中國記〉研究》，第85頁。

108 John F. Baddeley, *Russia, Mongolia, China*, Vol. II, p.210. 中譯文參見約‧弗‧巴德利著，吳持哲、吳有剛譯：《俄國‧蒙古‧中國》下卷第一冊，第1171頁。

處騷擾搶劫。但巴伊科夫絲毫未提到這一點，可能他自己也一點不了解。」[109]

1658年沙皇派出佩菲利耶夫出使北京，1660年夏天到達北京，由於順治皇帝拒絕接見，使團沒有達到其預定的目的，1662年回到莫斯科。俄羅斯學者認為，「除貨物之外，還帶回了中國答覆的國書」。[110]「因為巴伊科夫使團沒有取得任何的成果，所以，我們基本上認為，我們和中國的外交關係是從佩爾菲利夫使團開始的。」[111]實際上，佩菲利耶夫使團在外交上並沒有什麼收穫，也沒有帶回所謂「國書」。因為缺乏材料記載，我們對使團在北京的活動細節的了解尚付闕如。

阿勃林使團抵達北京是在1670年6月。清朝官員引領使團前往御花園觀見康熙。在門口，康熙的近臣接受了俄使的禮品——兩幅呢子和其他一些物品。隨後等了約三小時，康熙才吩咐他們進入御花園觀見，並當面賜宴。「用膳後，命人供應他們飲食並允許他們自由做生意。」阿勃林使團是康熙帝接見的第一個使團。據阿勃林後來陳述，使團「在中國都城住了兩個半月，供給他們的飲食極為豐盛，還讓他們自由做生意。賓館有一名陪同官員、一名書吏和十名軍人」；「在中國逗留期間，他們的馬匹和駱駝是由中國皇帝供給飼料的」。[112]可見，該使團受到了高規格的接待。

1670年7月，米洛瓦諾夫使團到達北京。它是受到康熙帝接見的

---

109 John F. Baddeley, *Russia, Mongolia, China*, Vol. II, p.146. 中譯文參見約‧弗‧巴德利著，吳持哲、吳有剛譯：《俄國‧蒙古‧中國》下卷第一冊，第1160頁。

110 參見齊赫文斯基主編：《中國近代史》上冊，第73頁。該書將第二封國書置於此次使團，似不妥，從信的抬頭稱呼看明顯不符。

111 參見特魯謝維奇著，徐東輝、譚萍譯：《十九世紀前的俄中外交及貿易關係》，第19頁。

112 蘇聯科學院遠東研究所等編、黑龍江大學俄語系翻譯組譯：《十七世紀俄中關係》第一卷第二冊「第143號文件」，第433-434頁。

第二個俄羅斯代表團。關於覲見康熙的過程，米洛瓦諾夫遞交的差旅報告作了詳細陳述：

　　到了博格德國，我們被安置在賓館裡。我們到達後，在賓館裡住了一禮拜，他們把我們帶去翻譯達尼拉·阿爾申斯基由涅爾琴斯克寨發去的……他們把那份使書譯成自己的文字。此後，我們在賓館住了三個禮拜，有衛兵嚴密看守，博格德皇帝供給我們的飲食相當充足。

　　博格德皇帝親自接見了我們，並舉行列隊儀式，隊列裡站著鞍轡齊全的六頭大象，大象的背上有用黃金裝飾的象轎。我們被帶去覲見皇帝時，經過了五道牆才到達皇宮。每道城牆有五個城門洞，城門洞長達三十俄丈，城門上面有祈禱上供的佛堂，外邊用金箔裝飾，樓閣形的佛堂的圓頂飾著金色，牆基是青石板砌的……，牆基有一人高，上部砌磚，牆的頂上蓋著琉璃瓦，城牆下面有橋，河上也是青石板橋，橋邊的欄杆也是青石的，柱也是青石的，柱上雕著各種野獸、珍奇裝飾和文字。皇帝召我們進皇宮，這座皇宮的中央有青石板建的寶座。寶座的四邊有金色的欄杆。博格德皇帝坐在寶座上。因有柵欄擋住，只能看到他的上半身。博格德皇帝身穿黃袍。他面前的那些王爺，也穿著金黃色長袍，他們戴著金黃色的朝冠，朝冠上嵌著貴重的寶石。看在全大俄羅斯、小俄羅斯、白俄羅斯專制大君主、沙皇阿克謝伊·米哈伊洛維奇大公的份上，博格德皇帝在自己的國家裡進行了大赦，命令當面釋放那些因種種案件被監禁起來的人。這件事我們親眼見到，博格德人也告訴我們。後來，博格德皇帝為了向沙皇表示敬意，命令在御膳房設宴三天招待我們。宴會後，博格德皇帝為了向大君主、沙皇表示敬意，贈送我們每人五塊花緞、一件花緞做的大褂、一頂帽子、帶刀的絲腰帶、五十塊大紅布、一匹鞍轡齊全的馬，並允許在衛兵陪同下到京都各個市場去買東西。……

後來，博格德皇帝下令隆重地歡送我們回國，命令王爺及軍人陪送我們回到涅爾琴斯克寨。博格德皇帝讓我們帶了一封國書給大君主。[113]

　　康熙所修這封國書告誡俄人：「亟盼今後勿進犯朕之邊民，勿再滋生事端。如信守此項諾言，則朕與爾等今後即可和睦愉快相處。」[114] 米洛瓦諾夫使團與此前的阿勃林使團一樣，受到清朝高規格的接待，使團對此感同身受。「伊格納什等人在中國住了五個禮拜零三天，給他們的飲食相當豐裕，有大米、羊肉、牛肉、魚、鮮鱘魚、還有蔬菜 —— 蒜、蔥、姜、鹹羅卜，還有各種飲料 —— 上等烈酒、牛奶茶、還有醋。他們需要多少就供給多少。」[115] 如此熱情的款待，應與康熙帝相對開明的對外政策有一定關係。

　　斯帕法里出使報告提到使團初到北京時下榻的賓館：「使者被帶到離城不遠的賓館。這所賓館住過各國使臣：遠在巴伊科夫時期就已住過第一批荷蘭人，大約十年前又住過他們的另一批使者，還有葡萄牙人和其他國家的使臣也在這裡住過。院子很大，只是房屋是舊的，許多地方已經倒塌。院子四周建有石牆，高約一俄丈半。賓館內房舍是石築瓦頂

---

113 蘇聯科學院遠東研究所等編、黑龍江大學俄語系翻譯組譯：《十七世紀俄中關係》第一卷第二冊「第 134 號文件」，第 406-407 頁。另參見蘇聯科學院遠東研究所等編：《十七世紀俄中關係》第一卷第二冊「第 141 號文件」，第 422-427 頁，該文件對這一過程有更為詳細的報告。

114 蘇聯科學院遠東研究所等編、黑龍江大學俄語系翻譯組譯：《十七世紀俄中關係》第一卷第二冊「第 136 號文件」，第 410 頁。在清檔案中保存有一份《康熙帝為索還逃根特木爾事致俄沙皇國書》（康熙九年五月十三日），收入中國第一歷史檔案館編：《清代中俄關係檔案史料選編》第一冊（上冊），第 21-22 頁。該檔原文係滿文，俄文本可能譯自此檔。

115 蘇聯科學院遠東研究所等編、黑龍江大學俄語系翻譯組譯：《十七世紀俄中關係》第一卷第二冊「第 141 號文件」，第 427 頁。

平房。天花板是木頭的，房子裡沒有鐵結構。賓館內沒有花園和其他可供觀賞的東西，真是個令人煩悶的地方，像個監牢。把我們安置到賓館以後，立刻就對我們設下森嚴的戒備。」[116] 斯帕法里對清朝接待他們的方式和所住驛館明顯不滿，這與其他來京的歐洲人士有相似之處。

斯帕法里使團多次受到康熙的接見或賜宴，第一次受到接見的現場頗為壯觀，斯帕法里記下了令他難忘的現場情景：

中國方面確定斯帕法里第三天去叩見博格德汗。到了那一天，他在拂曉前一小時到達博格德汗的宮殿。在這裡，他和他的隨員奉命在大殿前坐在為他們準備的毯子上等候日出。隨後，他被領著走過許多宮門，來到一個廣場，官員們都坐在那裡，他也被准許同他的幾個隨員坐在那裡。耶穌會教士教斯帕法里應該如何向博格德汗叩頭。使臣曾想避免這麼作，但沒有辦到。剛一聽到鳴鐘擊鼓之聲（博格德汗進入大殿的信號），所有人員即奉命起立。鳴贊官站在丹陛上首先高呼：「起立」，接著高呼「跪下」，最後又呼「叩首」，大家都遵命行事，斯帕法里也不例外，全都朝著大殿行了三跪九叩禮。這一套禮儀持續了將近一刻鐘。然後，中國大臣領斯帕法里一人去見博格德汗。他們讓他快跑，可是他很抱歉地說，他不習慣跑步，因此仍然緩步前進。按照商定好的條件，他和所有俄國人都戴著帽子。他們把斯帕法里領到二十三歲的博格德汗前。這位皇帝坐在高一俄丈的寶座上，四周都是皇親國戚，這些人都坐在放在地上的白氈墊上。斯帕法里奉命叩頭，然後坐在離博格德汗八俄丈的地方。當時奏起了柔和的音樂，皇帝在聲樂中向大家賜茶，其中也包括斯帕法里。皇帝放下茶後就退入了內宮，使臣

116 蘇聯科學院遠東研究所等編、黑龍江大學俄語系翻譯組譯：《十七世紀俄中關係》第一卷第三冊「第 183 號文件」，第 557-558 頁。

也起身返回了賓館。[117]

以後康熙又分別於 6 月 24 日、7 月 4 日、14 日、24 日和 8 月 23 日五次賜宴給使團，使團於 7 月 8 日、8 月 25 日兩次應邀赴康熙的御宴。可見，清廷對使團的接待規格甚高。

斯帕法里與在京的耶穌會士閔明我、南懷仁等人有過密切交往，耶穌會士既充當使團與清廷之間的翻譯，又常常在與使團的交談中，向使團提供所需的清廷信息，對此雙方都有回憶。閔明我曾說：「『斯帕法里出生於希臘』，學識淵博，又精通拉丁語；他在京期間，與我們有過極其愉快的交往。」[118] 南懷仁與使團交往密切，「當時他的地位尚未穩固，對康熙的感情也未免含有憤懣的成分，希望看到俄國能在對華關係上採取一條更為堅決的路線」。[119] 他甚至給使團提供了不少富有價值的情報，斯帕法里回國後，南懷仁仍與他保持書信往來，[120] 並經過俄國向本國傳遞信件。

在斯帕法里的報告裡有一段所謂「俄奸」的記錄，可見當時在京俄僑的生活狀況：

目前在中國共有十三名俄國人，其中僅有兩名是在阿穆爾河被俘

117 〔俄〕尼古拉·班蒂什—卡緬斯基編著、中國人民大學俄語教研室譯：《俄中兩國外交文獻滙編 1619-1792》，第 48-49 頁。

118 John F. Baddeley, *Russia, Mongolia, China,* Vol. II, p.351. 中譯文參見約·弗·巴德利著，吳持哲、吳有剛譯：《俄國·蒙古·中國》下卷第二冊，吳持哲、吳有剛譯，第 1489-1490 頁。

119 John F. Baddeley, *Russia, Mongolia, China,* Vol. II, p.435. 中譯文參見約·弗·巴德利著，吳持哲、吳有剛譯：《俄國·蒙古·中國》下卷第二冊，第 1616 頁。

120 John F. Baddeley, *Russia, Mongolia, China,* Vol. II, p.436. 中譯文參見約·弗·巴德利著，吳持哲、吳有剛譯：《俄國·蒙古·中國》下卷第二冊，第 1617-1619 頁。收有一封 1686 年《南懷仁致斯帕法里的信》。

的，其餘的都從邊境城堡特別是阿爾巴津逃來中國的。三名是去年逃來的，他們未遇到任何困難，因為順著阿穆爾河逃到了松花江，在那裡，滿洲人就把他們收容下來，並立即送至北京。汗錄用了他們，發給他們薪俸，並讓他們成了家。其中一人原係托博爾斯克人，他曾寫信告訴他的兄弟，說他們目前都在教中國騎兵和步兵如何使用火槍。他本人現在部院擔任翻譯，因他能閱讀和書寫俄文，也學會了中文，因而勝任翻譯俄文文件。這些俄國逃亡者經常去耶穌會教堂……耶穌會士們還拿一幅西伯利亞全圖給我們看，地圖上標著所有城堡，並註明每個城堡駐防的人數；據教士們告訴我們，上述情報都是那些俄奸提供給汗的，目的想博得汗的寵信，但現在他們驚恐萬狀，深怕中國將他們交給大使。耶穌會士是來向大使求情的，萬一中國交出這些人，大使應該請汗准許他們帶妻子兒女一同回去。他們自己也多次來使館的大門口，可是不准進來，反而立刻有人對他們進行監視，以防他們與我方人員接觸；當他們偶爾與我方人員見面時，總要流許多眼淚。**121**

北京出現俄國僑民的情形在此之前即已見諸史載。如米洛瓦諾夫使團到京時就見過兩位在北京居留的俄羅斯人，米洛瓦諾夫稱他們是「俄國叛徒」，一名叫阿納什卡・烏魯斯曼諾夫，係克里米亞韃靼人，原是勒拿地區前總督德米特里耶夫 — 弗蘭斯別科夫的部下，從達呼爾地區越過黑龍江逃到中國來。一名叫塔霍姆卡，原是勒拿地區軍役貴族多羅夫 — 普辛的部下，也是從達呼爾地區逃到中國來，已在中國安

---

121 John F. Baddeley, *Russia, Mongolia, China,* Vol. II, p.377-378. 中譯文參見約・弗・巴德利著，吳持哲、吳有剛譯：《俄國・蒙古・中國》下卷第二冊，第 1528-1529 頁。

家，且「從博格達汗那裡領取給養」。[122] 在京的俄羅斯人由於當時北京尚無東正教教堂，故常常出入南懷仁所在的天主教堂。[123] 俄羅斯人可能是直到 1685 年才在北京建立自己獨立的東正教教堂，據載：「阿爾巴津人曾於 1685 年運來一個隨軍教堂，因原有教士已去世，他們要求另派一名。這一期間這座教堂繼續存在，直到今天還時常做禮拜，儘管它已無自己的教士 —— 曾由北京俄國使館派一教士去主持，因使館本身也有教堂。這座老教堂位於城區東北角上，最初幾次派往北京的傳教團都在這裡居住。而使館大院（有時商隊也在這裡停留）則在七俄里外。」1698 年俄國派出第一支官方商隊赴京，亦有傳教士隨行。「當時已在北京建立一座俄國教堂，它的傳教士和其他人員都是跟隨商人斯皮里頓‧蘭古索夫所率領的第一支商隊前往中國的。他們的薪俸由中國人支付，因為他們主要是為阿爾巴津（的俄國人）服務，其次才為臨時來華的俄國商隊人員服務。」[124] 這樣，在北京城的多元文化格局中又新增了「俄羅斯元素」。[125]

伊台斯使團於 1693 年 11 月 3 日進京。據伊台斯記述當時進城的情形：

我派商隊和裝載旅途什物的車隊先我進入北京。一小時後，我率領護衛和前導御者九十人莊嚴入城。哥薩克跟隨著我，他們從麇集在城

122 John F. Baddeley, *Russia, Mongolia, China,* Vol. II, p.202. 中譯文參見約‧弗‧巴德利著，吳持哲、吳有剛譯：《俄國‧蒙古‧中國》下卷第一冊，第 1253-1254 頁。

123 John F. Baddeley, *Russia, Mongolia, China,* Vol. II, p.395. 中譯文參見約‧弗‧巴德利著，吳持哲、吳有剛譯：《俄國‧蒙古‧中國》下卷第二冊，第 1553 頁。

124 John F. Baddeley, *Russia, Mongolia, China,* Vol. II, p.429, 430. 中譯文參見約‧弗‧巴德利著，吳持哲、吳有剛譯：《俄國‧蒙古‧中國》下卷第二冊，第 1604、1605 頁。

125 有關俄羅斯東正教在北京的初期情形，參見張維華、孫西著：《清前期中俄關係》，第 338-340 頁。

門口、堵塞街道的人群中開出路來，使我能通行無阻地進入北京城。此外，跟隨我們的還有所謂領催（撥什庫）或稱嚮導和博克達汗的特派官員。他們奔走忙碌，以保證我們順利通過，因為中國人十分好奇。[126]

這段文字足見使團進京時受到熱烈歡迎的盛況。使團下榻在「俄羅斯館」。俄羅斯館為康熙二十七年雅克薩之戰後，為安置俄軍戰俘所設，位置在北京東北的東直門內胡家圈胡同。伊台斯使團所住的「俄羅斯館」應不是此處，而是與斯帕法里使團同住一處。[127]「在俄羅斯館前迎接和歡迎我的是專門奉派前來的幾位官員。俄羅斯館前大街兩旁排列著兵士。我穿過他們的隊列後，來到指定給我的宅院。在這裡，每天供給我和隨行人員各色食物和飲料。」經過一年零八個月的長途跋涉，使團終於「安然無恙地到達了目的地」。[128]

　　隨後圍繞使團遞交的國書書寫形式發生了不快，幸虧清朝方面作了通融，據俄方的檔案記載：

　　他抵達的當天，中國人就要求他交出大君主的國書及由他帶去贈給博格德汗的禮物。起初他不肯照辦，因此一連數日被禁錮在賓館，也得不到口糧；鑒於中國人待他如此嚴峻，他迫不得已滿足了他們的要求，於 11 月 14 日用給他送去的沒有鞍轡的馬將國書和禮品馱到汗的皇宮。他把國書呈放在一張鋪著緞子的方桌上，而禮品則放在另一些桌子上。國書立即由一名中國官員高舉過頭頂，進呈博格德汗，而他 ——

126 伊茲勃蘭特 · 伊台斯、亞當 · 勃蘭德著，北京師範學院俄語組譯：《俄國使團使華筆記（1692-1695）》，第 196-197 頁。

127 同上，第 197-198 頁，註 2。

128 同上，第 197 頁。

伊茲勃蘭特則仍留在方桌近旁，受到酒宴的款待。第二天，伊茲勃蘭特又被召進宮去見博格德汗。當他走近曾經放置國書的地方時，就看見博格德汗的近臣走到他跟前，他們把啟封的君主的國書和禮品還給他，指責說，為什麼國書中把博格德汗的稱號寫在大君主的稱號之後，並說從未有人這樣作過。伊茲勃蘭特一再推辭不收，說他若把國書帶回，擔心大君主會對他發怒，但他這樣說也無濟於事。汗的近臣仍告訴他說，若不照辦，就將大君主的國書扔掉，毫不客氣地把他驅逐出境，並說今後大君主的所有國書，將一律在腦溫城啟封，查看所用稱號是否適宜。[129]

伊台斯使團於 1693 年 11 月 14 日觀見康熙。伊台斯記載了現場的情形：

晨八時許，三位顯要官員來通知我，即刻動身去觀見皇帝。與平日不同，他們穿著華麗的錦緞長袍。有人袍上用金線繡著蟒，有的繡著獅子，有的胸前和背後繡著虎和仙鶴。他們為我的隨員牽來了五十匹馬。我照歐洲的慣例攜帶沙皇陛下的國書和禮品榮耀地動身進宮。

到達第一重禁門時，我見到一根鐫有漢字的柱子，我被告知，按照他們的習慣，應在這裡下馬，然後徒步走過前面五重禁門和殿廷。在第六重殿廷裡我看見大批官員，都穿著華美的專門朝見皇上的錦繡朝服。官員們已在等候我了。

我們互致寒暄之後，博克達汗升座。我向他呈上沙皇陛下的國

129 尼古拉·班蒂什—卡緬斯基編著、中國人民大學俄語教研室譯：《俄中兩國外交文獻滙編 1619-1792》，第 91-92 頁。

書，致簡短的祝詞，行了禮，然後退出宮去。[130]

11 月 16 日康熙舉行盛大的宴會招待使團。在宴席上，伊台斯見到了在京的耶穌會士張誠、安多和另一名葡萄牙人（可能是徐日昇），並進行了短暫的交談。[131] 伊台斯對在席間所見康熙本人作了描繪：

博克達汗年約五十歲，中等身材，儀表令人肅然起敬，有一對黑色大眼睛，鼻子隆起，略歪，垂著黑色髭鬚，幾乎沒有鬍子，臉上有麻點。

皇帝穿著深底花紋綢緞的普通長袍和深藍緞子的銀鼠皮褂子。由頸至胸掛著用大粒珠子串成的朝珠或念珠。頭戴貂皮鑲邊暖帽，帽上垂著紅絲帽纓，向後垂著幾根孔雀翎。皇帝的頭髮梳成辮子垂在背上。他身上沒有佩帶金飾物和寶石。靴子用黑色絲絨做成。

席間大臣們嚴守秩序，因此聽不到一點聲響，聽不到有人談話。大家彬彬有禮，垂目端坐。[132]

這是一次盛大的歡迎宴會，也是令使團成員十分激動且印象深刻的一幕。否則，伊台斯不會用這麼多的筆墨來描寫眼前所見到的這一切。經過雙方的互相協商，達成了妥協，清朝對俄方作了有條件的讓步，滿足了俄方所提釋放戰俘、通商、設立教堂等諸項要求。

從 17 世紀俄羅斯赴華使團與中國的外交接觸看，俄方因不諳中國

---

130 伊茲勃蘭特‧伊台斯、亞當‧勃蘭德著，北京師範學院俄語組譯：《俄國使團使華筆記（1692-1695）》，第 200 頁。

131 同上，第 202、210 頁。

132 同上，第 213 頁。

禮制，固執本國尊嚴，與中方的爭執不斷。從佩特林使團未帶禮品入京，到巴伊科夫使團圍繞提交國書和禮品的程序與中方爭執；從斯帕法里使團對呈遞國書翻譯的不同意見，到伊台斯使團遞交國書書寫形式的爭辯，俄羅斯使團與中國方面始終在交換禮品、遞交國書、覲見禮儀這三方面存有爭議。這些外交上的禮儀之爭表面上看是兩國維護各自君主的體面和國家的尊嚴，實質上是對各自外交制度、外交傳統的正當性、普適性的維護。在禮儀之爭的尊與破的背後，本質上是對各自外交話語權力的掌控和捍衛。清朝初期，因國力正處於上升時期，足以支撐起在外交上的強勢格局，對俄國使者的「非禮」行為自然予以拒退或加以規訓。

六、從商貿考察到「京師互市」

在十七世紀中期之前，俄國與中國的貿易往來須經中亞商人這一中介完成。中亞商人通過西伯利亞的城市托波爾斯克、塔拉、蘇爾古特、托木斯克等，兜售中國貨物，主要有絲綢、棉織品和藥品。十七世紀中期以後，這一局面得以改觀，它與巴依闊夫、米洛瓦諾夫使團的訪京密切相關。齊赫文斯基對此有所析論：

在十七世紀中期之前，俄國和中國之間的貿易往來主要是經過中亞商人實現的。中亞商人的商隊經常通過西伯利亞的城市：托波爾斯克、塔拉、蘇爾古特、托木斯克等，這些商人運來的東方貨物，主要有中國的絲織品、棉織品和大黃（這種藥材因有特殊療效頗為貴重）。

巴依闊夫的出使是俄中貿易發展的重要里程碑。他所開闢的道路（經過亞美什湖）立即引起了俄國商人的注意。1668年阿勃林的北京之行特別成功，他帶去的貨物值一百八十九萬七千盧布，結果沙皇國庫獲

得百分之三百以上的利潤。

依格納提‧米洛瓦諾夫於 1670 年和後來斯帕發里於 1676 年所開闢的經過尼布楚的路線，很快就成了俄中兩國開展貿易和外交的主要途徑。自從開闢了通往中國的新途徑與中國商界建立起雖不經常但是直接的聯繫之後，俄國商人就排擠了中亞的中介商人，在俄中貿易中穩居優勢。[133]

俄羅斯使團不僅開闢了通往中國的道路，而且建立了與中國的商貿聯繫，他們的貿易活動最初主要是在北京展開，故我們有必要探討俄羅斯使團在北京的商貿活動。[134]

俄羅斯使團來京的目的之一就是與中方進行貿易往來，建立貿易關係，故在其訪京期間，他們頗為留意考察北京的物產、商業情形。佩特林記述了在北京市場所見商品交易情形：

有各種商品：寶石、黃金、銀子、金色的絲絨、綢緞、錦緞等都極為豐富，除了呢子，呢子較少，而香料、海外飲料和各種蔬菜極多，還有很多啤酒和葡萄酒。[135]

---

133 〔蘇〕齊赫文斯基主編：《中國近代史》上冊，第 81 頁。

134 俄羅斯學者在這方面的研究成果有，特魯謝維奇著，徐向輝、譚萍譯：《十九世紀前的俄中外交及貿易關係》。〔俄〕米‧約‧斯拉德科夫斯基著，宿豐林譯：《俄國各民族與中國貿易經濟關係史（1917 年以前）》，北京：社會科學文獻出版社 2008 年版；中國學者這方面的研究成果有，孟憲章主編：《中蘇貿易史資料》，北京：中國對外經濟貿易出版社 1991 年版。孟憲章主編：《中蘇經濟貿易史》，哈爾濱：黑龍江人民出版社 1992 年版，第 1-64 頁。英文方面的研究成果有：Raymond Henry Fisher, *The Russian Fur Trade (1550-1700)* (Berkley and Los Angeles: University of California Press, 1943).

135 娜‧費‧傑米多娃、弗‧斯‧米亞斯尼科夫著，黃玫譯：《在華俄國外交使者（1618-1658）》，第 74-75 頁。

俄羅斯使團初來北京，利用他們隨團攜帶物品與中方進行小量的貿易。不過，中方對與俄羅斯進行貿易的態度頗為冷淡。如在伊萬·佩特林使團的出使報告2號版本裡有一語為1號版本所無，此語頗能反映當時明朝對與俄貿易往來的抗拒態度：「我們的皇帝不準備派使臣去見你們的沙皇，因為你們的沙皇有各種寶物，我們的皇帝也有。我們皇帝有一塊寶石日夜放光，像太陽一樣，他們叫『薩拉』，俄國稱之為『寶石』，還有另一塊額爾德尼石，將它投入水中，水就會從它周圍退走。」[136] 佩特林使團在進京和返回的沿途對所經各地的商貿、物產都留有詳細的記錄，顯示出他們對商貿的強烈興趣。

巴伊科夫使團目的之一也是為了貿易。「政府交給巴伊科夫一些錢和一些毛皮，用來購買中國的商品，並且命令他查明，錦緞、塔夫綢、天鵝絨是中國人自己生產的，還是從其他國家運進來的？哪些外國人經常出入中國？他們攜帶什麼商品？到中國怎麼走？從俄國應該運哪些商品？會有多大的利潤？考察一下汗八里（北京）商行裡的商品，分別買少許帶回來。政府給巴伊科夫訓令的這些內容向我們表明，此前俄國對中國一無所知，而且與中國也沒有貿易往來。」[137] 帶著這一目的，巴伊科夫使團對北京的商品和物產自然十分留意，在報告中留有這方面的文字記錄：

在中國京城汗八里，有大量天鵝絨、綢緞、波紋綢、寶石、珍珠和白銀。據漢人和蒙古人說：天鵝絨、綢緞、波紋綢是京城的產品，而白銀、珍珠、寶石及各類裝飾品則是從喀喇克齊人那裡運來的 —— 漢人和

---

136 娜·費·傑米多娃、弗·斯·米亞斯尼科夫著，黃玫譯：《在華俄國外交使者（1618-1658）》，第74-75頁。

137 特魯謝維奇著，徐向輝、譚萍譯：《十九世紀前的俄中外交及貿易關係》，第17頁。

蒙古人稱他們為「老漢人」，管轄他們的是前中國大明皇帝的兒子……

據說，在中國京城，紫貂、狐狸、海狸和豹子（的毛皮）十分充足。[138]

這裡瓜果蔬菜非常多：蘋果、梨、櫻桃、李子、香瓜、西瓜、葡萄、黃瓜以及希臘堅果和俄國堅果、蜂蜜、蜂蠟和糖也很充足，此外還有一些叫不出名稱的東西。蔥、蒜、蘿蔔和蕪菁在葉夫多基日前成熟，櫻桃和黃瓜約在喬治日或更早一些時候成熟，蘋果、梨和李子成熟於彼得日或略早一點，葡萄成熟在謝苗日前後，蔥、蒜、蘿蔔、蕪菁和辣根常年有新鮮的。

在中國京城，有很多種香料：胡椒、丁香、肉桂、麝香果、生薑、懸鉤子根、茴香等，還有很多茶葉。據漢人和蒙古人說，茶葉是長在樹上的；所有的香料都是當地產的。

他們種的糧食作物有小麥、大麥、稻子、糜黍、燕麥和豌豆，一年收兩茬。但是未見有黑麥。經常有雷電交加的大雨。[139]

中國京城裡的柴草很少，需要用金子或銀子購買 —— 那裡的居民每天吃飯都得燒火。

人們購買零星物品都用銅幣，他們稱為錢，相當於我們所說的普耳。一錢銀子折合大銅錢 140 枚，或小銅錢 280 枚。[140]

只是由於使團在北京的活動受到限制，他們外出從事商貿的計劃未能如願以償，使團只能在下榻的賓館做一些小買賣，「從各商號送到

---

138 娜·費·傑米多娃、弗·斯·米亞斯尼科夫著，黃玫譯：《在華俄國外交使者（1618-1658）》，第 155-156 頁。

139 同上，第 157 頁。

140 同上，第 159 頁。

使館大院來的貨物，價格比在俄國要貴得多。他們將駱駝和馬出售後換回白銀，但白銀中摻有鉛和銅，銀的含量尚不到一半。中國商人還送來銀器供他們選購，可是所有銀器中也都摻了銅。珍珠的價格也十分昂貴，相當於俄國珍珠的兩倍。至於寶石，沒有一塊是有價值的。俄國貨物除了銀鼠和北極狐之外，都沒有銷路。這裡有大量毛皮，如紫貂、狐狸、海狸、豹皮等，但不可能購買」。[141] 從俄國財務衙門提供的清單看，「據布哈拉人謝伊特庫爾·阿勃林說，由費奧多爾·巴伊科夫和他謝伊特庫爾帶去的大君主送給中國皇帝的禮品價值一百二十盧布，除了還沒有估價的器皿外，中國皇帝送給大君主的禮品比大君主送給他的禮品多出三百八十六盧布二十七阿爾騰一兼卡半；而買來的各種貴重飾品 —— 寶石、花緞、白銀、北極懸鉤子、珍珠、茶葉等共值二百六十二盧布九阿爾騰一兼卡」。[142] 據統計，「巴伊科夫來前領取了 50000 盧布來支付路費、購買御禮和商品，並且他還賣掉了自己的商品，購買了 30000 盧布的中國商品」。[143] 在商貿往來方面，巴伊科夫使團邁出了一大步，國內有的學者甚至認為它是「俄國同中國內地直接貿易的開始」。[144]

中國學者強調，「巴伊科夫使團開闢了俄商直赴北京貿易的商路後，北京成了俄國與中國的內地貿易的主要市場」。從此以後的三十年間，來京從事貿易的俄國商人大致分為三類：第一類是正式的外交商團，第二類是官派商隊，第三類是私人商隊。但這三類人很難截然分

---

141 娜·費·傑米多娃、弗·斯·米亞斯尼科夫著，黃玫譯：《在華俄國外交使者（1618-1658）》，第 133 頁。

142 蘇聯科學院遠東研究所等編、黑龍江大學俄語系翻譯組譯：《十七世紀俄中關係》第一卷第二冊「第 114 號文件」，第 369 頁。

143 特魯謝維奇著，徐向輝、譚萍譯：《十九世紀前的俄中外交及貿易關係》，第 18 頁。

144 參見葉柏川：《俄國來華使團研究（1618-1807）》，第 212 頁。

開，實際上，使團往往是集外交與貿易使命於一身。[145] 俄國學者似乎更強調佩爾菲利耶夫使團在俄中貿易關係中的開創作用：「雖然前兩次行動中俄兩國人都在北京有過貿易行為，而且中國皇帝也回贈了禮物，但中國皇帝的諭旨，或者答覆的國書，我們只是從佩爾菲利耶夫使團開始才收到。長期的貿易關係應該是從 17 世紀 50 年代末以後才開始。在此之前我們只是探明了通往中國的路，詳細了解中國及其商品和需求等等。」[146] 據 1657 年 9 月 5 日財務衙門給佩爾菲利耶夫使團下達的訓令：「為購買貨物，在莫斯科由財務衙門撥給他們四百九十三盧布，並且命令在西伯利亞托博爾斯克由皇庫再撥給他們二百五十七盧布。」這些費用用於「在中國應認真地去做生意，用俄國的貨物去交換價格不貴的紅寶石、天藍色寶石、綠寶石、珍珠；要使皇庫獲得高額盈利。在什麼地方買了什麼東西、賣了什麼東西，買價和賣價，價值卡爾梅克錢和中國錢多少，都要確切地記到賬冊上，並把卡爾梅克錢和中國錢折成俄國錢，也確切地記到賬冊上，把中國的錢折成俄國錢時，要能使人知道如何折算。伊凡和謝伊特庫爾在卡爾梅克和中國都應親自仔細鑒別並購買可獲得巨額盈利的寶石和圓的、光潔的大粒珍珠等貨物」。[147] 對該使團交代之細，要求之嚴，可見一斑。訓令還提出願出酬金在中國招募能製作精美器皿的巧匠和識別金、銀、銅、錫、鉛等礦石的人才到俄羅斯去。這份訓令反映了當時俄羅斯的宮廷要求和商業興趣所在。阿勃林從莫斯科運到西伯利亞托博爾斯克，再運往中國的貨物清單提到的物品有

---

145 參見孟憲章主編：《中蘇經濟貿易史》，第 21-22 頁。有關俄羅斯私人商隊的情形，不在本文討論之列，在 17 世紀下半期，俄羅斯私人商隊在俄中貿易中所佔的比重和分量較大。

146 特魯謝維奇著，徐向輝、譚萍譯：《十九世紀前的俄中外交及貿易關係》，第 19 頁。

147 蘇聯科學院遠東研究所等編、黑龍江大學俄語系翻譯組譯：《十七世紀俄中關係》第一卷第二冊「第 87 號文件」，第 320、321 頁。

紅呢子、紅珊瑚珠、斜拉呢、鏡子、水獺皮、猞猁皮、兔子皮等。[148] 從 1666 年 3 月 14 日財務部門編制的佩爾菲利耶夫和阿勃林使團運回的貨物清單細目可知，這次使華在商貿上有一定賺獲：

中國皇帝贈給大君主並由伊凡帶回來的禮物有：各色花緞二十五塊、銀子一普特十二俄磅四十五佐洛特尼克、虎皮三張、雪豹皮三張、絲絨三塊、海豹皮三張、茶葉十普特；在中國汗八里城將這些禮品中的九塊次等花緞售出，得銀子七俄磅二十二佐洛特尼克，將十普特茶葉售出，得銀子三俄磅五十九佐洛特尼克；全部的銀子，包括出售花緞和茶葉所得，共有一普特二十三俄磅三十佐洛特尼克；在汗八里城和在途中，用一普特十一磅八十八佐洛特尼克半的銀子購買了三百五十二顆紅寶石和藍寶石；因此剩下的銀子還有十一磅二十七個半佐洛特尼克。在易貨時賺得銀子一磅五十八個半佐洛特尼克二十三阿爾騰二兼卡。[149]

應該說這次出使在商貿上的結果是令人滿意的。

1668 年阿勃林再次出使中國。行前，俄方交代：「在通行文牒上寫明諸位大君主的貨物、謝伊特庫爾和俄國人的私人貨物。按照大君主的諭旨，已命謝伊特庫爾一行在中國出售諸位大君主的貨物，並換回對諸位大君主的莫斯科國需要的當地貨物，命他們竭力替諸位大君主牟利，切實探明各種情況。」[150] 顯然，這是一次商貿考察與貿易往來兼任的出使。為了保證出使的成功，俄方向使團頒發「適當的賞俸，使他們在

---

148 蘇聯科學院遠東研究所等編、黑龍江大學俄語系翻譯組譯：《十七世紀俄中關係》第一卷第二冊，「第 112 號文件」，第 365-366 頁。

149 同上，「第 114 號文件」，第 370 頁。

150 同上，「第 126 號文件」，第 392 頁。

旅途中不感匱乏」，同時還派遣了軍役人員隨行，以保證使團的安全。阿勃林使團所帶貨物價值 4545 盧布，1672 年使團回到莫斯科，從中國帶回了白銀、寶石等貨物，價值總額超過 18700 盧布。賺取的利潤達 14212 盧布，俄方對此次出使非常滿意，稱「這是俄國在對華貿易中最初的和相當大的成就」。[151]

1670 年赴京的米洛瓦諾夫使團主要是為解決根特木爾叛逃事件，本身並不承擔從事商貿的使命，但在京期間，使團也留意考察商貿，其中提到了銀子與盧布當時的兌換價：「商場中，金銀按兩或錠出售，每兩每錠重約折合一個盧布，也有小塊的，也有做成各種器皿售的。至於這些金銀價錢多少，他們不能準確了解，因為他們沒有錢購買。」俄羅斯貂皮在中國的出售價是在其本國的三倍。「在中國人那裡，每張貂皮能賣三兩銀子。一兩銀子約合一個盧布。這種貂皮在西伯利亞各城市，每張一個盧布便可以買到。」俄羅斯人感興趣的中國商品為棉布、綢緞、絲絨等紡織品。而中國感興趣的俄羅斯商品為貂皮、黑幼貂、貂肷、銀鼠皮、灰鼠皮和白狐皮等。中國對外貿易有一定的管制，「中國人對他們講，金、銀、銅、錫、鉛、火藥、花緞、絲絨、素緞、棉布等都是他們中國自己出產的，可以在中國購買金銀和各種中國貨物，並且可以運出去。因為中國人對他們説，購買和運出貨物都是自由的，但不許購買並運出弓、矢、刀戟、鎧甲和頭盔」。[152] 一般日用品和奢侈品均可帶出境外，但軍事武器被排除在貿易交換之外，這説明中國對與俄羅斯的貿易往來仍有一些章法和規則可循。

151 西林：《18 世紀的恰克圖》，1947 年俄文版，第 10 頁。轉引自孟憲章主編：《中蘇貿易史資料》，第 25 頁。

152 蘇聯科學院遠東研究所等編、黑龍江大學俄語系翻譯組譯：《十七世紀俄中關係》第一卷第二冊「第 141 號文件」，第 425-426 頁。

斯帕法里使團在京除履行外交使命、與清廷交涉和覲見康熙以外，還從事貿易活動，但清廷不准使團交易與武器有關的物品。使團在京的商貿活動受到一定限制，加上常常遇到小偷的困擾，最後幾天只好以低價甩貨來換取其所需的物品，對此斯帕法里頗有抱怨之氣：

　　我們在北京期間，汗頒布了一道嚴格的禁令，絕對不准將諸如鍋、劍、弓箭、囊袋、刀以及馬鐙等銅或鐵的製品賣給俄國人。哥薩克們偷偷地購買這些物品，但一經查獲，就退還貨款，將貨物沒收。中國商人須具結保證遵守這項禁令；至於私賣火藥，就要處以死刑；因為他們也有火藥，只是質量很差。上述這些貨物同樣也不得賣給喀爾木克人和布哈拉人。在京期間，我們丟失了大量財物，全是中國人偷的，其中很多人被當場逮住，捆打一通。從沒有見過像中國人這樣的賊了，要是你不留意，他們就會將你衣服上的鈕扣割走！他們中間騙子也很多，還偷去了不少上等帽子。甚至大官的奴僕也進行大量偷竊。[153]

　　從 8 月下旬到 9 月 1 日的最後幾天中，許多顯赫人士曾來拜訪大使；朝臣的奴僕以及商人們也都趕來想買剩餘的貨物：國庫的貂皮和象牙，以及大使本人的貨物。他們按以前價格的三分之一給價，對每件貨物都吹毛求疵，滿以為可以隨心所欲地按照他們自己所定的價把東西買走。但大使見到這種情景後，拒絕出售，說：「如果你們願意維持原價，那很歡迎；否則，我不僅拒絕出售，也不打算拿貨給你們看了；因為我們毫無理由如此便宜地處理它們。」儘管如此，當時能賣出去的價格都很低，而剩下的貨就根本賣不出去了，因為他們專門對貨物進行挑剔。他們的風氣就是這樣，每逢有商隊要離開，知道有買便宜貨的機會，就

153 John F. Baddeley, *Russia, Mongolia, China*, Vol. II, p.394. 中譯文參見約·弗·巴德利著，吳持哲、吳有剛譯：《俄國·蒙古·中國》下卷第二冊，第 1552 頁。

有大批的人趕來，反正貨主都不願意再將貨物運回，雖然不得已，也只好以遠遠低於其值的價錢把它們脫手。[154]

儘管如此，在貿易上這仍是一次富有收穫的出使。斯帕法里的出使報告載明此次使團在京的各種交換所得的具體情形為：

尼古拉立字從大君主皇庫領取一千一百一十一張銀鼠皮，每張三阿爾騰，共價一百盧布，補充到大君主贈送中國汗的價值八百盧布的禮品中，從禮品中取出價值一百盧布的貂皮，加在價值一千五百盧布的貨物裡，即，前後所購貨物，共為一千六百盧布，而贈給中國皇帝的禮品照舊是八百盧布。[155]

使團行將離京時，中方「帶來了六十輛車及一百三十四匹馬，供每人一匹」，[156] 使團車隊規模頗為引人注目。由於在京所購物品太多，以至這些車、馬也不夠使用，隨團的商人又臨時租用牲畜。「當車輛和馬匹送來後，我們用一部分車裝載沙皇的財物，剩下的車便分配給哥薩克；但六十輛車無論如何也不夠用，所以哥薩克將不少物品馱在北京購買的駱駝上，而商人等等以高價租用牲畜。他們將一切裝載完畢後就啟程了。」[157] 使團龐大的車隊浩浩蕩蕩地開出了北京城。

---

154 John F. Baddeley, *Russia, Mongolia, China*, Vol. II, pp.413-414. 中譯文參見約·弗·巴德利著，吳持哲、吳有剛譯：《俄國·蒙古·中國》下卷第二冊，第 1579-1580 頁。

155 蘇聯科學院遠東研究所等編、黑龍江大學俄語系翻譯組譯：《十七世紀俄中關係》第一卷第三冊「第 183 號文件」，第 522 頁。

156 John F. Baddeley, *Russia, Mongolia, China*, Vol. II, p.413. 中譯文參見約·弗·巴德利著，吳持哲、吳有剛譯：《俄國·蒙古·中國》下卷第二冊，第 1579 頁。

157 John F. Baddeley, *Russia, Mongolia, China*, Vol. II, p.414. 中譯文參見約·弗·巴德利著，吳持哲、吳有剛譯：《俄國·蒙古·中國》下卷第二冊，第 1580 頁。

伊台斯使團及其隨行商隊在規模上遠遠超過此前各個使團。其所攜帶貨物，屬於俄羅斯國庫的約 4400 盧布，屬於私人的約 14000 盧布。使團離京時，運回了價值 37941 盧布的各種中國貨，其中屬於國庫的為 12000 盧布。此外，隨同商隊來京的尼布楚軍役人員還帶回價值 3209 盧布的中國絲綢和棉布。伊台斯本人因此行也大發橫財，從行前的債台高築，到返回莫斯科後一躍成為腰纏萬貫，一擲千金的闊老。[158]「除去交納的關稅不計，北京商隊一般獲利可高達 48% 之多。這種高額預期利潤由伊台斯使團首次進行的北京直接貿易所證實，它促使俄國政府壟斷了同中國的貿易。」[159] 沙皇政府正是從此行看到俄中貿易可以撈取巨額利潤，決定籌組國家商隊，以代替此前活躍在俄中貿易領域的私人商隊，將俄中貿易提升到更具規模型的國家層次。

總的來看，17 世紀俄羅斯與中國的貿易尚處在初期階段。俄羅斯使團在俄中貿易中擔當了關鍵角色，他們打探商貿信息，拓展貿易渠道。當時俄羅斯在中國出售的商品主要有毛皮和皮革製品，而中國輸往俄羅斯的商品則為絲綢、茶葉、寶石等，俄、中雙方各取所需，俄羅斯方面的購貨很大程度上是為滿足宮廷需求。《尼布楚條約》簽訂後，中俄正式建立了通商關係，中俄貿易空前活躍，俄羅斯私人商隊接踵而至京師，出現了「京師互市」的興旺局面。[160]

---

158 參見孟憲章主編：《中蘇經濟貿易史》，第 41-42 頁。

159 Mark Mancall, *Russia and China: Their Diplomatic Relations to 1728*, pp.187-188.

160 有關俄羅斯私人商隊在京從事貿易情形，參見孟憲章主編：《中蘇經濟貿易史》，第 38-49 頁。

結 語

　　17 世紀是中俄雙方最初接觸、相互碰撞、互相認識的一個世紀。在這一過程中，中俄雙方遇到了不少的困難與障礙。首先是語言的障礙。由於俄羅斯遣使不通漢語、滿語，幾不可與中國方面直接交流。而需通過中介 —— 耶穌會士或蒙古人、中亞商人的翻譯來實現，交流語言也只能使用西語、拉丁語或蒙古語。語言的障礙幾乎貫穿整個 17 世紀中俄外交交往。其次是外交禮儀的隔閡。由於中俄雙方彼此不了解對方的外交禮儀，在接觸中不免產生這樣那樣的誤會，如禮品的交換、國書的書寫格式、觀見的禮儀等，俄方常常因對這些細節問題的處理不當，不符合中方的要求，或固執於堅持維護自己的尊嚴，而屢遭挫折。[161] 儘管如此，俄羅斯方面並未因此而氣餒，在人力、物力資源的配備上持續加大投入力度，表現了俄羅斯方面尋求發展與中國關係的利益需求。

　　17 世紀，俄羅斯在向東方擴張和殖民開拓方面取得了突破性的進展，這與當時明末清初中國面臨嚴重的內憂外患的局面有關。這一局面給俄羅斯以可乘之機，「明王朝的削弱導致許多民族（滿人、蒙古人、畏兀兒人等）對中國的臣屬關係解體。與此同時，當地許多民族又面臨滿洲征服者新奴役的威脅。滿人在大敗中國軍隊於滿洲地區之後，迅速向南方、西南方和東方擴展其領地。焦慮不安的蒙古、布里亞特等小民族的統治者們，耳聞俄國的軍事成就和強大實力，希望求得俄國的庇護，以免遭尚武的滿人侵害。托木斯克軍政長官轄區開始經常有蒙古

---

[161] 有關這方面的情形詳見張雪峰：《清朝初期中俄交往文化障礙的克服與俄國宗教傳道團來華》，收入關貴海、欒景河主編：《中俄關係的歷史與現實》（第二輯），北京：社會科學文獻出版社 2009 年版，第 124-132 頁。

人、吉爾吉斯人等遊牧民族的使者前來，並一再表示願意效勞」。[162] 前蘇聯學者將其向東方的擴張和殖民開拓，解釋為當時中國北方和西北方少數民族的自願歸附，這當然不是事實，但由於明朝的自顧不暇，清朝的無力北顧，從而削弱甚至失去了對長城以北廣大漠北地區的控制，這客觀上給俄羅斯以有利機會，這是明末清初難以諱言的窘境。

17世紀俄羅斯赴華使團對俄方來說具有頗為重要的意義。首先，在17世紀中俄關係史或交往過程中，俄羅斯始終處於主動方面，中國處於被動，這既反映了俄羅斯探求與中國發展外交、貿易關係的要求，也表現了俄羅斯向東方殖民拓展，特別是向中國滲透的強烈慾望。

其次，俄國使團提供的各種材料說明，「俄國在17世紀時已經掌握了中國完整而且基本可信的形象」。[163] 例如，伊台斯使團根據自己的觀察，對中國軍事做出評估：「他們的大炮很好，射擊技術也很高明，但手持的武器不好，因為只有弓箭。鞍具很好，但他們騎馬時，在鞍下放一個枕頭和一條小褥子，因此坐得高而不穩。總之，他們的一切行動、作戰和裝備都是雜亂無章的。甚至長期進行的戰爭也是無領導的：輕率地向敵人猛撲，因而常被擊潰。」[164] 對中國在科技方面的成就，他們也形成了自己的意見：「被許多作家捧到天上的中國人的偉大智慧、藝術和科學，都遠不能與歐洲的相比。當然，也有一些中國人，由於勤奮，向耶穌會教士學會了數學、天文學及其他科學，老師給予他們很高

---

162 米·約·斯拉德科夫斯基著、宿豐林譯：《俄國各民族與中國貿易經濟關係史（1917年以前）》，第63頁。

163 亞·弗·盧金著，劉卓星、趙永穆、孫凌齊、劉燕明譯：《俄國熊看中國龍 —— 17-20世紀中國在俄羅斯的形象》，第14頁。

164 伊茲勃蘭特·伊台斯、亞當·勃蘭德著，北京師範學院俄語翻譯組譯：《俄國使團使華筆記（1692-1695）》，第277-278頁。

的榮譽。」[165] 俄國使團來華的目的地或最終目標是北京，因此北京是他們悉心研究的主要城市，對北京的嚮往和描繪成為喚起俄國人慾望和野心的源泉。

復次，俄國使團探明了走進中國的陸上、海上路線，這是他們的一項實際收穫。俄國使團赴華的一項重要使命是獲得走進中國陸路、水路第一手材料，經過多次旅行，使團探明了多條通往北京的陸路，並對瀕臨中國東北的海洋地理有了了解，從而為俄國進一步發展與中國的商貿、外交、宗教等方面的關係奠定了重要基礎。

最後，經過俄國使團的努力，俄羅斯與中國建立了貿易關係。俄國使團赴華抱有極大的商業目的，與中國進行貿易是他們當時來京所追求的一個目標，因此，使團負有商業目的和常有商隊隨行，他們一方面頗為注意考察中國的經濟和商業狀況，一方面尋找在中國進行貿易的機會，這對俄國很快成為中國在北方的主要貿易夥伴有極大助益。[166] 據統計，到 17 世紀最後幾年，俄羅斯通過尼布楚與中國的貿易額已可以和與中亞的貿易額相比，甚至超過了俄國經由普斯利夫、齊赫文和斯摩稜斯克對西方的貿易。[167]

俄國使團所帶回的材料在他們所處的時代大多處於一種「保密」狀態，這既與俄國當時的專制政體有關，也與俄羅斯人企圖獨佔其所發現中國知識的想法相聯。據俄國學者對這些文獻版本的研究表明，「只有極少數國家領導人和官員才能看到關於中國的資料，大多數外交文書

---

165 同上，第 278 頁。

166 有關這方面的研究，參見〔俄〕特魯謝維奇著，徐東輝、譚萍譯：《十九世紀前的俄中外交及貿易關係》。〔俄〕阿·科爾薩克著、米鎮波譯：《俄中商貿關係史述》，北京：社會科學文獻出版社 2010 年版。〔蘇〕米·約·斯拉德科夫斯基著、宿豐林譯：《俄國各民族與中國貿易經濟關係史（1907 年以前）》，北京：社會科學文獻出版社 2008 年版。

167 齊赫文斯基主編：《中國近代史》上冊，第 81-82 頁。

只有一份或幾份手抄本，不曾超越衙門的範圍而為更廣泛的社會人士所知。其中，傳播最廣的（斯帕法里的《描述》）也只留下了 40 多份手抄本，直到 1910 年才得以出版。戈杜諾夫的《關於中國疆土的公報》只留下了 7 份手抄本，直到 1791 年才由 Г·Ф·米勒首次發表。其他更加實用的描述保留下來的份數更少，發表的時間也更晚。伊茲布蘭特的《札記》1704 年才在阿姆斯特丹首次發表，很快就被譯成各種主要語言，俄文譯本直到 1789 年才出版，被收入 Н．И．諾維科夫的《古代俄羅斯叢書》第 2 版，直到 20 世紀以前不曾出版過俄文譯本，它也和伊傑斯的《札記》一樣，只能對俄國社會產生間接的影響」。**168** 俄國對中國知識的這種「保密」、冷凍態度與西歐相對開放、熱衷的情形恰然形成鮮明對比。

中方雖對俄國使團始終抱有警惕的戒備，但因困於內戰和對北方蒙古族、西北少數民族用兵，明、清兩朝實在無法對俄羅斯在西伯利亞的擴張和殖民活動做出有力制衡。中俄《尼布楚條約》的簽訂，雖暫時遏制了俄羅斯向中國東北的入侵活動，形成了此後延續長達一個多世紀的中、俄對峙局面，但並沒有根除俄羅斯的威脅，俄羅斯作為中國北部崛起的一個異族，實已成為日後威脅中國北部的最大邊患。

---

168 亞·弗·盧金著，劉卓星、趙永穆、孫凌齊、劉燕明譯：《俄國熊看中國龍 —— 17-20世紀中國在俄羅斯的形象》，第 14-15 頁。

第四章

18 世紀法國耶穌會士的「北京經驗」

——以《耶穌會士中國書簡集》為中心的討論

18 世紀是法國耶穌會士主導西方「北京經驗」的時代。不管是從來京耶穌會士的人數，還是在京城所扮演角色的重要性，還是留下有關「北京經驗」文獻材料所佔的份量，法國耶穌會士在西方來京人士中均佔有優勢。同其他國家傳教士與羅馬教廷的密切關係相對有別，法國耶穌會士從其 1700 年成立傳教區以來，就自成一體，保持著自己內部比較密切的組織關係和通訊聯繫。

本章主要以法國《耶穌會士中國書簡集》（以下簡稱《書簡集》）為考察對象，探討這一文本所展示的法國耶穌會士豐富的「北京經驗」。從法國耶穌會士的《書簡集》看，他們的「北京經驗」主要包含三個方面的內容：一是對北京城市的觀察和各種場景的實錄，其中對圓明園的描繪，對北京地震災害的記載頗具文獻價值。二是有關他們在北京的生活、工作記錄或匯報，特別是他們與清廷的關係，他們在京的傳教活動，他們從事科技、藝術的交流活動，這些都是當時中西文化交流史的核心內容或核心材料。三是他們通過對北京的「城市閱讀」，對中國政治、經濟、文化、科技、軍事等方面所做的評估，以及對中西方諸方面實力所做的對比，對法國知識界及同時期發生的啟蒙運動，甚至整個西方社會都有相當重要的影響，這是西方中國形象學的重要內容。誠如法國學者德爾尼所說：「這些書簡目前仍未失掉其重要意義。首先，它們具有歷史文獻的價值，而且也是中國在十八世紀曾對歐洲施加過巨大影響的見證。」[1] 歐洲學者對這些歷史材料頗為重視，一些學者投入這項課題研究，詹嘉玲指出：「在歐洲保留下來的數量大得驚人的資料（它們在中國本土卻很稀少，也很難得到），使之成為一項整個歐洲大陸範

---

1 〔法〕德爾尼著、耿昇譯：〈緊急出版《耶穌會士書簡集》中有關中國的信〉，載《中國史研究動態》1980 年第 6 期。

圍內的課題。這些檔案也形成了有關中國最古老的西文文獻特藏。」[2] 由於語言的阻隔和材料的缺乏，現有的中文研究成果相對薄弱，中國學者最早專門研究這些文獻的是閻宗臨先生，他早年在法國撰寫的博士論文《杜赫德的著作及其研究》，[3] 對《中華帝國全志》和《耶穌會士中國書簡集》有比較系統的研究和較多的利用。近期張國剛的《從中西初識到禮儀之爭 —— 明清傳教士與中西文化交流》、張西平的《歐洲早期漢學史 —— 中西文化交流與西方漢學的興起》兩書亦闢有專節探討、研究《中華帝國全志》和《耶穌會士中國書簡集》，[4] 篇幅相對比較簡略。其他相關成果多集中於法國耶穌會士與中西文化交流（特別是科技交流）。[5] 本章限於篇幅，主要發掘和解讀《書簡集》與北京有關的材料。事實上，18 世紀歐洲的「中國熱」（Chinoiserie）與法國耶穌會士在他們書簡、報告中對其「北京經驗」的濃重渲染，有著直接的關係。

一、18 世紀來京之法國耶穌會士概述

18 世紀來京的西方耶穌會士與此前一個世紀相比，有了較大的發

2　〔法〕詹嘉玲：《法國對入華耶穌會士的研究》，收入〔法〕戴仁（Jean Pierre Drège）編、耿昇譯：《法國中國學的歷史與現狀》，上海辭書出版社 2010 年版，第 417 頁。詹文對法國的相關研究成果作了綜述。另參見〔法〕謝和耐、戴密微等著、耿昇譯：《明清間耶穌會士入華與中西匯通》，北京：東方出版社 2011 年版。該書收集了法國學者研究入華耶穌會士的論文，共 43 篇，是這方面的代表性研究成果彙編。

3　參見閻宗臨著、閻守誠編：《傳教士與法國早期漢學》，鄭州：大象出版社 2003 年版，第 1-101 頁。

4　參見張國剛：《從中西初識到禮儀之爭 —— 明清傳教士與中西文化交流》，第 273-280 頁。張西平：《歐洲早期漢學史 —— 中西文化交流與西方漢學的興起》，第 474-513 頁。

5　參見樊洪業：《耶穌會士與中國科學》，北京：中國人民大學出版社 1992 年版。韓琦：《中國科學技術的西傳及其影響》，石家莊：河北人民出版社 1999 年版。吳伯婭：《康雍乾三帝與西學東漸》，北京：宗教文化出版社 2002 年版。

展，通過介紹這一世紀耶穌會士的基本狀況，可以顯現法國耶穌會士在來京西方耶穌會士中所佔的分量和地位。

最早來京的法國耶穌會士是金尼閣，他於 1610 年抵華後，曾赴北京作短暫停留，向會督報告會務。金尼閣以整理《利瑪竇札記》（又名《基督教遠征中國記》）聞名於世。[6] 第二位來京的法國耶穌會士是方德望，約於 1641-1647 年間曾在北京居住。1664-1665 年因教案而押解至京，拘禁在東堂的 21 位耶穌會士中就有法籍 7 人：劉迪我、穆格我、穆迪我、洪度貞、汪儒望、金彌格、聶仲遷。法國耶穌會士在北京真正產生影響是在 1688 年 2 月張誠、白晉等五位「國王的數學家」耶穌會士抵京以後。嗣後，張誠、白晉被留京隨侍康熙，頗得康熙的好感和器重。康熙「特命晉返法國召致其可能召來之傳教師若干人。同時並命其攜帶物品贈給法蘭西國王路易十四世，內有北京精印書籍四十九冊」。[7] 白晉 1693 年離京，1697 年回到法國。1698 年白晉帶領法國耶穌會士 8 人重抵廣州，內中有翟敬臣、南光國、巴多明、雷孝思、衛嘉祿 5 人隨白晉直奔北京。此外，羅德先於 1699 年抵達廈門數日後，「即被皇帝所遣官吏召之赴京師」。[8] 1700 年樊繼訓（Pierre Frapperie）抵京。[9] 法籍耶穌會士在京人數達到 9 人，成為在京耶穌會士最大的一個群體。跨越 17、18 世紀之交仍留京的其他國籍耶穌會士有 9 人：閔明我（意）、徐日昇（葡）、蘇霖（葡）、安多（比）、法安多（意）、紀理安（德）、費約理（意）、鮑仲義（意）、何多敏（意）。由此可見，到 1700 年法國傳教區成立時，在京的法國耶穌會士已相當於其他歐洲國家耶穌會士

6　參見費賴之著、馮承鈞譯：《在華耶穌會士列傳及書目》上冊，第 116、122 頁。

7　費賴之著、馮承鈞譯：《在華耶穌會士列傳及書目》上冊，第 435 頁。

8　同上，第 562 頁。

9　同上，下冊，第 573 頁。

人數之和，在數量上明顯佔有優勢。

18世紀來京的法國耶穌會士有44位，他們是：殷弘緒、傅聖澤、宋若翰、龔當信、戈維里、杜德美、隆盛、湯尚賢、陸伯嘉、馮秉正、德瑪諾、夏德修、安泰、倪天爵、宋君榮、雅嘉祿（楊嘉祿）、沙如玉、孫璋、趙加彼、吳君、趙聖修、王致誠（巴德尼）、楊自新、湯執中、石若翰、紀文、蔣友仁、錢德明、韓國英、方守義、巴良（劉保祿）、汪達洪、晁俊秀（晁進修）、[10]金濟時、嚴守志、甘若翰（梁棟材／村）、[11]巴新、賀清泰、李俊賢、波爾德（布爾德）、薄賢士、孟正氣、卡布里爾—萊昂·拉米、馬若瑟，[12]這些人大多兼具神學士與科學家、醫生、建築師或藝術家的角色。加上前此來京的9人，共53人，其人數佔同時期來華法國耶穌會士的一半以上，[13]這説明在18世紀北京已是法國耶穌會士在華的主要活動區域。

17、18世紀來京的法國耶穌會士有9位死後葬在柵欄墓地，他們是：翟敬臣（1701）、南光國（1702年）、樊繼訓（1703年）、利聖學（又名習聖學，1704年）、[14]張誠（1707年）、羅德先（1715年）、陸伯

10　晁進修之名參見明曉艷、魏揚波主編：《歷史遺踪——正福寺天主教墓地》，北京：文物出版社2007年版，第10頁，亦作趙進修。

11　梁棟村之名參見明曉艷、魏揚波主編：《歷史遺踪——正福寺天主教墓地》，第11頁。又參見榮振華著、耿昇譯：《在華耶穌會士列傳及書目補編》上冊，第287頁，作梁棟材。

12　波爾德以下四人據榮振華著補，參見榮振華著、耿昇譯：《在華耶穌會士列傳及書目補編》上冊，第67、189、351頁。下冊，第518頁。

13　據李晟文統計，明清之際來華法國耶穌會士約105人。參見李晟文：《明清之際法國耶穌會士來華過程研究》，收入黃時鑒主編：《東西交流論譚》第二集。上海文藝出版社2001年版，第72-100頁。

14　利聖學似並未到過北京，他在前往北京的途中死於山東臨清，殁後葬在北京。參見費賴之著、馮承鈞譯：《在華耶穌會士列傳及書目》上冊，第504頁。

嘉（1718 年）、杜德美（1720 年）、湯尚賢（1724 年）。[15] 由於柵欄墓地屬於葡萄牙傳教區的公墓，法國傳教區獨立以後，另尋墓地勢在必然，可能在 1724-1730 年之間，法國耶穌會士在正福寺開闢了自己的墓地，以後共有 28 人葬在正福寺耶穌會公墓，他們是：白晉（1730 年）、張誠（1735 年後從柵欄墓地移至此）、[16] 雷孝思（1738 年）、巴多明（1741 年）、殷弘緒（1741 年）、沙如玉（1747 年）、馮秉正（1748 年）、湯執中（1757 年）、安泰（1758 年）、紀文（1758 年）、宋君榮（1758 年）、趙聖修（1760 年）、楊自新（1766 年）、孫璋（1767 年）、巴德尼（即王致誠，1768 年）、嚴守志（1770 年）、蔣友仁（1774 年）、李俊賢（1774 年）、巴新（1774 年）、韓國英（1780 年）、方守義（1780 年）、金濟時（1781 年）、汪達洪（1787 年）、晁俊秀（1767 年後改名晁進修，1792 年）、錢德明（1793 年）、甘若翰（即梁棟材／村，1811 年）、潘廷章（1811 年）、賀清泰（1813 年）。[17] 這些耶穌會士長眠在北京的墓地，成為 17、18 世紀中法文化交流的歷史象徵。

18 世紀其他國家來京的耶穌會士有 58 人，他們是：王石汗（比）、艾遜爵（意）、高嘉樂（高尚德，葡）、龐嘉賓（德）、利國安（意）、方記金（意）、習展（葡）、費隱（奧地利）、張安多（葡）、石可聖（波希米亞）、林濟各（瑞士）、公類思（意）、隨彌嘉（葡）、麥大成（葡）、陽秉義（波希米亞）、郎世寧（意）、羅懷忠（意）、喜大教（倪天爵，意）、戴進賢（德）、李國成（葡）、徐懋德（葡）、嚴嘉樂（波希米亞）、金亮（奧地利）、徐茂盛（又名徐大盛，意）、利博明（意）、麥有年（葡）、陳善策（葡）、索智能（葡）、黃安多（葡）、

15　參見明曉艷、魏揚波主編：《歷史遺踪 —— 正福寺天主教墓地》，第 9 頁。
16　同上。
17　同上，第 10、11 頁。甘若翰、潘廷章（璋）、賀清泰三人未立墓碑。

任重道（意）、魏繼晉（德）、鮑友管（德）、劉松齡（奧地利）、南懷仁（奧地利）、傅作霖（葡）、魯仲賢（波希米亞）、林德瑤（葡）、習若望（葡）、馬德昭（葡）、艾啟蒙（波希米亞）、高慎思（葡）、羅啟明（葡）、張舒（葡）、索德超（葡）、安國寧（葡）、齊類思（意）、潘廷章（多誤作潘廷璋，意）、[18] 德阿瓜多（葡）、范大訥（葡）、[19] 吳直方（葡）、龍安國（葡）、賈方濟（澳門）、法方濟各（意）、孔祿食（意）、駱保祿（意）、穆敬遠（葡）、何多敏（意）、沈若望（葡）、查林格（奧地利）。[20] 其中葡萄牙 26 人、意大利 15 人、奧地利 5 人、波希米亞 5 人、德國 4 人、瑞士 1 人、比利時 1 人、澳門 1 人。葡萄牙、意大利籍的耶穌會士所佔比重與上一世紀相比明顯下降，這與法國耶穌會士所佔份量上升恰成相反趨勢。

1727 年 10 月 8 日宋君榮致信蓋雅兒神父時報告了當年 1 月 26 日雍正接見在京二十位歐人的情形，[21] 這實際上也是在京耶穌會士的大致人數。[22] 1734 年 10 月 29 日巴多明致某神父的信中提到當時在京的法國耶穌會士共有十人，他們是殷弘緒（Xavier d' Entrecolles）、雷孝思、馮秉正（Moyriac de Maillac）、宋君榮、孫璋（Alexandre de La charme）、

---

18 潘廷章為意大利人，參見費賴之著、馮承鈞譯：《在華耶穌會士列傳及書目》下冊，第 1036 頁。參見榮振華著、耿昇譯：《在華耶穌會士列傳及書目補編》下冊，第 480 頁。但他為法國傳教區耶穌會士，參見明曉燕、魏揚波：《歷史遺踪 —— 正福寺天主教墓地》，第 11 頁。

19 此前名單據費賴之著、馮承鈞譯：《在華耶穌會士列傳及書目》上、下冊。

20 從吳直方以下，參見榮振華著、耿昇譯：《在華耶穌會士列傳及書目補編》上冊，第 43、57、99、231、232、279、285、453 頁；下冊，第 472、481、628、753 頁。

21 參見〔法〕宋君榮：〈有關雍正與天主教的幾封信〉，收入杜文凱編：《清代西人見聞錄》，北京：中國人民大學出版社，1985 年版，第 167-168 頁。

22 雍正初年在京傳教士「約有二十多位」，參見徐宗澤：《中國天主教傳教史概論》，上海書店出版社 2010 年版，第 159 頁。

沙如玉（Valentin Chalier）、趙加彼（Gabriel Boussel）、吳君（Pierre Foureau）、安泰（Etienne Rousset）和他本人。[23] 1743 年 11 月 1 日王致誠在致達索（d' Assant）的信中，亦談到當時在京耶穌會士的狀況：

　　我們於此共有三座教堂和 22 名耶穌會士，在我們的法國住院中共有 10 名法國人，在其他住院中共有 12 人，他們分別是葡萄牙人、意大利人和德國人。在這 22 名耶穌會士中，有 7 名如同我一樣為效力於皇帝而忙碌。其他人是司鐸，因而也是傳教士。他們不僅僅培養北京城的基督徒，而且還培養該城遠達方圓 30-40 法里廣袤地區的基督徒，他們在該地區不斷從事布道旅行。

　　除了這些歐洲耶穌會士之外，本處還有 5 名中國耶穌會士和司鐸，以方便那些西洋人，因為他們無法在不冒險的情況下活動，而且只能很不方便地前往一些住院與地點。除此之外，在該帝國的不同省份，還有 30-40 名耶穌會士或其他修會的傳教士。[24]

信中所述耶穌會士 22 人，大概是 18 世紀前六十年耶穌會士在北京的常態規模，而法人約佔其中一半。[25] 這些人實際充當了西方常駐北京使團的角色。

　　18 世紀在北京活動的其他西方基督教教派還有方濟各會、羅馬教

---

23 參見〔法〕杜赫德編、耿昇譯：《耶穌會士中國書簡集》，第 4 冊，鄭州：大象出版社 2005 年版，第 122 頁。書中將此信誤作「1754 年」，現改。譯者將沙如玉（Valentin Chalier）誤作「朱耶芮」，顯誤。朱耶芮（Philippe Cazier）於 1722 年在廣州去世。參見榮振華著、耿昇譯：《在華耶穌會士列傳及書目補編》上冊，第 123-124 頁。

24 參見杜赫德編、耿昇譯：《耶穌會士中國書簡集》第 4 冊，第 303 頁。

25 君丑尼（Loppin）神父提到類似的情形，參見杜赫德編、耿昇譯：《耶穌會士中國書簡集》第 4 冊，第 265 頁。

廷傳信部（遣使會）。1690 年和 1725 年，方濟各會北京教區主教先後由伊大仁（Bemardirus della Chinesa，亦作伊大任）、佛朗索擔任。[26] 最早進入北京的遣使會傳教士是畢天祥（Louis-Antoine Appiani），他於 1705 年 9 月作為翻譯陪同多羅主教（Charles-Thomas Maillard de Tournon）赴京。後又曾兩度被押解北京。[27] 隨後羅馬傳信部派遣意大利籍傳教士德理格（Teodorico Pedrini）、馬國賢（Matteo Ripa）、山遙瞻（G. Bonjour）於 1711 年抵京，他們三人一擅長音樂，一擅長美術，一擅長數學，被清廷稱為「技巧三人」，均被召進清宮服務。1723 年德理格建造了一座教堂 —— 西堂。[28] 傳信部的傳教士大部分來自意大利。1773 年羅馬教廷宣佈解散耶穌會，其財產和會務隨後均被遣使會接收，耶穌會在京的地位遂被遣使會所替代。葡籍遣使會傳教士湯士選（Alexander de Gouvea）在 1788-1795 年間（乾隆五十三年至乾隆六十年）任欽天監監副，法籍羅廣祥（Nicolas-Joseph Raux）在 1795 年（乾隆六十年）任欽天監監副，取代了此前長期主控欽天監的耶穌會士。[29] 在 18 世紀，遣使會在京的發展規模非常有限，故他們的人數遠不及此前和同時期的耶穌會士。直到 19 世紀中期，伴隨西方殖民者的入侵，遣使會才大舉進入

---

26 伊大仁生平參見方豪：《中國天主教史人物傳》，北京：宗教文化出版社 2007 年版，第 484-485 頁。方濟各會在北京的發展情形，參見楊靖筠：《北京天主教史》，北京：宗教文化出版社 2009 年版，第 35 頁。

27 有關畢天祥生平介紹，參見榮振華等著，耿昇譯：《16-20 世紀入華天主教傳教士列傳》，桂林：廣西師範大學出版社 2010 年版，第 549 頁。方豪：《中國天主教史人物傳》，第 491-492 頁。

28 參見明曉艷、魏揚波主編：《歷史遺踪 —— 正福寺天主教墓地》，第 4 頁註 5、第 12 頁註 24。一說西堂係 1725 年購置，參見楊靖筠：《北京天主教史》，第 37 頁。

29 有關欽天監的人事變化，參見薄樹人：〈清朝欽天監人事年表〉，載中國天文學史整理研究小組編：《科技史文集》第 1 輯《天文學史專輯》，第 86-101 頁。屈春海：〈清代欽天監暨時憲科職官年表〉，載《中國科技史料》1997 年第 3 期，第 45-71 頁。

中國，成為在京的主要教派。**30**

　　中國方面亦留下了乾隆年間在京西方傳教士的人員記載，可以與西文文獻相互印證，它反映了 18 世紀 70、80 年代在京傳教士的實情：

　　宣武門內天主堂西洋人（係南堂）：劉松齡（欽天監監正，病故）、傅作霖（欽天監監副）、鮑友管（欽天監監副，病故）、魏繼晉（素習律呂，病故）、索德超（熟諳內外科）、高慎思（素習天文輿圖）。

　　西安門蠶池口內天主堂西洋人（係北堂）：蔣友仁（熟諳天文輿圖，在圓明園御花園水法上行走，三十九年九月二十日病故）、錢德明（素習律呂，在內閣蒙古堂翻譯哦囉嗉臘定諾文）、方守義（熟諳天文，在內閣蒙古堂翻譯哦囉嗉臘定諾文，四十五年十一月二十九日病故）、韓國英（熟諳水法，病故）、汪達洪（在如意館鐘錶上行走）、巴新（熟諳外科，病故）、趙進修（素習天文）、金濟時（素習天文水法）、嚴守志（素習天文文法，病故）、梁棟材（素習天文水法，兼習律呂）、李俊賢（熟精鐘錶，在如意館行走，病故）、潘廷章（善畫喜容人物、山水，在如意館行走）、赫（賀）清泰（善畫山水、人物，在如意館行走）。

　　東安門外干魚胡同天主堂西洋人（係東堂）：艾啟蒙（素習丹青，在如意館行走，病故）、高慎思（素習天文輿圖，南）、林德瑤（素習天文）、張繼賢（素習外科）、安國寧（素習天文）。

　　西直門內天主堂西洋人：安德義（素習丹青，在如意館行走）、葉宗孝（素習內科）、相秉仁（素習天文）。

30　參見耿昇：〈遣使會傳教士的在華活動（代序）〉，收入榮振華等著，耿昇譯：《16-20世紀入華天主教傳教士列傳》，第 531-545 頁。關於遣使會在北京的發展，擬另專文討論，在此不贅。

海甸楊家井西洋人：西堂 那永福（素習律呂）、西堂 李衡良（在如意館鐘錶上行走）。[31]

與 17 世紀相比，18 世紀耶穌會士來京人數在數量上不僅有較大幅度的增長，而且在京居住時間較長者亦有相應的攀升，在京居住超過十年甚至二十年以上者已大有人在，這與 17 世紀只有利瑪竇、龍華民、湯若望、安文思、利類思、南懷仁等十餘人居住時間較長相比，確有很大的進步。正因為如此，18 世紀來京的耶穌會士不再是孤獨的幾個人，而是形成了一個群體，他們實已成為溝通中西關係或中西文化交流的主力。

法國耶穌會士以北京為活動中心，在來京西方耶穌會士中佔有突出地位，這與法國耶穌會士自創傳教區有相當密切的關聯。從 1684 年柏應理在巴黎向法國國王路易十四建議遣使赴中國，法國即開始培養、選派赴中國的傳教士。1685 年派遣李明、張誠、白晉、洪若翰、劉應、居仁·塔夏爾六人前往中國，1688 年 2 月初法國「國王的數學家」一行五人到達北京。在京期間，法國傳教士通過自己的努力贏得了康熙皇帝的信任，並於 1693 年因用金雞納霜治癒康熙瘧疾而被賜予住所。1699 年洪若翰回到法國後，耶穌會總會長貢薩雷斯（Thyrse Gonzalez）任命他為具有行使副省會長權力的法國人傳教區會長，1700 年 11 月 30 日又任命張誠為在華法國耶穌會傳教區首任會長。[32] 法國傳教區自此正

---

31 中國第一歷史檔案館編：《清中前期西洋天主教在華活動檔案史料》第四冊，北京：中華書局 2003 年版，第 478-481 頁。

32 榮振華著、耿昇譯：《在華耶穌會士列傳及書目補編》下冊，北京：中華書局，1995 年版，第 785 頁。

式建立。[33] 法國傳教區前後共有十二任會長,其中張誠(第一任)、殷弘緒(第二任)、龔當信(第四任)、沙如玉(第七任)、石若翰(第十一任)在京。1775 年耶穌會解散的消息傳到北京後,路易十六世於1776 年任命晁俊秀、1779 年任命錢德明為北京住院的會長;而薩盧斯蒂主教為爭奪主控權,亦於 1778 年任命汪達洪取代晁俊秀。[34] 法國傳教區的設立對推動法國在華傳教事業的發展發揮了決定性的作用。

二、法國耶穌會士赴華使命及其書簡、報告

1684 年 9 月 15 日比利時耶穌會士柏應理在被引薦給法國國王路易十四後,不久再次出使中國。法國科學院應盧瓦(Louvoi)的要求寫成一份問題清單,以便在向中國派遣一批數學家耶穌會士之前,把它交給柏應理神父。盧瓦有著強硬的官方背景,他擔任國防和海軍大臣,柯爾貝(Jean-Baptiste Colbert)去世後,他接替了其留下的百藝和科學總監一職,負責監管科學院,洪若翰這批「國王的數學家」即為其精心挑選。這份問題清單經法國學者畢諾整理為《向柏應理神父提出的有關中華帝國的問題目錄》(或稱《中華帝國調查提綱》)。這份問題目錄實際上是法國方面向派遣中國的耶穌會士交待的使命,它反映了當時法國乃至歐洲對中國感興趣的問題所在,現摘錄如下:

　　—— 中國人的史學家及其史著的權威性和忠實性如何?那裡現在

---

[33] 1703 年 2 月 15 日洪若翰致拉雪茲神父的長信曾詳細回顧了 17 世紀法國耶穌會士來華的過程及法國傳教區創建的緣起,參見杜赫德著,鄭德弟、呂一民、沈堅譯:《耶穌會士中國書簡集》,第 1 冊,第 250-299 頁。有關法國傳教區的創建過程,參見張國剛:《從中西初識到禮儀之爭 —— 明清傳教士與中西文化交流》,第 228-236 頁。

[34] 參見榮振華著、耿昇譯:《在華耶穌會士列傳及書目補編》下冊,第 785-787 頁。

是否仍繼續以同樣精益求精的精神工作？

　　—— 尊敬的耶穌會士神父們是否對中國的經緯度做了某些具有相當規模的考察？

　　—— 中國人的科學及數學、天文學、哲學、音樂、醫學的優缺點以及他們診脈方式如何？

　　—— 荷葉、大黃及其藥品與奇花異木到底是什麼？中國是否出產某種香料，他們是否消費煙草？

　　—— 中國人的日常食物及其飲料是什麼？他們是否有葡萄酒、麵包、磨坊、印度子雞、鴿子和鴿棚、印度或土耳其小麥等？

　　—— 他們的家禽和家畜是否與我們的相似？他們是否擁有禽畜中的所有品種？如毛驢、騾子和駱駝。

　　—— 他們最優良的飛禽、野味和魚類是甚麼？

　　—— 他們的大炮、火槍和其他進攻與防禦性武器的形狀與用法如何？他們是否有短槍、卡賓槍、手槍、炸彈、手榴彈和煙火？

　　—— 他們的陣地設防方式、進攻和保衛陣地的方式如何？他們是否有地雷和戰壕等？

　　—— 他們的節日、舞蹈、樂器、節日篝火如何？

　　—— 他們的絲綢、白色毛織、棉織、瓷器、印刷術、作坊以及他們使用羅盤的方式如何？

　　—— 他們大船的形狀以及小船、灌渠和閘門的方便性如何？他們的道路和陸行車輛如何？那裡是否有風車和小客棧等？

　　—— 諸如北京、南京、廣州市那樣的主要城市的規模和居民如何？

　　—— 全國的幅員？

　　—— 他們的住宅的形狀、傢具、庭院、果樹、甬道、噴泉、花壇、街道上的石鋪路面、寺院的形狀與規模如何？他們的崇拜偶像和供

像是什麼？

—— 他們有什麼礦藏？

—— 他們的喪葬、婚娶如何？女子是否擁有自由或者是否可以拋頭露面？他們的財產所有制如何？他們是否有遺囑和捐贈？繼承和分配遺產的方式如何？

—— 他們的法官、巡察官以及懲罰和處死罪犯的方式。

—— 他們的宗教和信教人情況。

—— 萬里長城。

—— 他們的港口、其秀美外貌和雄偉程度。

—— 皇帝的收入有多少？這些收入是以什麼東西組成的？

—— 那裡的風是溫暖還是寒冷？氣候是乾燥還是多雨？是否惹人討厭？那裡是否有規律性很強的降雨和季風？在什麼季節和什麼地區？

—— 馬可‧波羅所說的「行在」（Quinsay）是浙江省杭州還是同一個省的湖州？其湖泊如何？

—— 東西轄靼的情況如何？

—— 莫斯科人和那些來自印度、臥莫爾國人的旅行情況。

—— 朝鮮，其國王是中國的附庸還是強大的國王？

—— 海南島及其珍珠的情況。

—— 貴州和雲南等省份以西的居民。

—— 黔江和喀喇木倫河的寬度及其水質。

—— 中國的陝西、山西、北京、遼東、山東、南京、浙江、福建、江西、廣東、廣西、貴州、雲南、四川、湖廣和河南諸省份。

—— 澳門的地勢，它是否與大陸相聯接。[35]

---

35 維吉爾‧畢諾著、耿昇譯：《中國對法國哲學思想形成的影響》，第502-504頁。

這份清單所列問題遠非傳教所限，內中政治、經濟、文化、軍事、科技、歷史、地理、自然資源、物質文化無所不包，簡直就是中國國情的普查和廣泛研究，實為法國耶穌會士的行動指南。[36] 怪不得法國人喜歡將其進入中國的過程形容為「發現中國」。[37] 其中在中國城市中，北京、南京、廣州三城被列為他們調查的主要對象，北京又可謂「重中之重」。

1687 年 11 月 8 日已到達中國寧波的洪若翰在致巴黎科學院的書簡中，報告了他與同行在中國的調查計劃及其分工情況：洪若翰負責中國天文學史和地理學史、天體觀測，以與巴黎天文台所做天文觀測相比較；劉應負責中國通史、漢字與漢語的起源；白晉負責動植物的自然史和中國醫學的研究；李明負責藝術史和工藝史；張誠負責中國的現狀、警察、官府和當地風俗、礦物和物理學（指醫學）的其他部分。[38] 其涉獵範圍之廣，實已承接了前述所交待的使命。

1703 年 2 月 15 日洪若翰致信拉雪茲神父，提起派遣他們赴華的緣起時說：「正是在 1684 年歲末，上帝賜予了派遣法國傳教士到中國去的機會。當時在法國，人們正在根據國王的詔令，為改造地理學而工作。皇家科學院的先生們奉命負責此事，他們派遣了其團體中最精明能幹的人赴大西洋和地中海各港口，英國、丹麥、非洲和美洲諸島嶼，在那裡從事必要的考察。大家對遴選將被派往印度和中國的人員感到最為棘

---

36 有關這份問題清單與法國來華耶穌會士及其著述之關聯的論述，參見〔法〕藍莉著、許明龍譯：《請中國作證 —— 杜赫德的〈中華帝國全志〉》，北京：商務印書館 2015 年，第 138-160 頁。

37 參見〔法〕雅克‧布羅斯（Jacques Brosse）著、耿昇譯：《發現中國》，濟南：山東畫報出版社 2002 年版。〔法〕萊理世夫：《法國是如何發現中國的》，收〔法〕謝和耐、戴密微等著，耿昇譯：《明清間耶穌會士入華與中西匯通》，第 48-57 頁。

38 轉引自韓琦：《中國科學技術的西傳及其影響》，第 20 頁。另據法國學者伯德萊研究，此信系經裝化行發現，原收藏在法國國民議會圖書館。參見〔法〕伯德萊著、耿昇譯：《清宮洋畫家》，濟南：山東畫報出版社 2002 年版，第 189 頁。

手，因為這些地區在法國較少被人所知，且科學院的先生們還認為，在那裡可能會有不受歡迎以及使執行計劃的外國人感到不安的危險。由此，人們把目光轉向了耶穌會士們，後者在整個這個地區擁有傳道團，他們的天職就是前往他們認為在拯救靈魂方面能取得最多成果的任何地方。」[39] 法國學者伊薩貝爾‧微席葉（Isabelle et Jean-Louis Vissière）對這一段話作了解釋：「由此可見，耶穌會士們從一開始就肩負科學與宗教雙重使命。當然，也不可忽視其政治背景，那就是法國政府想利用葡萄牙帝國的衰落而結束葡萄牙在東方教會中的壟斷地位。」[40]「肩負科學與宗教雙重使命」，這是對法國派往中國耶穌會士任務的準確概括。

由以上三份文獻可見，法國耶穌會士從其有組織地前往中國開始，就負有宗教以外的特殊使命，這就是「發現中國」。雖然歐洲其他國籍的傳教士也帶有這樣的目的，但法國耶穌會士的組織性、計劃性和目的性明顯更強，這是法國耶穌會與其他歐洲國家的傳教士不同之處。從後來出版的法國耶穌會士書簡、報告所涵蓋的內容看，這些問題實際貫穿在法國耶穌會士的來華活動中，也是他們書簡、報告討論的主要內容。

實際上，法國耶穌會士中不乏高級科研工作者。被稱為「國王的數學家」的五位耶穌會士中，就有洪若翰、白晉、張誠、劉應四位於行前被法國皇家科學院任命為通訊院士。五位「國王的數學家」踏上中國的土地後，他們就形成了一個「中國的科學院」，即巴黎科學院的分院。[41] 後來的巴多明與法國科學院、聖彼得堡科學院保持密切的通信聯

---

39 杜赫德編，鄭德弟、呂一民、沈堅譯：《耶穌會士中國書簡集》，第 1 冊，第 251 頁。

40 參見〔法〕伊薩貝爾‧微席葉著、耿昇譯：〈《耶穌會士書簡集》的由來和現狀〉，載《中國史研究動態》1980 年第 6 期。

41 參見伯德萊著、耿昇譯：《清宮洋畫家》，第 189 頁。

繫，他的書信發表在這兩家科學院的刊物上。宋君榮、劉松齡、湯執中被英國皇家學會聘請為外國會員，他們的著作或論文因此常常刊登在英國皇家學會的會刊《哲學滙刊》。[42] 錢德明、韓國英、高若望與法國科學院院士布列吉尼保持長久的通信聯繫。這些披著耶穌會士外衣的科學家出於職業的本能興趣，在中國的活動充滿了研究、探索、發現的性質。他們把自己比做哥倫布一樣的人物，力圖通過自己的工作，揭開對歐洲人來說遙遠的中華帝國神秘的面紗。

法國耶穌會士以北京為其活動中心，北京自然也成了他們通訊聯繫和情報傳遞的中心，已經發表的三大漢學名著和未公開的大量檔案文獻可以證明這一點。杜赫德編輯的《中華帝國全志》(*Description géographique, historique, chronologique, politique, et physique de l'empire de la Chine et de la Tartarie chinoise*)、《耶穌會士中國書簡集》(*Lettres Édifiantes et Curieuses, écrites des Missions étrangères. mémoires de la Chine*) 和勃羅提業 (Gabriel Brotier)、德經和薩西 (Antoine Issac Sylvestre de Sacy) 先後主編的《中國叢刊》(全稱為《北京傳教士關於中國歷史、科學、藝術、風俗、習慣之論考》 (*Mémoires concernant L'histoire, Les Sciences, Les Arts, Les Moeurs, Les Usages, &c. des Chinois: par les missionnaires de Pékin*) 這三大漢學名著包含了豐富的「北京經驗」材料。[43] 據法國學者伯德萊 (Michel Beurdeley) 統計，《中華帝國全志》收錄了衛匡國、南懷仁、柏應理、安文思、洪若翰、張誠、白晉、衛（魏）方濟、李明、劉應、雷孝思、馬若瑟、殷弘緒、赫蒼壁、龔當信、戈維里、夏德修、巴多明、杜德美、湯尚賢、馮秉正、郭中傳、彭

---

42 參見韓琦：《中國科學技術的西傳及其影響》，第 17、56 頁。

43 有關這「三大名著」的介紹，參見許光華：《法國漢學史》，北京：學苑出版社 2009 年版，第 68-70 頁。

加德、卜文氣、沙守信、宋君榮和楊嘉祿等 27 位耶穌會士的著作，[44]
內中除了衛方濟、赫蒼壁、夏德修、郭中傳、卜文氣、沙守信等 6 人未
在北京居住過，其他人都有過在京居住的經歷。《耶穌會士中國書簡集》
收錄書信或報告 153 件（其中序號 32 內含兩件），其中從北京直接發出
的就有 75 件，這些信件或報告的作者為：白晉 3 封、杜德美 2 封、張
誠 1 封、巴多明 17 封、馮秉正 4 封、殷弘緒 8 封、[45] 沙如玉 1 封、宋君
榮 2 封（內有論著 1 件）、王致誠 1 封、蔣友仁 7 封、錢德明 3 封、晁
俊秀 6 封、汪達洪 3 封、[46] 方守義 2 封、韓國英 3 封、[47] 安多 1 件、[48] 無名
氏 10 封、報告 1 件，其他雖非從北京發出，但涉及與北京相關內容的
還有數件。《中國叢刊》可以說主要是在巴黎的編輯勃羅提業、德經、
薩西和在北京的錢德明、韓國英等人合作的成果，後者給前者提供了材
料和論文，它通常被視為《書簡集》的後續。上述三大漢學名著包含有
相當分量的耶穌會士「北京經驗」成分雄辯地說明：北京實為 18 世紀
中歐（中法）文化交流的中心。

就史料價值而言，《中華帝國全志》存在對原作的摘選、刪改、

---

44 參見伯德萊著、耿昇譯：《清宮洋畫家》，第 198-199 頁

45 殷弘緒有些信件編入《耶穌會士中國書簡集》，發出信件的地點可能標錯。據榮振華考
證，殷弘緒有關瓷器的書簡，《書簡集》將其發信地點置於景德鎮，「這是一個錯誤，
因為他當時在北京」。此信即是指《書簡集》中序號 50〈耶穌會傳教士殷弘緒神父致
本會某神父的信〉（1722 年 1 月 25 日於景德鎮），參見榮振華著、耿昇譯：《在華耶穌
會士列傳及書目補編》，上冊，第 179 頁。

46 序號 120〈汪達洪神父致布拉索神父的信〉（1769 年於中國）一信，寫作地點應在北京。
因此時汪達洪已抵京。

47 序號 113〈韓國英神父致德爾維耶神父的信件摘要〉（1764 年 11 月 7 日）未署地點，應
為北京。因此時韓國英已在北京。

48 序號 144〈耶穌會中國副省會長安多神父寄往歐洲的備忘錄〉，未署時間、地點，安多
於 1692 年至 1703 年任北京道長與副區長，此備忘錄應是在任上所寫。參見費賴之著、
耿昇譯：《在華耶穌會士列傳及書目》上冊，第 406 頁。

編纂的處理，故其史料價值稍微遜色。《書簡集》由於其直接、原始的性質，自然更為重要。**49** 法國費賴之在撰寫《在華耶穌會士列傳及書目》時曾大量採用《書簡集》中的材料，並對之按人物列傳作了精細的歸納。榮振華在《在華耶穌會士列傳及書目補編》一書中譯本序中提到，他曾於 1973 年在巴黎舉行的第 29 屆東方學代表大會提交一篇〈呼籲為《耶穌會士書簡集》中的中國書簡出一種考證版本〉（載《第 29 屆東方學代表大會論文集》第 97-102 頁，1977 年），1983 年又在《法蘭西遠東學院通報》第 72 卷第 267-298 頁發表〈論《中華帝國全志》〉，**50** 足見他對這兩大文獻的高度重視。

除了上述三大巨著外，法國耶穌會士所存留的文獻材料還有不少。張誠、白晉、巴多明、傅聖澤有大量通信留存至今，與巴多明通信甚多的數學家、物理學家、巴黎科學院院長梅蘭（de Mairan，一譯德·梅朗）曾於 1759 年發表了《梅蘭致巴多明的書簡》，此書在 1770、1782 年兩次重版。德國學者柯藍妮的《耶穌會士白晉的生平與著作》、法國學者伊夫斯·德·托瑪斯·德·博西耶爾夫人的《耶穌會士張誠 —— 路易十四派往中國的五位數學家之一》、美國學者魏若望的《耶穌會士傅聖澤神甫傳：索隱派思想在中國及歐洲》**51** 等著均發掘並利用了收藏

---

49 有關《耶穌會士中國書簡集》的編輯、版本和內容介紹，參見〔日〕矢澤利彥著、艾廉瑩譯：〈日文本《耶穌會士中國書簡集》解說〉，〔法〕伊薩貝爾·微席葉著、耿昇譯：《〈耶穌會士書簡集〉的由來和現狀》，兩文均載《中國史研究動態》1980 年第 6 期。〔法〕杜赫德編，鄭德弟、呂一民、沈堅譯：《耶穌會士中國書簡集》中文版序，第 1 冊，第 1-18 頁。

50 參見榮振華著、耿昇譯：《在華耶穌會士列傳及書目補編》上冊，中譯本序第 4 頁。

51 參見〔德〕柯藍妮著、李岩譯：《耶穌會士白晉的生平與著作》，鄭州：大象出版社 2009 年版；〔法〕伊夫斯·德·托瑪斯·德·博西耶爾夫人著、辛岩譯：《耶穌會士張誠 —— 路易十四派往中國的五位數學家之一》，鄭州：大象出版社 2009 年版；〔美〕魏若望著、吳莉葦譯：《耶穌會士傅聖澤神甫傳：索隱派思想在中國及歐洲》，鄭州：大象出版社 2006 年版。

在歐洲各地的未刊法國耶穌會士的檔案材料。法國學者維吉爾·畢諾在所著《中國對法國哲學思想形成的影響》一書第二卷《有關法國認識中國的未刊文獻》中刊發了一批傅聖澤、弗雷烈的未刊書信、文件，共41件。[52] 宋君榮的書信經西蒙夫人（R. Simon）編輯、滙集為《北京書簡集（1722-1759年）》一書，1970年在日內瓦由德列茲（Droz）書店出版，凡342封。在梵蒂岡羅馬教廷、巴黎和其他歐洲城市的檔案機構現收藏有大量未公開發表的檔案。法國學者伯德萊對「法國入華耶穌會士對中國工藝和科技的調查」文獻作了精彩的綜述，並指出：「法國在中國搜集文獻的人共分為兩大類。第一類是在北京的傳教士，他們由於在皇宮中的地位而可以獲得許多資料，或者是在當地，或者是在陪皇帝出巡時，或者是集中了他們那些定居在各省的教友們的研究成果。第二類則是生活在廣州的法國人。」[53]

　　法國耶穌會士的許多文獻之所以長期未能公開出版，有著相當複雜的原因。畢諾在探討「耶穌會士們有關中國的著作」時指出：「無論《耶穌會士書簡集》這套書的卷帙多麼浩繁，有關中國的問題都在其中始終佔據著最重要位置。無論杜赫德神父編纂的對開4卷本書的部頭多麼龐大，18世紀上半葉也僅出版了耶穌會士撰寫的有關中國的著作中很少一部分。」「東印度公司的船舶每年都為法國學者帶回在北京、廣州或澳門的耶穌會士們的書簡或論著。因而，如果斷言入華耶穌會神父的活動，僅限於由巴黎耶穌會士正式刊印的那些著作（諸如《耶穌會士書簡集》或《中華帝國全志》一類的著作），那是不確切的。」[54]

　　造成大量耶穌會士書簡或著作未刊的原因，除了技術層面難以整

52　維吉爾·畢諾著、耿昇譯：《中國對法國哲學思想形成的影響》，第500-691頁。

53　參見伯德萊著、耿昇譯：《清宮洋畫家》，第192頁

54　維吉爾·畢諾著、耿昇譯：《中國對法國哲學思想形成的影響》，第158-159頁。

理外，畢諾提到還有幾個值得注意的因素，一是「公眾的低庸鑒賞力不喜歡這些嚴肅的著作」。二是「大眾的興趣幾乎已完全被《耶穌會士書簡集》吸引過去了，它們在提供許多新鮮事物的同時，又表現得多少有點像遊記一般，而且還精心從中排除一切對當時的鑒賞力來說可能會顯得過分晦澀和生硬的內容」。三是入華耶穌會傳教士「他們也應對大眾在長時間內對於其著作表現出的輕蔑承擔一部分責任，因為耶穌會士表現得過分謙虛謹慎。他們僅自認為是歐洲學者的資料供應者，同意向這些人提供資料、回憶錄和論著；他們同時又以傳教士那與世無爭的態度或當時的地位為掩護，以避免親自發表這些著作。事實上，他們很難說清楚自己所企求的東西。這不僅是由於其長上或羅馬教廷（中國禮儀之爭在那裡的敏感性，而且也是由於始終留作懸案），他們在中國宮廷中的特權地位。事實上，有些事情是一名傳教士既不能在北京講又不能在歐洲寫的，否則就會面臨毀滅整個傳教區的危險」。[55] 可見，處理法國耶穌會士的文獻材料自始就不是一件簡單的事。而羅馬教廷 1773 年宣佈解散耶穌會，對耶穌會士的材料整理和出版，明顯也構成一個嚴重的障礙，1776 年《耶穌會士中國書簡集》在出版了第 34 卷後，沒有繼續出版，就說明了這一點。「因為舊耶穌會士只能當神甫，被禁止搞修道會員活動，所以，他們被取消了書寫『有教誨性而又有趣』書信的資格。」[56]

鄭德弟在《耶穌會士中國書簡集》中文版序言中說：「據費賴之《在華耶穌會士列傳及書目》一書統計，1552 至 1687 年間，在華耶穌會士與漢學有關的著作共 69 種，作者有 28 人，其中葡萄牙和意大利兩國無

---

55 同上，第 162-166 頁。

56 參見矢澤利彥著、艾廉瑩譯：〈日文本《耶穌會士中國書簡集》解說〉，載《中國史研究動態》1980 年第 6 期。

論在作者人數或作品數量上均佔有優勢，法籍耶穌會士當時在該領域明顯落後於上述兩國。但在 1687 年至 1773 年間，情況起了根本性的變化：此期在華耶穌會士與漢學有關的著作共 353 種，作者有 55 人，其中法國耶穌會士佔作者人數 64%，其作品佔總數的 83%。可見，法國耶穌會士此期在該領域中已佔據壓倒優勢的地位，法國逐漸成了歐洲漢學研究的中心和中國知識之供應者。」[57] 計翔翔也認為：「1688 年在早期漢學史上具有象徵意義。1 月 28 日，南懷仁去世，宣告了天主教早期在華傳教史上『英雄時代』（利瑪竇 — 湯若望 — 南懷仁）的終結。2 月 8 日，洪若翰、張誠、李明、劉應和白晉 5 位法國傳教士到達北京。他們的到來和南懷仁的去世，形成了對葡萄牙行使在華保教權的強烈衝擊。法國來華傳教士迅即成為漢學研究的主力。」「從 1688 年到 1793 年的又一個 105 年，為早期漢學的第二階段。其顯著特點是形成了漢學研究的法國中心。」[58] 鄭、計兩位所言大體不錯，無論是從出版物的數量看，還是從著作的質量看，法國耶穌會士在 18 世紀歐洲漢學或「中國經驗」中均可謂首屈一指。

三、《書簡集》所載進入北京的路線、時間和住所

16、17 世紀耶穌會士來華的航行比較艱難，費時亦長。18 世紀法國耶穌會士相對他們的前輩來說要幸運得多。由於航海技術的改進，來

---

57 杜赫德編，鄭德弟、呂一民、沈堅譯：《耶穌會士中國書簡集》第 1 冊，〈中文版序〉第 11-12 頁。

58 計翔翔：《十七世紀中期漢學著作研究 —— 以曾昭〈大中國志〉和安文思〈中國新志〉為中心》，上海古籍出版社 2002 年版，第 37、38 頁。

華的航行時間大為縮短，成功到達的概率也大為提高。在這方面，法國
耶穌會士的《書簡集》留下了較為完整的記錄，為我們了解他們當時走
向中國的航行留下了豐富的材料。

18 世紀法國耶穌會士前往中國的路線大致是從法國出發，繞過好
望角，穿過印度洋，經馬六甲海峽、南海到達中國澳門或廣州，時間約
需半年左右。這在《書簡集》中有數處記載。1685 年 3 月 3 日法國國王
派出的六位「國王的數學家」從布雷斯特港口出發前往中國，經半年航
行，於 9 月 22 日到達暹羅沙洲入口。他們在暹羅停留了一段時間，中
間曾試圖航行前往中國澳門，沒有成功。1687 年 6 月 19 日乘坐一艘前
往中國寧波的帆船，7 月 23 日才在寧波靠岸。第二年 2 月 8 日才到達
北京。整個路程花了接近三年的時間。關於此次行程，張誠、李明、洪
若翰在他們的書信、著作或遊記中均有記述。[59] 從他們的記載中，可見
當時法國耶穌會士進入中國之難，確如上青天。

1698 年白晉帶領數名耶穌會士乘坐法國商船「昂菲特利特」號前
往中國，此行在中西交通史上具有轉折性的意義。1699 年 2 月 17 日乘
坐該船的馬若瑟神父致本會拉雪茲神父的信中談到這次航行的經過：

經七個月的旅行，我們終於到了中國，因為我們 1698 年 3 月 7 日
從拉羅舍爾（La Rochelle）出發，10 月 6 日在上川島拋錨。這七個月中

---

59 參見李明著，郭強、龍雲、李偉譯：《中國近事報道（1687-1692）》，第 21-45 頁。張誠
的旅行報告現收藏在泰國曼谷金剛智國家圖書館，張誠另於 1689 年 8 月 22 日至 9 月 8
日致韋朱的信中亦談及他們在旅途的艱難困苦，參見伊斯．德．托瑪斯．德．博西
耶爾夫人著、辛岩譯：《耶穌會士張誠 —— 路易十四派往中國的五位數學家之一》，
第 3、21-22 頁。〈耶穌會傳教士洪若翰神父致拉雪茲神父的信（1703 年 2 月 15 日於舟
山）〉，收入杜赫德編，鄭德弟、呂一民、沈堅譯：《耶穌會士中國書簡集》，第 1 冊，
第 254-269 頁。

應扣除在好望角、啞齊、馬六甲及兩三個荒島耽誤的二十多天時間，這些時間原本可被更好地利用。此外還應扣除前往啞齊和穿越馬六甲海峽的時間，這至少將近兩個月。從爪哇直達中國用不了那麼多時間。因此，當我在廣州看到一艘英國小船隻用了五個月甚至更少些時間完成了航程，我並不驚訝。至少通過我們這條船可以看到，只要不迷路，用六個月時間從法國到中國是綽綽有餘的。**60**

這是法國商船第一次前往中國，也是在法國耶穌會士的《書簡集》中最早出現他們來華航程只需七個月的記錄。

1701 年 12 月 17 日湯尚賢在致其父親塔爾特爾的信中提到他們赴華航行途中所花的時間：

經歷了七八個月的海上航行，險象環生，精疲力竭，我終於到達了中國。……我們這次航行有兩件事是十分奇特的：一是從來也沒有一艘船在如此短的時間裡到達中國，因為我們不到五個月就到了距離中國國土一百五十法里的地方；二是從來也沒有一艘船為進入中國遭遇到這麼多的困難，因為四個月以來，我們竭盡人力所能，但無法到達我們船準備過冬的港口 —— 廣州。在這期間，遭遇了多次風暴，從一個小島

---

60 杜赫德編，鄭德弟、呂一民、沈堅譯：《耶穌會士中國書簡集》，第 1 冊，第 136-137 頁。1700 年 11 月 1 日馬若瑟致本會郭弼恩神父的信中再次談到了從法國到中國的行程和所需時間：「只要 12 月底或 1 月初從法國出發，到達這裡的航程至多不過六個月。我們在廣州見到一艘英國小船用五個月時間便從歐洲到了這裡。3 月初出發的船隻也能於當年到達，只是航程要長些，也不那麼穩當。我們 3 月 7 日才從拉羅舍爾啟航，途中停泊過好幾個地方因此耗費了許多時間 —— 因為我們錯過了巽他海峽。儘管如此，儘管我們在可以說只能摸索前進的陌生海域繞了近五百哩遠路，我們還是在出發後第七個月之末見到了中國陸地。由陸路前來沒這麼快，即使不繞任何彎路每天走十四五哩地也沒這麼快。」收入同書第 1 冊，第 155 頁。

晃蕩到另一個小島，前面等待著的是連續不斷的翻船危險。十分幸運的是，在經歷了這一系列險境之後，我們終於在離廣州一百多法里的地方找到了一處能讓船在冬天躲避風雨的去處。[61]

湯尚賢所乘坐的也是「昂菲特利特」號，這是該船第二次前往中國。[62]大概由於有了第一次航行的經驗，第二次航行的時間有所縮短。同船來到中國的沙守信在 1701 年 12 月 30 日致郭弼恩神父的信中也報告了此次航行情形，不過他對航行時間作了不同的說明：「7 月 29 日，我們只用了四個半月就十分幸運地到達了距離澳門兩天路程的地方。」[63]張誠在 1701 年 10 月寫給他哥哥的一封信中也提到這次湯尚賢一行的航行時間：「他們的航海速度非比尋常，從法國到中國沿海僅花了 5 個月的時間。」[64]如果所說無誤的話，這是所有法國耶穌會士至中國的航程記錄中最短的時間。[65]18 世紀初法國耶穌會士前往中國的情形相較上一世紀可謂大有進步。

　　1741 年君丑尼神父致信波蘭王后洛林女公爵，交待其從法國前往中國的航程時，仍是「乘船離法國到好望角經過巽他海峽抵達澳門」，航程所需時間大約六個月。[66]

61　同上，第 168 頁。

62　馬若瑟、湯尚賢有關「昂菲特利特」號船航行兩封信札，作為附錄一〈安（昂）菲特利特號船遠航中國記〉，收入雅克・布羅斯著、耿昇譯：《發現中國》，第 168-183 頁。

63　杜赫德編，鄭德弟、呂一民、沈堅譯：《耶穌會士中國書簡集》，第 1 冊，第 196 頁。

64　伊夫斯・德・托瑪斯・德・博西耶爾夫人著、辛岩譯：《耶穌會士張誠 —— 路易十四派往中國的五位數學家之一》，第 101 頁。

65　有關「昂菲特利特」號兩次航行中國的情況，參見耿昇：〈從法國安菲特利特號船遠航中國看 17-18 世紀的海上絲綢之路〉，載閻純德主編：《漢學研究》第 4 輯，北京：中華書局 2000 年版，第 321-344 頁。

66　杜赫德編，耿昇譯：《耶穌會士中國書簡集》，第 4 冊，第 257 頁。

1767 年 9 月 1 日剛到廣州的晁俊秀在給昂塞莫（Ancemot）的信中談到他赴華的行程，當年 3 月 15 日他從法國洛利昂港出發，「8 月 13 日到達距離廣州 3 法里遠的黃埔，如此我們在路上度過五個月零兩天。這是一次非常幸運的遠航。我們出發的時候並不好，但上帝似乎有意要補償我們」。[67] 也就是說，到 18 世紀中期赴華航行時間也沒有太大改變，所需時間大約需 5-6 個月。迄至 18 世紀末，歐洲來華的航程一般還是需半年左右。

耶穌會士在廣州登岸，或由澳門進入廣東，然後他們北上進京。通常須經皇帝特許，皇帝有時會免除他們上岸時須交納的各種稅費，甚至給他們提供從廣東到北京的路費。洪若翰、錢德明談到了這方面的情形：

白晉神父從法國給我們帶來了好幾位傑出的傳教士。他們是乘「昂菲特利特」號商船來的。此船是我們國家第一艘前往中國的船隻。當時正在輾軺狩獵的皇帝高興地獲悉白晉神父的抵達。他從宮中派了三個人去廣州迎接，並將其帶到北京。白晉神父帶來的禮物使皇帝非常喜歡。皇帝經過考慮，免去了「昂菲特利特」號應當交納的費用，不管是商品稅還是測量費皆被免除。中國方面的官員把船長德拉羅克騎士視作法國國王的官員，對其甚為尊重。他們給他準備了一個公館，允許他在廣州城逛逛，並派了六個衛兵陪伴著他。皇帝的使臣客氣地拜訪了他。中國官員們對中國公司的經理先生們也給予很多的禮遇。[68]

他們向皇帝稟報了其三名同教教友（二名葡萄牙耶穌會士與我）的到達，他們並且還補充說，我們掌握有很多歐洲科學知識，特別是數術

---

[67] 杜赫德編，呂一民、沈堅、鄭德弟譯：《耶穌會士中國書簡集》，第 5 冊，第 116 頁。

[68] 杜赫德編，鄭德弟、呂一民、沈堅譯：《耶穌會士中國書簡集》，第 1 冊，第 298 頁。

學、音樂學和醫藥學知識，如果陛下樂於宣召我們晉京的話，那麼這些知識就可能會對中國有某種用途。皇帝非常樂意地同意了傳教士們所希望得到的一切。他甚至命令別人向他講到的三個歐洲人，由國庫承擔從廣東赴北京旅行的費用。皇帝的心願向各部院作了表達。這些部院也將此通報了廣東巡撫，同時也命令他向我們提供旅行所必需的一切。[69]

　　皇帝有時根據情況只提供耶穌會士北上的部分路費，晁俊秀在廣州被召進京時就遇到了這樣的情形：「這是怎樣一位皇帝啊！您想是否皇帝會負擔我們的旅費？不。要到他那裡去，而且他要我們到他那裡去，他只負擔 1/3 的費用，其他則交由上帝處理了。」[70] 王致誠可能更糟，所以他不無抱怨：「我們是應大皇帝之召，或者更應該説是在他的恩准下，才前來這裡的。他給我們指派了一名官吏，專門為我們帶路。這一切都使我們相信，我們將會由朝廷支付一應開銷，但他們僅在口頭上才這樣講，除了極少數情況之外，我們都必須自我開銷。」[71]

　　從澳門到北京的行程一般需三個月左右時間。1752 年 10 月 20 日錢德明致信阿拉爾神父時提到他是上年 6 月 1 日從廣州出發，8 月 22 日抵達北京。[72]1780 年 10 月 15 日方守義談及他來北京的行程亦説：「1760 年 3 月中旬動身前往中國首都，經過約三個月的水、陸路旅行，於 6 月 6 日抵京。」[73] 那些應召進京的耶穌會士對北上所需的時間似乎都有心理準備，以致晁俊秀想利用這段旅途時間做一些自己想做的研究北京的工作：「為什麼在緯度 40 度左右的北京整個冬天會如此寒冷，以

[69]　杜赫德編，耿昇譯：《耶穌會士中國書簡集》，第 4 冊，第 371 頁。

[70]　杜赫德編，呂一民、沈堅、鄭德弟譯：《耶穌會士中國書簡集》，第 5 冊，第 130 頁。

[71]　杜赫德編，耿昇譯：《耶穌會士中國書簡集》第 4 冊，第 288 頁。

[72]　同上，第 373-374 頁。

[73]　杜赫德編，鄭德弟譯：《耶穌會士中國書簡集》第 6 冊，第 196 頁。

至於人們要睡在整夜燒火的火炕上？為什麼這裡的夏天又是如此酷熱，以至於去年兩個月被太陽的熱度烤死了八千多人？這個問題提出得已經很久了，我希望金濟時神父能夠給出詳盡的解答，至少我們在近三個月的路途上會有時間去考慮它。」[74] 沿途耶穌會士通常有一名官員陪伴，陸路坐轎子，水路乘船。初次坐轎，耶穌會士們都不太適應，有一種被與外界隔離之感。王致誠、錢德明都談到了這一點：

半數旅程是乘船完成的。大家在船上食宿。最奇特的則是，那些老實的人都既不敢下船登陸，也不敢靠近船窗以在該國觀光。

剩下的旅程是在一種籠子中完成的，美其名曰「轎子」。我們整個白天都被關閉於其中，轎子於晚上進入客棧。這該又是什麼旅館啊！這樣一來，以至於使我們一直到達北京，卻又未曾欣賞到任何風景。我們的好奇心再也無法得到滿足了，完全如同始終都被關閉在一個房間中一樣。此外，位於這條路上的整個地區都相當糟。儘管旅途有 600-700 法里，我們卻在那裡絲毫未遇到值得注意的東西，既看不到古迹，又看不到大型建築物，僅有偶像崇拜者們的聖殿 —— 寺廟，它們都是只有一層的土木建築。其全部價值及美觀只在於幾幅很拙劣的裝飾畫和某些很粗糙的塗漆。[75]

我們被關閉在一個如同盒子般的轎子裡，只是為了呼吸，才勉強容許半打開轎子兩側的小窗口。當在到達客棧以用餐或休息時，若從那裡走出來，觀賞城鄉間所具有的最令人新奇的景色，那卻是一種令人極其可怕的失禮。這樣一來，在一條 500 法里的大道上和在世界上最美的

74　杜赫德編，呂一民、沈堅、鄭德弟譯：《耶穌會士中國書簡集》第 5 冊，第 130 頁。
75　杜赫德編，耿昇譯：《耶穌會士中國書簡集》，第 4 冊，第 288 頁。

地區旅行中，我未曾見到過可以使人交談一刻鐘的東西。[76]

耶穌會士們進京的路程大概一半是走陸路，一半是走水路。其旅途之勞累，可以想像。

17 世紀有兩位經陸路返回歐洲的傳奇人物 —— 白乃心、閔明我。白乃心是奧地利籍耶穌會士，1661 年他從北京趕到西安，與比利時耶穌會士吳爾鐸會合，兩人探詢赴歐陸路，據載他倆經西藏拉薩，翻過大山而到尼泊爾，又經孟加拉「至亞格拉，爾鐸歿；復偕羅斯（Henry Roth）神甫歷印度、波斯、土耳其，而抵士麥拿，附舟至墨西拿。乃心至羅馬報告旅行成績後，首途還中國，仍循陸道，惟此次則經行北歐。至君士坦丁堡得疾而還佛羅倫薩」。[77]1686 年意大利耶穌會士閔明我曾奉使從北京出發，前往俄國，「其抵歐後先赴羅馬、法國，留居德國甚久」，「萊布尼茨自是與明我訂交，彼此時常通信。明我事竣後，萊布尼茨曾為作書致俄皇大彼得，請許明我經歷俄羅斯西伯利亞而返中國。俄皇嚴拒不允」。[78]閔明我欲經俄羅斯返回中國的消息可能知會了在北京的耶穌會士，張誠、白晉在 1691 年 12 月 15 日給德·卡爾邦先生的信中提及此事：

我們本來期待閔明我能夠和俄國商隊一起來華，而這一商隊現在實際上已經到達這裡，卻沒有帶來他的任何消息。的確，近兩年來很少有從莫斯科來的商人，從那裡回來的人就更少，閔明我神父不可能在這段時間內到達。這些俄國人也不可能告訴我們任何消息，這是一些只關

76　同上，第 374 頁。

77　參見費賴之著、馮承鈞譯：《在華耶穌會士列傳及書目》上冊，第 320、325 頁。

78　同上，第 371 頁。

心他們買賣的人，他們從中獲利甚豐。他們帶到這裡的黑貂皮和白鼬皮銷量很大，賣完皮貨後他們滿載絲綢而歸；隨著時間的推移，他們將開闢一條通往中國的陸路交通線。[79]

　　閔明我可能是 17 世紀唯一從北京出發，經俄羅斯返回西歐的耶穌會士，相反的情形即由陸路經俄羅斯前往北京似未出現。1676 年南懷仁曾利用其與俄羅斯使節會談擔任翻譯之機，「遂擬從莫斯科闢一新道而通中國，然此願未達」。[80] 到了 18 世紀，耶穌會士未再嘗試通過陸路經俄羅斯前往北京。1721 年意大利籍耶穌會士喜大教受康熙之命，攜帶康熙致教皇急件，隨俄羅斯使團返回歐洲，途中頗受俄羅斯人的虐待，1722 年 10 月才抵達羅馬。這可能是耶穌會士最後一次通過陸路返回歐洲。[81] 它說明陸路由於俄羅斯的把持和控制，或因俄羅斯與西歐諸國關係的不和，當時仍不通暢。[82] 耶穌會士不願走陸路的另一個原因是長途跋涉，路途不熟，險阻太多，加上所經諸國如不提供協助，實難以通行。所以從距離上看走海路雖然遠，但比起陸路來，它反而相對通暢和省力，這是來自西歐的耶穌會士願意選擇海路的緣故。

　　李晟文認為乾隆年間法國耶穌會士湯執中係從北美傳教區轉來，[83]

79 參見伊夫斯・德・托瑪斯・德・博西耶爾夫人著、辛岩譯：《耶穌會士張誠 —— 路易十四派往中國的五位數學家之一》，第 91 頁。

80 參見費賴之著、馮承鈞譯：《在華耶穌會士列傳及書目》上冊，第 347 頁。有關十八世紀歐人對來華陸道的探尋研究，參見吳孟雪：《明清時期 —— 歐洲人眼中的中國》，北京：中華書局 2000 年版，第 96-135 頁。

81 參見費賴之著、馮承鈞譯：《在華耶穌會士列傳及書目》下冊，第 653 頁。

82 有關耶穌會士與俄羅斯之間的關係，參見加斯東・加恩著，江載華、鄭永泰譯：《彼得大帝時期的俄中關係史（1689-1730 年）》，第 174-178 頁。

83 參見李晟文：〈明清之際法國耶穌會士來華過程研究〉，收入黃時鑒：《東西交流論譚》第二集，第 73-74 頁。

湯執中的確在加拿大傳教九年（1730-1739年），但他隨即回國，然後於1740年1月19日在洛里昂踏上前往中國的旅途，同年10月10日抵華。[84] 故他仍應歸入從法國來華的行列。1654年來華的聶仲遷可能是從北美而來，但其來華詳情不得而知。[85]

17世紀法國耶穌會士尚未自立門戶，在京他們也沒有獨立的教堂，故他們來京後只能寄住在屬於葡萄牙傳教區的南堂（一度叫西堂）或東堂。洪若翰神父提到他們1688年2月到達北京的住地是「在北京的神父的住院」。[86]「我們的住所被人稱為西堂，意思是西洋教堂。」[87] 這裡的「西堂」即為南堂，南堂本名天主堂，東堂創建後改名為「西堂」，以示對稱。由於葡萄牙耶穌會士徐日昇行使保教權，對法國耶穌會士常常排擠和欺壓，故令張誠、白晉頗感不適，張誠在1689年8、9月間寫給巴黎的韋朱一信，和1689年9月2日寫給拉雪茲的信中，都對葡萄牙人設置的「種種障礙」和徐日昇這位嚴厲的上司表示他們強烈的不滿。[88] 張誠遂設法另覓住所，到1699年，法國耶穌會士終於獲得康熙賜予的一處獨立的住所，一般認為這就是北堂的初始。[89] 這樣，他們在中國的住所發展到兩處，一處在廣州，一處在北京。這兩處實際上也就是兩座教堂。1702年11月26日傅聖澤在給法國貴族議員德·拉福爾公爵的信中談到了這方面的情形：

84 參見費賴之著、馮承鈞譯：《在華耶穌會士列傳及書目》下冊，第829頁。

85 同上，上冊，第300頁。

86 杜赫德編，鄭德弟、呂一民、沈堅譯：《耶穌會士中國書簡集》第1冊，第266頁。

87 同上，第270頁。

88 參見伊夫斯·德·托瑪斯·德·博西耶爾夫人著、辛岩譯：《耶穌會士張誠 —— 路易十四派往中國的五位數學家之一》，第24-25頁。

89 關於北堂的創建過程，參見魏若望：〈明末清初時期北京基督教會的發展〉，收入卓新平主編：《相遇與對話 —— 明末清初中西文化交流國際學術研討會文集》，北京：宗教文化出版社2003年版，第137-139頁。

我於 1699 年 7 月 25 日到達中國。當時，我們法國神父在中國只有兩個住所：一個是在北京的皇城內，現在我們在那裡已經可以看到一座漂亮的教堂，它是得到皇帝的恩准，由於皇帝的慷慨大度才得以建造的；另一住所在廣州，它是中華帝國最著名的港口之一，歐洲人和一些東方國家在那裡都有大量的商務活動。這兩處住所對於我們日益增多的傳教士來說是遠遠不夠的。我們正考慮在別處再建新基地。我們將目光投向江西省，利聖學神父和孟正氣神父買了三間房子想建三座教堂：一座在撫州（Fou-tcheou），另一座在饒州（Jao-tcheou），第三座在九江（Kieou-kiang），都是一流的城市。**90**

18 世紀初耶穌會士在北京已建有三座教堂。關於北京教堂的情形，1703 年魏方濟呈報羅馬耶穌會總會長的信中談及：

在法國神父方面，除了他們計劃在湖廣、浙江和江蘇等省建造新教堂外，他們已在江西省的饒州、九江和撫州建立了教堂。但沒有一座比得上他們在北京皇宮裡建造的漂亮教堂。這位長期保護基督教的中國皇帝並不滿足批准他們建立這樣輝煌的敬奉上帝的建築，他還為教堂建造提供了一些錢財。對我們的傳教有特殊貢獻的法國國王還為此恩賜了一副銀餐具和豐富的裝飾祭壇的繡花布。

儘管我們在北京有了三座教堂，但還是不夠多。一旦我們有了必需的資金，就準備在城市的東部再建造第四座。工程開支並不像歐洲那麼浩大，這裡的勞力和材料十分便宜。由於我們想把第四座教堂獻給我們傳教團的保護神聖約瑟（Saint Joseph），我們希望上帝能夠召喚這位

---

90 杜赫德編，鄭德弟、呂一民、沈堅譯：《耶穌會士中國書簡集》第 1 冊，第 203 頁。

偉大聖徒熱忱的僕人們能夠出資建造。[91]

出入清宮的耶穌會士的飲食起居另有專門安排。入宮作畫的王致誠在書簡中對此有所說明：

對於宗教人士來說，我們的住宿應是相當舒適了。我們的住宅乾淨而適用，沒有任何違背我們身份之禮儀的地方。在這一點上，我們沒有理由再為離開歐洲而感到遺憾了。我們的食物相當好，除了葡萄酒之外，這裡幾乎擁有歐洲所能找到的一切。中國人飲用大米釀造的米酒，但味道極差並有害於健康。我們用無糖的茶水取而代之，茶水成了我們的全部飲料。[92]

1723 年遣使會士德理格在北京建造了一座教堂 —— 西堂，是為北京第四座教堂。蔣友仁在 1767 年 11 月 16 日致巴比甫·道代羅什（Papillon）的書簡中提到：「我們在北京有四處住所，或可以稱為教堂。因為人們在此就是這樣稱呼它們的。這四座教堂中，一處屬教廷聖部傳教士，另兩處為葡萄牙人所有，我們的教堂只有法國人，坐落在宮殿外牆內。在教堂裏，宗教活動能繼續安祥和莊嚴地開展，就如我們在基督教中心所希望看到的那樣。」[93] 這樣，北京的西方傳教士形成了葡萄牙

91 同上，第 231 頁。

92 杜赫德編，耿昇譯：《耶穌會士中國書簡集》第 4 冊，第 300-301 頁。

93 杜赫德編，呂一民、沈堅、鄭德弟譯：《耶穌會士中國書簡集》第 5 冊，第 136 頁。信中所言北京的四座教堂，即南堂（1605 年）、東堂（1655 年）、北堂（1699 年）和西堂（1723 年）。其中南堂、東堂分別為利瑪竇和安文思、利類思所建，屬於葡萄牙傳教區。北堂為張誠創建，屬於法國傳教區。西堂為德里格創建，是羅馬傳信部（遣使會）的教堂。

傳教區、法國傳教區、羅馬傳信部（遣使會）三足鼎立的局面。

《書簡集》保留了相當數量從中國寄往歐洲的書簡，還有許多未公開的書簡存留在歐洲各大檔案機構中。這些耶穌會士書簡是如何從中國寄往歐洲？當時在中國的耶穌會士主要是通過來往於中國廣州、澳門與歐洲之間的葡萄牙、英國、法國、荷蘭、西班牙的船隻傳遞信件，這些船隻經不同的航海路線返回歐洲。[94]1701 年 10 月 7 日張誠在給他哥哥的信中談到當時中歐之間的商貿往來和航行情況，並稱：「有人向我們保證，從今以後，法國商船每年都將直接來中國，這將為我們之間的信件往來提供極大的便利，其傳遞速度將比前幾年快得多，同時，這也利於我們向中國派遣更多的傳教士，這一帝國幅員如此遼闊，而這裡的傳教士卻是如此之少。」[95] 在《書簡集》中我們也可找到蛛絲馬跡或一些線索。上述蔣友仁的信中還談到郵寄的問題和住所：

> 今日已是 11 月 15 日，從此地到廣東有 600 多法里路，我必須趕緊將信交付郵局，也許能及時趕上 12 月底或 1 月初揚帆啟程的法國海船……
>
> 我們的僕人已在一個多月前動身去廣州了，我們交給他們許多報告。現在我除了通過郵局別無其他方便的途徑，但一些篇幅太大的東西難於交給郵局寄送。[96]

這封信向我們透露了三條信息：一是當時從北京寄往廣州的信件如通過

---

94 參見伊夫斯・德・托瑪斯・德・博西耶爾夫人著、辛岩譯：《耶穌會士張誠 —— 路易十四派往中國的五位數學家之一》，第 99 頁。

95 同上，第 100 頁。

96 杜赫德編，呂一民、沈堅、鄭德弟譯：《耶穌會士中國書簡集》，第 5 冊，第 132、136、137 頁。

郵局，只需一個半月時間即可到達。二是當時法國耶穌會士除了利用教會專人送信這一傳統的途徑外，還利用官方的郵局傳遞信件。三是由於中法之間的商貿往來較多，法國開往廣州的商船數量增多，法國耶穌會士可以利用這些商船將信件帶往歐洲。廣州實際成為法國耶穌會士在華郵件的中轉站，1733 年 10 月 18 日馮秉正致某神父信中所透露的信息可以證明這一點：

> 我們不得不求助於皇帝，以懇求他至少允許三四位傳教士留在廣州城，其目的是為了在那裡接受從歐洲寄給我們的書簡和其他東西，並使我們能安全可靠地在北京收藏它們。[97]

儘管如此，在中法之間通信並不是一件容易的事。為了防止信件丟失，耶穌會士常常將同樣的信抄送副本，甚至三份，以保證信件能夠到達收信人的手中，有時不惜送禮物給送信人或郵差，以確保送信的安全、快捷，張誠在信中透露了這方面的情形：「我相信，我們今年會像去年一樣共同給教宗和傳信部寫信，我也不會忘記將我們寄往羅馬的信件和所有其他文件的副本寄往巴黎。我將不用火漆印戳封住這些信件，以便您能看到其中的內容，並把您認為合適的部分寄出去。」「為了給法國寄東西，我不惜金錢，不辭辛苦，不顧影響，甚至不惜贈送小禮物，主要是想避免郵件退回和延誤時間。」[98] 在 18 世紀，一封從法國發出的信，一般約需 10-12 月的時間才能到達北京耶穌會士的手中，張

---

97 〈耶穌會傳教士馮秉正神父致同一耶穌會某神父的信〉（1733 年 10 月 18 日於北京），收入杜赫德編，耿昇譯：《耶穌會士中國書簡集》第 4 冊，第 92 頁。書中將此信的寫作日期誤作「1755 年」，現改。

98 參見伊夫斯・德・托瑪斯・德・博西耶爾夫人著、辛岩譯：《耶穌會士張誠 —— 路易十四派往中國的五位數學家之一》，第 117、129 頁。

誠、王致誠、蔣友仁的信可證明這一點。1701 年 10 月 7 日張誠致其兄的信中提到：「昨天，我非常快慰地收到您去年 12 月 27 日寫給我的信以及父母的信」，「當我寫完這封信時，又收到你們 1700 年 10 月 18 日的來信；你們的信一到廣東，湯尚賢神父就立即寄給我了」。[99] 1743 年11 月 1 日王致誠在致達索的信中也提到：「我懷著無限興奮的心情，接到了您的兩封信。第一封寫於 1742 年 10 月 13 日，第二封是此後寫於11 月 2 日。」[100] 1767 年 11 月 16 日蔣友仁致巴比甬‧道代羅什的信首亦提到：「您 1766 年 11 月 16 日發自洛里昂的信給我帶來的喜悅是難以言表的。」[101] 不過，這並不是一種確定的狀態，有時也會出現異常的情形，在乾隆厲行「禁教」的時期還曾發生攔截信件的事情。錢德明提到了這類事：「在將近兩年之前，我們法國傳教會的總會長，尊敬的嘉類思（Louis du Gad）神父給其屬下的傳教士們寫了幾封信，以便向他們履行他剛剛被授予的職責的義務。這些信件不幸被人攔截。他的信使被扣留，並被帶到臨近城市中的衙門。」[102] 1780 年 10 月 15 日方守義在致某位神父的信中也抱怨：「去年，即 1779 年 11 月 4 日，我欣喜地收到了你 1776 年 12 月 29 日的信，這是你寫給我的所有信中到達我手中的第一封，也是惟一的一封。」[103] 通信速度相對利瑪竇的時代可以說大有進步，但順利收到信件對那些身在異域、倍感孤獨的耶穌會士們來說仍是不易的事，以致他們只要接到任何來自本國或教廷的信，都會欣喜若狂。對他們身心最大的慰藉，也許是收到來自故國的信件。

清廷對在京耶穌會士的通信亦加關注，1766 年 10 月 10 日（乾隆

---

99 同上，第 99、101 頁。

100 杜赫德編，耿昇譯：《耶穌會士中國書簡集》，第 4 冊，第 287 頁。

101 杜赫德編，呂一民、沈堅、鄭德弟譯：《耶穌會士中國書簡集》，第 5 冊，第 132 頁。

102 同上，第 27 頁。

103 杜赫德編，鄭德弟譯：《耶穌會士中國書簡集》，第 6 冊，第 188 頁。

三十一年九月初七日）大學士傅恆等奏議:「查該夷人等,從前往來書信,俱經提塘轉遞,已歷有年,並未見有違礙之處,似應循照舊例,交與提塘寄遞。並令其在廣省者,呈報海防同知及南海縣查收,將原封交與該省提塘至京城,送欽天監轉付本人。其在京夷人,亦令其將所寄書信交與提塘遞至廣省,仍由同知、知縣查收,將原封轉給行商夷目,該同知、知縣亦隨時詳報總督衙門,以備查核。似此官為經理,有所稽查,既不至日久滋弊,而於提塘寄遞,則京廣兩地書信物件往來便捷,不致繁擾阻礙,似於伊等更為有益。若如該督所奏,申送總督衙門查核加封,並咨達提督、四裔館轉發,恐轉輾報遞,反致沉擱延遲。且所帶土物亦未免日久損壞,似非國家嘉惠遠人之意。所有該督奏請申送總督衙門查核加封,咨達四譯館轉發,及在京各夷人鄉信呈送四譯館,咨交總督衙門之處,均毋庸議。」**104**

伯德萊注意到通過俄國這條陸路將信寄往法國是當時比較便捷、也常常使用的一條渠道:「耶穌會士們最早寄往巴黎的資料大部分都要經過莫斯科和俄羅斯。這一方面是由於茶葉之路可以維持經常性的聯繫,另一方面是由於負責中俄外交交涉的耶穌會士們與莫斯科宮廷具有個人關係。如果我們對於他們將其自然史標本和自己著作的副本贈送聖彼得格勒和巴黎並保留至今的東西進行一番比較,那將是非常有益的。」**105** 這條陸上郵路或通道,最早是由參加 1689 年中俄《尼布楚條約》談判的張誠所開闢和利用。1689 年 8 月 22 日正在尼布楚的張誠曾寫信給巴黎的韋朱,建議向在莫斯科或克拉科夫的神父們派遣可供他們調配

---

104 〈大學士傅恆等奏請京廣兩地西洋人互通信函仍由提塘遞送勿庸更改摺〉,收入中國第一歷史檔案館、澳門基金會、暨南大學古籍研究所合編:《明清時期澳門問題檔案文獻滙編》(一),北京:人民出版社 1999 年版,第 381-382 頁。

105 參見伯德萊著、耿昇譯:《清宮洋畫家》,第 193 頁

的信使，這樣他們就可以讓這一使者跟隨俄國人到達北京，因為《尼布楚條約》已允許俄國人進行自由貿易。張誠將這封信交給俄國使團團長，以便它能更快地到達巴黎。[106] 以後，陪侍康熙左右的巴多明也利用參加會見俄羅斯使團的機會，與俄國使者建立了友好關係，他常常托俄國使者將他的信件、報告帶往歐洲，寄達巴黎。

在《書簡集》中，我們已很少看到法國耶穌會士留下擔心丟失信件或談及信件寄達時間太慢的文字。這說明當時中法之間的郵路或商貿往來已比較通暢，否則我們今天就不可能看到數量如此龐大的書簡得以保存於世。18 世紀中歐之間的郵路是如何運行？這是有關當時中西交流和中西關係的大問題，值得進一步考證和展開更為細緻的研究。

四、法人眼中的北京建築和園林藝術

對來自西方世界的旅行者來說，北京作為東方帝都和享譽世界的大都市，其帝都氣勢和建築風格，閃現著無窮的魅力，初來乍到的訪客常常為之震懾、傾倒和歎服。耶穌會士初進北京，首先映入他們眼簾的是北京的城門、城牆、街道和城市建築。這一切令他們印象深刻。1688年 2 月 7 日到達北京的洪若翰如是描繪當時的北京城：

> 北京由兩個城組成：第一個是滿人城，皇帝的宮殿就在該城的中

---

106 參見伊夫斯・德・托瑪斯・德・博西耶爾夫人著、辛岩譯：《耶穌會士張誠——路易十四派往中國的五位數學家之一》，第 22-23 頁。另據〈張誠神父寫自尼布楚的信（節選）〉載：「就在條約達成兩三天前，張誠神父就給一些法國朋友寫了一些信件。他把這些信件交給布蘭登堡的政務官帶去。然後，經由布蘭登堡的政務官，再由普魯士國王的秘書轉交。」收入〔德〕G. G. 萊布尼茨編，〔法〕梅謙立、楊保筠譯：《中國近事——為了照亮我們這個時代的歷史》，鄭州：大象出版社 2005 年版，第 49 頁。

央；第二個是漢人城。兩座城彼此相連，每個城的周長均有四法里。城中人口稠密，擁擠不安，以致儘管街道非常寬廣，仍行走不便。街上看不到婦女。

我們去看了著名的北京的大鐘樓，有人向我們肯定地說，此鐘重達幾十萬公斤。鐘的形狀為圓筒形，直徑有十法尺。根據中國通常的比例，大鐘的高度是寬度的一倍半。它被吊掛在由磚與方形石塊砌成的台基之上。自其木結構的樓頂被燒燬後，它僅由一個草蓆頂覆蓋。

我們也去看了天文台和裡面所有的青銅儀器，這些青銅儀器頗為美觀，具有皇家氣派。但我不知道這些儀器是否能用來精確地觀察天象。因為它們都釘在硯板上，肉眼一看，其分隔顯得不甚均勻，而其貫線有好幾處都不能吻合。

該城的城門要比我們的城門高大氣派：它們都非常高，裡面有一個方形大院，院子四周圍有城牆。城牆上無論是朝向城內，還是朝向城外，均建有漂亮的客廳。北京的城牆是磚砌的，其高度約為四十法尺，每隔二十托瓦斯都有護城工事，每隔一定距離有一座小方樓。這些小方樓保養得非常好。為讓騎馬者登上城牆，在一些地方還築有寬闊的斜坡。我們經常在我們的住地測試北京的方位，發現它的方位是 39 度 52 分 55 秒。[107]

洪若翰信中所提的大鐘樓，安文思在《中國新史》早已報道過，想必令歐洲人印象深刻。洪若翰所記錄的北京緯度則是迄至他為止最精確的測量。他在北京待了很短的一段時間，即被派往山西絳州傳教。他對沿途

---

[107] 杜赫德編，鄭德弟、呂一民、沈堅譯：《耶穌會士中國書簡集》第 1 冊，第 269-270 頁。此前有關北京的緯度數最精確的測量是南懷仁在 1668 年 12 月所得，為三十九度五十七分四十一秒，參見費賴之著、馮承鈞譯：《在華耶穌會士列傳及書目》上冊，第 343 頁。

的交通情況作了簡要描繪：

從北京直至山西省的道路是我所見到的最討人喜歡的道路之一。我們經過了九或十座城市，其中有一座為保定府，它是巡撫衙門的所在地。整個地區極為平坦，且種滿莊稼，道路平整，路旁許多地方種有樹木，還有用來遮掩與保護鄉村的牆。人、大車與拉東西的牲口在路上絡繹不絕……在許多河流上，修有漂亮的多拱橋，其中最值得注意的是距離北京三法里的盧溝橋。此橋的欄杆是大理石的，兩側各有一百四十八個支柱，上面置有不同姿態的石獅子。在橋的兩頭，有四隻蹲著的石雕大象。[108]

與洪若翰同時到達北京的李明在《中國近事報道（1687-1692）》一書對北京城也作了詳細描述。[109]

張誠在日記裡記載了 1690 年 1 月 16 日他進入養心殿所觀察到的情形：

我派人去請蘇霖神甫和我們一同回到養心殿。它包括當中的正殿和兩翼的配殿。正殿朝南，有一大廳和兩大間耳房，一邊一間。正廳前留有約十五呎寬的走廊，僅有粗大木柱承頂，木工精細，雕樑畫棟，而無望板。地鋪大方磚，精心打磨，光潔平滑，有如大理石。大廳不算豪華，正中安置高約一呎的壇，覆以腳毯，像我們所用的土耳其地毯，但

---

108 同上，第 271-272 頁。

109 參見李明著、郭強、李偉譯：《中國近事報道（1687-1692）》，第 64-84 頁。有關李明《中國近事報道》與北京的關係，拙作〈十七世紀西方耶穌會士眼中的北京 —— 以利瑪竇、安文思、李明為中心的討論〉已有探討，載《歷史研究》2011 年第 3 期；已收入本書第二章。

很普通，地毯上飾有幾條大龍。皇上的御座並無特殊之處，只是一把很大的木質塗金扶手椅，放置在壇上靠裡面的地方。大廳頂彩繪塗金，也很平常，中間雕龍，口銜下垂的球珠。大廳的兩個耳房都是大間，約三十呎見方。我們進入左手一間，看見裡面滿是畫匠、雕刻匠、油漆匠。此處也有許多大櫃，放著許多書籍。另一間耳房是皇上臨幸此殿時晏息之處。雖然如此，這裡卻很樸素，既無彩繪金描，也無帷幔。牆上僅用白紙糊壁而已。這間房內的南邊，從一端到另一端，有一呎到一呎半高的炕。上鋪白色普通毛氈。中央有黑緞墊褥，那就是御座。還有一個供皇上倚靠的引枕。其旁有一呎左右高的炕几，光滑潔淨，放著上用的硯台、幾本書和一座香爐。旁邊小木架上置碾細的香末。香爐是用合金鑄造的，在中國很名貴，雖然它所含的大部分只是一種很古而稀有的銅。接近炕，皇上走過的地方放著蠟製的水果，這是我們抵達北京時進獻的，室內許多書櫥，滿儲漢文書籍。旁邊多寶格上，陳設各種珠寶和珍玩。有各色各樣的瑪瑙小杯，白玉或紅寶以及各種名貴寶石，琥珀小擺設，甚至手工精雕的桃核。我還見到皇上的大部分印璽，都放在極為精緻的黃緞袱印匣中。裡面的印章大小不一，種類各異，有瑪瑙、白玉、碧玉、水晶等，上刻文字大半是漢文。我只見一顆上面鐫有兩種文字……意思是廣大無外，大政之寶。有些印章上面還有一個形如子彈的印紐，兩條龍蟠著中間的篆文印名。這座宮殿的一部分屋宇是供工匠們使用的，專做紙紮器玩，其製作之精巧令人驚奇不已。**110**

這應是西文文獻中對養心殿最早的描繪。養心殿屬於內廷，康熙年間這裡曾是造辦處的作坊，專門製作宮廷御用品，外人極少涉足其間，其擺

110〔法〕張誠著、陳霞飛譯：《張誠日記（1689 年 6 月 13 日 -1690 年 5 月 7 日）》，北京：商務印書館 1973 年版，第 63-64 頁。

設更屬於宮廷秘密，即使在漢文文獻中亦少見記載，張誠這一記載顯然具有文獻價值。

白晉 1699 年在巴黎出版的《中國現任皇帝傳》一書中談到他們在初入北京的前幾年所見到的政局不穩情形：「在我們到北京後的四年間，官吏的變動異常頻繁。我們親眼看到各省總督、巡撫幾乎全都調動過，北京的各部尚書也有半數以上更換過。之所以如此，是因為康熙皇帝對他們嚴加監管，就連那些最隱秘的過失，也很難長期瞞過他的耳目。」[111] 這種官員的頻繁調換是康熙應對政局、加強對官員控制的有力舉措。白晉對清初的皇城也據實作了描繪：

皇宮城牆範圍很大，甚至堪稱一座頗具規模的城市。建築物上覆蓋著金黃色的琉璃瓦，看上去相當壯觀。從其建築物的宏偉以及其他方面，一眼就可以看出這是聞名天下的大皇帝居住的地方。但倘若從建築物的內部和房間，特別是皇帝的內室來看，除了裝飾著兩三張壁畫、用金屬鑲嵌的飾物，以及一些在中國如此普遍，以至於不必考慮節約的相當粗糙的彩色織錦之外，其他裝飾幾乎就是室內的整潔了。

康熙皇帝在距北京二里遠的地方建築了一座離宮。他很喜歡這座離宮，一年有多半時間在這裡度過。他讓人在這座離宮內挖了兩個大池塘和幾條引水渠。除此之外，這裡再也看不到像康熙皇帝這樣擁有強大國家的君主所應有的豪華跡象了。這座離宮佈置得確實整潔而樸素。然而，無論是從建築、花園，還是從佔地面積來看，它遠比不上巴黎近郊的幾個王公休閒別墅。[112]

---

111 白晉：《中國現任皇帝傳》，收入 G. G. 萊布尼茨編，梅謙立、楊保筠譯：《中國近事 —— 為了照亮我們這個時代的歷史》，第 65 頁。

112 同上，第 67-68 頁。

的確，康熙前期的北京皇城建築相對來說還較粗陋，白晉所說的離宮應是京西北郊的暢春園，1687 年以後康熙開始移住此處，以後每年的大部分時間都在此處度過。《康熙起居注》對其在此的起居記載頗詳，《日下舊聞考》所引《暢春園冊》對當時的園林景觀亦有記敘。不過，白晉對離宮「遠比不上巴黎近郊的幾個王公休閒別墅」的點評，為我們比較清初中法園林提供了一個值得參考的視點。

隨著清朝的統治逐漸穩固，康熙、乾隆為粉飾太平，曾舉行過兩次重要大典。第一次是在 1721 年，也就是康熙六十年，為掃除前一年北京地震積存在人們心中的陰霾，清廷舉行了隆重慶典，一位在北京的耶穌會士記下了這一幕：

這一年是皇帝登基六十週年，因此從第一天起人們就開始了特別的慶祝活動。從最高到最低的所有官員都向他的生辰牌位磕頭，向他表示人們在其北京宮殿內對其表示的同樣的敬意。……

4 月 14 日皇帝誕辰這一天更是個喜慶日子，人們進行了盛大慶祝，花費高達八萬兩銀子。皇帝卻不屑於觀看這些壯麗的場面，他心裡想著大臣奏請立嗣的建議。[113]

第二次是在 1751 年（乾隆十七年）為慶祝皇太后六十大壽，乾隆命令朝臣為慶典做了大量準備，這一年抵達北京的錢德明剛好趕上了這一慶典。「京師的所有部院、所有總督和帝國的所有要員，都奉命為所規定的慶典作準備，這是中國舉行的最輝煌的慶典之一。北京和附近各省的所有畫家、雕塑家、建築工和木工，在連續的三個月中，一直地在不停地為此忙碌，以各自完成其行業中的代表作。其他許多匠人也在忙

---

113 杜赫德編，鄭德弟譯：《耶穌會士中國書簡集》，第 2 冊，第 244-245 頁。

著他們各自的活計。這裡是指建造能滿足一個愛挑剔和驕奢淫逸的朝廷之眼福的東西，因為朝廷習慣於觀看於天下四方建成的最漂亮的物品。裝飾工程必須從皇帝的一處園林 —— 圓明園開始，竣工於北京韃靼城中心的宮殿。」經過裝修，北京的城市建築面貌大為改觀，充滿了節日氣氛。「從朝廷群臣應進入的西直門起，直到宮門，完全是極其漂亮的建築物：柱廊、亭閣、走廊、圓形劇場，均是帶有裝飾圖案和中國建築特點的作品。所有這一切都被垂花飾、花葉邊飾和多種其他類似的飾物所裝飾。飾物採用五顏六色的最上乘絲綢製作，從而造成了令人賞心悅目的景致。用非常光滑的金屬製成的一大批鏡子在那裡非常美地襯托了這一場面。」[114] 在這個慶典上乾隆還別出心裁地在全國各地挑選「百叟」到宮中來，以顯示天下太平。「這些百叟都統一著裝，胸前帶著一個很長的銀牌，上面刻有表示他們所代表省份的名稱。人們用漢語稱呼這些老叟為『百老敬壽』，也就是百位老人向皇帝祝壽，祝皇帝能擁有他們所有人都祝願的同樣壽數。」在京的歐洲人也向乾隆敬獻了一架機器作為禮品 —— 一個約高 3 法尺的半圓形舞台，於其內院中展示了許多風格靈巧的繪畫。這是一次耗資巨大的慶典，錢德明聲稱，「為了這次慶典，由皇帝獎賞為此作出貢獻的不同團體和個人，共耗白銀三億餘兩」。[115] 乾隆好大喜功、講究排場的個性躍然紙上。

　　大概是由於十七世紀耶穌會士們在他們的書簡、報告、回憶錄中對北京城已有了較多的介紹，加上杜赫德編輯、出版的《中華帝國全

---

114 杜赫德編，耿昇譯：《耶穌會士中國書簡集》，第 4 冊，第 375、377 頁。
115 同上，第 379、381 頁。

志》對北京亦有較大篇幅的介紹，**116** 在內容上不必重複的緣故，此後我們在《書簡集》中很少再看到對北京街區面貌大篇幅的評介，《書簡集》在這方面的內容比人們所想像的要少。

不過，張誠在 1705 年的一封書簡中提到了他們對北京的一次測繪，它極有可能是康熙皇帝命令耶穌會士對全國進行測繪的一部分或是前奏曲。在中文文獻中似未見對此事的記載，相關的研究論著亦少見提及，現摘錄張誠的書簡如下：

在北京東西兩側數法里之處，人們可看到兩條河流；它們既不深也不寬，一旦氾濫卻會造成嚴重損失。它們皆發源於韃靼山麓，在京城以南約 15 法里處的天津衛合流，再經多處婉蜒曲折後一起流入東海（勃海）。……

皇帝派耶穌會士實地測繪兩河間整個地區的精確地圖，以便他能時時看著地圖考慮恢復被毀之物的辦法，同時考慮在何處修築新堤，何處則開挖引水溝渠。皇帝把測繪地圖的差使交給安多、白晉、雷孝思（Règis）和巴多明神父。陛下詔命為這項工作提供一切應用之物，並令兩名官員（一名是宮中官員，另一名是欽天監監正）督辦，令其尋訪精

---

116 《中華帝國全志》第二卷中有大量涉及北京的材料，如「皇帝的權威、帝國的玉璽、宮殿的一般費用、皇帝的扈從以及出宮的禮儀」，「中國的政體、不同的法庭、中國人、他們受的膜拜、他們的權力和職能」，「帝國的軍事政府和軍事力量、要塞、士兵、武器與火炮」，「中國人在出行、公共建築如橋樑、牌坊、寶塔、城牆等方面的壯觀、他們的技藝等」諸節中，都有相當篇幅的記載與北京有關。J.B.Du Halde, *The General History of China: Containing a Geographical, Historical, Chronological, Political and Physical Description of the Empire of China, Chinese-Tartary, Corea and Thibet : Including an Exact and Particular Account of Their Customs, Manners, Ceremonies, Religion, Arts and Sciences*,Vol. 2 (London: J. Watts, 1736), pp.12-83, pp.151-168. 中譯本參見〔法〕杜赫德編著、石雲龍譯：《中華帝國通史》第二卷，收入周寧編注：《世紀中國潮》，北京：學苑出版社 2004 年版，第 210-533 頁。

明強幹的土地測量員、繪圖員及熟知當地地理之人。所有這一切都得到了有條不紊專注勤奮的執行，因此，這幅人們可能在歐洲見過的最大的地圖在七十天之內即繪製完畢。隨後，我們又從容不迫地予以完善，並以銅版雕刻法豐富其細部，使地圖上不疏漏任何東西。

我們第一次不是依百姓尋常之見，而是依最嚴格的幾何規則繪製了帝國首都（包括城牆）地圖。人們在圖中還可看到先帝們的行宮。行宮面積極大，周長達 10 法里，而且與歐洲王宮迥然不同。這裡既無大理石雕像，也無噴泉及石頭圍牆；四條清澈見底、岸邊栽有樹木的小河澆灌著行宮。人們可看到三座極其整潔精巧的建築物。還有許多池塘及為鹿、狍、野騾和其他褐毛獸準備的牧場，飼養家畜的牲畜棚、菜園、草地、果園，甚至還有幾塊播了種的耕地；總之，田園生活中的一切雅趣這裡應有盡有。……總之，這幅地圖標明的各類城市、鄉鎮、堡寨有1700 處，這還不算大批村莊及遍佈各處的無數農舍。通過這個雖然遭了洪災但人口稠密的地區，人們可以推斷中國其他省份的人口數量該是多麼龐大。[117]

吳孟雪先生認定耶穌會士對北京和北直隸地圖的測繪開始於 1707 年 12月，完成於 1708 年 6 月 29 日，[118] 此說明顯有誤，張誠寫作此信是在1705 年，說明 1705 年這一工作應已完成。張誠於 1707 年 3 月 22 日在北京病逝，因而不可能有 1707 年 12 月才開始之說。

《書簡集》中對北京介紹最有價值的部分也許是被人們廣泛引用或摘錄的王致誠、蔣友仁對圓明園的描繪。王致誠 1738 年 8 月至華，旋即赴京。據費賴之載：「致誠抵京，以所繪慕閣崇拜聖子圖進呈乾隆皇

---

117 杜赫德編，鄭德弟譯：《耶穌會士中國書簡集》第 2 冊，第 26-27 頁。

118 參見吳孟雪：《明清時期 —— 歐洲人眼中的中國》，第 88 頁。

帝，帝頗嘉悅，置圖於大內最尊貴之宮殿中，重致誠藝，命日入廷供奉。」[119] 王致誠遂成為一名宮廷畫師。王致誠對從廣東至北京沿途所見的風景、建築雖不屑一顧，但對北京的園林建築卻傾盡讚美之詞。1743年11月1日王致誠在給達索先生的信中，以其畫師般的眼光和細膩對所見圓明園作了精美的描繪：

但我們應將北京皇宮及其別墅園林作為例外。因為那裡的一切都規模宏大且貨真價實，這或是由於其圖案，或是由於其做工。尤其令人感到驚訝的是，在其他任何地方，都未曾有過類似的建築呈現在我們眼前。我很樂於著手為您對此作一番描述。它可能會為您提供一種準確的觀念。但這件事很棘手，因為在這一切之中，沒有任何與我們的建築模式和我們的建築術有關係的成分。僅僅瞥去一眼，便可以抓住其真正的思想。這樣一來，如果萬一我有時間的話，那麼我將不會放過機會向歐洲寄去我精心繪製的幾個斷面圖。這個皇宮至少有第戎宮（Dijon）那樣恢宏。我向您提起第戎這座城市，是因為您很熟悉它。它基本上是由一大批主體建築群（正屋）組成，彼此之間互相脫離，但卻設計成了一種相當漂亮的對稱佈局，由寬敞的院落、花園和花壇分隔開來。所有這些主體建築的門面都由於鍍金、塗漆和繪畫而金碧輝煌。其內部裝滿了中國、印度、歐洲所有的最精美和最珍貴的藝術品與家具。

對於園林別墅來說，它們也都算非常誘人了。它們係由一片遼闊的地盤形成，人們於其中以手工築起了人造假山，高達8-15或16法尺，從而形成了大量的小山谷。幾條清澈見底的運河流經這些山谷的深處，並於多處匯合而形成池塘和「海」。人們乘坐漂亮而又莊嚴的遊艇暢遊這些運河、海和塘。我發現一隻遊船長13法丈和寬4法丈，船

---

119 費賴之著、馮承鈞譯：《在華耶穌會士列傳及書目》下冊，第822頁。

上建成了一幢華麗的房子。在每條山谷中和流水之畔，都有巧妙佈局的多處主體建築、院落、敞篷或封閉式的走廊、花園、花壇、瀑布等的建築群，它們形成了一個組合體，看起來令人賞心悦目，讚不絕口。人們不是通過如同在歐洲那樣美觀而筆直的甬道，而是通過彎彎曲曲的盤旋路，才能走出山谷。路上甚至裝飾有小小的亭台樓榭和小山洞。在出口處，又會發現第二個山谷，它或以其地面形狀，或以建築結構而與第一個小山谷大相逕庭。

所有的山嶺都覆蓋著樹木，尤其是花卉，它們很普遍。這是一個真正的人間天堂。人工運河如同我們那裡一樣，兩岸由方石砌成筆直的堤岸，但它們都是非常簡樸的粗石，並夾雜著岩石塊，有的向前凸起，有的向後凹縮。它們是以非常藝術的方式排列起來的，人們可以說這是大自然那鬼斧神工的傑作。**120**

這段描述如同一幅精美絕倫的畫作，圓明園的美名由此得以遠播歐洲。怪不得當年法國啟蒙思想家伏爾泰在編撰《哲學辭典》時，在《美》這一詞條裡大段引用了王致誠的這段描寫，並在文後感慨地發揮道：「阿提萊神甫從中國回到凡爾賽，就覺得凡爾賽太小太暗淡無光了。德國人在凡爾賽樹林裡跑了一圈看得出神，便覺得阿提萊神甫也未免太刁難了。這又是一種理由叫我根本不再想寫一部美學概論。」**121** 費賴之在引

---

120 杜赫德編，耿昇譯：《耶穌會士中國書簡集》，第 4 冊，第 288-290 頁。有關王致誠此信有不同版本和中譯本，措詞稍有出入。〔法〕伯特·布立賽（Bernard Brizay）著，高發明、顧泉、李鴻飛譯：《1860：圓明園大劫難》，杭州：浙江古籍出版社 2005 年版，第 384-387 頁。有一附錄《法國傳教士王致誠眼中的圓明園》，文末有「總之，這處遊冶之所叫做圓明園，即萬園之園，無與倫比之園」之語，此段常被人們所引用。

121〔法〕伏爾泰著、王燕生譯：《哲學辭典》上冊，北京：商務印書館 1995 年版，第 214 頁。文中所提阿提萊神甫即王致誠（Jean-Denis Attiret），但說阿提萊從中國返回法國，顯係伏爾泰所「演義」之語。王致誠來華後，未再返回法國。

用它時也提示讀者「此信札頗饒興趣，應全讀之」。[122] 法國當代學者繆里爾·德特里（Muriel Détrie）在評及中法園林藝術交流時，也特別稱讚王致誠這封信所發揮的突出作用：「在建築藝術方面，中國對法國的影響僅局限於某些建築形式的借用，但中國園林藝術的影響卻要深遠得多。從 17 世紀起，在法國的園林中就可以發現中式風格的建築，比如 1670 年路易十四命人在凡爾賽宮建造的瓷景特里阿農宮（le Trianon de Porcelaine）。但在 18 世紀下半葉引起對中國園林真正迷戀的是 1743 年王致誠的一封長信，信中極為詳盡地描述了北京的皇家園林。與當時開始了解英國園林的風潮相結合。一種被稱為『英華』式的新園林風格產生了，其中於 1783 到 1786 年間建於凡爾賽的瑪麗 — 安托瓦內特（Marie-Antoinette）村就是這一風格的一個完美展現。」[123] 的確，歐洲接受中國園林藝術的影響有一個過程，王致誠對圓明園的報道可以說是吸引和影響歐洲的一個關鍵環節。[124]

另一位參與圓明園西洋宮殿設計和建築的耶穌會士蔣友仁對圓明園也有精彩的描寫。蔣友仁於 1774 年抵達澳門，初請赴各省傳教，「不意朝廷知其善治曆算，召之入京」。[125] 蔣友仁在他的一封書簡中寫道：

王致誠修士以前給法國寄去過關於這座別宮的準確而詳細的描述，大家讀得興趣盎然；如今，除王致誠修士描述過的以外，這裡不僅美化了原有的宮殿，還興建了許多新的宮殿，它們一座比一座宏偉，都

---

122 參見費賴之著、馮承鈞譯：《在華耶穌會士列傳及書目》下冊，第 825 頁。

123 〔法〕繆里爾·德特里（Muriel Detrie）著，余磊、朱志平譯：《法國 — 中國：兩個世界的碰撞》，上海譯文出版社 2004 年版，第 25-26 頁。

124 有關這方面的研究，參見陳志華：《中國造園藝術在歐洲的影響》，濟南：山東畫報出版社 2006 年版。

125 參見費賴之著、馮承鈞譯：《在華耶穌會士列傳及書目》下冊，第 849 頁。

是陛下降旨建造的。

　　人們簡直可以說這座別宮是個市鎮，或者更確切地說，它位於一個擁有一百餘萬人口的市鎮群之中，它有多個名稱。其中一個市鎮叫海淀，我們法國教會在此有一幢不大的住所，供在陛下宮中效力的法國傳教士居住。皇帝的別宮叫圓明園（完美明淨的花園）。皇太后的別宮離陛下別宮很近，叫暢春園（Tchang-tchun-yven，洋溢著令人舒暢的春光的花園）。另一座距此不遠的別宮叫萬壽山（Ouan-cheou-chan，長壽山）。還有一座離這裡有點遠的別宮叫靜明園（Tsing-Ming-yven，絕妙的靜謐的花園）。這些皇家別宮之間有一座山叫玉泉山（有珍貴泉水的山）。此處的泉水的確為我剛說過的各座別宮提供了水源，而且還滙成了直達北京的一條水渠；但自當皇帝下令在這座山上蓋起了一些宏偉建築後，這裡的泉水雖說依然豐富，流量卻不及從前的一半了。[126]

接著，蔣友仁介紹了在圓明園的耶穌會士藝匠的日常工作和皇帝在圓明園的起居飲食，這是有關圓明園的又一則珍貴史料。

　　法國耶穌會士對圓明園和中國園林藝術的欣賞和研究興趣持續不減。後來出版的《北京傳教士關於中國歷史、科學、藝術、風俗、習慣之論考》，第 2 冊收入了韓國英一篇短文，此文是應法國方面要求其搜集圓明園的材料而寫。第 8 冊收入了韓國英的《論中國園林》（Essai sur les jardins de plaisance des Chinois）一文，有的論者認為「韓國英對中國園林的研究，水平同錢伯斯不相上下，時間也差不多」。[127] 從王致誠到蔣友

---

126 杜赫德編、鄭德弟譯：《耶穌會士中國書簡集》第 6 冊，第 55 頁。費賴之將此信繫於 1767 年 11 月 16 日，參見費賴之著、馮承鈞譯：《在華耶穌會士列傳及書目》下冊，第 859 頁。

127 參見陳志華：《中國造園藝術在歐洲的影響》，第 99 頁。

332

仁，再到韓國英，法國耶穌會士對 18 世紀中國園林藝術在歐洲的傳播的確發揮了不可替代的重要作用。

五、出入清宮的法國耶穌會士

清朝初年，湯若望因其天文學方面的深厚造詣，受到順治皇帝的重視，任欽天監監正，加太常寺少卿銜，賜號「通玄教師」，成為進入清廷的西方第一人。[128]康熙初年，南懷仁、徐日昇、安多、閔明我、紀理安、戴進賢先後掌管欽天監，與清廷關係密切。除了治理天文事務外，他們還參與涉外事務，充當翻譯，南懷仁參加了 1676 年與俄羅斯使節的會談；徐日昇參加了 1689 年清朝與俄羅斯簽訂《尼布楚條約》的談判。由於康熙崇尚西學，故常向南懷仁、安多等請教天文學、幾何學和儀器用法，徐日昇以音樂見長，博得康熙歡喜，常命其為之演奏。康熙與耶穌會士的關係融洽，天主教因而在京亦獲機得以發展。可以說，清朝初期使用西人主要是基於欽天監的天文觀測和對外交涉翻譯的需要。

法國耶穌會士進入清宮是在 1688 年 2 月 7 日張誠一行抵達北京後，張誠、白晉兩人被留京使用。據載他倆在京的生活：「此兩神甫不久熟悉滿文，獲得皇帝信任，對帝講解全部幾何學，二人曾用滿文編纂種種數學書籍，帝命人譯為漢文，並親作序文冠於卷首。二人並在宮中建築化學實驗室一所，一切必需儀器皆備，並著手全部解剖學之編輯，

---

128 有關湯若望的生平事跡，詳見魏特著、楊丙辰譯：《湯若望傳》，上海：商務印書館 1948 年版。李蘭琴著：《湯若望》，北京：東方出版社 1995 年版。〔德〕斯托莫·達素彬著：《通玄教師湯若望》，北京：中國人民大學出版社 1989 年版。

後經巴多明神甫促成之，旋譯為滿文。」[129] 張誠曾作為徐日昇的助手參加了中俄《尼布楚條約》談判，充當翻譯，對此張在日記中有詳細記載。[130] 進入宮中的傳教士往往能享受許多好處或便利，學習語言即是其中之一。傅聖澤透露了這一點：

在宮廷中的神父在學習方面有許多便利，這些便利在外省是得不到的。因為，就學習漢字來說，他們可以找到最優秀的教師；就語言來說，他們周圍不斷有人溫文爾雅地與他們交談，必須承認這方面的知識對他們來說是絕對必要的，不管他們如何聰明能幹，不懂中國的語言文字，就無法進入帝國顯要人物的圈子。這些大人物邀請我們，和我們交談，有時容忍我們談靈魂得救的學說。雖然他們始終不皈依宗教，但他們至少有時也保護他們給予尊重的宗教。[131]

最早進入清宮的法國耶穌會士是張誠和白晉，法國耶穌會士觀察康熙前期的歷史記錄主要出自他倆之手。張誠日記記載了他從 1688 年至 1698 年八次韃靼之行的情形，其中第三次至第七次（1691、1692、1696、1696-1697、1697 年）係隨侍康熙出巡。[132] 第二次出巡回京後，康熙於 1690 年 1 月 16 日在養心殿接見了張誠、白晉等耶穌會士，並命他們講授幾何學方面的數學知識。在接下來的幾個月裡，康熙不斷請教，

---

129 參見費賴之著、馮承鈞譯：《在華耶穌會士列傳及書目》上冊，第 435 頁。

130 〔法〕張誠著、陳霞飛譯：《張誠日記（1689 年 6 月 13 日-1690 年 5 月 7 日）》，北京：商務印書館 1973 年版。

131 〈傅聖澤神父致法國貴族院議員德‧拉福爾斯公爵的信〉（1702 年 11 月 26 日於中國江西省首府南昌），收入杜赫德編，鄭德弟、呂一民、沈堅譯：《耶穌會士中國書簡集》第 1 冊，第 227 頁。

132 參見伊夫斯‧德‧托瑪斯‧德‧博西耶爾夫人著、辛岩譯：《耶穌會士張誠 —— 路易十四派往中國的五位數學家之一》，第 28-67 頁。

有時接連數日聽課，[133] 反映了康熙對西學孜孜以求的渴望心情。白晉的《中國現任皇帝傳》亦記述了這一授課過程：

我們給皇上講課時，有的用漢語，有的用滿語。可是滿語遠比漢語清楚、明白，而且容易理解，加之康熙皇帝了解到張誠神父和我在學習了七八個月滿語後，就取得了相當大的進步，已經可以和別人相當準確地交流思想。於是，皇上要起用我們兩個人，用滿語為他講解西洋科學……皇上旨諭我們首先用滿語進講《歐幾里得原理》。

為了便於講授，康熙皇帝在皇宮內賜給我們一個房間。這個房間原是其父皇順治帝的寢宮，現在是皇上進膳的地方。我們就在這個房間晉見皇上，度過白天的一部分時間……康熙皇帝旨諭，每天早上由上駟院備馬接我們進宮，傍晚送我們返回寓所。他還指派兩位擅長滿語和漢語的內廷官員協助我們準備進講的文稿，並令書吏把草稿謄寫清楚。皇上旨諭我們每天進宮口授文稿內容。他認真聽講，反覆練習，親手繪圖，有不懂之處立刻提問，就這樣整整幾個小時我們在一起學習。[134]

洪若翰在他 1703 年 2 月 15 日致拉雪茲神父的長信中也匯報了康熙皇帝隨張誠、白晉學習的過程：

這位君王看到他的整個帝國處在太平之中，決定學習歐洲的科學，他的這一舉動或是為了消遣，或是因為關心。他自己選擇了算術，

---

133 參見張誠著、陳霞飛譯：《張誠日記（1689 年 6 月 13 日 — 1690 年 5 月 7 日）》，第 63-97 頁。

134 白晉：《中國現任皇帝傳》，收入 G. G. 萊布尼茨編，梅謙立、楊保筠譯：《中國近事 —— 為了照亮我們這個時代的歷史》，第 76-77 頁。

歐幾里得幾何基礎、實用幾何學與哲學。安多神父、張誠神父和白晉神父奉旨編寫了若干這幾方面的著作。第一本是算術,其他兩本是歐幾里得幾何基礎和幾何學。他們用滿文來做示範講解,與曾教他的學習滿文的老師一起核對,如果有某些詞含義不清或不夠妥當,他們立即就更換別的詞。神父們給皇帝做講解,皇帝很容易就聽懂他們給他上的課,他越來越讚賞我們科學的可靠,並以一種新的熱忱用功地學習。

神父們每天都進宮,上午兩個小時,晚上兩個小時和皇帝在一起。皇帝通常讓他們登上他們的坐台,要求他們坐在他身邊讓他看到他們的臉,並使他們在對他講解時更便當一些。

當人們最初給他講授這些課程時,皇帝的興致很高。他在去離北京兩法里的暢春園時也不中斷課程。神父們只得不管天氣如何,每天都去那裡。他們早晨四時離開北京,到夜幕初降時才回來。他們一回來馬上就又要工作,經常為準備次日的講課忙到深夜。……當他們回去後,皇帝並沒有閒著;他自個兒複習神父們剛剛給他講解的內容:他重看那些圖解,他叫來幾個皇子親自給他們解說。他對自己想學的東西若還沒完全搞清楚的話,就不肯罷休。

皇帝這樣學習有四或五年,他始終非常勤勉,對於政務也絲毫不懈怠,沒有一天誤了上朝。他並沒有把所學的東西僅停留在思辨上,而是將其付諸實踐;這使他學得很開心,並完全理解人們所教給他的內容。[135]

康熙的這一學習持續了相當長的一段時間。通過與耶穌會士的密切接觸,他的對外態度大有改觀,白晉對此印象深刻:「長期以來,耶穌會士就把自己對歐洲及世界其他各國國民的看法流露給皇上。尤其是

---

135 杜赫德編,鄭德弟、呂一民、沈堅譯:《耶穌會士中國書簡集》第 1 冊,第 280 頁。

康熙皇帝在研究了我們的藝術和科學之後，認識到無論在科學還是藝術領域，中國並非惟一的文明國家；除中國外，其他國家也擁有文明開化的科學家以及善於製作精美藝術品的能工巧匠。基於上述認識，康熙皇帝與其國民的排外陋習大相逕庭，諭令賜予荷蘭、葡萄牙及俄國的使節以破格的優待和禮遇。」**136**

如果說張誠、白晉是觀察康熙前期的歷史見證人，那麼巴多明則是康熙後期隨侍左右的主要翻譯。康熙病逝後，巴多明在 1723 年 5 月 1 日致法蘭西科學院諸位先生的信中對康熙作了高度評價：

在歐洲也非常有名的中國皇帝熱愛科學，渴望獲得外國的知識，因他不認為必須學習我們的語言以利用這些知識；他覺得對他來說最便捷的辦法是讓我把（法國的）種種發現詳盡地譯成他的母語，因為以前我在交談中只對他做了粗略的介紹。

這位於 1722 年 12 月 20 日去世的君主是人們在許多世紀中才能見到一個的那種非凡人物之一，他對自己的知識面不加任何限制，亞洲所有君主中從未有任何人像他這樣愛好科學和藝術。向他介紹新的尤其是來自歐洲的發現，簡直是對他的奉承和討好；而這種新發現，只有在你們卓越的科學院裡才能獲得這麼多，因此，耶穌會傳教士與這位偉大君主談論得最多的也是你們科學院。

二十五年前我到達中國時，人們已經使他對經你們精心完善的天文學和幾何學產生了重視，甚至向他呈上了在你們指導下製成的許多或大或小的精美儀器並教他使用。你們在物理學上的研究成果也未被遺忘。至於人體解剖和疾病方面的問題則剛剛起步。

---

136 白晉：《中國現任皇帝傳》，收入 G. G. 萊布尼茨編，梅謙立、楊保筠譯：《中國近事 —— 為了照亮我們這個時代的歷史》，第 60 頁。

這位熟悉中醫典籍的偉大君主清楚地知道，若不在中醫知識中添加解剖學知識以指導醫生處方並指導外科醫生進行手術，那麼中醫知識是不完善的。因此，他命我把一部解剖學著作和一部醫學大全譯成韃靼語。[137]

巴多明在 1723 年致法蘭西科學院諸位先生的第二封信中，談到他及其他耶穌會士隨侍康熙出巡塞外一事，在康熙的隨行西人中有好幾位西方外科醫生，反映了康熙對西醫的信任：

此後十八年時間裡，皇帝每次出巡韃靼地區我都跟隨左右。先後與我做伴者有已故的紅衣主教多羅（de Tournon）的醫生布爾蓋澤（Bourghèse）大夫，法國人樊繼訓（Frapperie）和羅德先（Rhodes）助理修士，熱那亞人何多敏（Paramino）助理修士、卡拉布里亞人畢登庸（Costa）助理修士等，他們都是耶穌會士，有的是外科醫生，另一些是藥劑師，最後還有法國耶穌會士安泰（Rousset）助理修士和羅馬聖靈醫院外科醫生加里亞迪（Gagliardi）先生。[138]

在 18 世紀上半期出入清宮的傳教士中，巴多明歷時最長，其地位也最為突出。他在 1698 年 11 月 4 日入華，隨即進京，1741 年 9 月 29 日在京逝世。康熙皇帝對其頗為重視，親自選擇老師為他教授滿、漢語言，巴多明很快精通滿、漢語，在歐人中無人與之比肩。「帝前從張

---

[137] 杜赫德編，鄭德弟譯：《耶穌會士中國書簡集》第 2 冊，第 286-287 頁。

[138] 同上，第 312 頁。原將畢登庸（Costa）音譯作「科斯塔」，現改。畢登庸（Antoine de Costa, 1666-1747 年以後），其生平參見費賴之著、馮承鈞譯：《在華耶穌會士列傳及書目》上冊，第 494 頁。

誠、白晉二神甫所習之幾何、植物、解剖、醫科等學，至是遂日漸精通。多明並以世界各國之政治風俗、歐洲各朝之利害關係告帝；帝之得以重視路易十四世之為人，皆多明進講之力也。」「凡歐洲人之入朝者，若傳教師，若教廷專使，若葡萄牙、俄羅斯二國專使，常用巴多明為譯人。多明擔任此種危險事務垂四十年，皇帝與其對言人皆表示滿意。多明所操語言有滿語、漢語、拉丁語、法蘭西語、意大利語、葡萄牙語，人皆驚其能。」**139** 在中俄交往、談判中，巴多明幹旋其間，發揮了非常重要的作用。沙如玉神父在 10 月 10 日致信韋塞爾神父時對巴多明的品德、才幹、熱情給予了極度的頌揚，並報道了葬禮的現場，其禮節之高堪與此前最為隆重的、1688 年逝世的南懷仁葬禮相比：

巴多明神父的逝世使傳教士、基督教信徒、偶像崇拜者和大大小小的人物們，都一致地感到痛惜。其葬禮上的各種致辭便是人們對他尊重和崇拜的一種明證。皇帝願意承擔這一切經費，他以一種不愧為一位大君主的氣魄這樣做了。御弟率領其他十名王公，都為此作出了奉獻，他們各自選派其官吏陪靈直到我們的墓地，它位於距北京以西的 2 法里處。帝國的大批達官顯貴，官員和其他名人，都根據皇帝的表率行為，前來向我們表示，他們對於這一損失感到非常痛心，他們分擔我們的痛苦。他們不滿足於只向我們作出這些同情的表示，而且還以他們一直到墓地都出席，以為送葬隊伍增光。儘管他們是非常不信基督教，但也出席我們於下葬期間所舉行的所有祈禱。**140**

---

139 參見費賴之著、馮承鈞譯：《在華耶穌會士列傳及書目》上冊，第 510-511 頁。

140〈沙如玉神父致韋塞爾神父的信〉（1741 年 10 月 10 日於北京），杜赫德編、耿昇譯：《耶穌會士中國書簡集》第 4 冊，第 244-245 頁。

張誠、白晉、巴多明對康熙的評價充滿了讚美之詞，除了他們三人外，康熙當朝時期進宮服務的法國耶穌會士還有洪若翰、劉應、馮秉正、殷弘緒等人。雍正在位時間較短，加上他從即位開始就實行嚴厲的「禁教」政策，與耶穌會士之間明顯拉開了距離。[141] 在康熙時期素受重視的翻譯巴多明就沒有參與中俄《恰克圖條約》的談判，反映了雍正對他的不信任甚至冷淡。巴多明連續數封信追蹤報道蘇努親王家族被流放的實情，即是雍正厲行「禁教」的證明。[142] 雍正平時與耶穌會士甚少往來，只是在歐洲使團到來時才想起在京的傳教士，與他們交換意見或傳達旨意。雍正之所以奉行「禁教」政策，除了與他本身信仰佛教，對西方傳教士東來抱有警惕等因素攸關外，耶穌會士捲入皇儲之爭可能引起他的惱怒也是直接原因。[143]

馮秉正可能是向歐洲方面最早報告雍正「禁教」政策的法國耶穌會士。1724 年 10 月 16 日他在從北京發出的一封致某神父的信中悲歎地說：「我們神聖的宗教在中國被完全禁止了，除了在北京的傳教士以外，我們的所有傳教士都被驅逐出中國。我們的教堂或者被拆毀，或者被移作它用。詔書已經頒布。詔書命令基督教徒們放棄信仰，禁止中國人入基督教，違令者將受到嚴厲懲罰。我們花了二百年的心血建立的教會竟落得如此可悲的下場。」[144]

宋君榮親眼見證了雍正大罵天主教的現場。1725 年 10 月 22 日羅

---

141 參見王治心：《中國基督教史綱》，第 125 頁。徐宗澤：《中國天主教傳教史概論》，第 157-158 頁。吳伯婭：《康雍乾三帝與西學東漸》，第 158-188 頁。

142 參見杜赫德編、朱靜譯：《耶穌會士中國書簡集》第 3 冊，第 1-147、154-158 頁。

143 參見吳伯婭：《康雍乾三帝與西學東漸》，第 159-166、313-331 頁。另張澤著：《清代禁教期的天主教》，台北：光啟出版社 1999 年版，第二章〈雍正嚴禁下的天主教〉對「雍正對天主教的態度」、「雍正之迫害天主教」有更為詳盡的評述。

144 朱靜編譯：《洋教士看中國朝廷》，上海人民出版社 1995 年版，第 101 頁。

馬教皇派遣的兩名使節葛達多、易得豐抵達北京，在接見來使之前，11月 27 日雍正事先接見了在京的宋君榮等在京傳教士，明確宣佈了自己的「禁教」政策，宋君榮記下了所見的這一幕：

皇帝降旨要在距離此地二十華里與建一所新的宮殿。前天，他召見了我們。賜茶之後，便當著我們的面把天主教大罵了一通，並把它與那些邪惡教派相提並論。不過，他也承認天主教會帶來裨益。他談到教皇和歐洲各國國王時，則支支吾吾，說不出所以然。看來他所受的教育遠不及其父皇。他接著又說，羅馬教皇派遣來的兩人（他們二人當時不在場）可以向他暢所欲言。此外，他對待我們特別彬彬有禮，還命人送我們每人一個哈蜜瓜。……

這是我初次見到這位君主，他身材魁梧，今年四十九歲，口齒不錯，但講話速度較快。看來他挺有頭腦，而且精神煥發。他的即位年號「雍正」。[145]

1727 年 5 月 18 日葡萄牙麥德樂使團一行進入北京，維止在使團進京時舉行了盛大的歡迎儀式，給予使團極高規格的接待。目睹這一隆重儀式的宋君榮記述道：「前幾天，葡萄牙國王的使者麥德樂先生曾經率領其豪華的車馬隨從公開地開進了北京。這裡的中國人和韃靼人都從未見過這樣的陣容，當他們得知這位貴人及其府上人所過的豪華生活時，都很震驚。」[146] 但在事後，雍正於 1727 年 7 月 21 日召見在京的傳教士蘇霖、馬蓋朗（P. Magaillens）、費隱、戴進賢、雷孝思、巴多明、宋君

145 宋君榮著、沈德來譯：〈有關雍正與天主教的幾封信〉，收入杜文凱編：《清代西人見聞錄》，第 142-143 頁。

146 同上，第 161 頁。

榮等人，重申自己的「禁教」政策，把歐洲人不准傳播佛教與自己的「禁教」政策相提並論，弄得在場的傳教士們膽戰心驚、有口難辯。[147]

雍正偶爾也有破例，宋君榮向蓋雅爾神父報告了一次頗為特殊的恩典：

1727 年 1 月 26 日，皇帝降旨，宣歐洲人進宮。這對受宣者來說，是一次前所未有、異乎尋常的榮譽。傳旨太監向我們宣佈：皇帝要在其大殿裡同我們一起進餐。被宣召的有二十人，我是其中之一。下午四點一刻，皇帝的一位貼身太監將我們引至御前。皇上坐在一個十分華麗的高台之上，歐洲人分左右各站十人。按中國的禮節，我們雙膝跪下，向皇帝叩拜。……

我尊敬的神父，就在這樣豪華的宴會上，歐洲人卻簡直給餓壞了。因為他們迫不得已要盤著雙腿，席地坐在一塊氈墊上，這種坐法很不舒服；斟上的酒也不合口味；絕大多數菜餚也都如此。我們還得盡力克制自己，既不能吐痰，又不能咳嗽，還不能抹鼻涕。皇帝每說出一句他想使人高興的話時，我們都須雙膝跪下，往地上磕頭。每次向他敬酒也都要這樣做。此外，歐洲人看到人們服侍皇帝遵守的各種禮節，當然是很有意思的。那一切都是程序井然，處處體現著皇威和崇敬。通過這種種禮節，一看便知，人們伺候的是一國之主。那些杯盤碗盞潔淨、華麗，無與倫比。這與其說是在向一位君主敬奉飲食，不如說是祭祀一尊偶像。

---

147 宋君榮著、沈德來譯：〈有關雍正與天主教的幾封信〉，收入杜文凱編：《清代西人見聞錄》，第 144-148 頁。

這篇文字作為西方有關清朝宮廷宴會的經典記錄常常被各種文獻所徵用。[148] 在這次恩典上，雍正除了賜給傳教士們各種錢物外，還特別表彰了當時在京的幾位耶穌會士的工作：「皇帝對巴多明神父在翻譯各種公文時的嚴謹態度很滿意。巴神父翻譯了俄羅斯人提交的各項拉丁文公文。皇帝還對巴多明向十三御弟怡賢親王允祥所做的關於與女沙皇的使者交涉情況的準確匯報表示滿意。十三御弟親王曾多次明確表示，皇上對徐懋德、馮秉正神父和我本人繪製的那份地圖甚為讚賞。十三御弟允祥還告訴我：皇帝非常高興地閱讀了我托允祥親王轉呈的那道關於沙俄狀況的奏摺。最後，陛下十分喜愛郎世寧修士的許多油畫。我尊敬的神父，這一切都促進了皇帝公開表示對歐洲人感到滿意。」[149] 顯然，雍正是借此安撫在京的傳教士，他想向外傳達一個「禁教」但不排除使用傳教士中的能工巧匠和發揮他們的技藝特長的政策。儘管如此，在耶穌會士的筆下或信中，我們幾乎看不到對雍正給予類似康熙那樣評價的描繪，這反映了二者之間關係的隔閡。

有趣的是，已離北京的龔當信通過閱讀邸報了解當時清廷的動態，他認定這是一條掌握清廷情報的有效途徑。1725 年 12 月 2 日他致信愛梯埃尼·蘇西埃（Etienne Souciet）神父時談及自己的這一發現：「中國的邸報對於治理國家非常有用，在歐洲，有些地方此類報告充塞了無稽之談，惡言中傷，造謠誣蔑，而中國的邸報只登與皇上有關的事情。由於中國政府是很完善的君主制，全國各地事無鉅細都要向它匯報，這種邸報在指導各地官員履行他們的職責，告誡文人和老百姓方面能起

---

148 參見〔法〕Gilles Beguin 和 Dominique Morel 著，李聖雲譯：《紫禁城》，上海人民出版社 2007 年版，第 102-103 頁。

149 宋君榮著、沈德來譯：〈有關雍正與天主教的幾封信〉，收入杜文凱編：《清代西人見聞錄》，第 167-169 頁。

343

很大的作用。」**150** 他的報告引起了法方的重視，要求他對此詳加介紹，1727 年 12 月 15 日他回信說：「兩年前，我有幸給您寫了好幾封談中國的治國之道的信，我談到一種在全國流通的『邸報』，我從中取得好多資料。」「我向您承認我從未想到讀這種邸報竟會對一個傳教士有如此大的用處。」「在邸報上可以獲得許多有關中國的宗教、各派學說、法規、風俗習慣等各方面的知識，我們從中可以了解中國人待人接物的方式，還可以從中學到確切的遣詞造句，提高各方面的口頭、筆頭表達能力。」「中國邸報幾乎包括了這個遼闊帝國的所有公共事務，它刊登給皇上的奏摺及皇上的批復、旨令及其施予臣民們的恩惠。邸報是一本集子，有六十頁至七十頁，每天都有。」「這種邸報每年出三百本小集子，仔細讀一下邸報，可以學到舉不勝舉的各方面的很有意思的知識。」**151** 話語之中，明顯表露出一種「發現」的興奮。

乾隆登基後，「禁教」政策有所調整，對傳教士的態度時寬時嚴，其基本宗旨是「收其人必盡其用，安其俗不存其教」。**152** 對乾隆的態度和動向，在京耶穌會士頗為留意觀察。歷經康熙、雍正、乾隆三朝，在京資格最老的巴多明精明地意識到「乾隆皇帝的確仇恨基督教」，他說：「由於皇帝的行為始終都不能持之以恆，他在作出任何決定時始終都神秘莫測。他確確實實是仇恨基督教，但出於禮貌，他又謹慎地與我們打交道，在人前能善待我們，這是由於他害怕與其父皇之間的差異過

---

150 〈龔當信神父致本會愛梯埃尼‧蘇西埃神父的信〉（1725 年 12 月 2 日於廣州），收入杜赫德編，朱靜譯：《耶穌會士中國書簡集》第 3 冊，第 190 頁。

151 〈龔當信神父致本會愛梯埃尼‧蘇西埃神父的信〉（1727 年 12 月 15 日於廣州），同上，第 241-242 頁。

152 參見吳伯婭：《康雍乾三帝與西學東漸》，第 188-219 頁。另張澤著《清代禁教期的天主教》第三章〈乾隆嚴禁下的天主教〉對「乾隆對天主教的態度」、「乾隆朝的教難」有詳盡的評述。

分惹人注目。中國新年那一天，當我們所有人都去朝拜皇帝時，他令人打開了一間他有意居於其中的大殿，讓我們進入了宮殿。我們從那裡可以看到他，不過由於太遠而無法與他講話，我們在那裡舉行參拜大禮。」[153] 這可能是乾隆初年的情況。到 18 世紀 70、80 年代，乾隆與在京傳教士們的關係比人們想像的要融洽。韓國英即對乾隆頗有好感，他甚至對乾隆親近傳教士的態度作了解釋：一是童年跟隨康熙會見西人養成的習慣。二是他的太傅對基督教滿懷敬意對他有一定影響。三是對繪畫的特別愛好和因此與郎世寧的交誼。四是在他當政時期「歐洲人為他做的事情要遠多於為他祖父康熙帝所做的事」。五是乾隆「認識到他先前受了控告我們那些人的騙」。經過一段時期的觀察和考驗，乾隆確實善待在京的傳教士，以致韓國英也承認，「如今他對我們如此抱有好感，以至無論是北京、澳門還是廣州的反對我們的人，他們在宮廷裡再也沒有任何影響力了」。[154] 與雍正「仇教」的心理不一樣，乾隆比較謹慎地處理與傳教士們的關係，對西學、西藝如同康熙一樣表現出濃厚的學習興趣。

早在康熙晚年，因喜愛西方琺瑯工藝，馬國賢、倪天爵等人就被召進宮傳授。1716 年馬國賢在信中寫道：「皇上被我們歐洲的琺瑯所折服，希望其皇家作坊引入這一工藝 …… 如今令郎世寧和我在釉面上畫圖，我們兩人如囚徒般被日夜關在皇家作坊，周圍是一群貪污腐敗之徒，我們聲稱不懂這門藝術而拒絕他們的要求。」法國耶穌會士與意大利傳教士對中方要求的態度不一樣，他們採取了與清朝合作的態度，以

153〈耶穌會傳教士巴多明神父致同一耶穌會中尊敬的某神父的信〉（1734 年 10 月 29 日於北京），收入杜赫德編、耿昇譯：《耶穌會士中國書簡集》第 4 冊，第 120 頁。書中將此信誤作「1754 年」，現改。

154 杜赫德編，呂一民、沈堅、鄭德弟譯：《耶穌會士中國書簡集》第 5 冊，第 262 頁。

便進一步擴大法國耶穌會士的影響，倪天爵將這項技術帶入清宮，其工藝直接來自法國的利摩日（Limoges），1720年馮秉正的一封信提及此事：「事實上，御旨之下，中國的工匠製作琺瑯的時間也不過五六年，然而其進步速度驚人，倪天爵神父仍然是他們的師傅。」[155]

乾隆對歐洲工藝的喜愛不讓康熙，他在位期間出入清宮的西人往往是一些具有工匠技藝的耶穌會士。1780年10月15日方守義在一封書簡中談到進宮的三種主要才能：畫家、鐘錶匠、機械師。此外就是翻譯和天文學。[156] 乾隆對西方美術和天文學極為傾慕，在外人面前也毫不掩飾，韓國英對此印象深刻：「這位君主對歐洲人過獎了，他公開對所有人說只有歐洲人才精通天文學和繪畫，中國人在他們面前只是『後生小輩』。您很容易感覺到，這種偏愛對於一個驕傲的民族該是多大的傷害，因為在這個民族眼裡，一切非出本土之物均是粗俗的。」[157]

以畫師身份進入清宮的傳教士有郎世寧、馬國賢、王致誠、艾啟蒙、賀清泰、安德義、潘廷章諸人，[158] 王致誠在其書簡中談到他作為畫師在宮中的具體工作情形：

在皇帝的宮殿及其園林中，除了上朝之外，他很少將王公和部院大臣等權貴們領入其中。在此的所有西洋人中，只有畫師和鐘錶匠們才准許進入所有地方，這是由於其職業而必須的。我們平時繪畫的地方，便是我向您講到的這些小宮殿之一。皇帝幾乎每天都前往那裡巡視我們

---

155 轉引自〔法〕薩莫佑、戴浩石、貝甘著，王眉譯：《楓丹白露城堡：歐仁妮皇后的中國博物館》，上海：中西書局2011年版，第60頁。

156 杜赫德編，鄭德弟譯：《耶穌會士中國書簡集》第6冊，第199-200頁。

157 杜赫德編，呂一民、沈堅、鄭德弟譯：《耶穌會士中國書簡集》第5冊，第262頁。

158 參見聶崇正：〈從存世文物看清代宮廷中的中西美術交流〉，收入氏著：《清宮繪畫與「西畫東漸」》，北京：紫禁城出版社2008年版，第182-184頁。

的工作，以至於我們無法離席而出，更不能走得太遠，除非是那裡需要繪畫的東西是能搬動的原物。他們雖然將我們帶到了那裡，卻又由太監們嚴密看押。我們必須步履匆匆地行走，無聲無息，以腳尖著地，就如同偷著前去辦壞事一般。我正是以這種辦法在那裡親眼目睹和瀏覽了整個漂亮的御園，並且進入過所有套房……白天，我們置身於園林之中，並在那裡由皇帝供應晚餐。為了過夜，我們到達一座相當大的城市或者是一個鎮子，我們在距皇室很近的地方購置了一幢房子。當皇帝還駕京師時，我們也隨駕返回。此時我們白天便留在皇宮深苑之中，晚上則返回我們的教堂。**159**

1754 年 10 月 17 日錢德明在致德‧拉‧圖爾（de la Tour）神父的長信中，報告了王致誠在宮中服侍乾隆的情況，包括被皇帝召到熱河，在乾隆平定準噶爾叛亂後為乾隆製作《得勝圖》，皇帝要封王致誠為官，遭到王致誠的婉言謝絕，以及王在宮中向大臣們介紹法國情況，並與其他傳教士作畫和製作報更自鳴鐘、噴射水柱、玻璃器皿和自動行走的獅子等具體情形。**160** 王致誠存世的畫作數量雖少於郎世寧，但其畫藝卻不遜於郎氏，在當時與郎氏齊名。

在入宮服務的西人工匠中，蔣友仁、韓國英較為突出，他們主持了圓明園中的歐式宮殿設計。蔣友仁 1767 年 11 月 16 日致信巴比甬‧道代羅什，交代他是 1745 年奉乾隆之命，作為數學家來到北京。兩年後「應皇帝陛下之詔負責水法建設」，以為美麗的圓明園增添新的亮點：

就是在這些花園中，皇帝要建一座歐式的宮殿，從內部到外觀都

159 杜赫德編、耿昇譯：《耶穌會士中國書簡集》第 4 冊，第 299 頁。

160 杜赫德編、呂一民、沈堅、鄭德弟譯：《耶穌會士中國書簡集》第 5 冊，第 30-53 頁。

裝飾成歐洲風格的。他將水法建設交我領導，儘管我在這方面的低能已暴露無遺。

除了水法建設，我還負責在地理、天文和物理方面的其他工作。看到皇帝陛下對這一切饒有興致，我利用餘暇為他繪製了一幅 12 法尺半長 6 法尺半高的世界地圖。我還附加了一份關於地球和天體的說明，內容涉及地球和其他星球新發現的運行軌跡，彗星的軌跡（人們希望最終能夠準確預測它們的回歸）。[161]

蔣友仁曾就其在宮中與乾隆接觸的情形於 1773 年 11、12 月間連續三次致信嘉類思神父。第一封信談及新來的李俊賢、潘廷章兩人向乾隆進貢的望遠鏡等禮品，潘廷章為乾隆作畫像，宮中的建築風格和各種飾物。第二封信記錄了蔣友仁與乾隆的談話，內容涉及歐洲如何選擇傳教士來華、銅版畫《得勝圖》的製版、歐洲各國及東南亞、日本各地情況、當前在華傳教士情況和天體運行、皇子們的學習等。第三封信匯報與乾隆談及天體運行、望遠鏡、宗教和傳教士的工作，對晁俊秀的評價，葡萄酒和傳教士的宗教生活等。其中在談話開始蔣友仁向乾隆介紹了「太陽中心說」，這可能是中國人首次接觸這一原理。[162]1774 年 10 月 23 日蔣友仁不堪工作勞累和耶穌會被解散消息的打擊倒下了，一位未透露姓名的耶穌會士在報告他去世的噩耗時，對他在華的工作成績，特別是在圓明園建造水法、噴泉和西洋樓的過程作了詳細回顧，最後總結道：

---

161 杜赫德編，呂一民、沈堅、鄭德弟譯：《耶穌會士中國書簡集》第 5 冊，第 134 頁。

162 杜赫德編，鄭德弟譯：《耶穌會士中國書簡集》第 6 冊，第 15-61 頁。此三信收入《書簡集》時未署收信人姓名。收信人應為嘉類思，參見費賴之著、馮承鈞譯：《在華耶穌會士列傳及書目》下冊，第 859-860 頁。

如人們有朝一日撰寫中國教會年鑒，甚至只需引證非基督教徒對蔣友仁神父的說法和想法便可讓後人明白，他的美德更高於其才華。皇帝為他的葬禮出了一百兩銀子，還詳細詢問了他最後的病情，最終道：「這是個善人，非常勤勉。」出自君主之口的這些話是很高的讚揚，若這些話指的是一個韃靼人或中國（漢）人，它們將使其子孫後代享有盛譽。[163]

韓國英在京二十年（1760-1780），據一位與他關係密切的在京耶穌會士回憶，他「關注、愛好各門學科，擁有豐富的學識；其專心尤其是其熱忱使他在從事的所有工作（如天文學、機械學、語言歷史研究等）中均獲得了成功」。「他為北京的傳教士們寄往歐洲並在國務大臣貝爾坦（Bertin）先生關心支持下出版的學術論文做了大量工作，但他從不希望這些著作署他的姓名。」[164]1764 年 11 月 7 日韓國英致信德爾維耶（Dervillé）神父透露：「我在皇宮裡工作了四年之久。在皇宮裡做了一座配有噴射的水柱，鳥的鳴叫聲和變幻不停的動物形象的大水鐘。我經常見到皇帝。請您相信我，他只讓那些違抗其旨意的人成為殉難者。如果沒他公開地保護我們，我們很快就會不在人世。請您為很喜歡我們的皇帝本人及其全家的歸信祈禱吧。」[165] 又據其 1767 年 11 月 22 日書簡稱：「余在中國離宮御園之中，前為噴水匠與機匠凡五年，自皇帝建立武功以後，又成園藝師與花匠。」[166] 韓國英逝世後留下的遺著多收入《中國叢刊》。

---

163 杜赫德編，鄭德弟譯：《耶穌會士中國書簡集》第 6 冊，第 77 頁。

164 同上，第 205 頁。

165 杜赫德編，呂一民、沈堅、鄭德弟譯：《耶穌會士中國書簡集》第 5 冊，第 91 頁。

166 費賴之著、馮承鈞譯：《在華耶穌會士列傳及書目》下冊，第 939 頁。

進入清宮還有一位園藝師 —— 湯執中。據 1757 年 12 月 13 日嘉類思致布拉索的書簡所載，湯執中曾參與擴建御花園，並協同蔣友仁建造歐式宮殿：

這位神父是在三年前借助其花草、蔬菜的種子進入宮中的。當時，皇帝讓人擴建了御花園。湯執中神父還用一些噴泉與瀑布把御花園裝點得更加好看。這一工程尚未竣工，蔣友仁神父現在那裡負責此事。這位君主還讓人建了一座歐洲式的宮殿，其規模比他在七年前所建的那座歐洲式宮殿還要大。皇帝似乎對歐洲人在機械方面提供的服務感到滿意，並以顯赫的職位去獎賞他們。但皇帝的獎賞也就僅限於此，我們神聖的宗教幾乎沒有借此得到傳播。在北京，人們尚未對基督教怎麼樣，但在各省，卻始終同樣不允許基督教存在，並對傳教士進行追捕。[167]

蔣友仁根據自己近距離的觀察，描繪了乾隆的日常飲食，這為我們了解乾隆的生活習慣增添了新的材料：

陛下總是單獨用膳，從未有任何人與他同席進餐，只有太監們在伺候他。他的早餐安排在上午 8 點，午餐安排在下午 2 點。這兩餐飯以外，皇帝白天除了喝點飲料不吃任何東西，傍晚時分喝一點清淡的清涼解渴的飲料。他從來不喝可使人極度興奮的葡萄酒或其他甜燒酒。不過近幾年來，他在大夫建議下飲用一種已釀製多年的老陳酒，或更準確地說是一種啤酒；正如中國所有的酒一樣，這種酒他是燙熱後喝的：中午一杯，傍晚一杯。他用餐時慣常的飲料是茶，或是普通的水泡的茶，或是奶茶，或是多種茶放在一起研碎後經發酵並以種種方式配製出來的

167 杜赫德編，呂一民、沈堅、鄭德弟譯：《耶穌會士中國書簡集》第 5 冊，第 66 頁。

茶。……

　　菜餚雖極豐盛，陛下每餐飯用時卻從不超過一刻鐘。若不是我在皇帝用餐的套間的候見室裡無數次見證了這一切或是在別的我能見到菜餚端進端出的地方目睹過這一切，我對此真是難以相信。**168**

　　方守義總結清宮使用西人的情況時說：「這裡的人之所以珍視歐洲人，惟一原因就是因為他們需要天文學以及準確可靠、學識豐富的翻譯。當今皇上喜歡繪畫，但他繼承者中的某一位對此或許會不屑一顧。歐洲寄來的鐘錶和機器比人們需要的更多。」**169** 後來的情形不幸被其言中，繼承乾隆的嘉慶皇帝不僅對西學西藝沒有多大興趣，而且將原所實施的「禁教」政策由地方擴大到北京，在宮中的這種交流活動自然也就隨著乾隆的離世而基本上叫停。

六、北京的地震、災害紀實

　　有清一代北京地區地震活躍，康熙、雍正在位期間更是北京地震的高發期。據學者統計，「有清一代北京地區地震發生頻率平均每 7 年一次」，大多數地震因震級較低，在四級以下，故沒有震感。**170** 只有1664、1665、1679、1720、1730 年這五次地震因在四級以上（特別是後四次在六級以上），破壞性較大，故留下了較多記載。**171** 在京耶穌會士據其見聞，記錄了這些地震實情。

---

168 杜赫德編，鄭德弟譯：《耶穌會士中國書簡集》第 6 冊，第 60 頁。

169 同上，第 200 頁。

170 參見于德源：《北京災害史》上冊，第 512 頁。

171 同上，第 510-527 頁。

1665 年（康熙四年）3 月北京地震，震級 6.5 級，震中在北京城與通州之間。此時正恰逢 1664 年教案，一批傳教士被集中拘禁在東堂，因地震，朝廷不得不釋放在押傳教士或改為遣送到南方的廣州。對此次地震情形，耶穌會士多有記載。[172]

1679 年（康熙十八年）9 月 2 日北京發生了數百年一遇的 8 級大地震，史稱「三河 — 平谷大地震」。關於這次地震，杜赫德在《中華帝國全志》記載了這次大地震：

　　1679 年 9 月 2 日，在北京發生可怕的地震。當時許多宮殿、寺院、塔和城牆傾倒，埋葬在廢墟內的有四百多人，鄰縣通州有三萬多人壓死。這次地震延續了三月之久，皇帝、太子和貴族們離開皇宮，住在帳幕內。這時皇帝開恩賑恤人民。[173]

這些材料明顯是來自於當時在京的耶穌會士所傳遞的信息。

1720 年 6 月 11 日北京發生了一次強烈地震，震中在北京西北約 100 公里的懷來縣沙城（今河北懷來縣城），震級為 6.75 級，烈度為 9 度，中文文獻《清聖祖仁皇帝實錄》卷二八七、乾隆《延慶縣志》卷一、康熙《懷柔縣志》卷二、光緒《密雲縣志》卷二對此次地震都有記載。[174] 殷弘緒在同年 10 月 19 日寫於北京的一封信中詳細報告了這次地震的情形，它比我們所見相關中文文獻記載要詳實得多，具有相當高的史料價值。

---

172 參見魏德著、楊丙辰譯：《湯若望傳》，第 2 冊，第 504 頁。
173 轉引自賀樹德編：《北京地區地震史料》，北京：紫禁城出版社 1987 年版，第 201 頁。
174 參見于德源：《北京災害史》上冊第 521-523 頁、下冊第 778-779 頁。

6月11日上午9點45分，我們感到了地震，它延續了約兩分鐘。這僅是次日發生的一切的前兆。晚上7點半，強烈的震動又開始了，而且持續了約六分鐘。在任何別的情況下，一分鐘很快就過去了，但在我們所處的悲慘情景中它卻顯得十分漫長。到處不時閃亮的，預示著四面八方都會響起霹靂的黑沉沉的天空或是最波濤洶湧的大海，都遠不如猝然而至的不規則的大地的震盪來得可怕。……我驚恐地看到這幢龐大建築物向一側傾斜，又向另一側傾斜 —— 儘管其牆壁底部厚達10法尺，上部也有5法尺厚。如果我們當時能夠留意，就會發現（教堂）不規則的鐘聲正在告訴我們地震在加劇。人們只聽見全城響起一片混亂的喊聲和呻吟聲，人人都認為鄰居被壓在了廢墟裡，同時擔心自己遭遇同樣命運。當夜餘下時間裡人們還感到十次餘震，不過不像這樣強烈。平靜終於恢復了。黎明時分，當發現災難不像想像的那麼嚴重時，人們才開始安下心來。北京僅壓死了一千人。由於這裡街道大多很寬，因而較容易躲開坍塌的房屋。在隨後二十天時間裡，我們還斷斷續續經歷過幾次輕微的地震，北京附近100法里處的地方也發生了類似情況。人們認為這些地震是北京西面山區中那些煤礦造成的，當地燒的所有煤都採自這些礦井。在離北京最近的山脈以西不遠處，有一個人口稠密、商業繁榮的地方 Cha-tchin，它的三道城牆使它顯得像三個不同的城市。在我描述過的大地震的第三次震動中，它被毀壞了。有一個村子出現了一道很寬的裂縫，似乎還有硫蒸氣從中噴出。同年，在距此150法里的韃靼地區，群山環抱的一個小山谷中發生了火山噴發。[175]

《北京地區地震史料》亦摘錄了這則史料，[176]可見其彌足珍貴。

---

[175] 杜赫德編，鄭德弟譯：《耶穌會士中國書簡集》第2冊，第215-216頁。

[176] 賀樹德編：《北京地區地震史料》，第255-256頁。

1730年（雍正八年）北京發生了一次震級約6.5級的強地震，震中在北京西山。這次地震因離北京甚近，故對北京的破壞十分嚴重，堪與1679年那次大地震相比。[177] 當時在京的法國耶穌會士馮秉正在其著《中國通史》（*Histoire générale de la Chine, ou, Annales de cet empire*）中記載了地震發生後的慘狀：

在1730年9月30日，這地方發生一次歷史記載上比較猛烈的地震，不到一分鐘，北京十萬以上的居民埋葬在房屋的廢墟下。四郊死亡的人更多。許多房屋完全毀壞。震動的方向從東南至西北。葡萄牙人和法國人的住宅，像他們的教堂一樣，差不多完全被震圮。在太陽底下，擺正了的自鳴鐘，比平日走慢了差不多半個鐘頭。地震以前，人們按照慣例離開餐室，否則也一定將在瞬息之間壓倒在廢墟裡。

10月3日皇上派遣一位太監向歐洲人問起這次事變。最後給予一千兩銀子，作為修理三個教堂和Congedia的費用。[178]

由於這次地震對北京的教堂破壞較大，十九世紀傳教士蕭若瑟的《聖教史略》、樊國梁的《燕京開教畧》亦有相關記述。[179]《書簡集》留有一則直接記載這次地震的材料，一位耶穌會士在講述名叫讓·巴蒂斯特·陸（音譯）的北京秀才信仰基督教的故事時，談到陸姓一家人在1730年地震遇難倖存的情形：

---

177 參見于德源：《北京災害史》上冊，第523頁。

178 Joseph-Anne-Marie Moyriac de Mailla, *Histoire générale de la Chine, ou, Annales de cet empire*, Vol. 11, (Paris: P. D. Pierres, 1780), p.491. 中譯文參見賀樹德編：《北京地區地震史料》，第278頁。

179 參見蕭若瑟譯：《正教史略》卷十四《近世紀六》，河北獻縣天主教堂1932年印，第201頁。樊國梁：《燕京開教略》中篇，收入陳方中編：《中國天主教史籍叢編》，台北：輔仁大學出版社2003年版，第387頁。

可能正是他身上具有的這樣一種如此堅實的美德，引來了上帝在1730年北京發生的那場著名的地震期間對他施予特殊的保護。這場地震在一分鐘的時間裡壓壞了大約十萬人。在這場可怕的災難最慘烈的時候，他與配偶居住的房子倒塌了，把他們完全埋在了廢墟當中。他們既無法逃生，又無法呼救。第二天，人們在廢墟中挖開了一條渠道，以便把他們拉出來。人們原以為他們已被壓死，並已經考慮為其舉行葬禮，然而卻驚喜地發現他們兩人都活得好好的。他們非常平安，沒有受到任何傷害。此事在他所到之處以及所有在北京的基督徒中廣為人知，而他則把此事歸功於上帝的恩典。**180**

雖然耶穌會士沒有放過利用這一故事宣傳基督教的機會，但畢竟保留了對這次地震的歷史記錄。

耶穌會士君丑尼神父講述的一起頗為荒誕的事故，則可見當時人們對週期性多發地震的恐慌心理，它可能發生在1739年的北京：

您可能還會記起，大約十年前在該京師發生了一場可怕的大地震。去年末前後，一個中國人竟信誓旦旦地到處散佈說，不久將會發生另一次類似的大地震，他甚至還算定了這場大災難發生的月份和日子。為了在北京擴散這一警報，再不需要做更多的事了。在所指出的日子，一批其數目出奇得多的人都躲出了城牆之外。許多人都在互致永別。幾乎只有皇帝才表現得處之泰然，他絲毫不想出宮。決定命運的日子到來了，恐慌倍增。但這一天卻在未感到任何地震的徵兆下過去了。狂怒和恐懼相加，民眾想把那個偽預言家碎屍萬段。皇帝卻僅滿足於流放他，並且向他提出了嚴重的警告，如果他萬一再次如此狂熱，那就會立即處

---

180 杜赫德編，呂一民、沈堅、鄭德弟譯：《耶穌會士中國書簡集》第5冊，第9-10頁。

死他。[181]

北京是地震多發地帶，因而人們在建築房屋時頗注意房屋的抗震能力，在京的耶穌會士蔣友仁觀察北京的建築時留意到這一點：

由於這裡地震比較多發，中國建築物的橫樑和屋頂不是架在牆上，而是架在木柱上的，木柱則立於石頭地基之上；因此，往往屋頂已蓋好，牆壁卻還未砌起來。有時，牆壁在地震中倒塌了，但屋頂甚至房屋內部結構卻未受損害。牆壁通常是磚砌的，外側砌得非常齊整，有時還飾以各種雕塑圖案；內側或是砂漿塗層，或是鑲以木板 —— 上面可以貼紙，有些房屋的內壁上還以細木工製品裝飾。[182]

除了自然災害地震外，北京的火災也進入了耶穌會士們的視野。特別是 1775 年所發生的南堂火災，更是記載甚詳：

巨大的南堂無可爭議地是整個東方最漂亮的教堂，也是這個都城中興建的第一座教堂。去年冬天，它卻在大白天裡被完全燒毀了，而且無從知道這件令人傷心的事故原因何在。當時，人們剛在那裡做了最後一場彌撒，有人聞到了某種淡淡的氣味，大家便到處查尋；因沒有出現任何火和煙的痕跡，人們就以為這是來自教堂外的氣味，因此放了心並關閉了教堂。剛過了半小時，教堂就四處著起火來，而且根本無法撲救：祭服、聖器、聖器室，所有一切均付諸一炬；所能做的只是確保相鄰建築物的安全。皇帝第二天得到了消息（發生重大火災時人們照例要

---

181 杜赫德編，耿昇譯：《耶穌會士中國書簡集》第 4 冊，第 266 頁。

182 杜赫德編，鄭德弟譯：《耶穌會士中國書簡集》第 6 冊，第 20 頁。

報告皇帝）。沒等我們進行任何嘗試，他立刻准許我們重建教堂，還借給傳教士們一萬兩銀子（等我們有能力時再歸還）幫助教堂重建；教堂一旦完工，他還將親筆題詞懸掛於教堂之中。[183]

文中所提火災後乾隆「借給傳教士們一萬兩銀子」一說，與中文文獻通常所記「賜給一萬兩銀子」的說法有所出入。至於起火原因，更是無從查找的謎。禍不單行，以後教堂火災接踵而至，1807 年（嘉慶十二年）東堂毀於一場大火，1811 年（嘉慶十六年）西堂又毀於火災。

耶穌會士在他們的書簡中還提到 1780 年北京發生的一場火災：

1780 年 6 月，北京一場大火燒毀了韃靼人居住區上萬所房屋。大火一直蔓延到皇宮前面的頭幾條大街。不過火只燒了一夜。這一事件使不少官員失了寵，他們被控缺乏警惕，有失防範，是皇帝的御林軍滅了火。[184]

北京作為一國之都，其生活條件相對優越，故在災害年間，常常成為周圍地區災民躲避災禍的避難所，《書簡集》對此也有記述：

在 1727 年 12 月 15 日的信上，我提到 1725 年北直隸和山東兩省嚴重遭災的情況，大批災民從兩省的好幾個地方擁入北京，皇帝命令從他的國庫中撥糧熬粥，每天在京城不同的地方施捨給饑民們。這樣施粥四個多月，養活了四萬饑民。但是，到了二月末，相當於我們的三月，春耕時節到了，當局就採取措施，遣返每個饑民回鄉。[185]

---

183 同上，第 78-79 頁。

184 同上，第 170 頁。

185〈耶穌會傳教士龔當信神父致本會社赫德神父的信〉（1730 年 10 月 19 日於廣州），收入杜赫德編，朱靜譯：《耶穌會士中國書簡集》第 3 冊，第 329 頁。

上述耶穌會士對北京地震、火災的報道，基本上比較準確、可靠，他們對康熙、雍正、乾隆處理災情和撫慰傳教會士記錄，更是具有史料價值，可與中文文獻相互印證和參照。

結 語

1773 年羅馬新任教宗宣佈解散耶穌會。1775 年消息傳到北京時，在京的耶穌會士尚有 17 人，以後人數逐漸減少，重量級的耶穌會士一個接一個從人們的視野中消失，蔣友仁（1715-1774）、韓國英（1727-1780）、方守義（1722-1780）、金濟時（1735-1781）、汪達洪（1733-1787）、晁俊秀（1727-1792）、錢德明（1718-1793）相繼在京抱憾離世，到 18 世紀末，剩下的幾位耶穌會士也到了風燭殘年。作為明末清初中西文化交流的主力 —— 耶穌會士終於迎來了它歷史的終結。[186] 當中國耶穌會解散後，狄桂尼表示：「解散北京的耶穌會，是一件很不幸的事情，也許現在不感到它的重要，將來會明白這是何等重大的損失。」[187]從中西交流史的歷史意義來看，狄氏所言並不為過。

從張誠等第一批「國王的數學家」有組織的赴華開始，法國耶穌會士走的是一條科技傳教路線。這些披著耶穌會士外衣的科學工作者，實際上扮演著研究中國、發現中國和傳遞西方科技的雙重角色，這與康熙喜好西學、崇尚科技的傾向正好吻合，因此法國耶穌會士在康熙的支持下迅速崛起，成為西方耶穌會士中一支引人注目的力量。以後，雖然

---

186 有關耶穌會解散以後，遣使會取而代之後的運作情形，詳見 P. Octave Ferreux C.M. 著，吳宗文譯：《遣使會在華傳教史》，台北：華明書局 1977 年版，第 119-160 頁。〔法〕古伯察（Evariste Régis Huc）著、耿昇譯：《韃靼西藏旅行記》，北京：中國藏學出版社 2012 年版，第 26-30 頁。

187 轉引自閻宗臨：《傳教士與法國早期漢學》，第 218 頁。

雍正、乾隆厲行「禁教」政策，但他們喜好科技的取向未變，故包括法國耶穌會士在內的西方傳教士仍源源不斷地前往北京。過去人們在檢討這一歷史過程的中斷時，將主要原因歸咎於清朝的「禁教」或「閉關自守」政策，實際上這只是問題的一方面。羅馬教廷不願來華的傳教士在「適應策略」上走得太遠，偏離其傳教的初衷，希望來華傳教士的交流維持在傳教的層面；在「禮儀之爭」中不願妥協，執意堅持其原教旨主義的立場，力圖在與清朝的博弈中體現教皇的權力意志；夾在教皇與清廷中間的耶穌會士左右為難，無法滿足羅馬教廷的願望，最後面臨被解散的悲劇命運，因此羅馬教皇對這段中西文化交流的中斷亦難辭其咎。

法國耶穌會士作為中西文化交流的中介和西方文化的使者，其「北京經驗」具有雙向交流的作用，一方面他們將中國政治、經濟、科技文化方面的信息帶給西方，一方面將西方的科技、美術、音樂帶到中國，這對促進中西文化交流發揮了重要作用。這些跨文化的中介人，其心態常常是在兩極搖擺，「總的說來，初來乍到之人傾向於歐洲，而在華日久者則傾向中國」[188]。這種「傾向中國」的心態可能成為耶穌會士們積極譯介中國典籍和研究中國文化歷史的內驅動力。法國人甚至自認為他們對中國的了解超過了對歐洲的另一個大國 —— 俄國的了解。可見在這一雙向交流中，耶穌會士從中國帶回歐洲的，反而要比他們帶給中國的內容更多。換句話說，18 世紀中國對歐洲產生的影響遠在歐洲對中國的影響之上。對此，法國學者謝和耐給予了中肯評價：「18 世紀歷史演變中的差異尤為引人注目，因為歐洲向中國學習的東西，無疑要比它向中國傳授的內容多得多。中國對於這個時代歐洲的倫理、政治和科學思想的變化絕非置之度外。中國的政治制度、國家組織機構、獨立於任何宗教的道德觀念和經濟、佔統治地位的哲學觀念及其技術的例證，都

---

188 杜赫德編，鄭德弟譯：《耶穌會士中國書簡集》第 6 冊，第 182 頁。

強有力地影響了歐洲，向它提供了一種寶貴的貢獻。」[189] 耶穌會士在 18世紀中西文化交流中所發揮的中介作用不可低估。隨著耶穌會的解散，延續近兩個世紀的中西文化交流暫告一段落，中西關係進入巨變前的暫時冷卻狀態。

法國耶穌會士的「北京經驗」是西方傳教士漢學的重要組成部分，它構成 18 世紀西方北京學知識譜系的主要來源。來自北京的法國耶穌會士的漢學作品既擴大了西方中國知識的視野，又拓展了漢學研究領域的範圍，是 18 世紀西方傳教士漢學的經典之作。關於這些著作在中西文化交流中的地位和價值，法國學者給予了高度評價，將它們與同時代的啟蒙思想家的經典著作相提並論：

耶穌會士們在他們遙遠的美洲或中國的旅居中，於啟蒙時代在思想和精神面貌的發展中曾起過非常重要的作用。他們那些今天仍沉睡於圖書館中的書簡，曾在書店中取得過巨大成功。它們不但吸引了伏爾泰（Voltaire）和孟德斯鳩（Montesquieu），而且普遍吸引了歐洲的「知識分子」們，如學者或哲學家。這些書簡以其所述的內容之多樣性、豐富性和嚴肅性，而值得與 18 世紀的那些不朽著作相提並論，如伏爾泰的《風俗志》、達蘭貝爾和狄德羅的《百科全書》，以及雷納爾的《兩個印度的哲學史》等。

《耶穌會士中國書簡選》完全是有關中國的書簡，它向大眾提供了有關一個既奇特，而又引人入勝的世界之豐富資料。那些使中國福音化

189〔法〕謝和耐：《論 16-18 世紀的中歐文化交流》，收入氏著、耿昇譯：《中國與基督教 —— 中西文化的首次撞擊》（增訂本），上海古籍出版社 2003 年版，第 242 頁。

的嘗試，確實為東西方之間卓有成效的文化合作提供了一個機會。[190]

　　法國耶穌會士傳輸的中國信息，對歐洲 18 世紀的「中國熱」具有催發的作用。它作為法國甚至歐洲本土想像中國的主要材料來源，對 18 世紀法國的啟蒙運動，乃自整個近代歐洲的文化想像和思想變革，都有不可忽視的重要影響。法國啟蒙運動所建構的「中國形象」，有關對中國歷史、中國政治、中國科技的評價等，均與耶穌會士傳播的知識及其影響密切相關。[191] 新的中國知識成為觸發法國啟蒙思想家想像靈感和推動法國社會轉型的動力資源，法國在歐洲大陸國家中率先向新的社會形態轉換。處在康乾盛世的中國，由於高層次的中西文化交流始終嚴格限制在京師，甚至清宮，帶有皇家御用的性質，其影響範圍自然非常有限，康熙、雍正、乾隆三帝雖然表現出對西方科技的興趣，卻不過視其為把玩的技藝，無意將其推廣開來，所以 18 世紀的中西文化交流很難對中國產生革命性的效應，更談不上對社會轉型的推動。所謂的「康乾盛世」其實只是在帝制體制內相對平衡、持續的國家穩定和社會繁榮，與同時期歐洲正在進行的新的、具有升級意義的社會轉型絕不可同日而語。

190〔法〕伊莎貝爾·微席葉、約翰—路易·微席葉：〈入華耶穌會士與中西文化交流〉，收入謝和耐、戴密微等著：《明清間耶穌會士入華與中西匯通》，第 79 頁。

191 有關這方面的研究成果，已有三部重要法國著作譯成中文：(1) 艾田蒲著，許鈞、錢林森譯：《中國之歐洲》，桂林：廣西師範大學出版社 2008 年版。此書有另一中譯本，安田樸著、耿昇譯：《中國文化西傳歐洲史》，北京：商務印書館 2000 年版。(2) 維吉爾·畢諾著、耿昇譯：《中國對法國哲學思想形成的影響》，北京：商務印書館 2000 年版。(3) 亨利·柯蒂埃著、唐玉清譯：《18 世紀法國視野裡的中國》，上海書店出版社 2006 年版。中文方面的著作有：許明龍：《歐洲十八世紀中國熱》，北京：外語教學與研究出版社 2007 年版。

第五章

文明的較量與權力的博弈

——以教廷多羅、嘉樂使華的「中國禮儀之爭」為中心

「中國禮儀之爭」（Chinese Rites Controversy）是清朝康熙年間中西之間的一次重大衝突。事件的對立雙方分別是北京紫禁城的康熙皇帝和羅馬教廷的教皇克萊孟十一世（Clement XI）。羅馬教廷在向中國派遣傳教士的同時，力圖在傳教策略、教士管理上發揮其主導者的作用，因此與清廷皇權發生衝突，導致「中國禮儀之爭」。表面看來這是一場皇權與教權的較量，實際上是利瑪竇入華以來傳教的「適應策略」與教廷堅持原教旨路線之間的論爭從教內向外部的延伸，這場論爭本質上是正在向東方拓展的西方天主教文明與中國的儒教文明之間的衝突。

一、多羅使華與康熙的衝突

羅馬教廷與中國的關係始自元朝。1294 年教廷派遣的使節孟高維諾抵達元大都，隨後他被任命為在華的第一位主教。1339 年教廷派遣使節方濟各會士馬黎諾里赴大都。隨著元朝的滅亡，教廷與中國的關係告一段落。

16 世紀中期，天主教重開中國傳教事業。根據 1452 年教皇尼古拉五世（Nicholas V）頒發的「Dum Diversas」和「Divine Amore」通諭，葡萄牙獲得保教權。1576 年教皇格里高里十三世（Gregory XIII）頒發大敕書，成立澳門葡萄牙主教區，管轄中國、日本、朝鮮和所有毗連島嶼。[1] 澳門教區隸屬果阿總主教的管轄。傳教士赴華時須從葡萄牙里斯本出發，乘坐葡萄牙船，先到澳門報到，然後進入中國，葡萄牙因此獲得了在華傳教的主導地位。由於葡萄牙在東方傳教事業中的霸道和強勢，招致其他國家傳教士和教廷的不滿。1622 年羅馬教廷創設傳信部，直

1　參見吳志良、湯開建、金國平主編：《澳門編年史》第一卷，廣州：廣東人民出版社 2009 年版，第 168 頁。

接管理全世界的傳教事業，其意在分割葡萄牙人手中掌握的亞洲保教權。1689 年 11 月葡王彼得二世致信教皇，建議在中國增設南京、北京兩教區。次年得到教皇亞歷山大八世（Alexander VIII）的認可。其中北京主教區兼轄山東、山西、蒙古、河南、四川，意大利籍的伊大仁（亦作伊大任，Bernardius della Chinesa）被任命為北京教區主教。南京教區兼轄江南、浙江、江西、湖廣、貴州、雲南，中國籍教士羅文藻被任命為主教。原有的澳門主教區兼轄廣東、廣西。教宗任命北京教區主教的詔書遲至 1699 年才寄達，故在詔書未達之前，伊大仁迄未上任。因伊大仁為方濟各會士，而北京無會院，遂改為常駐山東臨清。[2] 從 1690 年至 1856 年的 166 年中，教廷任命的北京教區主教共有 8 位（其中 2 位未到任）、代理主教 4 位。他們是：伊大仁（1696-1721）、康和之（亦作康和子，Carolus Orazi di Castorano，1721-1725，代理）、陶來斯（Francisco de la Purification，1725-1734）、索智能（Polycarpe de Souza，1740-1757）、安德義（亦作安泰，Damascenus Salutti，1778-1781）、湯士選（Alexander de Gouvea，1782-1808）、李拱臣（亦作李拱辰，Jóse Nunes Ribeiro，1808-1826，代理）、沙賴華（Joaquim da Souza Saraiva，1808-1818，未到任）、高守謙（Verissimo Monteiro da Serra，1818-1826，未到任）、畢學源（Cayetano Pires Pireira，1826-1838，南京教區主教、代理）、趙若望（Jean de Franca Castro e Moura，1838-1846，署理）、孟振生（Joseph-Martial Mouly，1846-1856，代理）。

康熙年間，羅馬教廷兩次遣使來京：第一次是 1705 年多羅（一作鐸羅，Carlo Tommaso Maillard de Tournon）來華，第二次是 1720 年嘉樂（Carlo Ambrogio Mezzabarba）來華。「他們出使的使命，本來為解決教會內部的一個重要問題，但是因為康熙皇帝自己要管教內的事，教廷特

2　參見方豪：《中國天主教史人物傳》，北京：宗教文化出版社 2007 年版，第 484 頁。

使便不得不直接和他周旋，造成教廷與中國朝廷的外交關係。」[3] 故康熙與教廷使節之爭歷來是學者們關注的焦點，而 1980 年代以來發掘、公佈的相關檔案，為我們了解這一歷史過程的細節提供了更多的材料。[4]

當時教會內部主要有兩大問題：一是禮儀之爭，二是來華傳教士的從屬關係。所謂「禮儀之爭」包括三個方面：一是祭祀孔聖；二是祭拜祖先；三是 God / Deus（神、上帝）採用中文如何翻譯，是譯成「天」、「上帝」，還是用「天主」。[5] 其中第三個問題更能反映「禮儀之爭」中的中西文化接觸問題。圍繞這三個問題，在華傳教士曾展開過激烈討論，問題之緣起是部分傳教士反對採取利瑪竇式入鄉隨俗的適應策略，羅馬教廷對此論爭頗為關注，並不得不做出最終裁決。[6]

1700 年 11 月 30 日，康熙皇帝應在京的耶穌會士閔明我、徐日昇、張誠等所請，作出關於祭祖祭孔只是愛敬先人和先師，而非宗教迷

---

3 羅光：《教廷與中國使節史》，台北：傳記文學出版社 1983 年版，第 75 頁。

4 有關多羅、嘉樂訪華之代表性研究成果有：羅光：《教廷與中國使節史》，第 75-174 頁。顧衛民：《中國與羅馬教廷關係史略》，北京：東方出版社，2000 年，第 60-84 頁。馮明珠：〈堅持與容忍 —— 檔案中所見康熙皇帝對中梵關係生變的因應〉，收入《中梵外交關係史國際學術研討會論文集》，第 145-182 頁。羅光著主要在使用西文文獻方面一展其長。顧衛民著發掘了部分新公佈的中文檔案。馮明珠文採用了 1980 年代以來中國公佈的康熙朝漢、滿文朱批奏摺檔案材料。這些檔案為：中國第一歷史檔案館編：《康熙朝漢文朱批奏摺滙編》（3 冊），北京：檔案出版社 1985 年版。中國第一歷史檔案館編：《康熙朝滿文朱批奏摺全譯》，北京：中國社會科學出版社 1996 年版。新近有關這一課題出版的檔案材料有：中國第一歷史檔案館、中國海外漢學研究中心合編、安雙成編譯：《清初西洋傳教士滿文檔案譯本》，鄭州：大象出版社 2015 年版。Macao Ricci Institute（澳門利氏學社）, *Acta Pekinensia: Western Historical Sources for the Kangxi Reign* (Macao: Macao Ricci Institute, 2013).

5 F. A. Rouleau, The Chinese Rites Controversy, The Catholic University of America, *New Catholic Encyclopedia*, Vol. III (New York: McGraw-Hill Book Company), p.611.

6 有關「中國禮儀之爭」的討論，參見 D. E. Mungello, *The Rites Controversy: Its History and Meaning* (Nettetal: Steyler Verl, 1994). 中譯本見李天綱：《中國禮儀之爭：歷史、文獻和意義》，上海古籍出版社 1998 年版。

信的批示：

　　康熙三十九年十月二十日。治理曆法。遠臣閔明我、徐日昇、安多、張誠等謹奏為恭請睿鑒，以求訓誨事。竊遠臣看得西洋學者，聞中國有拜孔子，及祭天地祖先之禮，必有其故，願聞其詳等語。臣等管見，以為拜孔子，敬其為人師範，並非祈福祐、聰明、爵祿而拜也。祭祀祖先，出於愛親之義，依儒禮亦無求祐之說，惟盡孝思之念而已。雖設立祖先之牌，非謂祖先之魂，在木牌位之上，不過抒子孫報本追遠，如在之意耳。至於效天之禮典，非祭蒼蒼有形之天，乃祭天地萬物根源主宰，即孔子所云：「效社之禮，所以事上帝也。」有時不稱上帝而稱天者，猶主上不曰主上，而曰陛下、曰朝廷之類，雖名稱不同，其實一也。前蒙皇上所賜匾額，御書敬天二字，正是此意。遠臣等鄙見，以此答之。但緣關係中國風俗，不敢私寄，恭請睿鑒訓誨。遠臣不勝惶悚待命之至。本日奉御批：「這所寫甚好，有合大道。敬天及事君親、敬師長者，系天下通義，這就是無可改處，欽此。」[7]

　　這是康熙對「中國禮儀之爭」做出的明確批示。羅馬教廷獲悉此決定，大為不滿。1704 年 11 月 20 日教皇克萊孟十一世批准「異教徒裁判所」關於禮儀的文件，規定：「禁止以『天或上帝』稱天主。禁止禮拜堂裡懸掛有『青天』字樣的匾額。禁止基督徒祀孔與祭祖。禁止牌位上有靈魂等字樣。」[8]前往中國視察教務的多羅負責執行教皇的這一指令。

7　（清）黃伯祿：《正教奉褒》第二冊，收入陳方中編：《中國天主教史籍叢編》，台北：輔仁大學出版社 2003 年版，第 555-556 頁。

8　參見王治心：《中國基督教史綱》，上海古籍出版社 2004 年版，第 119-120 頁。

1702 年 7 月 4 日多羅使團從羅馬出發，1704 年 9 月 20 日抵達西班牙屬地馬尼拉。1705 年 4 月 2 日到達澳門外一小島。4 月 5 日到達廣州。北上前，多羅告知廣東地方官員其來華之目的為「巡視」教務。對此，清廷因「不曾聞有如鐸羅這般重臣赴如中國這般大國巡視。該鐸羅原係從小出家修道之人」，[9] 為此專門召集在京耶穌會士，徵詢讓多羅如何進京之意見，傳教士們表示皆聽皇上決定。[10] 及後康熙做出批示：「鐸羅為修道之人，是前來修彼之教，並非西洋王等所差進貢之人，因而著穿我此地衣服。爾等行文總督、巡撫等加以款待，並撥給船夫，派人照顧，從速進京。」[11] 又據廣東地方當局報告，「鐸羅專門帶來選中內科醫師一名，外科醫師一名，並帶有土產藥物等項，準備進獻皇上叩恩」。[12] 8 月 30 日，「鐸羅在廣東大臣處獲知大皇帝所頒諭旨後，歡悅甚深，恨不能長出翅膀急飛至京師，以瞻仰聖顏為快」。[13]

1705 年 9 月 9 日多羅由廣州北上，12 月 14 日進入北京，住在北堂。多羅使團成員有：S. Giorgio（施體仁）、Candela（使團秘書）、Mariani（沙國安）、de Mai、Maleotti、Mercado、Sidotti、Nicolás de S. José、Sigotti（外科醫生）、Borghèse（高廷玉、高庭永，內科醫生）、Marchini、Luigi Angelita 等。[14] 多羅使節來華時，畢天祥（Appiani）從四川趕往廣州迎候，與多羅會面後，頗得多羅信任，被留下來作為使團翻譯。畢天祥為最早來華的遣使會士，他於 1699 年入華，先在廣東學習

9　中國第一歷史檔案館、中國海外漢學研究中心合編、安雙成編譯：《清初西洋傳教士滿文檔案譯本》，第 284 頁。

10　同上，第 286-287 頁。

11　同上，第 287 頁。

12　同上，第 289 頁。

13　同上，第 290 頁。

14　參見羅光：《教廷與中國使節史》，第 97 頁。

漢語兩年，後入四川成都傳教。**15**

　　使團抵京後，多羅及隨團外科醫生 Sigotti 患病。康熙「為其送去食物」，並「施恩賞賜適合於病情之名藥，派出專治病疾之醫師治療」。據多羅言：「外科醫師於途中患病數月，來此地後病情加重，我帶來之內科醫師亦不能治癒。」**16** 12 月 22 日，Sigotti 因病去世。在京耶穌會士請求將其葬在耶穌會公墓，多羅未允。康熙皇帝聞此消息，特「欽賜葬地」，此地甚寬，可葬七人。此地位於滕公柵欄墓地之前大道對面南側，以後這裡便成為羅馬教廷傳信部在北京的墓地。傳教士們按照他們例行的葬禮舉行出殯儀式，孰不知康熙派人在旁觀察。據報，「殯禮不合中國葬禮，與耶穌會士所習行者不同」。康熙對多羅之行的動機遂生疑心。**17**

　　1705 年 12 月 31 日（康熙四十四年十一月十六日）多羅第一次覲見康熙帝。多羅當時抱病臥床，不便行走，康熙特差官員到北堂用肩輿勾肩迎接入宮，隨員均乘馬扈從。多羅乘肩輿入暢春園，在覲見的殿前下肩輿，由兩名隨員扶著走近御座行禮。康熙見多羅病容，命免跪拜，並賜座。在接見中，康熙向多羅詢問羅馬教廷對他有關敬孔敬祖的批示，是否已收到。多羅不敢明白答覆。多羅徵詢康熙在中國設立教務總管之意見，康熙明確表示總管應是在中國傳教多年、為朝廷效勞之人。多羅則不希望由耶穌會士擔任。故此事只好擱置。多羅請准在京建

---

15 有關畢天祥的生平，參見方豪：《中國天主教人物傳》，北京：宗教文化出版社 2007 年版，第 491–492 頁。

16 中國第一歷史檔案館、中國海外漢學研究中心合編、安雙成編譯：《清初西洋傳教士滿文檔案譯本》，第 291 頁。馮明珠文誤作內科醫生高庭永為康熙「御醫」，參見馮明珠：《堅持與容忍 —— 檔案中所見康熙皇帝對中梵關係生變的因應》，收入《中梵外交關係史國際學術研討會論文集》，第 152 頁。

17 參見羅光：《教廷與中國使節史》，第 107 頁。

堂，康熙沒有作答。為表達對羅馬教化王（康熙不願稱教皇為皇，故以王稱之）的謝意，康熙請特使指定一員，攜帶禮物往羅馬答聘。整個會見的氣氛比較和融，耶穌會士紀理安對康熙作了極高的評價，稱康熙接見教皇特使的盛儀和歡洽，是中國歷史上君主接見外國使節時所未曾有的。[18] 隨後，清廷命白晉、沙國安（亦作沙國祥）作為使節前往羅馬答謝教皇。所送禮物「不計小件，僅緞、錦即有三十四」。[19]

黃伯祿所撰《正教奉褒》記載了多羅進京之初的大致過程：「康熙四十四年五月二十七日（1705 年 7 月 17 日），閔明我、安多、徐日昇、張誠以教宗欽差大臣鐸羅已抵廣東，繕摺奏聞。上飭部行知廣東督撫，優禮款待，派員伴送來京。又遣兩廣總督之子，同張誠、蘇霖、雷孝思法蘭西國人等，先期前往天津迎候。十月二十九日（12 月 14 日），欽使抵京，駐西安門內天主堂。上遣內大臣到堂問好，頒賜珍饌。[20] 十一月十六日（12 月 31 日）欽使覲見，上賜坐，親執金樽賜酒；並賜筵宴，計金盆珍饈三十六色，欽使駐京年餘，覲見多次，頻荷頒賜御饌果品。」[21] 文中所言「駐西安門內天主堂」係指多羅住進法國耶穌會士創設的北堂，顯示出他與葡萄牙傳教士的疏離。

據康熙四十五年五月二十七日〈赫世亨等奏為傳旨鐸羅、閻當、陳修等人事朱批奏摺〉所載，康熙一方面對多羅的病情和其去留之意給予了相當的體恤和包容，一方面再次解釋中國祭祖敬祖之習俗。「朕念

---

18 Stumpf Killianus, *Compendium actorum pekinensium, 1705-1706,* APF. SR. Cong. papragr.2. 參見同上，第 110-111 頁。

19 中國第一歷史檔案館、中國海外漢學研究中心合編、安雙成編譯：《清初西洋傳教士滿文檔案譯本》，第 293 頁。

20 據康熙四十五年六月初一日〈武英殿總監造赫世亨進書並賜西洋人克食摺〉，多羅感謝皇上「屢命阿哥轉賜諸色天廚珍味。」可知康熙多次賜予多羅美食，參見中國第一歷史檔案館編：《康熙朝滿文朱批奏摺全譯》，第 421 頁。

21 黃伯祿：《正教奉褒》第二冊，收入陳方中編：《中國天主教史籍叢編》，第 556-557 頁。

爾為病人，即依爾意，回去也好。朕並未言爾速回，亦未阻止爾巡察中國各省教徒、小西洋教徒，此次巡察教徒之事，皆為爾之職守，與朕何干？留一年或二年，皆由爾自便，朕無從阻止。」「自鐸羅抵達之後，患病欠安，以至於今。鐸羅服用醫師高廷庸（永）之藥，以及飲食起居等項，皆問於高廷庸，而高廷庸不分晝夜，一步不離鐸羅身邊守候治療。朕知此情，因而所有考慮均依於其病，倘或沒有高廷庸，朕豈不派此地醫師去醫治乎？若經此地醫師治療罔效，病情仍不痊癒，朕亦必派該醫師隨從治療直至廣東地界，待起赴西洋後，該醫師方可返回，豈可中途撤回該了解病情之醫師？伊若奏請帶去以治其病，或派？或留？朕將如何降旨？如今鐸羅奏請留用醫師，甚好。高廷庸即留之。一二年治療其病，若有好轉，必長期留用，若病加重，必將遣回矣。再，中國供奉牌位者，並非求牌位施以福祉，而盡恭敬之意者矣。此乃中國之一大習俗，至關甚要。」**22**

清廷在接待多羅使團中，有兩個人物最為關鍵：赫世亨和趙昌。他倆為武英殿總監造，是康熙最為信任的內侍。其中趙昌因與西洋傳教士相處較多，對天主教漸有了解，曾動念入教。因有妾未能領洗。**23** 劉准《天主教傳行中國考》載其事跡曰：「又有趙昌其人，為康熙最親信之內大臣，隨侍康熙五十餘年，未嘗有失；凡關西洋之事，多托趙昌為之。又常使趙昌偵探西士之起居，屢次來天主堂與西士晤談，久留不去。如此年久，於聖教道理及西士秘密心事，知之甚悉，深服西士之為人，不愧慎獨之君子。趙昌在朝廷，蓋屢屢稱道及之，由是斂怨於

22　中國第一歷史檔案館、中國海外漢學研究中心合編、安雙成編譯：《清初西洋傳教士滿文檔案譯本》，第 299 頁。

23　參見方豪：〈清代旗人之信奉天主教與遭禁〉，載《故宮文獻》，台北：國立故宮博物院 1973 年版，第 4 卷第 4 期，第 6 頁。

教仇。迨雍正即位，遂藉端去之，下獄論死。趙昌久願進教，因有阻礙，未得領洗。至是，在患難中，撫今追昔，頗多感觸，由是進教之願益切；欲見神父不得，幸守監之武員徐某奉教，為之代洗，聖名若瑟，時趙昌年已七十五矣。領洗後不久，瘐斃獄中，此亦趙昌不幸中之至幸也。」[24]

在多羅攜贈的物品中，巧克力值得一記。據康熙四十五年五月二十四日（1706年7月4日）〈赫世亨奏為從鐸羅處取回巧克力並打聽其八種配料及飲用方法事朱批奏摺〉載：「鐸羅送與我兩隻錫制小盒子deriyaga，計有四兩五錢。又送與 cokola（巧克力）有一百五十塊。」「又向鮑仲義詢問製作 cokola 配方，據言性溫而味甘苦，出產於 ameriga（美洲）、呂宋等地。共用八種原料配製而成，其中肉桂、秦芃、沙糖三種原料，中國亦有，而 gagao（可可）、waniliya、anis、ajuete、megajuoce 此五種原料，此地不產。我僅知此八種原料，而不知八種原料之配量、調製配方。飲用 cokola 時，將 cokola 放入銅製罐子或銀製罐子煮開之糖水中，以黃楊木捻子攪勻之後，可以飲用。此種攪勻後飲用方法，徐日昇等人亦知曉。」康熙閱此奏摺後批示：「知道了。鮑仲義言味甘苦而性溫，但未言益於何種身體、治何種病，甚為欠妥。著再問。至於 cokola，毋庸寄來。」[25] 可見，康熙對此物之濃厚興趣。這可能是巧克力在中國的最早記載。

1706年6月29日，康熙第二次接見多羅。此前，雙方已發生了一些嫌隙，畢天祥在四川曾被官府驅逐，因令康熙生疑。多羅指定使團

---

24 劉准：〈天主教傳行中國考〉，收入陳方中編：《中國天主教史籍叢編》，台北：輔仁大學出版社 2003 年版，第 200 頁。

25 中國第一歷史檔案館、中國海外漢學研究中心合編、安雙成編譯：《清初西洋傳教士滿文檔案譯本》，第 297 頁。

內的沙國安為赴羅馬報聘的正使，因其不通中文，無法解釋所送禮物含義，康熙遂改命在朝廷服務多年、為其信任的白晉為正使，沙國安為副使，此事頗令多羅不快。最重要的是，多羅於年中獲悉教廷已於 1704 年 11 月 20 日對中國禮儀之爭作出決議，遂決意禁止中國各地修會傳教士再加討論。6 月 22 日康熙對多羅不滿命白晉作為正使之事，作出御批：「覽多羅所奏，朕知道了，無用再論。但白晉已與沙國安不和，叫回白晉何如？還有不盡之諭，等多羅好了陛見之際再諭。傳與多羅寬心養病，不必為愁。」**26**6 月 24 日康熙再次作出御批：

前日曾有上諭，多羅好了陛見之際再諭。今聞多羅言，我未必等得皇上回來之話，朕甚憐憫，所以將欲下之旨曉諭。朕所欲發旨意者，近日自西洋所來者甚雜，亦有行道者，亦有白人借名為行道，難以分辨是非。如今爾來之際，若不定一規矩，惟恐後來惹出是非，也覺得教化王處有關係。只得將定例，先明白曉諭，命後來之人謹守法度，不能少違方好。以後凡自西洋來者，再不回去的人，許他內地居住。若近〔今〕年來明年去的人，不可叫他許〔居〕住。此等人譬如立於人門之前，論人屋內之事，眾人何以服之，況且多事。更有做生意、跕買賣等人，益〔亦〕不可留住。凡各國各會皆以敬天主者，何得論彼此，一概同居同住，則永無爭競矣。為此曉諭。**27**

26 陳垣：《康熙與羅馬使節關係文書》影印版（一），台北：文海出版社有限公司 1974 年版，第 7 頁。〈康熙為白晉事致羅馬教王特使多羅朱諭〉，收入中國第一歷史檔案館編：《清中前期西洋天主教在華活動檔案史料》第一冊，北京：中華書局 2003 年版，第 11 頁。

27 陳垣：《康熙與羅馬使節關係文書》影印版（二），第 9-10 頁。〈康熙為凡今年來明年去之人不得在內地居住事致羅馬教王特使多羅諭〉，收入中國第一歷史檔案館編：《清中前期西洋天主教在華活動檔案史料》第一冊，第 11 頁。

康熙第二次召見多羅，態度明顯變化。除了繼續追問多羅來華的使命，正告多羅轉達教皇，中國人不能改變祖傳的禮儀，中國禮儀並不反對天主教的教理。多羅不敢當庭申辯，只答說是向皇帝問安。次日，康熙邀多羅遊暢春園，再次追問多羅對他 1700 年就中國禮儀之爭做出批示的態度，並請多羅回奏教皇，中國兩千年來奉行孔孟之道。西洋人來中國者，自利瑪竇以來，常受皇帝的保護，是因其遵守中國法律和禮俗；如若反對敬孔祭祖，西洋人就很難再留在中國居住。多羅不敢正面回答康熙的問題，推說自己沒有中國的語言知識，不能回答康熙的問題，可以讓即將到來的通曉中國問題的顏當（又譯作嚴璫、閻璫、嚴當）[28] 代他解答。

顏當在福建力主禁止中國禮儀，可謂天主教內強硬派的代表。多羅想借顏當進京之機，與在京耶穌會士就禮儀問題進行辯論，以達成其使命。而在京的耶穌會士以紀理安為代表，則欲憑借康熙 1700 年的批示，逼迫多羅妥協就範。

康熙與顏當會面前，即命顏當就天主教與儒教之異撰文闡述。顏當請隨從教徒陳修代筆陳述。康熙閱覽顏文後大怒，降旨曰：「爾被此地所學淺薄之人蒙騙矣，錯將儒教之人視為爾教之人，而在中國異於爾教，或不識爾教之人甚多，怎可斥責為異於爾教？」赫世亨將聖旨傳達給顏當，顏當驚恐叩稱：「閻當聆聽聖旨之後，方悟得聖人之言無不包容，萬物之理盡在其中。皇上洞悉閻當學問淺薄，不通中國禮儀。閻當委實無言可答。惟謹遵聖旨，叩請聖訓。」[29] 赫世亨再問陳修：「西洋人

28 有關顏當的生平事跡，參見方豪：《中國天主教史人物傳》，北京：宗教文化出版社 2007 年版，第 493-496 頁。

29 中國第一歷史檔案館、中國海外漢學研究中心合編、安雙成編譯：《清初西洋傳教士滿文檔案譯本》，第 300 頁。

乃為外國人，故而不知中國禮儀。爾身為中國人，又讀過孔子書，卻寫為孔子之道有違於教義者何耶？」陳修叩稱：「我從十歲起依靠天主堂西洋人長大，於去年隨同鐸羅來至京城。我不懂寫文之理，僅識幾字。因閻當不會寫字，即令陳修寫。陳修不知文內詳情，只抄寫閻當之文。至孔子之道與天主教義不相符等情事，陳修實不知曉。並無他情。」顏當倒是主動承擔責任：「陳修乃無知糊塗人。我不知文理，又不會寫字，故令陳修代筆，此均閻當之過，與陳修無涉。」[30] 陳修係浙江衢州西安縣民，時年 49 歲[31]。

　　7 月 13 日（六月初四）康熙作出御批，對顏當低劣的中文程度和為人之狹隘表達強烈不滿：「半半落落，無頭沒尾，止以其略知之非事與天主教比較而已，何無一言讚揚五倫仁義為是耶？此人心淺窄……此輩之小氣之處，書之未窮。」[32] 並命武英殿總監造赫世亨、趙昌探聽其他在京西洋人及畢天祥之反應，赫、趙等因具奏：「時張誠等不勝嘆賞，言皇上覽嚴璫之書數行字，即洞悉嚴璫肺腑，臣等稱頌皇上聖德，而嚴璫自作自受，臣等亦為之惋惜，對於嚴璫，猶如迷途知返。嚴璫前曾以為其學問強於舉人、進士，今諭令其將孔子之道與天主教不符之處，解說具奏。彼果不能寫，故既愧且驚，希圖無罪了結。」[33] 7 月 22日（六月十三）康熙再次作出御批，一方面對多羅離京事宜妥加安排，「傳諭多羅：爾若七月去，則雨水大，且值米船駛來之際，故爾坐船前行亦難且可畏。爾抑皇上回鑾後九月去，或八月去，方為妥當。再留高庭永於此處，或帶之去治爾病？」一方面指出顏當文書暴露其不通中國

---

30 同上。

31 同上，第 301 頁。

32 中國第一歷史檔案館編：《康熙朝滿文朱批奏摺全譯》，第 421 頁。

33 同上。

文史之弱點，「再覽嚴璫所書之文，嚴璫絕不能講解明白中國文史，即在此居住之眾舊西洋人，亦不能全解釋明白。告訴多羅，凡西洋人，朕皆一視同仁，並無羞辱嚴璫之處」。[34] 從康熙的反應可以看出，他對多羅之體恤與對顏當之輕蔑，都表現了其柔遠與原則的兩面。

8月初康熙在熱河召見顏當，親自考核顏當對儒家經典四書的熟悉程度。沒想到顏當根本不具備解讀四書的能力，連認讀漢字的基本能力也不具備。康熙再問顏當之前所寫儒家與天主教不同之點的意義，顏當也不能應對。康熙見此勃然大怒，8月2日作御批：「愚不識字，擅敢妄論中國之道。」8月3日再作御批：「顏璫既不識字，又不善中國語言，對話須用翻譯。這等人敢談中國經書之道，像站在門外，從未進屋的人，討論屋中之事，說話沒有一點根據。」[35] 本來康熙對多羅以其體弱患病，頗為優待，多次派人探詢多羅病情。[36] 自顏當覲見以後，對多羅漸生厭惡之感。

8月17日（七月初十），康熙對多羅使華之事作出御批，明顯表達對多羅的不滿，聲明對來華西洋教士擁有管理之權，嚴令地方官查問西洋教士：

　　朕以爾為教化王所遣之人，來自遠方，體恤優待。爾於朕前屢次奏稱並無他事，而今頻頻首告他人，以是為非，以非為是，隨意偏袒，以此觀之，甚為卑賤無理。爾自稱教化王所遣之臣，又無教化王表文。或係教化王所遣，抑或冒充。相隔數萬里，虛實亦難斷。今博津〔白晉〕、沙國安將賞物全行帶回。嗣後不但教化王所遣之人，即使來中國

34　中國第一歷史檔案館編：《康熙朝滿文朱批奏摺全譯》，第 423-424 頁。

35　參見羅光：《教廷與中國使節史》，第 117 頁。

36　參見中國第一歷史檔案館編：《康熙朝滿文朱批奏摺全譯》，第 436、437 頁。

修道之人，俱止於邊境，地方官員查問明白，方准入境耳。先來中國之舊西洋人等，除其修道、計算、天文、律呂等事項外，多年並未生事，安靜度日，朕亦優恤，所有自西洋地方來中國之教徒，未曾查一次。由於爾來如此生事作亂，嗣後不可不查，此皆由爾所致者。再者，爾若自謂不偏不倚，先後奏言毫無違悖，則敢起誓於天主之前乎？朕所頒諭旨，及爾所奏行諸事，爾雖隱匿不告知教化王，然朕務使此處西洋人，齎書爾西洋各國，詳加曉諭⋯⋯我等本以為教化王諒能調和統轄爾等教徒，原來不能管理。爾等西洋之人，如來我中國，即為我人也。若爾等不能管束，則我等管束何難之有。**37**

康熙這道諭旨，無異暗示逐客。多羅自感不便留京，請准離京。康熙立即照準。8 月 20 日多羅離京南下。

12 月 17 日多羅到達南京。康熙下令驅逐顏當、何納篤（浙江代牧），並將畢天祥遣發四川拘禁。12 月 18 日，康熙召見在京耶穌會士，諭旨領取發票，不領票者不得留在中國：「朕念你們，欲給爾等敕文，爾等得有憑據，地方官曉得你們來歷，百姓自然喜歡進教。遂諭內務府，凡不回去的西洋人等，寫票用內務府印給發。票上寫西洋某國人，年若干，在某會，來中國若干年，永不復回西洋，已經來京朝覲陛見，為此給票，兼滿漢字，將千字文編成號數，挨次存記。將票書成款式進呈。欽此。」**38** 面對康熙頒發的領票諭旨，多羅欲加抗拒，1707 年 1 月 25 日在南京向所有在華傳教士發出教令（文件於 2 月 7 日公佈），

37 同上，第 435 頁。

38 黃伯祿：《正教奉褒》第二冊，收入陳方中編：《中國天主教史籍叢編》，第 557 頁。

傳達羅馬教廷有關禁止中國祭祖祭孔禮儀的決定。[39]

1706 年 4 月 28 日（康熙四十五年三月十六日）〈康熙著閔明我等帶信給羅馬教王特使多羅諭〉：「奉旨教西洋人帶信與多羅，說你起初來時曾面奏過，謝恩之外，並沒有甚麼事。如今只管生事不已。我們在中國也不多，不在中國也不少，我們甚是無關。你當仰體皇上優待遠臣恩典，自今以後再不可聽顏璫等的言語生事。萬一皇上有怒，將我們盡行逐去，那時如何好？你以後悔也遲了。不如聽我們的話，悄悄回去罷。」[40] 明確警告多羅不要再惹事，以免觸犯帝怒。

1707 年 4 月 19 日（康熙四十六年三月十七日），康熙在蘇州向西洋傳教士再下諭旨，解釋他的「領票」政策：

諭眾西洋人：自今以後，若不遵利瑪竇的規矩，斷不准在中國住，必逐回去。教化王因此不准爾等傳教，爾等既是出家人，就在中國住著修道。教化王若再怪你們遵利瑪竇，不依教化王的話，教你們回西洋去，朕不教你們回去。倘教化王聽了多羅的話，說你們不遵教化王的話，得罪天主，必定教你們回去，那時朕自然有話說。說你們在中國年久，服朕水土，就如中國人一樣，必不肯打發回去。教化王若說你們有罪，必定教你們回去，朕帶信與他說，徐日昇等在中國服朕水土，出力年久，你必定教他們回去，朕斷不肯將他們活打發回去，將西洋人等頭割回去。朕如此帶信去，爾教化王萬一再說，爾等得罪天主，殺了罷，

---

39 Ray R.Noll edited, *100 Roman Documents Concerning the Chinese Rites Controversy (1645-1941)* (San Francisco: The Ricci Institute for Chinese-Western Cultural History, 1992), p.8-10. 中譯文參見〔美〕蘇爾、〔美〕諾爾編，沈保義、顧衛民、朱靜譯：《中國禮儀之爭西文文獻一百篇（1645-1941）》，上海古籍出版社 2001 年版，第 49-52 頁。

40 收入中國第一歷史檔案館編：《清中前期西洋天主教在華活動檔案史料》第一冊，第 10 頁。

朕就將中國所有西洋人等都查出來，盡行將頭帶與西洋去。設是如此，你們的教化王也就成個教化王了。你們領過票的就如中國人一樣，爾等放心，不要害怕領票。俟朕回鑾時在寶塔灣同江寧府方西滿等十一人一同賜票，欽此。[41]

5 月 24 日，多羅被押抵廣州。康熙遣人傳令叫多羅交出教廷遣他使華的委任書，多羅未予理會。康熙只得命白晉、沙國安折回，將原定贈送教廷的禮物帶回。6 月 25 日（五月二十六日），康熙一方面「傳旨與廣東督撫，且將多羅不必回西洋去，在澳門住著等旨」。一方面要求「有新到西洋人，無學問只能傳教者，暫留廣東，不必往別省去，許他去的時節，另有旨意。若西洋人內有技藝巧思或係內外科大夫者，急速著督撫差家人送來」。[42] 顯示了康熙對多羅網開一面和對傳教士限制傳教、重其技藝的政策。廣東地方官遂將多羅押往澳門。在澳門期間，多羅再因不願出示其教廷委任狀，又被澳門葡萄牙當局懷疑，致遭軟禁。[43]

從 1708 年 5 月 29 日（康熙四十七年四月初十日）〈總管內務府為轉行西洋傳教士何人領取信票何人未領取信票事行文禮部〉可知，「嗣後凡所有西洋人領取鈐印信票者，可以留住任何一堂，不得驅逐至澳門。若有意來領取信票者，不得久留於該地，可速派往京城」。[44] 康熙

---

41 陳垣：《康熙與羅馬使節關係文書》影印版（四），第 13-14 頁。〈康熙駐蹕蘇州時致西洋人論〉，收入中國第一歷史檔案館編：《清中前期西洋天主教在華活動檔案史料》第一冊，第 12 頁。

42 中國第一歷史檔案館編：《康熙朝漢文朱批奏摺滙編》，第一冊，北京：檔案出版社1984 年版，第 643 頁。

43 有關多羅在澳門情形，參見羅光：《教廷與中國使節史》，第 123-128 頁。

44 參見中國第一歷史檔案館、中國海外漢學研究中心合編、安雙成編譯：《清初西洋傳教士滿文檔案譯本》，第 318 頁。

四十五年十一月至四十七年閏三月已給發鈐印信票者，名單如下表 [45]：

表 5.1　1706-1708 年在華西洋傳教士領取鈐印信票者名單

領票者	國籍	年齡	隸屬教會	當時住所	領票時間
高尚德	波爾托噶爾（葡萄牙）	42	耶穌會	直隸省正定府	四十五年十一月十七日
王以仁	日耳瑪尼亞（今屬德國）	50	耶穌會	北京城	十一月十七日
康和子	意大利亞（意大利）	38	方濟格（各）會 [46]	山東省臨清州	十二月二十七日
魯保祿	意大利亞	47	耶穌會	河南省開封府	十二月二十七日
伊大仁	意大利亞	62	方濟格會	山東省臨清州	四十六年正月十九日
湯尚賢	羅大領日亞（今屬法國）	38	耶穌會	山西省太原府	正月二十日
方全紀	意大利亞	39	耶穌會	山東省濟南府	正月二十日
艾若瑟	意大利亞	48	耶穌會	山西省絳州	正月二十日
艾斯玎	意大利亞	52	耶穌會	浙江省杭州府	四月初四日
郭仲傳	法郎西亞（法國）	43	耶穌會	浙江省寧波府	四月初四日
龔當信	法郎西亞	37	耶穌會	浙江省紹興府	四月初四日
方西滿	法郎西亞	46	耶穌會	湖廣省武昌府	四月二十六日
殷弘緒	法郎西亞	40	耶穌會	江西省饒州府	四月二十六日
馬若瑟	法郎西亞	44	耶穌會	湖廣省漢陽府	四月二十六日
龐克修	法郎西亞	44	耶穌會	江西省建昌府	四月二十六日
戈維理	法郎西亞	39	耶穌會	江西省撫州府	四月二十六日
聶若翰	法郎西亞	38	耶穌會	湖廣省黃州府	四月二十六日
沙守信	法郎西亞	37	耶穌會	江西省撫州府	四月二十六日
赫蒼壁	法郎西亞	36	耶穌會	湖廣省黃州府	四月二十六日

---

45 名單據〈總管內務府為部分在華西洋傳教士已領取信票事行文山東巡撫〉（康熙四十七年三月二十二日）和〈總管內務府為轉行西洋傳教士何人領取信票何人未領信票事行文禮部〉（康熙四十七年四月初十日）及所列清單整理。兩奏摺收入中國第一歷史檔案館、中國海外漢學研究中心合編、安雙成編譯：《清初西洋傳教士滿文檔案譯本》，第 313-320 頁。

46 康和子（Orazio，又作康和之）並非耶穌會人，而是方濟各（奏摺內稱方濟格）會士。

領票者	國籍	年齡	隸屬教會	當時住所	領票時間
馮秉正	法郎西亞	36	耶穌會	江西省九江府	四月二十六日
聶若望	波爾托噶爾	35	耶穌會	湖廣省長沙府	四月二十六日
林安年（音）[47]	波爾托噶爾	53	耶穌會	江蘇省江寧府	四月二十六日
孟由義	波爾托噶爾	52	耶穌會	江蘇省上海縣	四月二十六日
畢安	波爾托噶爾	46	耶穌會	江蘇省上海縣	四月二十六日
利國安	意大利亞	41	耶穌會	江蘇省松江府	四月二十六日
馬安能	波爾托噶爾	37	耶穌會	江蘇省嘉定縣	四月二十六日
陽若望[48]	波爾托噶爾	36	耶穌會	江蘇省蘇州府	四月二十六日
隆盛	法郎西亞	40	耶穌會	江蘇省無錫縣	四月二十六日
顧鐸澤	法郎西亞	40	耶穌會	貴川省貴陽府	四月二十六日
彭覺世	法郎西亞	38	耶穌會	江蘇省崇明縣	四月二十六日
張安多	波爾托噶爾	29	耶穌會	江蘇省上海縣	四月二十六日
金澄	波爾托噶爾	43	耶穌會	廣東省廉州府	四月二十六日
德其善	波爾托噶爾	33	耶穌會	廣東省雷州府	四月二十六日
郭納璧	伊斯巴尼亞（西班牙）	77	方濟格會	山東省泰安州	五月十三日
卞述濟	伊斯巴尼亞	45	方濟格會	山東省濟寧州	五月十三日
景明亮	伊斯巴尼亞	41	方濟格會	山東省青州府	五月十三日
南懷德	伊斯巴尼亞	39	方濟格會	山東省濟南府	五月十三日
巴璉仁	伊斯巴尼亞	39	方濟格會	山東省臨朐縣	五月十三日
梅述聖	意大利亞	39	方濟格會	陝西省西安府	五月十三日
葉崇賢	意大利亞	37	方濟格會	陝西省西安府	五月十三日
卜嘉年	法郎西亞	43	耶穌會	陝西省漢中府	五月二十八日

---

47 譯者標以音譯「林安年」，此人可能是林安言（Antonio de Silva），《在華耶穌會士列傳及書目》作林安多，《在華耶穌會士列傳及書目補編》作林安廉。領票時，林氏為南京宗座代牧主教，及後被多羅停職。參見羅光：《教廷與中國使節史》，第 120 頁；費賴之著、馮承鈞譯：《在華耶穌會士列傳及書目》上冊，第 486-487 頁；榮振華著、耿昇譯：《在華耶穌會士列傳及書目補編》下冊，第 616-617 頁。林安年可能不是耶穌會士，他是羅馬傳信部差派。

48 「陽若望」疑為楊若翰（Jean de Saa, 1672-1731）另名（非本表之楊若翰），其國籍、年齡均與楊若翰相符。楊若翰生平參見費賴之著、馮承鈞譯：《在華耶穌會士列傳及書目》上冊，第 491 頁。

領票者	國籍	年齡	隸屬教會	當時住所	領票時間
孟正氣	法郎西亞	41	耶穌會	陝西省西安府	五月二十八日
楊若翰	意大利亞	40	方濟格會	江西省吉安府	五月三十日
穆代來	波爾托噶爾	32	耶穌會	江西省南昌府	五月三十日
傅聖澤	法郎西亞	42	耶穌會	江西省臨江府	十月二十六日
畢登庸	波爾托噶爾	33	耶穌會		四十七年閏三月十六日
白維翰	波羅尼亞（波蘭）	35	耶穌會		閏三月十六日
德瑪諾	阿爾薩斯亞（今屬法國）	39	耶穌會		閏三月十六日

　　領票傳教士共 48 人。[49] 從領票時間看，傳教士們多為結伴而行。對於那些不曾領票的傳教士，康熙酌情採取不同處理辦法，輕則遣往廣東，不准傳教。「康熙四十六年三月初一日（1707 年 4 月 3 日）諭：西洋波爾托噶爾國人穆德我、南懷仁、李若瑟、瞿良士、蘇諾五人，著住於廣東一天主堂修道，俟龍安國、薄賢士返回之後，可以一同前來，時再擬定是否給發信票。在此期間，不得傳教。」[50] 重則驅逐至澳門。「本月初八日諭：西洋法郎西亞國人孟尼、董莫爵，伊斯巴尼亞國人巴魯茂、萬多默、方濟國、李國淵、羅森多、單若蘭、艾正翰、單若谷此十人，著驅逐至澳門。伊斯巴尼亞國人郭多祿，著住於廣東天主堂。」[51]「四月初八日諭：西洋法郎西亞國人何宣、意大利亞國人石提仁，著交

---

49 過去有關領票的統計，均認為 47 人，參見 Kenneth Scott Latourette, *A History of Christian Missions in China* (New York: The Macmillan Company, 1929), p.157. 張澤：《清代禁教期的天主教》，第 21 頁。賴德烈（Kenneth Scott Latourette）一書引徵此統計的原始依據是 Mailla, From Peking (June 5, 1717)，經查《耶穌會士馮秉正神父的信》（1717 年 6 月 5 日於北京）（收入《耶穌會士中國書簡集》第 2 冊，第 184-205 頁）並未出現此數據。

50 中國第一歷史檔案館、中國海外漢學研究中心合編、安雙成編譯：《清初西洋傳教士滿文檔案譯本》，第 319-320 頁。羅光著中的譯名與此小有差異。參見羅光：《教廷與中國使節史》，第 120 頁。

51 同上，第 320 頁。亦參見羅光：《教廷與中國使節史》，第 122 頁，部分人員之譯名，與本文有差異。

與江寧總督、巡撫，限五天之內送往澳門，與鐸羅一同回西洋。倘若伊等逾限不走，著總督、巡撫即行索解至廣東之澳門。」[52]「五月十三日諭：西洋意大利亞國人老洪納，限五天內驅逐至澳門。」「以上西洋人，未給發信票。」[53] 這是我們目前可見當時領票情形最權威的中文材料依據。西文材料與中文材料的記載可能有所差異，據耶穌會士副省會長穆若瑟的記錄，1708 年領票的情形是 75 位傳教士領票，43 位傳教士被驅逐，5 名耶穌會士和 1 名多明我會士被限定在廣州活動，領票者大多數為耶穌會士，還有方濟各會士和奧古斯丁會士。被驅逐者以外方傳教會成員居多。[54]

1710 年 6 月 8 日多羅病逝於澳門。死訊傳到北京，康熙諭武英殿總監造處趙昌等傳旨眾西洋人，還念念不忘多羅提供的奏本之錯誤：「多羅所寫奏本，抬頭錯處，字眼越分，奏摺用五爪龍。著地方官查問。再新來之人，若叫他們來，他俱不會中國的話，仍著爾等做通事，他心理也不服。朕意且教他在澳門學中國話語，以待龍安國信來時再作定奪。爾等意思如何？」[55] 表達了他對西洋人遵守天朝禮儀、學習「中國話語」

---

52 同上。羅光譯作赫宣（Pierre Hervé）、施體仁（Francesco San Giorgio di Biandrate），參見羅光：《教廷與中國使節史》，第 120-121 頁。顧衛民《中國與羅馬教廷關係史略》第71-72 頁稱：「另一些傳教士如巴黎外方傳教士赫宣（Pierre Herve）和多羅使團成員施體仁（Francesco San Giorgio di Biandrate）等拒絕領票。康熙命地方官一律將他們押往廣州居住。」顯從羅說。

53 同上。又參見羅光：《教廷與中國使節史》，第 118-122 頁。羅光著對領票細節據西文材料有更詳細的敘述。

54 轉引自張國剛：《從中西初識到禮儀之爭 —— 明清傳教士與中西文化交流》，北京：人民出版社 2003 年版，第 481 頁。

55 〈康熙為羅馬教王特使來華事致在華眾西洋人諭〉，收入中國第一歷史檔案館編：《清中前期西洋天主教在華活動檔案史料》第一冊，第 12 頁。又參見〈兩廣總督趙弘燦等奏報查問西洋人多羅並進畫像等情摺〉（康熙四十九年閏七月十四日），收入中國第一歷史檔案館編：《康熙朝漢文朱批奏摺滙編》，第三冊，第 7-8 頁。

的重視。通覽多羅使華，他先不敢在康熙面前正面宣示他的使命，後又不願出示其身份證明，整個過程可謂「不可告人」，他與康熙之間雖未明爭，但不斷暗鬥，這就注定了他的出使以不光彩的結局而落幕。

二、嘉樂使華與康熙的博弈

康熙諭旨在華傳教士「領票」，明確表達了清廷對中國禮儀之爭的態度。面對康熙的「領票」政策，1715 年 3 月 19 日教皇克萊孟十一世發表通諭，重申 1704 年的禁約：「申明嚴示在中國之眾西洋人悉知，即便遵行。如可不然，我依天主教之罰處之。自今以後，凡西洋人在中國傳教或再有往中國去傳教者，必然於未傳教之先在天主台前發誓，謹守此禁止條約之禮。」[56] 傳信部為處理多羅使華後中國禮儀之爭的善後事宜，於 1719 年向教皇建議再次派遣特使前往中國。同年 9 月 18 日教皇克萊孟十一世在秘密御前會議任命嘉樂為出使中國的特使，加封亞歷山大宗主教銜。9 月 30 日教皇克萊孟十一世致函通知康熙，任命嘉樂接任多羅主教為宗座代表和總巡閱使。信中還討論了中國禮儀之爭的問題。[57]

據嘉樂 1719 年 10 月 14 日致北京教區伊大仁主教的信，特使團成員的名單如下：（一）特使：嘉樂；（二）不入修會的神父：1. Rutilius、2. Domenicus Sgroi、3. Bernardinus Campi、4. Ferd. Floravantes、5. Joseph M. Vittomus、6. Casim. Bentivolus、7. Benedictus Roveda；（三）修會會士：1. Archangelus Miralta、2. Simeon Soffietti、3. Nicolaus Tomacelli、4. Sigismundus Calchi、5. Salvator Rasinus、6. Alexander Alexandri、7.

---

56 陳垣：《康熙與羅馬使節關係文書》影印版（十四），第 95 頁。

57 中譯文參見蘇爾、諾爾編，沈保義、顧衛民、朱靜譯：《中國禮儀之爭西文文獻一百篇（1645-1941）》，第 78-84 頁。

Cassius a S. Aloisio、8. Rainaldus M. a S. Joseph、9. Wolfangus a Nativitate B.M.V、10. Sosteneus Viani、11. Dominicus Fabri、12. Angelus M. de Burgo Sisiri、13. Teobaldus Bohemus；（四）教友：1. Dionisius Gallardi、2. Antonius Maldura、3. Antonius Phil. Telli、4. Franciscus Rasati、5. Joseph Vicedomini、6. Nuntius Aurelli、7. Georgius Scipel，廚師、聽差。後來實際赴華的成員有所減少，動身的人也不是都和嘉樂同船航行。[58]

1720 年 3 月 25 日嘉樂使團從里斯本出發，經過半年的航行，9 月 23 日到達澳門港外，26 日入住澳門。10 月 12 日進入廣州。據兩廣總督楊琳、廣東巡撫楊仁宗奏報使團人員情形：

> 西洋教化王差來使臣一人名嘉樂，業於八月二十七日船到澳門。奴才等隨即差員詢得嘉樂係奉差覆命並貢進方物，其隨從西洋人二十四名，內會畫者二名，做自鳴鐘時辰表者一名，知天文度數者一名，彈琴的二名，內科一名，外科一名，製藥料的一名，連從前到的會雕刻者一名，共十名，係教化王著進京伺候皇上。又嘉樂自帶隨從人十名俱欲進京；尚有五名，係尋常修道的人晉住澳門。[59]

與多羅使團隱瞞其出使目的不同，嘉樂使團向兩廣總督楊琳、廣東巡撫楊仁宗通報了他們的出使使命：

> 聞西洋使臣到省並起程日期事，西洋教化王差使臣嘉樂前來覆命，船到澳門，奴才等業具摺奏報。今嘉樂於九月十一日抵省，奴才等公同員外李秉忠詢問來由。據嘉樂說，教化王差來專請皇上聖安並叩謝

---

58 轉引自羅光：《教廷與中國使節史》，第 144-147 頁。

59 中國第一歷史檔案館編：《清中前期西洋天主教在華活動檔案史料》第一冊，第 31 頁。

皇上恩德，有教化王表文及進貢物件，嘉樂親自進呈等語。其問答詳細備載李秉忠摺內。又據嘉樂說，初到中國，須得幾日制備行裝。奴才等見時居寒冬，現為制備皮綿衣服，定於九月二十七日起程，委員伴送跟隨李秉忠來京，隨從技藝人十名，內會做鐘錶一人，現在患病，俟調理痊癒再遣人起送。所有西洋使臣到省並起程日期，理合具摺，專差兵丁李文清、蕭廷佐馳驛奏聞，又員外李秉忠奏摺一封一併賫送。**60**

顯然，嘉樂使團與多羅使團相比，做了相當充分的準備，並順從清皇的要求，隨團帶了十名技藝人員，以備差遣。此前，嘉樂使團的兩位先遣成費理薄（Filippus Maria Cesati）、何濟格（Onorato Maria Ferrari）於七月二十二日到達廣州，二十九日派人護送來京。**61**九月十六日到達北京後，康熙諭廣東巡撫調查費理薄、何濟格是否係教皇差使。**62**

　　1720 年 10 月 29 日嘉樂使團從廣州動身北上。11 月 20 日抵達南昌，12 月 25 日到達北京城外竇店。《正教奉褒》記載：「康熙五十九年九月十一日，教宗欽差大臣嘉祿抵廣東省垣，各縣款待甚優。二十八日，嘉欽使啟節赴京，督撫將軍、滿漢文武各官俱送至碼頭。上先派李大臣至廣東，令伴送欽使來京，至是，李大臣同粵督委員由水陸護送北上。十一月二十七日，嘉欽使抵京。上遣趙大臣迎至暢春園駐帷，即蒙頒御饌果品。」**63** 由此可知，嘉樂到北京之初，是安排住在暢春園。

60 中國第一歷史檔案館編：《清中前期西洋天主教在華活動檔案史料》第一冊，第32-33 頁。

61 收入中國第一歷史檔案館編：《康熙朝漢文朱批奏摺滙編》，第八冊，第 720 頁。

62 參見陳垣：《康熙與羅馬使節關係文書》影印版（八），第 25-27 頁。

63 黃伯祿：《正教奉褒》第二冊，收入陳方中編：《中國天主教史籍叢編》，第 564 頁。

有關嘉樂來京前段行程詳見《嘉樂來朝日記》（康熙五十九年十一月二十五日至十二月二十四，陽曆 1720 年 12 月 24 日至 1721 年 1 月 19日）。以下為內文摘錄：

十一月二十五日（12 月 24 日）上差伊都立、趙昌、李國屏、李秉忠等前去傳旨與嘉樂：「爾九萬里遠來，稱係教王使臣，真假莫辨，因問在京眾西洋人，俱云真是教王所使。朕軫念遠來，且係外國使臣，朕必曲賜優容，以示柔遠至意。爾在廣東，並在途中，但云教王差臣嘉樂請皇上安，謝皇上愛養西人重恩，並無別事 …… 本應着在京眾西洋人前去迎爾，因事體尚未明白，故未遣去。」

十一月二十六日（12 月 25 日）伊都立、趙昌、李國屏、李秉忠至琉璃河傳旨嘉樂，詢來使目的，嘉樂答稱：「遠臣嘉樂實是教王所使。教王使臣請皇上安，求皇上隆恩有兩件事：一件求中國大皇帝俯賜允准，著臣管在中國傳教之眾西洋人；一件求中國大皇帝俯賜允准，著中國入教之人俱依前歲教王發來條約（禁約）內禁止之事。」

十一月二十七日（12 月 26 日）伊都立、趙昌、李國屏、李秉忠到拱極城傳旨嘉樂：「爾教王所求二事，朕俱俯賜允准。但爾教王條約與中國道理大相悖戾。爾天主教在中國行不得，務必禁止。教既不行，在中國傳教之西洋人，亦屬無用。除會技藝之人留用，再年老有病不能回去之人，仍准存留；其餘在中國傳教之人，爾俱帶回西洋去。且爾教王條約，只可禁爾西洋人；中國人非爾教王所可禁止。其准留之西洋人，着依爾教王條約，自行修道，不許傳教。此即准爾教王所求二事，此旨既傳，爾亦不可再行乞恩瀆奏。爾若無此事，明日即著爾陛見。因有此更端，故著爾在拱極城且住。再，嚴璫原係起事端之人，爾怎不帶他同來？欽此。」

嘉樂請將教王表章求皇上賜覽。

十一月二十八日（12月27日）到拱極城傳旨嘉樂：「朕之旨意前後無二，爾教王條約與中國道理大相悖謬。教王表章，朕亦不覽。西洋人在中國行不得教，朕必嚴行禁止。本應命爾入京陛見，因道理不合，又生爭端，爾於此即回去，明日著在京眾西洋人於拱極城送爾。西洋人中有不會技藝之人，爾俱帶去。再，爾等問嘉樂帶來會技藝九人，伊等情願效力者，朕留用。不願在中國者，即同回去，朕不強留，欽此。」

嘉樂回奏：「哀懇皇上天恩。臣一路海中來，身體疲憊，容臣候至明年開河時於水路回廣東去，未知可否？求代為轉奏。隨遵旨問會技藝之九人，獨會天文之陸嘉爵一人願同嘉樂回去，其餘八人俱願在中國與皇上效力。」

十一月二十九日（12月28日）伊都立等傳旨嘉樂，將罪加在嚴璫、德里格身上：「朕今以國法從事，務必救爾教王，將嚴璫送來中國正法，以正妄言之罪。德里格之罪，朕亦必聲明，以彰國典。」

嘉樂懇請來官代奏：「只求皇上隆恩，將教王表章並發來禁止條約賜覽。其中有合中國道理者，求皇上准令入教之人依行。有不合中國道理者，亦求皇上明示。臣嘉樂係使來之人，不能違教王命。能遵旨改正者，臣即遵旨奉行。臣不能自己改正者，臣即寄字與教王，明白傳皇上旨意。」

康熙同意覽表章及禁約。太監陳福傳旨，著嘉樂及隨行人員「俱移來在五哥房內暫住」。

十二月初一（12月29日）李秉忠向嘉樂處要來教王表章底稿一

張、條約底稿一張，俱西洋字，著在京眾西洋人公同譯出呈奏。[64]

十二月初二（12月30日）康熙「遣乾清門頭等侍衛宗室勒什亨、御前侍衛佛倫萊保，存問嘉樂。伊都立、趙昌、李國屏、李秉忠等領在京眾西洋人以西洋禮相見。嘉樂於侍衛前跪請聖安，叩頭謝恩」。

嘉樂表示：「臣在西洋，不知嚴璫、德里格之事。臣今聞此旨意方得知道，且臣得覲天顏，喜不自勝。臣惟有凡事遵旨，求皇上教導。」奏畢，向在京眾西洋人云：「我奉教王命，遠來中國，諭爾眾人，當同心和睦，勿生爭競，仰報皇上歷年豢養隆恩。」

十二月初三（12月31日）康熙「御九經三事殿，筵宴嘉樂。嘉樂著本國服色，於丹陛下進教王章。上特命引至御前，親接其表。嘉樂行三跪九叩禮畢，命坐於西班頭等大人之次，賜上用克食。上親賜酒一爵，問嘉樂云：『朕覽西洋圖畫內有生羽翼之人，是何道理？』嘉樂奏云：『此係寓意天神靈速，如有羽翼，非真有生羽翼之人。』上隨諭：『中國人不解西洋字義，故不便辨爾西洋事理。爾西洋人不解中國字義，如何妄論中國道理之是非？朕此問即此意也。』」

「上念天寒，外國衣服甚薄，賜嘉樂親御貂褂一件。」

這是嘉樂第一次覲見康熙。

---

64 八項准許事項：一、准許教徒家中供奉祖宗牌位。牌位上只許寫考妣先妣姓名，兩旁加注天主教孝敬父母的道理。二、准許中國對於亡人的禮節；但是這些應是非宗教性的社會禮節。三、准許非宗教性的敬孔典禮，孔子牌位若不書靈位等字，也可供奉，且准上香致敬。四、准許在改正的牌位前或亡人棺材前叩頭。五、准許在喪禮中焚香點燭但聲明不從流俗迷信。六、准許在改正的牌位前或亡人棺材前供陳菜蔬。但應申明只行社會禮節，不從流俗迷信。七、准許新年和其他節日，在改正的牌位前叩頭。八、准許在改正的牌位前，焚香點燭，在墓前供陳果蔬。但應聲明不從流俗迷信。Ray R.Noll edited, *100 Roman Documents Concerning the Chinese Rites Controversy (1645-1941)*, p.57. 中譯文參見顧衛民：《中國與羅馬教廷關係史略》，第 77 頁。

十二月初五（1721 年 1 月 2 日）西洋使臣嘉樂進獻教王所貢方物。上賜嘉樂鼻煙壺一個、火鐮包一個、荷包四個、法瑯碗二個、葫蘆瓶一個。復傳旨問嘉樂，「爾教王遣爾遠來。朕念遠人，特賜爾殊恩，爾亦當先遣人回西洋通知爾教王方是？」

這是嘉樂第二次覲見康熙。

十二月初六日（1 月 3 日）康熙「賜嘉樂貂冠一頂、青肷袍一件、裏衣二件、靴襪全分」。

十二月初七日（1 月 4 日）「嘉樂進獻方物。上賜克食」。

十二月十二日（1 月 9 日）康熙遣伊都立、趙昌爾等傳旨嘉樂，「伊欲先差人回西洋去，當即料理，遣人馳驛往廣東，趁明歲二月回小西洋船起程之便回去，遲則不及矣。欽此」。嘉樂回奏，「求皇上賜臣陛見教導，以便寄書與教王」。

十二月十三日（1 月 10 日）康熙召嘉樂及其隨行人員至清溪書屋，面諭嘉樂：「爾當於隨爾來人中，出二人回西洋去，傳諭朕恩。朕旨意無多語：一、教王遣爾來謝恩，朕深嘉念；二、教王遣爾來請安，朕躬康健，爾等所目覩；三、教王所貢方物，朕念遠人臣服之情，俯賜存留。只此三事，當寫出與爾，以便爾譯西洋字寄去。欽此。」寫出上諭一件。

這是嘉樂第三次覲見康熙。

十二月十七日（1 月 14 日）康熙召嘉樂及其隨行人員與在京眾西洋人至淵鑒齋，並問嘉樂：「有何辨論道理之處，爾當面奏。中國說話直言無隱，不似爾西洋人曲折隱藏。朕今日旨意，語言必重。且爾欲議

論中國道理，必須深通中國文理，讀盡中國詩書，方可辨論。朕不識西洋之字，所以西洋之事，朕皆不論。即如利瑪竇以來，在中國傳教，有何不合爾教之處？在中國傳教之眾西洋人，如有悖爾教之處，爾當帶回西洋，照爾教例處分。爾逐一回奏。」

嘉樂隨奏：「利瑪竇在中國有不合教之事，即如供牌位與稱天為上帝，此即不合教處。」上諭嘉樂：「供牌位原不起自孔子，此皆後人尊敬之意，並無異端之說。呼天為上帝，即如稱朕為萬歲，稱朕為皇上。稱呼雖異，敬君之心則一。如必以為自開闢以至如今，止七千六百餘年，尚未至萬年，不呼朕為萬歲，可乎？且此等事甚小，只合向該管衙門地方官處議論，不合在朕前瀆奏。」

嘉樂隨俯伏叩首，奏稱：「臣嘉樂哀懇皇上，教王使臣來中國，止為請皇上安，謝恩，並不許臣辨論中國道理，臣亦不敢辨論。臣惟有囑咐眾西洋人同心和睦、竭力報效，仰答皇上隆恩，於天主前保祐皇上萬壽無疆。」

這是嘉樂第四次覲見康熙。

十二月十八日（1月15日）伊都立、張常住、趙昌、李國屏、李秉忠等謹奏，為遵旨議奏事：「據嘉樂奏稱『教王使臣來中國，得覲天顏，臣受皇上殊恩，有加無已。臣甚願寄字與教王去，差隨臣來，利若瑟、羅本多二人回去』等語。今將嘉樂通知教王之書，著嘉樂寫出，交與舊西洋人等譯出，呈覽過，再行寄去。其利若瑟、羅本多往廣東云，現有廣東總督、巡撫之人在此，即將利若瑟、羅本多交與總督、巡撫之人照管，由驛站送去，仍寄字與總督、巡撫。利若瑟、羅本多到時於明年二月內，趁回小西洋船之便，將利若瑟、羅本多急速照看起程可也。」康熙周圍的西人對此意見不一。

十二月二十一日（1月18日）將眾西洋人俱帶至嘉樂處，將教王條約譯出漢字摺一件，於十二月二十一日呈覽。奉上朱批：「覽此條約，只可說得西洋人等小人，如何言得中國之大理。況西洋人等無一人通漢書者，說言議論，令人可笑者多。今見來臣條約，竟是和尚道士、異端小教相同，彼此亂言者莫過如此。以後不必西洋人在中國行教，禁止可也，免得多事。」

嘉樂聞此旨意惶懼之至，隨寫西洋字回奏之言，又跪奏云：「臣嘉樂來時，教王還付與臣條約解說一張，已經奏過，仍求請皇上再賜全覽。臣能遵旨行者即遵旨行。」

本日將西洋字著眾西洋人譯出。

十二月二十二日（1月19日）譯出教王條約解說漢字摺一件奉奏，康熙朱批：「朕理事最久，事之是非真假，可以明白。此數條都是嚴璫當日御前數日講過使不得的話。他本人不識中國五十個字，輕重不曉，辭窮理屈，敢怒而不敢言，恐其中國致於死罪，不別而逃回西洋，搬鬥是非，惑亂眾心，乃天主教之大罪，中國之反叛。覽此幾句，全是嚴璫之當日奏之事，並無一字有差。嚴璫若是正人，何苦不來辨別？」

傳旨嘉樂：「爾教王條約內，指中國敬天拜孔子諸事有異端之意。爾不通中國文理，不知佛經道藏之言，即如爾名嘉樂，乃阿襪里喇嘛之言。先來之多羅，係佛經多羅摩訶薩內之字……爾偏信德里格、馬國賢一偏之言，德里格曾在中國行不合爾教之事，於五十四年內曾告過趙昌、王道化。其告人之字，現在爾等可帶去，同眾西洋人著德里格翻與嘉樂看。朕必將前後事體明白寫出，刷印紅票，付鄂羅斯帶去傳與西洋各國。」

十二月二十三日（1月20日）康熙「召嘉樂并眾西洋人等至清溪書屋，面傳諭旨：『朕先已有旨，辨論道理，語言必重。爾西洋人自己流入異端之處，自己不知，反指中國道理為異端。及至辨論之際，一字

又不能回答。且中國稱上帝，人人皆知，無不敬畏。』」

這是嘉樂第五次覲見康熙。

十二月二十四日（1月21日）康熙「召嘉樂并眾西洋人等至清溪書屋，面傳諭旨：『……爾既如此再三哀懇，朕將嚴璫、德里格等之事仍從寬不究。』嘉樂一聞此旨，感激涕零，叩首不已。隨嘉樂來眾西洋人，無不心悅誠服，僉然稱善。」

嘉樂表示，「臣自己回去傳皇上旨意，方能明白。承皇上隆恩，命臣自己回去」。康熙則下旨：「目今節近，爾於明歲再定回去日期。今事體俱已明白，朕之旨意，爾亦全曉。爾係使臣，辨論道理之時，朕必直言無隱。爾既不復爭辨，朕仍前優待。朕原視中外為一家，不分彼此，爾可少息一二日，京城內天主堂隨爾便居住，以副朕懷柔至意，欽此。」[65]

這是嘉樂第六次覲見康熙。

《嘉樂來朝日記》記載到此。嘉樂六次覲見康熙，雙方會談經過了兩個回合。第一個回合是嘉樂向康熙提出兩項要求：一是允准其管理在華傳教士之權。二是允准中國入教之人遵守教皇所發來條約內禁止之事。這兩項要求均為康熙所堅拒。第二個回合是嘉樂要求康熙閱讀教王表章及禁約，合乎中國道理者，請允入教者遵行，不合者請明示，以便修改或轉達教王。康熙答覆「西洋人不解中國字義，如何妄論中國之是

---

65 中國第一歷史檔案館編：《清中前期西洋天主教在華活動檔案史料》第一冊，第36-47頁。陳垣：《康熙與羅馬使節關係文書》影印版（十三）為《嘉樂來朝日記》，第40-85頁。內容與上相同。

非」，實際回絕了嘉樂這一請求。雙方就利瑪竇的傳教策略展開辯論。由於康熙不同意教皇禁約，並提出「禁教」，嘉樂被迫交出教皇《條約（禁約）解說》一張，即「八項特准」。因「解說」體會到康熙旨意，對教皇《禁約》作了修正與解釋，故康熙對嘉樂的態度逐漸和緩，甚至表示對顏當、德里格之事從寬不究。

此外，方豪先生另發現三件文獻：（甲）在羅馬傳信部檔案處「東方文件」藏有一件文件，編號為 1721 年 120- 第 18 頁，其內容大部分與《康熙與羅馬使節關係文書影印本》第十三件《嘉樂來朝日記》相同。[66]（乙）（丙）在梵蒂岡圖書館藏有兩件文件，編號為 Borg. Cin. 439 及 511。其中文件（乙）記載康熙五十九年十二月二十九日（1 月 26 日）、三十日（1 月 27 日）、六十年正月初一（1 月 28 日），嘉樂三次進宮覲見康熙，與康熙一起吃年飯，以及給康熙拜年的經過：

（康熙五十九年十二月）二十九日旨意叫嘉樂進朝內見皇上，問嘉樂許多話，賞克食。皇上望西洋內科烏爾達說玩話：「你治死了多少了？想是爾治死的人，比我殺的人還多了。」皇上大笑，甚喜歡。又賜嘉樂葫蘆一個，做的各樣花草，玩的東西，晚出來。賞餑餑桌子一張。

三十日皇上在中和殿筵宴嘉樂、鄂羅斯使臣、跟嘉樂的西洋人三個：巴木、李若瑟、娃，進去吃宴，各樣庫門、音樂都給嘉樂看。嘉樂進東西四樣：萬年護身神位一尊、作的各樣西洋紙、第一盒玻璃器皿、寶石煙盒。皇上收二樣：護身神位、作的各樣做紙菓子。

---

66 據方豪先生考證，「文件甲無年月，但似在嘉樂到琉璃河後，尚未進入北京之前，回答李秉忠代皇上提出的問題」。部分文字為《嘉樂來朝日記》無。參見方豪：《中國天主教史人物傳》，第 458-459 頁。此條亦為閻宗臨先生發現，參見〈嘉樂來朝補志（一）〉，收入氏著《中西交通史》，桂林：廣西師範大學出版社 2007 年版，第 124-125 頁。

初一日，嘉樂上朝，皇上賜喫食，特此具稟。[67]

文件丙記載康熙六十年正月十二至十八日（2月8日至14日）情形，其中十四、十五、十六、十八日嘉樂四次應邀入宮與康熙共宴：

正月十二日，加樂進宮，皇上沒見叫賜吃食。十三日也沒見賜吃食。十四日，筵宴達子阿羅素西洋人摔跤，各樣玩意。皇上問加樂：「西洋有沒有？」加樂起奏：「也有有的，也有無的。」十五日，嘉樂又進去喫宴，至晚，叫看煙火。十六日也是這樣。又十六、十七俱賞喫食。十八日叫加樂進去賞宴，叫老公格子歌舞。皇上問加樂：「朕要賜卜爾拖噶爾國王的東西，你帶得去麼？」加樂啟奏：「帶得去。」皇上差趙大人、李大人賜教化王燈三對，卜爾拖噶爾國王燈三對。還有磁器二箱、琺瑯二箱、日本漆器二箱、玻璃器二箱。皇上說：「我還想些東西賜他們，叫李大人看看，作箱子，裝這些東西。千總等同李大人送東西到天主堂。」李大人吩咐千總等：「皇上二十六日往陵上去。」意思還要我們送加樂回去。你們等著才是。起身日子還未有定，特此具稟。[68]

此後，「2月26日，嘉樂特使進宮至太和殿，觀看皇上賜給特使和特使團員的禮物。27日，再進宮接收新的賜品。但是兩次康熙都未出見。3月1日，康熙才盛儀接見特使，准他動身往羅馬」。「3月3日，

67　轉引自方豪：《中國天主教史人物傳》，第 460 頁。此條亦為閻宗臨先生發現，參見〈嘉樂來朝補志（二）〉，收入氏著《中西交通史》，第 125-126 頁，當中部分斷句及文字有不同。

68　轉引自方豪：《中國天主教史人物傳》，第 460-461 頁。此條亦為閻宗臨先生發現，參見〈嘉樂來朝補志（三）〉，收入氏著《中西交通史》，第 126 頁。

嘉樂宗主教由北京動身南下。」[69] 到此才結束了北京之行。

　　嘉樂在京時還做了兩件事值得一記：一是在海淀購買了一處房子。據載，「1721 年 2 月 17 日他（指嘉樂 ── 引者按）在海淀暢春園對面買下一處房子，在與康熙交涉期間就住在那裡。回國時他把房子留給了馬國賢神父，供傳信會的神父使用」。[70] 馬國賢在《清廷十三年》也提到這處房子：「回到北京後，我在一個住在宮殿附近的懺悔者的房子裡建了一所小教堂，這樣，附近的天主教婦女可以履行她們的宗教職責了。這個計劃的成功，出乎我的意料。我還在北京建了另一所小教堂，地址是在暢春園，兩所小教堂都是專為婦女設立的。」[71] 馬國賢所講的這所海淀小教堂，應為嘉樂所購。二是嘉樂將其攜帶的書籍留在了西堂。據統計，「這些書籍共有 51 種 69 冊。除了一本尼古拉‧德‧費爾的《地理學及地球史導論》是法文書外，其餘均為拉丁和意大利文書。最多的是關於教規和民法的，共 20 冊」。[72] 這些書籍後來由西堂轉到南堂，再到俄羅斯東正教駐京傳教團，最後又返歸北堂，是北堂西文善本藏書的珍籍。

　　《天主教傳行中國考》對嘉樂在京全程略有記載：「使臣於康熙五十九年十一月抵京，皇上遣大臣迎迓，禮待甚優。時皇上駐蹕暢春園，連召見十一次，賜宴筵兩次。上親執金樽勸飲，又釋御服貂套賜欽使，囑欽使如有所求，盡可昌言無隱，當無不允者。欽使見機會可乘，

69　羅光：《教廷與中國使節史》，第 168 頁。

70　〔荷〕惠澤霖（Hubert Germain Verhaeren）原著、李國慶譯註：《北堂書史略》，收入北京遣使會編：《北堂圖書館藏西文善本目錄》，北京：國家圖書館出版社 2009 年版，《北堂圖書館藏西文善本目錄附錄部分》，第 26 頁。

71　馬國賢著、李天綱譯：《清廷十三年 ── 馬國賢在華回憶錄》，第 84 頁。

72　惠澤霖原著、李國慶譯註：《北堂書史略》，收入北京遣使會編：《北堂圖書館藏西文善本目錄》，《北堂圖書館藏西文善本目錄附錄部分》，第 27 頁。

求准中國教民，於敬孔子及敬祖先之禮，悉尊教皇訓諭。因將譯出之教皇諭旨進呈御覽。皇上覽畢，殊形拂意，用硃筆將諭旨任意塗改，所求未允。欽使見事難諧，於明年三月間，陛辭出京南下。」[73]

1721 年 11 月 4 日，嘉樂在澳門向在華及周圍國家的主教和傳教士們發出牧函，解釋了「八項准許」，要求傳教士們服從教宗。1742 年 7 月 5 日教皇本篤十四世發佈長篇《自上主聖意》憲章，它「被稱為是有關中國禮儀的最後的、也是最明確有力的決議，它包括了多份以前發佈的教令和信件」。[74] 通過這一文件可以看出，反對祭祖祭孔一派的意見在傳教士內部佔了上風。到此，長達一個多世紀的「中國禮儀之爭」在教會內部暫告一段落。方豪在評估中國「禮儀之爭」的嚴重後果時認為，「乃使雍正以後一百二十年間，天主教上為朝廷與地方官所禁止，下為民間所排斥」。[75] 徐宗澤也認為：「雍乾嘉道之時代，為中國天主教史上最悲慘之時代；聖教遭難，約歷一百五十年之久，教士隱跡，教友避難，不敢公然行敬禮天主之事。」[76]

結 語

通觀康熙對多羅、嘉樂訪華的處理，可以看出他表現出相當的大度和體恤。多羅到北京之初，即病倒臥床，康熙速派官員前往看望，多羅服藥後病情好轉，食慾漸佳。赫世亨與趙昌等隨時探望奏報。考慮到多羅患病，康熙召見時，免其跪拜之禮。對於多羅的無禮抗拒，拒不交

---

73 劉准：《天主教傳行中國考》，收入陳方中編：《中國天主教史籍叢編》，第 190 頁。

74 中譯文參見蘇爾、諾爾編，沈保義、顧衛民、朱靜譯：《中國禮儀之爭西文文獻一百篇（1645-1941）》，第 88-115 頁。

75 方豪：《中西交通史》下冊，第 1008 頁。

76 徐宗澤：《中國天主教傳教史概論》，第 269 頁。

出教皇任命書一事，康熙也表現出了極度的容忍。

　　嘉樂在京三個多月，康熙十餘次接見嘉樂，嘉樂提交的「八項准許」，康熙並未予以駁回，嘉樂離京時，又贈其禮物，款待不可謂不周到。在面對「中國禮儀之爭」時，康熙充分了解羅馬教廷方面的立場，正因為如此，他多次表明其對利瑪竇的「適應策略」的讚賞，並向嘉樂耐心解釋中國祭祖敬孔的傳統禮俗。康熙考慮到教廷難以更改的立場，在款待來使和處理傳教士時，做到了有理（如對顏當的處理）、有利（團結並保護在京耶穌會士）、有節（傳令來華傳教士「領票」而未禁教）。但羅馬教廷方面並沒有理解康熙當時所做的這些忍讓和努力，堅持禁止中國天主教徒參與尊孔、祭祖的禮儀，這就預示著這場文明衝突有持續發展甚至向上升級的可能。[77] 此後，羅馬教皇禁止中國禮儀，清朝則在雍正、乾隆、嘉慶三帝期間繼續推行嚴厲的「禁教」政策。

---

[77]　相關的討論參見馮明珠：〈堅持與容忍 ── 檔案中所見康熙皇帝對中梵關係生變的因應〉，收入《中梵外交關係史國際學術研討會論文集》，第 145-182 頁。

第六章

16-18世紀葡萄牙、荷蘭遣使的

「北京經驗」

16 世紀，西方殖民者乘桴東來。捷足先登者有葡萄牙、荷蘭、西班牙。他們憑借航海技術的優勢，到達中國東南沿海一帶。1553 年（嘉靖三十二年）葡萄牙人定居澳門，開始與中國的正式交往。中葡兩國的關係經歷了一個漫長、複雜的過程。葡萄牙以其擁有對亞洲「保教權」為背景，以佔據澳門為跳板，與中國展開聯繫，千方百計尋機赴京，與明、清兩朝商談，爭取通商、傳教的機會。在 18 世紀以前，葡萄牙幾乎主導西歐與中國的關係；即使在 18 世紀，葡萄牙在歐洲與中國交往中，也扮演重要的角色。

1624 年荷蘭殖民者入侵台灣，建立據點 —— 赤嵌城炮台（Fort Zeelandia），開始其對台灣長達三十七年的殖民統治。荷蘭在亞洲的殖民地為巴達維亞（位於今印尼雅加達），其經營組織機構為東印度公司。有清一代，荷蘭四次遣使入京，努力尋求與清朝建立貿易關係。

葡萄牙、荷蘭是鴉片戰爭前向北京派遣使團最多的兩個西歐國家。他們按照清朝的禮制行三跪九叩首的禮儀，被置於與藩屬同等的朝貢國行列，葡、荷兩國在其所企求的自由貿易上無所進展，這一方面固然是清朝堅守傳統的朝貢制度所致，一方面也與葡、荷兩國本身鞭長莫及、實力不足有關。葡、荷兩國與清朝的交往，開始顯露出與傳統朝貢體系不相容的某些新特質。葡萄牙、荷蘭兩國遣使的「北京經驗」，為我們研究中西早期交往史提供了一個值得解剖的標本。

一、平托《遠遊記》中的北京

美國學者馬士曾稱：「西方海洋國家最初同中國發生直接關係的是

葡萄牙。」[1] 如果從明朝算起，這句話也許可以修正為，在歐洲國家中，葡萄牙堪稱最早與中國發生關係的國家。葡萄牙之所以獲得此先機，主要是基於其具備的兩個條件：一是它擁有在亞洲的「保教權」（Royal Patronage）。「葡萄牙歷代國王聲稱，按格列高利十三世（Gregory XIII）和格勒門特八世（Clement VIII）敕書的規定：其一，任何從歐洲前往亞洲的傳教士，必須取道里斯本，並獲得里斯本宮廷的批准（該宮廷有權批准或加以拒絕）。肯定國王有保教的特權。其二，葡萄牙國王不但有權建築教堂，派傳教士和主教掌管領地內的教會；而且有權分派神甫和勞作者，到建在獨立於葡萄牙之外的亞洲異教國家的教會去工作。」[2] 二是它發達的航海事業。「葡萄牙人在 15 和 16 世紀的航海知識領域處於領先地位的有力證據之一就是，葡萄牙人大量參加自 15 世紀以來歐洲其他各國所進行的海上擴張的嘗試。有著豐富海上航行經驗的水手、技術人員和船長的數目之大以至尚待開發的廣闊土地已不能滿足他們的行動需要和不足以實現他們的雄心大志……他們在西班牙海外擴張中起到了重要而直接的作用。與此同時，他們對其他國家，如荷蘭、英國和法國海外擴張的影響是間接的，主要通過傳播其航海學來進行。」[3] 這兩項條件，為葡萄牙向東方的殖民開拓提供了極大的便利。

早在 16 世紀，北京就已進入葡萄牙人的視野。葡萄牙籍耶穌會士費爾南·門德斯·平托曾於 1537-1558 年赴東方旅行，1558 年回到里斯本。在其晚年，他回憶自己在東方的見聞、漫遊經歷，於 1576 年撰成

---

1 〔美〕馬士（Hosea Ballou Morse）著、張滙文譯：《中華帝國對外關係史》第一卷，上海書店出版社 2000 年版，第 45 頁。

2 〔瑞典〕龍思泰著，吳義雄、郭德焱、沈正邦譯：《早期澳門史》，北京：東方出版社 1997 年版，第 174 頁。

3 〔葡〕雅依梅·科爾特桑（Jaime Cortesão）著，王慶祝、朱琳等譯：《葡萄牙的發現》，第六卷，北京：中國對外翻譯出版公司 1997 年版，第 1421 頁。

手稿——《遠遊記》。1603 年 5 月 25 日提交宗教裁判所審查，1613 年 6 月 16 日獲准印刷，1614 年以葡萄牙文初版問世。此書後在歐洲廣為流傳，各種譯本接踵問世。[4] 它是自《馬可波羅行紀》之後，又一部對西方產生重要影響的中國遊記作品。它以相當的篇幅介紹了平托因被俘、從南京被押往北京並遭囚禁的經歷，這構成全書的一條重要線索。[5] 作者在京期間因囚犯身份的限制，不可能自由遊覽北京，但書中對北京充滿誇張、羨慕、虛構的描寫，反映了葡萄牙人極其仰慕北京這座中華帝都的心態。

《遠遊記》涉及北京的情節從第九十四章〈中國早期四座城市的創始人及北京城的雄偉壯觀〉開始，該章有一段記敘遼金至元初時期北京城的歷史：

好像是主年一一一三年，北京城為敵人所攻陷，被洗劫，夷為平地共二十六次。但當時人口眾多，國王富有。據說其時當政的國王叫西西寶，於二十三年進城修起了一堵牆。八十二年之後，其孫容皮雷臺國王（Jumbileytay，按：疑指忽必烈）又築起了第二道牆。這兩堵圍牆共長六十里格，每堵長三十里格。還是講得詳細些為宜：長為十里格，寬為五里格。據書記載，共有一千零六十座圓堡，二百四十座結實、寬敞、高聳的塔樓，其頂顏色多變，光彩奪目。上面都有屹立在繡球之上

4 有關《遠遊記》作者、譯本的介紹，參見費爾南·門德斯·平托著、金國平譯：《遠遊記》上冊，〈中譯者序言〉第 I-II 頁。

5 參見姚京明：《平托〈遠遊記〉裡的中國想像》，載《文化雜誌》2004 年冬季，第 52 期。作者認為另一條線索是講述平托作為海盜在中國沿海歷險的過程。這樣平托從沿海到江南，又從江南到塞外，穿越大半個中國，他的歷險經歷編織了一則具有傳奇色彩的「中國故事」。

的雄獅，此乃中國皇帝的徽記，意思是說他是盤踞世界王位的雄獅。[6]

這可能是西文文獻首次提及遼金至元初北京城的歷史記載，內容雖不夠準確，但顯現了這段歷史的線索。作者放眼世界城市，對北京的城市地位給予了高度評價：「北京城從其巨大的規模、文明制度、富有及其他任何方面來講，堪稱世界都會之首。」[7]

　　第九十五章〈那位中國皇帝建築了將中華帝國和韃靼帝國分隔開的城牆及城中的監獄〉對明長城的建構和規模做了詳細報道。作者對明朝修建長城的緣起及過程應當說有相當的了解，明朝皇帝因害怕不能抵禦韃靼人的侵略，「決定沿四周國界築一長牆」，得到了黎民百姓的擁護。「為了資助這一重要的工程，民眾捐資一萬擔白銀，按一千五百克魯扎多為一擔白銀計算的話，共折合我們的錢一千五百萬克魯扎多。據說，此後在整個工程期間有二十五萬人義務勞動，其中各種能工巧匠三萬人，餘為一般勞工。」[8] 從史書中作者獲知，「用了二十七年時間便在這兩個帝國中間築起了一道橫貫東西的高牆」。「總長為七十繞烏。按照我們的計算法，每繞烏為四里格半，一共是三百一十五里格。據說長年參加此工程的人達六十五萬，其中三分之一為義工，另外三分之一由僧侶和海南島攤派，其餘三分之一由國王及王子，各領主，政府的巡按御史和按察使攤派。」[9] 平托自稱實地考察過長城，在西文文獻中這極有可能是首次留下了對明長城的記載，「這牆我親眼看過數次，還丈量過它。一般是高六噚左右，最寬處為四十掌，從地面到四噚處為一平

6　費爾南·門德斯·平托著、金國平譯：《遠遊記》上冊，第 272 頁。

7　同上。

8　同上，第 274 頁。

9　同上，第 274-275 頁。

台，外側為一斜坡，上面塗有瀝青作為灰漿。這一斜坡的寬度為城牆的兩倍，因此整個城牆堅固無比，足以抵禦一千門攻城炮的轟擊。沒有垛樓或城堡，但有許多兩層的崗樓，都建在一些黑木樁上」。整個長城「蜿蜒起伏」，「有時沿峭壁而築，顯得更加堅不可摧。這樣沒有山的地方築城，有山的地方利用天險作為屏障」。「三百一十五里格的全長中僅有五個出入口。」平托甚至知曉長城的駐軍，「整個長城有三百二十個守衛營，每營為五百人，共有守軍十六萬人，此外還有許多法官，按察使和巡御史的聽差，武捕及其他行政人員。據華人言稱，長城上常駐二十萬人，國王只負責給養」。[10]

由於身為囚犯的經歷，平托記載了北京監獄的情形，這是難得一見的寶貴材料。「這也是一座宏偉壯觀的建築物。獄犯常常被派到長城去做工。犯人在三十萬以上，幾乎所有人或大部分人的年齡在十八至四十五歲之間。其中有許多貴族、富人和德高望重的人，因犯了重罪而被關押在此。在此服無期徒刑等於被派到長城去做工」。[11]

第一百章〈我們如何抵達北京，被押的監獄及獄中經歷〉記載了平托在北京監獄中的經歷。平托是 1541 年 10 月 9 日被押送到北京，隨後他們「三人一組被投入一個名叫各房熱烏宋塞爾卡的監獄中」。[12] 在獄中，平托並未受到想像的凌辱和折磨，反而通過經歷大理寺的審判，見證了中國司法的公正。「我們被判了一年刑，但只要服八個月，其中的四個月，也就是四〔三〕分之一時間，國王看在上帝的情份上，鑒於我們是些窮人，對我們恩免了，這樣我們要服八個月的刑。如果我們是

---

10 費爾南・門德斯・平托著、金國平譯：《遠遊記》上冊，第 275 頁。

11 同上。

12 同上，第 292 頁。

有財有勢的人的話，國王是不會恩免我們的。」[13] 從第一百零一章到第一百零四章介紹了他們被審訊、判決的經歷，它與其說是在訴說自己的不幸遭遇，不如說是在介紹中國合理的司法制度。

第一百零五章〈關於中國皇帝常駐的北京城的一些消息〉，此章主要是介紹北京「城中的富庶、宏偉、文明、政體及法律制度，全國供應系統、退伍軍人的待遇及其它諸如此類的事情」。平托承認：「要想談更多的事情為我能力不及，我無足夠的知識去敘述北京城的氣候、所在的經緯度。」[14] 他根據自己發現的一本《燕京神都》的小冊子，結合自己的所見所聞，對北京城的概貌做了描繪。他確定北京的地理位置「位於北緯四十一度」，[15] 這是我們所見關於北京緯度最早的較為精確記載。對北京城牆、城門的描述則是根據《燕京神都》的材料，「據華人聲稱，全城四周有牆。後來我在一本描寫北京城的書《燕京神都》[16] 中看到也是這樣寫的。我還把這本書帶到了葡萄牙。城牆方圓三十里格，長十里格，寬五里格。也有一說方圓五十里格，長十七里格，八里格寬。一些人說是三十里格，另外一些人說是五十里格。我會根據我自己的親眼所見來解釋這一疑團」。[17] 接著，對北京城內城外的建築、街區、村落、陵墓逐個加以介紹：

城中，華屋廣廈遍佈，方圓為三十里格，符合第一種說法。城牆

---

13 同上，第 305 頁。

14 同上，第 307 頁。

15 同上。一譯為「北京城地處北緯四十五度」，參見費爾南‧門德斯‧平托著、王鎖英譯：《葡萄牙人在華見聞錄》，第 199 頁。

16 《燕京神都》（Aquesendó），一譯為《亞洲聖都》，參見費爾南‧門德斯‧平托著、王鎖英譯：《葡萄牙人在華見聞錄》，第 199 頁。兩譯著文字可能因所據原作版本有異而明顯不同。

17 費爾南‧門德斯‧平托著、金國平譯：《遠遊記》上冊，第 307 頁。

共兩道，十分堅固，上面有許多我們式樣的塔樓、碉堡。城外的地方比城內還大。據華人講，以前人口非常稠密，現在荒棄了，但其間的村落仍星羅棋佈，周圍有許多雄偉的莊園，其中的一千六百座尤其雄偉。它們是中國三十二王國、一千六百個主要城鎮的高級官員的宅第。每三年這些官員進京一次，共商國家大事……

城外，在方圓三百里格長，七里格寬的地帶上有二十四座官員的陵墓。如同小教堂一般，一色鎦金。前有空場，四周是鐵和黃銅的欄杆，入口處有造價昂貴、華麗的牌樓。陵寢的邊上有許多高宅，四周鮮花盛開，綠樹成蔭，池水清澈、泉眼叮咚。牆的內側貼著細瓷磚，城垛上有許多持著金旗的獅子。在琉璃頂上有許多彩畫。還有五百多處深宅大院，名曰「太陽之子之家」。所有在為國王作戰時受傷致殘的人都被收容在裡面。此外，還有許多因年邁和患病退休的人。每人每月有固定的薪餉，用作日常開銷。據華人講，這樣的人有十幾萬。每座大院裡就有二百多人。**18**

該章的一個亮點是介紹了生活在北京的下層民眾，如拉船的划工、酒店的妓女、打雜的僕人，反映了北京社會面貌的另一面：

在不止一條街上，我們看見許多排平房，裡面住著兩萬四千名槳手。他們都是國王帕諾拉船的划工。

在另外一條一里格長的街上有一萬四千家供應朝廷的小酒店。另外一條街上住著許多單身婦女。她們有用城中人交納貢賦的特權，因為她們也在宮中任職。其中許多人因為幹上這種營生才棄家出走了。如果她們的丈夫因此而報復的話，會受到嚴懲，因為她們是直接受到都堂的

---

18 費爾南‧門德斯‧平托著、金國平譯：《遠遊記》上冊，第 307-308 頁。

保護的。都堂是朝中掌管一切的最高長官。

城中還住著往城中各處送禮服的洗衣匠。據華人講，超過十萬人。因為這裡河網縱橫交錯，池塘、湖泊星羅棋佈。其周圍為一色砌工精細的石岸。

據《燕京神都》一書講，城牆的空白地帶上還有一千三百座造工昂貴、雄偉壯觀的屋宇。裡面居住的男男女女是中國三十二個教派中主要的四個的信徒。據說有的府中，除了負責雜務的僕人外，人數踰千。[19]

該章還描寫了北京的生活場景，特別是達官貴人的奢華生活：

我們還看見許多高樓大廈，四周鮮花盛開，叢林茂密。各種馬匹、野禽應有盡有。那些屋子好像是客棧。總是人來人往，又吃又喝，又是看短劇、喜劇、賭博、鬥牛、角鬥及都堂，巡按御史，按察使，公差，海道，平章政事，門卒，老爹及其它領主，城防司令，商人及達官貴人在那裡召開宴請親朋好友的宴會，那排場很大，還有持銀質狼牙棒的護衛守衛。銀托盤中放的全是金餐具。那裡臥室中有銀床，上面鋪著緞子床罩。服務的都是處女。個個眉清目秀，衣著華麗。還不算甚麼，從我們所見的幾所房子的豪華、排場來看，還有許多無法比擬的東西。[20]

第一百零六章〈有關在大客棧中宴請的規定及三十二州巡按御史的排場〉，介紹了宴會的排場和標準、北京城外客棧的情形。「在外城牆有三十二座大房子。每座之間有一箭之遙的距離。這是三十二個小王

19　同上，第 308 頁。

20　同上，第 308-309 頁。

國的法律學校。我們看見許多人，由此可以推斷足有一萬多學生。據專門介紹這些情況的《燕京神都》一書記載，總數約在四萬人左右。除了這些房屋外，還有一座更加宏偉的建築物。其中間都是分開的，方圓約有一里格。凡是學做僧侶及攻讀法律準備畢業的人都集中在那裡。」[21]

第一百零七章〈我已許諾過，要再多講一些關於北京情況〉再一次將人們帶回北京。平托感嘆：「它完全可以同羅馬、康士坦丁堡、威尼斯、巴黎、倫敦、塞維利亞、里斯本相媲美。同歐洲那些優美，人口稠密的大都會相比，只有過之而無不及。在歐洲以外，也可以與埃及的開羅、波斯的大烏里土，坎貝的艾哈邁達巴德，納爾辛加的維查耶納伽爾，孟加拉的高烏羅，查雷烏的阿瓦，琅勃拉邦，馬班達，勃固的巴溝，夏蒙的金佩爾和廷勞，新城的大城，爪哇島上的巴蘇魯安和淡目，琉球的潘格爾，大交趾的烏藏格，韃靼的蘭薩梅，日本的京都郡同日而語。這些都是大國的都市。這些城市在小東西上都無法與北京匹敵，更不用說在大的方面了。」[22] 在他心目中，北京堪稱世界大都之最。作者極度讚美北京的城市管理：「北京城宏偉壯觀，大廈林立，生活豐裕，物品充盈，人如過江之鯽，帆檣如林。法律嚴明，政府廉潔，朝廷安穩，官衙眾多，如都堂，巡按御史，按察使，海道，布政使及大臣。這些官員管統著龐大的王國和省份，俸祿豐厚。他們常駐北京城。遇有重大事情時則到下面去辦理。」[23]

該章描述了北京的城牆、城門：

據我已講過的《燕京神都》和中國歷朝的官方記載，除了我所講

---

21 費爾南·門德斯·平托著、金國平譯：《遠遊記》上冊，第 311 頁。

22 同上，第 313 頁。

23 同上。

過的那道城牆外，還有另一道牆方圓三十里格。雖然講了一些，但遠遠未說完。如前所述，整個北京城有兩道高大堅固、砌工精良的城牆，有三百六十多座城門。每門上有一石堡，兩座碉樓，一些其它建築和弔橋。

每個城門有一書記官，四個持戟的門衛盤查進出的一切，在都堂的安排下，每年三百六十天每門都舉行隆重的接像儀式。每門有自己的名稱（後面我將加以詳述）。

據華人稱，城內還有兩道牆。裡面有三千八百座廟宇。隨時不斷地餵養著許多飛禽走獸。……**24**

該章還記敘了北京的街道及其兩旁的建築、牌樓和治安：

北京城中的普通馬路都很寬長，而兩側屋宇雄偉。一般是平房或二層樓。路兩側都築有鑄鐵或黃銅的欄桿。每遇衢衖都有入口。每條路的盡頭都有金碧輝煌的牌樓，每晚關閉。牌樓的最高處懸有警鐘。每條路上都有守衛長帶領士兵巡邏。每天必須向市政府彙報情況，以便布政使或巡按御史可以根據法律加以處理。**25**

泊口很少見於外人記載，平托轉述了《燕京神都》的相關材料：

據記述北京城雄偉壯觀的《燕京神都》一書記載（此書前有說明），城中共有一百二十處泊口。都是以前的國王和百姓營造的。這些泊口深三嗶，寬十二餘嗶。這些泊口分佈在城市的四面八方。城中有許

---

24 同上，第 313-314 頁。

25 同上，第 314 頁。

多堅固的石拱橋。橋頭有柱子，上面弔著鐵索，還有供人休息的固定石凳。據說在這一百二十個泊口上面有一千八百座橋。每座外型美觀，造工精巧。[26]

平托自稱實地考察了北京的市場，根據自己觀察所獲，他描繪了北京的日常集市和繁榮的商業：

據同書記載，北京城內共有一百二十個宏偉的廣場。每個廣場每月都可以輪上一個集市。從這個數字來算，每年每天有四個集市。

我們在此逗留的七個月中，一共趕了十多個集。集上人山人海，有步行的，有騎馬的。流動商販提著小箱子在叫賣各種各樣的東西。此外，那些較有錢的商人在他們所在的路上搭起了許多售貨棚，物品琳琅滿目 …… 多得我們九人目不暇接。要是細說的話，真是不可枚舉。

中國人還告訴我們說，北京城有一百六十個普通屠宰場。每個屠宰場中有一百個賣各種各樣肉類的肉舖。…… 肉舖中，所有的肉都標著明價。每個店裡都有秤。另外，每個城門口也有秤，百姓隨時可以重新過秤，證實是否缺斤少兩。除了上述肉舖外，每條街上至少有五、六家肉店出售各種上等肉。還有許多小酒館，裡面出售各種潔淨、製作精美的燉肉。

也有火腿、乳豬出售。各種分部位切好的肉，飛禽及燻豬肉，燻牛肉的商店。其貨物之充盈，不以細說為宜。[27]

第一一二章〈為傷殘者及無家可歸者提供的救濟〉，介紹京城「有

26　費爾南·門德斯·平托著、金國平譯：《遠遊記》上冊，第 314 頁。

27　同上，第 314-315 頁。

些叫拉吉南布爾的地方。意即：『窮人義學』」。專門收容遊手好閒的年青人、遺棄街頭的嬰兒、失去生活能力的殘疾人，教授他們道德倫理、讀書寫字和各種謀生手藝。還有一些類似修道院的地方，專門收養生活不能自理的傷殘者和患病的妓女，並由正在服刑的「有傷大雅」的女人負責日常營運。[28] 這實際上是作者對中國社會保障制度的想像，帶有濃厚的烏托邦色彩。

第一一四章〈中國皇帝皇室成員的數目，全國高級官員的稱謂及三個主要的教派〉，平托信誓旦旦稱所述北京的一切為其「親眼所見」。「每當我的腦海中出現宏偉壯觀的北京時，我本人亦時感疑惑。這一異教國王安邦治國的辦法，政府官員的豪華與排場，令人敬畏的法官，其建築物及寺廟的巍峨，還有許多諸如此類的事情。」[29] 王室所居「米那寶」城中有十萬閹人、三萬婦女、一萬兩千名士兵。「這些人的工資和俸祿很優厚。」作者對官僚制度的介紹則充滿了想像：國王之下是十二名稱為「都堂」的最高級官員、四十名巡按御史，下面是按察使、海道、布政使、老爹和總兵，多達五百多人。每位官員的侍從不少於二百人。「令人驚奇的是這些手下大部分竟然為外國人。各國人都有，主要是莫臥爾人，波斯人，忽羅珊人，孟人，琅勃拉邦人，韃靼人，交趾人及查雷烏和東吁的一些緬甸人。當地人雖然是能工巧匠，種田能手，出色的建築師，善於創造發明多種精巧東西，但體弱瘦小。婦女們的皮膚白皙，行為貞潔，比男人還善於做工。」[30] 這章對京城龐大官僚體系、多民族的成分和多元宗教的描繪，多少令人想起《馬可波羅行紀》對元大都宏大氣象的描寫，這似乎成為 13 到 16 世紀以中國遊記為

---

28 同上，第 329-330 頁。

29 同上，第 334 頁。

30 同上，第 334-335 頁。

題材的西方作品寫法的一種套式或傳統。

《遠遊記》數次提到韃靼人圍攻北京城的情形，平托此時已離開北京，應是據其所聞編撰而成，但其內容具有一定的真實性。「韃靼王於一五四四年圍攻北京城時，曾在那卡皮姥中下榻。……他下令斬首了三萬來人祭祀，其中一萬五千人為婦女。大部分為年輕美貌女子。她們是中國各主要達官貴人的女兒。」[31] 韃靼人圍城期間，「攻城者和守城者之間發生過戰鬥和衝突。外面的人還用明梯攻了兩次城，裡面的人進行了頑強的抵抗」。韃靼王看到攻城的代價超過了原來的預想，遂決定在冬季到來以前撤退。「在圍城的六個半月中，損失了六十五萬人，其中四十五萬人死於瘟疫、饑餓、戰鬥。」10 月 17 日，「韃靼王帶著六十萬騎兵中僅剩下的三十萬人」，在天將黑時離開了北京城。[32]《遠遊記》所述此事可能實際上發生於 1550 年（庚戌），是年俺答率領蒙古軍大舉進犯京師，圍城數日，在京畿大肆搶掠，後因明朝勤王部隊趕到解救才撤圍，史稱「庚戌之變」。

平托「在北京城中一共獃了兩個半月」，1544 年 1 月 13 日離開北京，「被押送到關西城去服刑」。[33] 從《遠遊記》對北京的描述文字看，它的知識來源主要有二：一是書面材料，即一本叫《燕京神都》的小冊子，此書可能早已失傳；二是當地人士，文中的「據華人講」即屬這類。因此，這本書對北京的記載雖可能不全是作者實地考察北京的真憑實據，但它對北京的宏大氣象及各方面的描述，可謂集當時西人北京知識之大全，使西人在 16 世紀有關北京的知識建構畢竟留下了一份具有價值的

---

31 費爾南·門德斯·平托著、金國平譯：《遠遊記》上冊，第 323 頁。

32 同上，第 363-364 頁。

33 同上，第 337 頁。作者在第一百章開首交代，他是 1541 年 10 月 9 日到達北京，可能第一次離京後，又重來北京，第二次在京為兩個半月。

文獻紀錄，加上其譯本、版本甚多，自然對 17 世紀歐人建構北京形象會產生相當重要的影響。**34**

　　後來的研究者對《遠遊記》的文本價值做過不同的評價，中葡早期關係史研究的開拓者張天澤比較低調：「在仔細閱讀了他的這部二百二十六章的著作後，任何理解能力強的讀者都會說，這不過是一部長篇冒險故事罷了。門德斯·平托在亞洲度過幾年之後，把葡萄牙人在亞洲的冒險行為作為自己的題材，這是因為他們最能使其國內的同胞想入非非。由於他們感到興趣的主要是講些令人著迷的故事，因此他並不關心實際上發生的是些什麼。他所說的許多事情同已經肯定了的事實恰好相反，而更多的是些無法查對之事。有許多稀奇古怪的人名和地名無從考證，這些名稱或許是在作者的腦子裡存在著。因此，我們顯然不能信以為真地從這樣一部書籍中收集我們的資料。」**35**《遠遊記》中譯者金國平則評價較高：「《遠遊記》雖不是一部史書，但它從文學作品角度為歷史提供了不見於當時著名海外發現編年史作者筆下的許多寶貴史料，例如雙嶼港被毀的原因、葡人被逐出福建的導因及澳門的起源。因此，被列為遊記文學作品的《遠遊記》，對於研究明代中外交通史、葡萄牙人入華史，乃至明史本身的研究具有不可忽視的史料價值。」**36**《遠遊記》有關北京的描寫，真實與虛構並存，介於文史之間。不管是想像，還是寫實，它都是繼《馬可波羅行紀》之後，西方視野裡北京形象的又一個重要文本，是西方北京學知識譜系不可或缺的一個重要環節。

34　《遠遊記》自 1614 年葡語初版後，「計有各種世界主要語言的全、摘譯本一百七十種之多」。參見費爾南·門德斯·平托著、金國平譯：《遠遊記》上冊，〈中譯者序言〉第 I-II 頁。

35　張天澤著、姚楠、錢江譯：《中葡早期通商史》，香港：中華書局 1988 年版，第 89 頁。

36　費爾南·門德斯·平托著、金國平譯：《遠遊記》上冊，〈中譯者序言〉第 III 頁。

二、皮雷斯使團的北京之行（1521年）

葡萄牙與北京發生關係的正式渠道是外交使節。葡萄牙第一次遣使入京是在明朝中期，1521年（正德十六年）1月11日葡使皮雷斯一行來到北京，下榻會同館。在京居留四個多月後，5月22日皮雷斯（Tomé Pires，一譯皮列士）被明廷逐出京城，押往廣州。9月21日抵達廣州後，隨即被投入監牢。1524年皮雷斯因病死於廣州獄中。在廣州獄中，使團成員克列斯多弗·維埃拉、瓦斯科·卡爾渥（一譯加爾伏）發出的書信，詳細記敘了皮雷斯使團的使華經歷及其見聞。[37] 關於這兩封信的史料價值，美國歷史學者唐納德·F. 拉赫寫道：「這些信是非常重要的資料，因為它們是第一批抵達亞洲（可能大約1527年）的身臨其境的葡萄牙人對中國生活的詳細記錄，16世紀後半期出版的葡萄牙人在東方活動的大部頭的歷史著述中都直接或間接地利用了這兩封信件。特別是維埃拉的信件，信中所述多為獨到的第一手觀察，因為他是好望角航海線發現後，訪問了北京並寫回去這一切的第一個歐洲人。特別值得注意的是他寫下了些許中國人在京城接見外國使節習慣做法的信息。」[38] 拉赫徵引以下引文作為例證：

在北京，使臣們的習慣作法是，他們被關進幾座有大號圍欄的房屋內，這裡在月亮的頭一天關閉，月亮的十五日他們到國王的宮室去，有的步行，有的乘草韁繩牽引的劣馬，並且來到距皇帝宮室一道牆五步前，都依順序，兩膝跪地上，頭臉著地，趴下。這樣一直命令他們對牆

---

37 參見〈廣州葡囚書簡〉，收入巴洛斯、艾斯加蘭蒂等著，何高濟譯：《十六世紀葡萄牙文學中的中國 —— 中華帝國概述》，第64-166頁。

38 Donald F. Lach, *Asia in the Making of Europe*, Vol. I, p.734.

作五次；從這裡返回封閉的圍欄內。命令我們不再作這種禮敬。[39]

　　借助〈廣州葡囚書簡〉，我們可以重建皮雷斯使團的歷史。從維埃拉的信中可知：「隨同多默・皮列士的人：杜阿特・費爾南德斯（Duarte Fernandez），唐・菲利普（Dom Felipe）的奴僕，佛朗西斯科・德・布多亞（Francisco de Budoy），女領主的奴僕，及克利斯多弗・德・阿爾梅達（Cristovao d' Almeida），克利斯多弗・德・塔渥拉（Christovao de Ta' vora）的奴僕，伯洛・德・弗列塔斯（Pero de Freitas）和佐治・阿爾瓦列斯（Jorge Alvarez），我克列斯多弗・維埃拉，及十二名男僕，五名朱魯巴薩（iurubaças）；所有這些隨從中僅餘下我，克列斯多弗，忽魯模斯的（d' Ormuz）波斯人（Perseo），【及】我的一個果阿（Goa）童子。我們現今尚活著的人有：瓦斯科・卡爾渥，他的一個叫貢薩羅（Gonçalo）的童子【和】上述我們三個多默・皮列士的隨從；這幾人因係使團的人，得以不死，而他們和我們被囚於此。在這座監獄裡，我們有十三人；如上所說，死者是：杜阿特・費爾南德斯，當赴北京時病死在山上；佛朗西斯科・德・布多亞（Bedois），當從北京來時死於途中；還有三個或四個童子；在這所監獄，死於沉重刑具的，如上所述，是克利斯多弗・德・阿爾梅達；同樣佐治・阿爾瓦列斯，葡人們，監獄的書記喝了酒，【用】鞭打他，六天中他死去。在北京的舌人們被捕並且死去，他們的奴僕被交給曼達林當奴隸，因為係叛徒（Tredores）；大朱魯巴薩病死；四個在北京被斬首，因為他們出境，把葡人引入中國。伯洛・德・弗列塔斯，在這座監獄，及多默・皮列士在這裡病死，多默・

---

39 同上，p.735. 中譯文參見〈廣州葡囚書簡：克利斯多弗・維埃拉的信〉，收入巴洛斯、艾斯加蘭蒂等著，何高濟譯：《十六世紀葡萄牙文學中的中國 —— 中華帝國概述》，第 84 頁。

皮列士死於 MDXXIV（1524），在五月。因此【在】現存的隨從中，這裡僅有兩人，如上所述。」**40** 這簡直是一次死亡之旅。

維埃拉的信沒有透露使團在北京的具體細節，只是告知使團在京遭遇不測的首要原因是舌人所寫（翻譯）的信與葡萄牙國王信的實際內容不一致，導致中方的誤解。「在北京城國王的宮室內公佈了吾人之主國王的信函，發現其中內容與舌人所寫的不同。所有人對它的看法是，我們欺騙地進入中國的國土，由此去窺視其土地，這是欺詐的事例，【其中】和寫給國王的信函不一樣。國王命令我們不要再去他的宮室表示禮敬，並且有人和警衛看管我們。」「舌人被詢問為甚麼寫假信，不符合吾人之主國王的信函。他們說是按中國習慣寫的；吾人之主國王的信是密封和蓋印的，不能讀不能開，它要交到國王手裡。我們是在遠方，不了解大中國的習慣，往後我們會知道；他們沒有錯，所以按習慣寫。曼達林們（mandarys）不滿意這個回答。每人都被詢問來自何處；被逮捕（這發生在國王去世的同時），給他們當僕人的青年【也一樣】。」**41**

使團被驅逐出北京的另一個原因是明皇收到「有三封反對葡人的信送交給他：一封是北京曼達林的，另一封廣東曼達林的，另一封馬來人（melays）的」。北京曼達林的信報告葡萄牙人攜帶武器來廣東，構築堡壘，不交關稅；廣東曼達林的信「稱佛郎機人不付關稅，而向暹羅人（Symis）收取關稅」；「馬來人說葡王遣往中國的使臣不是真的，偽裝來中國進行欺騙」。**42** 這三封信顯然促使明廷做出命令來京的葡萄牙使

---

40 〈廣州葡囚書簡：克利斯多弗・維埃拉的信〉，收入巴洛斯、艾斯加蘭蒂等著，何高濟譯：《十六世紀葡萄牙文學中的中國、中華帝國概述》，第 107-108 頁。

41 同上，第 84-85 頁。

42 同上，第 85-87 頁。

團「返回」的決定。

　　葡使托梅·皮雷斯在來華之前，於 1512-1515 年間在馬六甲撰寫了《東方志》一書。其中提到北京，略有簡述：「中國有很多城池和堡壘，都是古建築。國王居住的城叫做汗八里（Cambara）。『在中國的這座城市，其國王有時在那裡，如 …… 汗八里，它叫做北京（Peqim）。這些城市在內地，遠離廣州（Qāto）。』它有很多居民和擁有無數馬匹的貴人。除極少數人外，國王不讓百姓和大人物看見，這是習慣。據說這兒有無數的母騾，跟我們土地上的一樣。」[43] 從《東方志》所寫的中國部分內容來看，當時葡萄牙人對中國所知甚少。[44]

　　克利斯多弗·維埃拉的信中有三處涉及北京：一處述及中國的行政區被劃分為十五省，「這十五省中，南京（Nāoquim）〔和〕北京（Pequim）是全國的首府。對於所有的說北京尤其重要，國王在那裡施政。南京（Nānquim）在 28 度或 29 度；北京在 38 度或 39 度」。[45] 一處提到在迪奧戈·卡爾渥船上有一位名叫伯多祿的中國基督徒回到老家時被官府知曉，「知道他懂得火藥和大炮」，被送往京城，「據稱他在北京製造大炮，因為國王在那裡接連有戰事」。[46] 一處提到北京缺乏物資，全靠從南方運送。「因為國王駐驛的省沒有木材，沒有石頭，沒有磚，都要用大船從南京運來；如果南京及別的省不輸運物資，北京不可能維持自己，因為人口無數多，土地因寒冷不產大米，物資缺乏。國王駐驛在他國內最末端的省，是因他在跟所謂的韃子（Tazas）人打仗，如果

43 〔葡〕多默·皮列士著、何高濟譯：《東方志 —— 從紅海到中國》，南京：江蘇教育出版社 2005 年版，第 97 頁。

44 同上，第 96-100 頁。

45 〈廣州葡囚書簡：克利斯多弗·維埃拉的信〉，收入巴洛斯、艾斯加蘭蒂等著，何高濟譯：《十六世紀葡萄牙文學中的中國 —— 中華帝國概述》，第 110 頁。

46 同上，第 105-106 頁。

國王不在那裡，他們將進入該國，因為連北京本身都受到這些韃子的威脅，別的省〔也一樣〕。」[47] 從這三處材料來看，作者對北京的地理位置、戰爭狀態和物資輸送，已有一定的了解，這對歐洲來說顯然是具有情報的價值。

國內學者萬明依據中國方面的文獻，如《明武宗實錄》、顧應祥撰《靜虛齋惜陰錄》卷一二〈雜論〉、嚴從簡撰《殊域周咨錄》卷九〈佛郎機〉等有關明正德年間葡萄牙使團來華的記載，輔以西文史料，建構了皮雷斯使團的訪問過程。[48] 金國平甚至猜測皮雷斯使團的中國之行，還有一個與皮雷斯（皮萊資）並行的華人充任大使 —— 火者亞三，為此做了精細的考證。[49] 這些重建皮雷斯使華歷史的努力，均可備一說。

三、清朝前期葡萄牙使團的「北京經驗」

清朝建立以後，葡萄牙繼續尋求與中國增進關係。葡萄牙國王若奧三世（João III）在逝世之前，「從方濟各·沙勿略的信件獲悉，阿爾豐索·達·諾羅尼亞以他的名義向中國皇帝派出使節，因受阻於馬六甲的地方長官而失敗，並知道迪奧戈·佩雷拉為準備送給北京朝廷的禮物而犧牲了個人的錢財」。繼任的塞巴斯蒂昂一世（Sebastião）又命令時任澳門總督迪奧戈·佩雷拉的姻兄吉爾·德·戈依斯（Gil de Goys）作為特使赴北京與清廷溝通，「但他們一直沒有處理好與中國官員的關

---

47 〈廣州葡囚書簡：克利斯多弗·維埃拉的信〉，收入巴洛斯、艾斯加蘭蒂等著，何高濟譯：《十六世紀葡萄牙文學中的中國 —— 中華帝國概述》，第 111 頁。

48 參見萬明：《中葡早期關係史》，北京：社會科學文獻出版社 2001 年版，第 24-34 頁。

49 參見〈一個以華人充任大使的葡萄牙使團 —— 皮萊資和火者亞三新考〉，收入金國平、吳志良著：《早期澳門史論》，廣州：廣東人民出版社 2007 年版，第 280-299 頁。

係，以獲准前往目的地」。[50] 結果，隨行的兩位耶穌會士培萊思和特謝拉（Manõel Teixeira）後來只好留在澳門定居。

瑪訥撒爾達聶使團 1667 年（康熙六年），葡萄牙首次派出瑪訥撒爾達聶（Manuel de Saldanha）使團前往中國。5 月 14 日該使團從果阿出發，8 月 6 日到達澳門。使團成員包括使節瑪訥撒爾達聶、一名隨團神甫、[51] 一名參贊、一名秘書、一名紳士、12 名侍從、一名指揮著 20 名卡賓槍手的海軍上尉、兩名通事和幾名僕役。其承擔的使命為：請求皇帝恩准葡萄牙人自由通商、航行，使澳門葡萄牙人擺脫因海禁而造成的貧困處境，幫助耶穌會士改善天主教在華傳教的困難局面。[52] 據載，「這位使節從果阿出發時，沒有給朝廷或廣州的官員帶來任何禮物，所以以議事會只得為他們操辦」。澳門議事會為使團準備的禮品有：送給皇帝的禮物估計價值為 1983 兩，送給皇后的禮物價值 1269 兩，合計 3252 兩。送給官員們的禮物價值 14382 兩，合計 17634 兩。此外，澳門還承擔使團來回果阿與澳門之間的費用，以及 1668 年在廣州的小額開支，共計達 12731 兩，合計 30365 兩。[53] 這對澳門方面來說，是一筆很大的開支。

50　龍思泰著，吳義雄、郭德焱、沈正邦譯：《早期澳門史》，第 113-114 頁。

51　隨團神甫為耶穌會士皮方濟（P. Francois Pimentel），其生平事跡參見費賴之著、馮承鈞譯《在華耶穌會士列傳及書目》上冊，第 374-376 頁。他撰寫的〈瑪訥撒爾達聶爵士前往北京之旅簡要報告〉（Brief Account of the Journey Made to the Court of Peking by Lord Manuel de Saldanha）經美國學者衛思韓（John E. Wills）英譯，作為附錄 A 收入其著《出使與幻想：荷蘭、葡萄牙與康熙之交往，1666-1687》（*Embassies and Illusions: Dutch and Portuguese Envoys to K'ang-hsi 1666-1687*, Cambridge, Mass.: Council on East Asian Studies, Harvard University, 1984），它為人們了解瑪訥撒爾達聶北京之行提供了第一手材料。此文有中譯本，〔葡〕弗郎西斯科·皮門特爾（即皮方濟）：《葡萄牙國王遣中華及韃靼皇帝特使瑪訥撒爾達聶使京廷簡記（1667-1670）廣州啟程錄》，收入金國平著：《中葡關係史地考證》，澳門基金會 2000 年版，第 167-198 頁。

52　參見黃慶華：《中葡關係史》上冊，第 377 頁。

53　龍思泰著，吳義雄、郭德焱、沈正邦譯：《早期澳門史》，第 115-116 頁。

帶著這些禮品，瑪訥撒爾達聶在兩名中國官員的陪同下前往廣州，葡使堅持進京將國書面呈康熙皇帝，廣東地方官員不允，雙方爭執，因此耽擱了 14 到 15 個月。1670 年 1 月 4 日（康熙八年十二月十三日），使團一行從廣州乘船北上。有關北上的使團人員組成，中、葡文獻均有所載。中方史籍載：「八年，題准：『令正、副使及從人二十二名來京。其留邊人役，該地方官給與食物，仍加防守。』」[54] 葡方文獻則載，使團北上時，其原來自澳門帶到廣州的 70 餘名葡萄牙隨從中，只允許 12 名葡萄牙人伴隨使節入京，其餘為僕役。[55] 途中其「所乘之船上，揭有葡萄牙國旗，及含有葡萄牙大使朝賀中國皇帝意義之黃旗」。[56] 皮方濟對離開廣州後沿途受到地方官員熱情接待的情形做了詳細報道。值得一提的是，在赴京沿途所乘船上懸掛的黃旗上，廣州的耶穌會士提議將「朝貢」（chin-kung）改成「朝賀」（chin-ho），一字之改，調整並彰顯了特使的尊貴身份，在耶穌會士們看來這似乎是打破了兩千年來中國的外交習慣。[57]

6 月 30 日（康熙九年五月十四日）葡萄牙使團抵達北京。據載，瑪訥撒爾達聶「抵京後，所有中國各種儀式，無不遵行，其所乘之船，亦為朝貢船，然其所負之使命，終歸於失敗」。[58] 因長途跋涉，加上 3 月初一條腿感染丹毒（erysipelas）患病，瑪訥撒爾達聶特使進京後即病倒臥床。在多日熬人的等待中，特使向禮部呈上葡萄牙國書、國王阿豐索六世（Alfonso VI）的肖像和象牙、金剛石、犀角等禮物，並回答了一

---

54 （清）梁廷枏：《海國四說》，北京：中華書局 1997 年版，第 218 頁。

55 John E. Wills, *Embassies and Illusions: Dutch and Portuguese Envoys to K'ang-hsi 1666-1687*, p.197.

56 周景濂編著：《中葡外交史》，北京：商務印書館 1991 年版，第 155 頁。John E. Wills, *Embassies and Illusions: Dutch and Portuguese Envoys to K'ang-hsi 1666-1687*, pp.114-115.

57 John E. Wills, *Embassies and Illusions: Dutch and Portuguese Envoys to K'ang-hsi 1666-1687*, pp.196-201.

58 周景濂編著：《中葡外交史》，第 156 頁。

系列的質詢。如，為什麼葡萄牙國王致清帝的信中不見用「臣」的稱謂表示臣服。特使依據上朝前耶穌會士給他的示意，回答道：在歐洲，當一國王給另一國王寫信時，沒有自稱「臣下」的風格或習慣。當康熙獲悉使節又犯了腹洩，立即命令兩位最好的醫生和朝官、神父每天上午、晚上去探視他，並命令他們及時報告使節的狀況。7 月 30 日特使和隨員到禮部學習進宮觀見皇帝時所慣用的禮儀。31 日瑪訥撒爾達轟入宮拜謁康熙皇帝。皮方濟以極其細膩的文字對整個觀見過程做了細緻描述：

31 日，使節初次進宮，身穿黑色波斯駝毛絨服，因不是絲織的，中國人感到新奇，故顯得格外華貴。鑲銀邊，帽飾、佩劍、腰帶、頸鏈全是銀的；所乘坐的比轎子小一點的肩輿未帶轎蓬，因為轎蓬是金色的布料做的，轎簾也是金絲紗。滿清官員對他說，帶這樣的轎蓬不能進宮，因為這種顏色只適用於皇帝，只有他能夠穿戴這樣的顏色。如果使節有別的轎蓬，即使比前一個更華麗，滿是珍珠鑽石的，只要不是這種顏色的，都可以使用。很快我們了解到他們對我們所講屬實：因為凡是皇帝的用物都是這類顏色。連瓦都是金黃琉璃的，皇帝父系近親用黃腰帶，遠親或母系宗室用紅腰帶。

一進宮，使節和我們在露天庭院裡向皇帝行慣常的禮節，同樣在這個庭院裡有五千多位滿清大員向皇帝行禮，只有他們才能入此行禮。在位於金鑾殿的對面的一個殿，有各種樂器在演奏，大家伴隨著樂聲向皇帝行禮。

作為儀式開始的信號是八聲啪啪的響聲，像大車伕用的那些馬鞭發出的響聲一般，但這些鞭子出奇的大，沉得都難以從地上提起，發出的響聲如同八聲槍響。為使大家不行錯禮，不亂了禮節，這裡站著一位滿清大員在高聲宣叫，何時下跪，何時磕頭，何時平身等等，使得大家

行動合拍一致。大殿非常之大，整個都由金、藍和紅色的雕刻來裝飾。殿內七十根柱子分成兩行，將大殿分成三道通廊，如同我們古老的教堂。從庭院登升至大殿，有五層雕刻精美、白如漢白玉的石階，中間的兩層帶有同樣漢白玉的護欄，做工精美。階梯每層空處有一個大桶，裡面燃放著不同的（20 束）香火。在最後一層的最頂端，是寬敞的金鑾殿，看上去與里斯本的霍斯比塔爾教堂在洛西爾廣場的景象相似，除了這兒的大殿相當寬敞，只是正面的建築面對廣場。大殿有三扇門通向平台，對著中間正門的是皇帝寶座，差不多 3 英尺高，木製結構，精工雕飾。皇帝坐處既無帷褥、華蓋，又無靠背，倒像是一張桌子，兩邊是兩條龍 —— 該帝國帶迷信色彩的徽記，兩條龍盤成兩枝嬌美的花槃，皇帝威襟正坐其中。如我們沒有太弄錯的話，皇帝的雙腳交叉地放在這桌上，說他沒有靠背或靠墊，是因為從我們行禮的庭院裡我們只看到從皇帝身體腰部以上。在他背後，陽光和空氣從與正門相對的另一廂的大門中進來。我寫得如此瑣碎是因為要以文字勾畫一棟建築是一件極為困難的事情。[59]

在冗長的朝拜儀式結束後，康熙傳喚葡萄牙使節和隨員到大殿，周圍只有皇后和最高級別的官員陪伴，與使節進行了非常友好的會談。同一天上午當使節在返回的路上，康熙又傳喚使節回去，與他進行了私人會談，以示親善，南懷仁擔任口譯，Luis Buglio 神父也在場。會談結束後，康熙賞賜禮品給使節及其隨員作為回贈，「茲特從優加賜爾大蟒緞肆正、粧緞肆正、倭緞肆正、片金貳正、閃緞陸正、藍花緞陸正、青花緞陸正、藍素緞陸正、帽緞陸正、衣素陸正、綾子拾捌正、紡絲拾捌正、絹肆正、羅拾正、銀三百兩。用昭恩眷，爾其祗承寵命，益懋忠

59　John E. Wills, *Embassies and Illusions: Dutch and Portuguese Envoys to K'ang-hsi 1666-1687*, pp.204-205.

貞，以副朕懷遠之意」。[60] 回贈禮品之規格超過了其他國家（如暹羅、荷蘭），使團在京的費用由清廷提供，其所供應的標準為其他使團的「五倍」。因為天氣炎熱，每天提供 3 阿羅波多（arrobas）雪塊。[61]

康熙利用葡萄牙使節在宮廷之機，晉升南懷仁為欽天監監正，[62] 這是此前湯若望所擔任過的職務。然後是韃靼式的宴會，面對各種只是熱烤而沒有經過很好烹飪技藝處理的羊、牛、豬、馬、猴、雞、鵝、鴨肉，因為飲食習慣不同，使團成員實在是吃不下去。

不久，康熙又第二次召見葡萄牙使節，這次是在乾清宮。本來在召見前，葡萄牙使節備有一份從澳門帶來的報告書，準備呈交給康熙，這份報告書提到澳門的葡萄牙人在幫助清軍抵禦荷蘭和沿海海盜方面所做的貢獻。不過，隨團的神父提醒使節在這個場合提交這份報告是敏感而充滿風險的，因為從前荷蘭人就有過類似的先例。所以，使節並沒有呈交這份報告，只是在覲見康熙時委婉地陳述澳門的生存困境，康熙表示：「這些都已經知道了。」[63]

在北京的五十天裡，皮方濟留意觀察了北京，特別是對幾次出入

60 中國第一歷史檔案館編：《中葡關係檔案史料滙編》上冊，北京：中國檔案出版社，2000 年，第 3 頁。梁廷枏的《海國四說》記載與此有所出入，康熙帝諭令：「西洋地居極邊，初次進貢，具見慕義之誠，可從優賞賚。」清廷回贈的禮品計有：「賜國王大蟒緞、粧緞、倭緞各三，閃緞五，片金緞一，花緞十，帽緞、藍緞、青緞各五，綾、紡絲各十有四，羅十，絹二，銀三百兩；使臣大蟒緞一，粧緞一，倭緞二，帽緞一，花緞六，藍緞三，綾、紡絲各四，絹二，銀百兩；護貢官、從人緞、綢、綾、絹、銀各有差。」參見梁廷枏：《海國四說》，第 219 頁。葡方對康熙所贈禮品亦有記載，參見 John E. Wills, *Embassies and Illusions: Dutch and Portuguese Envoys to K'ang-hsi 1666-1687*, p.206.

61 John E. Wills, *Embassies and Illusions: Dutch and Portuguese Envoys to K'ang-hsi 1666-1687*, p.206.

62 皮方濟的回憶誤作數學監監正（President of the Tribunal of Mathematics），參見上著 p.207。

63 E. 布拉章：〈葡萄牙和中國外交關係史的幾點補充：馬努埃爾·迪·薩爾達尼亞出使中國（1667-1670）〉，載《文化雜誌》第 18 期，1994 年。

的皇城做了記錄：

宮廷之大實非語言所能形容，我甚至連宮內的一半都未走到。宮殿其地大若一城池，內中有數條小河，河面可行像我們的輕快的帆船一樣的船隻。兩條護城河沿石牆將我們經過的院子分開。拱門如弓似橋，巧奪天工，其飛簷如箭沖天。約有16000多人受雇在宮廷。圍牆有四道門，面對東南西北四個方向。在蓄髮的漢人統治時，每個門有5000侍衛和5頭大象護衛，他們都住在宮內或牆內。現在是韃靼人統治，他們沒有這麼多衛士守護在宮內，只有他們的旗兵，大約有20多萬人，住在稱作內城的地方。因為宮廷〔都城〕被劃成三個區域，每一個都有它的牆、門、等等。首先是皇城；其次是韃靼城，稱作內城；漢城是第三個。我們住在內城，神父們也住在這裡，我們去拜訪他們時，需走一里格多路。

這座城市的氣候、位置和居住環境很壞，雖然它有很多水果，可還有諸多其它無法忍受的不便。冬天之寒冷不堪忍受，所有的床都架在地爐上。冬天開始如此之早，那年11月9日下雪深達一指長，或是一碼。河流很快結冰。夏天過度炎熱，最大的痛苦是灰塵，這裡的塵土極其細小，當我們外出走在街上，我們的頭髮和鬍鬚看似就像磨坊主滿身被麵粉覆蓋。水質最壞，晚上一個人的衣服有無數的小蟲子，我們在那時打死了不少，他們咬了我們中多數人。蒼蠅無數且纏擾不斷，蚊子更壞。每件東西都很貴。街道沒有鋪石，據說過去有，由於韃靼人命令除去這些鋪石，因為馬的緣故，在中國他們不知道馬蹄為何物，所以才塵土飛揚，下雨時就泥濘滿街。有人可能聽到這個城市的富麗堂皇可與里斯本、羅馬、巴黎媲美，但他不可想像，我提示他，如果他真進入這座城市的話，他將以為是進入葡萄牙最窮的一個村莊，這裡的房子是如此之低，因為他們不能超過宮牆的高度，建築質量如此低劣，大部分圍牆

都是泥牆，或者是編條織成，很少見或外觀看似用磚砌成，中國所見都是如此。[64]

一幅經過戰爭破壞後之凋敝殘破的畫面呈現在人們眼前，皮方濟言之可能過甚，但它的確透露出清初北京城給外人的另一番印象。

8月20日，使節被允許去拜訪教堂和神父，在那裡度過了一整天，為教堂留下了一筆巨額捐贈。8月21日，葡萄牙使團到禮部接受康熙皇帝致葡萄牙國王阿豐索六世的敕諭。[65]8月27日，使團離開京城南下，開始返回澳門的航程。10月21日，瑪訥撒爾達聶途經江南山陽縣，不幸病故。在生命垂危之際，使團秘書白壘拉帶著三、四個僕人無理取鬧，要求即時接手大使職務（瑪訥撒爾達聶本已指定由副使接手），令使團人員感到吃驚。[66]康熙帝聞訊後，「命江南布政使致祭」。[67]

瑪訥撒爾達聶使團並沒有達到預期目的。「這次出使的成果甚少，沒有滿足澳門的多少期望，所以議事會請求國王陛下，以後若非事關重大，或非常緊迫，就不要再派人為他在澳門的子民向中國政府說項了。」[68]顯然，澳門方面不堪重負。

白壘拉使團　1678年（康熙十七年）8月，葡萄牙國王第二次派遣使臣本多·白壘拉（Bento Pereira de Faria）來華至京。白壘拉為原瑪訥撒爾達聶使團秘書，他為了實現與中國自由貿易的願望，特別將其在非

64　John E. Wills, *Embassies and Illusions: Dutch and Portuguese Envoys to K'ang-hsi 1666-1687*, pp.211-213.

65　參見 E. 布拉章：〈葡萄牙和中國外交關係史的幾點補充：馬努埃爾·迪·薩爾達尼亞出使中國（1667-1670）〉，載《文化雜誌》第18期，1994年，第30頁。

66　John E. Wills, *Embassies and Illusions: Dutch and Portuguese Envoys to K'ang-hsi 1666-1687*, pp.215-216.

67　《清實錄》第四冊，《聖祖仁皇帝實錄（一）》，卷三四，北京：中華書局1985年版，第461頁。

68　龍思泰著，吳義雄、郭德焱、沈正邦譯：《早期澳門史》，第117頁。

洲捕獲的一頭獅子輾轉運到北京，獻給康熙。上次瑪訥撒爾達聶使團覲見康熙時，康熙曾問及葡萄牙是否有獅子，顯露出他對獅子的興趣，此舉可能與此有關。使團在其所呈表稱：「謹奏請大清皇帝萬安，前次所遣使臣瑪訥撒爾達聶，叨蒙皇帝德意鴻恩。同去之員，俱沾柔遠之恩。聞之不勝懼怍，時時感激隆眷。仰瞻巍巍大清國寵光，因諭凡在東洋所屬，永懷尊敬大清國之心，祝萬壽無疆，俾諸國永遠沾恩等日月之無窮。今特遣本多白壘拉，齎獻獅子。」[69] 康熙接見使團時，比利時耶穌會士南懷仁被指定擔任翻譯。表中對康熙皇帝的恭順禮敬、對大清帝國的極度讚美，大得康熙的歡心。康熙對使團的禮物大為賞識，他對葡萄牙國王及使團除「賞例照九年（即康熙九年的瑪訥撒爾達聶使團），外加賜國王大蟒緞、糚緞、倭緞、片金緞、閃緞、帽緞、藍緞、青緞各一，花緞二，綾、紡絲各四，綢二，共百；加賞貢使綾、紡絲、羅各二，絹一，共三十；護送官、從人各加賞有差」。[70] 使團在京期間，康熙又命在京的耶穌會士南懷仁等陪同使團遊覽了皇家園林。[71]

有趣的是，當時朝中無人能識此獅，故向耶穌會士利類思請教，利類思編纂了《獅子說》一文，詳解獅子形體、獅子性情、獅不忘恩、獅體治病、借獅箴儆諸項內容。[72] 朝中官員睹此奇物，詩興大發，紛紛

---

69 《清實錄》第四冊，《聖祖仁皇帝實錄（一）》，卷七六，第 971 頁。

70 中國第一歷史檔案館編：《中葡關係檔案史料滙編》上冊，第 4 頁。〈康熙帝為回賞來使緞疋等物頒給西洋國王阿豐肅勅書〉（康熙十七年九月），收入中國第一歷史檔案館、澳門基金會、暨南大學古籍研究所合編：《明清時期澳門問題檔案文獻滙編》（一），第 66-67 頁。梁廷枏：《海國四說》，第 220 頁。

71 John E. Wills, *Embassies and Illusions: Dutch and Portuguese Envoys to K'ang-hsi 1666-1687*, pp.237-241.

72 利類思：〈獅子說〉，收入黃興濤、王國榮編：《明清之際西學文本》第四冊，第 1815-1821 頁。據方豪先生考證，〈獅子說〉與利類思纂譯〈進呈鷹說〉兩文的動物學內容，係採自亞特洛望地（Aldrovandi, 1522-1607）編纂的生物學之百科全書，這套動、植、礦物無不收入，全書十三巨冊，每冊約六百至九百頁，皆附有圖，參見方豪著：《中西交通史》下冊，第 793-794 頁。

賦詩，頌揚此舉。[73]

　　葡萄牙遣使此次入京，除了答謝清廷對其前派使臣瑪訥撒爾達轟的禮遇，還帶有向清廷提出商貿往來，如免除在澳葡萄牙商民關稅、其商民可自由赴廣州通商等請求。在廣東官府、朝廷大臣和耶穌會士南懷仁、利類思等人的積極遊說和幫助下，1680 年 1 月葡萄牙方面獲得了開放香山到澳門的陸路貿易的准許。

　　麥大成特使　1709 年（康熙四十八年），葡萄牙國王唐·若昂五世（João V）致信印度葡萄牙總督高世達，命令其物色合適人選，以國王特使身份攜帶禮品前往北京晉謁康熙皇帝，以消除多羅訪華時雙方所產生的齟齬。1710 年，印葡總督高世達選派了耶穌會士麥大成（Joān Francisco Cardoso）作為國王特使，攜帶他選擇的厚重禮品，前往中國。1711 年初（一說 7 月）麥大成應召抵京，獻上的禮物內有康熙所特別喜歡的葡萄酒。[74] 大成隨即被留京，1712 年偕湯尚賢測繪山西、陝西地圖，隨後又測繪江西、兩廣地圖。麥大成還京後，供奉內廷，1723 年病逝於北京。[75]

　　斐拉理使團　1719 年（康熙五十八年）3 月 1 日，澳門議事會為感謝康熙允許澳門人民航海南洋，繕具謝恩表並附以各種禮物，派遣使節

---

[73] John E. Wills, *Embassies and Illusions: Dutch and Portuguese Envoys to K'ang-hsi 1666-1687*, appendix c: Three Poems on the Lion Brought by the Portuguese, 1678, pp.243-245.

[74] 康熙四十八年正月二十五日上諭：「西洋人自南懷仁、安文思、徐日昇、利類思等在廷效力，俱勉力公事，未嘗有錯，中國人多有不信，朕向深知真誠可信。即歷年以來，朕細訪伊等之行實，凡非禮之事，斷不去做，豈有過犯可指。前者朕體違和，伊等跪奏，西洋上品葡萄酒乃大補之物，高年飲此，如嬰童服人乳之力，諄諄泣陳，求朕進此，必然有益。朕鑒其誠，即准所奏，每日進葡萄酒幾次，甚覺有益，飲膳亦加，今每日竟進數次，朕體已經大安，念伊等愛君之心，不可不曉諭朕意。」（《正教奉褒》，收入輔仁大學天主教史料研究中心編：《中國天主教史籍彙編》，台北：輔仁大學出版社 2003 年版，第 559 頁）

[75] 參見費賴之著、馮承鈞譯：《在華耶穌會士列傳及書目》下冊，第 632-633 頁。

斐拉理（Onorato Maria Ferraris）赴京感謝。[76] 1720 年斐拉理抵達北京，康熙皇帝接見了葡使，斐拉理向康熙呈遞了表文，並行三跪九叩禮。龍思泰的《早期澳門史》收入了斐拉理的表文，後附朝貢的禮單：

崇高而偉大之主：治理濠鏡澳大西洋人夷官羅薩（Manoel Vicente Rosa）等，和闔澳人等，承沐陛下之浩蕩皇恩已久，陛下之威名播於宇內，近日又加新恩，允准我等不在南洋航行禁令之列，我等將因此而千載受惠。不禁我等在南洋航行，此番恩惠無與倫比，原非我等所敢企望，亦非我等所應企望。為表達我等之謝忱，特備薄禮一份，呈交兩廣總督大人，乞其替我等惠予轉獻陛下，不勝欣愉之至，等等。1719 年 3 月 1 日於澳門。[77]

中文文獻載斐拉理覲見清帝儀式：「是日，設表案於暢春園九經三事殿階下正中，聖祖仁皇帝御殿升座。禮部、鴻臚寺官引貢使奉表陳案上，退行三跪九叩禮。仍詣案前奉表進殿左門，升左陛，膝行至寶座旁恭進。聖祖仁皇帝受表，轉授接表大臣。貢使興，仍由左陛降，出左門，於階下復行三跪九叩禮。入殿，賜坐、賜茶畢，謝恩退。」[78] 按照通常的禮儀，外國使節到京後，須先到禮部呈上國書或表文，這次安排葡使在暢春園覲見康熙時直接呈上，體現了當時葡萄牙及租居的澳門與清廷之間的關係之親密。

麥德樂使團 1725 年（雍正三年），葡萄牙國王唐‧若昂五世遣使

---

76 參見周景濂：《中葡外交史》，第 158 頁。

77 龍思泰著，吳義雄、郭德焱、沈正邦譯：《早期澳門史》，第 93-94 頁。

78 〈康熙五十九年葡使奉表入覲儀式〉，收入中國第一歷史檔案館編：《中葡關係檔案史料滙編》上冊，第 14 頁。梁廷枏：《海國四說》，第 221 頁。

麥德樂（Alexandre Metelo de Sousa Menezes）攜帶國書及重禮來華，其意一方面是回贈康熙帝贈送葡萄牙國王的禮物，一方面祝賀雍正皇帝登位。麥德樂攜帶國書及 30 箱禮物，[79] 隨張安多（Antoin de Magaihaens）所帶陳善策、麥有年、計萬全、白玉如、索智、林起鳳、馬猶龍 7 位神父，1725 年 4 月 12 日從葡萄牙乘坐「奧利維拉聖母號」（Nossa Scnhora d'Oliveira）船，經巴西里約熱內盧前來中國。1726 年（雍正四年）6 月10 日到達澳門。[80]

麥德樂此次進京是以「朝賀」之名，而非通常的「進貢」。雍正四年八月初五，廣東巡撫楊文乾奏報：「竊西洋人張安多於康熙六十年奉差回國，並繼頒賜物件。今該國王聞聖天子新登大寶，嚮慕心殷，專遣親信內員麥德樂恭捧表文方物，航海遠來，虔誠朝貢。查西洋原非常貢之國，理應具題請旨，方可令其進京。但麥德樂等急求瞻天仰聖，不敢在粵稽留。今張安多擬於八月十三日先行進京，麥德樂擬於九月初旬進京。臣因該國王係朝賀聖天子嗣位，非同泛常，是以加意優待，以仰體皇上懷柔遠人之至意，並不敢延緩，阻其向化之誠。」[81] 因葡萄牙使節是以「朝賀」雍正新登大位之名前來中國，故廣東巡撫做了變通優待處理。之所以安排張安多先行進京，麥德樂九月初旬進京，是因麥德樂足病未癒，從閻宗臨先生在梵蒂岡圖書館發現的檔案中可以得到印證，「又張安多今病痊癒，隨帶通曉天文陳善策、麥有年在澳，指日到省，

---

79 有關麥德樂所帶「方物」三十箱清單，參見〈關於麥德樂使團的文獻〉（三），收入閻宗臨：《中西交通史》，第 160-161 頁。

80 麥德樂本人在此行結束後有簡要報告，參見〔葡〕麥德樂：《葡萄牙國王唐‧若昂五世遣中華及韃靼雍正皇帝特使出使簡記》，收入金國平著：《中葡關係史地考證》，第199-211 頁。

81 中國第一歷史檔案館編：《雍正朝漢文朱批奏摺滙編》第 7 冊，南京：江蘇古籍出版社1989-1991 年版，第 150 頁。

擬於八月十三日起程，先行進京。麥德樂足病稍愈，擬於本月九月初旬起程進京，擬合詳報等由到司」。[82]

　　為接待麥德樂使團進京，清廷做了妥善安排。「……麥德樂從人六十名，其麥德樂行李並從人零星行李共八十馱，若由陸路來，所需馬匹甚多，且又繁劇，將伊等由水路帶來等語。查康熙八年，西洋國遣官入貢准令正副使及從人二十二名來京，其留邊人役該地方官給與食物仍加防守等語，今博爾都噶爾國王感被皇上撫恤遠人聖化遣使慶賀請安，不比西洋來使，其從人如要帶俱令帶來，或有留粵者，令該地方官將所居房舍並一應食物從豐支給，令郎中兼佐領常保柱，西洋人張安多於本月十六日起身，迎接來使麥德樂，回來時，令其由水路帶來等因。於雍正四年十一月具奏。奉旨：『依議。』欽此。欽遵貴部移咨直隸、山東、江南、江西、廣東五省督撫，博爾都噶爾國來使到時，令其將一應支給食用等物，務必豐裕，從優款待，為此合咨前去查照施行。須至咨者。雍正四年十一月十三日。」[83] 麥德樂使團陣仗超過了以往其它西洋使團，加上其名義是「朝賀」雍正登位，故清廷對其接待規格從優處理。

　　雍正帝聞報慶賀其繼位的葡萄牙使團欲來京朝覲，當然大悅，隨即允准麥德樂使團「以朝賀之名入京觀見」。1726 年 11 月，麥德樂使團離澳北上。途中「其所乘之船上，一面揭葡萄牙國旗，一面張有綠色大旗，上書『大西洋國王欽差朝賀大臣』字樣。彼至京後，雖竭力設法維持其獨立國之尊嚴，然清廷仍以朝貢國使臣之禮待之」。[84] 1727 年 5 月 14 日，使團在距北京 9 里格處收到雍正皇帝派人送來的禮物，並「在此購置了 40 匹馬及其他入京廷所需的物品」。5 月 18 日，麥德樂

82　〈關於麥德樂使團的文獻〉（一），收入閻宗臨：《中西交通史》，第 158 頁。

83　同上，第 160 頁。

84　周景濂編著：《中葡外交史》，第 159 頁。

使團在隆重的歡迎中進入北京。「百姓競相爭看。京城總管特意派人開路，在路兩側安排了衛兵，預防出事。圍觀者人山人海，甚至有人爬上屋頂觀看。最令他們吃驚的是，一路上大使讓人拋撒新的銀質十字錢。大使初次覲見皇帝時也有此舉動。」[85]

經過一番對覲見禮儀的爭執，麥德樂使團答應按照中國的禮儀行事。《清會典事例》載雍正五年葡使入京進獻禮品曰：

是年，西洋博爾都噶爾國王若望，遣使麥德樂等，具表慶賀，恭請聖安。因進方物：大珊瑚珠、寶石素珠、金法瑯盒、金鑲咖什倫瓶、蜜臘盒、瑪瑙盒、銀鑲咖什倫盒、藍石盒、銀鍍金鑲玳瑁盒、銀鍍金鑲雲母盒、各品藥露五十瓶，金絲緞、金銀絲緞、金花緞、洋緞、大紅羽緞、大紅哆囉呢、洋製銀柄武器、洋刀、長劍、短劍、鍍銀花火器、自來火長槍、手槍、鼻煙、葛巴依瓦油、聖多默巴爾撒木油、璧露巴爾撒木油、伯肋西里巴爾撒木油、各品衣香，巴斯第里葡萄紅露酒、葡萄黃露酒、白葡萄酒、紅葡萄酒、咖什倫各色法瑯、烏木鑲青石卓面、鑲黃石卓面、烏木鑲各色石花條卓、織成遠視畫，[86] 凡四十一種。其來使呈稱：國王蒙聖祖仁皇帝撫恤多年，恭逢皇帝御極，仍一視同仁，感戴洪恩，敬備方物，願恭奉至御前，親身進獻，庶得達國王敬奉皇朝之盛心。其表文由內閣繙譯，貢物由部具奏。奉旨：准其進獻。[87]

---

85 麥德樂：《葡萄牙國王唐・若昂五世遣中華及韃靼雍正皇帝特使出使簡記》，收入金國平著：《中葡關係史地考證》，第 206 頁。

86 關於這幅「織成遠視畫」，有專文介紹，參見若昂・德烏斯・拉莫斯：〈一幅送給雍正皇帝的里貝拉宮壁毯〉，載《文化雜誌》第 15-16 期，1993 年。

87 《清會典事例》第 6 冊，卷五〇三《禮部・朝貢・貢物一》，北京：中華書局 1991 年版，第 824-825 頁。

雍正允准葡使親自奉獻禮品給他，在清廷的外交禮儀中，這算是葡使享受的一大特別禮遇。

5月28日麥德樂第一次覲見雍正皇帝。這天清晨7點，使團離開寓所，「此行人馬抵達皇宮，從午門進入，來到金鑾殿。在那裡為大使及其隨行人員舉行了晚宴。一位伯爵及大臣陪同大使。然後去另一大殿。皇帝傳令要大使祇攜帶兩名隨員。為此，大使選擇了使團秘書和福魯圖奧佐‧沙維爾‧佩雷位‧平托。一切就緒俟【後】，按照此安排，他們被引至覲見大廳」。[88]據載，使團覲見雍正當時，麥德樂「以葡王約翰五世之信置帝手中，並賀其登極，乃退回殿之前列，且率其隨員大行三跪九叩之禮。後賜坐，甚近帝位。彼跪而陳辭，文質彬彬，帝大悅，每二日即有賜宴之舉」。[89]極具翻譯天才的法國耶穌會士巴多明受命擔任使團的翻譯。麥德樂呈上的葡萄牙國書稱：

波爾都噶爾國、阿爾噶爾物國（Algarves，葡萄牙南部 —— 引者按）等處國王若望，謹專使恭請中國大能皇帝安福，以表誠敬。欽惟聖祖仁皇帝愷澤溥施，聲名洋溢，私心感慕，久切于懷。凡我國臣民寓居中國者，莫不多方顧復，事無鉅細，備極周詳，蓋數十年來于茲矣。復差我國之臣張安多，附賚珍品，俾遠國深知德意無窮。心領之下，正圖竭蹶報稱，忽聞各路驚傳聖祖仁皇帝大行之慟，心中傷感，不勝思慕之極。恭遇我皇嗣位，丕顯前謨，遂稍解此中迫切之情。欽惟我皇純孝至仁，纘承鴻業，當日往來之盛典，自然濟美于今時。竊自不揣，特差大

---

88 麥德樂：《葡萄牙國王唐‧若昂五世遣中華及韃靼雍正皇帝特使出使簡記》，收入金國平著：《中葡關係史地考證》，第208頁。

89 〔美〕柔克義（W. W. Rockhill）：〈歐洲使節來華考〉，收入朱傑勤譯：《中外關係史譯叢》，北京：海洋出版社1984年版，第179頁。

臣歷山麥德樂航海而前趨朝恭賀，以申數萬里外嚮慕之忱，與前無異。庶幾自今以後，更相得而益彰也。不盡之言，使臣自能口達。惟望俯垂鑒納，曲賜優容，想使臣小心敬謹，必能仰合我皇之心也。忝居列土庶邦之末，敢藉民胞一體之仁，仰求天主保佑大能皇帝玉體永安，國家多福。天主降生一千七百二十五年二月十六日，里西波城謹封。**90**

6月7日，麥德樂到雍正皇帝的鄉下別宮呈送葡萄牙國王的禮物。據陪伴葡使的巴多明報道現場，「這些禮物都非常精美，很難想像還有比它們更精美的東西。裝禮物的箱子裡面和外表都非常漂亮，原封不動送到皇帝面前。這些箱子的確製作得很精緻，蓋著天鵝絨，有飾帶和金流蘇，銀鎖銀鑰匙。大使是用了晚餐後呈送禮物的。皇帝看了禮物後派陪大使吃飯的兩位大臣去對大使說，中國的習慣是不接受別人送的禮物的，他不知道歐洲是否也是這種習慣，大使會不會因為他只收下一部分禮物而見怪。皇帝說：『我為難的是，一方面我看到葡萄牙國王世上少有的好心，另一方面，禮物太多了，沒有辦法都收下』」。**91** 看得出葡萄牙使團的禮物是經過精心準備和挑選。麥德樂以極其誠懇的態度懇求中方收下禮物。「數天後，皇帝派人送來一價值千兩的禮物並帶來一極其客氣的口信，大使欣然接受並請求面謝皇帝，獲准。」**92**

6月13日，麥德樂第三次覲見雍正皇帝。這次「受到了跟第一次一樣的招待，請他吃了飯，然後請他登上遊船，讓他看看宮中所有的花

90 國書中譯文收入中國第一歷史檔案館編：《中葡關係檔案史料滙編》上冊，第 27-28 頁。葡文原件於第 53 頁。

91 〈耶穌會傳教士巴多明神父致尊敬的本會尼埃爾（Nyel）神父的信〉（1727 年 10 月 8 日於北京），收入杜赫德編、朱靜譯：《耶穌會士中國書簡集》第 3 冊，第 236 頁。

92 麥德樂：《葡萄牙國王唐·若昂五世遣中華及韃靼雍正皇帝特使出使簡記》，收入金國平著：《中葡關係史地考證》，第 208-209 頁。

園」。[93] 呈送了禮物後，麥德樂就「無事可幹，只是頻繁地應酬作樂，等待宮內給他準備皇帝送給他國王的精美禮物。他利用這段空餘時間去參觀教堂，他和隨從們在教堂裡領受聖體，他的捐獻並作出憐憫的舉動感動了許多新信徒。他的風度、他的機靈、他的整潔的屋子使得他和所有的歐洲人在朝廷裡大有面子。他手下人可以自由出入，他們並沒有濫用這種非同尋常的自由，他們中沒有一人隨便離開住處在城裡到處亂逛。再說他為人仁慈，對給他送來皇帝賜給的禮物的人出手很大方」。[94] 麥德樂在北京的表現可以說取得了極大的成功，至少給使團隨行人員和在京西人的感覺是如此。

7月7日晚上，雍正皇帝在圓明園舉行慶典，麥德樂應邀出席，並向皇帝辭行。「那天，皇帝親手賞給特使一杯酒，並從自己的桌子上賜他幾碟食物。」[95] 慶典結束後，麥德樂返回城內時，雍正皇帝「讓他帶了三十五個箱子的禮物送給國王，七個箱子的禮物送給他」。[96] 回禮之重，顯示出清廷對使團的滿意程度。不過，使團在謀求通商問題上並未

---

93 〈耶穌會傳教士巴多明神父致尊敬的本會尼埃爾（Nyel）神父的信〉（1727 年 10 月 8 日於北京），收入杜赫德編、朱靜譯：《耶穌會士中國書簡集》第 3 冊，第 237 頁。

94 同上。

95 龍思泰著，吳義雄、郭德焱、沈正邦譯：《早期澳門史》，第 121 頁。

96 〈耶穌會傳教士巴多明神父致尊敬的本會尼埃爾（Nyel）神父的信〉（1727 年 10 月 8 日於北京），收入杜赫德編、朱靜譯：《耶穌會士中國書簡集》第 3 冊，第 239 頁。麥德樂：《葡萄牙國王唐‧若昂五世遣使中華及韃靼雍正皇帝特使出使簡記》，收入金國平著：《中葡關係史地考證》，第 209 頁。《清會典事例》載雍正五年回贈的禮品：「五年，西洋博爾都噶爾國人入貢，賜國王大蟒緞、糊緞、倭緞各六疋、片金緞四匹、閃緞、藍花緞、藍緞、帽緞、素緞各八疋，綾、紡絲各二十有二疋，羅十有三疋，絹七疋。貢使大蟒緞一疋，糊緞、倭緞各二疋、帽緞一疋，藍花緞、青花緞、藍緞各三疋，綾、紡絲各六疋，帽三，銀百兩。護貢官十人，每人倭緞一疋，藍花緞、青花緞、藍素緞、綾各二疋，紡絲三疋，紬二疋，絹一疋，銀五十兩。從人三十名，每名紬、紡絲三疋，絹二疋，銀二十兩。廣東伴送把總彭綬袍一領。又特賜國王人蔘、內庫緞、瓷器、洋錫器、荔枝酒、芽茶、紙墨絹鐙、扇、香囊等物，來使亦加賜有差。」《清會典

達到目的。「這次使節曾經同中國皇帝交換過禮物，但是在打通商務問題上，並不比 1753 年的第六次使節更為成功。在中國人看來，使臣前來是為了朝賀和進貢的，他的責任就是接受命令而不是要求談判訂約，這位專使依照歐洲習慣，屈膝接受了皇帝的賞賜。」[97] 在西人看來，這仍是一次失敗的遣使。

7 月 16 日，麥德樂使團離京南下。雍正帝給葡萄牙國王寫了回信，亦即清廷所說的「敕諭」。事先，麥德樂多次向清廷表示，「如果信不是以對等的規格寫的，他將不接受」。我們沒有看到相關的史料，無從判斷麥德樂是否接受了雍正帝的敕諭，也無從知曉雍正帝敕諭的內容，但清廷自有其傳統的規定和對中葡關係的認識，決不會輕易變更敕諭的口吻、內容與規制。正如巴多明所說，「我知道中國人是絲毫不會更改既定的規格的」。[98] 麥德樂使團在御史常保住的伴送下，12 月 8 日回到澳門。澳門方面為這次麥德樂使團的北京之行，籌措了 3 萬兩白銀，[99] 澳門居民又一次付出了極大的代價。這次葡萄牙出使，雖未能使雍正改變其禁教政策，但在緩和因「禁教」問題導致兩國關係的惡化方面，有其積極的作用。

麥德樂回國後報告此行時，自我感覺甚好：「我要說的是，這位令人尊敬的大使在我們歷史上應有一席之位。並不僅僅因為派遣他的我們的君主的崇高與寬宏為使團帶來的巨大成功，而且因為在同一個如此微妙，如此墨守陳規的國家的交往中，力排萬難，取得了和諧的解決辦法

事例》第 6 冊，卷五○六《禮部·朝貢·賜予一》，第 862 頁。閻宗臨在梵蒂岡圖書館發現清廷所贈禮物的清單，〈關於麥德樂使團的文獻〉(三)(四)，收入閻宗臨：《中西交通史》，第 161-163 頁。

97 馬士著、張滙文等譯：《中華帝國對外關係史》第一卷，第 46 頁。

98 巴多明著、朱靜譯：《洋教士看中國朝廷》，第 153-162 頁。

99 龍思泰著，吳義雄、郭德焱、沈正邦譯：《早期澳門史》，第 122 頁。

及達成了協議。他戰勝了一切困難，甚至那些認為無法解決的困難，保持了他的君主及整個歐洲的威望。」**100** 麥德樂的這番自我評價，也算是對歷史的另一種交代。

巴哲格使團　為解決乾隆初年澳門發生的兩起華人命案及其造成的中葡關係危機，與清朝修好，葡萄牙國王唐·若澤一世特別派遣使臣弗朗西斯科·沙維爾·阿西斯·帕徹科·德·巴哲格（亦作巴石喀，清廷稱巴這哥，Francisco de Assis Pacheco de Sampaio）訪華。**101**1752 年 8 月 11 日（乾隆十七年七月初三日），巴哲格使團抵達澳門，使團攜帶了葡萄牙國書和禮品。**102** 廣東地方官員隨即上奏清廷稱：「本月初七日有大西洋波爾都噶爾船一隻來澳，係本國王遣使臣巴這哥航海來粵，赴京恭請聖安，現在候示等情轉報到。臣據此當經飭查去後。茲據覆稱因該國王新經嗣位，虔遣使臣齎進方物二十九箱到粵，恭候聖旨起程赴京，恭請皇上聖安，以展向化感慕之誠。帶有西洋人三名，湯德徽、林德瑤知天文、算法，張繼賢善於外科，亦一同赴京。如蒙皇上俞允留用，湯德徽等亦願住京效力等語。」**103** 從所存禮部檔案看，使團「隨帶通曉天

---

100 麥德樂：《葡萄牙國王唐·若昂五世遣中華及韃靼雍正皇帝特使出使簡記》，收入金國平著：《中葡關係史地考證》，第 209-210 頁。

101 有關巴哲格使團訪問中國的背景及起因，參見黃慶華：《中葡關係史》上冊，第 408-441 頁。1756 年 8 月 31 日巴哲格就他的中國之行寫成了一份致葡王的報告，中譯本參見《巴哲格大使呈唐·若澤一世國王報告 1752 年出使京廷記》，收入金國平著：《中葡關係史地考證》，第 212-240 頁。閻宗臨先生在羅馬傳信部檔案處發現一封信件，內容涉及巴哲格使團訪華，作者不詳，參見〈乾隆十八年葡使來華紀實〉，收入閻宗臨：《中西交通史》，第 172-177 頁。

102 國書葡文原件收入中國第一歷史檔案館編：《中葡關係檔案史料滙編》上冊，第 93 頁。

103 〈乾隆朝外洋通商案·阿里衰摺〉，收入故宮博物院文獻館編《史料旬刊》第十四期，北京：故宮博物院出版物發行所 1930 年刊本，天五百零九至天五百一十。

文林德瑤、善於外科張繼賢，來京効力」。[104] 湯德徽並未隨團來京。

又據乾隆十八年三月廣東地方官所報，巴哲格使團帶來的「進貢方物」為：自來火鳥鎗，琺瑯洋刀，銀裝蠟臺，赤金文具，伽【咖】什倫文具，螺鈿文具，瑪瑙文具，綠石文具，赤金鼻煙盒，咖什倫鼻煙盒，螺鈿鼻煙盒，瑪瑙鼻煙盒，綠石鼻煙盒，銀裝春、夏、秋、冬四季花，金絲花緞，銀絲花緞，金絲表緞，銀絲表緞，各色哆囉呢，織人物花氊，露酒，白葡萄酒，紅葡萄酒，巴爾撒木酒，鼻煙，洋糖果，香餅，凡二十八種。貢使進御前方物：銀盤玻璃瓶，銀架玻璃瓶，意大石文具，銀圓香盒、銀長香盒、密蠟香盒、剪子各一對，意大石牙簽、玻璃牙簽各一，異石鼻煙盒一。[105] 乾隆帝聞報後非常高興，「命欽天監監正劉松齡前途導引至京，召見巴哲格等賜宴」。[106]

1753 年 5 月 1 日（乾隆十八年三月二十八日），巴哲格使團由內務府郎中官柱及欽天監監正劉松齡等接引，抵達北京。[107] 巴哲格談到使團進京時的情景説：「與我在各省的經驗不同，當時人頭涌動，如過江之鯽，我成了眾人注意的中心。我覺得每條街上人山人海。人們不無驚奇地望著使團入京的莊嚴、排場的隊列。在我們所到之處，維持治安的官兵讓圍觀者對使團也必恭必敬，不允許他們在馬上或車中觀看。」[108] 使團下榻之處採取了嚴格的保安措施，到京後的一切安排得井井有條，令巴哲格頗為滿意。

104《明清史料》庚編，第八本，〈禮部奏副〉，台北：中央研究院歷史語言研究所 1960 年版，第 718 頁。林德瑤、張繼賢（張舒）生平事跡，參見費賴之著、馮承鈞譯《在華耶穌會士列傳及書目》下冊，第 841-842、916 頁。

105 梁廷枏：《海國四說》，第 229-230 頁。

106 同上，第 230 頁。

107〈乾隆十八年葡使來華紀實〉，收入閻宗臨：《中西交通史》，第 173 頁。

108《巴哲格大使呈唐·若澤一世國王報告 1752 年出使京廷記》，收入金國平著：《中葡關係史地考證》，第 219 頁。

《明清史料》所載保存的禮部檔案，記載了 5 月 5 日葡萄牙使臣進獻表文的儀禮全程：

> 禮部謹奏乾隆十八年四月初二日午時，西洋波爾都噶爾亞國使臣巴哲格進獻表文儀注。是日，來使公服候於後左門，恭候皇上陞乾清宮寶座，臣部堂官一員，帶領在京居住西洋人壹名，令來使恭捧表文，引至乾清宮西堦上，入西邊隔扇，由寶座西邊台階上，至寶座旁跪，恭獻表文。皇上接，授侍立大臣，侍立大臣跪領，恭捧侍立。仍引來使由西邊台階降，出西邊隔扇，至丹陛上，在西邊行三跪九叩頭禮畢，由西邊隔扇引入，賜坐於右翼大臣之末，賜茶，叩頭，吃茶。皇上慰問時，令來使跪聽。畢，臣部堂官引出至乾清門外，謝恩。**109**

巴哲格觀見乾隆帝之時，完全是按照清廷的慣常禮儀規定行事。事後的《清會典事例》卷五〇五明確記載稱：「西洋國使臣巴哲格等，奉表來京，令來使候於後左門，恭候高宗純皇帝御乾清宮升寶座。禮部堂官一人，率領在京居住西洋人一人，引來使進見進表，儀與雍正五年（1727 年葡使麥德樂來華）同。」**110**

西方文獻記載巴哲格首次觀見乾隆的過程，大體與中文文獻一致，只是日期有所出入：

> 5 月 1 日（應為 4 日 —— 引者按），特使來到乾隆為他第一次接受觀見而定下的地方，程序如前。皇帝坐在御座上，特使與秘書、管事、劉松齡及司儀一起進殿。特使閣下走上通往御座的台階，跪在地

109《明清史料》庚編，第八本，〈禮部奏摺（移會抄件）〉，第 719 頁。

110《清會典事例》第 6 冊，卷五〇五《禮部 · 朝貢 · 朝儀》，第 854-855 頁。

上，將國王的書信呈給皇帝。皇帝親手拿起，把它交給一位顯貴，這位顯貴在特使閣下 —— 頭帶著帽子 —— 致辭的過程中，一直將國書齊額高舉。致辭完畢後，特使、秘書和管事，像以往一樣行禮如儀。**111**

葡萄牙使臣巴哲格所呈葡萄牙國王的書信，清廷稱其為「貢表」，國王身份漢譯為「臣」，其內容如下：

臣父昔年仰奉聖主聖祖皇帝、世祖皇帝備極誠敬。臣父即世，臣嗣服以來，繼承父志，敬效虔恭。臣聞寓居中國西洋人等，仰蒙聖主施恩優眷，積有年所，臣不勝感激歡忭，謹遣一介使臣以申誠敬，因遣使巴哲格等，代臣恭請聖主萬安，並行慶賀。伏乞聖主自天施降諸福，以惠小邦。至寓居中國西洋人等，更乞鴻慈優待。再所遣使臣明白自愛，臣國諸務俱令料理，臣遣其至京，必能慰悅聖懷。凡所奏陳，伏祈採納。**112**

信中文字措詞恭順，敬情並茂，沒有提及「傳教」、澳門這類令清廷感到敏感的問題，顯示出葡方的謹慎。

5月7日（四月初五日），乾隆到南城天壇祭天，「從南城外回圓明園花園去，教他接駕，為看他帶的兵丁家人，又下旨叫欽差（巴哲格）初九日到圓明園赴御宴」。**113** 乾隆還特意安排巴哲格打道回府時順

111 龍思泰著，吳義雄、郭德焱、沈正邦譯：《早期澳門史》，第 124 頁。有關首次觀見乾隆過程，巴哲格的報告敘述甚詳，參見《巴哲格大使呈唐‧若澤一世國王報告 1752 年出使京廷記》，收入金國平著：《中葡關係史地考證》，第 220-221 頁。

112 趙爾巽等撰：《清史稿》第十六冊，卷一六○〈邦交八〉，北京：中華書局 1976 年版，第 4685 頁。

113 〈乾隆十八年葡使來華紀實〉，收入閻宗臨：《中西交通史》，第 174 頁。

道去參觀天文台,「那裡的天文儀器既古老又龐大」。

5月9日,使團被安排去遊覽毗連皇宮的一座莊園和遊樂園。這裡有建築精美的中式廳堂,「富麗堂皇,美不勝收」。使團遊覽了湖景和皇帝乘坐的遊船,觀看了馬術表演。[114]

5月11日(四月初九日),乾隆在圓明園設宴,葡萄牙使團應邀出席並呈獻所帶禮品。「這一日欽差的家人兵丁共六十人,排作隊伍到圓明園,進了萬歲他帶來的本國王的禮物,共有四十八抬。禮品是這些:金絲緞、銀絲緞、銀器、自來火、大鳥槍、小鳥槍、各樣香料、各樣葡萄酒、各樣葡萄燒的蒸的香露、各樣藥料油、寶劍、寶石、各樣鼻煙盒、玻璃器皿等物,大概共值二十萬上下價值。」在宴會上,「萬歲在上,眾王公六部的大人,七八位西洋人在下,陪他吃著筵宴,看戲之後,看各樣的玩耍技藝,後來坐小船游河,看花園,兩岸上都是玩耍戲法兒的」。[115]隨後陪伴的富公爺又帶使節參觀西洋樓和他自家的花園,有趣的是,在參觀西洋樓時,迎面傳來的是巴哲格熟悉的西洋音樂,「大門口有音樂歡迎我。他們稱其為歐洲音樂,其中包括大提琴、笛子及小提琴。演奏了一些神甫們教的小夜曲。第一個大廳中裝飾著許多歐洲的器具,大部分不倫不類,但這不倫不類卻與天花板上出自傑出的郎士寧及其他在宮廷中服務的神甫之手的精美繪畫形成和諧的統一」。[116]直到下晚才送使節回館休息。[117]

乾隆帝對葡萄牙國王的「貢表」及使團的表現頗為滿意,6月2日

114《巴哲格大使呈唐‧若澤一世國王報告1752年出使京廷記》,收入金國平著:《中葡關係史地考證》,第223頁。

115〈乾隆十八年葡使來華紀實〉,收入閻宗臨:《中西交通史》,第174頁。

116《巴哲格大使呈唐‧若澤一世國王報告1752年出使京廷記》,收入金國平著:《中葡關係史地考證》,第225頁。

117〈乾隆十八年葡使來華紀實〉,收入閻宗臨:《中西交通史》,第174頁。

（五月初一日），他在圓明園對葡萄牙國王及使團給予了豐厚的回贈賞賜：「賞國王各色紗四十疋、宮扇八匣、扇子五十匣、香袋二十匣、掛香袋十二匣、錠子藥二十二匣、葛布一百疋、香串十匣。賞正使各色紗三十疋、葛布四十疋、宮扇二匣、扇子十二匣、扇器六匣、香串四匣、錠子藥二十五匣。賞副使各色紗十二疋、葛布十疋、宮扇一匣、扇子四匣、扇器二匣、香袋四匣、香串二匣、錠子藥二匣。賞總理官各色紗十二疋、葛布十疋、宮扇一匣、扇子四匣、扇器二匣、香袋四匣、香串二匣、錠子藥二匣。賞從人各色紗五十疋、葛布一百疋。」[118] 為了讓巴哲格高興，乾隆還降旨將巴哲格的同鄉、在宮廷以數學家身份服務的傅作霖（Felix da Bocha）升至六品。[119]

6月6日（五月初五日）是端午節，晚上乾隆款待葡使過節，「看鬥龍舟，看抬歌會」，並且給使節和葡萄牙國王贈送禮品，其中有他親手製作的畫冊。[120] 葡萄牙使團在北京共計 39 天，回國之際，乾隆帝向其頒發敕諭一道：

> 覽王奏並進方物，具見悃忱。洪惟我聖祖仁皇帝、世宗憲皇帝，恩覃九有，光被萬方。因該國王慕義抒誠，夙昭恭順，是以疊沛溫綸，並加寵錫。今王載遣使命，遠涉重瀛。感列祖之垂慈，踴關庭而致祝，敬恭式著，禮數彌虔。披閱奏章，朕心嘉悅。既召見使臣，遂其瞻仰之願，復親御帳殿，優以宴賞之榮。西洋國人官京師者，晉加顯秩，慰王

118《明清史料》庚編，第八本，第 722 頁。

119〈巴哲格大使呈唐・若澤一世國王報告 1752 年出使京廷記〉，收入金國平著：《中葡關係史地考證》，第 229 頁。

120〈乾隆十八年葡使來華紀實〉，收入閻宗臨：《中西交通史》，第 174-175 頁。《巴哲格大使呈唐・若澤一世國王報告 1752 年出使京廷記〉，收入金國平著：《中葡關係史地考證》，第 230 頁。

遠念。茲以使臣歸國，特頒斯敕，其錫賚珍琦，具如常儀。加賜彩緞、羅〔綺〕、珍玩、器〔具〕等物，王其祇受，悉朕睠懷。[121]

乾隆敕諭所示「西洋國人官京師者，晉加顯秩，慰王遠念」，係指加封葡萄牙耶穌會士傅作霖為欽天監監副。6月8日，使團起身返程，乾隆仍命劉松齡送到澳門，「始1752年10月25日，迄1753年終，松齡往來北京廣州凡四次，疲勞殊甚。使臣居京師三十九日，頗受優禮」。[122]即使西人也承認，乾隆對巴哲格使團的款待頗為到位。10月6日使團回到澳門。巴哲格這次出使，「花了澳門22000兩，而特使曾說，他也花了16000元」。[123]不過，歷史學者對這次出使的評價極為低調，「然並未能完成其使命，對於澳夷善後事宜之議條，撤回固談不到，即欲予以變更或修改，亦未能也」。[124]

四、清朝初期荷蘭遣使三進北京

荷蘭與中國接觸始於明朝，主要是在東南沿海一帶活動。《明史》卷三二五列傳二一三《和蘭傳》稱：「和蘭又名紅毛番。」「其人深目長鼻，髮眉須皆赤，足長尺二寸，頎偉倍常。」「其本國在西洋者，去中華絕遠，華人未嘗至。其所恃惟巨舟大炮。」說明國人對荷蘭略有了解。清朝初年，荷蘭與中國關係逐漸密切，先後三次遣使（1656、1667、1686年）赴京，其中1656年荷蘭首次遣使是清初最早來京的

---

121 梁廷枏：《海國四說》，第230頁。

122 費賴之著、馮承鈞譯：《在華耶穌會士列傳及書目》下冊，第784頁。

123 龍思泰著，吳義雄、郭德焱、沈正邦譯：《早期澳門史》，第125頁。

124 周景濂編著：《中葡外交史》，第161頁。

西方使團，荷蘭方面對此行留下了一份完整記錄 ——《荷使初訪中國記》，[125] 荷蘭東印度公司也保存了此行的報告。[126] 此外，1653、1678 年荷蘭曾兩次遣使來到廣州，但未達其進京目的。

荷蘭東印度公司為拓展對華自由貿易，1655 年派遣彼得·德·侯葉爾（Pieter de Goyer）和雅可布·凱塞爾（Jacob Keyzer）率團前往廣州，使團於 7 月 19 日從巴達維亞出發。尼霍夫是使團的隨從人員。8 月 14 日，使團船隊到達澳門。8 月 18 日，船隊進入虎門，受到清朝官兵的熱情待待。9 月 4 日，使團抵達廣州。10 月 15 日，平南王尚可喜、靖南王耿繼茂和兩廣總督李率泰在城外設宴款待了使團。在上報清廷並獲允准後，1656 年（順治十三年）3 月 17 日，使團由清兵護送北上。這天「二位使臣和一支由約五十艘船組成的船隊從廣州揚帆啟程，

125《荷使初訪中國記》，原題 *Het Gezantschap Der Neêrlandtsche Oost-Indische Compagnie, aan den grooten Tartarischen Cham, Den tegenwoordigen Keizer van China: Waarin de gedenkwaerdighste Geschiedenissen, die onder het reizen door de Sineesche landtschappen, Quantung, Kiangsi, Nanking, Xantung en Peking, en aan het Keizerlijke Hof te Peking, sedert den jare 1655 tot 1657 zijn voorgevallen, op het bondighste verhandelt worden. Beneffens Een Naukeurige Beschryving der Sineesche Steden, Dorpen, Regeering, Wetenschappen, Hantwerken, Zeden, Godsdiensten, Gebouwen, Drachten, Schepen, Bergen, Gewassen, Dieren, &c. en Oorlogen tegen de Tarters. verçiert men over de 150 Afbeeltsels, na't leven in Sina getekent: En beschreven* (Amsterdam: Jacob van Meurs, 1665). 中文全譯為《荷蘭東印度公司的使團晉謁當時的中國皇帝韃靼大汗，介紹 1655-1657 年使團訪華期間發生的重要事情及風景地貌…… 並生動描述中國的城鎮、鄉村、官府、科學、工藝、風俗、宗教、建築、服飾、船舶、山川、植物、動物以及與韃靼人的戰爭，配有實地描繪的 150 幅插圖》。中譯本收入〔荷〕約翰·尼霍夫原著，〔荷〕包樂史、〔中〕莊國土著：《〈荷使初訪中國記〉研究》，廈門大學出版社 1989 年版，第 47-99 頁。作者約翰·尼霍夫（John Nieuhof, 1618-1672）是荷蘭人，1640-1649 年作為候補軍官在巴西服務於荷蘭西印度公司。1654 年春赴爪哇島，任職於荷蘭東印度公司，1655-1657 年作為管事隨從，隨荷蘭使團出訪中國，返國後將其在中國沿途的見聞記載下來，並配以圖畫。

126 參見 78. J. Mastsuyker, C. Hartsinck, J. Cunaeus, A. de Vlaming van Oudtshoon, N. Verbunch, D. Steur，巴達維亞，1657 年 12 月 17 日 — voc 1220, fol. 1-119. 收入程紹剛譯註：《荷蘭人在福爾摩莎 1624-1662》，台北：聯經出版事業股份有限公司 2010 年版，第 477-490 頁。

繼續我們前往北京的旅程。那位老海道是水軍的最高指揮官，配有二名付手，二位隊長，一群韃靼兵，一起陪送我們。我們將荷蘭國旗配上彩旌升起，迎風飄揚」。[127]

使團沿途經過廣東三水（3月19日）、清遠（21日）、英德（24日）、韶州（29日）、南雄（4月4日）、江西南安（9日）、贛州（15日）、萬安（18日）、吉安（19日）、南昌（23日）、吳城（25日）、湖口（27日）。然後沿長江東去，經安徽銅陵（29日）、蕪湖（5月3日）、江蘇南京（9日）、儀徵（20日）、揚州（21日）。再沿大運河北上，經高郵（26日）、宿遷（6月1日）、山東迦口（6日）、濟寧（13日）、臨清（21日）、武城（25日）、德州（28日）、滄州（7月2日）、天津（4日）、河西務（11日）等地，此時大清初定中原，使團所到之處，滿目瘡痍，一片戰後的殘破景象。

7月12日，使團到達張家灣前面的皇家港。「該地人口眾多，有一個防禦用的堅固城樓。城中央有一座漂亮的牌坊，是用灰色石頭建造的。城南有一座有五個拱洞的石橋，橋兩旁都建有房屋。該城長約四十二步，所有運往北京的貨物都在此地和通州卸下，轉用驢子和大車運載，由陸路載到北京。這些驢子和大車常在此地等待運送貨物。」[128]禮部奉清帝之令，派出二十四匹馬和幾部大車和小車來搬運獻給皇帝的禮物和使團的行李。

7月17日，使團從御港啟程由陸路前往北京。尼霍夫報道了路過京郊所看到的景象：「我們經過大城通州，該城距張家灣三十五里。位於一處低窪而又崎嶇不平的地方，在通向北京的大路右側，卻又在運河的左岸。該城防衛嚴密，城中心有一道城牆橫貫而過，但沒有鋪石的街

---

127 約翰‧尼霍夫原著，包樂史、莊國土著：《〈荷使初訪中國記〉研究》，第54頁。

128 同上，第80頁。

道。我們離開通州城，沿途經過幾處房舍美觀、商業繁榮的鄉鎮。大路左邊有個寶塔，使臣閣下於中午在寶塔處下馬，用了自己帶來的午餐，然後立即動身前行。沿途的田野令人賞心悅目，一路上擁擠著來往於北京的人群。」[129] 經過長途跋涉，使團對即將到達北京的那一刻有一種期盼的心情。

下午一時，使團到達北京郊外，在一座寶塔前下馬。二位使臣被引進廟裡，受到前來迎接的清廷大臣接待。在稍事休息之後，使團被護送到皇宮旁的一所大房子裡安排就宿。經過四個月的長途旅行，使團終於到達北京。對這次北上旅行，荷蘭著名漢學家包樂史評價道：「荷蘭使團一開始乘坐拖船溯江穿過廣東省，然後騎馬翻越廣東省與江西省交界的梅嶺山脈，再乘船順流而下，經過長江邊的南京城，然後再經揚州進入大運河，沿運河到達北京。除翻越梅嶺山外，整個旅程都是乘坐手拖船，這是荷蘭人非常熟悉的交通工具。」[130]

荷蘭使團從 7 月 17 日到達通州，到 10 月 17 日彼得‧德‧侯葉爾接受清皇給荷屬巴達維亞總督的一封信之後，中午時分就離開京城。使團在北京呆了整整三個月。尼霍夫根據自己有限的觀察，對北京做了力所能及的描繪。北京的地理位置「位於北緯四十度，距通州三十五里，不靠海。」[131] 北京城的城市佈局，「除了在正中央的皇宮之外，這個城市還有兩道城牆環衛著。裡面的一道牆非常高，而且城陴密佈，人們可以輕易地把石頭從一個城陴投進另一個城陴，城牆的長度不超過四十里。外城也有普通的圍牆。外城的城門兩旁有角樓，還可以看見三

[129] 同上，第 81-82 頁。

[130] 〔荷〕包樂史著，莊國土、程紹剛譯：《中荷交往史 1601-1989》，阿姆斯特丹：路口店出版社 1989 年修訂版，第 78 頁。

[131] 約翰‧尼霍夫原著，包樂史、莊國土著：《〈荷使初訪中國記〉研究》，第 82 頁。

個城陬。有一道河流沿著外城城牆流向北邊，這道河流也作為外城的護城河。河流上面有一座石橋，人們經過這座石橋，然後穿過南門，步行約半小時，就來到內城了。內城有一座非常高的門樓，環有圓堡，人要從旁邊繞過去，圓堡裡面有兩門小炮，然後經過最後一道城門進入北京城」。[132] 北京滿是灰塵的街道給尼霍夫的感覺並不好，「我們在這裡看不到石頭路，因此冬天就非常泥濘骯髒，使人很難步行走過這些街道。夏天吹起東北風的時候，塵土滿城飛揚，人們難以出門，除非用面紗遮臉。這種天氣對經常要沿街往來、為每日生計而奔波的不少窮人來說，真是非常痛苦的事情」。[133]

中方記載，荷蘭使團「嗶嚦哦悗、嗲哈哇噠等到京，宿會同館，進表一道」。[134] 按照清朝朝貢制度規定，貢使赴禮部呈遞表文的程序是：「凡貢使至京，先於禮部進表，豫設表案於堂正中。館卿朝服率貢使暨從官，各服本國朝服，由館赴部，入左角門，竚立階下之左，禮部堂官一員，出立於案左，儀制司官二員，分立於左右楹，均朝服。館卿先升立於左楹之西，通事二員、序班二員，引貢使以次升階立，皆跪。正使奉表舉授館卿，轉授禮部堂官，禮部堂官受表，陳於案正中，退立，正使以下行三跪九叩禮，興。序班引退，館卿率貢使從官皆出，儀制司官奉表退。次日送交內閣。」[135] 7 月 19 日，禮部官員查點荷蘭使團準備呈獻給清皇的禮品和呈交的表文，「二位使臣乃於當日在二位韃靼貴人和

132 約翰·尼霍夫原著，包樂史、莊國土著：《〈荷使初訪中國記〉研究》，第 91 頁。

133 同上。

134《大清會典》（康熙朝），卷七十二〈禮部·主客司·朝貢一〉，台北：文海出版社有限公司 1992 年版，第 3724 頁。

135《清會典事例》卷五○五〈禮部·朝貢·朝儀〉，北京：中華書局 1991 年版，第 851 頁。

一個耶穌會士的面前把那些禮物送交給那位禮部中堂」。**136** 8 月 14 日，
使團正、副使奉命前往禮部接受詢問，主要涉及使團來訪的目的。**137**

　　在外交禮儀上，荷蘭使團採取了與清廷合作的態度，完全按照清
朝規定的禮儀行事，故雙方來往基本上沒有出現矛盾或衝突。荷蘭使團
首次體驗清朝規定的禮儀是在 8 月 22 日前往禮部衙門：

八月二十二日，使臣閣下再前往禮部中堂的衙門。我們在那裡必
須下跪三次，並低頭在地上叩頭三次。當使臣閣下來到院子當中時，司
儀就用很大的聲音喊：「叩見」，表示上帝派遣皇帝來了。然後再喊：
「跪」，即「彎下膝蓋」，「叩頭」，即「低頭朝地」，「起」，即「站起
來」。就這樣重複了三次。最後他喊：「歸」，即「回到兩旁」。我們詢
問這種儀式是為誰舉行的，但是還打聽不出來。通事們說，那是為了保
存在這裡的皇帝的聖旨舉行的，外國使節每次都要如此致敬。**138**

　　初來乍到的歐洲使節對這樣的禮儀很容易產生一種不適應感，甚
至屈辱感，但荷蘭使節顯然早有心理準備，幾乎沒有提出任何異議。
同時來京的俄羅斯使團因為拒絕按照清朝禮儀行三跪九叩禮，被清廷勒
令出京。荷蘭使團遇上了這一幕。「九月十四日，莫斯科來的使臣連皇
宮都未能進去，就必須離開北京了。有人說他不願按照這個國家的律
令，在皇帝的聖旨前下跪、叩頭，所以他不得不離開這個國家。」尼
霍夫似乎並不同情俄羅斯使團的遭遇，而以為其咎由自取。「有些人就

---

136 約翰·尼霍夫原著，包樂史、莊國土著：《〈荷使初訪中國記〉研究》，第 84 頁。荷蘭
　　　使團呈交的表文中譯文收入《明清史料》丙編，第四本，第 377 頁。有關清廷官員詢
　　　問荷蘭使節的過程，詳見程紹剛譯註：《荷蘭人在福爾摩莎 1624-1662》，第 479-480 頁。
137 約翰·尼霍夫原著，包樂史、莊國土著：《〈荷使初訪中國記〉研究》，第 84-85 頁。
138 同上，第 85 頁。

是那麼高傲，使他們為了保持那種自以為是的尊嚴而不得不付出重大代價。」**139**

10 月 2 日清晨，分巡道員和兩位廣東的官員以及幾位廷臣來到使團駐所，陪同彼得·德·侯葉爾及其 6 名隨從人員進宮覲見清帝。荷蘭使團被與吐魯番使臣、丹律喇嘛、厄魯特部落使臣安排在一起。逢此機會，尼霍夫將「看到的和觀測過的數據盡量寫下來」，也算是獲得皇宮的第一手材料：

這個皇宮為正方形，方圍【圓】十二里，但需步行三刻鐘，位於北京城的第二道城牆之內。所有的建築都造得金碧輝煌，壯觀無比。房屋外面巧妙地延伸著鍍金的柱廊和欄杆。屋頂沉重，建造精美，是用黃色釉瓦覆蓋的；在有陽光的時候，這些釉瓦遠遠看去，就像黃金那般閃爍。這個皇宮的東、西、南、北方向各有一個大門，所有建築物沿十字形中軸道路分佈，很整齊地被分成幾個部分。城牆是用紅色的瓷磚建造的，上覆黃瓦，高不過十五呎。城濠外面有一個極為開闊的廣場，經常有騎士和士兵在那裡守衛，非有命令皆不得通行。

使臣閣下通過南門，來到一個前院。這座前院位於方圓四百步的鋪磚十字路口上。我們往右行，經過一道四十步長的石橋以及一個有五個拱門、五十步長的大門樓時，在正前方可以看見三座精美的房屋。這個廣場長寬各四百步，上述三個防禦用的堅固的城樓控制著整個廣場。第三個廣場和皇帝住處所在的廣場一樣，呈正方形，四座主要的宮殿造型典雅古樸，並依中國建築的風格蓋著貴重的瓦。這些宮殿有四個台階

---

139 約翰·尼霍夫原著，包樂史、莊國土著：《〈荷使初訪中國記〉研究》，第 85 頁。1657 年 12 月 17 日東印度公司的報告有類似的記載：「因為莫斯科的使節執意不在藏有皇帝和這個國家寶物的宮殿前屈身行禮，而且堅持要把他們的書信當面交給皇帝，結果一無所獲，被趕出京城。」程紹剛譯註：《荷蘭人在福爾摩莎 1624-1662》，第 487-488 頁。

可供上下，這些台階佔去了廣場面積的三分之一，廣場上鋪著灰色的石板。在這最深之處的十字道路的盡頭，有幾處花園。花園裡滿是各種果樹和漂亮的房屋，這些都是這個皇帝派人精心栽培建造的，我們從未見過如此漂亮的地方。[140]

整個觀見儀式盛大而莊嚴，讓在場的所有來賓大開眼界、令人賞心悅目，尼霍夫記下了儀式的全過程，並不迴避他們行跪拜禮這一舉動：

那個副中堂在左邊指示二位使臣閣下要到標著第十等的界石旁邊站立。這時司儀就像以前那樣開始唱禮，我們就跟著號令統統跪下，把頭彎向地面三次，然後很快地退到一旁，回到原來的地方。[141]

荷蘭使團幾乎在每一個細節上都按照清朝的指示行事。10月2日下午，二位使臣應邀前往禮部赴宴。宴會結束時，赴宴外賓通常要下跪致謝。「在我們接到加牛奶的韃靼茶之前，二位使臣閣下必須跟其他所有的使臣們一樣朝北邊下跪三次，因為皇帝就在那個方向。我們告辭時要同樣下跪三次，然後離開。」[142]《清實錄》對此次筵宴亦有記載：「庚寅（1656 年 10 月 2 日），宴喀爾喀部落土謝圖汗貢使，暨吐魯番、荷蘭國貢使於禮部。」[143] 相對這一過於簡略的公文記載，《荷使初訪中國記》倒是記錄得更為生動、形象，具有戲劇化的效果。經過幾番往來，

---

140 約翰·尼霍夫原著，包樂史、莊國土著：《〈荷使初訪中國記〉研究》，第 88-89 頁。

141 同上，第 88 頁。

142 同上，第 90 頁。又參見程紹剛譯註：《荷蘭人在福爾摩莎 1624-1662》，第 486 頁。

143《清實錄》第三冊，《世祖章皇帝實錄》，卷一○三，北京：中華書局 1985 年版，第 800 頁。

荷蘭使臣似乎了解了朝貢的一般程序：

朝貢的慣例是這樣的，在進宮之後，皇帝就賜宴三次，連續三天
用佳餚美酒款待使節，各依官階賞賜珍貴禮物，表示他們的朝貢事務已
經辦妥。然後必須馬上離開，不得拖延，否則將會觸怒朝廷。**144**

荷蘭使團的真正目的是尋求打開「自由貿易」的大門。故東印度
公司的報告對使團要求自由貿易，卻遭清廷拒絕一事的經過記載甚詳。
荷蘭使團本以為清廷對禮品滿意，對所提「各種尖刻的問題均得到滿
意的答覆」，「特別是我們的人發現宰相對我們懷有好感，認為廣州的
藩王按事先約定預支 35,000 兩銀」。但是，他們很快發現自己的希望落
空。「我們的人心滿意足地一直停留到 8 月 11、12、17 日，開始意識到
貿易一事仍未得到確定的答覆，後來又發現藩王根本沒有帶來銀兩，
只依靠我們的禮品，我們的人完全上當受騙。」**145** 9 月 14 日，使團在接
受禮部召見時，正式提出「自由貿易」的要求：「該使團由其高級政府
安排派出，前來拜見皇帝陛下，並要求建立友好盟約，使我們能像他的
臣民一樣駕船來往貿易，以運去的貨物換取他們國家富有而我們國家缺
少的銀兩和貨物，並要求他們提供貿易所需要的諸如住處等方便；同時
我們將按國家的規定和習慣繳納稅餉，每五年一次派使節攜帶禮品前來
拜見皇帝。」禮部官員表示，若荷蘭「每五年一次派使節前去，或間隔
時間更長一些，將很受歡迎，同時允許派三到四艘船載貨到中國貿易。
至於每年頻繁來往，以及准許他們居住等，他們認為，這與他們國家的

---

144 約翰・尼霍夫原著，包樂史、莊國土著：《〈荷使初訪中國記〉研究》，第 90 頁。
145 程紹剛譯註：《荷蘭人在福爾摩莎 1624-1662》，第 483 頁。

法律相衝突，事情過於重大，不能輕易答應我們」。[146] 得此結果，荷使心有不甘，使團的中國翻譯 Paul Durette 想出一個辦法，「委託他的一位頗受皇帝和宮廷官員信賴的親戚四處活動。經此人的努力，我們果然獲許每年派兩艘船到廣州，不登陸而在船上貿易，但須為此繳納 10,000 至 14,000 兩銀」。此後，使團又請宮廷一位書記員起草一份「書面請求」，大意謂：「多年來，中國皇帝准許琉球（Lieuw, Giouw）[147] 和暹羅三個民族自由與中國貿易來往，我們請求也能享受同等自由，並接受同樣的條件，每三年一次前來拜見皇帝陛下。」「結果一無所獲，因為這種事情沒有銀兩作後盾難以取得進展，我們的請求被置於一邊。」[148] 荷蘭方面將其「自由貿易」要求遭拒歸咎為打點不夠，這顯然是不理解清朝當時所推行的閉關自守政策所致。

荷蘭東印度公司報告，「我們的人共受過三次如此隆重的招待，第三次是 10 月 13 日，前去接收皇帝特為總督和使節準備的禮物」。[149] 梁廷枏《海國四說》載順治帝所賜禮品為：「賜國王大蟒緞二，粧緞二，倭緞二，閃緞四，花緞八，藍緞四，帽緞四，素緞四，綾十，紡絲十，羅十，銀三百兩。賞使臣二員，每員大蟒緞一，粧緞一，倭緞一，化緞六，藍緞三，綾四，紡絲四，絹四，銀一百兩；賞標官粧緞一，倭緞一，花緞三，藍緞一，綾二，紡絲二，絹二，銀五十兩；通事、從人，緞、綢、絹、銀各有差。」[150] 荷蘭方面的記載與此有所出入。[151]

10 月 16 日，使臣即將辭行，到禮部接受順治皇帝致巴達維亞總督

---

146 同上。

147 程紹剛按：荷蘭人誤認為是兩個地方。

148 程紹剛譯註：《荷蘭人在福爾摩莎 1624-1662》，第 485 頁。

149 同上，第 486 頁。

150 梁廷枏：《海國四說》，第 206-207 頁。

151 參見程紹剛譯註：《荷蘭人在福爾摩莎 1624-1662》，第 486 頁。

敕諭，《清實錄》載有敕諭內容：「甲辰。荷蘭國貢使歸國。特降敕諭賜其國王，敕諭曰：『惟爾荷蘭國墨投為也甲必丹物馬綏掘，僻在西陲，海洋險遠。歷代以來，聲教不及，乃能緬懷德化，効慕尊親。擇爾貢使杯突高囒、惹諾皆色等，赴闕來朝，虔修職貢，地逾萬里，懷忠抱義，朕甚嘉之。用是優加錫賚，大蟒緞二疋、糚緞二疋、倭緞二疋、閃緞四疋、藍花緞四疋、青花緞四疋、藍素緞四疋、帽緞四疋、衣素緞四疋、綾十疋、紡絲十疋、羅十疋、銀三百兩，以報孚忱。至所請朝貢出入，貿易有無，雖灌輸貨貝，利益商民。但念道里悠長，風波險阻，舟車跋涉，閱歷星霜，勞勤可憫。若貢期頻數，猥煩多人，朕皆不忍。著八年一次來朝，員役不過百人，止令二十人到京，所攜貨物，在館交易，不得於廣東海上，私自貨賣。爾其體朕懷保之仁，恪恭藩服，慎乃常職，祗承寵命。』」[152] 清廷回贈禮品顧全了使團的體面，但「著八年一次來朝」的答覆，則不能令荷蘭使團感到滿意。

接受敕諭的過程，讓荷使再次體驗到莊嚴的禮儀：

10 月 16 日，二位使臣閣下騎馬前往副中堂的府衙，去接受皇帝給總督閣下的一封信，那封信被非常恭敬地、禮儀周到地由一位顯要的廷臣交下來。當時二位使臣必須跪下來，並且遵行各種儀式。那位副中堂把那封信打開宣讀之後，就叫人送來一張黃紗，將那封信包起來，裝進一個竹筒封嚴。當二位使臣閣下在這裡的時候，那位禮部中堂正在皇宮忙碌，所以無法跟他交談。[153]

152《清實錄》第三冊，《世祖章皇帝實錄》，卷一〇三，第 803-804 頁。此信有荷蘭文譯本，收入 Leonard Blussé & R. Falkenburg, *Johan Nieuhofs Beelden van een Chinareis 1655-1657* (Middelburg, 1987), p.28. 中、荷兩個文本在語氣上差異甚大。相關討論參見約翰‧尼霍夫原著，包樂史、莊國土著：《〈荷使初訪中國記〉研究》，第 39-40 頁。

153 約翰‧尼霍夫原著，包樂史、莊國土著：《〈荷使初訪中國記〉研究》，第 90 頁。

荷蘭使團沒有達其初衷，臨別前不無抱怨地向禮部尚書表示：「我們的事直到現在還基本沒辦。」尚書回答道：「現在沒什麼辦法了，不過如果下一次我們再來北京朝見皇帝，而且被承認為朋友和臣民時，那麼他將保證我們被允許在全中國自由貿易，那時候，我們就不必再花這麼大的費用，帶些有限的禮物就足夠了。」[154] 清廷官員的推諉之詞自然令荷蘭使團感到失望。

《荷使初訪中國記》保留了一些在中文文獻中不易見到的史料，如清廷招待使團的食物。7 月 18 日，清廷欽差向使團宣佈了他們每天分發給使團的食物。分給二位使臣的食物是：六斤鮮肉、一隻鵝、二隻雞、二兩鹽、二兩韃靼茶、一兩二錢油、六兩味曾、一錢胡椒、六斤青菜、四斤麵粉、二條鮮魚、二兩 suttatte。派給使臣秘書的食物是：二斤鮮肉、五錢茶、一斤麵粉、一斤魚脯、五分胡椒、四兩 suttatte、四錢油、四兩味曾、一斤青菜、一杯白酒。派給所有隨員和侍者的食物是：一斤鮮肉、一杯白酒、二兩青菜、一斤米。此外，還有一擔柴火和各種瓜果、各種餐具。「因為使臣閣下要給中國人表現我們在荷蘭是怎麼生活的，所以他們每天都派人準備盛宴，購買各種必需品。」[155] 順治皇帝看了使團使臣獻上的衣著，即一件衣服、一雙靴子、一對馬刺及馬上的所有附件之後，他覺得這些衣著「非常高貴」。「從那時候開始，皇帝就把分配給使臣的日常食物增加了一倍，這是極少或者説從未發生過的事。」[156] 顯然，使團對清廷這樣的盛情款待是非常滿意的。

《荷使初訪中國記》有意留下了有關荷蘭使團與湯若望不快關係的記錄。湯若望為清廷指定與使團溝通的通事（翻譯），使團初見湯若望

---

154 同上，第 91 頁。

155 同上，第 82-84 頁。

156 同上，第 86 頁。

是在 7 月 19 日，當天使團向禮部尚書呈交了向皇帝贈送的禮品，湯若望恰在現場。「這個耶穌會會士在四十六年前還是漢族的皇帝統治時，就已經在北京的宮廷裡受到尊敬和器重，他自稱叫湯若望，生於萊茵河畔的科隆。」贈送禮品交接儀式結束後，「那位耶穌會會士領我們到皇宮外，他坐在一頂四人抬的轎子上，還有幾個神氣活現的人騎馬隨行。使臣閣下一路上和這位會士不斷交談」。「後來他寫信給我們的秘書說，韃靼人對他頗為尊重，准許他在城裡最好的地段建造一座教堂，皇帝（為了對他表示尊重）還親自到過那座教堂。他很想邀請二位使臣閣下，但是韃靼人不准他去，他還向使臣閣下談及他的家世和他在故國的朋友們。」[157] 但是，宗教派別的差異和隔閡造成荷蘭使團與在京耶穌會士之間的敵意和矛盾。荷蘭為加爾文教派佔主導地位，屬於新教國家，而在京的耶穌會士屬於天主教，歸屬葡萄牙「保教權」的管轄。尼霍夫毫不掩飾他們對在京耶穌會士之間的不滿情緒，「在北京的這些傳教士是上帝的信徒中的渣滓和全世界的敗類，他們在這裡造謠醜化我們，使得二位使臣閣下必須時時刻刻去應付所有好奇地東問西問隨後就走開的官員」。[158] 東印度公司的報告中也留下了類似的記錄，「我們的人被告知，皇帝和宮廷官員對我們帶至的所有禮物極為滿意，甚至禮品尚未全拿出來，韃靼人似乎已經出奇地滿意，並願向我們提供各種方便，但湯若望見到我們的人把大量的物品，特別是武器、馬鞍、大毛毯（alcatijven）、紅珊瑚、鏡子眾奇珍異品一件件擺出來時，從內心裡發出一聲長歎」。[159] 直到清帝親自檢驗了使節的衣著並產生好感後，使臣才大受鼓舞，「他們希望荷蘭的敵人，即那些葡萄牙神甫，不久的將

---

157 約翰．尼霍夫原著，包樂史、莊國土著：《〈荷使初訪中國記〉研究》，第 84 頁。

158 同上，第 86 頁。

159 程紹剛譯註：《荷蘭人在福爾摩莎 1624-1662》，第 482 頁。

來就要因為他們的造謠和貧窮而完全失去信用。雖然那些神甫們有證據讓朝廷的人相信，我們以前曾在台灣和泉州攻擊過中國人，並造成重大損失，但那是情有可原的」。[160] 荷蘭使團並沒有達到這一目的，在使團與在京耶穌會士之間，清廷更為信任耶穌會士，所以最終沒有答應荷蘭使臣提出的自由貿易要求。關於湯若望在這一過程中所起的特殊作用，德國學者魏特曾特別指出：「1653 年至 1654 年之第一次嘗試竟遭失敗。兩年之後，他們又派盛大之使節赴北京，這次為他們的使臣是皮特爾・望・高耶爾（Pieter de Goyer）和雅各・望・愷采爾（Jacob van Keyzer）。要說是他們這一批使臣，仍未能得以達到他們的目的，那這大半是應歸納湯若望負責的，因為他曾暗中加以阻礙作梗的。」[161]

《荷使初訪中國記》敘述荷蘭使節在京期間活動中還有一項重要內容是贈送禮品。首次提及禮品問題是在 7 月 12 日使團到達張家灣時，護送使團進京的廣東藩王屬吏告訴使臣，有一個吐魯番使臣亦在來京的路上，他攜帶的禮品有：300 匹馬、2 匹波斯馬、10 擔和田玉石、2 隻駝鳥、200 把回教徒用的刀、4 匹單峰駱駝、2 塊阿拉伯地毯、4 把弓、一幅馬鞍以及配件、8 個犀牛角。尼霍夫對此不屑一顧地說，「這些禮品比我們使團所帶的禮品要差得太多」。[162] 7 月 19 日，兩位使節當著兩位禮部官員和湯若望的面將禮品奉上。《荷使初訪中國記》沒有記載禮品清單，倒是中國方面的文獻記載了順治十三年荷蘭使臣的禮品：

使臣進貢方物：哆囉絨、倭緞各兩匹，嗶嘰緞六疋，西洋布二十四

---

160 約翰・尼霍夫原著，包樂史、莊國土著：《〈荷使初訪中國記〉研究》，第 86-87 頁。

161 魏特著、楊丙辰譯：《湯若望傳》第 2 冊，第 63 頁。該書〈1656 年荷蘭使臣團〉一節對湯若望如何阻止荷蘭使臣的過程敘述甚詳。

162 約翰・尼霍夫原著，包樂史、莊國土著：《〈荷使初訪中國記〉研究》，第 81 頁。

疋，琥珀十塊，琥珀珠、珊瑚珠各二串，鏡一面，人物鏡四面，白石畫二面，鍍金刀、鑲銀刀各一把，鳥槍、長槍各二桿，玻璃杯、雕花木盒、石山匣各二個，纓帽一頂，皮小狗二個，花鸚哥一個，四樣酒十二瓶，薔薇露二十壺。[163]

十三年，荷蘭貢使嗶㘑哦悅、嘢哈哇噎等到京，貢鑲金鐵甲一副，鑲金馬鞍一副，鑲金刀、鑲銀劍各六把，鳥銃十三口，鑲金鳥銃四口，短銃七口，細銃二口，銃藥袋三個。玻璃鏡四面，鑲銀干一，鏡、八角大鏡各一面，琥珀五十劦，珊瑚珠、琥珀珠各二劦，珊瑚樹二十枚，哆囉絨五疋，嗶嘰緞四疋，西洋布一百疋，被十二床，花被面六床，大氈一床，中氈二床，毛纓六條，丁香五箱共二百劦，番木蔻一箱重三百六十劦，五色番花三包共三百五十劦，桂皮二包共二百一十劦，檀香十石共一千劦；恭進皇后鏡一面，玳瑁匣、玻璃匣、烏木飾人物匣各一個。珊瑚珠、琥珀珠各三串，琥珀四塊，哆囉絨二疋，嗶嘰緞三疋，西洋布十八疋，白倭緞一疋，花氈一床，花被面二床，玻璃杯四個，花石盒三個，白石畫二面，薔薇露十壺。[164]

除了正式進貢的禮品外，使臣在參加宴會或與禮部官員接觸時還須為打通關係私下贈送禮品，以便得到相應的關照。10 月 3 日使節參加皇帝賜宴時就發現因未給禮部官員送禮而受到冷落：

第二天，他們又去參加皇帝的賜宴。他們很快就注意到那位禮部

163 梁廷枏：《海國四說》，第 205 頁。原書將此事誤歸於「十二年」，應為十三年。又《清會典事例》第 6 冊，卷五〇三〈朝貢・貢物一〉，第 819-820 頁，亦載此條。

164 梁廷枏：《海國四說》，第 206 頁。又《清會典事例》第 6 冊，卷五〇三〈朝貢・貢物一〉，第 819-820 頁，載之為荷蘭國王向順治及皇后所進「方物」，文字小有出入。

中堂對其他賓客更多關照，更加熱心地款待。因此他們就問通事是何緣故。通事回答說，這個大官還沒收到足夠的禮物。二位使臣很快就對這件事做了妥善處理，但仍覺得非常奇怪。在南京時，由於某些重要原因，二位使臣閣下就把那些私贈高官們的禮物交給分巡道和廣東的官吏們了。[165]

離京前夕，尼霍夫承認由於「沒有時間和機會好好地觀看周圍的景物了。又由於學識淺薄，我也不能全面地描繪這個城市」。[166] 尼霍夫所言過謙，如以他的《荷使初訪中國記》與中文文獻對比，中方對此次訪問所保留的文獻記載相對簡略，只留下荷蘭使團呈交的表文、禮品清單和順治皇帝的敕諭等文件。如果沒有尼霍夫的使華日記，我們就無從還原這次荷蘭使團的訪問過程。而將《荷使初訪中國記》與此後的皮方濟《瑪訥撒爾達聶爵士前往北京之旅簡要報告》（即前述之《瑪訥撒爾達聶使京廷簡記》）比較，則可發現兩者有諸多相似之處：對北上沿途風景的詳細報道，對觀見禮儀濃墨重彩的描繪，幾乎異曲同工。不同之處則在荷蘭使團因遇在京耶穌會士暗中作梗，雖表現順從，但最終未遂其願；而葡萄牙使團頻得廣州、北京耶穌會士的配合協助，略施小計，自以為在外交禮儀上取得成功突破。美國漢學家衛三畏曾如是評論這次荷使訪華：「這一使團的紀事是由管理員尼霍夫寫的，他使歐洲人比以往更清楚地了解中國的情況 —— 這幾乎是此行的唯一收穫，因為就商業投機而言則是淨虧損。他們的禮品已被收下，也有所回贈；他們不但親自在皇帝本人面前下跪，而且向聖諱、御筆、御座磕頭，做盡羞辱和表示尊敬的事來取得新統治者的歡心。他們的奉承行為不過換到每八年

---

165 約翰·尼霍夫原著，包樂史、莊國土著：《〈荷使初訪中國記〉研究》，第 90 頁。

166 同上，第 91 頁。

一次派使團前來的承諾，同樣的時間可以有四艘船前來貿易。」[167] 這樣說似有點過分，清朝雖以朝貢國待遇對待荷蘭使團，荷蘭使團未達其初衷，但荷使初訪北京畢竟正式拉開了與清朝交往關係的序幕。

康熙年間，1664 年荷屬巴達維亞總督再次派出使節范和倫（Pieter van Hoorn）赴京。這次荷蘭使團企圖依恃其協助清軍奪取鄭成功所佔據的廈門獲得回報，與清朝建立商貿關係。與其他西方使團通常是從廣州進入內地不同，這次荷蘭使團是在福州登陸。「雖然已經接到皇朝的批准，但他為了想先賣掉帶來的貨物，不明智地耽誤了往首都的旅程。」在福州停留了近一年後北上。「上溯閩江，跨越山嶺，經過艱苦的旅途到達杭州，然後沿運河到北京，費時 6 個月，一路上『見到 37 個城市，335 個鄉村』。」[168] 衛思韓（John E. Wills Jr.）根據所閱荷蘭東印度公司檔案，還原了使團進京後的大致情形：

荷蘭使團於 1667 年 6 月 20 日抵達北京。翌日，使團成員們應召來到皇宮，讓皇帝觀看他們帶來的最不同尋常的禮物：來自波斯的 4 匹矮馬和來自孟加拉的 4 頭矮牛。皇帝問了幾個問題，這是使團成員唯一一次與皇帝講話，他們從未與任何一位攝政大臣說過話。6 月 25 日，他們受到正式召見，他們的報告沒有提到行叩首大禮的事，但是，如果荷蘭人不願意遵守宮廷的習慣的話，觀見的準備過程和觀見儀式不可能那樣迅速和順利。他們想把禮物送給攝政大臣和內閣大臣，但這些官員都拒絕接受，所以他們只得把這些東西賣掉。他們未打算在北京做生意，所以沒有帶來商品。他們的報告顯示，這樣的生意受到嚴格控制，但大部分商品都以極低的價格出售給了王公和宮廷官員的代理人。

---

167 S. Wells Williams, *The Middle Kingdom*, Vol. II (New York: Charles Soribners Sons, 1895), p.435.
168 同上，p.423.

使團從巴達維亞帶給皇帝的信函純粹是多餘的，所以范和倫在覲見之後很快提出了更有實質意義的要求，其中一項是請求皇帝允許荷蘭人每年貿易一次，想帶多少船就帶多少船，貿易地點是廣州、福州、寧波或杭州，並允許他們與所有商人做生意。荷蘭人反覆請求在他們離開之前早早地對這個額外的要求做出答覆，好讓他們有時間進一步磋商，或提出其他請求。但是，直到離開的那一天，他們才收到朝廷致巴達維亞總督的封口信函，並被告知不能在中國境內打開或翻譯這些信函。事實上，這些信函中沒有包含實質的讓步內容，兩年一次的貿易許可早已作廢。**169**

中文文獻對康熙年間范和倫這次訪問的記載偏重「入貢方物」和回贈禮品，明顯體現了大清的朝貢制度：

六年五月，國王噶嘍吧王油煩馬綏極遣陪臣奉表文，入貢方物：大尚馬、鞍轡具鑲金鑲銀、荷蘭五色大花緞、大紫色金緞、紅銀緞、大珊瑚珠、五色絨毯、五色毛毯、西洋五色花布、西洋白細布、西洋小白布、西洋大白布、西洋五色花布褲、大玻璃鏡、玻璃鑲燈、荷蘭地圖、小車、大西洋白小牛，並進大琥珀、丁香、白胡椒、大檀香、大象牙，並琉璃器皿一箱。又，使臣進貢方物：珊瑚珠四串，琥珀一塊，沉香六塊，密臘金匣、銀盤、盛珠銀盒各一個，火雞蛋四個，二眼長槍、二眼馬銃、小鳥銃各二把，鐵甲一領，白爾善國緞褲一條，哆囉絨十疋，海馬角二塊，小馬、銅獅各一個，小狗二個，銅山一架，銅礮二對，刀二

169〔美〕衛思韓：《清朝與荷蘭的關係，1662-1690》，收入〔美〕費正清編、杜繼東譯：《中國的世界秩序：傳統中國的對外關係》，北京：中國社會科學出版社 2010 年版，第253-254 頁。

把，照水鏡四面，薔薇露二十罐。[170]

奉旨：「照順治十三年例。」加賜國王大蟒緞、粧緞、倭緞、片金緞、閃緞、帽緞、藍緞、素緞各一，花緞、綾、紡絲各四，絹二；正使蟒緞、大緞各一。

又，題准：「荷蘭國違例從福建來入貢，除今次不議外，嗣後遇進貢之年，務由廣東道入，別道不許放進。」[171]

1683 年清軍收復鄭氏政權盤踞的台灣，荷蘭自恃曾派艦隊與清軍協同作戰攻下廈門，希望爭取更大的貿易權利。1685 年，巴達維亞當局派遣文森特‧巴茲（Vincent Paets）率使團前往中國。不過，「北京覲見之旅的成果是不令人滿意的。荷蘭人於 1686 年 8 月 3 日受到皇帝召見，於 9 月 14 日離開北京。雙方曾討論過在福州給予荷蘭人永久居留處的可能性。文森特‧巴茲給一些官員送上禮品，他們說這項建議須先徵得皇帝的同意，但是最終這項建議被拒絕了。文森特‧巴茲還要求免除前來福州接他返回的兩隻船的稅收，得到了清方的同意」。[172]由於這次使團的基本材料沒有保存下來，以至於美國學者衛三畏錯誤地認為范和倫使團以後 130 年間，「荷蘭沒有再向北京派使節，只是按其它國家一樣的規矩在廣州進行貿易」。[173] 王士禎撰《池北偶談》載巴茲

---

170 本段方物，與《清會典事例》所載文字小有出入。參見《清會典事例》第六冊，卷五〇五〈禮部‧朝貢‧貢物一〉，第 820-821 頁。

171 梁廷枏：《海國四說》，第 208-209 頁。

172 衛思韓：《清朝與荷蘭的關係，1662-1690》，收入費正清編、杜繼東譯：《中國的世界秩序：傳統中國的對外關係》，北京：中國社會科學出版社 2010 年版，第 260 頁。衛思韓提到西方學者有關這次使團的研究成果有 J. 菲克瑟博克瑟：《17 世紀荷蘭使團的一個使華使團，1685-1687》，《萊頓中國叢書》第 5 輯，萊頓：1946 年版。並提到有關這個使團的基本史料沒有保存下來，檔案中只有零星的紀錄。

173 S. Wells Williams, *The Middle Kingdom*, Vol. II, p.440.

使團所奉表詞有云：「外邦之丸泥尺土，乃是中國飛埃；異域之勺水蹄涔，原屬天家滴露。」[174] 梁廷枏《海國四説》詳載所貢方物：「二十五年，國王耀漢連氏、甘勃氏，遣陪臣賓先巴芝表貢方物：哆囉絨十疋，烏羽緞四疋，倭緞一疋，嗶嘰緞二十疋，織金花緞五疋，織金大絨毯四領，白幼軟布二百十九疋，文彩幼織布十五疋，大幼布三十疋，白幼毛裏布一百疋，大珊瑚珠六十八顆，琥珀十四塊，照身鏡、江河照水鏡各二面，照星月水鏡一面，自鳴鐘一座，琉璃燈一架，聚耀燭臺一懸，琉璃杯五百八十個，象牙五枝，鑲金鳥銃、鑲金馬銃、小馬銃、起花佩刀各二十把，馬銃、鳥銃、鑲金刀、劍、利潤劍各十把，彩色皮帶二十佩，繡皮帶十佩，起花劍六把，火石一袋，雕製夾板船大、小三隻，丁香三十石，檀香二十石，冰片三十二斤，肉荳蔻四甕，丁香油、薔薇花油、檀香油、桂皮油各一罐，葡萄酒二桶。」「又，荷蘭使臣進貢方物：銀盤、銀瓶各一個，西洋刀頭六柄，荷蘭花緞、哆囉呢、羽緞各一疋；哆囉絨四疋，倭絨、織金線緞、嗶嘰緞各二疋，西洋咁馬氏布、西洋毛裏布、西洋沙喃匏布、西洋佛咬嘮布各二十疋。」[175] 清廷回贈的禮品為：「賜國王及正使，均照六年加賞例；副使照順治十三年賞標官例；夷目官、掌書記、伴送官、通事、從人，各賞綢、緞、絹、袍、銀有

---

174 （清）王士禛：《池北偶談》上冊，卷四，《荷蘭貢物》條，北京：中華書局1997年版，第80-81頁。

175 梁廷枏：《海國四説》，第209-210頁。此段文字與《清會典事例》所載完全一致。參見《清會典事例》第6冊，卷五〇五〈禮部·朝貢·貢物一〉，第821-822頁。《池北偶談》所載有所出入。「貢物大珊瑚珠一串，照身大鏡二面，奇秀琥珀二十四塊，大哆囉絨十五疋，中哆囉絨十疋，織金大絨毯四領，烏羽緞四疋，綠倭緞一疋，新機嗶嘰緞八疋，中嗶嘰緞十二疋，織金花緞五疋，白色雜樣細軟布二百一十九疋，文采細織布一十五疋，大細布三十疋，白毛裏布三十疋，大自鳴鐘一座，大琉璃燈一圓，聚耀燭臺一懸，琉璃盞異式五百八十一塊，丁香三十擔，冰片三十二斤，甜肉荳蔻四甕，廂金小箱一隻（內丁香油、薔薇花油、檀香油、桂花油各一罐），葡萄酒二桶，大象牙五

差。」賜敕諭曰：「朕惟柔遠能邇，盛化之嘉謨；修職獻琛，藩臣之大節。輸誠匪懈，寵賚宜頒。爾荷蘭國王，屬在遐方，克抒丹悃，遣使齎表納貢，忠盡之忱，良可嘉尚。用是降敕獎諭，並賜王文綺、白金等物。王其祇承，益勵忠貢，以副朕眷。」為表達清帝懷柔遠人之恩，應荷蘭使節所請，將進貢之期原定八年一次，更改為五年一次。又定「荷蘭國貢道改由福建」。[176] 但這次荷使與上次一樣，「都沒有達到目的，中國的港口仍然對荷蘭東印度公司的商船關閉著」。[177] 此後一百多年間，荷蘭沒有再派使團赴京，用衛思韓的話來説，「自 1690 年以後，由於戰略和商業利益的下降，中國人和荷蘭人都對維持雙方間的關係失去興趣」。[178]

五、荷蘭德勝使團在北京（1795 年）

鑒於英國馬戛爾尼使團的「北京經驗」，荷蘭駐廣州領事范罷覽（André Everard Van Braam Houckgeest）向巴達維亞當局建議派遣一個使團進京祝賀乾隆即位六十年大慶，以謀取更多的貿易權利。東印度公司指派德勝（Isaac Titsingh）為正使，范罷覽為副使（時在廣州荷蘭

支，廂金鳥銃二十把，廂金馬銃二十把，精細馬銃十把，彩色皮帶二十佩，廂金馬銃中用繡彩皮帶十佩，精細馬銃中用精細小馬銃二十把，短小馬銃二十把，精細鳥銃十把，廂金佩刀十把，起花佩刀二十把，廂金雙利劍十把，雙利闊劍十把，起金花單利劍六把，照星月水鏡一執，江河照水鏡二執，雕制夾板三隻。」王士禎：《池北偶談》上冊，卷四，〈荷蘭貢物〉條，第 80-81 頁。

[176] 梁廷枏：《海國四説》，第 210 頁。這段文字與《清會典事例》所載一致。參見《清會典事例》第 6 冊，卷五○六〈禮部·朝貢·賜予一〉，第 859 頁；卷五○五〈禮部·朝貢·敕封、貢期、貢道〉，第 815、817 頁。

[177] 包樂史著，莊國土、程紹剛譯：《中荷交往史》，第 72 頁。

[178] 衛思韓：《清朝與荷蘭的關係，1662-1690》，收入費正清編、杜繼東譯：《中國的世界秩序：傳統中國的對外關係》，第 253-254 頁。

館 [179]）。這次荷蘭遣使赴京，整個過程充滿戲劇性，與幾乎同時來華的英國馬戛爾尼使團一樣鎩羽而歸。

荷蘭使團此次來華之行，荷、中雙方均有記載。德勝留有一本日記《未出版的向巴達維亞總督的官方報告》（*Unpublished Official Report to the Commissioners - General at Batavia*, Canton, January 1796）。范罷覽在法國巴黎出版了法文版日記體著作《荷蘭東印度公司使節訪華紀實 1794-1795》（*Voyage de l'ambassade de la Compagnie des Indes Orientales hollandaises, vers l'empereur de la Chine: en 1794 et 1795; où se trouve la description de plusieurs parties de cet empire inconnues aux Européens*, 2 v. Paris: Garnery, 1798）。[180] 使團法籍翻譯小德經（Chrétien-Louis-Joseph de Guignes，亦作小德金）出版了《北京、馬尼拉、毛里西亞島遊記》（*Voyages a Péking, Manille et l'île de France: faits dans l'intervalle des années 1784 à 1801*, 3 v., Paris : Imprimerie imperiale, 1808）。對此次荷蘭使團訪華研究有較為深入研究的西方學者有：荷蘭漢學家戴宏達發表的《最後的荷蘭訪華使團（1794-1795）》（The Last Dutch Embassy to the Chinese Court (1794-1795)）[181] 和《關於荷蘭最後駐中國宮廷的使團

---

179 關於廣州荷蘭館情形，參見蔡鴻生：〈清代廣州的荷蘭館〉，收入氏著《中外交流史事考述》，鄭州：大象出版社 2007 年版，第 342-356 頁。

180 此書有英文譯本 *An Authentic Account of the Embassy of the Dutch East-India Company to the Court of the Emperor of China in the Years 1794 and 1795; (Subsequent to that of the Earl of Macartney), Containing a Description of Several Parts of the Chinese Empire, unknown to Europeans; Taken from the Journal of André Everard van Braam; Translated from the Original of M.L.E. Moreau de Saint-Mery*, 2 Vol. (London: R. Phillips, 1798)，另有德文（1798-1799）、荷蘭文（1804-1806）等多種譯本。北京大學圖書館收藏有此書的法文版和英譯版。從北大收藏的法、英兩個版本對照來看，內容基本一致，巴黎所出法文版應是完整版。林發欽稱，該書法文版先在美國費城出版，倫敦英譯本只譯了費城法文版的第一卷，此說可否成立，待考。參見林發欽：〈帝國斜陽：荷蘭使臣德勝使華考述〉，載《澳門理工學報》（人文社會科學版）2013 年第 1 期，第 165 頁。

181 *T'oung Pao*, Volume 34, Number 1-2 (Leiden: Brill,1938), pp.1-137.

的補充文件》(Supplementary Documents on the Last Dutch Embassy to the Chinese Court) [182] 兩文。英國學者博克塞（Charles R. Boxer）撰《十八世紀荷蘭使節來華記 1794-1795》(Isaac Titsingh's Embassy to the Court of Ch'ien-lung, 1794-1795)，[183]D. B. Wright、D. W. Davis 撰《德勝旅行記作者的新證據》(New Evidence on the Authorship of "Titsingh's" Journal) 兩文。[184]

中文原始文獻主要集中在《清實錄》、《清會典事例》，其中《清實錄》收錄相關材料五則。[185] 梁廷枏《海國四說》和《粵海關志》依據《清實錄》加以編纂，[186] 故宮博物院《文獻叢編》第五輯收入《荷蘭國交聘案》，收文十九件，材料較《清實錄》有相當增加。

據乾隆五十九年九月二十二日（1794 年 10 月 15 日）兩廣總督長麟會奏：「本年九月十六日，據洋商稟稱：『有荷蘭國使臣嘮嘭恭賚表貢到粵，叩祝明年大皇帝六十年大慶。船隻已抵虎門，懇求代奏』等語。臣等當即派員將該貢使照料到省。據該貢使呈出表文，譯出漢字，詞意極為誠敬。臣等當即會令貢使嘮嘭進見。……臣等察其詞色亦甚恭順，除查照向例，先行敬宣諭旨，賞給筵宴，併將該貢使妥為安頓外，恭摺請旨。倘蒙聖恩准其赴闕瞻覲，或應於本年十月內，令其由粵起身，趕

---

182 *T'oung Pao,* Volume 35, Number 5 (Leiden: Brill,1940), pp.329-353. 此文有中譯本：〔荷〕戴宏達：〈荷蘭使節來華文獻補錄〉，收入朱傑勤譯：《中外關係史譯叢》，北京：海洋出版社 1984 年版，第 269-287 頁。這篇文獻共輯錄《清實錄》有關德勝使團的史料 19 則。

183 *Tien Hsia,* Vol. VIII (Shanghai, 1939), pp.9-33. 此文有中譯本：〔英〕博克塞：〈十八世紀荷蘭使節來華記〉，收入朱傑勤譯：《中外關係史譯叢》，第 248-268 頁。

184 *Ch'ing-shih wen-t'i*（清史問題），Vol. 5, Number 1 (Washington: June 1984), pp.126-130.

185 參見 J. J. L. Duyvendak, The Last Dutch Embassy in the "Veritable Records"（《實錄》中最後的荷蘭使團），*T'oung Pao,* Volume 34, Number 3 (Leiden: Brill, 1938), pp.223-227.

186 參見梁廷枏：《海國四說》，第 211-216 頁。梁廷枏總纂、袁樹仁校注：《粵海關志》，廣州：廣東人民出版社 2002 年版，第 445-446 頁。

於本年十二月到京，隨同各國外番輸誠叩祝。」**187** 十月初九日（11 月 1 日），乾隆皇帝聖諭，對荷蘭使團進京時間、北上時沿途的接待、翻譯諸項事宜做出了全面安排，要求使團在十二月二十日（1795 年 1 月 10 日）封印前一兩天抵達北京，參加慶典。**188**

荷蘭使團隨即奉旨於 1794 年 11 月 22 日（十月三十日）離開廣州北上。使團成員除正使德勝、副使范罷覽、翻譯歧恩外，還有瑞士鐘錶匠培提比爾霸（B. H. Pelitpierre）、醫生布烈曼（I. H. Bletterman）、德勝的兩名馬來僕人叩彼德（Cupid）和阿波羅（Apolo）、衛士 11 人，「使團中非華籍者有二十七人，其中只有九人或十人為荷籍，可見荷蘭東印度公司職員之不拘國籍也」。**189** 英國學者博克塞認為，使團來華之初，「竟犯兩種嚴重之判斷錯誤」，「第一錯誤，即九月二十四日在暹羅號船與戶部蘇楞額會見時，承認使節之來，只欲恭賀皇帝之大典，並無絲毫提出任何要求，或申訴之意圖。第二錯誤，就是對廣州總督確說，要由廣州趕到北京過中國新年。大使自當如命，遂使使團在一年最酷冷之季度，受盡長途跋涉之苦。德勝在其手稿中，承認此議乃其樂意提出者，因其相信，由廣州到北京之路遙遠，而郵使往返之時間極促，實不容北京朝廷及時批准此項提議也」。**190** 這兩項錯誤可以說給荷蘭使團後來的行程帶來不小的麻煩。

在歐洲使團赴京旅途中，荷蘭使團冬天北上這一安排頗為特殊，

---

187 梁廷枏：《海國四說》，第 213 頁。

188 同上，第 214 頁。

189 Charles R. Boxer, Lsaac Titsingh's Embassy to the Court of Chi'en Lung 1794-1795, *Tien Hsia*, Vol. VIII (Shanghai, 1939), pp.9-33. 中譯文見博克塞：〈十八世紀荷蘭使節來華記〉，收入朱傑勤譯：《中外關係史譯叢》，第 253 頁。

190 Charles R. Boxer, Lsaac Titsingh's Embassy to the Court of Chi'en Lung 1794-1795, *Tien Hsia*, Vol. VIII (Shanghai, 1939), pp.9-33. 中譯文見博克塞：〈十八世紀荷蘭使節來華記〉，收入朱傑勤譯：《中外關係史譯叢》，第 251 頁。

也僅此一次。使團在寒冬從廣州長途跋涉到北京，為此可謂備嘗苦果。英國馬戛爾尼使團成員約翰·巴羅，在其著作《中國旅行記》（*Travels In China*）評論說：「荷蘭使團是由陸路進京的。時值隆冬，大江小河皆冰凍了，氣溫常常在冰點以下 8 到 16 度，全國大部分地表都覆蓋著冰雪，可是他們常常需要連夜趕路。被強拉來為他們運禮品和行李的農夫們，儘管身負重擔，還是被迫竭盡全力跟上他們。范罷覽先生紀錄道，兩夜之間，居然就有不少於 8 名農夫死於重負、凍餓勞累和官員的殘酷對待。」[191] 研究此行的戴宏達描述道：「兩位大使坐轎，其他先生則騎馬，一同進發，但不久，行李押運隊不能追及，故彼不得不在惡劣得難以言喻之旅店過夜。既無床榻，只好臥硬板上，又無適當之食品，甚至無酒。輸運行李之苦力凡百人，而此百人，因勞資為貪官所剋扣，有時拒絕行動。此種工作非常沉重，中途因疲乏而死者，已有八人，補充苦力實不容易。輸運『貢使』之隊，已在前頭，所雇苦力亦頗多。聖誕前夕，大使已追及一運輸隊，抬貢皇帝之鏡凡四，每鏡用二十四人抬，後隨二十四人以備輪替。此行越來越像強行軍。引導之官吏唯恐彼等到北京太遲，絕少顧及此團體之安適。最後十八日，每日行一百二十至一百八十華里之遙，天氣嚴寒，早發晚息。使團常有抗議，但也效果不大。引導之人，對於當地延接大使之預備不足，一律推卸責任，但有時彼等反獨擅享其較好之供應。十二月十三日，德勝乃大悔其受人所勸，擔任此使節之無謂，形諸於筆墨云。」[192] 可以說，這是歷來西方使節北上最為艱難的一次。

---

191 John Barrow, *Travels in China* (London: T. Cadell and W. Davis, 1804), pp.162-163. 中譯文參見〔英〕約翰·巴羅著，李國慶、歐陽少春譯：《我看乾隆盛世》，北京圖書館出版社 2007 年版，第 120 頁。

192 J. J. L. Duyvendak, The Last Dutch Embassy to the Chinese Court (1794-1795), *T'oung Pao*, Volume 34, Number 1-2, pp.43-44.

按照清朝官方記載，荷蘭使團的貢品、貢使先後於十月二十五（11月17日）、二十八日（11月20日）從廣州起程赴京。[193] 荷蘭副使范罷覽記其從廣州出發為 11 月 22 日，比清朝官方記載晚兩天。[194] 第二年 1月 9 日抵達京師，當天下午五時三十分由宣武門進城。路上時間不到五十天，這是所有歐洲使團或傳教士北上用時最短的一次。沿途兼程趕路之速之急，可想而知。[195] 2 月 15 日使團離開北京，在京時間不到一個月。約翰‧巴羅稱：「因為對中國人所要求的侮辱性禮儀俯首順從，加上始終居留在京城，荷蘭使團比英國使團有更多的機會觀察朝廷的禮儀和娛樂。」[196] 如以荷蘭使團與清廷互動的頻次來比較，情形的確如此。

荷蘭使團在京參加清廷的招待活動主要有九次：第一次是 1795 年1 月 12 日（乾隆五十九年十二月二十二日）在西苑門外，荷蘭使臣覲見乾隆皇帝。

《清實錄》載：「乙亥，上幸瀛臺。回部吐魯番多羅郡王伊斯堪達

---

193 故宮博物院編：《文獻叢編》第五輯，1930 年 7 月，〈荷蘭國交聘案〉第 2-3 頁。

194 André Everard Van Braam Houckgeest, *An Authentic Account of the Embassy of the Dutch East-India Company to the Court of the Emperor of China in the Years 1794 and 1795; (Subsequent to that of the Earl of Macartney), Containing a Description of Several Parts of the Chinese Empire, unknown to Europeans; Taken from the Journal of André Everard van Braam; Translated from the Original of M.L.E. Moreau de Saint-Mery*, Vol. 1, pp.37-40.

195 參見范罷覽一書載使團從廣東出發到北京（1794 年 11 月 22 日 - 1795 年 1 月 9 日）和北京返回廣東（1795 年 2 月 15 日 - 5 月 10 日）的行程表（Itinerary）。André Everard Van Braam Houckgeest, *An Authentic Account of the Embassy of the Dutch East-India Company to the Court of the Emperor of China in the Years 1794 and 1795; (Subsequent to that of the Earl of Macartney), Containing a Description of Several Parts of the Chinese Empire, unknown to Europeans; Taken from the Journal of André Everard van Braam; Translated from the Original of M.L.E. Moreau de Saint-Mery*, Vol.1, Itinerary, pp.xlv-lii.

196 John Barrow, *Travels in China*, pp.195-196. 中譯文參見約翰‧巴羅著，李國慶、歐陽少春譯：《我看乾隆盛世》，第 144 頁。

爾等十三人，土爾扈特多羅郡王巴特瑪烏巴錫、固山貝子沙喇扣肯、和碩特多羅貝勒騰特克，杜爾伯特來使根敦扎布，及朝鮮國正使朴宗岳、副使鄭大容，荷蘭國正使嘚嘚、副使啫囉嚜等，於西苑門外瞻覲。」[197]

德勝對這次覲見有詳細記敘，現據戴宏達英譯轉述其意：

凌晨三時，大家忙碌起來，負責引導我們到殿的其中一位官員，發出尖銳的嘶叫，將全寓之人震醒。五點前我們動身出發。馬車已停在門外，車行一刻鐘後，我們到達宮殿。我們在一棟並不莊嚴的建築物前停下，傍邊有一大建築，其門甚高，車馬及僕役充塞於院內。我們被引入一低矮而污穢的房間，內有數名官員。這使我們避免站在戶外，長久忍受刺骨寒氣，實為一種特殊款待……六時，我們被帶到外面，進入傍邊的建築物。兩房之間有一小院，搭一普通帳蓬，朝鮮使節藉此取暖。然後我們又被帶到一方形大庭……庭內擠滿了人群，大人小人，富人窮人，混在一起，前推後擁，全無區別……朝鮮使節距我們不遠，於是靠近他們，通過翻譯與他們略作交談。他們有四位大使，皆年邁而儀表堂堂。其中兩位是來參加祝賀乾隆帝即位六十年慶典，另兩位是來給皇帝拜年。……我們跟在朝鮮使節之後。半小時後宮門乍啟，門內兩邊人群向前閃開，各人均自歸其位，大家安靜下來後不久，宣佈皇

帝駕到。皇帝乘坐黃輿從大門進來，一大群扈從、官員騎著普通的、並不雅潔的馬走在前面，場面極為混亂。……然後一群官員簇擁一黃輿出來。所到之處，人人皆跪。我們也遵命跪下，我本人及范罷覽先生伏於路傍，其他人員亦在我們後面。有數名官員手執刀劍，為黃輿前驅。走

197《清實錄》第二十七冊，《高宗純皇帝實錄（一九）》，卷一四六七，乾隆五十九年十二月下，北京：中華書局 1986 年版，第 594-595 頁。

近我們跟前時，稍停片刻，其中一人手執黃幟。皇帝行近朝鮮使節前時稍作停頓，然後向我們走來，我雙手捧匣高與額齊，一大臣由輿前走過來，將匣接去。於是我們免冠行禮，九叩首於地。皇帝乃垂詢於我，問候我的身體狀況，我們是否感覺寒冷，我們國王的年紀。這一問一答通過我身後的通事翻譯。既而皇帝又前行。御輿非常簡樸，由八個身著黃衣、頭戴小羽毛帽的侍者抬著。皇帝雖已高壽，外表卻顯親切、和藹，身穿黑皮袍。隨駕者有眾多官員和宮廷侍從，也有一些士兵跟隨其後。御馬白色、強壯且高大，腿部粗鈍，但姿勢並不美，因馬不梳刷，其毛參差不齊，頗顯污穢。……官員令我們跟隨擁擠的扈從，他們帶我們到一花園，傍邊的湖水已結冰。皇帝在這裡換乘另一雪橇上之黃輿，由人推至他端之一亭，軍機大臣隨之。在那裡他離開御輿，進入附近的一個門。我們跟隨其後，一個戴藍頂的官員走上前來扶我，走到另一邊我們被引入一個相當簡陋的屋子，在那裡我們被請坐在蓋以粗紅毯的木凳上。看到我們不習慣坐，寧願站立，又帶我們到一較好之房，裡面有木凳、木桌。在這裡給我們送來御賜早飯，順序如第一天賜宴，皇帝取他桌上黃瓷茶托之小餅賜給我們，我們叩首答謝。頃刻又賜給我們一碟野味，看上去像嚼過的骨頭，此物倒在案上，但又需叩頭。這雖是皇帝恩情之具體表示，然足顯其粗野及欠缺文明。此事在歐洲也許不可想像，然悄然無聲在眼前經過，卻太不尋常。傳教士以其報告使世界人士為之嚮往多年，我曾想像其為一極有文明、開化之民族。這種觀念根深蒂固，必須花大力根除。而這次所蒙招待，加上所有我們先前的經驗，正可對舊觀念加以根本糾正。[198]

---

198 J. J. L. Duyvendak, The Last Dutch Embassy to the Chinese Court (1794-1795), *T'oung Pao*, Volume 34, Number 1-2, pp.53-57.

整個觀見朝拜過程之冗長、繁縟，對參加儀式的使節們簡直是一場耐心的考驗，德勝話語中明顯流露出不滿的口氣。

1月下旬，荷蘭使團三度出席御宴，分別是1月20日（十二月三十日，癸未）在保和殿、1月29日（乾隆六十年正月初九日，壬辰）在紫光閣、1月31日（正月十一日，甲午）在山高水長，與清朝周邊的朝貢國朝鮮、蒙古等貢使一起觀見乾隆皇帝，參加清廷的招待宴會。《清實錄》有簡要記載：

> 癸未。上御保和殿。筵宴朝正外藩。……朝鮮國正使朴宗岳、副使鄭大容，荷蘭國正使德勝、副使范罷覽，及領侍衛內大臣等。……至御座前。賜酒成禮。[199]
>
> 壬辰。上詣大高殿行禮。御紫光閣，賜蒙古王貝勒貝子公額駙台吉，及回部郡王、朝鮮、荷蘭國使臣等宴。賞賚有差。[200]
>
> 甲午。上詣安佑宮行禮。御山高水長，賜王公大臣、蒙古王貝勒貝子公額駙台吉，及回部郡王、朝鮮、荷蘭國使臣等宴。[201]

范罷覽的《荷蘭東印度公司使節訪華紀實 1794-1795》對這三天的宴會及觀見乾隆過程亦做了詳細記敘。[202]

199《清實錄》第二七冊，《高宗純皇帝實錄（一九）》，卷一四六七，乾隆五十九年十二月下，第 599-601 頁。

200 同上，第 607 頁。

201 同上。

202 André Everard Van Braam Houckgeest, *An Authentic Account of the Embassy of the Dutch East-India Company to the Court of the Emperor of China in the Years 1794 and 1795; (Subsequent to that of the Earl of Macartney), Containing a Description of Several Parts of the Chinese Empire, unknown to Europeans; Taken from the Journal of André Everard van Braam; Translated from the Original of M.L.E. Moreau de Saint-Mery*, Vol. I, pp.231-239, pp.269-272; Vol. II, pp.1-4.

另外，1月27日使團參加每年一度在天壇祈年殿舉行的御祭，接受乾隆賞賜物品。這天凌晨3點使團就起身準備，5點30分趕到午門與朝鮮貢使排隊等候。7點半，乾隆皇帝和第八皇子來到天壇時，荷蘭使臣跪倒在地，拜見了皇帝和皇子。德勝對現場所見天壇風景做了描繪：

此處名為天壇，景物宜人，位於結冰之湖傍，另一面有一山嶺，上樹二塔。一島立於水中央，大樹叢中，有一建築物在焉，並有一宏壯之弧形石橋以達彼岸，吾在圖書中或實際上均未見較此更引人入勝之處所。吾人在此處坐雪橇上，用黃纜拉過彼岸，彼處亦有五廟，其美足與北京者相埒，但以位置而論，尤遠過之，蓋因其建於山側台地上，具有天然及人工之岩石美，且可遠眺水景也。對岸之美麗建築物及整個地帶，皆可入畫，其美難以言狀。由最高之廟，吾人可縱觀北京城，而此動人之地 …… 有一條石子路，作羊腸形，組石山及松柏之間，通過全區。在中國畫中常受讚賞之栩栩如生風景美，今高度表現於此，人盡移情。[203]

繼1月份的五次活動，第六次活動在2月2日下午，使團出席演戲和焰火表演活動。乾隆皇帝也親臨現場，使團被安排在陛下附近的左

---

203 J. J. L. Duyvendak, The Last Dutch Embassy to the Chinese Court (1794-1795), *T'oung Pao*, Volume 34, Number 1-2, pp.66-67.

手邊。整個焰火表演到下午 6 點鐘結束，使團隨後返回旅館。[204]

2 月 3 日是中國農曆元宵節前夕，使團再一次應邀到正大光明殿出席乾隆皇帝的招待宴會。這天清晨四點鐘，使團就起身，他們趕到宮殿去與皇帝共進早餐。軍機大臣通知使節南下返程時間和旅程，前十八天將走陸路，因為這時河流結冰不能航行，後面的路程走水路。按規定，外國使團在京一般不超過 40 天。[205]

第八次是 2 月 8 日（正月十九）到圓明園觀見乾隆。上午 11 時荷使出發，約下午 1 時到達圓明園，荷蘭使節應邀參加「筵九」之宴，並被引到一個燈火輝煌的大殿。等候約三個小時後。下午 4 時乾隆駕臨，荷使得以近距離觀察乾隆：「他腰板挺直，站立時無需幫助。當他站立時，比坐著時顯得年青、強壯，他的身材比普通人高大。」然後眾人參加筵宴，觀賞煙花和歌唱等表演，表演結束後，乾隆退席，使節隨即返回會同館，時間為晚上 9 點鐘。[206]

第九次在 2 月 10 日（正月二十一），使團成員到午門外接受乾隆賞賜的物品，並領取乾隆回贈荷蘭國王的禮品。[207]

乾隆給荷蘭國王的敕諭是在 2 月 14 日，也就是使團離開北京的前一天，由一位官員將其送到荷使住地，敕書用黃色絲綢包裹，荷使在它面前磕頭接受。敕書用漢文、滿文和拉丁文寫成。

中文文獻記載與荷蘭使團方面的材料關注點有所差異。中方《荷

---

204 André Everard Van Braam Houckgeest, *An Authentic Account of the Embassy of the Dutch East-India Company to the Court of the Emperor of China in the Years 1794 and 1795; (Subsequent to that of the Earl of Macartney), Containing a Description of Several Parts of the Chinese Empire, unknown to Europeans; Taken from the Journal of André Everard van Braam; Translated from the Original of M.L.E. Moreau de Saint-Mery*, Vol. II, pp.27-29.

205 同上 , pp.29-35.

206 同上，p.52-56.

207 同上，p.57-58.

蘭國交聘案》共收文十九件，[208] 其主要內容涉及四項：

第一、佈置接待荷蘭使團進京的安排、翻譯事宜。第一至三件時間為乾隆五十九年十月初九，涉及安排荷蘭使臣進京事宜：「奉上諭：長麟等奏荷蘭國遣使賫表納貢，懇求進京叩祝一摺，此係好事。披閱長麟等譯出原表，該國王因明年係朕六十年，普天同慶，專差貢使賫表到京叩賀，情詞極為恭順。長麟等因其表文係公班大臣呢嘮啵等代伊國王出名，與體制稍有不符，復加盤詰，何必如此深論！自應准其來京瞻覲，遂其向慕之忱。著長麟等即傳諭該使臣等知悉，並派委妥員護送起程，祇須於十二月二十日封印前一二日到京，俾得與蒙古王公及外藩諸國使臣一體同邀宴賚。」「再，荷蘭國所進表文，在京西洋人不能認識，並著長麟等於住居內地之西洋人有認識荷蘭字體兼通漢語者，酌派一二人隨同來京，以備通譯。」[209]

第二、荷蘭使團北上沿途情形報告。第四至五件十一、十二月〈湖北巡撫陳用敷摺〉、第九件〈十二月十九日軍機處給王仕基等箚〉、第十件〈十二月二十日軍機處奏片〉，均為報告使團北上沿途情形。第六件為〈十二月初一日廷寄〉，安排使團沿途接待。與荷蘭使節看力描寫北上長途跋涉的艱難情形不同，清朝官員對荷蘭使團的旅途困苦似輕描淡寫，〈十二月二十日軍機處奏片〉根據伴送使團的道員王仁基報告奏稱：「我於十月二十八日就伴他們起程。他們急於要瞻仰大皇帝，在途還催價行走，一路也甚是安靜。至從前噢咭唎國的使臣，由京回到廣東

---

208 J. J. L. Duyvendak, Supplementary Documents on the Last Dutch Embassy to the Chinese Court, *T"oung Pao*, Volume 35, Number 5, pp.329-353. 此文將〈荷蘭國交聘案〉收文十九件譯成英文。此文中譯本：〈荷蘭使節來華文獻補錄〉，收入朱傑勤譯：《中外關係史譯叢》，第 269-287 頁。

209 故宮博物院編：《文獻叢編》第五輯，〈荷蘭國交聘案〉第 1 頁。又參見梁廷枏總纂、袁鍾仁校注：《粵海關志》，第 445 頁。

時，我也曾看見的，他們甚為歡感，亦頗恭順。此次荷蘭貢使到廣東時，禮貌尤為恭謹，瞻覲誠心亦甚真切。他們要緊走路，我怕該貢使等過於勞苦，他們還求著快走。所有經過各處，沿途供應無誤，雖行程較速，仍可按程歇息。他們甚是喜歡，亦不致過形勞頓。至此次從廣東啟程後，惟經過安徽地方，每日遇有雨雪，僅可行走七八十里，到了舒城縣地方，因雨雪泥濘難行，還住了兩日，是以稍為遲緩。自入山東、直隸一帶，俱是兼程行走，並未躭擱。惟該貢使所帶兵役，因大車行走遲緩，尚有十餘名在後，明日俱可到齊，其貢品內有大玻璃鏡一對，體質笨重，須按程緩行，約於年內方可運到。再，該貢使所帶兵役十二名，到廣東時本各帶有鎗刀，自啟程後，該貢使等怕他們在途生事，都收入箱內。」[210]

第三、有關荷蘭使團的「貢品」清單、接待規格與回贈安排。第七件〈十二月初一日軍機處奏片〉報告荷蘭使團「貢品」及「擬賞物件單」。內稱：「查該國現在所進貢品，平常為數亦少，迥非嘆咭唎國初次瞻覲及貢物珍重者可比。臣等敬體聖主懷柔遠人、厚往薄來至意，謹酌量擬加賞國王、貢使、從人等物件單一併進呈，伏候欽定。」[211]第十一件〈十二月二十三日軍機處奏片一〉對荷蘭使團所進貢單與英國馬戛爾尼使團貢品做了進一步比較：「查嘆咭唎國所進大儀器共有六件，此次荷蘭國止有樂鐘一對、金表四對。其餘羽緞、大呢等項，為數均不及嘆咭唎國所進十之一二。至荷蘭國貢單內所開檀香油、丁香油等物，並非貴重之物，亦併以湊數呈送，較之嘆咭唎國所進物件實屬懸

---

210 故宮博物院編：《文獻叢編》第五輯，〈荷蘭國交聘案〉第 6-7 頁。

211 同上，〈荷蘭國交聘案〉第 4 頁。

殊。」**212** 據《清會典事例》所載禮品清單，「荷蘭國王遣使入貢，恭進萬年如意、八音樂鐘、時刻報喜、各式金表、鑲嵌金盒、鑲嵌帶版、珊瑚珠、琥珀珠、千里鏡、風槍、金銀綫、琥珀、各色花氈、各色羽緞、各色大呢、西洋布、地毯、大玻璃鏡、花玻璃壁鏡、玻璃挂鐙、燕窩、檀香、荳蔻、丁香、檀香油、丁香油，凡二十六種」。**213** 禮品的數量和質量均明顯不如英國使團。一般來説，貢品的質量對清廷的接待規格自然直接造成影響。第十二件〈十二月二十三日軍機處奏片二〉要求對荷蘭使團的接待等同朝鮮：「查每年十二月二十九日，重華宮惟有回子番子進內觀劇，其朝鮮等國使臣向俱不預。此次荷蘭國使臣應亦無庸令其入內觀劇。」**214** 第十三件〈十二月二十三日奏片三〉：「查荷蘭國使臣應入新正紫光閣筵宴，所有臣等擬定加賞該國王及使臣物件，請俟紫光閣筵宴時頒給，似毋庸另行擬賞，可否？如此伏候訓示。」**215** 第十四件〈十二月二十七日軍機處奏片〉：「至荷蘭國貢使不能和詩，但該貢使既與朝鮮貢使一同在列，未便兩歧。臣等謹一併擬賞該國王及使臣物件清單進呈，亦同在山高水長頒給。」後附軍機處擬賞荷蘭國王及使團正副使物件單。**216** 第十五件〈軍機處進擬賞荷蘭國貢使物品單〉（乾隆六十

---

212 同上，〈荷蘭國交聘案〉第 7 頁。《粵海關志》列有荷蘭使團禮品詳細清單，參見梁廷枏總纂、袁鍾仁校注：《粵海關志》，第 446 頁。

213《清會典事例》第六冊，卷五〇四〈禮部·朝貢·貢物二〉，第 836 頁。《海國四説》記載了禮品數量，「貢使至京，恭進萬年如意八音樂鐘一對，時刻報喜各式金錶四對，鑲嵌金小盒一對，鑲嵌帶版四對，珊瑚珠一百八顆，琥珀珠一百八顆，千里鏡二枝，風鎗一對，金銀線三十觔，琥珀四十觔，各色花氊十版，各色羽緞十版，各色大呢十版，西洋布十匹，地毯二張，大玻璃鏡一對，花玻璃壁鏡一對，玻璃掛燈四對，燕窩一百觔，檀香五百觔，荳蔻一百觔，丁香二百五十觔，檀香油三十瓶，丁香油三十瓶」。梁廷枏：《海國四説》，第 214-215 頁。

214 故宮博物院編：《文獻叢編》第五輯，〈荷蘭國交聘案〉第 7 頁。

215 同上。

216 同上，〈荷蘭國交聘案〉第 7-8 頁。

年正月）奏稱：「本月十一日帶領荷蘭國貢使在萬壽山等處瞻仰，請照嘆咭唎貢使之例酌減擬賞。」[217] 顯示清朝賞贈荷蘭使團的物品在英國使團之下。

第四、荷蘭使團回程安排和乾隆致荷蘭國王敕書。第十八件〈軍機處咨文〉（乾隆六十年正月）：「荷蘭國貢使現於正月二十六日自京起程回國，奉旨令由陸程至江南王家營登舟，由江蘇、浙江、江西水程抵粵。為此先期行咨貴督撫，即飭沿途各州縣，將應用夫馬車輛船隻一體妥協預備，以便遄行無誤。其餘一切支應，均照應例備辦，俾無缺乏。」[218] 第十九件〈勅諭〉（乾隆六十年正月）：

奉天承運皇帝敕諭荷蘭國王知悉。朕仰承昊眷，寅紹丕基，臨御六十年來，四海永清，萬方向化，德威遠播，禔福畢臻，統中外為一家，視臣民若一體，推恩布惠，罔間寰瀛，億國梯航，鱗萃徠賀。朕惟勵精圖治，嘉納欵誠，與爾眾邦共溥無疆之庥，甚盛事也。咨爾國重洋遙隔，丹悃克抒，敬賚表章，備進方物，叩祝國慶，披閱之下，周詳懇切，詞意虔恭，具見慕義輸忱，良可嘉尚。爾邦自貿易奧門，歷有年所，天朝懷柔遠人，無不曲加撫恤，如博爾都噶爾亞、意達哩亞、嘆咭唎等國，效順獻深，天朝一視同仁，薄來厚往，爾邦諒備聞之。今來使雖非爾國王所遣，而公班衙等能體爾國王平時慕化情殷，囑令探聽天朝慶典，具表抒忱。茲值天朝六十年國慶，公班衙等因道遠不及稟知爾國王，即代為修職來庭，則感被聲教之誠，即與爾國王無異，是以一律優待，示朕眷懷。所有賚到表貢之來使，小心知禮，已令大臣帶領瞻覲，錫予筵宴。並於禁苑諸名勝處悉令遊覽，使其叨茲榮寵，共樂太平。除

217 故宮博物院編：《文獻叢編》第五輯，〈荷蘭國交聘案〉第 8 頁。
218 同上，〈荷蘭國交聘案〉第 9-10 頁。

使臣恩賚疊加，及各官、通事、兵役人等正賞加賞各物件，另單飭知外，茲因爾使臣歸國，特頒勅諭，錫賚爾王文綺珍物如前儀，加賜綵緞羅綺、文玩器具諸珍，另有清單。王其祗受，益篤忠貞，保乂爾邦，永副朕眷。欽哉，特勅。**219**

　　2月15日，荷蘭使團離開北京。5月9日晚，抵達廣州。清廷對使團的回程妥加安排：「著傳諭各該督、撫，將來該使臣等回程經過時，俱仍仿照嘆咭唎使臣之例，酌給筵宴。時並宣諭該使臣等，此次爾等慕化遠來，大皇帝鑒爾恭順，從前爾等進京時，原應筵宴，但因爾等趕於年內到京，沿途行走期限緊迫，恐躭延時日，是以未經筵宴。今爾等回程舒徐，仍遵旨賞爾等筵宴等語，向其明白宣示，該使臣等聞知，自必益臻歡感也。」**220** 返程相對來時要順利，這多少減輕使團旅途勞累的苦痛感。不過，荷蘭使團來華的真正目的，即尋求自由貿易，卻未被清朝一字提及。「荷蘭國貢使遠來納賮，恭順可嘉，所有該貢使搭坐商船，除進口貨物照例納稅外，其應納船料及出口買帶貨物，著加恩免其交稅。今此項出口船料等稅，業據全交。著俟該貢使回國時，仍令給還。以示柔遠懷來至意。」**221** 清朝還是故技重施，懷抱期望而來的荷蘭使團當然又是掃興而歸。

結語

　　美國學者費正清將與傳統中國交往的國家分為三個大圈：第一個

---

219 故宮博物院編：《文獻叢編》第五輯，〈荷蘭國交聘案〉，第10頁。
220 梁廷枏：《海國四說》，第216頁。
221 同上。

圈是漢字圈,由鄰近而文化相同的屬國組成,如朝鮮、越南、琉球、日本;第二個圈是內亞圈,由亞洲內陸遊牧或半遊牧民族等屬國和從屬部落組成,它們不僅在種族和文化上異於中國,而且處於中國文化區以外或邊緣;第三個圈是外圈,由關山阻絕、遠隔重洋的「外夷」組成,如東南亞、南亞和歐洲各國。[222] 按照這種劃分,葡萄牙、荷蘭屬於「外圈」的國家。但這兩個國家卻因葡萄牙據有澳門,荷蘭佔領巴達維亞,而成為中國的近鄰。另一個西方國家西班牙也因佔領呂宋,與中國一海之隔,成為中國的鄰邦。《明史》立《佛郎機傳》、《呂宋傳》、《和蘭傳》、《意大里亞傳》,它們實為當時與中國交往最為密切的四個西歐國家。

清朝管理對外事務主要由禮部和理藩院負責。禮部負責藩屬和外國朝貢事務,其所轄區域為東北亞的朝鮮、日本和東南亞的琉球、暹羅、呂宋、緬甸等國,從東南沿海來華的葡萄牙、荷蘭、西班牙等西歐國家使團也歸其接待。理藩院負責蒙、藏、回等北方、西北地區少數民族事務,中亞少數民族部落、汗國、俄羅斯交涉事務亦由其負責。在分管區域上,禮部與理藩院各有所轄。清朝與歷代漢族王朝不同之處在於它並不以嚴格意義上的「華夷之辨」模式對待蒙古、西藏、新疆和廣大西北、中亞地區的少數民族,由於滿族本身在生活方式上與北方、西北地區的少數民族有相通或相近之處,清廷對他們採取包容和較為優惠的政策,因而對這些地區事務的處理相對要得心應手。而對與東南亞地區、國家的交涉,相對陌生疏遠;對與從海路遠道而來的西歐各國使團打交道,更是缺乏經驗。這就使得其在處理涉外事務時,容易出現重北輕南的傾向。這種情形發展到近代,演變成為「海防」與「塞防」之爭,西北與東南的防衛孰輕孰重成為一個嚴重問題,擺在清廷決策者面前。

---

222 費正清編、杜繼東譯:《中國的世界秩序:傳統中國的對外關係》,第 2 頁。

葡萄牙、荷蘭作為新興的近代國家，具有與中國周邊帝國或藩屬不同的特質。它們是海洋國家，在航海技術和製炮技術上已技高中國一籌，明末人稱「紅夷炮」，其所恃「巨舟大礮」[223] 即指此。荷蘭組建東印度公司經營，開拓資本主義市場，主張自由貿易，這與傳統的朝貢體系所絕對不容；葡萄牙商人以澳門為據點，始終將拓展商貿放在首位，「盡可能地發展他們與中國的獨佔貿易」。[224] 清廷顯然缺乏對葡萄牙、荷蘭所具這些新質的認識，將它們置於藩屬的行列。在清朝走向興盛的前期，葡、荷兩國被迫就範，這自然是清帝國的強勢、體量大，葡、荷兩國鞭長莫及，國力有限所致。

　　中文文獻不管是官方的《清實錄》、《清會典事例》，還是私家的《海國四說》，記載葡萄牙、荷蘭使節進京「朝貢」，注重記載覲見禮儀、表文、貢品、賞賜禮品、敕諭這些程式化的內容，它典型地反映了清朝對外所推行的是朝貢制度。這與葡萄牙、荷蘭使節的使華日記、遊記和回憶錄長於記敘訪問過程和喜歡渲染覲見禮儀明顯不同，後者顯然要更加細緻、生動、具體，雖然其描敘文字可能夾雜有偏見和猜誤。一般來說，葡萄牙、荷蘭使團來京只是呈遞國書或表文、貢品，然後接受清廷的回贈禮品、敕諭，這些程序完成後就打道回府。在京城進行的這些朝貢活動，實質上是一種特殊的貿易活動。「朝貢本身是一種貿易形式，所以會按管制貿易的一般規則進行。」「朝貢不一定與國際市場上的廣泛貿易有關，不過，二者在幾個不同的層面存在關聯。雖然在皇帝與藩屬之間建立關係是第二重要之事，但作為朝貢儀式核心的貢品 — 禮品交換也是一種真正有價值的經濟交換。貢品和賞賜的禮品是接受者所在社會中極難見的珍稀之物，如果把這些東西作為奢侈品通過正常的

223 《明史》卷三二五，列傳二一三〈荷蘭傳〉。

224 龍思泰著，吳義雄、郭德焱、沈正邦譯：《早期澳門史》，第 57 頁。

商業渠道出售，肯定能賣個好價錢……然而，貢品 — 禮品交換既非純粹禮儀性或象徵性的活動，也非純粹商業性的活動。換言之，禮儀和商業如此緊密地糾結在一起，只能通過分析才能區別開來。」[225] 從康熙二十五年規定荷蘭「定減貢額。嗣後荷蘭貢物，止令進大尚馬、珊瑚等十三種，其織金緞、羽緞、倭緞及各樣油、小箱、腰刀、劍、布、琉璃鐙、聚耀燭臺、琉璃杯、肉豆蔻、葡萄酒、象牙、皮袋、夾板樣船，俱免其進獻。由是職貢彌謹」，[226] 可以看出，隨著中西往來的增多，清廷對那些普通西洋物品已不感興趣。從《荷蘭國交聘案》第十一件《十二月二十三日軍機處奏片一》對荷蘭使團與英國馬戛爾尼使團所進貢品的比較，可以窺察清廷對荷蘭使團實力的判斷。這些都表現出「朝貢」所具有的貿易性質。清廷通常根據朝貢「方物」的價值，決定接待的規格與回贈的禮品。「宴會和正餐都有禮儀價值，與此同時，作為支付使團在北京停留期間的費用的一種方法，它們又具有經濟價值。皇帝賞賜的禮品的價值大於貢品的價值，此事除了有社會、心理和道德方面的價值外，還有純粹的經濟價值：貢品和賜品的價差也是對朝貢使團所花費用的一種補助。」[227] 但習慣市場交易和自由貿易的葡萄牙、荷蘭顯然並不適應、也不理解這種貿易形式，因而他們常常為覲見皇帝所付出的「貢品」代價而抱怨。他們以「朝貢方物」作為獲取更大貿易權利的交易的開始，而對清廷來說，這種交易已在回贈禮品後結束，下一次交易須等八年、五年以後再來「朝貢」。

18 世紀末，葡萄牙、荷蘭國勢已經大大衰落，它們作為海洋文明

225 〔美〕馬克·曼考爾（Mark Mancall）：《清代朝貢制度新解》，收入費正清編、杜繼東譯：《中國的世界秩序：傳統中國的對外關係》，第 74、68-69 頁。

226 梁廷枏：《海國四說》，第 210 頁。

227 馬克·曼考爾：《清代朝貢制度新解》，收入費正清編、杜繼東譯：《中國的世界秩序：傳統中國的對外關係》，第 69 頁。

的強勢國家的時代也已成為過去，他們對華外交所積累的經驗和因受挫埋下的積怨，在西方世界被廣泛傳揚。西方尋求自由貿易的要求與意志沒有改變，他們與清朝朝貢體系的矛盾自然沒有化解。隨著西方軍事實力的增強，以炮艦打開中國大門的訴求浮上檯面，這就隱伏著近代以後爆發的中西衝突的禍根。

第七章

俄國東正教傳教團的「北京經驗」

在 18 世紀歐洲駐京人士中，俄羅斯東正教傳教團是一個特殊的群體。它集傳教、商貿、漢學研究、外交於一身，在中俄交往中扮演關鍵角色。俄羅斯方面對這一群體的材料保存和研究頗為重視，俄國對東正教傳教團歷史的研究可以分為兩段：第一段以神職人員為主體，其意在保存傳教團的歷史材料。最早記錄俄國傳教團歷史的是第四屆傳教團（1745-1755）修士司祭斯莫爾熱夫斯基，他撰寫的《駐北京傳道團之我見》，記錄了傳教團早期的歷史。比較系統地介紹了 18 世紀俄國傳教團歷史的是第八屆傳教團（1795-1808）團長（或稱領班）、修士大司祭索夫羅尼‧格里鮑夫斯基，他留下的有關傳教團歷史的手稿後經彼得堡大學東方語言系教授尼‧伊‧維謝洛夫斯基（N. I. Veselovskiǐ）整理，1905 年以《俄國駐北京傳道團史料》為題在聖彼得堡出版。[1] 對 18 世紀俄國傳教團的真正研究性成果要推第十六屆傳教團修士司祭尼古拉‧阿多拉茨基（Nikolaǐ, hieromonach）在 1887 年出版的《東正教在華兩百年史》，該書分上、下兩編，分別評述了駐北京傳教團第一時期（1685-1745）、第二時期（1745-1808）的歷史，該書不僅梳理了與俄羅斯傳教團相關的檔案材料，而且將之與同時期在北京的耶穌會士加以比較，成為一部具有比較視野的史學著作。[2] 第十八屆傳教團（1897-1931）的修士大司祭英諾肯提乙（Archimandrite Innocent）於 1916 年在北京出版了他主編的《俄國東正教駐華傳教團簡史》，該書對傳教團的

1 中譯本參見〔俄〕尼‧伊‧維謝洛夫斯基編、北京第二外語學院俄語編譯組譯：《俄國駐北京傳道團史料》第一冊，北京：商務印書館 1978 年版。

2 中譯本參見〔俄〕尼古拉‧阿多拉茨基著，閻國棟、肖玉秋譯：《東正教在華兩百年史》，廣州：廣東人民出版社 2007 年版。

歷史敘述延伸到了第十八屆傳教團。[3]第二段以世俗的漢學家為主,其中Ⅱ. E. 斯卡奇科夫(P. E. Skachkov)撰寫的《俄羅斯漢學史》對俄國傳教團的漢學研究成就做了系統的評述。[4]始於 1993 年,由俄羅斯科學院院士M. H.博戈柳博夫主編出版《遠東地區的東正教》系列會議文集、[5]1997 年由俄羅斯科學院院士齊赫文斯基等主編的《中國俄羅斯佈道團史》、1998 年佳尼斯神父主編的《中國的東正教(1900-1997 年)》等都是這一領域引人注目的新成果。[6]

　　中國方面的相關研究成果以蔡鴻生著《俄羅斯館紀事(增訂本)》、肖玉秋著《俄國傳教團與清代中俄文化交流》、張雪峰著《清朝前期俄國駐華宗教傳道團研究》三書為代表。蔡鴻生先生一著將俄文材料與中文文獻相互印證,在發掘中文材料方面顯示其長。肖玉秋一著較多地使用了俄方新公佈的材料,對「俄國傳教團與清代中俄交流」這一主題作了系統的評述。張雪峰結合俄、中文獻,從縱的視角對前十二屆俄國傳教團在華歷史作了考察。

　　中國學者探討此題的最大困難仍在於材料的限制,俄國方面現在整理、編輯的《18 世紀俄中關係:資料與文獻》已出版第一、二、三、六卷,《19 世紀俄中關係:資料與文獻》則只出版第一卷(1803-1807)。

3　此書有英文介紹,參見 Archimandrite Innocent, The Russian Orthodox Mission in China, *The Chinese Recorder*, Vol. XLVII, No.10, October 1916 (Shanghai: American Presbyterian Mission Press), pp.678-685. 該書中譯本〔俄〕阿夫拉阿米神父輯、柳若梅譯:《歷史上北京的俄國東正教使團》,鄭州:大象出版社 2016 年版。

4　中譯本參見〔俄〕Ⅱ. E. 斯卡奇科夫著、〔俄〕B. C. 米亞斯尼科夫編、柳若梅譯:《俄羅斯漢學史》,北京:社會科學文獻出版社 2011 年版。

5　博戈柳博夫主編的《遠東地區的東正教》是一系列遠東東正教歷史研究學術會議的論文集,始自 1993 年,迄今已經出版 4 集:1993 年第 1 集、1997 年第 2 集、2001 年第 3集、2004 年第 4 集。

6　有關俄國最近二、三十年的相關研究成果介紹,參見肖玉秋著:《俄國傳教團與清代中俄文化交流》,天津人民出版社 2009 年版,第 13-18 頁。

中國第一歷史檔案館編選的《清代中俄關係檔案史料選編》只出了第一編（順治、康熙、雍正三朝）、第三編（咸豐朝）。在俄、中兩方面對這一主題的基本檔案材料尚沒有公佈以前，研究的廣度和深度無疑會遇到相當難以克服的障礙。

本章主要從俄國東正教傳教團的「北京經驗」這一視角切入，實際上俄國傳教團除了在前往北京和返回俄國的途中外，其活動的地點就只有北京，其在北京的經歷所構成的「北京經驗」與他們的「中國經驗」某種意義上可以說是疊合為一。

一、俄羅斯東正教傳教團駐京概述

俄羅斯人進入中國可追溯到元朝。受教皇之命出使蒙古的意大利傳教士約翰・柏朗嘉賓在他的《蒙古行紀》中多處提到他在蒙古上都和林的大汗宮廷中見到「斡羅思人」的記載。[7]《元史・本紀・文宗三》載至順元年五月「置宣忠扈衛親軍都萬戶府，秩正三品，總斡羅思軍士，隸樞密院」。十二月「宣忠扈衛斡羅思屯田給牛、種、農具」。《文宗四》載至順二年四月「改宣忠扈衛親軍都萬戶府為宣忠斡羅思扈衛親軍都指揮使司，賜銀印」。[8] 這些記載說明當時蒙古扈衛親軍中存在「斡羅思」軍人。「一部分信仰東正教的俄羅斯籍士兵隨軍來到了元大都，有的還參加了元朝推翻金朝和南宋的戰爭。」[9]「公元 1240 年，拔都率軍南

---

7 參見耿昇、何高濟譯：《柏朗嘉賓蒙古行紀　魯布魯克東行紀》，北京：中華書局 2002年版，第 41、100 頁。

8 ［明］宋濂等著：《元史》第三冊，北京：中華書局 1976 年版，卷三十四，〈本紀第三十四・文宗三〉，第 758、770 頁；卷三十五，〈本紀第三十五・文宗四〉，第 782 頁。

9 佟洵：〈試論東正教在北京的傳播〉，載《北京聯合大學學報》1999 年 6 月，第 13 卷第2 期，第 10 頁。

486

進，攻陷基輔羅斯。此時，在蒙古的西征軍中已有信仰希臘正教的俄羅斯籍士兵。」[10]「僅文宗一朝，就有很多俄羅斯人流寓中國。這些來到中國的俄羅斯人。或戍邊遼東，或屯駐內地。他們長期居留中國。」[11] 俄羅斯學者對這些「斡羅思人」的去向做了研究，「第九屆傳教團領班比丘林推測這些俄國人的後裔在蒙古王朝覆滅後遷徙到了中國西部，最有可能是四川省。曾任第十三屆和第十五屆俄國東正教駐北京傳教團領班的巴拉第在 1872 年發表《基督教在中國的古老痕跡》和《14 世紀在中國的俄國俘虜》兩篇文章，利用《元史》等材料專門研究了元代大都的俄羅斯扈衛親軍，因為俄羅斯的史籍中沒有留下任何相關記載」。[12]

有關俄國東正教在華傳教歷史的分期問題，基於史學家本人活動時期的局限，不同時期的史學家對此有不同的認識。阿多拉茨基（1849-1896）分為兩個時期：第一時期（1685-1745 年）從東正教進入中國到第三屆傳教團，「這一時期傳教團做了兩項工作，一是管理阿爾巴津人牧眾，二是培養學生」。傳教團受到了清朝的保護和優待。第二時期（1745-1808 年）從第四屆到第八屆傳教團，「由於俄中關係出現障礙、某些傳教團成員在知識與道德方面存在缺憾以及物質供給的不足，駐北京傳教團陷入被遺忘和悲涼的境地」。[13] 英諾肯提乙（1863-1931）則將傳教團歷史分為三個時期：第一階段（1712-1860）從馬克西姆·列昂節夫（Maximus Leontieff）去世到《天津條約》的簽訂。傳教團在很大程度上扮演了俄國公使館角色，其大司祭則事實上履行了俄國政府駐華公使的

10 參見張綏：《東正教和東正教在中國》，上海：學林出版社 1986 年版，第 178 頁。

11 參見張維華、孫西：《清前期中俄關係》，濟南：山東教育出版社 1997 年版，第 10 頁。

12 參見肖玉秋：《俄國傳教團與清代中俄文化交流》，天津人民出版社 2009 年版，第 20 頁。陳開科：《巴拉第與晚清中俄關係》，上海書店出版社 2008 年版，第 199-222 頁。

13 尼古拉·阿多拉茨基著，閻勵棟、肖玉秋譯：《東正教在華兩百年史》，廣州：廣東人民出版社 2007 年版，〈《東正教在華兩百年史》提要〉第 2 頁。

職能。第二階段（1860-1902），這一階段的主要特點是佈道團職能回歸傳教，開始組織漢譯《聖經》。第三階段（1902-1916）東正教的純傳教活動獲得較大發展。[14] 本章主要討論前十三屆俄國傳教團的歷史。

1685 年，「羅剎復肆擾」，[15] 清軍大敗入侵的俄羅斯軍，收復雅克薩城。在與俄羅斯軍交戰中，清軍俘虜了數批俄軍。1681 年俘 31 人，1684 年俘 22 人，1685 年俘 46 人。[16] 前兩批押解北京，均交清廷戶部處理。第三批中 40 人遣送盛京，6 人押送北京。[17] 遵康熙皇帝的旨意，清廷將俄羅斯戰俘編入鑲黃旗第四參領第十七佐領，給予正四品到正七品的官銜，並配發土地、房屋和津貼，駐紮在北京城東北角東直門的胡家圈胡同。

阿爾巴津人被帶到北京後，立即就被編入了滿洲黃旗。他們完全

---

14 Archimandrite Innocent, The Russian Orthodox Mission in China, *The Chinese Recorder*, Vol. XL-VII, No.10, October 1916, pp.678-685.

15 趙爾巽等撰：《清史稿》第十六冊，卷一百五十三，〈志一百二十八・邦交一〉，第4482 頁。

16 中、俄雙方有關戰俘的記載有較大差異。〈康熙帝諭將投誠俄人歸入上三旗〉（康熙二十四年十月二十二日）載：「戶部題：投誠羅剎四十人，不足編為半個佐領，酌量歸入上三旗內。上曰：此議亦當，但率領投誠之人，不與議敘，實屬可憫；應量給伊等原帶品級。」收入中國第一歷史檔案館編：《清代中俄關係檔案史料選編》，第一編上冊，北京：中華書局 1979 年版，第 56 頁。

俄羅斯方面則稱：阿爾巴津城「該城有一百五十一人」。「俘虜中願意返回俄國的有一百零一人，而願意歸順滿洲人的有五十人。郎談了解了每個阿爾巴津人的願望以後，對這兩部分人分別作了如下的處置：願意返回俄國的，由於他們忠君愛國，郎談把他們帶到北京去了；而那些願意歸順中國皇帝的人，郎談則把他們遣送到滿洲的奉天，並下令把他們分配到各個地方去種地。」參見尼・伊・維謝洛夫斯基編、北京第二外語學院俄語編譯組譯：《俄國駐北京傳道團史料》第一冊，第 21 頁。

17 參見陳月清、劉明翰：《北京基督教發展述略》，北京：首都師範大學出版社 1998 年版，第 184 頁。另一說近百人，參見李淑蘭：《北京史稿》，北京：學苑出版社 1994 年版，第 221 頁。

和滿洲人一樣受到尊重。給他們安排了住房，派了傭人，還規定每隔三年發給他們四年所需的衣服，將步軍統領衙門收押的女犯配予他們為妻，還給他們當中的某些人匹配了大戶人家的婦女。總之，康熙皇帝賜給了阿爾巴津人一切寬厚待遇。[18]

清廷考慮到俄羅斯人的宗教信仰，將胡家圈胡同中的一座關帝廟撥給他們，闢為東正教教堂，北京人稱之為「羅剎廟」，俄羅斯人稱之為俄羅斯館（北館）。聚居在此的俄羅斯人中有一位名叫馬克西姆·列昂節夫的東正教教士，他便成為教堂的修士。因教堂中掛有一幅俄羅斯人帶來的「顯聖者尼古拉」聖像，故此教堂又稱「聖尼古拉」教堂，是為東正教在北京傳教的開始。

他們來北京時，攜帶了教堂的聖像和聖經，同時還帶來了他們在阿爾巴津時的司祭馬克西姆及其妻小。阿爾巴津人來到北京後，一位中國大官將自己建造的一座廟宇贈給了他們，他們就把這座廟宇改為俄羅斯人住區的索菲亞教堂。這座教堂又稱尼古拉教堂，這是因為教堂裡有一幀由俘虜們從阿爾巴津帶來的顯聖者尼古拉的聖像，而俄國人對尼古拉聖像通常比對別的聖像更為崇敬的緣故。[19]

這些在京的阿爾巴津人行為放蕩，無法無天。導致他們如此放縱的原因有二：一是「康熙皇帝賜予被帶來至北京的阿爾巴津人以三年的絕對自由，從而使這群獵人變得比野獸還要兇惡，他們成了一群強盜、酒鬼和不可思議的暴徒」。二是「清廷將步軍統領衙門收押的女犯賞給

---

18 尼·伊·維謝洛夫斯基編、北京第二外語學院俄語編譯組譯：《俄國駐北京傳道團史料》第一冊，第26頁。

19 同上，第26-27頁。

他們（雖然不是所有的人）為妻」。[20] 在中國妻子的教導下，他們接受了中國的生活方式和風俗習慣，而背棄俄羅斯的東正教。

俄羅斯向北京派駐東正教傳教團的設想，最早可追溯到 1676 年作為俄國使節的斯帕法里向彼得大帝提出。1692 年，俄國為了在京建立教堂，曾致函清近侍大臣：「請至聖皇帝降旨，准於中國地方建造教堂。我俄羅斯國商人願於中國建造教堂，如蒙至聖皇帝指給地址，我俄羅斯國君主等，將按價出資建造。」[21] 清廷對於俄方的這一要求，在回復的咨文中明確表示拒絕：「查得，西洋各國之人來中國，只是永久居留者曾建教堂，並無於我國續建教堂之例。故此事亦毋庸議。」[22] 1698 年俄羅斯商隊格里高里・彼得羅夫和斯皮利東・良古索夫回國後報告了在京的阿爾巴津人的狀況，引起了彼得大帝的關注。1700 年 6 月 18 日彼得大帝下達了一道諭旨：

為在（中國）崇拜偶像的民族中間確立和強化東方正教信仰及傳播上帝的福音，同時也為了使居住於托博爾斯克和西伯利亞其他城市交納實物稅的民族皈依基督信仰並接受洗禮，大君主在與神聖的牧首討論後指示致信基輔都主教，命其為了神聖的上帝事業，從他管轄的小俄羅斯城市和修道院的修士大司祭、神父或其他有名的修士中選擇一位善良、飽學和品行端正的人赴托博爾斯克擔任都主教，以便他能在上帝的幫助之下使中國和西伯利亞那些崇拜偶像、愚昧無知、執迷不悟的生靈皈依真正的上帝。同時帶上兩個或者三個善良肯學且年輕的修士學習漢語和

---

20 尼・伊・維謝洛夫斯基編、北京第二外語學院俄語編譯組譯：《俄國駐北京傳道團史料》第一冊，27-28 頁。

21 中國第一歷史檔案館編：《清代中俄關係檔案史料選編》第一編上冊，第 155-156 頁。

22 同上，第 154 頁。

蒙古語，待這些修士認清那些民族的迷信之後，用福音書中確鑿的論斷引領那些受撒旦迷惑的黑暗靈魂感知我們基督上帝的光明，使居住於那裡（北京）和來到那裡的基督徒免受異教的種種誘惑。這樣，希望他們能住下來，在那座已建成的阿爾巴津人聖堂中主持聖事，以便用自己高尚的行為引導中國的皇帝、近臣以及全部人民參與那件神聖的事業，讓那些成年累月隨商隊貿易和被派往境外的俄國人受到約束。[23]

從這道諭旨可知，彼得大帝向北京派駐傳教團，其意首先是向在京定居的阿爾巴津人傳教，保持他們的宗教信仰；其次是向來京的俄羅斯人提供宗教服務；再次是通過傳教士和在京的俄羅斯人的影響，引導中國皇帝、臣民改信基督。這道諭旨應該說實際道出了俄羅斯派駐傳教團的全部意圖。

年邁的馬克西姆在北京生活了二十七年，在他年老體弱之時，1704 年 3 月 14 日俄國議政大臣、杜馬貴族維尼烏斯（又作維紐斯）給索額圖寫信，提出馬克西姆因年老，主持宗教事務力不從心，請求派遣兩名宗教人員接替他；希望清朝能夠讓他們留在北京，並給予他們相應的待遇。[24]清朝理藩院因其受文人是索額圖，不符前一年該院知會俄方有關的雙方通信的做法（直接致信理藩院），故沒有受理，將此信退回給來京貿易的俄羅斯商人伊萬·薩瓦捷耶夫，讓他帶回俄國。[25]

1710 年，在京的阿爾巴津人向俄皇彼得大帝懇求，同時給托博爾斯克都主教菲洛費伊·列辛斯基寫信，請求派司祭來北京主持宗教活動。1712 年馬克西姆去世，此前阿爾巴津人已有很長一段時間沒有司

---

23 尼古拉·阿多拉茨基著，閻國棟、肖玉秋譯：《東正教在華兩百年史》，第 42-43 頁。

24 中國第一歷史檔案館編：《清代中俄關係檔案史料選編》，第一編上冊，第 226 頁。

25 同上，第 225 頁。

祭。俄國沙皇關心在京阿爾巴津人的宗教生活，決定派遣雅庫次克的修士大司祭伊拉里昂．列扎伊斯基（又作依臘離宛）前往北京。[26] 此時恰逢康熙擬派遣太子侍讀殷扎納、郎中那彥和內閣侍讀圖理琛等人經過西伯利亞前往伏爾加河流域看望流落在那裡的土爾扈特蒙古部落。1711（或 1712/ 同年）年俄羅斯人胡佳科夫率商隊訪問北京，提出請清廷允准俄國派遣修士大司祭前來北京接替列昂節夫的神職工作，以作為同意中國使者入境俄羅斯的交換條件。康熙帝接受了這一條件。1714 年中國使者殷扎納一行訪俄歸國時，俄羅斯派修士大司祭伊拉里昂．列扎伊斯基率領修士司祭拉夫連季、修士輔祭菲利蒙、教堂輔助人員阿法納耶夫一行 10 人啟程前往北京，1715 年 4 月 30 日抵達北京。[27] 這是第一屆俄羅斯東正教駐北京傳教團。傳教團抵京後，受到清廷熱情、隆重的歡迎。並獲得清廷優厚的待遇。根據俄羅斯方面的材料供述：

> 由官家發給他（修士大司祭）八百兩銀子，修士司祭和輔祭每人六百兩，教堂輔助人員每人二百兩，讓他們用這筆錢為自己購置房產；還給修士大司祭七百兩銀子，給修士司祭和輔祭每人五百兩，給教堂輔助人員每人一百五十兩，讓他們購買奴僕。理藩院每月還發給修士大司祭和其他宗教人員數量和現在一樣的銀兩：按中國曆法，大月發四兩五錢，小月（二十九天）發四兩三錢五分；對每個教堂輔助人員則每月發給一兩五錢。此外，那時每隔三年還發給他們四季所需的衣服，每過五天就用數輛大車給他們送來雞、鴨、鵝、羊等各種食物。總之一句話，

---

26 一說大司祭之請係出自康熙，此說似乎存疑。參見尼．伊．維謝洛夫斯基編、北京第二外語學院俄語編譯組譯：《俄國駐北京傳道團史料》第一冊，第 34 頁，註 2。

27 參見陳月清、劉明翰：《北京基督教發展述略》，第 186 頁。俄方作 1716 年 1 月 11 日。參見尼．伊．維謝洛夫斯基編、北京第二外語學院俄語編譯組譯：《俄國駐北京傳道團史料》第一冊，第 34 頁。

所有的物品，甚至小到火柴，都是由官家供給的。所以，他們毫無必要上街去買東西，因為一切都給他們備辦齊全了。這種優渥的物質待遇，俄國宗教人員只是在俄中條約簽訂以前才享有，而自條約簽訂後，這種待遇完全取消了。[28]

這裡所說簽訂條約是指 1727 年中俄《恰克圖界約》。不過，有的學者認為，俄國傳教團的這種待遇一直維持到 1860 年中俄《北京條約》為止。[29]

俄羅斯修士大司祭伊拉里昂·列扎伊斯基初到北京時，講究排場、出手大方，花銷很大，很快在財務上陷於窘境。

當修士大司祭伊拉里昂在北京的時候，他每次外出都有兩個人騎著馬在前面開道，馬車兩側還各有一人騎馬護衛。此外，每次出行他還帶上好幾名教堂輔助人員。修士大司祭按照當地的風俗習慣常以這種排場來顯示自己的體面，因為這種氣派的馬車在中國人那裡是頗受尊敬的。由於修士大司祭列扎伊斯基來北京時極為富裕，特別是他自己帶來了大量皮貨，所以無論哪個中國人到他那裡，他都願意結識，並非常慷慨地以禮物相贈。[30]

28　尼·伊·維謝洛夫斯基編、北京第二外語學院俄語編譯組譯：《俄國駐北京傳道團史料》第一冊，第 35-36 頁。按：「而自條約簽訂後，這種待遇完全取消了」一語可能翻譯有誤。按照《喀爾喀會議通商定約》（《恰克圖界約》的另一文本）第五條規定：「俟遣來喇嘛三人到時，亦照前來喇嘛之例，給予盤費，令住此廟內。至俄羅斯等依本國風俗拜佛念經之處，毋庸禁止。」王鐵崖編：《中外舊約章彙編》第一冊，北京：生活·讀書·新知三聯書店，1982 年版，第 11 頁。也就是說，《恰克圖條約》並未取消此待遇。

29　參見張綏：《東正教和東正教在中國》，第 198 頁。

30　參見尼·伊·維謝洛夫斯基編、北京第二外語學院俄語編譯組譯：《俄國駐北京傳道團史料》第一冊，第 37 頁。

大司祭漸覺財力不支，而來往的中國人逐漸減少，在京的耶穌會教士甚至杜門謝絕。「因此他就借酒澆愁，狂喝濫飲，以致身染重病。病中，他曾到溫泉去治療，後來在從溫泉返回住所的途中去世，時為1717年（即康熙五十六年）10月14日。他在北京一共住了九個半月，於中國陰曆九月十七日逝世。」終年六十歲。他被安葬在安定門和東直門之間的墓地裡。[31] 以後去世的俄羅斯人亦葬在此地，這裡遂成為俄羅斯人的公墓。

1727年10月21日（雍正五年九月初七），中俄簽訂《恰克圖界約》，其中第5條規定：「在京之俄館，嗣後僅止來京之俄人居住。俄使請造廟宇，中國辦理俄事大臣等幫助於俄館蓋廟。現在住京喇嘛一人，復議補遣三人，於此廟居住，俄人照伊規矩，禮佛念經，不得阻止。」[32]

第二屆傳教團團長、修士大司祭安東尼·普拉特科夫斯基於1729年6月17日從俄國伊爾庫次克抵達北京，沿途所需的車馬和伙食都由中國承擔。剛到北京時，他們還是利用原有的聖母安息教堂做祈禱儀式。但在1730年北京大地震中，這座教堂倒塌了。後人對這屆傳教團

---

31 參見尼·伊·維謝洛夫斯基編、北京第二外語學院俄語編譯組譯：《俄國駐北京傳道團史料》第一冊，第38頁。

32 王鐵崖編：《中外舊約章彙編》第1冊，第9頁。此條因翻譯和版本原因，文字、內容有所差異。何秋濤於《朔方備乘》卷四十三考訂圖理琛《異域錄》時所載為：「在京城之俄館，嗣後僅准前來之俄羅斯人居住。至俄使薩瓦請求修廟一節，由中國辦理俄羅斯事務大臣協助於該館內蓋廟。現在京喇嘛一人住該廟，又按請求再准補派三名喇嘛，俟其到達後，照先來喇嘛之例，供以膳食，安置於館內。凡俄羅斯人等，可按其規矩前往禮拜念經。再將薩瓦留於京城念書之四名學生以及通曉俄羅斯文、拉丁文之兩名成年人，亦准住此廟，並以官費養之。」

俄文版本似與漢文版本表述也有差異，參見〔俄〕尼古拉·班蒂什—卡緬斯基編著、中國人民大學俄語教研室譯：《俄中兩國外交文獻滙編1619-1792》，北京：商務印書館1982年版，第391頁。

的評價甚劣，「普拉特科夫斯基被選中後於 1729 年 6 月 17 日帶領傳道團來到北京。盤費全由中國負擔，沿途供給大車和飲食。但是由於普拉特科夫斯基在北京的所作所為荒誕之極，不論俄國人或北京人，不論是在蒙古衙門當差的或耶穌會教士，沒有一個人對他本人和他的所作所為說過一句好話」。[33]

根據《恰克圖界約》，俄羅斯館的另一座教堂 —— 奉獻節教堂則是由清廷出資修建，1727 年開始動工，在普拉特科夫斯基任職期間落成。這座教堂坐落在東江米巷（東交民巷），又稱聖瑪利亞教堂，或稱俄羅斯南館 [34]。1735 年開始舉行圖爾吉亞（相當於天主教彌撒）。此前由於缺乏《聖經》，只是舉行追薦亡靈和一些簡短的祈禱儀式。

1732 年 2 月 14 日抵達北京的俄國信使索洛維約夫中士在京逗留了兩個月，他對當時清廷的宗教政策和東正教的狀況作了簡要描述：

（3）博格德汗現在不禁止耶穌會教士建築教堂，不禁止下層中國人信奉東正教，而這些在他即位初期是不允許的。（4）在北京有兩個東正教教堂，這兩個教堂相距約五俄里：一個是聖尼古拉教堂，位於俄羅斯佐領駐地，該教堂在 1730 年由於地震倒塌了，但又在舊址由俄羅斯佐領的人用中國發給他們的薪俸重建起來；另一教堂由中國出資新建在俄羅斯館附近，但裡面還沒有聖像壁。兩個教堂均未舉行開堂儀式。兩個教堂的總管修士大司祭安東尼・普拉特科夫斯基和教堂輔助人員相處不睦，因而中國朝廷對他的行為很不滿意，希望另換傳道團團長。在北京的俄國學生中，只有四人適於學習，沃耶伊科夫和舒

33 尼・伊・維謝洛夫斯基編、北京第二外語學院俄語編譯組譯：《俄國駐北京傳道團史料》第一冊，第 108 頁。

34 參見陳月清、劉明翰：《北京基督教發展述略》，第 188 頁。

利金總是酗酒無度。[35]

第三屆傳教團團長、修士大司祭伊拉里昂·特魯索夫 1736 年被派往抵達北京，「當時曾發給他二千盧布，用以修繕存放祭器及聖器的庫房和教堂的全部用具，並用來購買鐘和其他為教堂所必備的物品。同時還頭一次發給他五十盧布作為教堂的經費」。[36]

第四屆傳教團團長、修士大司祭格爾瓦西·林妥夫斯基是 1743 年 8 月 26 日被任命，隨即從莫斯科出發前往北京，1745 年 11 月 27 日與隨行的八等文官拉西姆·科勃拉托夫斯基率領的商隊一起抵達北京。

格爾瓦西學問淵博，富有教養，善於交際，沒有酗酒惡習，加上他手頭闊綽，故常與京城的耶穌會士互相酬答。可惜他沒有留下多少富有價值的資料給後任，故對他在任的情況不得其詳。格爾瓦西在京任職九年以後，由阿姆夫羅西接任。1755 年他返回俄國，被派往小俄羅斯的佩烈雅斯拉夫耳，提升為主教。

第五屆傳教團團長、修士大司祭阿姆夫羅西·尤馬托夫於 1754 年 9 月 5 日離開俄國，隨阿列克謝·弗拉迪金所監護的商隊前往北京，12 月 25 日抵京。隨阿姆夫羅西來京的還有兩名教堂輔助人員，從此以後，這成為一個定例沿襲下去。阿姆夫羅西同樣善於交際，在京期間竭力結識耶穌會士，並博得他們的好感。「他還是一位優秀的住宅建築家」，一些造得比較好的建築物都是在他任期內建成。[37] 十年任期滿後，阿姆夫羅西因感回國希望渺茫，遂以酒解悶，結果患上結石症，1771

---

35 尼古拉·班蒂什—卡緬斯基編著、中國人民大學俄語教研室譯：《俄中兩國外交文獻滙編 1619-1792》，第 223-224 頁。

36 尼·伊·維謝洛夫斯基編、北京第二外語學院俄語編譯組譯：《俄國駐北京傳道團史料》第一冊，第 45-46 頁。

37 同上，第 53 頁。

年6月1日在京去世。

第五屆傳教團在京期間，發生了一件不快的事件。「由於俄國方面拒絕向中國方面交付逃人，中國皇帝下令自 1759 年秋起封禁東正教傳教士居住的俄國修道院，不准其外出。」[38] 事情的經過大致是「自 1759 年秋季開始，博格德汗就諭令將修士大司祭阿姆夫羅西及其隨員和學生們通常居住的教堂封鎖，不准他們外出到任何地方去。此外，中國當局還指定了忠實可靠的哨兵守衛，並在大門上釘了一張告示，上面寫著：中國臣民如有膽敢進入此教堂者，定當處決。造成對俄國人憤怒的原因是俄方不將阿睦爾撒納的屍骨和逃人舍楞、洛藏扎布交還中國」。[39]

第六屆傳教團團長、修士大司祭尼古拉·茨維特於 1771 年 12 月初旬在康斯坦丁的兒子、十四等文官瓦西里的護送下來到北京。在京居住了九年，第十年回到俄國，因打報告控告瓦西里的不當行為，受到降職司祭的處分。

第七屆傳教團團長、修士大司祭約阿基姆·希什科夫斯基 1780 年接到任命，1781 年 4 月 23 日離開俄國，11 月 2 日到達北京。據說，「在奉派前來北京的歷屆修士大司祭中，還沒有一個像約阿基姆·希什科夫斯基那樣得到如此優渥的待遇：一次就把駐北京七年的全部薪俸發給了他」。[40]

第八屆傳教團團長、修士大司祭索夫羅尼·格里鮑夫斯基 1793 年 1 月 30 日被提升為修士大司祭。1794 年 9 月 2 日離開俄國，11 月 27 日

---

[38] 尼古拉·阿多拉茨基著，閻國棟、肖玉秋譯：《東正教在華兩百年史》，第 194 頁。

[39] 尼古拉·阿班蒂什—卡緬斯基編著、中國人民大學俄語教研室譯：《俄中兩國外交文獻滙編 1619-1792》，第 334 頁。

[40] 尼·伊·維謝洛夫斯基編、北京第二外語學院俄語編譯組譯：《俄國駐北京傳道團史料》第一冊，第 56 頁。

到達北京，[41] 任期到 1808 年。[42] 格里鮑夫斯基在任期間，建起了傳教團圖書館，寫了很多有關中國的材料。不過，他的後任比丘林 1808 年致信一等文官，批評他對待學生「不負責任，壓制使團內神職人員」，工作上無多大作為，剋扣下屬薪金，聚斂錢財，放高利貸，以致引發債務糾紛。[43]

第九屆傳教團團長、修士大司祭雅金夫・比丘林 1806 年接到任命，1807 年 8 月 29 日由恰克圖進入中國，1808 年 1 月 10 日到達北京。比丘林在任期間廣交京城各界人士，勤奮學習中國語言、文化、歷史，成為一名著名的漢學家。與過去歷任修士大司祭到期後盼望歸國不同，他在任期快滿時，主動寫信給俄國東正教主教公會，要求延長任期。直到 1821 年 5 月 10 日才動身隨監督官季姆科夫斯基一起回國。比丘林回國時，隨身攜帶有重達 400 普特左右的行李，其中包括 12 箱中文、滿文書籍，一箱手稿，一箱染料，六件地圖和一幅北京城郭平面圖，可謂滿載而歸。[44]

第十屆傳教團團長、修士大司祭彼得・卡緬斯基，原為第八屆傳教團的學生，回國以後曾在俄國外交部擔任蒙、滿語翻譯，後棄俗從教，改名彼得，在亞歷山大・涅夫斯基修道院被提升為修士大司祭，接受第十屆傳教團團長之職。1821 年抵達北京後，傳教團全體人員得到

---

41 尼・伊・維謝洛夫斯基編、北京第二外語學院俄語編譯組譯：《俄國駐北京傳道團史料》第一冊，第 57-58 頁。

42 有關第一至八屆俄國佈道團的材料來源和相關敍述，參見尼・伊・維謝洛夫斯基編、北京第二外語學院俄語編譯組譯：《俄國駐北京傳道團史料》第一冊和尼古拉・阿多拉茨基著，閻國棟、肖玉秋譯：《東正教在華兩百年史》。

43 A. Parry, Russian (Greek Orthodox) Missionaries in China, 1689-1917, their Cultural, Political, and Economic Role, *Pacific Historical Review*, 1940, Vol.9, No.4, p.413. 另參見 П. E. 斯卡奇科夫著、B. C. 米亞斯尼科夫編、柳若梅譯：《俄羅斯漢學史》，第 112 頁。

44 參見李偉麗：《尼・雅・比丘林及其漢學研究》，北京：學苑出版社 2007 年版，第 3-6 頁。

沙皇增加薪俸和加授官銜的獎勵。這屆傳教團增派了一名醫生約瑟夫‧帕夫洛維奇‧沃伊采霍夫斯基，從此成為定例。1831年期滿回國，卡緬斯基受到俄國政府的優厚待遇，獲得了兩千銀盧布的獎金。[45]

第十一屆傳教團團長、修士大司祭維尼阿明‧莫拉契維奇原為第十屆傳教團修士司祭，1830年被俄國正教最高宗務會議任命為修士大司祭並留京主持第十一屆傳教團的工作。翌年，這屆傳教團的其他成員在監督官拉迪任斯基上校率領下來到北京。這屆傳教團增派四名醫生、一位畫家安東‧米哈伊洛維奇‧列加紹夫。此外，與監督官拉迪任斯基上校一起來北京的有俄國傑爾普特大學植物學家邦格教授、天文學家富克斯、喀山大學的科瓦列夫斯基。傳教團的「技藝」成分明顯加強。莫拉契維奇為人專橫，與下屬關係處理不好，釀成人事糾紛，以致俄國外交部亞洲司不得不出面干涉，在莫拉契維奇任期未滿時，將這屆傳教團的工作交由阿瓦庫姆‧切斯諾伊司祭繼任。不過，莫拉契維奇利用隨團的醫生、畫家給清朝官員治病、畫像的機會，結交朝廷權貴，獲取各種重要的資料和富有價值的情報。莫拉契維奇1840年回國後，受到沙皇政府的嘉獎。[46]「同以往使團相比，本屆使團成員在北京的生活及其活動更是經常見諸報端。」[47]

第十二屆傳教團團長、修士大司祭波利卡爾普‧圖加里諾夫原為第十一屆修士輔祭，1840年隨監督官亞洲司科長尼古拉‧伊萬諾維奇‧柳比莫夫一起來到北京。該團除了隨行的一名醫生、一名畫家外，還有喀山大學碩士瓦西里‧帕夫洛維奇‧瓦西里耶夫。[48] 俄國政府賦予

45 參見張綏：《東正教和東正教在中國》，第223-225頁。

46 同上，第225-226頁。

47 Π.Е. 斯卡奇科夫著、В.С. 米亞斯尼科夫編、柳若梅譯：《俄羅斯漢學史》，第198頁。

48 參見張綏：《東正教和東正教在中國》，第227-228頁。

了這屆傳教團搜集中國情報的任務，指示「取得中國政府中那些能以某種方式影響中華帝國政治事件進程的人物的好感」，以便「觀察和注意中國政府和社會的動向」。[49]這屆傳教團成員中有好幾位後來知名且重要的人物，如修士司祭固里，後提升為第十四屆傳教團團長、修士大司祭；修士輔祭巴拉第，後提升為第十三屆、十五屆修士大司祭，是著名的漢學家。[50]

第十三屆傳教團團長、修士大司祭巴拉第・卡法羅夫，原為第十二屆修士輔祭，1847年4月，俄國外交部亞洲司召他回國，委任他組建新一屆傳教團，1849年2月初，巴拉第率領第十三屆傳教團9名成員從喀山出發，9月27日到達北京。任期十年，直到1859年5月離任。這屆傳教團最出色的工作是在自然科學方面，其中修士輔祭康斯坦丁・安德烈亞諾維奇・斯卡奇科夫發揮重要作用，他集多方面才藝於一身，所建的北京天文台「並不比歐洲的天文台差多少」；他在北京郊區所觀察到的農作物情況及在自己實驗地種植的農作物，對俄國亦頗有價值。1858年9月28日固里率領的第十四屆傳教團來到北京，巴拉第卸任。第二年5月25日巴拉第回國。[51]巴拉第在任期間，正是中國社會發生劇烈變化的時期，巴拉第在處理中俄關係和了解中國政治、社會變動方面發揮了關鍵作用。

俄羅斯東正教的教階按修士未婚和已婚分為黑白兩種：黑神品從上至下為牧首、都主教（派往國外的稱督主教）、大主教、主教、修士大司祭（出任傳教團的領班）、修士司祭、修士大輔祭、修士輔祭、修

49 A. Parry, Russian (Greek Orthodox) Missionaries in China, 1689-1917, their Cultural, Political, and Economic Role, *Pacific Historical Review*, 1940, Vol.9, No.4, pp.404-405.

50 參見張綏：《東正教和東正教在中國》，第228頁。

51 參見陳開科：《巴拉第的漢學研究》，北京：學苑出版社2007年版，第10-16頁。

士；白神品有司祭長、大司祭、司祭、大輔祭、輔祭、副輔祭、誦經士等。黑神品教士不能結婚，修士司祭者以上統稱為神父，以下為神職人員。白神品可以結婚，但不能晉陞為主教。派遣赴京的前十七屆傳教團傳教士最高職位為修士大司祭，其教階層級明顯較低。「在北京的傳教士起初依據托博爾斯克都主教的文書行事，而後接受外交部的領導，特別是執行了聖務院的指令。」[52] 而「在頭一百年當中，俄國東正教駐北京傳教團一直受到離中國距離最近的托博爾斯克和伊爾庫茨克高級僧正的管轄」。[53] 在考慮第二屆傳教團團長人選時，俄羅斯東正教曾試圖派遣主教英諾森·庫利奇茨基隨薩瓦·弗拉季斯拉維奇伯爵一起赴京，但未得清廷允准。[54] 以後派遣修士大司祭任傳教團團長成為定例。

從第三屆傳教團起，俄國聖務院制定了《修士大司祭及其屬下職責和行為管理條例》，共十一條，以規範修士大司祭及傳教團成員的行為。[55]

第三屆傳教團的另一個重要變化是不再擔任清朝官職。第一屆傳教團初到北京時，康熙給予每位傳教團成員加封官銜：修士大司祭伊拉里昂被封為五品官，修士司祭拉夫連季和修士輔祭菲利豪被封為七品官，七位教堂輔助人員被封為披甲，「並賞給房子、奴才、俸祿錢糧銀

---

52 尼古拉·阿多拉茨基著，閻國棟、肖玉秋譯：《東正教在華兩百年史》，第 7 頁。

53 同上，第 44 頁。

54 同上，第 78 頁。有關英諾森·庫利奇茨基未能成行，俄羅斯方面還有另外兩種解釋：一說是因安東尼·普拉特科夫斯基的詭計，致使英諾森主教身退。參見尼·伊·維謝洛夫斯基編、北京第二外語學院俄語編譯組譯：《俄國駐北京傳道團史料》第一冊，第 40-41 頁。比丘林的《英諾肯季主教赴華記》認為安東尼·普拉特科夫斯基「對他的態度不好」，參見 П. Е. 斯卡奇科夫著、В. С. 米亞斯尼科夫編、柳若梅譯：《俄羅斯漢學史》，第 130-131 頁。一說是「由於天主教耶穌會士在宮廷施以的傾軋，他最終沒有得到前往中國的許可」。參見 В. 謝利瓦諾夫斯基：《東正教會在中國》，香港：中華正教出版社 2014 年版，第 15 頁。

55 尼古拉·阿多拉茨基著，閻國棟、肖玉秋譯：《東正教在華兩百年史》，第 118-120 頁。

以及一切食用等物，隨同前來之烏西夫等七人，在娶妻時均賞給銀兩，於我處俄羅斯廟內念經居住」。[56] 並按月給其發放薪水。第二屆傳教團修士大司祭安東尼‧普拉特科夫斯基 1728 年 10 月 31 日在給沙皇彼得二世的報告中，述及第一屆傳教團成員在京被博格德汗封官和被編入俄羅斯佐領任職的情形，他顯然對此表示不滿，以為「這在耶穌會士面前很丟我們大俄羅斯人的臉」。[57] 第二屆傳教團因為俄羅斯方面的薪俸常常不能按期送達，同樣從清政府那裡領取了定期發放的薪水，據 1733 年 5 月 17 日抵達北京的俄羅斯信使彼得羅夫大尉記述：「駐北京的俄國學生阿列克謝‧弗拉迪金、伊萬‧貝科夫、盧卡‧沃耶伊科夫、伊拉里昂‧羅索欣、格拉西姆‧舒利金及米哈伊爾‧波諾馬廖夫，曾請求蒙古衙門借給他們每人五十兩銀子，但是遭到了拒絕，而且這種無恥行為受到了申斥，因為他們除領取俄國發給的薪俸外，還由中國國庫發給他們 —— 學生和教堂輔助人員，每人每月三兩銀子，而修士大司祭和修士司祭則加倍發給。」[58] 俄國商務專員勞倫茨‧郎格（Лоренц Ланг，或譯朗喀、蘭格）1737 年 4 月離京時曾就各種問題致函理藩院，特別請求「將上述大神父特魯索夫及其屬下兩處教堂的神父和教堂差役均置於貴院的庇護之下，最好不與其他衙門打交道。希望不要在這裡（北京）賞給他們任何官職，包括俄羅斯佐領內的職位，因為根據基督教的慣例，無論是神父，還是其他教堂差役，都不准擔任其他官職」。清朝理藩院接受了俄方的這一請求。[59]

為了鼓勵傳教士赴北京，俄方常採取提升教階的辦法將選拔的司

56 中國第一歷史檔案館編：《清代中俄關係檔案史料選編》，第一編下冊，第 399 頁。

57 參見尼古拉‧阿多拉茨基著，閻國棟、肖玉秋譯：《東正教在華兩百年史》，第 105 頁。

58 尼古拉‧班蒂什 — 卡緬斯基編著、中國人民大學俄語教研室譯：《俄中兩國外交文獻滙編 1619-1792》，第 240 頁。

59 尼古拉‧阿多拉茨基著，閻國棟、肖玉秋譯：《東正教在華兩百年史》，第 123-124 頁。

祭升任，有時甚至連續提拔兩級。儘管如此，傳教人員對踏上赴華旅程所可能遇到的困難仍然忐忑不安。「使團成員（司祭、教堂下級服務人員甚至修士大司祭——使團團長）都想盡辦法抵制把他們派往中國這個陌生的國家，怕自己在中國丟了性命。使團成員死亡率極高的傳聞，毫無疑問地傳到了選拔使團人員的修道院。來到中國以後，使團成員生活混亂無度。他們不想學語言，儘管他們要在這個國家待上 10 年或更長的時間。他們『像躲避埃及的桎梏一樣』就等著輪換回國。」[60] 來京的修士大司祭的結局無非有三：一是在任期間去世。第一、三、五屆修士大司祭即是在京逝世。第七屆修士大司祭在返回俄國途中猝然去世。二是回國後得到提升。第四、十、十一、十二、十三屆修士大司祭即獲得晉陞或嘉獎。三是回國後受到降職甚至監禁處理。第二、六、八、九屆領班回國後即受到不同程度的處分甚至監禁。從第一、三種情形可見，傳教團領班的結局常常是不得善終。

　　為了管理傳教團，俄羅斯方面特設監督官。第三屆開始隨團派遣監督官格拉西姆·列布拉托夫斯基，第五屆派遣監督官瓦西里·伊古姆諾夫。第八屆以後派遣監督官成為定規，第八屆監督官瓦西里·伊古姆諾夫、第九屆監督官謝苗·佩爾武申、第十屆監督官葉戈爾·費奧多羅維奇·季姆科夫斯基、第十一屆監督官拉德任斯基、第十二屆監督官柳比莫夫、第十三屆監督官科瓦列夫斯基、第十四屆監督官佩羅夫斯基。[61] 這些監督官離任回國後，常常升任外交部亞洲司司長。因此，「北京東正教士的工作和生活，事無大小，都成了俄國外交部關注的對

<hr />

60 Π.Е. 斯卡奇科夫著、В.С. 米亞斯尼科夫編、柳若梅譯：《俄羅斯漢學史》，第 78 頁。

61 參見中國社會科學院文獻情報中心編：《俄蘇中國學手冊》上冊，北京：中國社會科學出版社，1986 年 7 月版，第 112、113、115、116、117、118 頁。

象」。[62] 監督官的制度化使傳教團的管理得到有效加強，對改變傳教團前期混亂局面確有作用。[63]

　　與在京的西方耶穌會傳教士相比，俄羅斯前七屆傳教團大部分成員的素質明顯低下。第八屆修士大司祭格里鮑夫斯基抱怨道：「我在到達北京後，發現原來的俄國傳道團人員完全處於混亂的狀態。屬下人員都不聽自己上司的話，不守秩序，酗酒，揮霍浪費，還與中國人打架。」[64] 類似的言詞充斥在他的字裡行間。與在京的西方傳教士另一個不同之處是，傳教團直接隸屬於沙俄政府，成為沙俄對華外交的重要組成部分。馬克思曾對此評論說：「正教不同於基督教其他教派的主要特徵，就是國家和教會、世俗生活和宗教生活混為一體。在拜占庭帝國，國家和教會是非常緊密地交織在一起的，以致不敘述教會的歷史，就不能敘述國家的歷史。在俄國也是這樣混為一體的，不過同拜占庭的情況相反，教會變成了國家的普通工具，變成了對內進行壓迫和對外進行掠奪的工具。」[65] 傳教團的成員回國後，常任職於俄國外交部亞洲司，或任文官，或任譯員，成為俄國對華外交的實際掌控者。

　　關於俄羅斯館的人員與俄羅斯方面的通訊，《恰克圖界約》第6條規定：「送文之人俱令由恰克圖一路行走。如果實有緊要事件，准其酌量抄道行走。倘有意因恰克圖道路窎遠，特意抄道行走者，邊界之汗王等，俄國之頭人等，彼此咨明，各自治罪。」第9條規定：「兩國所遣

62　A. Parry, Russian (Greek Orthodox) Missionaries in China, 1689-1917, their Cultural, Political, and Economic Role, *Pacific Historical Review*, 1940, Vol.9, No.4, p.404.

63　有關前七屆傳教團管理的混亂情形的描述，參見陳開科：《巴拉第與晚清中俄關係》，上海書店出版社2008年版，第286-287頁。

64　尼·伊·維謝洛夫斯基編、北京第二外語學院俄語編譯組譯：《俄國駐北京傳道團史料》第一冊，第58-59頁。

65　〔德〕馬克思：〈希臘人暴動〉，收入《馬克思恩格斯全集》，第10卷，北京：人民出版社1962年版，第141-142頁。

送文之人既因事務緊要，則不得稍有躭延推諉。嗣後如彼此咨行文件，有勒掯差人，並無回咨，躭延遲久，回信不到者，既與兩國和好之道不符，則使臣難以行商，暫為止住，俟事明之後，照舊通行。」[66] 俄方多次派遣信使來京，這些信由軍人充任，通常隨商隊來京。[67] 由於各種不利因素的困擾，傳教團的通訊並不通暢。「教會與俄國的通訊聯繫是很少的，每年只有 2-4 次。正教會一直為自身能否維持下去的問題而擔心，因為從俄國方面取得給中國教會的撥款是困難的，而且是靠不住的，一方面是由於缺少固定的郵政業務，另一方面是由於只能依靠商隊作為通訊的主要方法。」[68] 但從現今保存的大量傳教團檔案材料看，傳教團當時還是極盡全力保持與本國的通訊，提供他們所獲得的情報資料。

俄羅斯傳教團與在京的耶穌會士關係密切而微妙。在 17 世紀，曾參與中俄談判的南懷仁，參加尼布楚談判的徐日昇、張誠都曾通過俄羅斯使者傳遞書信。18 世紀後，擔任中俄談判的翻譯巴多明與俄方關係不錯，亦多次通過俄羅斯使節傳遞信件。1756 年末俄羅斯信使準少校扎莫希科夫在北京時，耶穌會士委託他經俄國轉寄 9 封信給巴黎、都靈、里斯本和波希米亞的同道及其他人士。[69] 在 18 世紀 70 年代因為邊境逃人等糾紛，中俄關係一度緊張，俄國方面通往北京的通信中斷，「1778 年 8 月 22 日，聖彼得堡收到第六屆傳教團領班於當年 1 月 7 日

---

66 王鐵崖編：《中外舊約章彙編》第 1 冊，第 9 頁。

67 關於俄國派遣來京的信使名單，參見尼‧伊‧維謝洛夫斯基編、北京第二外語學院俄語編譯組譯：《俄國駐北京傳道團史料》第一冊第八章《由俄國前來北京的信使》，第 69 頁。

68 中華續行委辦會調查特委會編，蔡詠春、文庸、段琦、楊周懷譯：《1901-1920 年中國基督教調查資料》下卷，北京：中國社會科學出版社 2007 年版，第 1275 頁。

69 參見尼古拉‧阿多拉茨基著，閻國棟、肖玉秋譯：《東正教在華兩百年史》，第 182-183 頁。

寫的兩封訴苦呈文。因為沒有遇到經西伯利亞寄信的機會，他通過天主教傳教士將自己的呈文寄到了澳門，『繞過亞洲、非洲和歐洲寄到英國，又從那裡寄到俄國』」。[70] 這是俄國傳教團與耶穌會士合作的一個例子。這條通訊渠道後來還曾使用過，格里鮑夫斯基 1798 年 8 月 20 日致聖務院的呈文也是通過澳門，經亞洲和非洲寄往葡萄牙，然後再寄到俄國。[71]

二、俄國傳教團的教堂、房舍、墓地和土地

俄國傳教團在北京的資產包括：俄羅斯北館（聖尼古拉教堂，在北京城東北角東直門的胡家圈胡同）、俄羅斯南館（奉獻節教堂，在東交民巷）、墓地（或稱羅剎坑，在北京東城區安定門外青年湖內東北角，原為東正教聖母堂）、土地（1728-1741 年俄羅斯人在北京郊區獲取了四塊土地，1765 年又購買了第五塊地）。

教堂 阿爾巴津人最初集資修建的尼古拉教堂在 1730 年的大地震中倒塌，但在 1732 年勞倫茨·郎格率領的商隊來到北京期間又得以重建。同年 8 月 5 日在修士大司祭安東尼的主持下舉行了教堂聖化儀式。[72] 根據聖務院檔案 1736 年的描述，「『尼古拉教堂用石頭建造，有一個拱頂，小頂子上鍍了金，教堂鐘樓由 4 根木柱子支撐，內有一口大鐘，兩個中國大缸和 4 個生鐵鑄的鈴鐺。』聖障的中門雕有花紋，破舊不堪（或許來自老教堂），還有莫扎伊斯克古城顯聖者尼古拉聖像」。[73]

70　尼古拉·阿多拉茨基著，閻國棟、肖玉秋譯：《東正教在華兩百年史》，第 219 頁。

71　同上，第 262 頁。

72　尼·伊·維謝洛夫斯基編、北京第二外語學院俄語編譯組譯：《俄國駐北京傳道團史料》第一冊，第 42 頁。

73　尼古拉·阿多拉茨基著，閻國棟、肖玉秋譯：《東正教在華兩百年史》，第 99 頁。

在第五屆傳教團之前，該教堂一直歸阿爾巴津人自己管理。從阿姆夫羅西修士大司祭任內開始，尼古拉教堂移交給了傳教團。[74]

　　關於俄羅斯館的位置，俄羅斯方面的文獻記載「俄國和中國締結條約以後，中國撥出了一所官家的房屋供俄國商隊來北京以及北京的俄國司祭居住。這所房子，或者稱之為館，座落在一條叫做江米巷的大街上，在皇宮南面半俄里，離前門外的主要商業鬧區約一俄里，在大城牆北面不到四分之一俄里，即距理藩院，或俄國人稱之為外交事務委員會半俄里稍多一點。中國曾經把齊化門附近的一所屋子撥給薩瓦‧弗拉季斯拉維奇伯爵，供來北京的俄國商隊居住，但伯爵卻選中了會同館，即修士大司祭及其屬下現在居住的這個地方，因為這個地方靠近理藩院和主要市場。這所房子是中國式的，有四個門，院子中央是一個大客廳，四周是一排類似營房的廂房，間數足夠那些攜帶皮貨前來北京換成銀子作為修士大司祭及其屬下人員的薪俸的小規模商隊使用」。[75] 至於俄羅斯館內的奉獻節教堂，是「由中國皇帝出資修建，在 1727 年即在修士大司祭安東尼‧普拉特科夫斯基到達以前開始動工，而在普拉特科夫斯基任職期間落成的」。[76] 前來北京的俄國商務專員郎格對教堂的建築情形做了描繪：「教堂依照法國教堂（北堂）的樣子修建，只是規模相當於彼教堂的一半。」教堂經受了 1730 年 8 月 19 日北京大地震的考驗，這次地震摧毀了許多房屋，包括在京的基督教教堂，「唯獨俄國教堂得以保全，只是東南方向出現一道裂縫，沒有危害到整個建築」。[77]

　　教堂聖化儀式是在 1736 年 12 月 20 日舉行，由修士大司祭伊拉里

74 同上，第 170 頁。

75 尼‧伊‧維謝洛夫斯基編、北京第二外語學院俄語編譯組譯：《俄國駐北京傳道團史料》第一冊，第 77 頁。

76 同上，第 42 頁。

77 尼古拉‧阿多拉茨基著，閻國棟、肖玉秋譯：《東正教在華兩百年史》，第 95-96 頁。

昂·特魯索夫主持。⁷⁸「同時還在這個教堂屋頂上安了一個刻有花紋的鐵質鍍金十字架。教堂的窗口原先是用紙糊的，1737年則安上了雲母片。教堂的圓頂以前是鍍金的，1742年包上了白鐵皮。同一年教堂的大門也包上了白鐵皮。」伊拉里昂在教堂旁邊修建了一些供修士住的單人房間，「為此共支出了七百兩銀子」。⁷⁹

朝鮮使節金景善在其所著《燕轅直指》卷三《留館錄》中的《鄂羅斯館記》對南館的形制記載頗詳：

鄂羅斯館，在玉河館後街乾魚胡同不過半里許。……館門無扁，門外周設黑木柵以禁入。……自彩鳥鋪歸路歷入大門，左右有屋五六間。即其下人所住云。而寂無一人，惟往往設椅桌而已。又入一門，左右亦有屋六七間，庭北有一座廣廈而皆空。從西邊一小門入，有廣庭，多植花木。有大犬二，小犬五六，蓋產於其國，而大犬則見人欲噬，故鐵索維其腳云。庭左右各有屋十餘，亦空。庭南有一無梁高閣，閣制異常。正看側看，四面皆同。下豐上銳。磚築至簷。閣上立數丈金標，高入半空。南北兩壁，各有四窗，以大玻璃傅之。西壁穿三門，制如虹門，是為出入之門。而聞此閣亦稱天主堂，蓋其國與西洋近，亦尚其教，故仿洋制而奉安天主之像云。庭北有一帶長屋，屋頗軒敞。以文木、沉香、紫檀雕鏤為飾，床桌器物皆奇妙。往往安純金佛，小如兒拳，或如栗子，自其本國造來，而年前東隸偷其一佛，故見我人甚苦下輩之隨入云。四壁環掛大鏡，又掛人物、山水、樓台雜畫，畫法甚逼真。其畫人物，則皆巨鼻碧眼，或長鬚，邪毒之氣逼人，蓋鍾其幽陰者

---

78 尼·伊·維謝洛夫斯基編、北京第二外語學院俄語編譯組譯：《俄國駐北京傳道團史料》第一冊，第42頁。

79 同上，第46頁。

為多而然歟？每屋輒掛其國帝后之像，帝像則首不加冠，短髮蓬鬆，身上只著紋繡周衣而披豁露體，足著青襪。后像則頭插五彩花，身披繡服而跣足。兩間又有一像，即所謂天主也……閣西有二層樓，上懸大鐘。其傍又有一屋，所排器物，一如他屋。[80]

　　1729 年第二屆傳教團來京時，教堂裡面沒有專門供神職人員使用的地方，傳教團成員只能住在俄羅斯館中，安東尼修士大司祭感覺不便，遂於 1733 年 2 月 11 日致信郎格，要求為傳教團買下教堂旁邊要價為 600 兩的 3 個宅院。按照安東尼的設想，這幾座宅院後來購置的房子應被用作修士大司祭和其他教堂差役的淨室。1735 年安東尼用 120 兩銀子（相當於 200 盧布）從一個名為侯明弼（音譯）的滿人手中還買下了一處房舍。[81]

　　第五屆傳教團修士大司祭阿姆夫羅西對俄羅斯館和聖尼古拉教堂的維護與翻新，做出了特有的貢獻。阿姆夫羅西所做的工作包括：「1764 年，他在教堂西面用石頭修建了一個有兩個圓頂的鐘樓。在上面一層有（安裝了）一座德國自鳴鐘，可能是從天主教士那裡買來的，下面掛了 6 個小鐘（於北京鑄造）和兩個大銅缸，以便能像俄國那樣在節日和平日響起鐘聲。」「1756 年（在教堂南面）修建了修士大司祭淨室，是俄羅斯風格的平房。同年，他又為每一位修士司祭和修士輔祭改建了住房，每排 3 間（於教堂以北），重新蓋了瓦，裡面做了頂棚，製作了木板隔牆，並繪有圖案，而且還挖了地爐（照中國式樣）。然後，又為教

80　〔朝〕金景善：《燕轅直指》卷三〈留館錄‧鄂羅斯館記〉，收入林基中編：《燕行錄全集》，第 71 冊，韓國東國大學出版社 2001 年版，第 291-297 頁。

81　尼古拉‧阿多拉茨基著，閻國棟、肖玉秋譯：《東正教在華兩百年史》，第 93-94 頁。張雪峰在使用這條材料時略有差異，參見張雪峰著《清朝前期俄國駐華宗教傳道團研究》，新北市：花木蘭文化出版社 2012 年版，第 101 頁。

堂差役新建了 5 個石造淨室。1769 年再為俄國來人（在俄羅斯館院子裡）建了兩座石頭寢室。教堂和淨室的窗戶都鑲嵌上了修士司祭約阿薩夫死後留下的雲母。除此之外，1757 年（在鐘樓後面）掘了一口深井，並砌上了磚。井的四周也都鋪上了未經加工的岩石，周圍種上了雪松（作為圍欄）。1760 年建了一個石頭麵包房，用來烤製聖餅和為公共齋飯烤製麵包。另外用石頭修了兩個廚房、一個澡堂（前面有脫衣間的浴池）和馬棚，還用石頭建了一處放置雜物的大棚子（位於修道院院長淨室後面）。最後於 1764 年在教堂兩側以及神父淨室對面修建起了石頭圍牆。修道院中的道路都鋪以未加打磨的石頭和磚頭。開了一個葡萄園子，一共栽植了 37 株葡萄藤，為此壘了 17 根石柱，在合適的地方栽種了各種各樣的樹木。」[82]

阿姆夫羅西對接收自阿爾巴津人的尼古拉教堂進行了翻修。「1755 年交付給新選定的教堂長費奧多爾·雅科夫列夫 40 兩銀子（約合 80 盧布），用於教堂牆面等處的修繕。」1765 年，「這個教堂由於破敗而被重新蓋了頂子並加以維修，為教堂和側祭壇（公共齋堂）裡面做了木頭鐘樓，四角形，裡面懸掛 4 口鐘，還有兩個大銅缸。這一年還（或許是首次）在西、北、東三個方向修建了石頭圍牆（長約 15 俄丈，寬約 10 俄丈），南面是 3 間淨室（舊房），裡面住著參與聖事的修士司祭和教堂差役。這些淨室於 1765 年又經過了重建。這一年修建聖門（或許在西面）的時候，順便用石頭蓋了兩間淨室。在教堂旁邊和前院栽了 4 棵葡萄藤和若干株樹」。[83]

1794 年，第七屆傳教團修士大司祭約阿基姆為奉獻節教堂和尼古拉教堂編製了詳細的清冊。該清冊對兩教堂的建築情形和內部收藏做了

---

82 尼古拉·阿多拉茨基著，閻國棟、肖玉秋譯：《東正教在華兩百年史》，第 169-170 頁。

83 同上，第 170-171 頁。

詳盡的介紹，足資了解當時兩大教堂的情形。[84] 第八屆傳教團領班格里鮑夫斯基「變賣了使團的部分耕地和房舍」，以「避免不必要的麻煩」。第九屆傳教團領班比丘林為了擺脫「經濟窘迫」，做了類似的事情。[85] 但具體情形不詳。

　　墓地　俄羅斯傳教團在北京逝世者，均就地埋葬。據統計，「北京傳教士團的死亡率高得驚人。在十四屆一百五十六人次或一百四十九人中死於北京的共四十七人，高達 30% 以上，大體上每三人約有一人為沙俄官僚政治賣命而埋骨於他鄉。計領班五人，司祭十六人，輔祭三人，下級人員七人，學員十六人」。[86] 蔡鴻生先生的統計與此稍有出入：「截至 1860 年（咸豐十年）改組為止，俄國佈道團相繼來華的十四班人員 156 名中，已知死於北京的有『喇嘛』（神職人員）26 人，『學生』（世俗人員）17 人，合計 43 名，約佔總數四分之一。查其死因，除個別自殺和少數病歿外，酗酒暴卒者居多。」[87] 傳教團的學生來京時年紀不過 30 歲，「但他們的死亡率卻高得驚人，1730-1806 年在北京去世的竟達 12 人」。「極高的死亡率首先說明了學生們處於艱難的物質條件和精神狀態之下，使團團長修士大司［祭］頤指氣使、說一不二，學生們受盡了欺壓，甚至招致打罵。修士大司祭不按時給學生發月餉，經常剋扣據

84　同上，第 234-242 頁。

85　參見 Π. E. 斯卡奇科夫著、B. C. 米亞斯尼科夫編、柳若梅譯：《俄羅斯漢學史》，第 112 頁。

86　中國社會科學院文獻情報中心編：《俄蘇中國學手冊》上冊，北京：中國社會科學出版社 1986 年版，第 110 頁。

87　蔡鴻生著：《俄羅斯館紀事（增訂本）》，北京：中華書局 2006 年版，第 45 頁。蔡先生沒有說明統計數據來源和依據，從其對前十四班佈道團的人數統計來看，數字似有誤。根據尼·伊·維謝洛夫斯基編：《俄國駐北京傳道團史料》第一冊附錄二〈俄國東正教駐北京傳道團第 1-15 屆人員名單〉所載，前十四屆佈道團人員共計 133 名。

為己有，生活條件也極其惡劣。」[88]

　　這些死亡人員中具名者有：第一屆傳教團修士大司祭伊拉里昂·列扎伊斯基（1716 年 10 月 14 日），下級人員奧西普·季亞科諾夫（1736 年）、彼得·雅庫托夫（1737 年）、尼卡諾爾·克柳索夫（1737 年）、學生盧卡·沃耶伊科夫（1734 年 1 月 7 日）。第二、三、四屆修士司祭約瑟夫·伊萬諾夫斯基（1747 年），第二屆學生格拉西姆·舒利金（1735 年 2 月 28 日）和米哈伊爾·波諾馬廖夫（1738 年 10 月 10 日）。第三屆傳教團修士大司祭伊拉里昂·特魯索夫（1741 年 4 月 20 日）、繼任者拉夫連季·鮑勃羅夫尼科夫（1744 年 4 月 4 日）、修士司祭拉夫連季·烏瓦羅夫（1741 年）、下級人員雅科夫·伊萬諾夫（1738 年）和伊萬·希哈廖夫（1739 年）、學生安德烈·卡納耶夫（1752 年）和尼基塔·切卡諾夫（1752 年）。第四屆傳教團修士大司祭格爾瓦西·林妥夫斯基（1769 年）、修士司祭費奧多西·斯莫爾熱夫斯基（1758 年）和約瑟夫·伊萬諾夫斯基（1747 年）。第五屆的結局最為悲慘，傳教團修士大司祭阿姆夫羅西·尤馬托夫（1771 年 7 月 1 日）及全部四位修士司祭西爾韋爾斯特·斯皮增（1773 年）、索夫羅尼·奧吉耶夫斯基（1770 年 7 月 30 日）、尼基福爾·科列諾夫斯基（1775 年）和謝爾蓋（1768 年 9 月 30 日）皆死於北京。第六屆傳教團修士司祭尤斯特（1778 年）、下級人員伊萬·格列別什科夫（1771 年）、學生雅科夫·科爾金（1779 年 9 月 8 日）。第七屆傳教團修士大司祭約阿基姆·希什科夫斯基（1795 年），修士司祭安東尼·謝傑利尼科夫（1782 年 12 月 29 日），修士輔祭伊茲拉伊爾（1794 年 2 月 6 日），學生葉戈爾·薩列爾托夫斯基（1795 年 5 月 18 日）、伊萬·菲洛諾夫（1790 年）和阿列

88　參見 П. Е. 斯卡奇科夫著、В. С. 米亞斯尼科夫編、柳若梅譯：《俄羅斯漢學史》，第 103-104 頁。

克謝‧波波夫（1795年）。第八屆傳教團修士司祭葉謝伊（1804年）和瓦爾拉姆（1802年）、修士輔祭瓦維拉（1797年）、學生伊萬‧馬雷舍夫（1806年）。第九屆傳教團學生馬克爾‧帕夫羅夫斯基和葉夫格拉夫‧格羅莫夫（二人死期不詳）。第十一屆傳教團修士司祭費奧菲拉克特‧基謝列夫斯基（1840年）。第十三屆傳教團修士司祭彼得‧茨韋特科夫（1855年）、修士輔祭米哈伊爾‧奧沃多夫（1857年）、學生烏斯片斯基（1851年）和涅恰耶夫（1854年）。第十四屆傳教團學生波波夫（1870年）。[89]

　　從死亡人數分佈的年份看，前八屆在京均有較多人死亡。可以說，死亡的陰影與18世紀的俄羅斯傳教團緊密相隨。生活在異域的不適，以致酗酒過度是致死的主因，「由於在北京獨居生活的時間過長，再加上屬下人員膽大妄為，不受管束，歷屆的修士大司祭都感到很苦惱，因此總是鬱鬱寡歡。這樣，他們就不得不借酒澆愁，狂喝濫飲。飲酒過多，即使在俄國也會引起嚴重疾病，斷送許多嗜酒者的性命，而在北京這種極其有害的後果，在縱酒者身上更會大大提前發生，這是因為中國酒比俄國酒更為有害的緣故」。[90]

　　在京俄羅斯人死後葬在「羅剎坑」，這一名稱出現在朱一新《京師坊巷志稿》卷上，[91] 惜記載不詳。從俄羅斯方面的材料可知，第一屆傳教團學生盧卡‧沃耶伊科夫在城北安定門外（離阿爾巴津人教堂2俄里）向中國人購買了一小塊土地，並建了一座別墅，他後來把這塊地遺贈給傳教團，並讓人將他安於此[92]。自那時起，這塊地就成為俄國傳

89　參見中國社會科學院文獻情報中心編：《俄蘇中國學手冊》上冊，第111-118頁。

90　參見尼‧伊‧維謝洛夫斯基編、北京第二外語學院俄語編譯組譯：《俄國駐北京傳道團史料》第一冊，第46頁。

91　參見（清）朱一新：《京師坊巷志稿》，北京古籍出版社2001年版，第122頁。

92　尼古拉‧阿多拉茨基著，閻國棟、肖玉秋譯：《東正教在華兩百年史》，第104頁。

教團的墓地。「這塊地非常狹小，周圍也沒有圍牆，因而有些墳墓，如伊拉里昂・特魯索夫修士大司祭的墳墓，已經出了墓地的地界。需要補購相鄰的土地，但傳教團沒有經費，而且相鄰土地的主人也不大情願出讓。」[93]「在此之前，傳教團未曾有過自己的墓地，而將其成員葬在阿爾巴津人墳地之中。」[94] 阿爾巴津人的墳地位於東北角城樓的對面，據載：「墓地位於一片空地上，在一古老土堤的上方邊緣處，因雨水侵蝕而多次坍塌，斷面處有腐朽的棺椁和屍骨裸露出來。由於當地條件不好，對墓地多次進行的修繕未見任何成效。為了俄國的名聲並且紀念亡靈，第十五屆傳教團領班巴拉第神父 1876 年曾操持將這些屍骨遷移至東正教公共墓地，但因先病後逝（1878 年 12 月 6 日卒於馬賽）未能完成計劃。」[95]

現今在北京東城區安定門外青年湖內東北角，原為俄國東正教聖母堂及俄羅斯墓地舊址，堂西即為俄人墓地。1956 年北館拆除時，將致命堂下的棺木改葬於此。1987 年聖母堂拆除時，發現一些墓碑。其中有最早死於北京的伊拉里昂・列扎伊斯基墓碑。現在保留的俄羅斯公墓墓碑仍有 20 餘塊。[96] 這裡應是俄羅斯人的公墓。

土地 阿爾巴津人來北京時曾獲得一批賞賜的土地，俄羅斯佐領從清政府那裡獲取賞賜的土地或宅院。為了保證他們的財產世代相傳或不被外人染指，他們通常會有一些保護性的舉措。「從前，在俄羅斯佐領裡曾有過這樣的習俗：當一個女人因丈夫去世而成寡婦時，如果她想改嫁，而新夫又不屬俄羅斯佐領，那麼俄羅斯佐領的居民就把死者遺留下

---

93 尼古拉・阿多拉茨基著，閻國棟、肖玉秋譯：《東正教在華兩百年史》，第 148 頁。

94 同上，第 104 頁。

95 同上，第 35 頁，註 2。

96 參見吳夢麟、熊鷹著：《北京地區基督教史跡研究》，北京：文物出版社 2010 年版，第 189-190 頁。

來的宅院和土地從寡婦手裡買過來，以便俄羅斯佐領裡的人外，旁人不得佔有這些東西。可是這種習俗已有五十多年沒人遵守了。」[97] 尼古拉教堂建成後，傳教團從這些旗籍阿爾巴津人手中套取清廷賜給他們的土地，先後獲得四塊土地。第一塊購置於 1728 年，位於通州的各居村，價格 140 兩。第二塊購置於 1733 年，位於順義縣的半丘村，花銀 50 兩。第三塊購置於 1736 年，位於昌平州的魏家窯村，用銀 55 兩。第四塊地在奶子房，可能是 1741 年由他人捐贈所得。[98]「自阿姆夫羅西修士大司祭時期起，傳教團文件中提到兩份寫於 1766 年 3 月 29 日並經過尤馬托夫修士大司祭本人確認地契（可能是指名為張蘇的那塊地）。這是第五塊地，可能就是第九屆傳教團期間被賣掉的那一塊。」[99] 這些土地原歸阿爾巴津人管理，「隨著尼古拉教堂轉由東正教傳教團管理，這些屬於教堂的地也就被置於傳教團領班的監管之下了」。[100]

尼古拉教堂將這些土地租給當地的農民，「年景好時每年夏天可從中獲利 25 兩銀子，如果換算成俄國錢幣，為 42 盧布 50 戈比。但農民們不是每年都交租，遇有洪水和大雨，兩三年都沒有收成」。[101] 隨著尼古拉教堂在第五屆傳教團期間轉到傳教團手裡，這些土地也歸傳教團所有。但租佃這些土地的農民在收成不好，或遇到災荒年月時，交不起租，只好棄地而逃。1773 年第五屆傳教團修士輔祭斯捷凡·齊明根據掌握的情況承認：「這是經常發生的事情，一個租戶不付三個月或五

---

97 尼·伊·維謝洛夫斯基編、北京第二外語學院俄語編譯組譯：《俄國駐北京傳道團史料》第一冊，第 73 頁。

98 參見尼古拉·阿多拉茨基著，閻國棟、肖玉秋譯：《東正教在華兩百年史》，第 94 頁。〔俄〕阿夫拉阿米神父輯、柳若梅譯：《歷史上北京的俄國東正教使團》，鄭州：大象出版社 2016 年版，第 18-19 頁。

99 尼古拉·阿多拉茨基著，閻國棟、肖玉秋譯：《東正教在華兩百年史》，第 172 頁。

100 同上。

101 同上。

個月的租金，就在半夜中丟下破爛的房舍，帶領他們的家屬和財產逃亡。……他們拆下了棚架，推倒了地板的爐子，拆除了窗戶並且有時在逃亡中把傢俱雜物粉碎。」[102]

傳教團還出租房屋，這成為他們籌措資金的來源。「奉獻節修道院有4處不大的宅院，是由歷任修士大司祭購置的。從這些宅院上每月可獲租銀8兩5錢，換算成俄國貨幣為13盧布60戈比，一年下來有163盧布50戈比。這筆錢被用於修道院宅院的建造和維修以及施捨新受洗教眾。」[103]

此外，傳教團從清朝政府那裡獲取產業。如第二屆傳教團的拉夫連季「在阿爾巴津人教堂那裡有自己的房子和全套產業，甚至還僱有傭人。拉夫連季還是個地主。所有這些都是他作為七品官時由皇上賜予的」。[104]當然，隨著第三屆傳教團不再擔任清朝官職，這種賜予也就不再提供。

1849年第十三屆傳教團科瓦列夫斯基來到北京時，對當時傳教團的資產狀況作了描繪：「我們在北京有兩處教堂，南館在東江米巷，中國人稱為會同館，建有奉獻節教堂。北館又作北堂，設有聖母升天教堂、阿爾巴津人學校和天文台。兩館之間的距離大約八九俄里。」「我隨著傳教團成員和哥薩克人一起住進南館，這裡有使節官邸，是中國政府修建的。與此同時，中國政府還劃撥一定數量的資金用以維護這座房子。我們當然沒有見到這些錢，事實上是俄國政府承擔了維護費用。」「除了兩處院子，我們在北京城外還有幾塊地皮，在城裡有幾處房子和

---

102 Eric Widmer, *The Russian Ecclesiastical Mission in Peking during the Eighteenth Century* (Cambridge: Harvard University Press, 1976), p.99.

103 尼古拉·阿多拉茨基著，閻國棟、肖玉秋譯：《東正教在華兩百年史》，第173頁。

104 同上，第101-102頁。

店舖。某些房子和舖子是很久以前在北京經商的俄國人捐贈給教堂的，現在是教堂重要的開支來源。」「最神聖的地方是傳教士團的墓地，也是我們到達北京後最急於要去的地方…… 高高的欄杆將墓地與外界隔離開來，在蔥鬱的楊樹雪松間，一片蕭靜，隔絕了城市的喧囂。圍牆裡有一處小屋，傳教士在夏天來時就在那裡住。傳教士團努力為逝去的同伴創造一個寧靜安詳的家園，乾淨的樹木，新植的草皮，紀念碑和十字架都一塵不染…… 在北京還有一處我們俄國商人的古老墓地，是在彼得一世在位期間我們的商隊來北京時建立的。他的墓地在草地上，是窮人的葬身之地。這塊墓地已經荒廢，很多地方早已坍塌。我們給它修起了圍牆，加固了墳堆，並種上了草。…… 我們的南館和北館像北京富人家的住宅一樣，有很多的房子，分佈在各個院子裡和通道旁，掩映在綠色的園子和花圃中間。」[105] 顯然，經過一百多年的苦心經營，傳教團在北京的生存條件已經大為改善。

三、俄羅斯傳教團在京的多重活動

俄國傳教團是一個身負多重使命的組織。最初它的任務主要是維繫在京阿爾巴津人的關係，滿足他們的宗教信仰要求；1727 年中俄《恰克圖條約》簽訂後，傳教團被指派培養學生的任務，為俄國培養滿、漢語人才；隨著中俄交往的增多和各種摩擦的產生，傳教團被賦予從事中國研究和探聽情報的任務。以後又接受外交部的領導，兼負與清朝交涉的任務。在 1860 年俄羅斯使館設立以前，傳教團實際上就是俄國駐北京的公使館，它承擔著外交使節所負擔的任務。

105〔俄〕葉‧科瓦列夫斯基著、閻國棟等譯：《窺視紫禁城》，北京圖書館出版社 2004 年版，第 117-119 頁。

傳教 雅克薩戰役後，在被解送到北京的阿爾巴津人中，有一名司祭馬克西姆‧列昂捷夫，他自覺地向阿爾巴津人布道，維持他們的宗教生活。當時的教眾包括阿爾巴津人、他們的滿漢妻室及其親屬、差役。但這些人的宗教信仰因受到環境的影響，逐漸變得淡化。「在被帶到北京的阿爾巴津人中，比較富裕，對基督教也比較熱心的人有：阿列克謝‧斯塔里增、擔任過教堂堂長的涅斯托爾的兒子德米特里和一個名叫薩瓦的人。」[106] 阿爾巴津人的宗教生活自然成了一個問題。

伴隨俄羅斯商隊出入北京的還常有一些神父，他們往往利用阿爾巴津人的教堂做祈禱，但這些隨行的神父不能久留。俄羅斯商隊的宗教生活也引起了俄羅斯方面的關切。1700 年 6 月 18 日彼得大帝下達諭旨，命令基輔都主教瓦爾拉姆‧亞辛斯基從他管轄的小俄羅斯城市和修道院的修士大司祭、神父或其他有名的修士中選擇一位善良、飽學和品行端正的人赴托博爾斯克擔任都主教，以領導西伯利亞和中國的傳教事業。[107] 這實際交代了一項成立中國傳教團的任務。這樣駐北京的俄國傳教團歸屬於離中國最近的托博爾斯克和伊爾庫茨克主教的管轄。而傳教團的最初任務主要是負責管理在北京的阿爾巴津人和前往北京的俄羅斯商隊的宗教生活。

1702 年，俄國議政大臣西伯利亞事務衙門秘書長兼羅斯托總督安德烈‧安得里耶夫‧維紐斯為更換北京教士事致索額圖咨文：「經奏報貴聖主而在京城敕建之我東正教教堂，因其主持念經等教務之馬克希木‧列溫提耶夫（即馬克西姆‧列昂捷夫 —— 引者按），如今已年

---

106 尼‧伊‧維謝洛夫斯基編、北京第二外語學院俄語編譯組譯：《俄國駐北京傳道團史料》第一冊，第 30 頁。

107 參見尼古拉‧阿多拉茨基著，閻國棟、肖玉秋譯：《東正教在華兩百年史》，第 42-43 頁。

邁眼花，不宜管此教堂事務，現經報聞我察罕汗後，特派本國二名教士，與商人同往中國京城。若蒙大臣憐憫，望轉奏聖主，准此二人留住京城，並將我教堂移交伊等居住。望勿阻攔前往中國貿易之商人去該教堂禮拜。再者，貴國既已按例賞賜馬克希木·列溫提耶夫食用之物，亦望照例賜給此二名教士。我商人返回時，此二名教士請仍留於京城。」[108] 1704 年清理藩院在覆文中說：「據查，該教堂，乃係由本國與貴國等出力建房三間而成，以供其所祀之神。該教堂，由爾國中能念經之七品官馬克希木主持念經，並未專設人員，亦非報本院具題後修建之教堂……今閱為教堂事宜所寄之三件文件，既仍寄送索額圖，並不送本院，故毋庸議，應將原文交伊萬·薩瓦捷耶夫退回。」[109] 明確拒絕了俄方的要求，並退回原信。

1719 年俄國外務委員會在給伊茲馬伊洛夫的訓令中指出：「可援引在北京的耶穌會教士已建天主教教堂為例，請求博格德汗准許為駐北京的俄國人修建一座東正教教堂，並撥給一塊地皮供建此教堂之用」；商務委員會簽發的訓令中也指出：「請求允准前往北京的俄國人不受限制地保持自己的宗教信仰，擁有自己的教堂、神甫及教堂輔助人員。」[110] 可見，俄羅斯方面一直企求在北京能像耶穌會士那樣，建立一座屬於自己的教堂。

在第二屆傳教團期間，在京的阿爾巴津人大約有 50 戶人家。1732年 12 月 3 日傳教團修士大司祭安東尼向聖務院報告，「1731 年 3 月 25日有 9 名中國人接受了俄國的正教信仰，受洗中國人中有男性 25 人，

---

108 中國第一歷史檔案館編：《清代中俄關係檔案史料選編》，第一編上冊，第 226 頁。

109 同上，第 225 頁。

110 尼古拉·班蒂什 — 卡緬斯基編著、中國人民大學俄語教研室譯：《俄中兩國外交文獻滙編 1619-1792》，第 108 頁。

另有 8 人準備領洗。自那日起，每個月都有 1-2 人來此接受洗禮，其中既有富庶誠實之人，也有一些窮困之人。」安東尼請求給他約 500 個十字架，以及一些錢，用於購買襯衫、襪子和靴子作為施捨。還請求送來「500 個左右 3 俄寸大救世主和聖母聖像，以便分發到新教徒家中用以祈禱」。當時，在阿爾巴津人教堂有一名司祭、三名教堂差役，並由一名不領工錢的新受洗的中國人擔任誦經士。[111] 安東尼的報告可能對其業績有誇大之嫌，但這也可能是傳教團比較興盛時期的實際情形。

前四屆傳教團的傳教始終局限在阿爾巴津人的範圍內，受洗者頗為有限，第五屆以後逐漸擴展到滿人、漢人。「在第五屆傳教團到來之前，阿爾巴津人對東正教信仰都很冷淡，俄羅斯佐領的大部分人都沒有受洗。俄國商隊離京後，1755 年 6 月阿姆夫羅西修士大司祭想方設法通過阿爾巴津人受洗翻譯對未受洗阿爾巴津人進行訓誡和教誨，希望他們效仿其祖輩虔誠信教。這樣，傳教團新領班很快讓一共 35 名男女皈依了基督信仰。到 18 世紀 70 年代前，俄羅斯佐領的顯聖者尼古拉教堂只有 50 名阿爾巴津人後代了，他們全部受了洗。其中 15 個人由傳教團成員教授了斯拉夫文，於教堂禮拜時唱詩誦經。阿姆夫羅西修士大司祭在居京 17 年期間共為 220 名滿人和漢人施了洗，但不是在一年之中完成的，有的年份 20 人，有的年份 30 人，有的年份則一個也沒有。」[112]

但到 18 世紀後期，阿爾巴津人信教者寥寥無幾。據第八屆傳教團修士大司祭索夫羅尼·格里鮑夫斯基呈文報告：「他們很早以前就已完全不信基督教了。因此，他們還和早先一樣，既不重視教堂，也瞧不起司祭。而且他們現今還活在人間的已為數不多了。目前這些人當中有

---

111 參見尼古拉·阿多拉茨基著，閻國棟、肖玉秋譯：《東正教在華兩百年史》，第 99-100 頁。

112 同上，第 173-174 頁。

三、四人只是在復活節那天才到教堂來，因為過這個大節設筵頗為豐盛，他們常是席上客，即使如此，也並非每年都來；若不是為了這餐飯，恐怕連一個到教堂來的都不會有。」[113] 索夫羅尼·格里鮑夫斯基提供了當時「領過洗的阿爾巴津人及中國人是如何對待神聖的信仰」的具體情形，認為內中幾乎沒有一個真正的信仰者。[114]

中國人入教「領洗」常常帶有「投機」的性質，為的是與俄羅斯人打交道、做生意的方便。「中國人從來沒有像俄國商隊來北京時那樣起勁地要求領洗，因為這樣做可以使他們得到不少好處。他們往往在商隊來到之前，先向別人借妥一筆錢或貨，為的是等商隊來了以後，領了洗，可以比較方便地同俄國人做生意；而且由於他們已入了教，商隊總管也會允許他們同俄國人做生意。當商隊在北京時，這些新領洗的人也經常進教堂；可是在這批商隊走後到下一批商隊到來之前，在教堂裡任何時候也看不到他們的蹤影。」[115]

即使入教者甚少，俄羅斯傳教團對發展信徒仍持相對謹慎的態度。根據相關規定：「接受新教徒入教要謹慎，不要對那些不是出於真心來聽道的人發生興趣，更不能接受他們入教。爾修士大司祭每年需向全俄東正教最高宗務會議和你所屬教區的主教詳細報告：當地人民中領洗的有多少人，什麼時間領的洗，領洗的都是什麼樣的人。報告中應附上新領洗人的名單，列出新領洗人的中文名字、教名和身份，註明年齡。」[116] 由於俄羅斯傳教團執行如此嚴格的規定，傳教工作的推廣自然受到極大的限制。「如果單純從傳教效果來鑒定俄羅斯正教會第一階段

---

[113] 尼·伊·維謝洛夫斯基編、北京第二外語學院俄語編譯組譯：《俄國駐北京傳道團史料》第一冊，第 100-101 頁。

[114] 同上，第 73-74 頁。

[115] 同上，第 73 頁。

[116] 同上，第 92 頁。

的成就的話，結論是不能令人滿意的。1860 年北京是僅有的主要傳教中心，奉教人數不足 200 人，其中還包括那些雅克薩俘虜的後代。」[117]

　　格里鮑夫斯基在他的呈文裏曾對俄羅斯傳教團遇到的障礙進行了分析：第一，傳教團教士「沒有能力從事這項工作」。「由於他們沒有學識，還要受自作聰明的中國人鄙視和嘲弄。中國人認為以這些野蠻無識之輩為師，是莫大的恥辱，因為這些人既不懂他們的風俗習慣，又不通其語言，蓄著不像他們那樣的大鬍子，衣着（高筒帽子和窄腰肥袖的袍子）也與他們完全不同，既古里古怪，又使他們極端反感。」第二，「連使異教徒真正了解上帝的最平常的慈善機關都沒有」。第三，「是俄國人本身的品行，因為不僅修士司祭可以隨隨便便當著那裡的居民的面極其下流地指著鼻子辱罵自己的上司修士大司祭，連教堂輔助人員和學生也都可以輕易地幹出這種事來」。第四，「皈依神聖的基督教的人反覆無常」。[118] 也就是説，俄國傳教團本身素質和品行的低下，是其難以向中國人傳教的主因。僑居美國的蘇聯學者彼得羅夫（Eric Widmer）在其著《俄國傳教團在十八世紀中國》（*The Russian Ecclesiastical Mission in Peking During the Eighteenth Century*）一書中對俄羅斯傳教團的傳教困難作了更全面的論述，他認為傳教團傳教成果不彰的原因包括：(1) 俄國傳教團來華的最初目的是為雅克薩戰俘主持聖事，並非傳教；(2) 不願與在北京的耶穌會士發生衝突；(3) 理解清廷對傳教的態度，不希望西方傳教士被驅逐的命運落到自己頭上；(4) 在對華政策上，俄國始終將政治、領土和貿易利益置於首位，傳教不過是用來達到其侵華目的的工具

---

117 中華續行委辦會調查特委會編，蔡詠春、文庸、段琦、楊周懷譯：《1901-1920 年中國基督教調查資料》下卷，第 1276 頁。

118 參見尼・伊・維謝洛夫斯基編、北京第二外語學院俄語編譯組譯：《俄國駐北京傳道團史料》第一冊，第 96-97 頁。

或手段之一。[119] 這一分析似乎更符合俄國傳教團在 1860 年以前的實際情形。

與對西歐天主教傳教士的戒備態度甚至時常採取的「禁教」政策不同，清廷對俄國傳教團的態度相對包容。除了在 1759 年秋因俄方拒絕向清朝交付逃人，乾隆皇帝下令封禁東正教傳教士居住的教堂，不准他們出門外，[120] 平時清朝對俄國傳教團都給予了應有的關照和足夠的禮遇。除了提供俸祿和廩餼，「自 18 世紀起不再要求俄國使節行令人屈辱的叩頭禮以及完成所有異國外交代表覲見天子時必須履行的其他儀式」。[121] 一般來說，清廷總是滿足俄國傳教團的要求，傳教團的傳教士通過理藩院可以獲知他們欲探聽的中俄交涉事宜。

1810 年第九屆傳教團領班比丘林出版了漢譯本的東正教教義問答 ——《天使集會談話錄》，基本上採用的是 1739 年耶穌會的教義問答。1822 年，第八屆傳教團 C. B. 利波夫佐夫將《新約全書》譯成滿語，並於 1826 年在聖彼得堡出版，之後又由倫敦傳教團再版。俄國傳教團出版的第一部《新約全書》漢譯本，是由第十四屆傳教團領班固里‧卡爾波夫翻譯的，這個漢譯本是在過去傳教團工作的基礎上完成，但其「語言過於學究氣」。[122]

留學與研究 俄羅斯傳教團從第一屆起，即有隨班的留學生一同前往，據統計，到第十三屆為止，共派遣學生 44 人。其中第一屆 4 人，

---

119 Eric Widmer, *The Russian Ecclesiastical Mission in Peking During the Eighteenth Century* (Cambridge: Harvard University Press, 1976). 轉引自肖玉秋著：《俄國傳教團與清代中俄文化交流》，第 12 頁。

120 參見尼古拉‧班蒂什 — 卡緬斯基編著、中國人民大學俄語教研室譯：《俄中兩國外交文獻滙編 1619-1792》，第 333-334 頁。

121 尼古拉‧阿多拉茨基著，閻國棟、肖玉秋譯：《東正教在華兩百年史》，第 6 頁，註 2。

122 參見 B. 謝利瓦諾夫斯基：《東正教會在中國》，第 21、31 頁。

第二屆 5 人，第三屆 3 人，第四屆 1 人，第六屆 4 人，第七屆 4 人，第八屆 5 人，第九屆 4 人，第十屆 3 人，第十一屆 4 人，第十二屆 3 人，第十三屆 4 人。[123] 這些學生一方面在北京學習漢語、滿語，一方面研究中國文化歷史，成為俄國漢學的開拓者和奠基者。

　　1727 年中、俄簽訂的《恰克圖界約》第五條最後規定：「再薩瓦所留在京學藝之學生四名，通曉俄羅斯、拉替努字話之二人，令在此處居住，給與盤費養贍。」[124] 根據這一條款，當年，第一屆傳教團四名學生盧卡·沃耶伊科夫、伊萬·舍斯托帕洛夫、伊萬·普哈爾特、費奧多爾·特列季雅科夫隨勞倫茨·郎喀率領的商隊來到北京，可惜他們在北京的學習材料不存。不過，第二屆傳教團領班普拉特科夫斯基對他們的學業評價甚低。[125]

　　第二屆傳教團先到的三名學生：伊拉里昂·羅索欣、格拉西姆·舒利金、米哈伊爾·波諾馬廖夫，其中以羅索欣最為優秀。在蘇聯科學院圖書館手稿部保存著羅索欣在北京記錄其日常生活的筆記本，這是傳教團學生保存下來的第一份教材。[126] 閻國棟經考證，認為「羅索欣這個學習簿乃舞格壽平於雍正八年（1730 年）出版的《滿漢字清文啟蒙》譯本」。[127] 在北京期間，1739 年羅索欣開始翻譯滿文本的《八旗通志》。但他最大的成就是得到了一份《皇輿全覽圖》，並將圖中地名譯成俄語標出，1737 年交由郎格帶回俄國呈送沙皇，羅索欣因此受到獎勵，提

---

123 參見中國社會科學院文獻情報中心編：《俄蘇中國學手冊》上冊，第 111-118 頁。一說為 40 人。參見吳克明：《俄國東正教侵華史略》，蘭州：甘肅人民出版社 1985 年版，第 50 頁。

124 王鐵崖編：《中外舊約章彙編》第一冊，第 11 頁。

125 參見 П. Е. 斯卡奇科夫著、B. C. 米亞斯尼科夫編、柳若梅譯：《俄羅斯漢學史》，第 48-49 頁。

126 同上，第 52 頁。

127 閻國棟：《俄國漢學史》，北京：人民出版社 2006 年版，第 95 頁。

升為准尉，薪酬升至每年 150 盧布。[128]

第三屆傳教團學生以列昂季耶夫成績卓著。與羅索欣大部分手稿未能出版的不幸命運相比，他幸運得多。「列昂季耶夫完全可以稱得上是 18 世紀主要的漢學家，當時俄國出版的關於中國的書籍和文章有 120 種，其中列昂季耶夫一人就出版了關於中國的書籍 20 部，文章 2 篇。列昂季耶夫的著作證明了 18 世紀俄國漢學的水平，其著作也引起了國外對俄國漢學的極大興趣。」[129]

列昂季耶夫從北京回國時，運回的滿、漢語翻譯材料，後來大部分都得以出版。在京時，他編纂了一本《俄滿漢會話手冊》，又根據《京報》翻譯出《理藩院記錄：與戈洛夫金在尼布楚談判》，另外又編纂了一份附有每朝年代大事記的中國歷朝年表。[130]

第五屆傳教團沒有學生，留下的成果非常貧乏。僅有：斯莫爾熱夫斯基的《修士司祭費奧多西‧斯莫爾熱夫斯基談北京東正教使團摘錄……》和《論中國的耶穌會士》、阿姆夫羅西的《簡述中國北京修道院》、卡爾波夫的《1752 年 10 月 24 日卡爾波夫翻譯的俄滿對照會話本》。[131]

第六屆傳教團學生集體編輯了一本《1772-1782 年間大清帝國的秘密行動、計劃、事件和變化記錄》。俄國學者認為，「巴克舍耶夫和帕雷舍夫雖都沒出版過作品，但從現存手稿來看，他們也應載入俄羅斯漢學的史冊」。巴克舍耶夫編寫了一部大滿俄詞典，手稿標寫完成的時間是 1776 年。帕雷舍夫也留下了 12 份手稿，其中包括俄滿詞典和一些滿

---

128 參見 П. Е. 斯卡奇科夫著、В. С. 米亞斯尼科夫編、柳若梅譯：《俄羅斯漢學史》，第 53 頁。

129 同上，第 98 頁。

130 同上，第 79-80 頁。

131 同上，第 99-100 頁。

俄對照會話。[132]

　　第七屆傳教團學生安東・弗拉德金在京期間擔任翻譯，為乾隆帝翻譯俄國來文。回到俄國時，向外交部「呈交了報告、長信以及北京地圖和中國地圖」。[133]「學生安東・弗拉德金向外務院提交了一份詳細的呈文（1795 年 11 月 12 日）以及內容豐富的札記（1796 年 4 月 3 日），同時還有一張繪有北京並包括蒙古地區的大清皇輿圖。此圖乃天主教傳教士於乾隆（1736-1796 年在位）時期用漢、滿兩種語言繪製。弗拉德金是通過一名軍官從皇帝之侄永王家藏書中搞到的。」[134] 此人回國後，曾服務於外交部，1805 年作為滿文翻譯隨戈洛夫金使團訪問中國，參與庫侖中俄禮儀之爭。[135]

　　第八屆傳教團領班格里鮑夫斯基在漢學研究方面成就突出，「是第一個根據長期觀察和利用他人資料對清朝政治生活進行文字描述的傳教士團領班」。[136] 他的《無題筆記》被收入維謝洛夫斯基編著的《俄國駐北京傳道團史料》，[137] 另一部作品《關於中國 — 現在的清朝中國的消息》，阿多拉茨基對它評論道：「修士大司祭格里鮑夫斯基的作品並不是他自己創作的結果，遣詞造句拖沓冗長。但其中有從各處收集而來的、相當多的有價值的事實，可以把他的作品看做百年來使團所有成員特別是使團學生的總結。大司祭格里鮑夫斯基毫不隱晦地引用了費奧

---

132 參見 Ⅱ. E. 斯卡奇科夫著、B. C. 米亞斯尼科夫編、柳若梅譯：《俄羅斯漢學史》，第 101-103 頁。

133 同上，第 104 頁。

134 尼古拉・阿多拉茨基著，閻國棟、肖玉秋譯：《東正教在華兩百年史》，第 261 頁。

135 參見 B. C. 米亞斯尼科夫主編、徐昌翰等譯：《19 世紀俄中關係：資料與文件》，第 1 卷，1803-1807（上）〈古文獻學引言〉，廣州：廣東人民出版社 2012 年版，第 8、20 頁。

136 參見中國社會科學院文獻情報中心編：《俄蘇中國學手冊》上冊，第 27 頁。

137 參見尼・伊・維謝洛夫斯基編、北京第二外語學院俄語編譯組譯：《俄國駐北京傳道團史料》第一冊，第 96-101 頁。

多西·斯莫爾熱夫斯基、列昂季耶夫、阿加福諾夫和天主教傳教士的作品,使團圖書館的手稿中、一些出版物上都有他們的這些作品。」儘管如此,這書「相比於過去有很大進步,因為這部作品是以很多人長期對清朝政治生活的觀察和中國的一些史料為基礎的」。[138]

第九屆傳教團領班比丘林是最有成就,也是最重要的漢學家,以至人們將他所處的時代稱做「比丘林時期」。他在北京的十三年（1808-1821）毫無疑問為他的漢學研究奠定了最雄厚的基礎。比丘林來京以前,已精通法語、拉丁語、希臘語,這一條件便於他與在京的天主教士聯繫,「他成了他們的座上客,接觸到了保存在葡萄牙教會圖書館中的西方漢學家的著作,有曾德昭、馮秉正、格魯賢、杜赫德等人的著作。學習這些漢學家的著作,毫無疑問使比丘林更容易了解中國,也對他以後的工作有很大幫助」。[139] 來京以後,他開始學習滿語、蒙古語,在確認中國典籍多為漢語書寫後,他又轉而學習漢語。比丘林的足跡踏遍京城內外,他「到過北京郊區,到過俄國人墓地所在的東安門外,到過離城35俄里遠的『熱河』,到過西北山區,1816年為了見路過北京的英國特使阿美士德勳爵,和修士司祭謝拉菲姆、大學生西帕科夫一起到過距北京20俄里的通州」。在西藏喇嘛的幫助下,比丘林還翻譯了幾本關於西藏的書和簡明蒙古律例,這些譯稿後來得以出版。[140] 比丘林在北京時的學術研究成果有:8部詞典（包括《按俄文字母排列的漢語詞典》、《漢語小詞典》、《漢俄重音詞典》9卷）,翻譯、註釋「四書」、《大清一統志》、史籍《通鑑綱目》和《宸垣識略》。其中《宸垣識略》成為他編

---

138 參見 П. Е. 斯卡奇科夫著、В. С. 米亞斯尼科夫編、柳若梅譯:《俄羅斯漢學史》,第111-112頁。

139 同上,第124頁。

140 同上,第124-125、127-128頁。該書譯文中將阿美士德譯為「阿姆格爾斯特」,現改。

譯的《北京志》的主要材料來源。[141]1816 年 11 月 18 日，比丘林致信聖公會，對自己過去十年在北京的工作做出總結，同時對北京東正教傳教團自創建以來存在的問題提出了諸多批評性的意見。[142] 比丘林回到聖彼得堡後，專心漢學研究，迎來了他成果最豐碩的時期，他被視為俄羅斯漢學的奠基人。[143]

第十屆傳教團領班卡緬斯基是第八屆學生，在漢學方面取得了重要成就。早在第一次留學北京期間（1795-1808），他就注重研讀中國典籍，翻譯了簡略本《通鑒綱目》、《關於成吉思汗家族的歷史》和《斯帕法里北京紀事》（1805 年譯，1823 年發表）等，又開始編纂《漢滿蒙俄拉詞典》。第二次在北京任領班期間（1821-1830），編纂了《漢滿例句詳解成語辭典》（手稿，1831）、《論漢語、拉丁語、法語、俄語的差異》（1829，手稿）等。[144]

第十屆傳教團學生列昂季耶夫斯基「在北京期間始終都堅持記日記」，「他的日記中有關於中國教師的極有價值的記錄」。[145]1831 年他翻譯了中國 1789 年刊刻的《示我周行》，並與同屆同學克雷姆斯基合譯了《京報》上的幾篇文章。[146]

---

141 有關比丘林在北京時期的文化學術活動，參見張雪峰：《清朝前期俄國駐華宗教傳道團研究》，第 179-182 頁。

142 П. Е. 斯卡奇科夫著、В. С. 米亞斯尼科夫編、柳若梅譯：《俄羅斯漢學史》，第 128 頁。

143 有關比丘林漢學成就的中文研究文獻，參見李偉麗：《尼‧雅‧比丘林及其漢學研究》。

144 參見中國社會科學院文獻情報中心編：《俄蘇中國學手冊》上冊，第 35-38 頁。П. Е. 斯卡奇科夫著、В. С. 米亞斯尼科夫編、柳若梅譯：《俄羅斯漢學史》，第 173-175、183-184 頁。

145 П. Е. 斯卡奇科夫著、В. С. 米亞斯尼科夫編、柳若梅譯：《俄羅斯漢學史》，第 189 頁。

146 同上，第 191 頁。

1818 年 7 月 27 日亞歷山大一世批准了卡緬斯基擬定的使團工作指南，這份指南詳細規定了使團工作的所有方面：組建使團和選拔官員、行程秩序、與前屆使團交接程序、活動內容、翻譯、和中國人交往、警惕措施、內部秩序、職責區分、使團規則、鼓勵、懲處、經濟秩序、獎勵等。「對於培養漢學家來說，這個守則又向前邁進了一大步。大學生們有了具體的方向，這種把工作內容分派到具體個人的做法，使得以後使團裡幾乎所有的大學生都具有了在漢學專門領域獲得專業知識的實際方向。」**147**19 世紀以後，傳教團學生克服各種困難，在學業方面取得更大進步，造就了像瓦西里耶夫、扎哈羅夫、佩林羅夫、戈爾斯基、斯卡奇科夫、巴拉第這樣一些著名的漢學家，俄國漢學可以說已與西歐法國、意大利漢學鼎足而立，在某些領域（如蒙古學、滿學）甚至成就更加突出。

第十一屆傳教團學生的滿語、漢語、蒙語學習明顯較前幾屆有進步。1839 年當屆司祭切斯諾伊寫給伊爾庫茨克總督葉夫謝耶夫的報告說：「亞金夫神甫（即比丘林 —— 引者按）的《古今準噶爾和東突厥志》被認為是最好的翻譯。但我可以使亞洲司確信，使亞金夫神甫獲得榮譽的這部書，我們每個人在來北京的第三年或至多在第四年就能翻譯，翻譯得即使不比亞金夫神甫好，也絕對不會比他差。」**148** 羅佐夫翻譯《金史》的時間，遠比法譯本早，而他所編《滿俄詞典》被第十二屆學員扎哈羅夫認為是最好的版本；領班莫拉切維奇則留下了《在中國的歐洲傳教士團的筆記》和《祭天》一文。**149**

---

147 同上，第 179、181 頁。

148 轉引自同上，第 200 頁。

149 同上，第 203-204 頁。

第十二屆傳教團的漢學成就以輔祭巴拉第和學生瓦西里耶夫最為突出。在京期間，他們以極大的興趣投入了對佛教典籍的研讀、翻譯工作，19世紀50年代巴拉第發表了《佛陀傳》、《古代佛教史》兩文。瓦西里耶夫留有這時期的日記和自傳，這是了解當時傳教團的重要材料；他利用戈爾斯基留下的佛教材料，於1847-1848年編輯了《佛教術語詞典》（兩卷）。[150] 瓦西里耶夫回國後，先後在喀山大學（1850-1855）、聖彼得堡大學（1855-1900）任教，他為俄羅斯漢學的學科建設及近代化做出了巨大貢獻。使團的另一名學生戈爾斯基不幸於1847年在北京病故，不過，他也留下了《論當今統治中國的清朝的始祖及滿族的起源》、《滿族王室的崛起》兩文，後被收入《俄國東正教駐北京使團成員著作集》第一卷，他被認為是「一位研究滿族歷史的真正的學者」。[151]

第十三屆傳教團領班巴拉第和學生斯卡奇科夫無疑是最傑出的漢學家。巴拉第前後三次來華（1840-1847、1849-1859、1864-1878），在京居住31年。他編輯了《俄國東正教駐北京使團成員著作集》第一卷（1852年）、第二卷（1855年）、第三卷（1857年），對傳教團的中國研究成果做了集大成式的滙集。[152] 這一工作使他成為俄羅斯傳教士漢學的領頭人。巴拉第第二次回國後，曾赴羅馬任大使館教堂主持，所編《華俄大辭典》為其帶來世界聲譽，他是將俄羅斯漢學推向國際化的第一人。[153] 斯卡奇科夫在京期間，除了擔負天文台的觀測工作以外，以極

---

[150] 有關瓦西里耶夫在華期間的情況，參見趙春梅：《瓦西里耶夫與中國》，北京：學苑出版社2007年版，第5-10頁。

[151] П. E. 斯卡奇科夫著、B. C. 米亞斯尼科夫編、柳若梅譯：《俄羅斯漢學史》，第215-216頁。

[152] 有關《俄國傳教團駐北京使團成員著作集》的研究，參見陳開科：《巴拉第與晚清中俄關係》，上海書店出版社2008年版，第223-250頁。

[153] 參見中國社會科學院文獻情報中心編：《俄蘇中國學手冊》上冊，第39頁。

大的興趣投入了對中國農業、手工業的研究，他的日記記錄了這方面的收穫。[154]

　　後來的中國基督教史研究者在總結俄國傳教團的漢學研究成就時指出：「第一階段的這些辛勤工作的傳教士們在使中國和歐洲更加互相接近和進一步彼此了解方面做了很多工作。他們向歐洲介紹了有關中國語言和文化的知識、中國人的風俗習慣、生活禮儀、中國的植物與動物區系、人種學和藥物學。在第一階段這150多年中，據説總共有155名俄國傳教士來華工作，每個人都曾努力為豐富中國的知識寶庫貢獻了一份力量。他們的著述一部分是原始觀察及發現的資料報告，大部分是翻譯資料。這些資料都被送交各有關的政府部門去考查研究。」[155] 東正教傳教團為俄羅斯早期漢學所做的開拓性貢獻與他們的「北京經驗」直接相關。

　　翻譯　來京的耶穌會士一般都身懷絕技，或在科技方面有特殊的才能，如天文·數學、化學、機械、鐘錶等業，他們可為清廷的欽天監等部門工作；或在藝術方面有特殊才藝，如美術、音樂，他們可在宮廷擔任畫師、樂師；或擅長語言，可擔任翻譯。俄羅斯傳教團的成員缺乏這方面的才能，相對遜色；即使後來有這方面的人才，他們也不願出任官職，服務朝廷。他們只是出任理藩院的翻譯和擔任俄羅斯文館的俄文教習。俄羅斯人對此似有自知之明，「中國人曾多次想擺脫耶穌會士，建議俄國傳教團成員擔任通常由耶穌會士佔據的那些學術職位，如天文學家、物理學家、數學家、機械學家、樂師和醫生等。然而，儘管俄國傳

154 有關斯卡奇科夫對中國農業和手工業的研究，參見 Π. E. 斯卡奇科夫著、B. C. 米亞斯尼科夫編、柳若梅譯：《俄羅斯漢學史》，第 225-227 頁。

155 中華續行委辦會調查特委會編，蔡詠春、文庸、段琦、楊周懷譯：《1901-1920 年中國基督教調查資料》下卷，第 1276 頁。

教士中有一些人具備這樣的能力，但總是對類似的提議予以拒絕，僅同意擔任在 1758〔1708〕年創建的俄羅斯文館中充當俄文教習，在理藩院充任外交文書翻譯」。[156] 俄羅斯傳教團的這一做法，一方面可能與他們避免與西歐耶穌會士發生矛盾，害怕與清廷發生衝突的擔憂有關；另一方面則是其承擔搜集情報的秘密使命使然。[157]

最初在俄羅斯與清朝之間的接觸中擔任翻譯（通譯）的是阿爾巴津人。當一隊隊俄羅斯商隊來到北京時，「在交換貨物過程中為他們與中國商人牽線搭橋，帶他們遊覽市容，參觀京城名勝，講述北京的新鮮事兒，與他們一道品嚐中華美食」。[158] 同時，他們還為清朝理藩院處理譯事，雅科夫・薩文（中文稱「雅稿」）可能是最早行走理藩院的一位通譯。[159]

隨著首屆俄國傳教團的到來，清廷「將學會漢滿語的人安排到理藩院翻譯俄國樞密院與理藩院來往函件。他們接替阿爾巴津人擔任通事，教堂差役奧西普・季亞科諾夫即是其中有名的一位」。[160] 第二屆傳教團的學生羅索欣來京後很快學會了漢語，1735 年被安排到理藩院擔任通譯，翻譯俄中政府間的來往函牘；1738 年起為內閣俄羅斯文館教習，教授中國青年學生學習翻譯和俄羅斯文。羅索欣回國後，由增派而來的同屆學生弗拉德金替補其位，每年發給俸銀 40 兩。[161] 另一說是列

---

156 尼古拉・阿多拉茨基著，閻國棟、肖玉秋譯：《東正教在華兩百年史》，第 152 頁。該書譯者提到，引文中的 1758 年為 1708 年之誤。

157 參見陳開科：《巴拉第與晚清中俄關係》，第 351-354 頁。

158 尼古拉・阿多拉茨基著，閻國棟、肖玉秋譯：《東正教在華兩百年史》，第 34 頁。

159 中國第一歷史檔案館編：《清代中俄關係檔案史料選編》，第一編上冊，第 295、318 頁；下冊，第 340 頁。

160 尼古拉・阿多拉茨基著，閻國棟、肖玉秋譯：《東正教在華兩百年史》，第 53 頁。

161 同上，第 103 頁。

昂季耶夫「在北京時期，他取代回國的羅索欣擔任清朝理藩院通譯，並在俄羅斯文館教授俄語」。[162] 此說或有誤。不過，羅索欣和列昂季耶夫在回到俄國後，共同翻譯了《八旗通志》。羅索欣在 1761 年去世前，翻譯了第 1、2、3、6、7 卷，其餘各卷由列昂季耶夫續譯完成。第 17 卷是註釋，為羅索欣和列昂季耶夫共同完成。第七屆傳教團學生安東·弗拉德金於 1781 年來京，在京居留十四年，通曉漢語、滿語，曾協助理藩院翻譯俄國公文。卡緬斯基在以第八屆傳教團學生身份留京的十四年（1795-1808）間，掌握滿、漢語，翻譯了大量滿文版的中國典籍，協助理藩院翻譯來自歐洲的拉丁文信件。第十屆傳教團學生列昂季耶夫斯基在京期間（1821-1831）學習了滿、漢語，一方面擔任傳教團的翻譯，一方面兼任理藩院通事，翻譯中俄政府之間來往公文信件。蘇聯學者對俄國傳教團擔任理藩院翻譯在搜集情報方面所發揮的作用給予了高度評價：「我們的翻譯在理藩院任職，幫助中國官員處理事務。通過這些翻

---

162 參見閻國棟：《俄國漢學史》，第 105 頁。此說可能有誤。列昂季耶大是 1743 年來北京的學生，羅索欣是 1741 年返回俄國。弗拉德金是 1732 年來京的學生，他接替翻譯的可能性比較大。1746 年 6 月 6 日商隊隊長列勃拉托夫斯基離開北京返回俄國時帶走弗拉德金，然後由列昂季耶夫接任（有乾隆朝檔案記載，當時翻譯主要還是耶穌會士宋君榮）。列昂季耶夫於 1755 年回國。第一歷史檔案館收藏的一份「俄羅斯來文檔」記載：

　　　　　　　俄駐北京教士團為首教士為請派通譯等事呈請理藩院文

俄羅斯館正神甫阿姆弗羅錫·尤瑪托夫致大清國理藩院呈文，為呈請事：

　　職僧蒙鈞院允准留居此間，隨同本人另有神甫三名及教堂神職人員二名，共計六人。惟學生中無人懂漢語及滿語，而通譯列昂季現已年邁。為此敬向鈞院呈報，懇祈照準如下之請求：其一，給予吾等每人之一切津貼仍按鈞院先前所定之數額發給；其二，指派上述列昂季之義子懂得俄羅斯語之拉埃斯爾接替通譯之職。該拉埃斯爾願隨時幫助吾等，亦願派在俄館供職。

　　　　　　　　　　　　　　　　　　　　　　　　　　　　（俄曆）一七五五年六月七日

　　　　　　　　　　　　　　　　　　　　　　　　臣神甫阿姆弗羅錫·尤瑪托夫謹呈

　　　（譯自「俄羅斯來文檔」俄文本，本檔為陳開科提供，特此致謝）

譯，我國的傳教士團總是對有關中國內外政策的問題，瞭如指掌，藉以廣泛地向俄羅斯政府提供情報。」 **163**

除了學習滿、漢語，在俄羅斯文館教授俄語，為理藩院翻譯公文信件，傳教團在京的翻譯活動還包括從事學術性的翻譯，將中國歷史文化典籍介紹給俄國，或將俄國歷史文化介紹給中國。第十屆傳教團學生列昂季耶夫斯基在京時因將卡拉姆津著三卷本《露西亞國志》譯成漢文而獲清廷「國師」稱號，這是首次正式向中國介紹俄國史。阿列克謝耶夫認為：「列昂季耶夫斯基的漢語標準語是如此地道，甚至在北京翻譯了卡拉姆津（И. М. Карамзин）《俄國史》（*Исориягосударстви Российското*）的三卷，為此他還被中國政府稱為『國史（師）』，中國人對俄國歷史如此細緻的認識得益於列昂季耶夫斯基的譯作。」 **164** 第十三屆學生赫拉波維茨基精通滿語，曾將《彼得一世朝》、《尼古拉一世朝》兩書譯成滿文，並將 1860 年中俄《北京條約》俄文本譯成漢、滿文，又將漢文本譯成俄文。**165**

在滿譯俄、漢譯俄方面，傳教團成員在派駐北京期間做了大量工作，他們或開始著手，或公開出版，或留下手稿的作品有：第二屆羅索欣的《八旗通志》、《三字經》、《千字文》。第三屆列昂季耶夫的《中國思想》。第九屆比丘林的《大清一統志》、《通鑒綱目》。第十屆卡緬斯基的《關於成吉思汗家族的蒙古歷史》（滿文《元史・本紀》的全譯本）。第十一屆切斯諾伊的《文獻通考》、《爾雅》，羅佐夫的《金史》，莫拉切維奇的《祭天》（譯自《五禮通考》）、《授時通考》，瑟切夫斯

163〔俄〕格列勃夫：《北京東正教俄羅斯館的外交職能》，載《東正教之光》，1935 年哈爾濱出版，第 23-24 頁。

164 П. Е. 斯卡奇科夫著、В. С. 米亞斯尼科夫編、柳若梅譯：《俄羅斯漢學史》，第 191 頁。

165 參見中國社會科學院文獻情報中心編：《俄蘇中國學手冊》上冊，第 96 頁。

基的《中國理藩院關於小布哈拉諸城的法令》、《中國吏部則律摘要》。第十三屆巴拉第的《佛陀傳》、《古代佛教史略》、《金七十論》，赫拉波維茨基的《秦史》、《過秦論》，斯卡奇科夫的《授時通考》、《尚書‧堯典》。第十四屆姆拉莫爾諾夫的《元史》等。翻譯中國歷史文化典籍是俄國傳教團漢學的主要成就，它為俄國人民了解中國歷史文化提供了第一手的文獻材料。

因為在中國歷史典籍翻譯和漢學研究方面的成就，利波夫措夫當選為俄國科學院通訊院士。卡緬斯基 1819 年當選為俄國科學院的通訊院士，後為院士。比丘林、瓦西里耶夫先後於 1828、1883 年當選為俄國科學院通訊院士、院士。傳教團的漢學研究成就終於獲得了最高學術殿堂的承認。

情報　搜集中國政治、經濟、軍事諸方面的情報自始就是俄國派赴中國使團和傳教團的重要目標。早在 1719 年外務委員會給伊茲馬伊洛夫的訓令中，就明確提出搜集情報的任務：「在中國停留期間，他 —— 伊茲馬伊洛夫應探明中國的統治方式和情況、他們軍隊的數量和武器裝備、毗鄰的國家、他們的要塞以及他們同別國所發生的戰爭和爭端。所有這些情報均應作好秘密記錄。特別應注意的是：從中國最好購進什麼貨物運回俄國於國庫有利？能否從中國運出大量金、銀、寶石和生絲？通過什麼最好的辦法才能與中國人建立貿易關係？哪些俄國貨物在中國比較暢銷？因此，他 —— 伊茲馬伊洛夫不應急於離開中國。」[166]

傳教團駐京後，利用各種可能的途徑千方百計地搜集情報，這成為他們的一項重要工作，也是他們回國後得以陞遷、嘉獎所賴以依據的成就。第二屆傳教團學生羅索欣根據自己在北京時期搜集的情報資料，

---

166 尼古拉‧班蒂什 — 卡緬斯基編著、中國人民大學俄語教研室譯：《俄中兩國外交文獻滙編 1619-1792》，第 108 頁。

提交了《中國每年國庫錢糧收入和所有城市的數目》、《滿洲皇帝康熙征服蒙古後的慶祝詞》、《1735 年乾隆皇帝登基詞》、《滿洲皇帝、滿洲軍隊的秘密部署、中國京師狀況和滿族軍隊具體消息》等富有情報價值的報告。[167]

第六屆傳教團學生集體編輯了一冊《1772-1782 年間大清帝國的秘密行動、計劃、事件和變化記錄》。該文前言透露：「我們在各種場合和滿人、漢人兩者之間建立了親切的關係…… 通過親善和饋贈，我們熟識了很多朋友，其中有些人對我們常常是公開的，而很多人則向我們透露了與帝國特別有關聯的秘密。」[168]

第十屆傳教團監督官季姆科夫斯基負責搜集中國地圖，了解中國地理情況，還搜集蒙古法典用以管理新入版圖的吉爾吉斯及厄魯特人之參考。他著有：《1820 年和 1821 年經過蒙古的中國遊記》，此書 1824年在聖彼得堡出版後，很快風行歐洲，先後出版了德文（1825-1826）、荷文（1826）、法文（1827）、英文（1827）、波蘭文（1827-1828）等譯本。留有手稿《特別報告》、《俄中關係史略》、《回憶錄》。[169]1818 年，伊爾庫茨克總督制訂了一份對第十屆傳教團的指令，呈請沙皇，獲得沙皇亞歷山大一世批准，史稱「1818 年指令」。根據這項指令：「今後傳教團的主要任務不是宗教活動，而是全面研究中國的經濟和文化。傳教團應向外交部提供有關中國政治生活中最重要事件的情報。」[170] 也就是從這時起，傳教團正式接受外交部的領導。

第十二屆傳教團在京期間，正值鴉片戰爭時期，修士大司祭圖加

---

167 П. Е. 斯卡奇科夫著、В. С. 米亞斯尼科夫編、柳若梅譯：《俄羅斯漢學史》，第 59-60 頁。

168 Eric Widmer, *The Russian Ecclesiastical Mission in Peking during the Eighteenth Century*, p.165.

169 參見中國社會科學院文獻情報中心編：《俄蘇中國學手冊》上冊，第 95-96 頁。

170 Бунаков Е. В. Изистории русско-китайских отношений впервой половине XIX в. Советское Востоковедение. 1956г. No2. с101.

里諾夫（佟正笏）由於通漢、滿文，在京期間得以根據中外刊物報道，掌握中國現實動態，上報給俄國外交部，以便該部制定外交方針。根據他所提供的情報，俄國方面掌握了中英《南京條約》簽訂的重要情況。[171] 俄國方面承認，「使團的緊要任務是摸清當時的政治經濟等一系列情況，並最大程度地將權威人士收集的情況完整地向政府滙報。由此，這屆使團實際上發揮了使館的功能」。[172]

第十三屆傳教團領班巴拉第駐京期間，經歷了太平天國和第二次鴉片戰爭等重大事件，巴拉第根據掌握的情報及時地向俄國外交部亞洲司報告太平天國運動的進展及中國局勢，並提出自己的意見，以便俄國方面採取相應的對策。[173] 第二次鴉片戰爭期間，巴拉第與東西伯利亞總督穆拉維約夫密切互動、秘密協商，使俄國成功地從清國與英、法兩國的交戰中巧取豪奪大量權益和大片中國領土，為俄國實現其侵略意圖立下了汗馬功勞。[174] 巴拉第獲取情報的有效途徑：一是通過在理藩院的翻譯活動，得以接觸清朝與英、法談判的外交秘辛。二是通過在清廷的人脈關係，如與耆英等人的關係，把握清朝的決策意圖。三是通過打探北京的街談巷議，觀察動靜，從中刺探富有價值的情報。巴拉第不愧是情報高手。

對於俄國在北京的間諜活動，清廷亦有警覺和防備。1737 年監督俄羅斯館御史赫慶在奏摺中稱：「在京讀書子弟，亦不可任其出入，使

---

171 參見中國社會科學院文獻情報中心編：《俄蘇中國學手冊》上冊，第 96 頁。

172 П. Е. 斯卡奇科夫著、В. С. 米亞斯尼科夫編、柳若梅譯：《俄羅斯漢學史》，第 211 頁。

173 有關巴拉第對太平天國運動的報告分析，參見陳開科：《巴拉第與晚清中俄關係》，第 371-385 頁。

174 有關巴拉第對第二次鴉片戰爭的形勢分析及其相關活動，參見陳開科：《巴拉第與晚清中俄關係》，第 388-492 頁。

知內地情形。輿圖違禁等物，禁勿售與。」[175] 清廷對俄羅斯館派兵嚴加監視，但這些舉措都沒能有效遏制傳教團通過其他途徑獲取情報。

日本研究中國基督教史的專家佐伯好郎曾指出：「俄國東正教會的目的不在於向中國人傳播基督教，而是作為沙皇俄國政府的情報機關或外交機關成立的。」「從雍正五年（西紀 1727 年）到清文宗咸豐十年（西紀 1860 年）約一百三十年間，包括前記雅克薩戰役俘虜的四十五人及其子孫，信徒總數尚不超過二百人；可是，從俄國派往中國的東正教傳教士總數，在一百三十年之間竟達一百五十人之多。這一事實，可以如實說明，這些傳教士團從事諜報活動而忘掉了傳播『福音』的本身業務；也可以從中想像，俄國傳教士在沙皇俄國的對華政策中曾何等活躍。」[176] 傳教團搜集情報的工作使命，最能反映傳教團充當俄國向東方殖民開拓的先行者這一特殊角色。

四、俄羅斯傳教團的北京文獻

俄國駐京傳教團悉心研究北京，派出醫生、畫家、植物學家與中國進行文化交流，與中國互換圖書，這些構成他們「北京經驗」的重要組成部分，是當時中俄文化交流富有價值的內容。

北京研究 俄羅斯傳教團漢學研究成果的一項重要內容是北京研究。這方面的代表性作品有：第九屆傳教團修士大司祭比丘林的《北京志》、第十一屆傳教團學生科瓦尼科的《北京周圍地質概要》（載《礦山雜誌》，1838 年，第二輯，第 2 冊，第 34-59 頁）、第十三屆傳教團監督官科瓦列夫斯基的《北京郊區的採煤和中國的黃金開採》、學生

---

175 何秋濤：《朔方備乘》（一），卷十二〈俄羅斯館考〉，第 276 頁。

176 佐伯好郎：《支那基督教の研究》第 3 冊，第 469-470 頁。

赫拉波維茨基的《明朝滅亡時期北京大事記》、學生斯卡奇科夫的《北京運河上的郊區茶館》（附插圖）（載《俄國藝術報》，1858年第35期）、第十四屆傳教團學生波波夫的《北京的民間傳統和迷信故事》（手稿）等。

比丘林的《北京志》用142個單元詳細介紹了北京紫禁城、皇城、內城這三個關鍵區域的建築、名勝、文化概貌；還特意介紹了朝陽門、安定門、德勝門、平則門、西直門地區的建築、人文古跡；另外，他把外城分為東（東便門、廣渠門、永定門）、西（右安門、西便門）兩部分用17個單元進行了詳細介紹。書後附有他於1817年繪製的北京地圖，該圖顯示：北京城牆高33英尺半、下寬62英尺、上寬50英尺，市內大街16條，小巷384條，橋樑370座，寺院700所。在前言中他交代說：「我想讓讀者相信的是，這幅平面圖不同於在北京鋪子中可以隨便買到的圖，而是1817年的新圖，經過仔細的繪製。」此書1829年在聖彼得堡出版，是第一部外文版的《北京志》。它的出版很快引起各國的關注，第二年出版了法文譯本。關於《北京志》的主要材料來源，一般認為編譯自《宸垣識略》。瓦西里耶夫在《中國文學史資料》介紹吳長元著《宸垣識略》時說：「亞金甫根據這部著作編寫了《北京志》（1829年由一個叫Ferry de Pignyr的人翻譯成了法文）。」閻國棟則進一步考訂為：「比丘林依據的是乾隆五十三年（1788年）池北草堂刻本。比丘林到北京後第七年開始翻譯此書，他沒有將原書全部譯出，而是根據歐洲人的興趣刪繁就簡，並結合自己的親歷觀察，增補註釋而成書。」[177]（另有人將俄文音譯《宸垣識略》還原為《鎮元史略》。[178]此譯名有誤。）《北京志》是第一部系統介紹北京人文、歷史、地理的俄文

---

177 閻國棟：《俄羅斯漢學三百年》，北京：學苑出版社2007年版，第46-47頁。

178 參見中國社會科學院文獻情報中心編：《俄蘇中國學手冊》上冊，第9頁。

著作，出版後受到俄國和法國同行的好評。法國漢學家艾依里和克拉普羅特受亞洲協會的委託，撰文評論該書，肯定它的優點，同時指出該書唯一的不足是比丘林沒有列出譯本及介紹北京概況依據的中文文獻，並最早提到《北京志》係據吳長元著《宸垣識略》節譯。[179]

赫拉波維茨基的《明朝滅亡時期北京大事記》收入巴拉第主編的《俄國東正教駐北京使團成員著作集》第三卷，1857 年在聖彼得堡出版。該著記敘了自 1644 年 4 月 7 日（陰曆三月初一）到 6 月 6 日（四月三十）這兩個月期間發生在北京的歷史事件，包括李自成攻打北京，明朝覆滅，吳三桂率軍反撲，李自成匆匆登基稱帝，然後撤離北京的全過程。[180] 史實敘述翔實、準確、生動，可讀性強，表現了作者深厚的漢學素養。[181]

此外，與北京研究相關的還有五類體裁的作品：第一類是傳教團成員在京的日記，這是他們在京生活、工作、觀察的記錄。這類作品有：第十屆傳教團學生列昂季耶夫斯基的《1820-1831 年日記（部分）》（手稿），第十一屆傳教團監督官拉德任斯基的《1830 年 12 月 1 日起在北京的日記》（手稿），[182] 第十二屆傳教團學生瓦西里耶夫的《北京日記節選》（載《俄羅斯通報》，1857 年，第九卷，第 10 期，第 145-200 頁；第 12 期，第 477-497 頁），第十三屆傳教團斯卡奇科夫的《太平軍

---

179 Eyries et Klaptoth, Rapport sur le plan de Peking, publie, à St.-Petersbourg en 1829, *Nouvean Journal Asiatiques*, 1829, t.IV, pp.356-374.

180 該文有中譯文，收入曹天生主編、張琨等譯：《19 世紀中葉俄羅斯駐北京佈道團人員關於中國問題的論著》，北京：中華書局 2004 年版，第 480-523 頁。

181 參見中國社會科學院文獻情報中心編：《俄蘇中國學手冊》上冊，第 96 頁。

182 該手稿第 202-222 頁系侍衛安·科熱夫尼科夫受命編製的北京三條主要大街的店舖、作坊、住房的詳細登紀表，對研究北京城市史有參考價值。參見中國社會科學院文獻情報中心編：《俄蘇中國學手冊》上冊，第 55 頁。手稿部分內容刊載於《中國福音》，1908 年，第 21-22 期。

起義日子裡的北京》（1858 年）、《我的務農日記》（手稿，1854 年）、《我的政治日記》（手稿，1854 年 1 月 - 1856 年 5 月），[183] 第十四屆傳教團波波夫的《法國和英國公使進入北京（一個北京傳教士團成員日記摘抄）》，[184] 第十三、十五屆傳教團領班巴拉第的《京郊寺廟的一周》（載《現代人》，1863 年第 6 期，第 403-438 頁）、《1858 年北京日記摘錄》（1 月 17 日至 8 月 6 日）（載《海事文匯》，1860 年第 9 期，第 483-509頁；第 10 期，第 88-105 頁）[185] 等。

　　例如，列昂季耶夫斯基的日記「有關於中國教師的極有價值的記錄」，「日記一共 480 頁，雖然不是每天都記，比如，1822 年只記了 12篇。日記的內容包羅萬象：有俄國傳教士和天主教傳教士關係的內容，有中國南方和台灣起義的內容，有關於銀行家破產和飢餓的，有關於漢人向吉林省移民的，有關於黃河決口引起水災的，有關於理藩院的俄羅斯文館和使團事務的，等等」。[186] 瓦西里耶夫的日記較為詳細描述了北京城、周圍的名勝古跡、居民的生活和從業狀況，以及摘自《京報》中的新聞，在頤和園、通州、門頭溝等地的遊歷情形等。[187] 巴拉第的《京郊寺廟的一周》「在俄國文學中首次反映了中國戲劇的內容」。[188]

　　第二類是傳教團成員的遊記，這是他們遊歷北京真實體驗的記錄。這類作品有：第八屆傳教團大司祭格里鮑夫斯基的《修士大司祭

---

183 參見中國社會科學院文獻情報中心編：《俄蘇中國學手冊》上冊，第 88 頁。

184 同上，第 73 頁。

185 參見柳若梅編：〈俄羅斯東正教駐北京使團成員已出版論著目錄〉，該文系作者提供，特此致謝。

186 П. Е. 斯卡奇科夫著、В. С. 米亞斯尼科夫編、柳若梅譯：《俄羅斯漢學史》，第 189-190 頁。

187 趙春梅：《瓦西里耶夫與中國》，第 6 頁。

188 П. Е. 斯卡奇科夫著、В. С. 米亞斯尼科夫編、柳若梅譯：《俄羅斯漢學史》，第 250 頁。

C. 格里鮑夫斯基 1806 年從北京到恰克圖之行》，第十屆傳教團監督官季姆科夫斯基的《1820 年和 1821 年經過蒙古的中國遊記》（附地圖及圖片），第十三屆傳教團監督官科瓦列夫斯基的《中國旅行記》，第十三屆傳教團司祭茨韋特科夫的《從北京到伊犁》，第十四屆傳教團隨團畫家伊戈列夫的《一位俄國畫家在北京附近山區的旅行》（載《恰克圖快報》，1862 年，第 18 期，第 4-12 頁），第十三及十五屆領班巴拉第《1870 年從北京經滿洲到布拉戈維申斯克的旅途札記》（聖彼得堡，1872年）、《修士大司祭巴拉第神父論哥薩克佩特林中國之行觀感》（《俄國考古學會東方分會論叢》1892 年第 6 期，第 305-308 頁）、《1847 年和 1859 年蒙古旅行記》（附貝勒施奈德所繪東部蒙古路線圖，載《俄國皇家地理學會普通地理學論叢》1892 年第 22 期）、《修士大司祭帕拉季評馬可波羅的華北之行》（聖彼得堡，1902 年，47 頁）等。

其中季姆科夫斯基的《1820 年和 1821 年經過蒙古的中國遊記》（附地圖及圖片）分三部分：第一部分，輾轉到達北京，附教堂、使團駐地圖片及自恰克圖至北京道路地圖。第二部分，在北京，附北京地圖。第三部分，返回俄國及蒙古印象，另附《無休止的喇嘛念經及 A．O．就此給 E．Ф．季姆科夫斯基的信》。**189**

第三類是傳教團成員的工作、研究報告，這是他們從北京向俄羅斯方面發出的信息或情報。這類作品有：第十四屆傳教團修士大司祭固里的《北京傳教士團領班修士大司祭固里給亞洲司的報告》（手稿）、《十七至十九世紀在中國的俄國教堂和希臘正教教堂》，第六屆傳教團學生帕雷舍夫等合編的《1772-1782 年間大清帝國的秘密行動、計劃、事件和變化記錄》（手稿，合著），第八屆傳教團修士大司祭格里鮑夫

---

189 參見柳若梅編：〈俄羅斯東正教駐北京使團成員已出版論著目錄〉。收入阿夫拉阿米神父輯、柳若梅譯：《歷史上北京的俄國東正教使團》，第 243 頁。

斯基的《關於中國——現在的清朝中國的消息》,第八屆學生暨第十屆修士大司祭卡緬斯基的《明亡清興,或叛民李自成生平》(手稿)、《中國內閣關於處死王子和珅的報告》(手稿),第十屆傳教團學生列昂季耶夫斯基的《中國閣員簡介》(手稿)、《示我周行》(手稿)、《大清(中國)軍隊概覽(一個俄國目擊者的記述(載《北方蜜蜂》1832年第266-267期)、《大清人(中國人)對俄國的看法》(載《北方蜜蜂》1832年第282期),第十三屆傳教團輔祭奧沃多夫的《平定羅剎方略》(手稿)、《論俄中關係和中國軍隊中的俄國連》(手稿)、第十三屆醫生斯捷潘·伊萬諾維奇·巴濟列夫斯基《來自北京的經濟研究消息》(載《內務部雜誌》,1852年2月)等。

例如,《1772-1782年間大清帝國的秘密行動、計劃、事件和變化記錄》「『記錄』的內容非常豐富,學生們記錄了他們從北京熟人和理藩院那裡了解到的一切,他們每月去理藩院一次領月餉,在審問俄國逃犯、城堡的俘虜、從工廠逃跑的人、從西部邊界抓到的俘虜時也請學生們去做翻譯。記錄中大多是一些令北京居民不安的事:同苗人的鬥爭、甘肅和山東的起義、北京的火災等,其中也包括學生們與那些他們在北京遇到的、由俄國逃回的索倫人和卡爾梅克人的談話,等等」。**190**

第四類是書信,傳教團成員從北京發給俄國的信件通常是滙報他們在京的生活、工作和體驗。這類作品有:第十屆傳教團學生列昂季耶夫斯基的《中國通信。京城〈大清國首都〉來信》(載《北方蜜蜂》1832年第292期)、第十一屆傳教團醫生基里洛夫致巴斯寧的十一封信(1830-1838年)、**191** 第十二屆傳教團學生戈爾斯基的《來自北京的兩封信》(載《祖國紀事》,第二十八輯,1843年,5月號,第15-20頁)以

---

190 П.Е. 斯卡奇科夫著、В.С. 米亞斯尼科夫編、柳若梅譯:《俄羅斯漢學史》,第101頁。

191 參見肖玉秋:《俄國傳教團與清代中俄文化交流》,第220頁,註2。

及《俄國東正教駐北京佈道團史片斷》(傳教士的信)(《神學通報》,
1897 年 5 月號,第 225-239 頁;8 月號,第 158-175 頁;10 月號,第
103-113 頁;11 月號,第 254-266 頁;1898 年 1 月號,第 89-100 頁;2
月號,第 230-241 頁;4 月號,第 61-80 頁;6 月號,第 342-359 頁;8 月
號,第 202-224 頁;10 月號,第 92-102 頁;11 月號,第 212-226 頁;12
月號,第 361-372 頁)、第十三屆傳教團監督官科瓦列夫斯基自北京給
亞洲司的信件(手稿,1848-1851 年)、[192] 第十四屆傳教團學員帕夫利諾
夫自北京來信(1862 年 5 月 26 日)、[193] 第十三及十五屆領班巴拉第《北
京佈道團領班大司祭巴拉第與東西伯利亞總督 H．H．穆拉維約夫 — 阿
穆爾斯基伯爵的通信》(載《俄羅斯檔案》1914 年第 2 卷第 8 期;第 3
卷第 9、10 期)等。

第五類是《京報》翻譯。《京報》源自「邸報」,是在京城發行供
官員閱讀的報紙,初由各省提塘分別向地方抄發「京報」,到乾隆年間
逐漸完善,改為統一抄發,主要內容為宮門抄、明發諭旨和大臣奏章。
在京的外國人通過各種途徑獲取《京報》,以探聽朝廷的虛實。俄羅斯
傳教團顯然將搜尋《京報》作為他們獲取清廷情報的重要途徑,並摘譯
他們認為有價值的信息,第二屆傳教團學員羅索欣的《1730 年〈京報〉
摘抄》(手稿)、第十屆傳教團學生列昂季耶夫斯基的《京報》(翻譯手
稿)、第十四屆傳教團學生姆拉莫爾諾夫的《〈京報〉摘譯(1861 年 8
月 - 1862 年 12 月)》,[194] 即屬於這方面的工作成果。

羅索欣的《1730 年〈京報〉摘抄》「記錄了當年發生在中國的兩次

---

192 參見中國社會科學院文獻情報中心編:《俄蘇中國學手冊》上冊,第 46 頁。

193 同上,第 66 頁。

194 同上,第 58-60、65、80 頁。

日食，北京 9 月 19 日大地震死難者達 7 萬之眾，以及黃河決堤氾濫等消息」。[195] 列昂季耶夫斯基「從《京報》上翻譯了 1692 年康熙皇帝發佈的准予傳教上諭。這道『議奏』在西方被譽為《1692 年寬容敕令》，傳教士則稱它標誌著天主教在中國的『黃金時代』的到來」。[196]

俄國傳教團上述研究北京的成果，其數量之多、涉及之廣、份量之重，幾可與同時期在京耶穌會士留下的文獻媲美。由於傳教團在 19 世紀中期以前基本上沒有涉足北京以南的城市，故他們對中國城市的研究毫無疑問是以北京為主要考察點。北京研究文獻實際上是他們「北京經驗」最重要的文本體現。

美術 美術是耶穌會士進入清宮服務的主要途徑之一，也是耶穌會士結交權貴的重要手段。西歐傳教士中的郎世寧、馬國賢、王致誠、潘廷章等以其獨特的西洋畫藝在清宮獲得清朝康熙、乾隆的青睞。這對俄羅斯佈道團顯然有很大的刺激，受此影響，俄羅斯傳教團亦著手選派畫家參加傳教團，第九屆傳教團有一位「在藝術繪畫方面有點天才的休金（Щукин），他的任務是購買顏料，了解中國畫家怎樣調色、作畫，畫出意趣生動的速描畫。此外他還要了解中國人用來製作鼻煙壺的軟坡墻、白銅、各種石料等資料。這是第一位赴華的俄國畫家。遺憾的是，休金此行的結果已無從得知」。[197] 第十一屆派出畫家安東‧米哈伊洛維奇‧列加紹夫、第十二屆派出畫家科爾薩林、第十三屆派出畫家伊萬‧伊萬諾維奇‧奇穆托夫、第十四屆派出伊戈列夫，他們成為西洋油畫進入中國的又一渠道。

---

195 閻國棟：《俄國漢學史》，第 97 頁。

196 同上，第 121 頁。

197 П. Е. 斯卡奇科夫著、В. С. 米亞斯尼科夫編、柳若梅譯：《俄羅斯漢學史》，第 122 頁。

安東·米哈伊洛維奇·列加紹夫（1798-1865）出生於奔薩省農奴家庭，1818 年獲農奴解放證，1821 年進入彼得堡美術學院，1826 年畢業，1830 年參加第十一屆傳教團來到北京，是第一位來華的俄羅斯職業畫家。美院指示他了解中國丹青配方及用法，並須用彩色如實描繪中國服飾、日用器皿、樂器、兵器、建築、動植物、石碑和錢幣上的銘文等。[198] 在北京十年（1831-1840），其創作活動和作品內容主要可分為三項：一是帶領中國畫師一道為重修的尼古拉教堂聖像壁繪畫聖像，共畫聖像 16 幅。二是繪畫人物肖像。僅從 1831 年到 1836 年，他創作的人物肖像有 34 幅，涉及北京各階層的人物，如《中國青年人肖像》、《中國老人肖像》。三是其他畫作。他創作了 34 幅畫贈送給清廷王公顯貴。在北京期間，他還認真研究過中國的圖畫顏料，包括顏料的成分和製作。奕繪的《明善堂文集》流水編卷四《自題寫真寄容齋且約他日同畫》一詩曰：「北極寒洋俄羅斯，教風頗近泰西規。十年番代新遊學，百載重來好畫師。圖我衣冠正顏色，假君毫素見威儀。神巫何術窺壺子，地壞天文各一時。」自注云：「俄羅斯畫師阿那托那畫，其畫頗近西洋郎公。」[199] 據蔡鴻生先生考證，此處「阿那托那」即為列加紹夫。[200] 回國以後，他繼續創作以中國為題材的作品，其中《中國男人與女人們》（1862）、《中國城市》（1864）等仍存留於世。迄今他所發表的畫作有收藏於普希金造型藝術博物館的一組描繪中國人日常生活的蝕刻畫和藏於特列季亞科夫畫廊的一幅中國人高福壽肖像、東方研究所彼得堡分所檔案館收藏的五幅素描，俄羅斯中央歷史檔案館藏有《列加舍夫畫筆

---

198 參見中國社會科學院文獻情報中心編：《俄蘇中國學手冊》上冊，第 55 頁。

199 張璋編校：《顧太清奕繪詩詞合集》，上海古籍出版社 1998 年版，第 496 頁。

200 參見蔡鴻生：《俄羅斯館紀事（增訂本）》，第 107-109 頁。

下的中國人肖像清單》。[201]

科爾薩林（1809-1872）出生於斯盧茨克城，1839 年以旁聽生資格畢業於彼得堡美術學院，1840 年參加第十二屆傳教團，在京只呆了三年，因健康原因而被提前遣送回國。在京期間，登門求畫者門庭若市，據說他為此創作了上百幅人物肖像畫贈送給京城的達官顯貴。他回國以後創作的《京城外宮殿景色》（又名《萬壽山風景》，1860），現被聖彼得堡俄羅斯博物館收藏，此畫展現了北京西山的美麗景色，是北京風情畫的佳作。[202]

伊萬·伊萬諾維奇·奇穆托夫（1817-1865）出生於彼得堡平民家庭，1827 年進入彼得堡美術學院，1839 年畢業。因生活貧困參加俄國第十三屆傳教團，在北京生活了 8 年（1850-1858）。奇穆托夫善於發掘反映北京風土人情和社會面貌的題材，其畫作具有強烈的生活氣息和社會現實感。他的畫作藏俄羅斯博物館和特列季亞科夫畫廊，其中 4 幅被作為插圖收入第十三屆監督官葉·科瓦列夫斯基的《中國旅行記》（1853）一書，這 4 幅畫分別為：《中國商人》、《長城風光》、《北京街景》、《北京街頭理髮師》。[203] 其他 4 幅刊登於 1858 年的《俄國藝術報》，分別題名為：《北京城外景》、《北京運河岸上的茶館》、《郊遊》、《北京阿爾巴津人後裔》。在蘇聯列寧圖書館手稿部所藏斯卡奇科夫的

201 Elena Nesterova, The Russian Painter Anton Legason in China From the History of the Russian Ecclesiastic Mission in Peking, *Monumenta Serica, Journal of Oriental Studies*, Vol.XLVIII (2000), pp.359-427. 此文對安東·米哈伊洛維奇·列加紹夫的生平與創作有頗為詳實的考察，文後附圖 37 幅，其中列加紹夫本人畫像 3 幅，其它 34 幅畫為其作品。中文文獻參見中國社會科學院文獻情報中心編：《俄蘇中國學手冊》第 55-56 頁。又參見肖玉秋：《俄國傳教團與清代中俄文化交流》，第 229-233 頁。

202 參見中國社會科學院文獻情報中心編：《俄蘇中國學手冊》上冊，第 51 頁。

203 這四幅圖畫參見葉·科瓦列夫斯基著、閻國棟等譯：《窺視紫禁城》，譯者序、第 2、80、121、172 頁。

手稿載有他的畫冊內容與 27 幅畫作的標題。[204]

伊戈列夫（1823-1880）出生於俄國薩拉托夫省科夫卡村的一個聖堂工友家庭。1838 年進入薩拉托夫傳教士學校，1845 年轉入帝國美術學院，1853 年獲美術學院院士稱號。1858 年參加第十四屆傳教團來到北京，1864 年回國。在京期間，他創作了反映貧民生活的畫作《飢寒交迫的中國乞丐》（現藏特列季亞科夫畫廊）。[205]

此外，第十一屆傳教團監督官拉德任斯基 1830 年到京後，請中國畫家繪製了大量關於北京街道、建築、生活用品的圖畫，後收藏於俄羅斯科學院人類學和民族學研究所。[206]

醫學 早在俄羅斯組建商隊前往北京時，為了滿足商隊人員的醫療需求，即在商隊中安排醫生隨行。1715 年俄曆 12 月 2 日，彼得一世下令派遣彼得堡醫院外科醫生英國人托馬斯·加文隨勞倫茨·郎格一起前往中國。這是俄國政府派到中國來的第一位醫生。[207] 1719 年，俄國派出近衛軍大尉列夫·伊斯梅洛夫為特使的使團前往北京，隨行的有英國醫生約翰·貝爾，他對此次訪問留下了一部旅行記 ——《從俄國聖彼得堡到亞洲各地的旅行》（*Travels from St Petersburg in Russia to Various Parts of Asia*）。

為了改善俄國傳教團的傳教狀況和受到耶穌會士因醫術受邀進宮的啟發，第八屆傳教團修士大司祭索夫羅尼·格里鮑夫斯基呈文，提出四條建議以掃除傳教的障礙。其中在第一條中就提到「倘若其中有人懂得醫學，那怕只懂得某一門醫學，這對達到傳教目的也不無好處，因為

---

204 參見中國社會科學院文獻情報中心編：《俄蘇中國學手冊》上冊，第 100 頁。

205 同上，第 34 頁。

206 同上，第 54 頁。

207 參見《十八世紀俄中關係（1700-1725）》第 122 號文件，第 168 頁。轉引自宋嗣喜：〈溝通中俄文化的使者 —— 記十九世紀來華的俄國醫生〉，載《求是學刊》1986 年第 1 期。

醫生在那裡是受尊敬的」。[208] 第十屆俄國傳教團派出醫生約瑟夫‧帕夫洛維奇‧沃伊采霍夫斯基，第十一屆派出四名醫生波爾菲里‧葉‧多基莫維奇‧基里洛夫、阿列克謝‧伊萬諾維奇‧科萬尼科、庫爾梁德佐夫、葉皮凡‧伊萬諾維奇‧瑟切夫斯基，第十二屆派出醫生亞歷山大‧阿列克謝耶維奇‧塔塔里諾夫，第十三屆派出兩名醫生斯捷潘‧伊萬諾維奇‧巴濟列夫斯基、米哈伊爾‧達尼洛維奇‧赫拉波維茨基，第十四屆派出醫生科爾尼耶夫斯基。前後共 9 名醫生。他們對促進俄中醫學交流做出了重要貢獻。П. Е. 斯卡奇科夫撰寫的〈俄國駐北京佈道團的醫生〉一文對他們的活動作了詳細介紹。[209]

沃伊采霍夫斯基（1790-1850）曾就讀基輔神學院，1819 年畢業於彼得堡外科醫學院，1821 年作為第十屆傳教團的隨團醫生來到北京，懂滿、漢語。1820-1821 年北京發生霍亂，沃伊采霍夫斯基利用西醫為京城的百姓治病。後又因治癒禮親王兄弟全昌的瘰癧病而名聲大噪，為表達對沃伊采霍夫斯基的謝意，1829 年 11 月 14 日，全昌率領眾多官員和隨從前往俄羅斯館敬贈匾額 ——「長桑妙術」。列昂季耶夫斯基收藏的繪畫作品 ——《俄羅斯館》和現藏於俄羅斯科學院人類學和民族學博物館的拉德仁斯基藏品中的一幅畫再現了當時的隆重場面。1830 年回國後，他曾任外交部亞洲司醫生，1844 年任喀山大學漢語教研室主任，從事滿、漢語教學和研究工作。

基里洛夫（1801-1864）畢業於彼得堡外科醫學院，1830 年作為第十一屆傳教團隨團醫生來到北京，在京期間，他一方面為達官貴人與平民百姓治病，受到患者的好評價，1836 年曾獲鎮國將軍禧忠贈

208 參見尼‧伊‧維謝洛夫斯基編、北京第二外語學院俄語編譯組譯：《俄國駐北京傳道團史料》第一冊，第 98 頁。

209 〔俄〕斯卡奇科夫：〈俄國駐北京佈道團的醫生〉，載《蘇聯的中國學》1958 年第 4 期。

匾 ——「惠濟遐方」和固山貝子綿秀贈匾 ——「道行中外」；另一方面對中醫與中藥進行廣泛研究，並搜集植物標本，研讀老子哲學。何秋濤《朔方備乘》卷四十《俄羅斯叢記》載：「高郵王壽同云，曩曾因子章貝勒奕繪識俄羅斯官學生，在彼國不知何名，子章貝勒因其精醫，遂名之曰『秦緩』。其人能為華言，每歲朝來賀，持名刺即用『秦緩』字。」[210] 據蔡鴻生先生考證，文中「秦緩」即為基里洛夫。[211]

塔塔里諾夫（1817-1876）畢業於彼得堡外科醫學院，1840 年作為第十二屆傳教團隨團醫生來到北京，他對中醫有深入的研究，所著《中國醫學的起源》、《試評中國手術中應用的止痛藥和水療法》兩文分別收入《俄國東正教駐北京使團成員著作集》第二、三卷。[212]《中國醫學的起源》一文分前言、中國醫生的等級和教育、慈善機構、中國醫生的行醫條件、農村醫生、中國醫生的社會地位、太醫院及其與醫生的關係、太醫、中國醫生的解剖學知識諸節，對中國的醫療狀況作了系統評介。《試評中國手術中應用的止痛藥和水療法》一文首次向俄國介紹了中國外科手術中使用的麻醉術，以及它的創始人 —— 華佗。П. Е. 斯卡奇科夫高度評價塔塔里諾夫在介紹中國醫學方面所取得的成就，認為他的著作以中國史料為基礎，「無論在蘇聯，還是在其他國家，至今都令人望塵莫及」。[213]

巴濟列夫斯基（1822-1878）畢業於沃洛格達傳教士學校和彼得堡外科醫學院，1847 年獲醫學博士。1850 年作為第十三屆傳教團隨團醫

210 何秋濤：《朔方備乘》（二），卷四十〈俄羅斯叢記〉，第 820 頁。

211 參見蔡鴻生：《俄羅斯館紀事（增訂本）》，第 103-107 頁。

212 中譯文收入曹天生主編、張琨等譯：《19 世紀中葉俄羅斯駐北京佈道團人員關於中國問題的論著》，第 416-453、528-533 頁。

213 斯卡奇科夫：〈俄國駐北京佈道團的醫生〉，載《蘇聯的中國學》1958 年第 4 期。轉引自肖玉秋：《俄國傳教團與清代中俄文化交流》，第 222 頁。

生來到北京，1858 年期滿回國後供職於亞洲司。1867 年任俄國駐德黑蘭大使館醫生。生前似無著作發表，留有大量遺稿，內容涉及《本草綱目》譯文，中醫、針灸、法醫、中藥等醫學論文譯文，關於北京保健事業和疫病狀況的描述及博物學論文等。[214]

科爾尼耶夫斯基（1833-1878）1852 年畢業於契爾尼戈夫傳教士學校，1856 年畢業於彼得堡外科醫學院，1857 年獲醫學博士學位。1858 年作為第十四屆傳教團隨團醫生來到北京，1862 年以《中醫歌訣》成為俄國醫師協會正式會員。同年因肺病提前回國。身後留有大量遺稿，主要為中醫史料，如《東醫寶鑒》、《壽世保元》等書譯文，中醫諺語、中醫處方、民間中醫等。[215]

綜上所述，俄國傳教團隨團醫生具有兩個特點：一是其均來源於彼得堡外科醫學院，該校創辦於 1798 年，前身是彼得堡外科醫務學校。1881 年起改稱軍事醫學院。之所以選擇外科醫生，可能為應中國方面的要求。早在 1711 年，康熙帝就要求沙俄派遣傳教士的同時，「若有外科良醫，一併送來」。[216] 表現了清廷對俄羅斯外科醫生的興趣。二是在華期間或回國以後，他們都保持對中醫的研究興趣，撰寫相關研究論著，成為中醫在俄國的傳播者。[217] 雖然西醫傳入中國和中醫傳入歐洲，都始自西歐的耶穌會士，因此中醫傳入西歐要比傳入俄羅斯早，但從俄國傳教團隨團醫生後來在翻譯、整理中醫典籍方面所做的工作看，他們又有後來居上的趨勢。

---

214 參見中國社會科學院文獻情報中心編：《俄蘇中國學手冊》上冊，第 4-5 頁。

215 同上，第 50 頁。

216 Н. Адоратский, Православная миссия вКитае за 200 лет её существования, с м., Странник, 1887г., Май, стр.67.

217 有關俄國醫生介紹中醫的成果，參見宋嗣喜：〈溝通中俄文化的使者 —— 記十九世紀來華的俄國醫生〉，載《求是學刊》1986 年第 1 期。

自然科學　俄國傳教團研究自然科學的興趣主要是在植物、動物、天文、地理方面。曾於 1866-1883 年任俄國駐華使館醫生的貝勒士奈德撰著的《早期歐洲對中華植物的研究》(*Early European Research into the Flora of China*)、《歐人在華植物發現史》(*History of European Botanical Discoveries in China*) 第四部分第十一章總結了這方面的工作。[218]

　　第十一屆傳教團借調了植物學家本格（A．A．Бунге）、天文學家富斯（E．H．Фус），表現了傳教團對拓展這些領域工作的重視。第十一屆傳教團隨團醫生基里洛夫在北京期間，對包括中草藥在內的各種植物進行研究，他將自己搜集到的各種植物標本帶回俄國，其中所搜集的中國植物標本有六種為歐洲科學界所未知，為表彰他的發現，特以其姓氏命名。他將所帶回的茶葉和茶葉種子在家裡栽培，獲得了成功，將茶樹引進俄國栽培，是俄國引種中國茶葉第一人。著有《茶樹栽培試驗》、《再談茶籽》。[219]

　　第十二屆傳教團隨團醫生塔塔里諾夫在北京期間搜集中國植物標本，請中國學生在全國各地幫助採集，一位不知名的中國畫家根據塔塔里諾夫的觀察，精細繪製北京植物圖 452 幅，是為北京植物誌圖冊。塔塔里諾夫的植物收藏之富可謂前所未有。[220]

　　第十三屆傳教團學生斯卡奇科夫 1850 年 9 月 27 日隨團到達北京，擔任天文台台長。「使團一到達北京，馬上興建天文站。上屆使團的戈

218 E. Bretschneider, M.D., *History of European Botanical Discoveries in China* (London: Sampson Low, Marston and Company, 1898), pp.559-571.

219 參見中國社會科學院文獻情報中心編：《俄蘇中國學手冊》上冊，第 43 頁。П. E. 斯卡奇科夫著、B. C. 米亞斯尼科夫、柳若梅譯：《俄羅斯漢學史》，第 206 頁。

220 參見中國社會科學院文獻情報中心編：《俄蘇中國學手冊》上冊，第 94 頁。П. E. 斯卡奇科夫著、B. C. 米亞斯尼科夫、柳若梅譯：《俄羅斯漢學史》，第 216-217 頁。E. Bretschneider, M.D., *History of European Botanical Discoveries in China*, pp.559-569.

什克維奇一直在進行引力觀測，斯卡奇科夫將他的工作全部接手過來。在第十二屆使團離任前，天文站已經進入工作狀態。」「斯卡奇科夫的工作從籌建地磁天文站和籌辦設備開始，一切就緒後開始按時觀測、記錄和分析，並把觀測結果寄給庫普費爾。」[221] 1853 年斯卡奇科夫向俄國天文台提交長達 607 頁的中國氣象情報資料。在京八年期間（1850-1857），他曾深入考察當地民情風俗，與農民結交朋友，親自種植茶、瓜、豆、穀、花卉、草藥、果樹等共達 343 種，並學會餵養家蠶和野蠶。對中國農業、天文、地理均有深入的研究。著有：《論中國蠶的品種》、《地磁觀測報告》、《中國人放養野蠶的樹木》、《論中國人的地理知識》、《談談中國農業》、《中國天文學的命運》、《論中國天文觀測的狀況》；譯有：《漢代天文史》、《授時通考》；手稿有：《中國的農業》、《中國的工藝》、《中國的蠶絲業》、《中國天文學和氣象學研究資料》、《關於中國地理的描述和筆記》等。[222]

第十四屆傳教團學生佩休羅夫 1853 年畢業於彼得堡大學物理數學系。1857 年參加第十四屆傳教團，任天文台台長，著有《中國明朝的地震》、《漢俄詞典》、《俄中條約滙編（1689-1881）》等。[223]

圖書交流 俄羅斯東正教駐京傳教團的重要任務之一是搜集中國圖書典籍，以應俄國相關機構之需。這些機構包括亞洲博物館（前身為皇家聖彼得堡科學院圖書館）、俄國外交部亞洲司、喀山大學、聖彼得堡大學等。

1727 年，瑞典人勞倫茨‧郎格帶領俄國商隊前往北京，在京期

221 Л. E. 斯卡奇科夫著、B. C. 米亞斯尼科夫編、柳若梅譯：《俄羅斯漢學史》，第 220、223 頁。

222 參見中國社會科學院文獻情報中心編：《俄蘇中國學手冊》上冊，第 85-90 頁。E. Bretschneider, M.D., *History of European Botanical Discoveries in China*, pp.570-571.

223 參見中國社會科學院文獻情報中心編：《俄蘇中國學手冊》上冊，第 69 頁。

間，他從北京耶穌會士那裡獲得 8 套計 82 本漢語和滿語書籍，這是聖彼得堡科學院圖書館收藏漢語、滿語圖書的開端。1736 年郎格最後一次率領商隊來到北京，「這次旅行朗格為科學院帶回了 3 箱漢語和滿語的書籍」。隨行的有一位銀業技師叫奧西普·米亞斯尼科夫（Осип Мясников），其目的是「試圖在北京研究『中國藝術品』」，但此行「沒取得什麼特別的成果」。[224]

傳教團成員最早是出於自己對中國文化歷史的研究興趣開始搜集中國典籍。如第二屆傳教團學生羅索欣在京時就搜得上百種圖書，他回國後分兩次出售給科學院圖書館。第九屆傳教團領班比丘林在京時為了滿足自己的漢學研究需要，大肆搜集漢、滿典籍，回國時隨身攜帶重達 400 普特左右的行李，其中包括 12 箱中文、滿文書籍，一箱手稿、一箱染料、六件地圖和一幅北京城郭平面圖。[225]

1818 年 7 月 27 日沙皇亞歷山大一世親自審批的給第十屆傳教團的指令中稱：「傳教團必須盡可能利用撥給它的資金為傳教團圖書館搜集圖書、地圖和城市平面圖 …… 當發現好書和珍貴物品時，應該購買兩份，一份留給傳教團，另一份運回俄國。」[226] 國民教育部會同科學院擬訂隨團學員詳細守則，要求廣泛搜集中國文字情報與實物材料，並配發了相應的資金支助。[227] 遵照這一指令，第十屆傳教團在北京自覺地尋購所需書籍。1831 年，領班卡緬斯基回國時攜帶了大批圖書，並將其中部分圖書贈給聖彼得堡神學院、外交部亞洲司、皇家公共圖書館等處。隨團醫生沃伊采霍夫斯基也帶回大量中醫典籍。

---

224 參見 П. Е. 斯卡奇科夫著、В. С. 米亞斯尼科夫編、柳若梅譯：《俄羅斯漢學史》，第 36、38-39 頁。

225 參見李偉麗：《尼·雅·比丘林及其漢學研究》，第 6 頁。

226 轉引自肖玉秋：《俄國傳教團與清代中俄文化交流》，第 174-175 頁。

227 參見中國社會科學院文獻情報中心編：《俄蘇中國學手冊》上冊，第 34 頁。

第十一屆傳教團監督官拉德任斯基在他的日記中披露了傳教團成員在北京城遊街逛市搜尋圖書的情形。[228]1833 年他回國時「即將攜回的漢文圖籍百餘部捐藏亞洲博物館」。

第十二屆傳教團成員瓦西里耶夫經常光顧書市 —— 琉璃廠，聲稱：「我們的前輩只在一家委託店買書，而我們熟識這裡所有的人。」[229]在京期間，他為喀山大學搜集了共計 849 種、2737 卷、14447 冊珍貴的抄本和刻本圖書。內中不少屬於罕見的佛教典籍。[230]

第十三屆傳教團監護官科瓦列夫斯基詳細回憶了他們遊逛琉璃廠時的情景。[231] 隨團的斯卡奇科夫既是漢學家，又以收藏圖書見長。「其收藏漢籍善本之富，為當時俄國之冠。」[232]

駐京傳教團不僅將大批中文典籍帶回國內，而且在北京建立自己的圖書館。第一屆傳教團從一開始就有意識地配備傳教所需的神學書籍。第七屆傳教團約阿基姆修士大司祭於 1794 年為奉獻節教堂和尼古拉教堂以及其中物品編製了詳細的清冊，教堂圖書館積存的圖書大部分為神學類書籍，小部分為語言、哲學類書籍，清冊中未提及漢、滿、蒙文方面的書籍。[233] 第八屆傳教團領班格里鮑夫斯基學識淵博，注意從各方面搜集圖書，此舉得到俄國外務院的欣賞和支持。一般認為，傳教團

---

228 參見肖玉秋：《俄國傳教團與清代中俄文化交流》，第 175 頁。

229 同上。

230 同上，第 177 頁。

231〔俄〕葉・科瓦列夫斯基：《窺視紫禁城》，第 125-126 頁。

232 參見中國社會科學院文獻情報中心編：《俄蘇中國學手冊》上冊，第 85 頁。有關斯卡奇科夫對中國圖籍的收集更為詳細的介紹，參見〔俄〕A・米爾那爾克斯尼斯：《K. A. 斯卡契科夫收藏的中國手抄本書籍和地圖目錄》前言，收入馮蒸編著：《近三十年國外「中國學」工具書簡介》，北京：中華書局 1981 年版，第 329-336 頁。

233 圖書目錄參見尼古拉・阿多拉茨基著，閻國棟、肖玉秋譯：《東正教在華兩百年史》，第 234、238-242 頁。

圖書館的正式建館日期是在 1795 年，卡緬斯基談及當時建館的情形：
「1795 年我在北京找不到一本所需要的書，於是將自己不多的幾本書送
給公辦圖書館，為館藏打下了基礎，同時對它愛護備至 …… 在我捐獻
給圖書館的那批書中有很多都是傳播基督教教義的中文和滿文的稀有
珍本。可以說，那批書價值連城 …… 斯佩蘭斯基總督曾將自己翻譯的
《以耶穌為榜樣》一書和拉丁文原本送我，我也轉達了由自己創辦並視
同掌上明珠的北京圖書館，使這一珍貴禮物成為它的館藏。」第十一屆
傳教團代葡萄牙天主教圖書館收存大批圖書，外交部俄國對外政策檔案
館藏有這批圖書的目錄，計有圖書 3345 種，大大補充了館藏。這批圖
書只有天文學等專業的圖書運回彼得堡觀象台收藏，大部分圖書後來在
1860 年，由俄國特使伊格納季耶夫轉交給法國的耶穌會士。[234] 根據外交
部俄國對外政策檔案館收藏傳教團俄文和外文圖書目錄，共編入 1445
種圖書，分 16 類，包括神學、歷史學、世界地理、哲學、學術論文集
和筆記、醫學、自然科學、軍事藝術、天文學、文藝學、數學、法學和
政治學、統計學、貿易、經濟和農業、地圖冊和地圖等。圖書館的書很
長一段時間收藏在南館的一幢舊公用樓裡，1842 年傳教團收到 13500 盧
布蓋圖書館新樓的撥款，過了若干年這一計劃才得以實現。[235]

　　1844 年、1845 年，中、俄兩國首次進行了國家間的圖書互贈。
1844 年，清朝將雍和宮收藏的佛教經籍 800 餘冊贈予俄國。次年，中國
收到了俄國回贈的 10 箱 357 種 800 餘冊俄文書籍。有關此事的原委，
何秋濤的《朔方備乘》載曰：「道光二十五年，俄羅斯國王表言《丹珠

---

234 參見 Π. E. 斯卡奇科夫科夫著、B. C. 米亞斯尼科夫編、柳若梅譯：《俄羅斯漢學史》，第 210
　　頁。另一說是轉交給葡萄牙政府，參見粟周熊：〈俄國駐北京傳教士團圖書館述略〉，
　　載《北京圖書館館刊》1993 年第 3、4 期，第 155 頁。

235 參見粟周熊：〈俄國駐北京傳教士團圖書館述略〉，載《北京圖書館館刊》1993 年第 3、
　　4 期，第 155 頁。

爾》經乃佛教所重，而本國無之，奏求頒賜。上命發雍和宮藏本八百餘冊賜之。越數月，其國王因肄業換班學生進京，乃盡繕俄羅斯所有書籍來獻，凡三百五十七號，每號為一袟，裝飾甚華，有書有圖，惟通體皆俄羅斯字，人不盡識，當事者議發還之。或曰斯乃所以為報也，卻之轉拂遠人之情，則奏請收存於理藩院，以俟暇日將繙譯焉。於是軍機處存注檔冊，例須先譯書名，迺得其三百五十七號之書目，好事者爭相傳錄。」[236]《籌辦夷務始末》小有訂正，1868 年，清理藩院曾咨復總理衙門：「道光二十四年，據住京俄羅斯達喇嗎佟正笏呈，懇請領唐古忒於珠爾經、丹珠爾經各一部，曾經奏明頒給只領等因。」[237] 俄國方面對此的解釋與中方有所出入，第十二屆傳教團學生瓦西里耶夫於 1857 年發表的《聖彼得堡大學東方書籍札記》一文寫道：「為了學習藏語，我到北京後就極力尋找《甘珠爾》和《丹珠爾》。西藏商人經常將這些書運到北京出售給蒙古人，但印刷和紙張質量都很糟糕，字跡不清。與此同時，我獲悉可以得到宮廷印字房刊本，質量要好得多。我甚至在皇宮北花園的大殿中見到過刻版。需要向理藩院提出申請，傳教團領班給予了協助。此時我們得知《甘珠爾》和《丹珠爾》已經印過了，刻版已經損壞且有丟失。但中國政府對我們很友好，從北京的一位呼圖克圖藏書中送給我們一套。」[238] 俄國贈書收存在理藩院，可惜長期未得利用。儘管如此，這次中、俄兩國之間的圖書交換在中俄文化交流史上畢竟留下了濃墨重彩的一筆。

---

236 何秋濤：《朔方備乘》（二），卷三十九〈俄羅斯進呈書籍記〉，第 789 頁。

237 （清）寶鋆等編：《籌辦夷務始末》（同治朝），卷六十六，收入中華書局編輯部、李書源整理：《籌辦夷務始末》（同治朝）第七冊，北京：中華書局 2008 年版，第 2654 頁。

238 轉引自肖玉秋：《俄國傳教團與清代中俄文化交流》，第 189 頁。

五、中俄貿易在北京

從 1689 年中俄簽訂《尼布楚條約》到 1762 年俄羅斯女皇葉卡捷琳娜二世宣佈中止向北京派出商隊，這段期間的中俄貿易中心是在北京。其中從 1698 年到 18 世紀 20 年代發生在北京的中俄貿易，在清代史籍中稱為「京師互市」。有的論者將這一階段的「京師互市」分為兩個階段：第一階段是從《尼布楚條約》簽訂後到 1697 年為止，這一階段來京的俄國商隊多屬私商，「他們通常合夥或者單獨組織大小不一的商隊，以駝馬、大車為基本運輸工具，有時與官方使團同路，有時則獨往獨來。9 年之中，僅有案可查的就有 7 支商隊從尼布楚來京」。[239] 第二階段是從 1698 年到 18 世紀 20 年代初，來京的俄國商隊主要是官方籌組的「國家商隊」，這一階段俄羅斯政府共派出 11 支商隊赴京，其中最後兩支商隊因諸種原因未能如願抵京。[240] 這一看法似有待商榷，實際上，來京的俄羅斯私商真正遭禁是在 1706 年，而俄羅斯第一次組建官方商隊前往北京是在 1693 年伊台斯使團之後派出的商隊。因此，國家商隊與私商有一個共存期。

俄羅斯對私商的限制乃至禁止經歷了一個過程。1693 年，俄羅斯政府「認為有必要通過制定法規的形式限制私人貿易的權利。法規規定，私人商隊需與官家商隊同行，私人商隊只能在官家商品銷售完畢之後才能賣自己的商品。繼該限制性法規頒布之後，1706 年，政府又頒布了另外一個等於完全消滅私人競爭的條例：禁止私商在中國買賣主要的、也可以說是唯一的貿易商品 —— 皮貨。於是，俄國和中國的私商

---

239 參見孟憲章主編：《中蘇經濟貿易史》，哈爾濱：黑龍江人民出版社 1992 年版，第 39 頁。該書將伊台斯使團的隨行商隊列入私商，似不妥當。

240 同上，第 46 頁。

不再在北京做生意，而是改去卡爾梅克的庫倫」。[241] 政府限制私商的舉措，激勵了官商貿易的迅速增長。據統計，「1693 年前往中國的第一支國家商隊，共輸出官貨 41900 盧布、私商貨物 113620 盧布；而到 1710 年時，商隊所攜帶的貨物（只有官方一家）已達 20 萬盧布」。[242]1728 年中俄簽訂《恰克圖條約》後，國家商隊才真正壟斷了前往北京的貿易。

另一方面，俄羅斯方面做出派遣國家商隊前往北京的決定是在伊台斯使團赴京的 1693 年。[243]1693 年 8 月 30 日俄國政府頒布諭旨：「對運往中國的、在西伯利亞諸城市已繳納關稅的西伯利亞商品，按 1 盧布收取 6 兼加稅並逐一登記。」「只准許將價格為 40 盧布和 40 盧布以下（20-30-40 盧布）的紫貂皮運往中國，40 盧布以上的紫貂皮和黑色、黑褐色、褐色的狐皮一律不准出境。」「沒有大君主的諭旨，沒有國書，不得放任何人進入中國國境。」[244]1697 年政府再頒諭旨：「今後紫貂的徵收和銷售的權利僅由大君主一人掌管」，「商人可以買賣除紫貂皮和黑狐皮之外的所有商品」。這一法規實際保證了官商在對華貿易中掌握了所有商品中銷路最好、獲利最豐的商品 —— 紫貂皮和狐皮的經營特權，私商從此失去了自由貿易權。[245]

---

241 特魯謝維奇著，徐東輝、譚萍譯：《十九世紀前的俄中外交及貿易關係》，第 74 頁。

242 〔蘇〕米·約·斯拉德科夫斯基著、宿豐林譯：《俄國各民族與中國貿易經濟關係史（1917 年以前）》，北京：社會科學文獻出版社 2008 年版，第 129 頁。

243 關於俄羅斯國家商隊前往北京的時間有三說：第一說是以伊台斯使團為準的 1693 年，參見米·約·斯拉德科夫斯基著、宿豐林譯：《俄國各民族與中國貿易經濟關係史（1917 年以前）》，第 136 頁；特魯謝維奇著，徐東輝、譚萍譯：《十九世紀前的俄中外交及貿易關係》，第 86 頁。第二說是 1699 年，參見〔俄〕阿·科爾薩克著、米鎮波譯：《俄中商貿關係史述》，北京：社會科學文獻出版社 2010 年版，第 12 頁。第三說是以梁〔良〕古索夫商隊為準的 1698 年，參見孟憲章主編：《中蘇經濟貿易史》，第 46、48 頁。

244 轉引自特魯謝維奇著、徐東輝、譚萍譯：《十九世紀前的俄中外交及貿易關係》，第 81-82 頁。

245 同上，第 82 頁。

現將 1690-1698 年進京私商情形製表概述如下：

表 7.1　1690-1698 年俄羅斯商隊在京貿易一覽

大約在京時間	商隊總管	商隊人數	交易商品價值
1690 年 5 月 -1691 年	菲拉季耶夫、盧津、烏沙科夫、尼基京四大巨商的代理人	約 80、90 人（隨戈洛文的信使隆沙科夫來京）。另有軍役人員 40 名。	帶來 60 大車獸皮，帶回總值 14473 盧布的中國絲綢等貨物。
1691 年 10 月 -1692 年	卡札里諾夫	商隊人員 77 人，護送軍役人員 19 人。	帶來價值 7563 盧布的貨物，帶回價值 23952 盧布的貨物。
1693-1694 年	莫洛多伊、烏瓦羅夫	商隊人數（含軍役人員）53 人。	帶來價值 5592.95 盧布俄國貨物，帶回價值 12745 盧布的中國貨物。
1693 年 11 月 -1694 年 2 月	隨伊台斯使團的來京商隊	約 200 人	帶來價值約 4400 盧布屬於國庫，價值 14000 盧布屬於私人的貨物。運回價值 37941 盧布的貨物，其中 12000 盧布屬於國庫。
1695 年	舍斯塔科夫	150 餘人	帶來 16900 盧布的俄國貨物，帶回 57000 盧布（不包括寶石、珍珠的貨值在內，尼布楚價格）的中國貨物。
1696 年	索弗隆諾夫	247 人	運來 49300 盧布的貨物，帶回價值 240000 盧布（莫斯科價格）的貨物。
1697-1698 年	舍爾辛	141 人（包括軍役、神父和通事等隨行人員）	帶來價值 25574 盧布的皮貨。

資料來源：孟憲章主編《中蘇經濟貿易史》，第 39-43 頁。

來京的俄羅斯官方商隊可以 1728 年《恰克圖條約》簽訂為界分前後兩個階段，前一階段派出 13 支，後一階段派出 16 支。

中俄《恰克圖條約》第四條規定：「今兩國定界，不得容留逃人。既已新定和好之道，即照薩瓦所議，允准兩國通商。既已通商，其人數仍按原定，不得過二百人。每隔三年，通商一次。既然伊等均係商人，則其食物盤費等項，照舊停止供給。商賈人員，均不徵稅，商人抵達邊

界，預先呈明來意，而後委派官員接入貿易。沿途應用之駝馬人夫，自行雇備。責成管理商隊官員，嚴管屬下人等。倘有爭端，秉公處理。其隨同商隊前來之官員，如為較大官員，則照大員禮節優加款待。凡准貿易物品，均不禁止。兩國違禁之物，不准貿易。如欲私自留居者，若未經其頭人准許，即不收留。其病故者，將所有財物各交本國人員。上述各節均照薩瓦所議辦理。

除兩國通商外，兩國邊境地區之零星貿易，應於尼布楚、色楞格兩處，選擇妥地，建蓋房屋，以准自願前往貿易者貿易。其周圍房屋、牆垣、木柵亦准酌量修建，亦不徵稅。商人均照指定大道行走，如有繞道或往別處貿易者，將其貨物入官。所有兩國一體酌派官兵，令其同心照看辦事之處，均照薩瓦所請施行。」**246**《恰克圖條約》對俄中貿易的規模、間隔和有關規章都做了明確規定，這為以後的俄中貿易提供了制度性保障。

表 7.2　來京俄羅斯國家商隊一覽

次	出發時間	返回時間	商隊總管	商隊從俄國輸出的商品價值	備註
1	1693 年	1696 年	不詳	41900 盧布	
2	1698 年	1700 年	良古索夫、薩瓦捷耶夫	26000 盧布	
3	1700 年	1701 年	博科夫、奧斯科爾科夫	47000 盧布	
4	1702 年	1704 年	薩瓦捷耶夫	29879 盧布	取道蒙古返國
5	1706 年	1707 年	沙林	184000 盧布	取道蒙古返國
6	1707 年	1708 年	胡佳科夫	142000 盧布	

246〈策凌等奏與俄使議定恰克圖條約摺〉，中國第一歷史檔案館編：《清代中俄關係檔案史料選編》第一編下冊，北京：中華書局 1981 年版，第 518 頁。此文本系譯自滿文俄羅斯檔。漢文本文字稍有出入，參見《恰克圖界約》，收入王鐵崖編：《中外舊約章彙編》第一冊，北京：生活·讀書·新知三聯書店 1982 年版，第 11 頁。

次	出發時間	返回時間	商隊總管	商隊從俄國輸出的商品價值	備註
7	1710 年	1711 年	薩瓦捷耶夫	200000 盧布（？）	
8	1711 年	1713 年	胡佳科夫	200000 盧布（？）	
9	1713 年	1715 年	奧斯科爾科夫	200000 盧布（？）	
10	1716 年	1717 年	古夏特尼科夫	200000 盧布（？）	
11	1720 年	1722 年	尤林斯基	沒被放行	
12	1722 年	—	伊斯托普尼科夫、特列季亞科夫	285403 盧布	
13	1724 年	1728 年			
14	1728 年	1729 年	莫洛科夫	100000 盧布	
15	1731 年	1733 年	莫洛科夫	104390 盧布	
16	1735 年	1736 年	菲爾索夫	175919 盧布	
17	1740 年	1742 年	菲爾索夫	100000 盧布（？）	
18	1745 年	1746 年	卡爾塔舍夫	100000 盧布（？）	
19	1754 年	1756 年	弗拉德金	100000 盧布（？）	

資料來源：特魯謝維奇著，徐東輝、譚萍譯：《十九世紀前的俄中外交及貿易關係》，第 86 頁。有關俄羅斯商隊的具體數目説法不一，據張維華、孫西著：《清前期中俄關係》第 145-167、267-292 頁，俄羅斯官方派出的商隊在 1698-1718 年間共 10 支，在 1728-1755 年間共 6 支；又據阿·科爾薩克著、米鎮波譯：《俄中商貿關係史述》第 12 頁，俄羅斯在 1699、1705、1711、1713、1728、1732、1736、1741、1746、1755 年共派出 10 支商隊。

　　1755 年俄國政府派出最後一支商隊。由於長年的貿易虧損，加上在北京的俄國商人與中方之間的摩擦不斷，葉卡捷琳娜二世即位後不久，1762 年 7 月 31 日俄國政府就宣佈停止向北京派遣官方商隊。[247]1763 年 5 月 28 日俄國政府派遣的克羅波托夫使團抵達北京，該使團意在向清政府傳達俄國有意向中國派遣一個以宮廷高級侍從伊萬·格里戈里耶維奇·切爾內紹夫伯爵為首的使團赴京訪問，以便商討包括恢復恰克圖貿易等問題的信息，同時向在北京的俄羅斯東正教傳教團提供資金，這筆資金是通過在北京銷售俄國貨物取得。為此，克羅波托夫奉命在色楞

---

247 參見阿·科爾薩克著、米鎮波譯：《俄中商貿關係史述》，第 24 頁。

格斯克組織一支私商商隊，但因商人拒絕參加，此事未能辦成。[248] 克羅波托夫不得不違反剛剛頒布的沙皇諭旨，組織一支國家商隊，這支商隊由 50 頭駱駝和 30 匹馬組成，攜帶價值 8923 盧布的官方毛皮，在北京售得 14720 盧布。這支商隊史稱「最後的俄國商隊」。使團在 8 月 12 日離京。清朝方面對俄國使節態度倨傲，乾隆皇帝在回復俄國女皇的函件中實際拒絕了俄方派遣使團的要求。[249]

俄國國家商隊運往北京的主要貨物是毛皮，「其中，長期佔據首要位置的是紫貂皮」。其次是狐皮，「特別是火紅色的狐皮，和紫貂皮一樣在中國享有廣泛的銷路」。此外，還有海狸皮、水獺皮、兔皮和灰鼠皮。「商隊輸出的其他俄國貨（軟革、金剛石、鏡子、鐘錶、珊瑚等）不是很多」。[250] 對西伯利亞的皮貨，「中國人出的價錢比所有其他民族出的價錢都要高些。這種商品很容易壞，必須很快脫手。在歐洲，除土耳其外，皮貨沒有什麼銷路」。[251] 從中國運回的貨物，開始主要是各種絲織品，彼得大帝末期棉織品大量增加，其他貨物則主要是大黃和煙草，「俄國政府對這兩種商品的買賣宣佈實行國家專營」。此外，還有各種寶石、瓷器、銀器、漆器、茶葉。[252]

俄國商隊在北京進行貿易的情形，由 1728 年 1 月 6 日郎喀率領商隊到京後的經歷可見一斑：

---

248 參見尼古拉·班蒂什—卡緬斯基編著、中國人民大學俄語教研室譯：《俄中兩國外交文獻滙編 1619-1792》，第 348-349 頁。

249 參見米·約·斯拉德科夫斯基著、宿豐林譯：《俄國各民族與中國貿易經濟關係史（1917年以前）》，第 174 頁。

250 同上，第 156-157 頁。

251 尼古拉·班蒂什—卡緬斯基編著、中國人民大學俄語教研室譯：《俄中兩國外交文獻滙編 1619-1792》，第 420 頁。

252 參見米·約·斯拉德科夫斯基著、宿豐林譯：《俄國各民族與中國貿易經濟關係史（1917年以前）》，第 158-160 頁。

中國皇帝於商隊到達的次日發佈了一道諭旨，允許商隊開始貿易，但是派了七百五十人的衛隊日夜守著俄國人所居住的「四夷館」。一個辦公室設在「四夷館」的大門口，對每一個買主嚴加盤問，然後發給入館證。因此中國人只是來館出售他們的絲綢，而且數量少得可憐。商隊的款項將盡了，不得不求助於一個中間人，他要求任何交易都給他百分之五的佣金，最後總算接受了百分之三。這個中間人名叫哲費姆·顧索夫，生於北京，父母是俄國人。……另一個中間人是一個居住在北京的俄國人雅各伯·撒文，也替商隊接洽了幾筆生意，佣金也是百分之三。但是總的說來，商隊的業務情況是很慘淡的。中國的大臣和中國皇帝本人把商隊失敗的原因歸之於當時市場的一般情況，以及俄國貨物充斥於北京市場。[253]

國內有的學者認為，「清代東南沿海對外貿易以廣州為中心，由行商包攬一切事宜，與在北方的陸路北京貿易相比，北京貿易的自由特色就顯得十分明顯」。[254] 這一說法值得商榷。至少俄羅斯方面並不認同北京出現「自由」貿易這一說。[255] 事實上，雙方圍繞貿易的摩擦和糾紛不斷，在商品價格、商品出售、商人活動諸環節，中、俄雙方常常發生爭執，有時甚至產生衝突。

從 17 世紀 90 年代初俄羅斯商隊來京，到 1763 年終止，雙方貿易前後持續七十年。18 世紀 60 年代，中俄貿易主要轉移至恰克圖。有關中俄北京貿易停止的原因，中國學者比較強調政治的、軍事的、安全

253〔法〕加斯東·加恩著，江載華、鄭永泰譯：《彼得大帝時期的俄中關係史》，北京：商務印書館 1980 年版，第 243-244 頁。

254 參見蘇全有：〈中俄北京貿易初探〉，載《清史研究》1996 年第 2 期，第 43 頁。

255 參見特魯謝維奇著，徐東輝、譚萍譯：《十九世紀前的俄中外交及貿易關係》，第 46-49 頁。

的因素，張維華先生分析認為，「一方面與中俄兩國在邊界上的爭執有關；另一方面也由於恰克圖貿易的興起，北京貿易被冷落」。同時還與當時兩國的形勢緊密相關，即「一、中國擔心俄商窺探中國情報，有強制其放棄北京貿易的意思：北京是清王朝的政治、經濟、文化中心，自然不能容許外國人雜處其地，窺伺隱秘」。「二、俄國私商自18世紀以來日增，邊地貿易轉盛，皮貨通過各種途徑大量傾銷北京，致使毛皮價格降低，北京貿易，無利可圖，故漸歸停止。」²⁵⁶

俄羅斯學者則將之主要歸咎於來自庫倫的私商貿易競爭。阿·科爾薩克認為，「由於情況的複雜，派往北京的官方商隊實際上已經無利可圖。其中最主要的原因就是來自前往庫倫貿易的私商的競爭，他們年復一年地把大量的皮毛運到中國。相對於官方商隊來講，私商在當時具有很大的優勢：那些為了採辦賣給中國人商品的私商們可以親自到那些價格更便宜的地方去買，而商隊的商務專員則是根據西伯利亞衙門的指令從經常負責定價的那些人的手中得到這些商品的」。「當時商務專員起碼要用三個月花去大量的費用才能抵達北京，抵達之後，他還要住上約7周無事可幹，一直等著貿易的開始。然而常常會在官家商隊抵達北京之前，在庫倫等地貿易的中國商人已經從庫倫等地把大量的俄羅斯商品運抵北京。因此商務專員不得不在北京再多住上幾個月以使貨物出手。由於中國政府拒絕負擔商隊的北京費用，而使官方商隊貿易更加無利可圖。」²⁵⁷「在北京的貿易也不順利，中俄兩國商人之間的糾紛不斷，商人們蒙受著各種的壓迫，中國人視俄駝隊的首領為間諜，駝隊喪失了尊嚴。監視的衛隊緊跟著我們，借口保護我們的安全，而實際上是為了監督他們，提防他們和中國商人的所有往來。事情最終發展到了這樣，

---

256 參見張維華、孫西：《清前期中俄關係》，第 281-283 頁。

257 阿·科爾薩克著、米鎮波譯：《俄中商貿關係史述》，第 19-20 頁。

即如果不先給看守的長官送厚禮，則任何一個中國商人都不可能接近俄羅斯人。中國商人希望用廉價的俄羅斯商品來補償這種額外支出」。[258]

俄羅斯商隊在北京銷售的商品主要是皮貨，這對北京的消費和時尚有一定影響。京城是王公貴族、朝臣高官雲集之地，皮裘是高貴身份的體現，自然在京城有大量的需求。《聽雨叢談》記載：「親王、郡王而外，不准服用黑狐皮。文職一二三品，許服毳外貂鑲朝衣，武職三品弗及也。文四品、武三品，准服貂鼠、猞猁猻。五品至七品筆帖式、護軍校，准用貂皮領袖帽沿……其往口外寒冷地區出差之滿洲、蒙古、漢軍官員，均准照常穿用貂鼠、猞猁猻，不拘品級也。」[259] 可見清廷對毛皮的需求甚大，內務府特設皮庫以儲存毛皮供皇室所用，並僱傭大批工匠加工、製作皮衣。「俄羅斯將上好的毛皮輸往歐洲，賣給中國的狐腿、狐肷等，造就一批工匠具備『針腳細若蚊睫』的手藝。」[260] 一般貴族人家對俄羅斯皮貨也頗為喜好，曹雪芹創作的《紅樓夢》第五十二回《俏平兒情掩蝦須鐲　勇晴雯病補雀金裘》就有一段提及一件俄羅斯「雀金裘」，這說明俄羅斯時裝作為時尚已進入了當時貴族的生活世界。[261]

258 阿·科爾薩克著、米鎮波譯：《俄中商貿關係史述》，第 24 頁。

259（清）福格：《聽雨叢談》，北京：中華書局 1997 年版，第 46 頁。

260 賴惠敏、王士銘：〈清中葉迄民初的毛皮貿易與京城消費〉，載《故宮學術季刊》第 31 卷第 2 期（2013 年冬季號），第 157 頁。

261 參見〔美〕康無為：〈帝王品味：乾隆朝的宏偉氣象與異國奇珍〉，收入氏著《讀史偶得：學術演講三篇》，台北：中央研究院近代史研究所 1993 年版，第 57-72 頁。賴惠敏：〈清乾隆朝內務府皮貨買賣與京城時尚〉，收入胡曉真、王鴻泰主編：《日常生活的論述與實踐》，台北：允晨文化出版社 2011 年版，第 103-144 頁。賴惠敏、王士銘：〈清中葉迄民初的毛皮貿易與京城消費〉，載《故宮學術季刊》第 31 卷第 2 期（2013 年冬季號），第 139-178 頁。賴惠敏：〈乾嘉時代北京的洋貨與旗人日常生活〉，收入巫仁恕、康豹、林美莉主編：《從城市看中國的現代性》，台北：近代史研究所 2000 年版，第 1-36 頁。

結 語

俄羅斯東正教傳教團在 18 世紀到 19 世紀中期俄中交往中扮演主要角色，傳教團在北京從事的傳教、留學、翻譯、研究、外交諸方面的活動亦構成清代中期俄中文化交流的主要內容。

俄羅斯東正教傳教團的「北京經驗」為其漢學研究打下了堅實的基礎。在俄國與中國的早期相互認識中，俄國方面因傳教團的漢學研究成就取得了先機。在語言、文化、歷史、地理、天文、植物、醫學等方面，傳教團均從中國獲取了大量富有價值的知識，構築了系統的俄羅斯漢學知識譜系。與西方傳教士擁有廣闊、豐富的中國遊歷經驗不同，俄羅斯傳教團的「中國經驗」其實就是「北京經驗」，故 19 世紀中期以前的俄羅斯漢學充滿了對中國的溢美之詞，這與他們只是接觸到北京這一中國文化的精粹有關。

與俄國漢學在 18、19 世紀上半期的進步相比，中國對俄國的了解和研究相對貧乏，根本談不上系統、深度的俄國研究。在 18 世紀，除了 1729-1731、1731-1733 年清朝兩度派遣使團訪問俄國外，圖理琛將途中見聞寫成《異域錄》。此後至第二次鴉片戰爭以前清朝再未主動派遣使節或留學生赴俄國。以後涉及俄羅斯介紹的書籍有：(1) 俞正燮撰寫的《癸巳類稿》、《癸巳存稿》兩著。前書內有《俄羅斯佐領考》、《俄羅斯事輯》兩節涉及；後書亦有《俄羅斯長編稿跋》、《羅刹》兩節涉及。[262] (2)《清朝文獻通考》卷三百《四裔考八·北·俄羅斯》，內容頗

---

262 參見（清）俞正燮：《癸巳類稿》，瀋陽：遼寧教育出版社 2001 年版，第 295-302 頁。
俞正燮：《癸巳存稿》，瀋陽：遼寧教育出版社 2003 年版，第 160-166 頁。

為簡略。[263] (3) 徐繼畬《瀛寰志略》卷四《歐羅巴‧俄羅斯國》。[264] (4)

魏源著《海國圖志》，卷五四至五六《北洋》介紹俄羅斯國，涉及歷史

沿革、地理區劃、風土人情、物產礦藏，內容較此前各著有所增加，

然取材多為以前史籍。[265] (5) 何秋濤的《朔方備乘》是一部探討北部邊

疆和中俄關係史的專著，然遲至 1858 年才成書，其中與中俄關係和俄

國有關者有：《平定羅剎方略》（卷首五至卷首八）、《俄羅斯館考》（卷

十二）、《俄羅斯學考》（卷十三）、《雅克薩城考》（卷十四）、《尼布楚

城考》（卷十五）、《波羅的等路疆域考》（卷十六）、《俄羅斯亞美里加

屬地考》（卷十八）、《俄羅斯互市始末》（卷三十七）、《俄羅斯進呈書

籍記》（卷三十九）、《俄羅斯叢記》（卷四十）、《考訂奉使俄羅斯行程

錄》（卷四十二）、《考訂俄羅斯佐領考》（卷四十七）、《考訂俄羅斯事

輯》（卷四十八）、《考訂俄羅斯事補輯》（卷四十九）、《考訂俄羅斯國

總記》（卷五十一）、《考訂俄羅斯盟聘記》（卷五十二）、《俄羅斯境內

分部表》（卷六十五）諸卷，[266] 對俄羅斯本身政治、經濟、文化、歷史、

地理諸方面的系統介紹還無從談起。可以說，到第二次鴉片戰爭前，中

國上人對俄羅斯的認識和知識建構還相當膚淺。中、俄之間的相互認識

263（清）乾隆官修：《清朝文獻通考》第 2 冊，杭州：浙江古籍出版社 2000 年版，第 7481-
7489 頁。

264（清）徐繼畬：《瀛寰志略》，上海書店出版社 2001 年版，第 116-129 頁。

265 參見魏源全集編輯委員會編：《魏源全集》第六冊，長沙：岳麓書社 2004 年版，第
1455-1544 頁。

266 參見何秋濤：《朔方備乘》（一），第 62-91 頁、第 272-357 頁、第 378-387 頁；《朔方備乘》
（二），第 753-774 頁、第 788-831 頁、第 837-853 頁、第 934-946 頁、第 952-974 頁、第
1127-1139 頁。

存在相當的差距和強烈的反差。[267]

俄羅斯東正教傳教團從一開始就聽命沙皇，具有為沙俄政府服務的性質，成為沙俄外交政策的工具。從這個意義可以說，傳教團實是沙俄向東方擴張時在北京插入的一個楔子。

第一至七屆俄國東正教駐京傳教團與在京天主教傳教士相比，在人數和素質上尚處於劣勢，但從第八屆傳教團以後，由於嘉慶帝實行嚴格的「禁教」政策，京城的西歐天主教傳教士銳減，俄國東正教傳教團逐漸取代了此前天主教在北京的地位。俄國傳教團雖然在傳教方面沒有取得特別進展，這與其本身的謹慎「無為」政策有關，但在執行沙俄政府指令的外交、情報、研究這些世俗事務方面，卻取得了極大的進展。以至天主教傳教士被迫從北京撤出時，不得不倚賴俄國傳教團幫助他們保存財產，看管教堂，1838 年管理南堂的葡萄牙耶穌會士畢學源主教臨死前將南堂堂產契據交給東正教傳教團，即是一個具有象徵性意義的轉折。[268] 對於這一變化，我們過去幾無認識。鴉片戰爭前夕，俄國傳教團在漢學研究和情報搜集方面實已成為歐洲的主要信息來源，俄國傳教團成為歐洲傳教團在北京唯一的存在。這一地位的獲取，對俄國在第二次鴉片戰爭中扮演的特殊角色至為重要。沙俄未費一槍一彈，通過在清朝與英、法之間的外交斡旋，即輕而易舉地強迫清朝簽訂《北京條約》等一系列不平等條約，巧取豪奪，攫取大量權益，實與傳教團處心積慮、長期積聚的「北京經驗」發酵有關。

---

267 有關 18、19 世紀中俄文化交流的不平衡問題論述，參見李隨安：〈洪流與涓澗：中俄文化交流的不平衡問題〉，收入欒景河主編：《中俄關係的歷史與現實》，開封：河南大學出版社 2004 年版，第 117-122 頁。

268 「畢學源生前曾請求韋尼阿明‧莫拉切維奇為其死後變賣財產並將所得錢款轉交給澳門的葡萄牙教會。在畢學源的遺囑中保存有相關的條款」。參見 П. E. 斯卡奇科夫著、B. C. 米亞斯尼科夫編、柳若梅譯：《俄羅斯漢學史》，第 210 頁。

第 八 章

英國馬戞爾尼、阿美士德使團的

「北京經驗」

1793 年英國馬戛爾尼使團訪華，是中英關係史上的一個重要事件。圍繞這一事件，中外史學家展開了熱烈討論，產生了一批富有影響力的研究成果，其中英美學者以普理查德、讓 — 路易·克萊默 — 平（J. L. Cranmer-Byng）、何偉亞、奧布里·辛格（Aubrey Singer），[1] 法國學者以阿蘭·佩雷菲特，[2] 中國學者以朱雍、秦國經、黃一農、王宏志的論著引人注目。[3] 這些研究成果主要圍繞馬戛爾尼使團與清朝接觸的過程，特別是馬戛爾尼使團觀見乾隆皇帝的禮儀問題及其相關文獻記載展開爭

---

1 Earl H. Pritchard, *Anglo-Chinese Relations during Seventeenth and Eighteenth Centuries* (Urban: University of Illinois, 1930). Earl H. Pritchard, *The Crucial Years of Early Anglo-Chinese Relations, 1750-1800* (Washington: Washington State College, 1936). Earl H. Pritchard, The Kotow in the Macartney Embassy to China in 1793, *The Far Eastern Quarterly,* Vol.2, No.2 (1943), pp.163-203. J. L. Cranmer-Byng, A Case Study in Cultural Collision: Scientific Apparatus in the Macartney Embassy to China, 1793, *Annals of Science*, Vol.38, Issue 5 (1981), pp.503-525. 讓 — 路易·克萊默一平的相關論著目錄參見〔美〕何偉亞（James L. Hevia）著、鄧常春譯：《懷柔遠人：馬嘎爾尼使華的中英禮儀衝突》，北京：社會科學文獻出版社 2002 年版，第 266-267 頁。英語原文在 James L. Hevia, *Cherishing Men From Afar: Qing Guest Ritual and the Macartney Embassy of 1793* (Durham, London: Duke University, 1995), p.265. Aubrey Singer, *The Lion and the Dragon: The Story of the First British Embassy to the Court of the Emperor Qianlong in Peking, 1792-1794* (London: Barrie & Jenkins Ltd, 1992).

2 Alain Peyrefitte, *L'empire immobile ou Le choc des mondes: recit historique* (Paris: Fayard, 1989). 中譯本有〔法〕阿蘭·佩雷菲特著，王國卿、毛鳳支等譯：《停滯的帝國 —— 兩個世界的撞擊》，北京：生活·讀書·新知三聯書店 1993 年一版、1995 年二版。

3 朱雍：《不願打開的中國大門 —— 18 世紀的外交與中國命運》，南昌：江西人民出版社 1989 年版。秦國經、高換婷：《乾隆皇帝與馬戛爾尼》，北京：紫禁城出版社 1998 年版。張芝聯主編：《中英通使二百週年學術討論會論文集》，北京：中國社會科學出版社 1996 年版。黃一農：〈印象與真相 —— 清朝中英兩國的覲禮之爭〉，載台北《歷史語言研究所集刊》第七十八本第一分，2007 年 3 月，第 35-106 頁，該文是作者申請台灣「國科會」計劃《龍與獅對望的世界：英使馬戛爾尼來華事件個案研究》的成果之一。王宏志：〈馬戛爾尼使華的翻譯問題〉，載《中央研究院近代史研究所集刊》第 63 期，2009 年 3 月，第 97-145 頁。此外，中方在檔案方面整理的文獻材料有：中國第一歷史檔案館編：《英使馬戛爾尼訪華檔案史料滙編》，北京：國際文化出版公司 1996 年版。

辯。中外學者意識到，馬戛爾尼使團訪華在外交、商貿往來這兩方面，對於中英雙方來說都是一場失敗。英國方面因未獲得清朝願意與之進行商貿往來的官方承諾，的確沒有達到此行的初衷。中國方面因清朝乾隆帝維護天朝朝貢體制、「限關自守」，亦未能把握、利用這一機會，打開與英國進行正常商貿往來的大門。對於這樣一個尷尬的結果，中方在此後直到 1980 年代末以前的近兩百年間都沒有自覺和認真的反省。[4] 西方世界雖然認可了馬戛爾尼使團訪華一行在商貿利益上的失敗，似乎又有意地淡化此行的另一個重要收穫 —— 為英國搜集了大量第一手中國現場材料，這也是馬戛爾尼使團出使中國的重要目的之一。

1792 年 9 月 8 日英國內政大臣鄧達斯致信馬戛爾尼，下達了出使的正式指示，信中提到出使中國承負的商貿、外交使命：1、為英國貿易在中國開闢新港口。2、盡可能在靠近生產茶葉與絲綢的地區獲得一塊租界地或一個小島，讓英國商人可以長年居住，並由英國行使司法權。3、廢除廣州現有體制中的濫用權力。4、在中國特別是在北京開闢新的市場。5、通過雙邊條約為英國貿易打開遠東的其他地區。6、要求向北京派常駐使節。[5] 此外，信中還特別提到搜集情報、評估中國實力的使命，關於這項使命，該信有三處涉及：

4　1981 年以前，中國方面有關這一事件的論著，值得一提的僅有朱傑勤的三篇論文：〈英國第一次使臣來華記〉（1936 年）、〈英國東印度公司之起源及對華貿易之回顧〉（1940 年）、〈英國第一次使團來華的目的和要求〉（1980 年），三文均收入氏著《中外關係史論文集》，鄭州：河南人民出版社 1984 年版，第 482-573 頁。

5　關於馬戛爾尼使團的使命，參見佩雷菲特著、王國卿等譯：《停滯的帝國 —— 兩個世界的撞擊》，第 11-12 頁。David E. Mungello, *The Great Encounter of China and the West, 1500-1800* (Lanham, Md.: Rowman & Littlefield Publishers, 2013), p.152. 中譯文參見〔美〕孟德衛著、江文君等譯：《1500-1800 中西方的偉大相遇》，北京：新星出版社 2007 年版，第 184-185 頁。作者按：孟德衛一著的中譯本係據 2005 年第二版譯出，2013 年有第四版，內容有所增訂。Hosea Ballou Morse, *The Chronicles of the East India Company Trading to China 1635-1834* (Oxford: Clarendon Press, 1926-1929), Vol. II, pp.232-242. 鄧達斯此信之中譯文

由於陛下的命令及使用公費來進行幾次航行，以尋求知識並發現和觀察遠方的國家及其風俗，這是應該高興的和感謝的。

假如你在向北方行進之前，有絕對必要停靠中國南部的某些口岸，你要到澳門或廣州，在該處公司的管理會要求和收集，或者通過私人的詢問，獲得對你的使團的目的有幫助的事實和情報，並進一步取得使你前往北方的必要幫助。

你在中國居留期間，在工作中自然會盡可能留意觀察帝國當前的實力、政策及政治等問題，這些問題，歐洲所知的，不會比上一個世紀更多。但要盡量小心，以免引起猜疑，同時，要查明近幾年來中國皇帝與歐洲各國之間是否有過往來。[6]

第一處只是一般性提到「尋求知識」和發現、觀察中國的風俗，第二處提到具體了解從澳門或廣州到北京航行所需的情報，第三處提到評估中國實力和觀察中國政治等問題。同日，東印度公司董事會主席巴林（F. Baring）、副主席伯吉斯（J. Smith Burges）致信馬戛爾尼，除說明「使團之費用由公司承擔」外，也特別要求使團搜集中國茶、絲、棉織品等物品的詳細商業情報（包括種植生產和商業貿易）。[7] 一年以後，

參見〔美〕馬士著、區宗華譯：《東印度公司對華貿易編年史》第二卷，廣州：廣東人民出版社 2016 年版，第 262-271 頁。朱傑勤：《中外關係史論文集》，鄭州：河南人民出版社 1984 年版，第 527-535 頁。

6 Hosea Ballou Morse, *The chronicles of the East India company trading to China 1635-1834* (Oxford: Clarendon Press, 1926-1929), pp.232, 235, 240. 中譯文參見馬士著、區宗華譯：《東印度公司對華貿易編年史》第二卷，第 262、265、269-270 頁。

7 Earl. H. Pritchard, The Instructions of the East India Company to Lord Macartney on His Embassy to China and His Reports to the Company, 1792-4. *The Journal of the Royal Asian Society of Great Britain and Ireland*, Vol. 70, Issue 2, April 1938, pp.206-229. 中譯文參見朱傑勤譯、H. 普利查德編註：《英東印度公司與來華大使馬卡特尼通訊錄》，收入《中外關係史譯叢》，北京：海洋出版社，1984 年 6 月版，第 196-209 頁。

1793 年 11 月 9 日當馬戛爾尼即將結束在中國的旅行時，他懷著惴惴不安的心情，從杭州寫信給亨利‧鄧達斯報告此行可能無功而返的結果：「委派常駐北京大使的要求被拒絕。所有其他問題不加具體說明就被簡單地排除，皇帝陛下認為泛泛地盡應對我們的商人優加體恤就夠了。」「這是英國派往中國的第一個使團，許多人，首先是我，對它的訪華滿懷著希望，作為該團的使臣，我不能不感到最痛苦的失望。我不能不為失卻了最初的前景而感到萬分遺憾。」[8]12 月 23 日馬戛爾尼從廣州致信東印度公司主席巴林、副主席伯吉斯，又有另一番表示，除向他們匯報了此行情況和未獲成功的原因外，還簡要報告了所獲茶、棉、絲、陶瓷等行業的商業情報。並補充道：「吾此行匆匆所得之中國情報，如有不足之處，尚可補救，吾相信有時可藉在北京及中國之歐洲傳教士及各省與吾使團中主要人物相熟之傳教士之助而行之，吾人可由旅行者來華之便，與彼等時時通訊，蓋現無正常公開為個人而設之郵政也。惟有此法，傳教士能效力於公司，且不致牽連公司或管貨人。」[9]儘管使團所承負的商貿、外交使命沒有獲得滿意的答覆，但最後一項搜集情報、評估中國實力的使命，卻由於使團成員的努力，獲得了前所未有的成功。對此，馬戛爾尼本人似乎也有某種程度的自信和預感：「我常常想，要是能讀讀使團成員寫的日記，一定是大有裨益的。即使是隨身僕從的回憶錄也有某種價值。」[10]的確，當我們通覽使團成員旅行中的日記和後來

8　轉引自佩雷菲特著、王國卿等譯：《停滯的帝國 —— 兩個世界的撞擊》，第 348 頁。

9　Earl. H. Pritchard, The Instructions of the East India Company to Lord Macartney on His Embassy to China and His Reports to the Company, 1792-4, *The Journal of the Royal Asian Society of Great Britain and Ireland*, Vol. 70, Issue 2, April 1938, pp.392-393. 中譯本參見朱傑勤譯、H. 普利查德編注：《英東印度公司與來華大使馬卡特尼通訊錄》，收入《中外關係史譯叢》，第 219 頁。

10　轉引自佩雷菲特著、王國卿等譯：《停滯的帝國 —— 兩個世界的撞擊》，第 497 頁。

出版的回憶錄，大致可以認同馬戛爾尼這一說法並非虛詞。基於這一認識，馬戛爾尼使團獲得的材料成為英國甚至西方世界在十九世紀上半期想像中國形象的主要素材，成為英國重新定位未來中英關係的主要依據。本章不想對馬戛爾尼使團訪華的整個過程及全部文獻材料作通盤考察，只是擬就馬戛爾尼使團的北京、熱河之行所取得的「北京經驗」作一探討。英文中的「經驗」（Experience）包含兩重意義：一是親身經歷，二是實錄其經歷，有時還包含對其經歷的態度和研究。毫無疑問，馬戛爾尼使團在北京、熱河的經歷是其訪華過程中的重頭戲，其所見所聞亦是其「中國經驗」的核心內容。通過考察馬戛爾尼使團的北京、熱河之行及使團留下的相關文獻，我們對馬戛爾尼使團視域中的北京及其對西方產生的後續影響，可以獲致更為深入的認識。

一、鴉片戰爭前英國使團的兩次北京之行及其相關文獻

在西方國家中，英國人來華可謂姍姍來遲。這是因為大英帝國對東方的興趣或精力主要放在經營殖民地印度的緣故，故英國在十八世紀末以前實錄性的「中國經驗」文獻材料寥寥無幾，[11] 而真正涉及北京的

---

11 據葛桂錄統計，在 1793 年馬戛爾尼使團來華以前，英國僅有三部遊記涉及中國：彼得·蒙迪（Peter Mundy, 約 1596-1667）的《彼得·蒙迪歐洲、亞洲旅行記》（*The Travels of Peter Mundy, in Europe and Asia, 1608-1667*）、威廉·丹皮爾（William Dampier）的《新環球航海記》（*A New Voyage around the World*）、瓦爾特牧師（Richard Walter, 1717-1785）根據喬治·安遜勳爵（Lord George Anson, 1697-1762）航海日記整理的《環球航海記》（*George Anson: A Voyage around the World in the year 1740 to 1744*）。參見葛桂錄：《中英文學關係編年史》，上海三聯書店 2004 年版，第 24、39-40、51-52 頁。不過，這三部遊記敘述內容都只是提到中國東南沿海地區。葉向陽的研究大有拓展，除上述三部遊記外，他還提到亞歷山大·漢密爾頓（Alexander Hamilton）的《新東印度紀事》（*A New*

僅有蘇格蘭安特蒙尼人約翰‧貝爾（John Bell, 1691-1780）的一部旅行記，他曾於 1719 年隨俄國沙皇派遣的伊茲瑪依洛夫使團訪問中國，第二年 11 月到達北京，在北京至少逗留了三個多月。回國後，約翰‧貝爾撰寫了一部有關此行的旅行記 ——《從俄國聖‧彼得堡到亞洲各地區的旅行》（*Travels from St Petersburg in Russia to Various Parts of Asia*），此書 1763 年在英國格拉斯哥分兩卷出版，這可能是最早的英國人「北京經驗」的實錄。由於約翰‧貝爾是作為俄羅斯使團的醫生隨同前往中國，並最早進入北京的英國人，因此，他作為英國代表來京的身份仍值得保留。[12] 在英國極為有限的有關中國材料中，我們看到的大多為一些想像

Account of the East India）、洛克耶（Charles Lockyer）的《在印度貿易紀事》（*An Account of the Trade in India*）、約翰‧貝爾（John Bell）的《從俄國聖‧彼得堡到亞洲各地區的旅行》（*Travels from St Petersburg in Russia to Various Parts of Asia*）、諾伯爾（Charles Frederick Noble）的《1747-1748 年間的東印度群島航海記》（*Voyage to the East Indies in 1747 and 1748*）、威廉‧基希（William Hickey）的《威廉‧基希回憶錄》（*Memoirs of William Hickey*）、詹姆斯‧金（James King）的《太平洋航海記》（*A Voyage to the Pacific Oceans*）、托馬斯‧吉爾吉特（Thomas Gilbert）的《1788 年從新南威爾士到廣州航海記》（*Voyage from New South Wales to Canton, in the Year 1788. With Views of the Islands Discovered*）、約翰‧米勒斯（John Meares）的《1788-1789 年間在中國與美國西岸航海記》（*Voyage Made in the Years 1788 and 1789 from China to the North-West Coast of America*）、喬治‧莫蒂默（Lieut George Mortimer）的《乘坐約翰‧亨利‧考克指揮的雙桅橫帆船墨秋號，歷經特內里弗島、阿姆斯特丹島、范迪門地附近的瑪麗亞島、塔希提島、三明治群島、奧維西島、美國西北岸的福克斯群島、蒂尼安島，最後到達廣州記》（*Observations and Remarks Made during a Voyage: To the Islands of Teneriffe, Amsterdam, Maria's Islands near Van Diemen's land; Otaheite, Sandwich Islands; Owhyhee, the Fox Islands on the North West Coast of America, Tinian, and from thence to Canton, in the Brig Mercury, Commanded by John Henry Cox, Esq. By Lieut. George Mortimer, of the Marines*）。葉著對這些遊記的作者及內容做了介紹，參見葉向陽：《英國 17、18 世紀旅華遊記研究》，北京：外語教學與研究出版社 2013 年版，第 122-197、239-300 頁。

12 關於俄羅斯代表團訪問北京和約翰‧貝爾本人的介紹，參見加斯東‧加恩著，江載華、鄭永春譯：《彼得大帝時期的俄中關係史》第七章《伊茲瑪依洛夫的出使（1719-1722）》，第 161 頁。

的、虛構的文學遊記。[13]18 世紀末以前英國人有關中國的知識來源主要依賴於此前來華的法國、意大利等歐洲大陸國家耶穌會傳教士的書信、遊記等文獻所傳遞的「中國經驗」。

當印度完全淪落為英國的殖民地後，英國在東方站穩了腳跟，經營印度的英國東印度公司遂向英王建議，向中國派出使團，以洽談兩國商貿往來。因此，英國人來華的動機從一開始就帶有殖民開拓的性質，[14]這與此前來華遊歷或傳教的意大利人、法國人不同。由於英國到 18 世紀末已在工業革命上獲得相當成功，在經濟上明顯具有先進的優勢，故其來華時所懷抱的自信心和雄心明顯超越了此前來華的其他西方國家人士。

真正作為英國使團首次來到北京的是 1793 年的馬戛爾尼使團，他們掀開了中英關係史新的一頁。1816 年英國第二次派出阿美士德勳爵（Lord William Pitt Amherst）使團訪華，並抵達北京。這是我們迄今知道的鴉片戰爭以前英國人進入北京的兩次經歷。與以往西方外交使團來華相比，馬戛爾尼使團無論代表團人數規模、攜帶禮品數量，還是被接待規格，都超過此前荷蘭、俄羅斯、葡萄牙等國的使團，馬戛爾尼使團可以說是 18 世紀中西交流的高潮。更為重要的是，馬戛爾尼使團回國以後，其成員出版了日記、回憶錄、旅行報告，留下了豐富的歷史文獻材料，在西方世界產生了轟動性的反響，為我們保留了鴉片戰爭以前英國

---

13 參見 Qian Zhongshu, *China in the English Literature of the Seventeenth and Eighteenth Centuries.* 收入《錢鍾書英文文集》，北京：外語教學與研究出版社 2005 年版，第 82-280 頁。范存忠：《中國文化在啟蒙時期的英國》，上海外語教育出版社 1991 年版。葛桂錄：《霧外的遠音 —— 英國作家與中國文化》，銀川：寧夏人民出版社 2002 年版，第 1-225 頁。

14 有關英國派出使團的目的，參見 Earl H. Pritchard, Letters from Missionaries at Peking Relating to the Macartney Embassy (1793-1803), *T'oung Pao*, Volane 3l, Number 1-2, 1934, p.1. 普理查德明確承認：「在某種程度上，使華不過是小威廉‧皮特政府在他 1784 年獲取政權後採取的鼓勵商業、工業擴張的總體政策的一部分。」

人的北京記憶，對後來的歷史進程具有十分重要的影響。

最早整理和利用馬戛爾尼使團材料從事研究的學者是普理查德。1934 年他在《通報》（T'oung Pao）第 31 卷發表〈來自北京傳教士與馬戛爾尼使團相關的信〉(1793-1803)〔Letters from Missionaries at Peking Relating to the Macartney Embassy (1793-1803)〕，凡 11 件。1938 年在《大英帝國及愛爾蘭皇家亞洲學會雜誌》（The Journal of the Royal Asian Society of Great Britain and Ireland）發表〈東印度公司與使華勳爵馬戛爾尼來往通信〉（The Instructions of the East India Company to Lord Macartney on His Embassy to China and His Reports to the Company, 1792-4），共 8 件。[15] 普理查德編輯、整理的馬戛爾尼關於中國之文件（Pritchard Collection of Macartney Documents on China），已被美國華盛頓州立大學收藏。

第二位整理相關檔案文獻並從事這一課題研究的學者為香港大學教授讓 — 路易·克萊默 — 平。他在 1962 年出版了《一個訪華使團：1793-1794 年馬戛爾尼勳爵率團出使乾隆皇帝期間寫下的日記》（An Embassy to China: being the Journal Kept by Lord Macartney during his Embassy to the Emperor Ch'ien-lung, 1793-1794）一書，該書附錄 D〈有關馬戛爾尼使團第一手材料著作目錄評注〉（Annotated List of Writing which Contain First-Hand Material Relating to the Macartney Embassy）[16] 一文列舉了使團成員威廉·亞歷山大（William Alexander）、愛尼斯·安德遜（Aeneas Anderson）、約翰·巴羅、詹姆斯·丁威迪（James Dinwiddie）、塞繆爾·霍姆斯（Samuel Holmes）、赫脫南（Johann Christian Huttner）、馬

---

15 中譯本參見朱傑勤譯、H. 普利查德編注：《英東印度公司與來華大使馬卡特尼通訊錄》，收入《中外關係史譯叢》，北京：海洋出版社 1984 年版，第 191-247 頁。

16 J. L. Cranmer-Byng, An Embassy to China: being the Journal Kept by Lord Macartney during his Embassy to the Emperor Ch'ien-lung, 1793-1794 (London: Longmans, Green and Co., 1962), pp.342-352.

戛爾尼、斯當東、小斯當東（Sir George Thomas Staunton）等人已出版的文獻，共 13 種，並對這些文獻內容作了簡要評介。

　　第三位對使團文獻材料有過系統研究的學者是法國的阿蘭．佩雷菲特院士。他在 1989 年出版的《停滯的帝國 —— 兩個世界的撞擊》一書前言中，分別以「英國人的看法」、「傳教士的觀點」、「中國人的見解」為題介紹了三方的原始文獻，書後附錄二〈原始資料〉詳列了該書所利用的原始文獻和未刊檔案。[17] 佩雷菲特在讓 — 路易．克萊默 — 平的基礎上又增加了對收藏在世界各地的相關未刊英、中、法文檔案文獻材料的說明，他可謂真正全面利用各方面材料，特別是檔案文獻從事馬戛爾尼使團研究的西方學者。根據自己掌握的材料，佩雷菲特扼要說明了這些材料的性質，並曝光將整理歐洲傳教士相關材料的計劃：

　　英國人對於事實真相的說法早已眾所周知。使團中的侍從安德遜、全權公使斯當東、士兵霍姆斯、總管巴羅、大使馬戛爾尼和隨團科學家丁維提等人，都就中國之行寫了紀實或回憶，除了丁維提的著作遲至一八六八年方才出版外，上述其餘人的著述均在使團回到倫敦後不久，即一七九五年至一八〇七年之間問世。這些著述全都偏袒己方。研究這個事件的西方歷史學家很多，尤其是盎格魯 — 撒克遜歷史學家，其中主要是厄爾．H．普利查德、讓 — 路易．克萊默 — 平。

　　就英國資料而言，除了上述已經出版的有關著述外，還有使團成員斯蒂芬．艾爾斯、隨團畫家威廉．亞歷山大、皇家海軍艦隊「獅子號」艦長高厄爵士的記述以及印度公司監督委員會主席亨利．敦達斯的信件。馬戛爾尼勳爵的見習侍童喬治 — 托馬斯．斯當東的手稿尤為重

---

17 參見佩雷菲特著，王國卿、毛鳳支等譯：《停滯的帝國 —— 兩個世界的撞擊》，北京：生活．讀書．新知三聯書店 1998 年版，〈前言〉第 7-12 頁、第 650-657 頁。

要，使團從樸茨茅斯啟航時，他只有十一歲，覲見乾隆皇帝時，他十二歲，回到英國時，他十三歲。在七百名使團成員中，只有他一人好不容易學了一點中文。此後他作為印度公司的代表被派往中國，一八一六年他以阿美士德使團第二號人物的身份再次赴華，後來他當上了議員，成了主張對華發動鴉片戰爭的強硬派分子。這個孩子當年用他那支稚嫩的筆，天真地記下了他的父親 —— 使團的副使 —— 和馬戛爾尼大使這兩位外交官所掩飾的事實；他的小學生作業糾正了大人們的記述中的不確切之處。我在《停滯的帝國》中大量利用了斯當東這部未刊的日記手稿。……

一七九三年在北京的歐洲傳教士提供了一些情況，他們認為英國人沒有尊重中國宮廷的禮儀。不過，他們的見證幾乎無一見諸出版物，因而已被人們遺忘，我打算把它們整理出版。**18**

佩雷菲特的提示，為人們進一步查尋和使用馬戛爾尼使團的文獻材料提供了基本概貌和新的線索。

2003 年，台灣學者黃一農先生在《故宮學術季刊》第 21 卷第 2 期發表〈龍與獅對望的世界 —— 以馬戛爾尼使團訪華後的出版物為例〉一文，稱：「該使節團中至少有十四人記錄或出版了相關的日誌、傳記或報告，本文嘗試對這些罕見原始文獻的出版情況提供迄今最為完整的介紹。」黃文詳細交待了這些文獻版本（包括翻譯版本）的出版詳情，從黃文介紹內容看，他注意搜集了一些其他歷史文獻收入的使團成員日記或旅行記的材料。黃先生是中文世界第一位對馬戛爾尼使團成員的英文文獻做出系統描述的學者。此外，張國剛的《從中西初識到禮儀之

---

18 佩雷菲特：〈序言〉，收入中國第一歷史檔案館編：《英使馬戛爾尼訪華檔案史料滙編》，北京：國際文化出版公司 1996 年版，第 10-11 頁。

爭 —— 明清傳教士與中西文化交流》一書在述及「馬戛爾尼使團筆記」時，亦介紹了安德遜、斯當東、塞繆爾‧霍姆斯、巴羅四人遊記的版本和翻譯情況，在譯本上有新的增補。[19]

下面我們根據普理查德、讓—路易‧克萊默—平、佩雷菲特、黃一農、張國剛諸位先生引據的文獻，並結合自己所搜尋到的材料，將馬戛爾尼使團留下的原始文獻，大致按出版和公佈的先後時序作一簡表：

表 8.1　馬戛爾尼使團成員出版品一覽

作者或編者	身份	書名	出版單位、時間	備註
Aeneas Anderson（愛尼斯‧安德遜）	馬戛爾尼的男僕、使團第一大副	*A Narrative of the British Embassy to China, in the Years 1792, 1793, and 1794*（《英使訪華錄》，中譯本後題《英國人眼中的大清王朝》）	London: J.Debrett, 1795 Basil: J.J.Tourneisen, 1795 [20]	歐美有法、德譯本等數種版本，中國有費振東的中譯本 [21]
		An Accurate Account of Lord Macartney's Embassy to China	London: Vernor & Hood, 1795	
William Winterbotham 編		*An Historical, Geographical and Philosophical View of the Chinese Empire*（《一個有關中華帝國歷史的、地理的以及哲學的觀察》）	London: Ridgway & Button, 1795	歐美有德譯本

---

19 參見張國剛：《從中西初識到禮儀之爭 —— 明清傳教士與中西文化交流》，北京：人民出版社 2003 年版，第 180-181 頁。

20 此版本係據 James Louis Hevia, *Cherishing Men from Afar: Qing Guest Ritual and the Macartney Embassy of 1793* (Durham: Duke University Press, 1995), p.262. 中譯文參見何偉亞著、鄧常春譯：《懷柔遠人：馬嘎爾尼使華的中英禮儀衝突》「文獻目錄」插入，第 259 頁。

21 〔英〕愛尼斯‧安德遜著、費振東譯：《英使訪華錄》，北京：商務印書館 1963 年版；北京：群言出版社 2002 年版，改題為《英國人眼中的大清王朝》。

作者或編者	身份	書名	出版單位、時間	備註
Sir George Leonard Staunton（斯當東）	使團副使	*An Authentic Account of an Embassy from the King of Great Britain to the Emperor of China*（《英使謁見乾隆紀實》）	London: G. Nicol, 1797	歐美有法、德、荷蘭、俄、意譯本等15種版本，中國有葉篤義的中譯本 **22**
Johann Christian Hüttner（赫脫南）	George Thomas Staunton 小斯當東的家庭教師、翻譯	*Nachricht von der Britischen Gesandtschaftsreise durch China und einen Teil der Tartarei*（《英國派遣至中國之使節團的報告》）**23**	Berlin, 1797	有荷、法譯本
John Stockdale 編	出版商	*An Authentic Account of an Embassy from the King of Great Britain to the Emperor of China*（《英使謁見乾隆紀實》）	London, 1797	
John Stockdale 編	出版商	*An Abridged Account of the Embassy to the Emperor of China, Undertaken by Order of the King of Great Britain*（《奉大英國王之命覲見中國皇帝之大使的節略報告》）	London, 1797	
John Stockdale 編	出版商	*An Historical Account of the Embassy to the Emperor of China*（《派遣至中國皇帝之大使的歷史報告》）	London, 1797	
George Cawthorn 編	出版商	*A Complete View of the Chinese Empire*（《中華帝國全貌》）	London: J. S. Pratt, 1798	
Samuel Holmes（塞繆爾・霍姆斯）	使團衛隊士兵	*The Journal of Mr. Samuel Holmes*（《塞繆爾・霍姆斯先生的日誌》）	London: W. Bulmer & Co, 1798	歐美有法、德、意譯本
William Alexander（威廉・亞歷山大）	使團繪畫員	*Views of Headlands, Islands, &. Taken during a Voyage to, and along the Eastern Coast of China, in the years 1792 & 1793, etc*（《1792-1793年沿中國東海岸之旅途中各海、海島之景貌》，畫冊）	London, 1798	

---

22 〔英〕斯當東著、葉篤義譯：《英使謁見乾隆紀實》，香港：三聯書店 1994 年版，上海書店出版社 1997、2005 年版。

23 該書有新的德文版整理本 Johann Christian Hüttner, *Nachricht von der Britischen Gesandtschaftsreise nach China 1792-94* (Sigmaringen: Jan Thorbecke Verlag GmbH & Co, 1996)。

作者或編者	身份	書名	出版單位、時間	備註
William Alexander（威廉·亞歷山大）	使團繪畫員	*The Costume of China*（《中國服飾》，畫冊）	G. Nicol, 1797-1799（前九冊），William Miller, 1803-1804（後三冊），1805 年合為一冊	
		The Custom of China（《中國風俗》，畫冊）**24**	London, 1800	有劉潞、〔英〕吳芳思的中文編譯本
		The Picturesque Representations of the Dress and Manners of the Chinese（《中國服飾與習俗之生動描繪》）	London: John Murray, 1814	歐美有法譯本，中國有沈弘的中文編譯本 **25**
Sir John Barrow（約翰·巴羅）	馬戛爾尼的私人總管	*A voyage to Cochinchina, in the Years 1792 and 1793*（《一次前往交趾支那的航行 1792-1793》）	London: T. Cadell & W. Davies, 1806	
		Travels in China（《中國遊記》或《中國旅行記》，中譯本題為《我看乾隆盛世》）	London: T. Cadell & W. Davies, 1804, 1806	歐美有法、德、荷譯本等多種版本，中國有李國慶、歐陽少春，何高濟、何毓寧的中譯本 **26**
		Some Account of the Public Life and A Selection from the Unpublished Writings, of the Earl of Macartney（《與馬戛爾尼伯爵公務相關之一些報告及其未出版著述之選集》）	London: T. Cadell & W. Davies, 1807	

24 關於此畫冊資料，參見劉潞：〈英國訪華使團畫筆下的清代中國：社會學視角的解讀〉，收入劉潞、〔英〕吳芳思編譯：《帝國掠影 —— 英國訪華使團畫筆下的清代中國》，北京：中國人民大學出版社 2006 年版，〈前言〉第 22 頁。

25 〔英〕威廉·亞歷山大著、沈弘譯：《1793：英國使團畫家筆下的乾隆盛世 —— 中國人的服飾和習俗圖鑒》，杭州：浙江古籍出版社 2006 年版。

26 李國慶、歐陽少春譯：《我看乾隆盛世》，國家圖書館出版社 2007 年版。〔英〕喬治·馬戛爾尼、〔英〕約翰·巴羅著，何高濟、何毓寧譯：《馬戛爾尼使團使華觀感》，北京：商務印書館 2013 年版。

作者或編者	身份	書名	出版單位、時間	備註
		An Autobiographical Memoir of Sir John Barrow（《約翰·巴羅自傳回憶錄》）	London, John Murray, 1847	
William Jardine Proudfoot 編、James Dinwiddie（詹姆斯·丁威迪）著	機械專家，負責掌管使團禮物	*Biographical Memoir of James Dinwiddie*（《詹姆斯·丁威迪傳記體回憶錄》）	Liverpool: Edward Howell, 1868	
Helen H. Robbins 編	馬戛爾尼的後人	*Our First Ambassador to China: An Account of the Life of George, Earl of Macartney*（《我們的第一位中國大使：馬戛爾尼一生記事》）	London: John Murray, 1908	此書第十至十二章係馬戛爾尼本人的出使中國日記。有劉半農的中文節譯本 [27]
J. L. Cranmer-Byng 編輯整理	香港大學教授	*An Embassy to China: being the Journal Kept by Lord Macartney during his Embassy to the Emperor Ch'ien-lung, 1793-1794*（《一個訪華使團：1793-1794 年馬戛爾尼勳爵率團出使乾隆皇帝期間寫下的日記》）	London: Longmans, Green and Co., 1962	此書係馬戛爾尼本人出使中國的全部日記、報告和附錄《吉蘭醫生在中國所見醫學、外科和化學之狀況》、《馬戛爾尼關於中國的報告》。有秦仲龢和何高濟、何毓寧的中譯本 [28]

---

27 〔英〕喬治·馬戛爾尼著、劉半農譯《乾隆英使覲見記》，上海：中華書局 1916 年版，天津人民出版社 2006 年再版。據黃一農先生核對，劉半農譯著係節譯自 Helen H. Robbins 一書的第 10-12 章。

28 〔英〕喬治·馬戛爾尼著、秦仲龢譯：《英使謁見乾隆紀實》，香港：大華出版社 1966 年版。後收入沈雲龍主編：《近代中國史料叢刊》，台北：文海出版社 1973 年版，第八十八輯。經筆者核對，秦譯本缺〈吉蘭醫生在中國所見醫學、外科和化學之狀況〉、〈馬戛爾尼關於中國的觀察〉兩部分和書後附錄，日記亦有多處刪節。《馬戛爾尼使團使華觀感》收入〈馬戛爾尼私人日誌〉（即〈馬戛爾尼關於中國的觀察〉和附錄〈基蘭醫生記中國的醫學、外科和化學〉），正好補秦譯本之所缺。

作者或編者	身份	書名	出版單位、時間	備註
Patrick Connor and S. L. Sloman	英國藝術史學者	*William Alexander: An English Artist in Imperial China*（《威廉‧亞歷山大：中華帝國裡的一位英國畫家》）	Brighton: Brighton Borough Council, 1981.	

此外，馬戛爾尼使團尚留有一些未刊的手稿和檔案收藏在美國康奈爾大學、華盛頓州立大學、杜克大學，英國大不列顛圖書館、印度事務部圖書檔案館、倫敦公共圖書館、威爾康姆歷史醫學協會、北愛爾蘭貝爾法斯特公共檔案館，加拿大達爾豪斯大學，愛爾蘭國家國書館，約翰內斯堡的威特沃特斯蘭德大學，日本東洋文庫，法國國家檔案局、外交部檔案、法蘭西學院圖書館、遣使會檔案、耶穌會檔案等處。因篇幅關係，這些檔案的具體內容和原始來源，在此不贅。[29]

綜上所述，馬戛爾尼使團成員此行的紀實性著述，回國後很快得到出版，且隨後出現各種歐洲語言的翻譯版本，故此行獲取的信息在歐美迅即得到傳播，在出版界刮起了一股不小的「中國風」。與此前法國傳教士所撰寫的書信或報告相比，使團成員留下的紀實性文獻，其份量和影響可以說毫不遜色。迄今已整理出版了 9 名使團成員的旅行日記、回憶錄、報告或畫冊，他們是：愛尼斯‧安德遜（1795）、斯當東（1797）、塞繆爾‧霍姆斯（1797）、赫脫南（1797）、威廉‧亞歷山大（1804）、約翰‧巴羅（1804）、詹姆斯‧丁威迪（1868）、馬戛爾尼（1908、1962）、吉蘭（Gillan, 1962）。另外我們知道至少還有 5 人留下了手稿，他們是：「獅子號」艦長高厄、繪畫師希基（Hickey）、炮

---

29 相關介紹參見黃一農：〈龍與獅對望的世界 —— 以馬戛爾尼使團訪華後的出版物為例〉，載台北《故宮學術季刊》第 21 卷第 2 期，2003 年。

兵軍官巴瑞施（Parish）、使團秘書溫德、小斯當東。[30] 斯當東的《英使謁見乾隆紀實》曾引用希基、巴瑞施、吉蘭、巴羅等人的相關記敘，[31] 均出自未刊的手稿。因使團由各種不同身份、不同職業（外交、商貿、醫生、科技人員、畫家等）的人員組成，其記錄訪華之行的內容各有側重，他們的回憶也構成一種互補，從而比較全面地反映了乾隆時期中國的面貌。其中安德遜的《英使訪華錄》出版最早，係由英國出版商請人據安氏日記整理而成。斯當東爵士的《英使謁見乾隆紀實》是使團的「正式報告」，詳於記錄使團訪華的整個活動過程。巴羅的《中國遊記》對其中國見聞按專題作了新的歸納，加重了評論和表述其態度的份量。馬戛爾尼勳爵的《我們的第一位中國大使：馬戛爾尼一生記事》和《一個訪華使團：1793-1794 年馬戛爾尼勳爵率團出使乾隆皇帝期間寫下的日記》兩書則是其個人日記的整理稿，內容雖相對簡要，但價值甚高，後書還保有一份《馬戛爾尼關於中國的考察報告》（*Lord Macartney's Observation on China*），顯係馬氏的個人滙報。《詹姆斯·丁威迪傳記體回憶錄》則對其在北京裝配科學儀器的過程有較為翔實的記敘。亞歷山大的畫冊則在文字之外，為人們展現了一幅豐富多彩的十八世紀末中國風情畫。

---

30 有關馬戛爾尼使團成員的著述及其譯本介紹，參見 J. L. Cranmer-Byng, *An Embassy to China: being the Journal Kept by Lord Macartney during his Embassy to the Emperor Ch'ien-lung, 1793-1794*, pp.342-352. 佩雷菲特著、王國卿、毛鳳支等譯：《停滯的帝國 —— 兩個世界的撞擊》，〈前言〉第 7-12 頁、第 650-657 頁。黃一農：〈龍與獅對望的世界 —— 以馬戛爾尼使團訪華後的出版物為例〉，2003 年台北《故宮學術季刊》第 21 卷第 2 期。張國剛：《從中西初識到禮儀之爭 —— 明清傳教士與中西文化交流》，北京：人民出版社 2003 年版，第 180-181 頁。

31 Sir George Staunton, *An Authentic Account of an Embassy from the King of Great Britain to the Emperor of China*, In 3 vols, Vol. 2, pp.252-254, 368-383, Vol. 3, pp.56-58, 120-121. 中譯文參見斯當東著、葉篤義譯：《英使謁見乾隆紀實》，第 299、345-352、374-375、398-400 頁等處的相關引文。

1816 年英國第二次派出阿美士德勳爵使團訪華，並抵達北京。其在華旅行路線與馬戛爾尼使團一樣，但在北京僅停留十小時即被驅逐，使團成員留下的此行遊記有：副使小斯當東的《阿美士德使團紀行》、副使埃利斯的《新近出使中國紀事》、醫生克拉克‧阿裨爾的《中國旅行記（1816-1817 年）》、首席翻譯馬禮遜的《中國觀》和《1816 年英使赴華主要事件錄》、隨員德庇時的《中國筆記》（兩卷）[32]。其內容和價值與馬戛爾尼使團比較相對貧乏。埃利斯甚至抱怨地說：「我已經陳述完對於中國及其居民的回憶了。現在還得要問問我自己，如果不考慮官方工作的話 …… 如果不是因為覺得自己是極少數遊歷過中國內地的歐洲人而產生出些許滿足之感的話，我就會認為這段時間完全虛度了。我既未能體驗到文明生活的優雅和舒適，也沒有品味到大多數半野蠻國家所具的天然情趣，而只是發現我自己的心靈和精神受到了身邊的枯燥和壓抑氣氛的影響。」[33] 這是一次徹底失敗的遣使。

以上是我們所知鴉片戰爭以前英國使團進入北京的兩次記錄。須指出的是，馬戛爾尼使團成員留下的文獻在整理出版過程中，往往經過

---

32 G. T. Staunton, *Notes of Proceedings and Occurrences, during the British Embassy to Pekin, in 1816* (London: Patrick Tuck, 1824). Henry Ellis, *Journal of the Proceedings of the Late Embassy to China* (London: J. Murray, 1817). Clark Abel, *Narrative of a Journal in the Interior of China, and a Voyage to and from that Country, in 1816 and 1817* (London: Longman, Hurst, Rees, Orme and Brown, 1818). R. Morrison,. *A View of China, for Philological Purposes* (Macao, 1817). R. Morrison, *A Memoir of the Principal Occurrences during an Embassy from the British Government to the Court of China in the Year 1816* (London, 1819). Sir J. F. Davis, *Sketches of China*, 2 Vols (London, 1841). 中譯本有〔英〕亨利‧埃利斯著，劉天路、劉甜甜譯：《阿美士德使團出使中國日誌》，北京：商務印書館 2013 年版。〔英〕克拉克‧阿裨爾著、劉海岩譯：《中國旅行記（1816-1817 年）—— 阿美士德使團醫官筆下的清代中國》，上海古籍出版社 2012 年版。〔英〕斯當東著、侯毅譯：〈1816 年英使覲見嘉慶帝紀事〉，載《清史研究》2007 年第 2 期。

33 Henry Ellis, *Journal of the Proceedings of the Late Embassy to China*, p.440. 中譯文參見亨利‧埃利斯著，劉天路、劉甜甜譯：《阿美士德使團出使中國日誌》，第 300 頁。

了編輯加工處理；且越是出版時間晚的文獻，其貶華的傾向越是明顯，其附加的偏見、成見的痕跡也較多，或隱或顯地與時代背景可能有某些關聯。英國學者畢可思就指出：「當通商口岸的存在受到攻擊時，馬戛爾尼使團和中英關係的其他版本的歷史就湧現出來了。例如，普理查德對該使團叩頭問題的學究似的考察發表於該事件150週年的1943年，決不是什麼巧合。還應注意到，該文發表於英國和美國正式放棄它們在中國的治外法權，和通商口岸時代告終後的一個月。」**34** 類似的情形似乎還有，如1868年出版的《詹姆斯‧丁威迪傳記體回憶錄》發出的「中國除了被一個文明的國家征服以外，沒有任何辦法使它成為一個偉大的國家」的叫喊，不免使人產生這是否在為8年以前結束的第二次鴉片戰爭辯護的疑問。1962年讓—路易‧克萊默—平整理出版《一個訪華使團：1793-1794年馬戛爾尼勳爵率團出使乾隆皇帝期間寫下的日記》，書前那一長段撇清英國與西藏叛軍關係的談話，儘管在斯當東的《英使謁見乾隆紀實》亦有記載，但在1908年出版的《我們的第一位中國大使：馬戛爾尼一生記事》只是略加提及，它是否有意暗示英國政府對西藏叛亂和1962年發生的中印邊界衝突所持的態度，也值得人們進一步研究。實際上，英美學者普理查德、讓—路易‧克萊默—平、何偉亞三人的研究成果，微妙地折射了英美方面在1930、40年代（民國時期）、1950、60年代（中華人民共和國初期）、1990年代（後冷戰時期）處理中英關係的態度。

馬戛爾尼使團回國後，其成員應約紛紛出版自己的日記、遊記，其中的真實性或者部分真實性也受到人們的質疑。佩雷菲特曾發出過這種疑問：「這些旅行家一回到國內，出版商們就馬上請他們寫點東西。

---

34 〔英〕畢可思：〈通商口岸與馬戛爾尼使團〉，收入張芝聯主編：《中英通使二百週年學術討論會論文集》，第326頁。

他們不能不描繪一下那座他們曾經生活過，卻從未遊覽過的城市。他們關於北京的介紹，與其說來自他們的親身經歷，還不如說來自他們與歐洲傳教士的談話。的確，在外國，最好的情報來源莫過於在這個國家長住的自己同胞。他們在觀察事物時比較平穩，因而頭腦清醒。對使團來說，歐洲傳教士正好起這個作用：他們同英國使團促膝談心，他們的談話要比他們寫的東西更加誠懇。」[35] 這是一個提示，這就要求我們在閱讀使用這些文獻時需要謹慎地加以鑒別，分清哪些是使團成員有關中國的實際敘述，哪些是使團成員當時或回國以後對中國的態度，哪些可能是編輯加工或根據出版商要求增加的迎合市場趣味的文字。

二、馬戛爾尼使團在北京、熱河的行程和食宿安排

1792 年 9 月 26 日，大英帝國派出的馬戛爾尼勳爵率領的龐大使團以向乾隆賀壽為名，從樸次茅斯港起程，開始前往中國。經過十個月的航程，1793 年 6 月 20 日，到達老萬山群島。7 月 3 日，到達舟山。7 月 25 日，到達大沽口。8 月 5 日，使團換乘中方的民船，其所攜行李、禮品亦搬入中方來接載的船隻。8 月 9 日，進入內河航行。8 月 11 日，抵達天津。8 月 17 日，船隊到達通州，使團上岸。8 月 21 日抵達北京城。9 月 2 日，使團大部分成員隨馬戛爾尼勳爵離京赴熱河，巴羅、丁威迪等部分成員仍留京裝配所贈科學儀器。9 月 8 日，到達熱河。9 月 14 日，馬戛爾尼率使團成員在熱河避暑山莊第一次覲見乾隆皇帝。9 月 15 日，使團再次覲見乾隆，獲准遊覽萬樹園。9 月 17 日，馬戛爾尼參加乾隆生日慶典，第三次覲見乾隆。9 月 18 日，使團出席為慶祝乾隆

---

35 佩雷菲特著、王國卿等譯：《停滯的帝國 —— 兩個世界的撞擊》，第 179 頁。

生日舉行的各種戲劇表演活動，第四次觀見乾隆。9 月 21 日，使團離開熱河回北京。9 月 26 日，到達北京。9 月 30 日，馬戛爾尼參加乾隆皇帝入京典禮。10 月 3 日，馬戛爾尼向乾隆呈遞他的要求的備忘錄。10 月 5 日，乾隆親自到圓明園觀看使團所贈禮品，並接見了裝配儀器的英國技師。10 月 6 日，使團接到命令準備離京。10 月 7 日，使團收到對備忘錄的答覆和乾隆皇帝給英王喬治三世的信件，離開北京到達通州。10 月 11 日，使團乘船沿運河南下，結束了在北京的行程。使團在北京、熱河的行程，實際只有 56 天，其中使團主要成員在北京城的時間只有 24 天。以上為使團在北京、熱河的行程。

10 月 11 日使團離開通州以後南下。11 月 9 日，到達杭州。12 月 19 日，到達廣州。1794 年 9 月 5 日，回到倫敦。[36] 整個訪華行程約近三年。使團在華的一切食宿費用、領航員和登陸後的交通工具，均由中方承擔。

為做好接待英國使團的工作，乾隆數次上諭佈置有關事宜：乾隆五十八年（1793）正月十八日諭沿海各省督撫：「如遇該國貢船進口時，務先期派委大員，多帶員弁兵丁，列營站隊。務須旗幟鮮明，甲仗照淬。並將該國使臣及隨從人數，並貢件行李等項，逐一稽查，以肅觀瞻，而昭體制。」[37] 對沿途各省迎接英國使團的事宜作了交待。六月十七日又諭：「該國貢船笨重，不能收泊內洋，到津後須輾轉起撥，計抵熱河已在七月二十以外，正可與蒙古王公及緬甸等處貢使一併宴賚。即或海洋風信靡常，到津略晚，不能於七月內前抵熱河，即八月初旬到

36 Hosea Ballou Morse, *The Chronicles of the East India Company Trading to China 1635-1834* (Oxford: Clarendon Press, 1926-1929), p.224. 此行程中譯文參見馬士著、區宗華譯：《東印度公司對華貿易編年史》第二卷，第 253-254 頁。筆者在敘述行程時有所增加、補訂。

37 秦國經：〈從清宮檔案，看英使馬戛爾尼訪華歷史事實〉，收入中國第一歷史檔案館編：《英使馬戛爾尼訪華檔案史料滙編》，北京：國際文化出版公司 1996 年版，第 28 頁。

來，亦不為遲。但應付外夷事宜，必須豐儉適中，方足以符體制。外省習氣，非失之太過，即失之不及。此次嘆咭唎國貢使到後，一切款待固不可踵事增華。但該貢使航海遠來，初次觀光上國，非緬甸、安南等處頻年入貢者可比。梁肯堂、徵瑞務宜妥為照料，不可過於簡略致為遠人所輕。」[38] 對英國使團到達熱河的具體日期和高於安南、緬甸這些鄰近朝貢國的接待規格作了明確指示。

秉承乾隆皇帝的指示，中方接待英方的規格很高。7 月 20 日，英國使團乍到登州府，登州知府即上艦拜會。7 月 31 日，天津道台喬人傑、副將王文雄趕來與英國使團洽談進京事宜。[39] 8 月 7 日，直隸總督梁肯堂與馬戛爾尼交換名片，11 日在天津設行轅熱烈歡迎英國使團；欽差大臣長蘆鹽政徵瑞亦同趕來會面。徵瑞、喬人傑、王文雄是使團在北京、熱河活動的主要陪同者。從 10 月 10 日使團離開北京到杭州一段，由欽差大臣松筠護送。從杭州至廣州一段，則由新任兩廣總督長麟陪送。使團在北京、熱河行程中的食宿，中方盡其所能，周到安排，令英國使團基本滿意。

居住　8 月 17 日，使團人員離船上岸，將行李、禮品搬上岸，安放在儲藏所內。馬戛爾尼第一次提及當日住處的安排：「我們所住的地方是城郊的一所廟宇，地方很大，有好幾個院子和廣闊的廳房。我們在這裡暫住，覺得很是舒適，每日所供給的物品，和在船上一樣，凡有所

38　中國第一歷史檔案館編：《英使馬戛爾尼訪華檔案史料滙編》，第 32 頁。

39　J. L. Cranmer-Byng, *An Embassy to China: being the Journal Kept by Lord Macartney during his Embassy to the Emperor Ch'ien-lung, 1793-1794*, p.71. 中譯文參見喬治‧馬戛爾尼著、秦仲龢譯：《英使謁見乾隆紀實》，收入沈雲龍主編：《近代中國史料叢刊》第八十八輯，第 14 頁。

需，只要略一開口就咄嗟立辦。」[40] 他對住處的安排感到滿意。希基以一個畫師的眼光對這座廟宇作了描繪：「本廟建在通州府郊區附近一塊漸漸上升但又不陡的高坡上，距離河邊半哩，四周圍有高牆。對著河邊的高牆下面開著一個小門，門外由中國軍隊站崗警衛。……從這個小門進去通過幾個院子和平房然後到達佛堂。佛堂同其餘地方又有另外一道牆隔開，牆上打開一個八呎直徑的圓洞來往通行。佛堂面對面共兩座，中間距離很大，每座都有前廊，廊下柱子都是漆成朱紅色的。」[41] 安德遜對所住廟宇略有微詞：「中國政府所指定撥給大使在通州居住的寓所離河岸 3/4 英里，離城區約 1 英里之遙，地面隆起。它的外表是雅致精美，但是這樣地低矮，好像對於可以期望給予的顯要地位和當時我們考慮到的撥這所房屋的意義不相符合 —— 這座房屋沒有哪一部分比一層屋高。」[42] 安德遜對這種臨時性的住房安排似期望過高，自然不免有難合其意之感。

8 月 21 日使團離開通州，進入北京。進京的第一天，使團被安置在圓明園與海淀之間的弘雅園。[43] 馬戛爾尼對所下榻的花園並不滿意：「中國官員給我們預備好的房子也是在一個花園裡的，地方很大，有好

---

40 J. L. Cranmer-Byng, *An Embassy to China: being the Journal Kept by Lord Macartney during his Embassy to the Emperor Ch'ien-lung, 1793-1794*, p.88-89. 中譯文參見喬治・馬戛爾尼著、秦仲龢譯：《英使謁見乾隆紀實》，收入沈雲龍主編：《近代中國史料叢刊》第八十八輯，第 61 頁。

41 Sir George Staunton, *An Authentic Account of an Embassy from the King of Great Britain to the Emperor of China*, In 3 vols, Vol. 2, p.253. 中譯文參見斯當東著、葉篤義譯：《英使謁見乾隆紀實》，第 299 頁。

42 Aeneas Anderson, *A narrative of the British Embassy to China, in the years 1792, 1793, and 1794, Second Edition* (London: J. Debrett, 1795), p.131. 中譯文參見〔英〕愛尼斯・安德遜著、費振東譯：《英國人眼中的大清王朝》，北京：群言出版社 2002 年版，第 71-72 頁。

43 據洪業先生《勺園圖錄考》(北平：引得編纂處 1933 年版) 一文考證，弘雅園即為現在北京大學 (原燕京大學) 校園內的勺園之前身。乾隆年間，因避諱清高宗弘曆的「弘」字，故稱宏雅園。

幾個小院子和亭榭。有一小曲徑通到小河邊，循河而下，曲曲折折而到一小島，島的中間有一小屋可為避暑之用。這一帶都種了很多樹木，頗有草坪山石之勝。整個園子圈以高牆，園門駐有軍士一隊以資保護。園中的房子，雖然有幾間頗為廣大並且精潔良好，但若從整體而言，可說是荒穢破損，在冬季時候住下來一定不會很舒適，而只適於夏季避暑。聽說像這樣的館舍好幾所，都是招待外國使節之用的，我們現在所住的這一所，算是其中最好的了。」[44] 相對馬戛爾尼這一平實、客觀的描述，安德遜、斯當東、巴羅、霍姆斯的意見不一，安德遜感覺住所的安排與使節的身份頗不相稱：「這座宮殿，為了表示它的重要雖然不配作為一個偉大君主的代表的住所 —— 我必須繼續稱它為宮殿 —— 是分為兩個四合院，屋舍排列成一個長方形，不僅是談不到雅麗，而且破舊失修；沿牆砌上走道，有油漆好的木屋頂。在這座建築物的幾扇大門前面和在一個大院的中間有幾棵樹，並不怎麼別緻也不美觀；地面上則鋪了一種砂礫。在這地區內還有幾塊小草地，看樣子是沒有整修過的。」[45] 斯當東注意觀察別墅的外部景觀：「招待使節團居住的別墅即在海淀和圓明園之間，別墅至少佔有十二畝地面。裡面花園的走道蜿蜒盤旋，小溪環繞假山，草地上各種樹木成林，太湖石不規則地堆在一起。整個別墅包括若干幢住房，分成許多小院子。住房的設計和裝飾都非常考究。其中有些房子的牆上繪著水彩畫。畫得不算壞，也注意到配景法，但就是完全忽略了明暗面，這充分表示出中國的畫法……這個別墅曾為幾

44 J. L. Cranmer-Byng, *An Embassy to China: being the Journal Kept by Lord Macartney during his Embassy to the Emperor Ch'ien-lung, 1793-1794*, pp.92-93. 中譯文參見喬治‧馬戛爾尼著、秦仲龢譯：《英使謁見乾隆紀實》，第 68 頁。

45 Aeneas Anderson, *A narrative of the British Embassy to China, in the years 1792, 1793, and 1794, Second Edition*, pp.166-167. 中譯文參見愛尼斯‧安德遜著、費振東譯：《英國人眼中的大清王朝》，第 91 頁。

個外國使臣和各省大吏到圓明園謁見皇帝時住過。這個招待所好像空閒很久，有些地方已經失修。」[46] 霍姆斯非常留戀此地：「此地有牆環繞，牆長約達二英里。牆內有不同類型的小房舍，且皆甚佳。舍前往往有大溪可浴，亦可作別用。派與衛兵所住房屋，在深林中，頗廣爽，且四面環水，總而言之，其地可喜之至。然僅居五六日又移回北京，實可惱之至也。」[47] 巴羅則極為不滿，他甚至聯想起此前荷蘭使團訪問北京的住宿安排窘境。他如是評價弘雅園：「此園約 15 英畝，散佈著數幢獨立的小館舍，既不夠整個使團人員住宿，也容不下禮品和我們的行李，又疏於修整、破敗不堪，以至於絕大部分都完全不適於居住。於是我們告知清朝官員，這種居所與一位英國特使的尊貴地位很不相配，他在任何情況下都不會接受。對他來說，下榻於城裡還是鄉下並不重要，但是館舍應有適當的生活設施而且體面。」[48] 在弘雅園住了兩天，8 月 23 日馬戛爾尼向中方提出搬離要求，經過一陣討論，中方答應了英方的要求。當天，馬戛爾尼派他的秘書艾奇遜‧馬克斯威和一位譯員隨同王大人前往北京城內觀看新安排的館舍。[49]

　　8 月 26 日使團搬離了弘雅園，遷到北京城內的一處豪宅。關於這次搬遷情況，馬戛爾尼有簡短記錄：「今早我們從圓明園遷往北京城裡

46　Sir George Staunton, *An Authentic Account of an Embassy from the King of Great Britain to the Emperor of China,* In 3 vols,Vol. 2, pp.299-300. 中譯文參見斯當東著、葉篤義譯：《英使謁見乾隆紀實》，第 317 頁。相關論述和考證，參見洪業：《勺園圖錄考》。

47　Samuel Holmes, *The Journal of Mr. Samuel Holmes* (London: W. Bulmer & Co., 1798), p.135.

48　John Barrow, *Travels in China*, p.102. 中譯文參見約翰‧巴羅著，李國慶、歐陽少春譯：《我看乾隆盛世》，第 75-76 頁。

49　J. L. Cranmer-Byng, *An Embassy to China: being the Journal Kept by Lord Macartney during his Embassy to the Emperor Ch'ien-lung, 1793-1794*, pp.94, 95-96. 中譯文參見喬治‧馬戛爾尼著、秦仲龢譯：《英使謁見乾隆紀實》，收入沈雲龍主編：《近代中國史料叢刊》第八十八輯，第 81、83 及 86 頁。

居住了。這所華麗的館舍,在北京內城,地方很大,有十一個院子之多,其中有些還很大,空氣又很好。我們從圓明園到北京城外需時一點半鐘,從城門到我們的住所又費時一點半鐘。」[50]

安德遜、斯當東、巴羅則有更為詳盡的描述,安德遜評價較高:「下午 2 時半,沒有遇到任何實際阻礙就到達了指定為使團今後居住的高貴宮殿。這座宮殿是一位廣東總督的財產,一般英國人稱呼他為約翰·得克(John Tuck)。」「這宮殿是用灰色磚建築,十分宏大,有 12 個大院和 6 個小院。牆壁的砌築工夫是如此細巧,磚縫間的漿灰像線一樣的細,而且是奇特的均勻,必須詳細觀察以後才能相信這不是畫家所畫而是泥水匠所築,這不是用鉛筆描畫而是用鏝劃成的。這些磚猶如大理石一樣平滑,16 英吋長,8 英吋寬,2 英吋厚。」「這裡我第一次看到中國人在房屋上的油漆藝術的高超,它的光澤不亞於日本式漆器,它的色彩不但能持久不退而且不受空氣、日光和雨水的侵蝕。」[51] 斯當東對新居也很滿意,他對新居觀察得非常細緻:「使節團在北京的館舍寬闊華美,廳房甚多。」「這所官邸的建築結構同一般中國大官的府第相同。整塊園地由一個高的四方形磚牆圍起,在一邊的角端由一個小門通過一個小窄便道進到裡面。從外面看很簡單樸素,裡面卻非常富麗堂皇。」[52] 巴羅卻不以為然,他的評價大打折扣:「新館舍足夠大,但是臥

50 J. L. Cranmer-Byng, *An Embassy to China: being the Journal Kept by Lord Macartney during his Embassy to the Emperor Ch'ien-lung, 1793-1794*, p.98. 中譯文參見喬治·馬戛爾尼著、秦仲龢譯:《英使謁見乾隆紀實》,第 89 頁。

51 Aeneas Anderson, *A narrative of the British Embassy to China, in the years 1792, 1793, and 1794, Second Edition*, pp.173-174, 175. 中譯文參見愛尼斯·安德遜著、費振東譯:《英國人眼中的大清王朝》,第 94、95 頁。

52 Sir George Staunton, *An Authentic Account of an Embassy from the King of Great Britain to the Emperor of China*, In 3 vols, Vol. 2, pp.313-314. 中譯文參見斯當東著、葉篤義譯:《英使謁見乾隆紀實》,第 323 頁。

室骯髒不堪，久已不住人，急需修理，又全無傢俱。這座府邸被認為是全城最好的一所，……它是已故的廣州海關監督，一個戶部〔官員〕所建。他後來被提升為長蘆鹽政，又似乎因侵吞公款而下獄，巨額財產被充了公。被委派來照料使團的官員告訴我們，請求讓英國使團佔用這座府邸的奏報呈交給皇帝後，他馬上批復道：『當然可以啦。那個國家對建造該府貢獻良多，你怎麼能夠拒絕她的特使臨時用一下呢？』從這句話可以推斷，清廷相當清楚廣州當局對外國人的敲詐勒索。」[53] 巴羅所引乾隆這段話明顯具有演義性質，斯當東早已說明搬遷新居之事，係「圓明園的總管大臣出來主持，說不必經過請示」，他一言九鼎。[54] 巴羅的敘述充滿了傲慢與偏見，明顯帶有調侃的意味。新居原主人穆騰額，正白旗滿洲人，武進士乾隆四十九年至五十一年（1784-1786）任粵海關監督，後因貪污腐敗罪被罷官。

使團在京食宿安排，中方亦有材料簡要記載。〈乾隆五十八年七月初八日廷寄〉：「大學士伯和字寄直隸總督梁傳諭長蘆鹽運使徵瑞：……奉上諭：……該貢使到京後，應在圓明園宏雅園居住，城內令備有寬敞房屋居住。」[55] 〈七月初八日軍機處致金簡等函〉：「啟者，本日面奉諭旨：……該使臣到熱河瞻觀後，定於八月十六日起身回京圓明園，令

---

53 John Barrow, *Travels in China*, p.103-104. 中譯文參見約翰・巴羅著，李國慶、歐陽少春譯：《我看乾隆盛世》，第 77 頁。原譯 ho-poo(戶部) 音譯作「侯伯」，現改。「廣州商館的外商稱戶部委任的粵海關監督為戶部」，參見 J. A. G. Roberts, *China Through Western Eyes the Nineteenth Century: a reader in history* (Far Thrupp: A.Sutton, 1991)。

54 Sir George Staunton, *An Authentic Account of an Embassy from the King of Great Britain to the Emperor of China*, In 3 vols, Vol. 2, p.313. 中譯文參見斯當東著、葉篤義譯：《英使謁見乾隆紀實》，第 322 頁。

55 〈英使馬戛爾尼來聘案〉，收入故宮博物院掌故部編：《掌故叢編》，北京：中華書局 1990 年版，第 669、671 頁。原作「圓明園應在宏雅園居住」，可能系編排有誤，現據文意改。

在宏雅園居住,城內令在穆騰額入官房屋內居住,一切飯食等項,應派內務府人員妥為照料。其兩處房屋,量為糊飾打掃,以備給住。」[56] 從這兩處材料看,使團成員在京實為分弘雅園和穆騰額家兩處居住。

9月8日使團到達熱河,被安排住在「建築在一個山坡上」的宮殿。它處在熱河鎮的南頂端,位於行宮和熱河鎮之間。據考證,約為今承德市酒廟橋附近的佟王府。[57]「整個館舍非常寬大方便,從這裡可以俯視全鎮,和一部分御花園。」[58] 中方選擇此地應是精心安排。安德遜詳細描繪了這座庭院:

它的進口處有八級寬大的階沿,接著是一座木製的門道。過這門道是一條走道通到一個大院子。院子中央鋪著大而平的石板。院裡每一面都有一條長而寬的走廊,屋頂是用黑色有光的瓦蓋著,廊前用木柱支住。…… 這院子的兩廂所有的屋子供大使團的軍隊居住,正對廊廡的正中央的房屋,又有三級階沿,供大使和斯當東爵士居住;再進去為另一院落大小相同,兩廂給機工、音樂師和僕役們,中央的房屋撥給大使團的官員們:但這只有兩間大房屋,因此他們就分為兩部分寢息。側廂作為餐廳。

這座建築不能算宏大或雅麗:它只有一層屋,高低不平,由於建築在傾斜的地面上房屋高低不一。它的四周有一雉牆,但從山上高處可以窺見屋子,因為它就築在這山坡上。

56 〈七月初八日軍機處致金簡等函〉,收入故宮博物院掌故部編:《掌故叢編》,第 676 頁。

57 參見秦國經、高換婷:《乾隆皇帝與馬戛爾尼》,第 69 頁。

58 Sir George Staunton, *An Authentic Account of an Embassy from the King of Great Britain to the Emperor of China*, In 3 vols, Vol. 3, p.9. 中譯文參見斯當東著、葉篤義譯:《英使謁見乾隆紀實》,第 356 頁。

我們對接待我們的禮節雖不免失望，但對我們的迫切所需的照顧和關懷，是沒有理由感覺不滿的。我們吃得舒服而且豐富。[59]

使團回到北京後仍回原住所。10月6日，離京路過通州時，在此住了一宿，馬戛爾尼、斯當東、安德遜對所安排的住所說法不一。馬戛爾尼說：「我們所住的地方，與城牆相距甚近，房屋建造的時間還不算很遠。據說這所館舍的建築費值十萬英鎊之巨，原本是一個粵海關監督的私產，因為他在任上有營私舞弊的行為，皇帝把他的官職革了，很久以來就關在獄中服刑。據一位傳教士對我說，那個海關監督弄來的錢財，大部分從廣東英商身上刮來，所以拿他的私產來招待外國人最適合不過。」[60] 此說似與其在北京的館舍相混。斯當東說：「使節團到達通州之後，仍被招待住在上次曾經住過的廟裡。」[61] 安德遜說得更離譜：「到那裡我們發現招待我們的設備已大有改變，分配給我們居住的房子不過是臨時搭起的掛著蓆子的棚子。」[62] 三說應以斯當東的說法近是，且合情理。

---

59 Aeneas Anderson, *A narrative of the British Embassy to China, in the years 1792, 1793, and 1794, Second Edition,* pp.209, 210-211. 中譯文參見愛尼斯‧安德遜著、費振東譯：《英國人眼中的大清王朝》，第 115 頁。

60 J. L. Cranmer-Byng, *An Embassy to China: being the Journal Kept by Lord Macartney during his Embassy to the Emperor Ch'ien-lung, 1793-1794,* p.158. 中譯文參見喬治‧馬戛爾尼著、秦仲龢譯：《英使謁見乾隆紀實》，第 237-238 頁。

61 Sir George Staunton, *An Authentic Account of an Embassy from the King of Great Britain to the Emperor of China,* In 3 vols, Vol. 3, p.168. 中譯文參見斯當東著、葉篤義譯：《英使謁見乾隆紀實》，第 417 頁。

62 Aeneas Anderson, *A narrative of the British Embassy to China, in the years 1792, 1793, and 1794, Second Edition,* pp.273-274. 中譯文參見愛尼斯‧安德遜著、費振東譯：《英國人眼中的大清王朝》，第 149 頁。

值得一提的是，亞歷山大的繪畫作品中還保有《通州廟裡的石碑》、《使團在京下榻弘雅園的石舫》、《使團下榻花園草圖》三圖，它們成為使團在通州、北京三處住所的歷史見證。[63]

招待 使團抵達廟島後，中方立即給拋錨的英國「獅子」號送來食品，斯當東寫道：「幾隻中國小船送來大批家畜、水果、蔬菜等供應物品，數量太大，使節船隻簡直容納不下，只能收留一部分，將其餘的璧謝。」「此後，不須提出請求，大批免費供應的物資源源不斷送來。使節團所受的款待，特別是在土倫港、舟山、登州府和此地所受到的，除了東方而外，在世界上任何其他地方是少見的。」[64] 7 月 31 日馬戛爾尼在他的日記中詳細記錄了中方贈送的食物數量後，讚歎地說：「這樣的厚待客人，我們在交趾支那，在舟山，在登州前所未有，東方人對待遠客是這樣的熱情，真使人可感。」[65] 在隨後的日子裡，使團也處處感覺到中方的熱情款待：

大量豐富的日用品不但供應到全體團員，而且普遍供應到使節團的所有技匠、衛隊和僕人。看來中國方面不吝惜任何花費以求盡到對於使團的豪華供應。動員了這麼多的官員，這麼多的廝役，這麼多的船隻，來做招待工作。這些參加招待的官員和廝役據說都得到例外的加薪，借以鼓勵他們做好這項工作。沿途岸上有列隊歡迎的兵士，有

---

63 參見劉潞、吳芳思編譯：《帝國掠影 —— 英國訪華使團畫筆下的清代中國》，第 115、107、108 頁。

64 Sir George Staunton, *An Authentic Account of an Embassy from the King of Great Britain to the Emperor of China*, In 3 vols, Vol. 2, pp.116-118. 中譯文參見斯當東著、葉篤義譯：《英使謁見乾隆紀實》，第 244-245 頁。

65 J. L. Cranmer-Byng, *An Embassy to China: being the Journal Kept by Lord Macartney during his Embassy to the Emperor Ch'ien-lung, 1793-1794*, p.71. 中譯文參見喬治·馬戛爾尼著，秦仲龢譯：《英使謁見乾隆紀實》，收入沈雲龍主編：《近代中國史料叢刊》第八十八輯，第 13 頁。

搭的彩牌樓和特別準備的表演。所有以上一切費用俱由皇帝一人擔任起來。[66]

使團進京沿途,每到一處就受到當地官員的熱情接待,周圍群眾趕來圍觀,形成歡迎的人潮。8 月 12 日,使團到達天津,「天津的長官,作為禮物,送來三包彩色綢緞,分贈給大使團人員」。[67]8 月 16 日,安德遜寫道:「在航程中我們見到更多的村落,更多的人。經常供應我們的肉類、家禽、蔬菜和水果繼續收到。約午後 5 時我們抵達通州城,離北京約 20 英里,我們在這優美的河上航行至此告終。」[68]可見由於中方的熱情接待,使團人員是帶著愉快的心情走進北京。

在飲食方面,由於中英習慣不同,使團人員對中方送來的食物有時可能不適。8 月 6 日使團成員乘上中方接載他們的帆船,隨即中方送來了食物。中午接到一批生牛肉、麵包和水果,安德遜初次品嚐的結果,「這牛肉雖則不很肥,但質量很好。但這些麵包,雖係很好的麵粉所製,但不合我們口味,因為中國既不用酵母,又不用烤爐,因此這麵包實質上和普通的麵團差不多。」中午又接到一宗煮熟了的食物,內中有牛肉、羊肉、豬肉,熏烤的和烹煮的都有,燻肉「味道也不合我們

66 Sir George Staunton, *An Authentic Account of an Embassy from the King of Great Britain to the Emperor of China*, In 3 vols, Vol. 2, p.165, 190. 中譯文參見斯當東著、葉篤義譯:《英使謁見乾隆紀實》,第 264 頁。類似的記載見於多處,參見同書第 274 頁。

67 Aeneas Anderson, *A narrative of the British Embassy to China, in the years 1792, 1793, and 1794, Second Edition*, p.118. 中譯文參見愛尼斯·安德遜著、費振東譯:《英國人眼中的大清王朝》,第 65 頁。

68 Aeneas Anderson, *A narrative of the British Embassy to China, in the years 1792, 1793, and 1794, Second Edition*, p.128. 中譯文參見愛尼斯·安德遜著、費振東譯:《英國人眼中的大清王朝》,第 70 頁。

口味」，烹煮的豬肉「卻遠為適口」。[69] 類似的情形時常有之，並不足為奇，是中、英方的飲食方式不同使然。

由於水土不服，英國使團上岸後，先後有三名成員在這段期間患病離世。8 月 19 日晚，使團機工哈萊‧伊茲（Harry Eades）先生因患急性痢疾而死。第二天使團為他舉行隆重的軍禮安葬，基於人道主義的理由，中方提供了墓地，並允准使團自由地進入墓地舉行葬禮，對此英方頗感欣慰，安德遜說：「這一自由，在我們自己的地球上有教化的地區內的某些國家裡，可能從未允許給外國人享受過。」[70] 使團從熱河啟行之前，使團一名衛兵「因貪食水果，突然暴病身死」。[71]9 月 21 日使團從熱河返回北京途中，使團的炮兵隊員詹蘭米‧利特（Jeremiah Reid）因患痢疾病逝，隨隊而行的其他幾名士兵也傳染上了同樣的病，到 9 月 30 日，馬戛爾尼衛隊的 50 人中就有 18 人需要隔離治療。[72] 可以想像，使團當時瀰漫著恐慌的氣氛。

考察馬戛爾尼使團在北京、熱河的行程和食宿安排，我們可以發現：第一、使團被允許通過海路北上，由大沽口登陸，然後轉入內河航行，經天津、通州，進入北京，這在歐洲外交使團進京路線安排中前所

---

69 Aeneas Anderson, *A narrative of the British Embassy to China, in the years 1792, 1793, and 1794*, Second Edition, pp.94-95. 中譯文參見愛尼斯‧安德遜著、費振東譯：《英國人眼中的大清王朝》，第 52 頁。

70 Aeneas Anderson, *A narrative of the British Embassy to China, in the years 1792, 1793, and 1794*, Second Edition, p.143. 中譯文參見愛尼斯‧安德遜著、費振東譯：《英國人眼中的大清王朝》，第 78 頁。

71 Sir George Staunton, *An Authentic Account of an Embassy from the King of Great Britain to the Emperor of China*, In 3 vols, Vol. 3, p.92. 中譯文參見斯當東著、葉篤義譯：《英使謁見乾隆紀實》，第 387 頁。

72 Aeneas Anderson, *A narrative of the British Embassy to China, in the years 1792, 1793, and 1794*, Second Edition, pp.251, 256. 中譯文參見愛尼斯‧安德遜著、費振東譯：《英國人眼中的大清王朝》，第 138、140 頁。

未有，表現了乾隆對英國使團的特別禮遇。相對從前那些在廣州登陸後，由陸路步行北上，進入北京的外交使團來說，英國使團實在是幸運得多。對此，巴羅曾感歎地提及此後荷蘭使團從陸路進京的艱苦情形：「荷蘭使團是由陸路進的。時值隆冬，大江小河皆冰凍了，氣溫常常在冰點以下8到16度，全國大部分地表都覆蓋著冰雪，可是他們常常需要連夜趕路。被強拉來為他們運禮品和行李的農夫們，儘管身負重擔，還是被迫竭盡全力跟上他們。范罷覽先生記錄道，兩夜之間，居然就有不少於8名農夫死於重負、凍餓勞累和官員的殘酷對待。」[73] 第二、使團處處受到中方的熱情接待和周到照顧，這對長途跋涉來京的英國使團的確在心理上多少是一個安慰。使團踏上中國的土地後，明顯有一種安全感，這改變了過去他們對中國所抱有的成見：「過去一般都認為，對一個沒有保障的外國人來說，深入中國內地是一件困難的事，同時也是危險的事。帶著英王委任狀前來訪問並得到中國皇帝鼓勵的使節團，這一行人對自己的安全絲毫沒有任何顧慮……全體使節團員感到絕對的保障。」[74] 與此前荷蘭使團匆匆趕路進京和在京郊一種「馬廄似的處所下榻」的窘境相比，[75] 斯當東承認「中國對英國使節的豪華供應不同於一般外國客人」。[76] 在通州上岸時，巴羅對為使團搬運行李的挑夫和官

73 John Barrow, *Travels in China*, pp.162-163. 中譯文參見約翰・巴羅著，李國慶、歐陽少春譯：《我看乾隆盛世》，第 120 頁。

74 Sir George Staunton, *An Authentic Account of an Embassy from the King of Great Britain to the Emperor of China*, In 3 vols, Vol. 2, p.157. 中譯文參見斯當東著、葉篤義譯：《英使謁見乾隆紀實》，第 261 頁。

75 John Barrow, *Travels in China*, p.208. 中譯文參見約翰・巴羅著，李國慶、歐陽少春譯：《我看乾隆盛世》，第 153 頁。

76 Sir George Staunton, *An Authentic Account of an Embassy from the King of Great Britain to the Emperor of China*, In 3 vols, Vol. 3, p.99. 中譯文參見斯當東著、葉篤義譯：《英使謁見乾隆紀實》，第 390 頁。

員的工作之仔細印象深刻，「給皇帝的禮物和我們的行李都卸下了船，整理了包裝。清廷的官員仔細地登記了每一件物品，命令挑夫在每件箱包上繫紮好竹檻……中國挑夫所表現的敏捷有力，我相信是其他國家的所無法比擬的」。[77] 清廷對英國使團在北京、熱河行程的安排可謂從容不迫，有條不紊。

不過，接待像馬戛爾尼使團這樣龐大的外交使團，在中方可能還是首次。故清朝方面安排了嚴密的保安措施，以防不測。乾隆五十八年（1793）二月二十二日乾隆諭有關督撫：「該國貢使進口時，總須不動聲色，密加查察防範，以肅觀瞻而昭體制。固不可意存玩忽，亦不可張大其事。務使經理得宜，無過不及，方為妥善。」[78] 從技術上說，保安措施常常是保衛、監視、控制三位一體，很難截然分開。故使團成員由於文化上的隔閡，對中方的保安措施，時常有不適之感，他們希望能自由自在地進行旅遊觀光或出入所經城鎮，結果不免常與中方人員發生矛盾，使團成員在他們的日記中常常抱怨這一點：

> 任何一個歐洲人上岸散步，總有一個中國兵陪在旁邊，一方面固然表明中國政府對使節團加意保護，另方面也可能有監視行動的意思。[79]（8月5日）

這住所是被一座很高而堅固的牆圍住的，使團人員，不論任何借口，都不准越過這個牆界，官員和士兵駐守在每一條大的走道上，把我

---

77 John Barrow, *Travels in China*, pp.87-88. 中譯文參見約翰‧巴羅著，李國慶、歐陽少春譯：《我看乾隆盛世》，第 65 頁。

78 中國第一歷史檔案館編：《英使馬戛爾尼訪華檔案史料滙編》，第 93 頁。

79 Sir George Staunton, *An Authentic Account of an Embassy from the King of Great Britain to the Emperor of China*, In 3 vols, Vol. 2. p.160. 中譯文參見斯當東著、葉篤義譯：《英使謁見乾隆紀實》，第 262 頁。

604

們看守在這個可憐的寓所區域之內。所以實際上我們是處於一種光榮的囚禁地位，除了由皇帝開支，供應我們每天的食物外，沒有任何其他對我們失去自由的安慰品。（8 月 22 日）

在這一段時期裡，使團裡的每一個官員或低級隨從人員並不是在滿意或靜待中過日子的。本松上校由於被剝奪了跑出牆垣的自由，是如此地憂傷、屈辱，他試圖滿足他的願望，竟產生了極不愉快的吵架事件。當時他不但被強力阻止了他的行動，而且受到門口站崗的中國人的極不文明的威脅。[80]（8 月 23 日）

據他說，他們在路上雖然沒有人限制其行動，也沒有人指示他們路徑，可是在他們後邊仍然有幾個中國官員和軍士跟隨著，相離很近，我們的一舉一動，都不能逃出中國人視線之外。由這件事看來……中國人對我們英國人之不信任，同一向所疑忌的其他歐洲人絕無二致。[81]（9 月 16 日）

我曾聽說和讀到過許多有關其優雅美麗的景色和宏偉壯觀的宮殿的描述，自然期待會看到一種比歐洲同類園林優越、至少是相等的風格和設計。要是我的行動沒有受約束，或許我的所有期待真的都會得到滿足。可惜事實並非如此。我的一切漫遊全都是偷偷地進行的。即使是在大殿和下榻處之間大約 300 步的短距離內來往，我們也被一刻不停地監視著。一想到會被太監或小官吏發現而受到阻攔，我們就會因面臨的羞

---

80 Aeneas Anderson, *A narrative of the British Embassy to China, in the years 1792, 1793, and 1794, Second Edition,* pp.168-169, 170. 中譯文參見愛尼斯‧安德遜著、費振東譯：《英國人眼中的大清王朝》，第 92、93 頁。

81 J. L. Cranmer-Byng, *An Embassy to China: being the Journal Kept by Lord Macartney during his Embassy to the Emperor Ch'ien-lung, 1793-1794,* p.129. 中譯文參見喬治‧馬戛爾尼著、秦仲龢譯：《英使謁見乾隆紀實》，收入沈雲龍主編：《近代中國史料叢刊》第八十八輯，第 178 頁。

辱而止步。[82]

特使回到北京以後，留守北京館舍的隨員們都異常欣慰。在特使在熱河的期間，他們過著一個完全與外界隔離的生活……隨員們沒有翻譯代為講解事物，也沒有中國官員陪同他們出去。他們偶然出去一次，走在路上他們的外國裝束引起中國人的哄笑，因此，只得整天守在館舍。[83]

使團與中方互換禮品後，清朝認為英國使團的任務已告完成；馬戛爾尼不適當地提出要求擴大通商等六項要求，被乾隆敕諭一一駁回。隨即清朝方面委婉地通知英國使團盡速離京。[84] 清朝做出讓使團離京的決定是如此匆忙，以致使團成員在心理上感到過於突然，沒有任何準備，安德遜如此形容當時的心境：「我們進入北京時好像是窮極無依的人，居留在北京的時候好像是囚犯，離開時好像是流浪者。」[85] 英國使團的北京、熱河之行，先緩後緊，易給人虎頭蛇尾之感，這給英國使團成員心理上多少帶來了一些不良的後遺症。後來的西方歷史學家常常以這樣的語詞形容馬戛爾尼使團在北京、熱河被款待的過程：「平心而論，大使受到了最禮貌的接待，最熱情的款待，最嚴密的監視

---

82 John Barrow, *Travels in China*, p.122. 中譯文參見約翰‧巴羅著，李國慶、歐陽少春譯：《我看乾隆盛世》，第 90 頁。

83 Sir George Staunton, *An Authentic Account of an Embassy from the King of Great Britain to the Emperor of China*, In 3 vols, Vol. 3, pp.93-94. 中譯文參見斯當東著、葉篤義譯：《英使謁見乾隆紀實》，第 388 頁。

84 有關這方面的情形，參見秦國經、高換婷：《乾隆皇帝與馬戛爾尼》，第 138-155 頁。

85 Aeneas Anderson, *A narrative of the British Embassy to China, in the years 1792, 1793, and 1794, Second Edition,* pp.271-272. 中譯文參見愛尼斯‧安德遜著、費振東譯：《英國人眼中的大清王朝》，第 148 頁。

和最客套的打發。」[86]

三、馬戛爾尼使團筆下的北京、熱河

為完成自己的赴華使命，馬戛爾尼在來華途中做各種「熱身」活動，其中之一就是在知識儲備上給自己充電。他在座艦「獅子」號上設置了一個圖書館，購買了歐洲出版的各種有關中國的書籍，東印度公司送給他不少於 21 卷的材料，他將自己的船艙按照中國的風格裝飾，實習中國的生活方式。[87] 其他使團成員亦有類似的自覺，在約翰‧巴羅的旅行記裡，我們可看到多處提到或引用約翰‧貝爾、威廉‧錢伯斯、荷蘭使團、法國傳教士、馬可‧波羅的著述，[88] 這反映了他此前已有相當的閱讀準備。由於使團成員本身是通過精心挑選組成，且注意了各種職業的搭配，所以英國使團不同於此前前往中國的任何一個歐洲使團，她不僅依托英國強大的經濟、海軍背景，而且在知識結構上有著高層次、多職業的組合優勢。他們諳熟歐洲的漢學知識譜系，對自己的工作基礎有清晰的認識。這一切有助於他們天然地站在一個新的工作起點上，對中國見聞做出超越歐洲其他國家傳教士或外交使團的新的解釋。

讓我們回到歷史現場，沿著使團在北京、熱河的行程，將其所見所聞以及相關記錄逐項作一回放。

---

86 James Louis Hevia, *Cherishing men from afar: Qing guest ritual and the Macartney Embassy of 1793*, p.229. 中譯文參見何偉亞著、鄧常春譯：《懷柔遠人：馬戛爾尼使華的中英禮儀衝突》，第 232 頁。

87 參見佩雷菲特著、王國卿、毛鳳支等譯：《停滯的帝國 —— 兩個世界的撞擊》，第 29-30 頁。J. L. Cranmer-Byng, *An Embassy to China: being the Journal Kept by Lord Macartney during his Embassy to the Emperor Ch'ien-lung, 1793-1794*, p278.

88 John Barrow, *Travels in China*, pp.162, 193, 208, 302, 346, 441-442. 中譯文參見約翰‧巴羅著，李國慶、歐陽少春譯：《我看乾隆盛世》，第 120、143、153、218、249、324 頁。

天津　　天津是英國使團從大沽口登陸後經過的第一個城鎮。8 月 11 日（星期日）英國使團路過此地，受到了群眾的夾道圍觀。安德遜記下了這一幕：「9 時，在人聲喧噪中我們進入該城。毫無疑問，這時的觀眾有 10 萬人左右。這地方都是磚屋，一般是兩層高，鉛色的瓦屋頂，外表很清潔好看。但這城是無計劃形成的。街道，實在只能稱之為小巷，是如此狹小，兩人並肩走路還有困難，不鋪路面，可是街道很長；居民之多不可言喻。」[89] 在天津衙門對面，使團受到了當地官兵的熱烈歡迎。

斯當東對天津的歷史、地理似乎作過一番研究，因而他的記述更為詳盡。「坐在船上航過天津，感覺這個商埠非常之大，有些觀察家認為天津的長度相當於倫敦。」「天津街道上的商店和作坊裡也充滿了人。至於住宅裡面，人口眾多的情況，從岸上擁擠圍觀的大量群眾來看，可以推想出來。中國人習慣於世代同居，一個家庭裡無論分出多少支來，大家都住在一起。」「天津的房子大半是鉛藍色磚瓦蓋的，少數是紅色磚瓦蓋的。窮人的房子多是褐灰色的。」「天津很多房子是兩層的，這同中國其他地方只建一層平房的習慣有所不同。」「兩條通航的河在此滙流，一條河通向北京附近，一條河通遠方省份，這樣的地理條件使天津自從中國建成為大一統帝國以來就成為一個交通要地。」[90] 他從《馬可波羅行紀》對天津的稱謂「天府之城」到當時「天津衛」的名稱，如數家珍，可見他對天津早有了解。

---

89 Aeneas Anderson, *A narrative of the British Embassy to China, in the years 1792, 1793, and 1794, Second Edition,* pp.112-113. 中譯文參見愛尼斯．安德遜著、費振東譯：《英國人眼中的大清王朝》，第 62 頁。

90 Sir George Staunton, *An Authentic Account of an Embassy from the King of Great Britain to the Emperor of China,* In 3 vols, Vol. 2, pp.200-204. 中譯文參見斯當東著、葉篤義譯：《英使謁見乾隆紀實》，第 278-279 頁。

馬戛爾尼計算了從其換乘中國帆船的河口到達天津的路程：水路大約八十英里，陸路只有四十五英里。[91] 亞歷山大則以自己的畫筆迅速記下了中國戲劇團為歡迎使團在水畔戲台的演出情景和中國官兵熱烈歡送英國使團的一幕。[92]

通州 通州是使團經過的第二個市鎮。使團在通州的一座廟宇住了四天（8月17日-20日）。安德遜是使團成員中「一名膽子最大的旅遊者」，他自述8月18日「這天早晨我有機會去訪問通州城和它的郊區，受了不少的累，還碰到一些麻煩事，我把這城市的大部分地區走完了」。[93]「通州這地方商業繁盛，從停泊在河邊的大量船隻數目上和令人驚駭的人口的稠密上可以看出；我從幾個當地商人方面探悉，一般認為這裡的人口至少有50萬。」[94] 安德遜還特別記了通州的城防工事，「它建築成一方形，有極為高大堅固的城牆保衛著。城牆外容易接近的地段有一道深的護城河。城牆周圍約6英里，高30英尺，寬6英尺，有三個門，防衛充分；每一城門上面築起壁壘，架上炮。城門內有健

91 J. L. Cranmer-Byng, *An Embassy to China: being the Journal Kept by Lord Macartney during his Embassy to the Emperor Ch'ien-lung, 1793-1794*, p.78. 中譯文參見喬治・馬戛爾尼著、秦仲龢譯：《英使謁見乾隆紀實》，收入沈雲龍主編：《近代中國史料叢刊》第八十八輯，第23頁。

92 〈天津的水畔戲台〉、〈中國官員在天津歡送英國使團〉，收入劉潞、吳芳思編譯：《帝國掠影 —— 英國訪華使團畫筆下的清代中國》，第20、22頁。

93 Aeneas Anderson, *A narrative of the British Embassy to China, in the years 1792, 1793, and 1794, Second Edition*, p.135. 中譯文參見愛尼斯・安德遜著、費振東譯：《英國人眼中的大清王朝》，第74頁。

94 Aeneas Anderson, *A narrative of the British Embassy to China, in the years 1792, 1793, and 1794, Second Edition*, p.138. 中譯文參見愛尼斯・安德遜著、費振東譯：《英國人眼中的大清王朝》，第75頁。

壯的守衛隊，經常不斷地看守著」。[95] 這樣的記錄多少已具有軍事情報的價值。

馬戛爾尼在 8 月 21 日日記中記錄了離開通州時所見的情景：「我們經過通州城，這是一座很大的城，四面圍以高厚的城牆，城外的一邊有城河繞著。城砦上並沒有安裝大炮以資保護，我所能見到的武裝，除了城門有幾個很小的迴旋炮座之外，可說一無所有。我們走了兩小時才走過通州城，我觀察所得，通州城裡的街道頗廣闊平直，兩旁的商店也很齊整美觀，可是見不到有美麗宏偉的屋子和公共建築。主要的大街上，築有幾座牌坊，看起來也頗可裝飾市容，但它們只是木製的，不過加以髹漆使之增加美觀而已。路上的民房，很多都懸掛布篷以為遮蔽太陽和雨水之用，篷的一端有小繩子可以收放，不用到布篷的時候，將繩子一收，就捲起了。」[96] 這稱得上是一幅通州城的素描。

巴羅記載了通州到達北京的交通狀況。「通往京城的大路橫貫一片開闊的原野，多沙而貧瘠。兩旁為數不多的房子外形簡陋，多為泥牆或是由半生不熟的磚塊砌成，一直延伸到北京的城門口。路寬 18 到 20 英尺，中央鋪著花崗石塊，6 到 16 英尺的長寬比例。」[97] 馬戛爾尼也對從通州直到北京城的路況作了描述：「所行的道路，都在大平原的鄉村上，路很廣闊，兩旁皆植有樹木，多為楊柳，而且是很巨大的，這樣大的柳樹，我在歐洲還未見過呢。大路的中間一段是石子路，以巨石砌成，平

95 Aeneas Anderson, *A narrative of the British Embassy to China, in the years 1792, 1793, and 1794, Second Edition,* p.136. 中譯文參見愛尼斯・安德遜著、費振東譯：《英國人眼中的大清王朝》，第 74 頁。

96 J. L. Cranmer-Byng, *An Embassy to China: being the Journal Kept by Lord Macartney during his Embassy to the Emperor Ch'ien-lung, 1793-1794,* pp.91-92. 中譯文參見喬治・馬戛爾尼著、秦仲龢譯：《英使謁見乾隆紀實》，收入沈雲龍主編：《近代中國史料叢刊》第八十八輯，第 65-66 頁。

97 John Barrow, *Travels in China,* p.91. 中譯文參見約翰・巴羅著，李國慶、歐陽少春譯：《我看乾隆盛世》，第 68 頁。

滑光潤。從通州往北京，我們路經一座美麗的大石橋，闊約四十英尺，橋上有五座牌坊，中央的那一座，照我看來，不會少過□尺。」⁹⁸ 沿途擠滿了圍觀的民眾，清軍手執長鞭在前面開路，使團即將到達夢寐以求的目的地。

初進北京城 8 月 21 日使團浩浩蕩蕩開進北京，這是一個令使團所有成員都非常激動的時刻。臨近城門時，斯當東難以抑制自己內心的激動，他對即將來臨的這一刻充滿著憧憬：「據說北京是世界上最大的一個都市，距離越近，心裡越急於想看看它到底是什麼樣子。但這裡還沒有看到紳士住宅和別墅，說明距離北京還不很近。最後終於到達北京東郊。鋪石的街道上擠滿了人。商店、作坊和顧客之多，處處表示出興盛繁榮的氣象。」「使節團剛剛走到城牆，城上馬上鳴炮表示歡迎。」「初進北京大門，第一個印象是它同歐洲城市相反，這裡街道有一百呎寬，但兩邊房屋絕大部分都是平房，歐洲城市街道很窄，但房子很高，從街的這一頭向那一頭望，兩邊的房子好似彼此互相傾斜靠近一起。北京空氣流通，陽光充足，人民表現非常活潑愉快。」⁹⁹ 斯當東給予北京高度的評價。

馬戛爾尼記述了使團通過北京的路程：「北京郊區很廣大，從東郊到東門我們走了十五分鐘，我們花了超過兩小時穿越北京城，從西門到西郊的盡處花了十五分鐘，再從西郊到圓明園又花了兩小時。」¹⁰⁰ 對於

98 J. L. Cranmer-Byng, *An Embassy to China: being the Journal Kept by Lord Macartney during his Embassy to the Emperor Ch'ien-lung, 1793-1794*, p.92. 中譯文參見喬治‧馬戛爾尼著、秦仲龢譯：《英使謁見乾隆紀實》，收入沈雲龍主編：《近代中國史料叢刊》第八十八輯，第 67 頁。

99 Sir George Staunton, *An Authentic Account of an Embassy from the King of Great Britain to the Emperor of China*, In 3 vols, Vol. 2, pp.286-287, 288-289. 中譯文參見斯當東著、葉篤義譯：《英使謁見乾隆紀實》，第 312-313 頁。

100 J. L. Cranmer-Byng, *An Embassy to China: being the Journal Kept by Lord Macartney during his Embassy to the Emperor Ch'ien-lung, 1793-1794*, p.92.

經過的街景，斯當東、巴羅、安德遜給予了詳細描述：

北京街道都是土路，需要經常灑水以免灰塵飛揚，許多漂亮的「牌樓」橫穿街道。按照字義，牌樓相當於凱旋門，但上面並沒有拱門。牌樓是木製的，牌樓門共有三個，兩邊的小，當中的高大。牌樓上面共有三層頂蓋，油漆雕刻得非常漂亮。[101]

街道上的房子絕大部分是商店，外面油漆裝潢近似通州府商店，但要大得多。有些商店的屋頂上是一個平台，上面佈滿了各種盆景花草。商店門外掛著角燈、紗燈、絲燈或紙燈，極精巧之能事。商店內外充滿了各種貨物。[102]

這座城呈長方形，周長40里，每1里等於600碼，所以城牆近14英里長，不算每座城門外大量延伸的市郊地區，其面積約12平方英里。南城牆有三座門，其餘各面都是兩座，因此它有時也被稱為「九門之城」，但是一般還是叫「北京」，即北方的都城。[103]

當我們沿途經過時，我們注意到很多人把水潑在街上，使灰塵不致飛揚。當乾燥的天氣，這種灰沙不只使行路人感到討厭，也使商店感到討厭，如果不進行有利措施和必要的預防，則不能不損及暴露在外的商品。

北京的房屋從它的面積和家庭實用上看是低矮而鄙陋，但它的外

---

101 Sir George Staunton, *An Authentic Account of an Embassy from the King of Great Britain to the Emperor of China*, In 3 vols, Vol. 2, p.289. 中譯文參見斯當東著、葉篤義譯：《英使謁見乾隆紀實》，第 313 頁。

102 Sir George Staunton, *An Authentic Account of an Embassy from the King of Great Britain to the Emperor of China*, In 3 vols, Vol. 2, pp.290-291. 中譯文參見斯當東著、葉篤義譯：《英使謁見乾隆紀實》，第 314 頁。

103 John Barrow, *Travels in China*, p.93. 中譯文參見約翰·巴羅著，李國慶、歐陽少春譯：《我看乾隆盛世》，第 69 頁。

貌卻體面而雅觀，因中國人對他們的店舖和住宅的門面裝飾很講究：店面的上層部分裝上一種富麗的金字招牌；在住宅的上層樓閣，刷上油漆和各種裝飾；不少婦女在上面按照中國的方式過著消閒的日子。[104]

在穿過北京城區的過程中，使團遇到了幾支隊伍，其中一支隊伍身著白色飾物，「用歐洲人的眼光來推測，以為這準是一個結婚典禮」，沒想到竟是一支送葬的隊伍。[105] 這似乎是一個不祥的先兆。使團在紫禁城北面當中的三座門對面地點「小憩」，然後經過景山、鐘鼓樓，從東向西穿過北京城，[106] 落腳於京郊西北處的弘雅園。

高大、厚重的城牆，寬敞、平直的大道，低矮、木製的房屋，這就是展現在使團成員眼前的北京，這與一百年前歐洲傳教士們所看到的和描繪的北京幾乎一模一樣。使團成員同他們的歐洲同胞 —— 傳教士一樣，對歐式建築仍擁有不可動搖的自豪感。

---

104 Aeneas Anderson, *A narrative of the British Embassy to China, in the years 1792, 1793, and 1794, Second Edition,* p.156. 中譯文參見愛尼斯·安德遜著、費振東譯：《英國人眼中的大清王朝》，第 85 頁。

105 Sir George Staunton, *An Authentic Account of an Embassy from the King of Great Britain to the Emperor of China,* In 3 vols, Vol. 2, p.291. 中譯文參見斯當東著、葉篤義譯：《英使謁見乾隆紀實》，第 314 頁。Aeneas Anderson, *A narrative of the British Embassy to China, in the years 1792, 1793, and 1794, Second Edition,* p.163. 中譯文參見愛尼斯·安德遜、費振東譯：《英國人眼中的大清王朝》，第 89 頁。

106 關於使團穿過北京城的行進路線，費振東先生曾加譯者按初步考證：「從通州進北京城通常是進東直門，或從前門（即南門）進；從北京城裡到那時指定的使團住處是圓明園，應該是出西直門。」參見愛尼斯·安德遜、費振東譯：《英國人眼中的大清王朝》，第 85 頁。沈弘則根據亞歷山大日記所載，認為他們是出平則門（阜成門）。參見威廉·亞歷山大著、沈弘譯：《1793：英國使團畫家筆下的乾隆盛世 —— 中國人的服飾和習俗圖鑒》，第 16 頁。因亞歷山大當時掉隊，故其所走路線是否有別，仍待考。筆者根據斯當東的描寫，以為使團可能是從朝陽門入城，從阜成門出城，由東向西橫貫北京城。

圓明園 馬戛爾尼可能是使團成員中真正有機會深入圓明園遊覽的人。為商量安置禮品，8 月 23 日喬大人特別帶他遊覽了圓明園，他當天的日記記載了自己所見的一切：

> 這個園子是皇帝的離宮之一，有萬園之園之稱。據說，圓明園周長十八英里。入園門，每經一處，就有一處的景色，其中亭台樓榭，池沼花木，多到不可勝數，但又點綴得很適當，構造得很巧妙，使人見了幾疑神工鬼斧。我們此次遊園，不單是為了遊覽，而是要商量安放各種禮物的方法，所以只能在行過的地方略一寓目，未能詳細觀看。以全園之大，如果要逐一細覽，恐非一兩個月不能了事，就目前所見者，還不及十之一也。然而這十分之一，就已使我永遠不能忘懷，我在日記中即欲詳言其狀，也覺得千頭萬緒，不知從何處說起，倒不如不說為妙。[107]

馬戛爾尼僅以「正大光明殿」為例說明，因此地在他看來特別適宜擺放使團所帶的禮品：「這座大殿面積既大，而且又極壯麗，正好用來陳設我們送來的一部分禮品。」「安排妥當，集此種種精緻美觀的物品於一堂，恐怕世界上再沒有一處可與圓明園比擬的了。」[108] 同行的衛兵霍姆斯也描繪了參觀的各種類型的優雅小建築。[109]

巴羅是使團成員中有機會對圓明園周圍作較多觀察的人。為安置

---

107 J. L. Cranmer-Byng, *An Embassy to China: being the Journal Kept by Lord Macartney during his Embassy to the Emperor Ch'ien-lung, 1793-1794*, p.95. 中譯文參見喬治·馬戛爾尼著、秦仲龢譯：《英使謁見乾隆紀實》，收入沈雲龍主編：《近代中國史料叢刊》第八十八輯，第 83-84 頁。

108 J. L. Cranmer-Byng, *An Embassy to China: being the Journal Kept by Lord Macartney during his Embassy to the Emperor Ch'ien-lung, 1793-1794*, pp.95-96. 中譯文參見喬治·馬戛爾尼著、秦仲龢譯：《英使謁見乾隆紀實》，收入沈雲龍主編：《近代中國史料叢刊》第八十八輯，第 85 頁。

109 Samuel Holmes, *The Journal of Mr. Samuel Holmes*, p134.

科學儀器，他留守北京，自稱在「皇家宮苑圓明園」居住了「五個星期」，[110] 因此他似乎成了使團中的權威發言人。斯當東在他的報告中乾脆直接引述巴羅的觀察作為依據：

根據巴羅先生的觀察，北京近郊的圓明園至少佔十二平方哩面積。他比使節團其他人員更多的看到該園，他說，「圓明園是一個引人入勝的地方。它不是東拼西湊雜亂無章的一些建築，整個花園形成一個完整的調和的天然風景。園裡沒有一塊剪到根的圓的或是橢圓的或是長方的草地。中國人在一塊土地上點綴天然景色使得它顯得更大的本領真是無（與倫）比。……圓明園內往往通過一叢林小路看過去只是一堵小牆，而實際走到頭則豁然開朗卻是一大片風景。許多片人工湖，四周不由堡壘式斜堤圍繞，而由一些人造岩石包圍著，看上去好像是天生的。」

「中國人在佈置園林上雖然如此出色，在佈置事務上如此到家，但他們卻絲毫不懂配景法和調和明暗面，這從他們的繪畫上看得出。當幾位中國官員觀看禮品中幾張歐洲最有名畫家作品時，他們不懂明暗的道理，問為什麼左邊和右邊的色澤不一樣。」[111]

巴羅本人在旅行記中對所見的圓明園也花了不少筆墨，但他認為傳教士們對圓明園美景的宣傳有些誇大其詞：「傳教士和一些旅行家曾津津樂道北京和圓明園的宮殿多麼宏偉壯麗。誰要是信以為真，那麼一

---

110 John Barrow, *Travels in China*, p.169. 中譯文參見約翰‧巴羅著，李國慶、歐陽少春譯：《我看乾隆盛世》，第 124 頁。

111 Sir George Staunton, *An Authentic Account of an Embassy from the King of Great Britain to the Emperor of China*, In 3 vols, Vol. 3, pp.120-123. 中譯文參見斯當東著、葉篤義譯：《英使謁見乾隆紀實》，第 398-399 頁。

經目睹就會大失所望。這些宮殿跟該園的普通民居一樣，全都是按照帳篷的式樣設計的。所謂的壯觀只是相對而言，就數量而言；其數量之多的確可以自成一個小鎮。它們的牆比普通民居的高，它們的木柱更粗，屋頂更大，不同的部分使用不同的油漆和彩瓦。」他以為歐洲園林建築並不遜色於圓明園：「有些作者說過，英格蘭國王居住的聖詹姆斯宮比歐洲任何君主的都差。在我看來，跟中國的皇家宮苑相比，聖詹姆斯宮總體上雖然遜色，其臥室、傢俱以及生活設施，還是大大地好過中國的……法國君主時代凡爾塞宮廷大臣的破舊居所，跟中國皇帝撥給其首相在京城和圓明園的住處相比，簡直就是豪華的宮殿了。」[112]他甚至不同意威廉·錢伯斯（Sir William Chambers, 1726-1796）對中國園林的觀察：「要是單就我所見到的下一個結論，它們遠遠不像威廉·錢伯斯爵士所描繪的中國園林那樣神奇和鋪張。但是，它們絕對是精心構造之物，而且沒有一件有違自然。」[113]威廉·錢伯斯是一位建築藝術家，曾兩度來華訪問，撰有《中國房屋、傢俱、服飾、機械和家庭用具設計圖冊》（*Designs of Chinese Buildings, Furniture, Dresses, Machines, and Utensils*, 1757）、《論東方園林》（*A Dissertation on Oriental Gardening,* 1772），他品味不低，具有專業的眼光，對中國園林的評價不致胡說八道。巴羅自稱是使團成員中對圓明園觀察、遊覽最多的人，但他由於監控的限制，是否真正獲得機會深入圓明園內部進行遊覽，是一件令人懷疑的事，在他有關圓明園的文字中，除了一大段大而不當的批評外，我們幾乎看不到任

---

112 John Barrow, *Travels in China*, p.194-195. 中譯文參見約翰·巴羅著，李國慶、歐陽少春譯：《我看乾隆盛世》，第 143-144 頁。

113 John Barrow, *Travels in China*, p.123. 中譯文參見約翰·巴羅著，李國慶、歐陽少春譯：《我看乾隆盛世》，第 91 頁。

何實景的描寫。[114]

紫禁城　進入北京城當天，使團成員就有幸看到紫禁城的「黃牆」。10 月 3 日晨，馬戛爾尼應和珅之召前往紫禁城接受乾隆皇帝致英王喬治三世的書信。這也許是此次英國使團唯一一次進入紫禁城的機會，馬戛爾尼在日記中大致記錄了這一過程：

> 計自金大人至館舍，至吾抵宮門之時，為時不過一鐘，而抵宮門後靜候至三點鐘之久，方見和中堂及諸國老聯翩出迎。行相見禮後，即導余進宮。經華麗之廳事數座、長橋數道，始抵寶殿之前。殿基極高，有石級數十，如梯形，石級盡處，有黃緞補成之圈手椅一行，狀頗鄭重。中有一椅，椅上有一黃封，即係乾隆皇帝致英皇之書信。
>
> 吾等在殿下行禮後，拾級而登，至於寶座之前，和中堂乃指椅上之黃封曰：這是皇上賜予你們國王的書信，等一會兒，便須叫執事官送往你館舍裡去，但是照規矩你得先到此地來行個接受禮，所以我叫金欽差請你來。[115]

馬戛爾尼當天身體不適，加上和珅會見馬戛爾尼時「恭靜之中頗夾有威嚴之氣」，故「心中至覺不耐」。他似沒有心思欣賞這座心儀已久的中國皇宮。

---

[114] 有關馬戛爾尼使團與圓明園的關係，參見汪榮祖著、鍾志恆譯：《追尋失落的圓明園》，南京：江蘇教育出版社，2005 年 9 月版，第 111-125 頁。

[115] Helen H. Robbins, *Our First Ambassador to China: An Account of the Life of George Earl of Macartney, with extracts from his letters, and the narrative of his experiences in China, as told by himself, 1737-1806, from hitherto unpublished correspondence and documents* (London: John Murray, 1908), pp.331-332. 中譯文參見〔英〕馬戛爾尼著、劉半農譯：《1793 年乾隆英使觀見記》，天津：天津人民出版社，2006 年 5 月版，第 146-147 頁。

隨行前往的副使斯當東在報告中對所見的紫禁城極口稱讚：

北京皇宮建在韃靼城的中心。雖然北京距離韃靼區山脈很近，是
一個塵土飛揚的地方，但皇宮之內卻似乎是天造地設的另一個天地。裡
面的山和谷，湖水和河水，斷崖和斜坡，這樣配合，這樣協調，任何一
個外來的參觀者進到皇宮之後都會自然懷疑到這究竟是一座天造地設的
勝景還是人工的創造。整個這塊小天地不知道耗費了多少萬人的勞力，
最後用來供一人的享樂。[116]

隨員安德遜在當天日記中也紀錄了他所見的這座中國式皇宮：

皇宮是在城的中央，四周圍著約 20 英尺高的牆，牆刷紅色，蓋綠
色琉璃瓦。據說城內地面的周圍可能有 7 英里，四周是石子鋪的路；城
內有規模巨大的花園，據我探悉，花園裡滿都是裝點中國園林的各種人
造景物，我只能說，進入到皇宮的通道是一條甚為堅實的石築門道，門
道上面是一座兩層樓的建築；內宮裡有寬敞的殿，正對著這門道是一行
三層高的建築，每層都有一像走廊似的陽台，它的欄杆、柵欄和庭柱都
刷上金色，屋頂是蓋上黃琉璃瓦。這大廈的本身都塗了牆泥，施加了彩
繪。這外殿是我惟一有機會看到的皇宮裡的一部分。這是一個中國式建
築物的典型。[117]

---

116 Sir George Staunton, *An Authentic Account of an Embassy from the King of Great Britain to the Emperor of China,* In 3 vols, Vol. 3, pp.118-119. 中譯文參見斯當東著、葉篤義譯：《英使謁見乾隆紀實》，第 397 頁。

117 Aeneas Anderson, *A narrative of the British Embassy to China, in the years 1792, 1793, and 1794, Second Edition,* pp.258-259. 中譯文參見愛尼斯‧安德遜著、費振東譯：《英國人眼中的大清王朝》，第 141 頁。

使團成員並沒有機會進入紫禁城裡面遊覽，對其內部情形，自然並不知曉，故其著墨相對有限。

北京與倫敦比較　正如法國傳教士遊覽北京時喜歡將北京與巴黎作對比一樣，英國使團進入北京後，也處處將北京與倫敦進行比較。初次觀光北京城，使團成員即對所見交換意見，肯定在財富象徵和商業繁榮方面，北京不如倫敦：

使節團在郊區的盡頭又稍停留，大家交換了一下剛才穿過北京城時所得的印象。他們自然知道這樣匆促的走馬觀花無法得出一個恰當的判斷。不過大家共同感覺是，實際所看到的一切，除了皇宮而外，遠沒有未到之前想像的那麼美好。假如一個中國人觀光了英國的首都之後做一個公正的判斷，他將會認為，無論從商店、橋樑、廣場和公共建築的規模和國家財富的象徵來比較，大不列顛的首都倫敦是超過北京的。[118]

從城市絕對面積相比，北京比倫敦大，但從北京、倫敦與所在國家面積比例相比，則又要小得多，這樣的類比似乎是當時的中國人絕不會想到的。「按面積比例來說，北京和中國相比，同倫敦和英國相比，差得很多。北京的主要部分稱為韃靼城，建於十三世紀第一個韃靼王朝。城是平行四邊形，四邊面對四個方位基點，面積約十四平方哩，當中是由皇城包圍的皇宮。皇宮的面積至少有一平方哩。整個北京約比現在擴建的倫敦大三分之一……北京韃靼城之南稱為中國城，漢人和所有外省因事晉京的人都住在這裡。這個城約九平方哩，城牆大部損壞。

---

118 Sir George Staunton, *An Authentic Account of an Embassy from the King of Great Britain to the Emperor of China*, In 3 vols, Vol. 2, p.298. 中譯文參見斯當東著、葉篤義譯：《英使謁見乾隆紀實》，第 316-317 頁。

住戶擁擠在城的一小部分，房舍非常平凡，且不一律，其餘大部分空著，或種莊稼。先農壇建在這裡。」[119] 北京是一座皇城，它的格局和重要建築、它的寬大的城市面積都反映了這一特徵；而倫敦是一座新興的工業、商業都市，它所聚集的居民群體和展現的街區面貌與北京的確大不一樣。

巴羅因未去熱河，在北京所待的時間較長，有過多次在城內外遊覽的經歷，故有機會對北京做更多、更細緻的觀察，他表示所見的北京並不如其所期盼的那樣美妙，他將北京與歐洲城市的建築做了對比：「這個著名城市給人的第一眼印象既不足以勾起巨大的期待，也不能引發深入的了解。接近一個歐洲城市，通常都會有豐富多彩的事物引人注目，如城堡、教堂的尖頂、穹頂、方尖碑以及其他高聳的公共建築，人們心中自然就會想像它們各自的建築特點和用途。在北京，連一根高聳於屋宇之上的煙囪都看不見。所有的屋宇都差不多一般高，加之街道縱橫筆直，就像一個大營地似的外貌統一，整齊而呆板。」[120] 他對路經北京街頭的情景，特別是街頭民眾做了描寫，並將之與倫敦做了比較：「在這樣一種特殊場合聚集了如此眾多的人是可以預料的，同樣的好奇在倫敦也能聚集大批觀眾，但是北京和倫敦的民眾之間有一種明顯而驚人的不同。在倫敦，觀眾全是無所事事者，其注意力也集中在新奇的景物上。在北京，看熱鬧只是附帶的，每個人都既忙於自己的事情，同時也滿足自己的好奇。事實上，似乎一年中的每一天都同樣地喧鬧、忙亂和擁擠。我一星期進出西門兩三次，儘管有兩三個士兵以鞭子為我開路，卻

---

119 Sir George Staunton, *An Authentic Account of an Embassy from the King of Great Britain to the Emperor of China*, In 3 vols, Vol .2, pp.322-323. 中譯文參見斯當東著、葉篤義譯：《英使謁見乾隆紀實》，第 326 頁。

120 John Barrow, *Travels in China*, pp.92-93. 中譯文參見約翰‧巴羅著，李國慶、歐陽少春譯：《我看乾隆盛世》，第 69 頁。

沒有一次是順利通過的，尤其是在上午。不過，擁擠的人群完全限於大路上，也就是唯一的出城通道上。縱橫交叉的輔街皆平靜而安寧。」[121] 北京熱鬧的街景、擁擠的道路令巴羅印象深刻。

使團成員注意到北京與倫敦兩城在某些細節上的區別，安德遜發現北京沒有出租車：「街道上並無停著接客的車輛，不像在倫敦沿路可有出租的馬車；高級人員都備有轎子，較低級人士則乘一種單馬或單騾所牽引的兩輪篷車。」[122] 巴羅留意到北京的垃圾處理辦法：「雖然北京不像古羅馬或現代倫敦那樣自誇有統一的下水道，用以排除大城市必然會積累的垃圾，卻有一項長處是英國首都也難以發現的：沒有散發臭氣的糞便之類穢物被扔在街道上。這一種潔淨或許更應當歸功於肥料的珍貴，而不是警察的監管。每家都有一口大缸，一切可用作肥料的東西都被收集在內；缸滿之後，可以毫不費力地用它們換錢或蔬菜。同一輛為城裡供菜的獨輪小斗車會毫無例外的帶著一車這樣的水肥返回菜園。在圓明園和北京城之間，我遇見過成百輛這種車。通常是一人拉，一人推，在路上留下的氣味瀰漫好幾英里。」[123] 這種人工處理垃圾的辦法，有利於廢物利用和培植肥料，但與歐洲的下水道排污法相比，其手段顯然卻較為落後。

使團成員眼中的北京僅僅是中國的政治中心，不是一個經濟、商業中心，也沒有繁榮的娛樂業，這與他們原來的想像頗有距離。「北京

---

121 John Barrow, *Travels in China*, p.97. 中譯文參見約翰・巴羅著，李國慶、歐陽少春譯：《我看乾隆盛世》，第 71-72 頁。

122 Aeneas Anderson, *A narrative of the British Embassy to China, in the years 1792, 1793, and 1794, Second Edition*, p.160. 中譯文參見愛尼斯・安德遜著、費振東譯：《英國人眼中的大清王朝》，第 87 頁。

123 John Barrow, *Travels in China*, pp.98-99. 中譯文參見約翰・巴羅著，李國慶、歐陽少春譯：《我看乾隆盛世》，第 72-73 頁。

僅是中國政府的所在地點。它並不是一個港口，也不是一個工業和商業中心。中國政治制度上沒有代議性質的機構來幫助、限制或監督皇權。北京也不是一個追求娛樂或享受的地點。歐洲許多繁榮興盛的大都市同北京情況不一樣。在那裡住著許多吃祖先遺產或有政治靠山的人，飽食終日無所用心，盡量銷〔消〕費金錢來追求享受。他們吸去國家的主要收入。…… 但北京的繁榮興盛與此迥不相同。在這裡，大部分人都有所司，或者服務於有所司的人。除了少數皇帝宗室而外，很少人在大家都各司其事的時候整天沒有事做，專門追求享樂。」**124** 總之，北京只是一個傳統的帝都而已，不是具有發達工業、商業和娛樂業的近代意義上的大都市。這些看法，與此前法國傳教士對北京與巴黎兩城的比較，只看到兩城建築、人口、街面的不同，明顯向前跨越了一大步。

長城　長城是中國古代文明的象徵。9 月 5 日使團到達古北口段的長城。登上長城，使團成員興奮之情可想而知，馬戛爾尼在當天的日記中寫道：

我們步行到了長城的城頂，舉目四望，見到它的建築之堅固，似已超出人類體力範圍之外，世界上任何有名的工程，雖盡集合在一起也不能和長城的工程相比。可惜歷年已久，毀壞者佔其大半，而中國人又似乎對此不大重視的。但也有幾處頗為完好，似係近日才加以修理的。我正想就其完好與殘破的研究一下其修或不修的緣故，但導遊的那幾個中國官員似乎露出不耐煩的樣子。我覺出他們好像懷疑我們外國人何以對此有這麼大的興趣，不知是否心懷不測，要偵察中國的內情。

---

124 Sir George Staunton, *An Authentic Account of an Embassy from the King of Great Britain to the Emperor of China*, In 3 vols, Vol. 2, pp.325-327. 中譯文參見斯當東著、葉篤義譯：《英使謁見乾隆紀實》，第 327-328 頁。

為了避嫌，我們立即下城上車。[125]

斯當東對發現長城似有一種意外的欣喜，站在長城他浮想聯翩：

第四天早晨，遙望遠山半腰一條非常突出的曲曲折折的線條，好似從遠處看蘇格蘭的格奈斯山上的石英礦脈。這個直達韃靼區山頂的連綿不斷的線條引起我們大家的注意。逐漸往前走，越來越看得清楚，原來這是一條帶著雉堞的城牆。我們沒有想到這是一條城牆，也沒想到它能建到這些地方。站在一處，一眼望過去，這條堡壘式城牆從小山嶺到最高山頂，穿過河流上的拱門，下到最深的山谷，在重要隘口地方築成兩道或三道城牆，每一百碼左右距離建有一座高大的棱堡或樓塔，整個這條城牆一眼望不到邊。這樣巨大的工程真令人驚心動魄。[126]

斯當東將自己所見的長城構造、尺寸和建築材料、堡壘和雉堞的大小尺寸都記錄下來，他從長城的修建推想到當時的中國政府，他甚至還考證了《馬可波羅行紀》為什麼沒有留下長城的記載。[127]

---

125 J. L. Cranmer-Byng, *An Embassy to China: being the Journal Kept by Lord Macartney during his Embassy to the Emperor Ch'ien-lung, 1793-1794*, pp.112-113. 中譯文參見喬治‧馬戛爾尼著、秦仲龢譯：《英使謁見乾隆紀實》，收入沈雲龍主編：《近代中國史料叢刊》第八十八輯，第 119 頁。

126 Sir George Staunton, *An Authentic Account of an Embassy from the King of Great Britain to the Emperor of China*, In 3 vols, Vol .2, pp.359-360. 中譯文參見斯當東著、葉篤義譯：《英使謁見乾隆紀實》，第 341 頁。馬戛爾尼使團遊覽長城的經歷對歐洲旅遊者有一定影響，法國傳教士樊國梁（Alphonse Favier）在其名著《北京》（*Pékin, Histoire et Description*）一書中引用了馬戛爾尼對長城的描述，參見〔法〕樊國梁著、陳曉徑譯：《老北京那些事兒》，北京：中央編譯出版社，2010 年 4 月版，第 145-146 頁。

127 Sir George Staunton, *An Authentic Account of an Embassy from the King of Great Britain to the Emperor of China*, In 3 vols, Vol. 2, pp.359-367. 中譯文參見斯當東著、葉篤義譯：《英使謁見乾隆紀實》，第 341-345 頁。

安德遜並沒有他的主人馬戛爾尼那樣拘謹，他盡情地欣賞了眼前的一切，與斯當東著重描寫長城的建築成就不同，安德遜對長城的觀感還伴隨歷史的反省和文明的批判：

這城牆是，或者可能是，曾為人類所創造的最宏大而驚人的工程。它的長度據說是超過 1200 英里，它的高度不一，隨地勢而異，在我立足之處有 30 英尺高，約 24 英尺寬。城基是方形的大石塊，上層是磚，中間是黏土，上面用石板蓋好。在城頂兩面也有雉堞形的石砌短垣，3 英尺厚。……

我所登上的這一部分城牆臨視著廣漠的曠野，迷人的景色無窮。我極目遠眺，妙美的平原一望無際；一條大河，順流而下；稍向西顧，則大山兀立，阻住了視線。

可是這最為宏大駭人的人類傑作，到頭來也必衰頹；自韃靼與中國合併成為一國，在統一的政府統治以後，這城牆就喪失了它的作用：在防衛與安全上不再有此必要，因而到今天對它的維護也不再注意；這個由堅毅的勞動所成的偉大紀念品，依據國策而努力進行的無比的建築物，它的使命業已終了，無窮盡的頹廢從此開始。這可算是一宗大事業的滅壞的榜樣。[128]

亞歷山大未獲准跟隨馬戛爾尼前往熱河，他耿耿於懷地表示：「只離長城 —— 這人類的奇跡，智慧的見證 —— 五十英里了，卻不得而見，乃是這次旅行中最最掃興的事情了。」儘管如此，他還是根據使團

---

128 Aeneas Anderson, *A narrative of the British Embassy to China, in the years 1792, 1793, and 1794, Second Edition,* pp.196-198. 中譯文參見愛尼斯・安德遜著、費振東譯：《英國人眼中的大清王朝》，第 107-108 頁。

成員亨利‧威廉‧帕里什中尉的口頭描繪，以自己豐富的想像力，創作了頗為壯觀的《古北口長城》，[129] 展現了長城的雄姿。此畫在西方流傳甚廣，迄今仍是西方世界以長城為題材的經典畫作。

熱河 按照清廷的成規，外交使節未觀見皇帝以前，不得隨意遊覽北京或皇家園林。故 8 月 30 日馬戛爾尼向徵瑞提出遊覽北京風景古跡時，他的要求未得到允准。[130] 馬戛爾尼在熱河觀見乾隆後，9 月 15 日隨即獲准遊覽御花園，馬戛爾尼知道這「在中國制度上是一特殊恩典」。此次遊覽由和珅等軍機大臣數人親自陪同，它使馬戛爾尼大開眼界，他無比興奮地在日記中記錄了這次遊覽給自己帶來的愉悅的享受：

這些建築都很宏大壯麗，有些懸掛著乾隆皇帝的秋狩圖或功業圖，有些又藏有各種大玉瓶及瑪瑙瓶，或精美瓷器和漆器；更有些則收藏歐洲玩物和音樂歌唱器，……看到了這許多豐富的收藏，使我吃了一驚，受驚的是我們帶來的禮物如果和這兒所藏的相較一下，簡直小巫見大巫，我們只好「縮藏其渺小之首」了。但中國官員對我說，這裡所收藏的東西，拿來和寢宮中所藏的婦女用品相比，或與圓明園中專藏歐洲物品的宮殿相較，猶相差遠甚……

我如果要詳詳細細描寫萬樹園中的一切景物，實在是寫之不盡。凡英國國內所有的天然景色，萬樹園無不皆備。

湖面有很多地方都滿植蓮花，這種植物，頗像我們英國的大葉荷花，大概中國人是很喜歡它的，所以在水中常見有此物，但老實說，我

---

129 參見劉潞、吳芳思編譯：《帝國掠影 —— 英國訪華使團畫筆下的清代中國》，第111頁。

130 J. L. Cranmer-Byng, *An Embassy to China: being the Journal Kept by Lord Macartney during his Embassy to the Emperor Ch'ien-lung, 1793-1794*, p.100. 中譯文參見喬治‧馬戛爾尼著、秦仲龢譯：《英使謁見乾隆紀實》，收入沈雲龍主編：《近代中國史料叢刊》第八十八輯，第 95-96 頁。

倒不大喜愛這種東西的。園中有頗多假山和人工池沼，皆養有金魚極多，而亭榭樓閣之外，又多有巨型的瓷獅瓷虎來作擺設，在我們歐洲人看來是非常不順眼的。然而凡此種種，皆無關宏旨，絕不會影響整個花園之美，我遊玩了六個鐘頭之後，細心觀察，我簡直不能找出這座萬樹園有什麼弱點。[131]

9 月 16 日，馬戛爾尼杜門未出，斯當東勳爵和幾位隨員「一同出門，行至鄉村裡遊覽」。斯當東也對這座御花園欣賞不已，「整個花園既有天然的雄偉氣概，又有秀麗的人工創造」。「園內的自然產物似乎天造地設地使它生在那裡點綴風趣，而人工加工部分看上去似乎沒有使用工具而只是人的雙手創造。」[132] 馬戛爾尼、斯當東及其隨員飽覽熱河御花園勝景，他們相關的遊記後來在歐洲廣為流傳，瑞典探險家斯文·赫定正是閱讀了這些遊記，帶著朝聖一般的心情踏上前往熱河的旅途，在斯文·赫定的遊記《熱河：帝王之都》一書中多處引用馬戛爾尼等人的作品，並專闢一章介紹馬戛爾尼在熱河觀見乾隆的過程。[133] 由此不難想像馬戛爾尼的熱河之行所產生的後續影響。

軍事 使團中有多名軍官和隨行的衛隊，涉及海軍、步兵、騎兵、

131 J. L. Cranmer-Byng, *An Embassy to China: being the Journal Kept by Lord Macartney during his Embassy to the Emperor Ch'ien-lung, 1793-1794*, pp.125-126. 中譯文參見喬治·馬戛爾尼著、秦仲龢譯：《英使謁見乾隆紀實》，收入沈雲龍主編：《近代中國史料叢刊》第八十八輯，第 165-166 頁。

132 Sir George Staunton, *An Authentic Account of an Embassy from the King of Great Britain to the Emperor of China*, In 3 vols, Vol. 3, p.51. 中譯文參見斯當東著、葉篤義譯：《英使謁見乾隆紀實》，第 372 頁。

133 Sven Hedin, *Jehol: City of Emperors* (London: Kegan Paul, Trench, Trubner & Co., Ltd,1932). 此書有中譯本，〔瑞典〕斯文·赫定著，于廣達譯：《熱河：帝王之都》，北京：中信出版社 2008 年版，第 117-132 頁。

炮兵多兵種，他們是職業軍人，故在旅途中，對所見所聞有著特有的職業軍人的敏感。儘管沿途受到清朝官員和士兵的嚴密監控，使團成員對沿途所見的軍事要塞、城池工事、軍隊人數、武器裝備都作了細緻的觀察、測算和記錄，這一工作顯然具有搜集軍事情報的性質。朱傑勤先生注意到使團所抱的這一特殊目的，他指出：「英使團中的人對於中國的國防軍備的情況都特別留心，例如安德遜的《英使訪華錄》就描述得很詳細。1793 年 6 月 7 日使船經過越南托倫港，派了七個人乘快艇去測量海岸，被捕後放回，似乎他們之來，不是為了友好通商，而是帶有窺探國家虛實的意圖。」[134] 負責搜集軍事情報工作的主要是炮兵隊軍官兼測量員 H．W．巴瑞施上尉。

8 月 5 日英國使團乘船到達大沽口，安德遜隨即觀測了炮台及其附近水域：

這地方只有一個炮台，僅僅是一個方形的塔，看樣子與其說是為了保衛之用，不如說是為了裝飾。它雖然是很靠近海面而且臨視著江口，但是在圍牆上一個大炮也沒有。

這一段河面的寬度約 220 碼。河水很混濁，和它流入的黃海水色相像。河水深淺不一，有幾處深 9 英尺，有些地方 6 英尺，但沒有淺於 2 英尺的地方。河口，上文已提及，有個沙灘，橫擋在前；在潮漲最高時水深亦不超過 6 英尺或 7 英尺。但離河口沙灘不過幾碼之處，正對著大海，則水深 6 英尋。[135]

---

134 朱傑勤：〈英國第一次使團來華目的和要求〉，載《世界歷史》1980 年第 3 期。

135 Aeneas Anderson, *A Narrative of the British Embassy to China, in the years 1792, 1793, and 1794, Second Edition,* pp.91-92. 中譯文參見愛尼斯．安德遜著、費振東譯：《英國人眼中的大清王朝》，第 50 頁。

安德遜對沿途所見清軍的服裝、所攜裝備、旗幟、隊列都作了細緻觀察，[136] 對所經過的通州、北京城的城門、城牆及防禦工事和守備軍隊也有較為準確的描繪。[137]

8月5日，清朝總督、欽差在河岸接見英國特使，一隊中國士兵在後面列隊歡迎，巴瑞施上尉將其隊列由前到後作了紀錄。[138]

9月5日，使團到達古北口長城腳下，經過關隘時，巴瑞施對周圍的兵站、城堡做了詳細的軍事調查：

兵站的形狀多半是大小不等的方形城堡，裡面駐屯著幾個人，遇到戰爭，這裡可能就成為附近軍隊的集合點。兵站多設在山中隘口，不容易攀登的高地，或者狹窄的河道附近。有的城堡大到四十呎見方，四十呎高，有的小到四呎見方，六呎高。小的兵站很少，從北京到長城一路上只在這裡看到一個這樣小的兵站。大型城堡由石頭台階升上去到距底一半高的拱門。為了便於防禦，炮台邊上很少看到炮門。炮台的胸牆上築有雉堞。除了最大型的外，一般城堡都是實心的。從下面看，城堡的頂端有一屋宇能容少數駐屯兵士。屋宇的一端豎一旗竿，上面懸掛一面黃旗。城堡牆上有時用油漆畫了各種顏色的龍……

使節團經過的時候，每個兵站走出來至少六個，至多十五個兵

---

136 Aeneas Anderson, *A narrative of the British Embassy to China, in the years 1792, 1793, and 1794, Second Edition,* pp.104-107, 115, 195-196. 中譯文參見愛尼斯‧安德遜著、費振東譯：《英國人眼中的大清王朝》，第 58-59、63、106 頁。

137 Aeneas Anderson, *A narrative of the British Embassy to China, in the years 1792, 1793, and 1794, Second Edition,* pp.136, 153-155. 中譯文參見參見愛尼斯‧安德遜著、費振東譯：《英國人眼中的大清王朝》，第 74、83-85 頁。

138 Sir George Staunton, *An Authentic Account of an Embassy from the King of Great Britain to the Emperor of China,* In 3 vols, Vol. 2, pp.185-186. 中譯文參見斯當東著、葉篤義譯：《英使謁見乾隆紀實》，第 271-272 頁。

士。⋯⋯兵站與兵站的距離，各處不一樣。白河沿岸，從河口到通州府，東沽和天津不計算在內，共有十五個兵站，差不多每十三哩一個兵站。從北京到轄靼區的公路上，每五哩就有一個兵站。[139]

使團到達古北口長城附近的豁口，得以有機會上城頂去參觀，利用這一機會，巴瑞施又對周圍的軍事工事做了詳盡的測量和記錄。斯當東對他的測繪工作表示非常滿意：「從以上巴瑞施上尉所做的詳細的調查研究，我們對中國在紀元以前年代的建築和軍事技術可以有一個清楚的認識。整個說來，它表示出當初從事這項巨大工程時政府的決心，表示出動員這麼大人力物力的當時社會的高度發展水平，以及完成這項建設的精力和毅力。」[140]

對北京到熱河交通的特殊用途，使團經過七天的旅行亦瞭如指掌。「北京熱河之間的公路，很是平坦，尤其是最後〔首先〕兩天所行的路，更為完整可喜，但這條公路並不是御道，御道是和公路平行的，平時嚴禁人行，只在皇帝出巡之時，御道上才盛陳鹵簿。此等帝皇之尊嚴，世界上恐怕只中國有之。」對沿途的軍隊人數，他們也有意摸底，「從熱河到北京的御道，共長一百三十六英里，所用修路的兵丁有二萬三千人之多，每相隔十碼遠近，就有十人一隊在工作。故此御道附近，逐段都有營幕，每一營幕駐兵的人數，由六名至十五名不等。」「據說，

Sir George Staunton, *An Authentic Account of an Embassy from the King of Great Britain to the Emperor of China*, In 3 vols, Vol. 2, pp.368-370. 中譯文參見斯當東著、葉篤義譯：《英使謁見乾隆紀實》，第 345-346 頁。

140 Sir George Staunton, *An Authentic Account of an Embassy from the King of Great Britain to the Emperor of China*, In 3 vols, Vol. 2, pp.382-383. 中譯文參見斯當東著、葉篤義譯：《英使謁見乾隆紀實》，第 352 頁。

皇帝駐蹕熱河之時，用作護衛的軍士，多至十萬名以上。」[141] 可見，使團利用這一機會又了解到京畿周圍的衛戍兵力。

在亞歷山大的畫作中，有不少軍事題材的作品。或畫軍事工事，如《天津附近的軍堡》、《兵堡》；或畫所見軍人，如《韃靼騎兵》、《穿常服的士兵》、《士兵肖像》、《韃靼騎兵》、《中國軍官王文雄》；或畫軍事裝備，如《手持火繩槍的軍人》、《弓箭部隊的官員》、《中國海船》。在《韃靼騎兵》這幅畫的說明中，亞歷山大如是評價清軍騎兵：「英國使團見到的所有的騎兵，如同畫上畫的，都是平庸的，參差不一的，最不像騎兵的。」[142] 這樣輕蔑的判斷，實際預示著半個世紀後中英交戰中清軍的可怕命運。

人口　中國是一個人口眾多的國家，這一點使團成員雖早已知曉，但真正身臨其境，看到到處是擁擠的人群，還是給使團成員留下了難以忘懷的印象。8 月 9 日是使團進入內河航行的第一天，據安德遜觀察，「按照我的判斷，這一天的航程不超過 24 英里。在這一段水路上，我們計算來往的船數在 600 只以上，我可以說這數字毫不誇大，而我們所見的停著不動的船數要兩倍於此；我毫不猶豫地說，按最保守的估計，我們已遇見的人數至少有 50 萬」。[143] 8 月 13 日，繼續航行，沿途遇見許多群眾和船隻。「這一天我們經過幾個人口非常多的鄉村，雖在我們的經驗中可以肯定說，沒有所謂人口不稠密的鄉村，或者，畢竟在這個國

141 J. L. Cranmer-Byng, *An Embassy to China: being the Journal Kept by Lord Macartney during his Embassy to the Emperor Ch'ien-lung, 1793-1794*, p.117. 中譯文參見喬治·馬戛爾尼著、秦仲龢譯：《英使謁見乾隆紀實》，收入沈雲龍主編：《近代中國史料叢刊》第八十八輯，第 126 頁。

142 劉潞、吳芳思編譯：《帝國掠影——英國訪華使團畫筆下的清代中國》，第 10 頁。

143 Aeneas Anderson, *A narrative of the British Embassy to China, in the years 1792, 1793, and 1794, Second Edition,* pp.108-109. 中譯文參見愛尼斯·安德遜著、費振東譯：《英國人眼中的大清王朝》，第 60 頁。

家裡的各種新奇的事情中，人口多是最顯著的。」「這天河的兩岸排列著這麼多的群眾來觀看我們，實非筆墨所能形容；而這一天航程中所遇見的船隻數目，我堅信，毫無誇張，至少有 4000 隻；如果我們把所見的大小鄉村的人數估計為比船隻數目多 20 倍，還是大大低於實際情況。」[144] 沿途不斷遇到群眾圍睹，以致安德遜驚歎，「出來觀看這一列接載大使的新奇的航船隊伍的人數難於計算；這給我們一個完整的印象是，中華帝國擁有大量的人口」。[145]

路經天津時，當地官員告訴使團「天津有七十萬人口」，斯當東確信這一數字，「從岸上擁擠的大量觀眾來估計，即使其中包括一些附近外地來的人，但出來看的婦女和小孩甚少，這個數目加估進去，七十萬的數字是可能的」。[146]

北京的人口數量，斯當東估計約三百萬，他採取的計算辦法仍是過去傳教士通常使用的老辦法 —— 通過目測住房數量估算人口。[147]「根據傑美利・卡爾利（Gemelli Carreri，筆者按：17 世紀意大利旅行家）所述耶穌會徒格利馬爾第（Grimaldi，筆者按：17 世紀意大利波洛尼亞大學教授、物理學家）在前一世紀的估計，北京有一千六百萬人。另一個傳教士的估計小得多，但只韃靼城就有一百二十五萬人。使節團

---

144 Aeneas Anderson, *A narrative of the British Embassy to China, in the years 1792, 1793, and 1794, Second Edition,* pp.122-123. 中譯文參見愛尼斯・安德遜著、費振東譯：《英國人眼中的大清王朝》，第 67 頁。

145 Aeneas Anderson, *A Narrative of the British Embassy to China, in the years 1792, 1793, and 1794, Second Edition,* p.111. 中譯文參見愛尼斯・安德遜著、費振東譯：《英國人眼中的大清王朝》，第 61 頁。

146 Sir George Staunton, *An Authentic Account of an Embassy from the King of Great Britain to the Emperor of China,* In 3 vols, Vol. 2, p.200. 中譯文參見斯當東著、葉篤義譯：《英使謁見乾隆紀實》，第 278 頁。

147 參見李明著，郭強、龍雲、李偉譯：《中國近事報道（1687-1692）》，第 66 頁。李明估計清初北京的人口數約為巴黎人口的兩倍左右，計二百萬人。

所得到的比較最正確的數字，全北京的人口約三百萬人。按照北京的矮房子，實在容納不下這麼多的人。中下級人士住得非常擠，他們的家裡除了寢室而外，沒有多餘的房間。中國的家宅一般都由六七呎高的牆包圍起來。家宅之內老少三輩帶著妻子小孩都住在一起。一家人住在一間房子裡。一間屋子分開幾張床，當中用席隔開。全家在一間公共的屋子吃飯。」[148] 斯當東所佔的這個數字，大大超過了當時北京的實際人數。據後來的研究者統計，清朝乾隆四十六年（1781）京師的城市人口（含內、外城）986978 人，周圍州縣人口 1193315 人。[149]

儘管北京房屋低矮，城市擁擠，但斯當東對北京的城市管理仍給予了好評：「北京居民雖然住得這樣擠，但並不影響人們的健康。中國人大部分時間在露天生活，根據天氣冷熱增減衣服。此地天氣乾燥，不產生腐敗性疾病。縱慾的行為也很少發生。北京人口雖然這樣多，但秩序良好，犯法事件很少。同英國古代十家聯保制度差不多，在北京每十家中有一家必須對其餘九家的行為負責，實際上也就是九家歸一家管。城內打更守夜制度嚴格執行，全城好似一個兵營，人們住在裡面享受安全，但也受一點限制。只在城外有一些發給登記執照的妓女。由於住在本地的單身漢，及由外地來到北京的離開家庭的丈夫人數很少，妓女人數並不算多。」[150] 巴羅也基本認同斯當東對北京城市管理的觀感，「京城的治安管理非常好，居民的安全和寧靜很少受打擾。在每一條橫街的

148 Sir George Staunton, *An Authentic Account of an Embassy from the King of Great Britain to the Emperor of China*, In 3 vols, Vol. 2, pp.332-333. 中譯文參見斯當東著、葉篤義譯：《英使謁見乾隆紀實》，第 330 頁。

149 韓光輝：《北京歷史人口地理》，第 120 頁。另參見曹子西主編、吳建雍著：《北京通史》第七卷，北京：北京出版社，1996 年版，第 373 頁。

150 Sir George Staunton, *An Authentic Account of an Embassy from the King of Great Britain to the Emperor of China*, In 3 vols, Vol. 2, pp.333-334. 中譯文參見斯當東著、葉篤義譯：《英使謁見乾隆紀實》，第 330-331 頁。

盡頭，以及街上一定的距離之內，都有一種橫欄，帶有崗亭，其中有一個兵丁。很少有不設崗亭的街道」。[151] 北京街面秩序良好，是使團成員的共識。

地理環境　了解地理環境是使團的一項既定目標。從斯當東的航海日誌可以看出，他幾乎逐日記錄了所經海域海水的深度、海域的經緯度、氣候變化等情況，使團甚至以自己的方式命名某些經過的重要地點。當使團抵達舟山群島，斯當東承認：「過去歐洲船隻最遠只到過舟山。以後這一段約佔緯度十度、經度六度的航程，它的具體情況，除了住在沿岸附近的中國人了解一些附近的情況外，對歐洲人來說，是毫無所知的……在舟山找到的兩個領航人過去經常在這段海上航行。使節團可以在他們領航之下毫無危險地對這一廣大的海面進行一次探查，這個機會是非常寶貴的。」[152] 7 月 9 日使團艦隊進入黃海水域，斯當東每天都留有航行日誌。7 月 17 日使團艦隊到達登州灣附近水域，當天看見兩個海角，加上前一天望見的一個小島，「對從南開進渤海灣的船來說是最初遇到的陸地」，他們於是將這三處分別命名為：馬戛爾尼海角、高厄海角和斯當東島，並準確記錄了它們的經緯度。[153] 艦隊拋錨停泊在大沽口期間，又對周圍的地形、水域情況和散佈島嶼及經緯度作了

---

151 John Barrow, *Travels in China*, p.100. 中譯文參見約翰‧巴羅著，李國慶、歐陽少春譯：《我看乾隆盛世》，第 73 頁。

152 Sir George Staunton, *An Authentic Account of an Embassy from the King of Great Britain to the Emperor of China*, In 3 vols, Vol. 2, p.63. 中譯文參見斯當東著、葉篤義譯：《英使謁見乾隆紀實》，第 224 頁。

153 Sir George Staunton, *An Authentic Account of an Embassy from the King of Great Britain to the Emperor of China*, In 3 vols, Vol.2, pp.83-84. 中譯文參見斯當東著、葉篤義譯：《英使謁見乾隆紀實》，第 232 頁。

詳細記錄，留下了極有價值的數據。[154] 這一帶正是後來第二次鴉片戰爭英法聯軍艦隊登陸的地點。

在從大沽口到北京和從北京到熱河這兩段路程中，使團對沿途的地理環境、山川形勢、交通路程、城鎮建築、天氣變化都頗為留意，一一逐項記錄，甚至在北京至熱河的沿途還採集了 67 種植物標本，巴瑞施測量熱河的緯度為北緯四十一度五十八分，[155] 其工作之勤之細，絕非中方所可能想到。

婦女 馬戛爾尼使團成員為清一色的男性，在長途旅行中對異性的觀察自然成為使團間成員的趣聞和調節他們跋涉之苦的甘露。在整個訪華過程中，使團成員除了巴羅臨近訪問尾聲時在廣州有過一次吃花酒的「艷遇」外，其他人都未近女色。可以想像，使團瀰漫著一股性壓抑的氣氛，使團成員被抑制的慾望導致對異性的渴望，以至任何女性的出現，若如招花引蝶，都會吸引大家的眼光。

乍到北京，在歡迎的人群中，使團成員驚喜地發現一些漂亮滿族女子進入他們的視野：「女子在北京的人叢中很常見，或者漫步在窄街上，或者騎在馬背上，跟男子一樣叉著雙腿。不過她們都是滿族人，穿的長緞袍垂及腳面。鞋子似乎比普通漢人的尺寸大，多為緞面，由多層布或紙疊成的底約一英吋厚，方頭略翹。頭髮從四面向上梳，跟漢人的沒多大不同。雖然臉上也施了粉黛，她們的皮膚卻明顯地比漢人的白

---

154 Sir George Staunton, *An Authentic Account of an Embassy from the King of Great Britain to the Emperor of China*, In 3 vols, Vol. 2, pp.245-249. 中譯文參見斯當東著、葉篤義譯：《英使謁見乾隆紀實》，第 295-297 頁。

155 Sir George Staunton, *An Authentic Account of an Embassy from the King of Great Britain to the Emperor of China*, In 3 vols, Vol. 3, pp.85-87. 中譯文參見斯當東著、葉篤義譯：《英使謁見乾隆紀實》，第 385 頁。

晰。漢族女子在北京比在其他地方更嚴格地被拘束在室內。」[156] 對滿、漢婦女不同社會地位有一清晰的了解。

安德遜根據自己的短暫接觸，對中、歐婦女作了比較，他毫不掩飾自己對開放、美麗的北京婦女的好感：

認為中國婦女是被關在屋子裡不准與外人相見的見解，是無甚根據的。會集觀看英國使團馬車隊的大量人群中至少有 1/4 的人是婦女，這比例數字大大超過在我們自己國內所遇到的由於觀看新奇事物而聚集起來的人群中的婦女的數目 …… 從我所見到的，當我們在她們面前經過時，她們所表露出來的熱烈情緒同剛才所說的愛看新奇的性格是同樣地普遍存在於亞洲婦女之中的。

我們在北京旅行時所見的婦女，一般的容貌極為嬌嫩，面色是自然的優美，但她們尚不滿足於此，因此在面上還擦些化妝品。她們也用些口紅，但使用方法與歐洲婦女用唇膏的辦法完全不同，她們在她們的嘴唇中央點上深紅的一條，毫無隱避其修容之意，這顯然增加美容不少。[157]

在亞歷山大的畫冊中，保有數幅婦女題材的圖畫。其中有一幅以《貴婦人》為題的作品，畫家在這幅畫下留有說明：

除了用纏腳布把腳纏成三角形，使腳致殘這種非自然的習慣外，

---

156 John Barrow, *Travels in China*, pp.97-98. 中譯文參見約翰‧巴羅著，李國慶、歐陽少春譯：《我看乾隆盛世》，第 72 頁。

157 Aeneas Anderson, *A narrative of the British Embassy to China, in the years 1792, 1793, and 1794, Second Edition*, pp.160-161. 中譯文參見愛尼斯‧安德遜著、費振東譯：《英國人眼中的大清王朝》，第 87-88 頁。

這位身著長裙的上流社會女子的生活沒有什麼不適當的。特別是她頭部的裝飾，常常體現出很好的品味。婦女的頭飾一般會用做衣服的綢料製成，尤其是其中繡花的部分，看上去極為漂亮。由於受到的教育有限，她們的大部分時間，或用來裝飾居室，或用來養花養鳥。家養的鳥有的會唱歌，有的長有美麗的羽毛，樣子也極好看。圖中背景是北京西直門附近的花園。[158]

這幅圖畫生動、自然，堪稱珍寶，即使在同時期中國人的畫作中，我們也不易找到與之媲美的類似題材的北京貴婦圖畫作品，怪不得大型畫冊《京華遺韻 —— 西方版畫中的明清老北京》一書為吸引讀者，在封底刊登此畫，以之作為廣告。[159]

官場 英國使團由於受到清廷的嚴密監控，加上語言不通，與普通民眾交往、交流的機會甚少。他們只能與為數極少指定陪同的官員交往，在這極為有限的人員交往中，他們對清朝多少有了一些由表入裡的認識。

初次相會陪同的中國官員，中國官員講究排場的作風即令斯當東印象深刻：

他的官氣十足，每次拜會的時候，前面都由一些兵士和僕役高聲吆喊肅清道路。他坐的轎子同我們以前敘述的差不多，不過多一些絲穗子。轎子由四個人抬駕著。轎竿頂端用繩子綁著竹筒，轎夫的肩就駕在竹筒下面，轎前兩個人，轎後兩個人。四個人抬轎，另有四個人輪流換

---

158 劉潞、吳芳思編譯：《帝國掠影 —— 英國訪華使團畫筆下的清代中國》，第 137 頁。

159 參見李弘著、〔英〕馬思奇（Roy Massey）譯：《京華遺韻 —— 西方版畫中的明清老北京（1598-1902）》，北京：新世界出版社 2008 年版。

班。僕役們撐著傘和扛著官銜牌走在前面，另有一些人騎馬跟在轎後。中國官員出門都是按照身份攜帶隨從人員。這種排場為的是使一般人民對之肅敬，任何官員獨自一個人隨便在路上走，將被認為是一件不體面的事。[160]

從款待使團的奢華花費，使團成員也看出了清廷的腐敗一面。「中國官員對於吃飯真是過於奢侈了。他們每天吃幾頓飯，每頓都有葷菜許多道。空閒的時候，他們就吸煙或者咀嚼檳榔。他們有時把一些香料放進煙內，有時放進一些鴉片。關於歷史、戲劇、小說等消遣性質的讀物，中國很多，但這些官員們似乎沒有歐洲文明社會那種以讀書作消遣的風氣。他們沒事時寧願閒坐著，也不願讀些有興趣的書或者做些體力勞動。」[161] 說中國官員缺乏讀書習慣，並不合乎實際，但指出其講究吃喝，則並不為過。馬戛爾尼從陪同官員王、喬大人那裡獲悉使團的消費開支：「使節團在北京時，每日費用規定為一千五百兩（每兩約合英金六先令八便士）。中國的生活程度很低，物價極廉，而使節團一日的費用竟然要一千五百兩之巨，真是駭人聞聽之事。我們在北京時，雖然一切供應頗有失之奢汰之嫌，但何至每日要開銷至一千五百兩之多，這是令人難以置信的。也許是乾隆皇帝為了優待我們，定下了這個極為優裕的數字，而經手人太多，層層剝削，規定的數目與實際的開銷相去極

160 Sir George Staunton, *An Authentic Account of an Embassy from the King of Great Britain to the Emperor of China*, In 3 vols, Vol. 2, pp.240-241. 中譯文參見斯當東著、葉篤義譯：《英使謁見乾隆紀實》，第 293 頁。

161 Sir George Staunton, *An Authentic Account of an Embassy from the King of Great Britain to the Emperor of China*, In 3 vols, Vol. 2, p.237. 中譯文參見斯當東著、葉篤義譯：《英使謁見乾隆紀實》，第 292 頁。

遠。」[162] 在「康乾盛世」的背後潛藏著的是官場腐敗，這是清朝統治的危機。實際上，與英國使團接洽的清廷高官和珅，後來即因貪污腐敗而被治罪。

與喬大人、王大人接觸不久，馬戛爾尼就覺察到滿漢官員的矛盾和嚴重的民族歧視的存在。喬、王在閒談中，實話實說：「他們的皇上是滿洲人，所以重用滿人，而不十分信任他的漢族子民，因此朝廷有什麼大政，有漢人辦理，就一定要加派一個滿人去插手其間」，徵瑞即是一位「愚昧昏暗」且「人格不大好」的欽差大臣。[163] 松筠取代徵瑞出任欽差大臣後，馬戛爾尼發現一個有趣的現象：「喬大人與王大人雖然也都稱為『大人』，但他們盡量避免當著松大人的面來見特使，他們在松大人面前須恭敬侍立，沒有坐〔座〕位。有一次特使的中國翻譯不自覺地當著松大人的面坐下，馬上被他糾正站起來。」[164] 滿漢官員之間的等級差別如此嚴重，著實讓馬戛爾尼同情喬、王二位，他倆大概算是與馬戛爾尼認為「中國朝廷中有幾位大員和我們感情很融洽」的官員吧！

如果說滿漢矛盾是清朝統治者的軟肋，那麼對世界知識的無知則是其最大的盲點。斯當東深感中國官員的世界知識普遍都嚴重匱乏。「除了在廣州而外，中國人對一切外國人都感到新奇，但關於這些外國人的國家，他們卻並不感興趣。他們認為自己的國家是『中華』，一切

---

162 J. L. Cranmer-Byng, *An Embassy to China: being the Journal Kept by Lord Macartney during his Embassy to the Emperor Ch'ien-lung, 1793-1794*, p.161. 中譯文參見喬治・馬戛爾尼著、秦仲龢譯：《英使謁見乾隆紀實》，收入沈雲龍主編：《近代中國史料叢刊》第八十八輯，第 244-245 頁。

163 J. L. Cranmer-Byng, *An Embassy to China: being the Journal Kept by Lord Macartney during his Embassy to the Emperor Ch'ien-lung, 1793-1794*, p.86. 中譯文參見喬治・馬戛爾尼著、秦仲龢譯：《英使謁見乾隆紀實》，收入沈雲龍主編：《近代中國史料叢刊》第八十八輯，第 42 頁。

164 Sir George Staunton, *An Authentic Account of an Embassy from the King of Great Britain to the Emperor of China*, In 3 vols, Vol. 3, p.178. 中譯文參見斯當東著、葉篤義譯：《英使謁見乾隆紀實》，第 421 頁。

思想概念都出不去本國的範圍。」「他們的書上很少提到亞洲以外的地區，甚至在他們畫得亂七八糟的地圖上也找不到亞洲以外的地方。」「對於更遠的區域，中國政府，如同外國人做生意的中國商人一樣，只有一個抽象的概念。其餘社會人士對於任何中國範圍以外的事物都不感興趣。」[165] 遺憾的是，斯當東指出的這些問題，直到四十多年後鴉片戰爭爆發時仍沒有任何改觀，當遠道而來的「英夷」以船堅炮利的優勢打開中國東南大門時，朝野上下對英吉利的精確位置依舊是茫然無知。[166]

棄嬰　太監　在有關北京的描述中，除了景物和官場外，使團報告還特別提到太監和棄嬰兩大問題，這顯然是他們看到的這個城市最令他們感到難以理解的陰暗面。

馬戛爾尼從與法國遣使會神父羅廣祥（Nicolas-Joseph Raux, 1754-1801）的交談中，了解到中國信教的人數約有五十萬，北京一地就有五千人以上，這些信徒很大一部分來自棄嬰。「中國的貧民常因生活困難，將嬰兒殘害。這種事情，在我們歐洲人看來是傷天害理的，但中國人卻處之泰然。」[167] 傳教士正是利用這一機會，將這些棄嬰收為自己的信徒。巴羅因與傳教士交談機會較多，獲得了更多這方面的訊息：「清廷默認京城的巡街兵丁有責任雇一些人，在清早拖著板車收撿夜間被人拋棄的嬰屍。他們不加追究，只是將屍體拉到城外的亂墳崗去，據說不管是死是活，都一扔了之。在這個可怕的亂墳崗邊，北京的羅馬天主教

165 Sir George Staunton, *An Authentic Account of an Embassy from the King of Great Britain to the Emperor of China*, In 3 vols, Vol .2, pp.238-239. 中譯文參見斯當東著、葉篤義譯：《英使謁見乾隆紀實》，第 292-293 頁。

166 有關這方面的情形，參見龔纓晏：〈鴉片戰爭前中國人對英國的認識〉，收入黃時鑒主編：《東西文化交流論譚》，上海文藝出版社 1998 年版，第 230-264 頁。

167 J. L. Cranmer-Byng, *An Embassy to China: being the Journal Kept by Lord Macartney during his Embassy to the Emperor Ch'ien-lung, 1793-1794*, p.102. 中譯文參見喬治·馬戛爾尼著、秦仲龢譯：《英使謁見乾隆紀實》，收入沈雲龍主編：《近代中國史料叢刊》第八十八輯，第 99 頁。

傳教團有人輪流看守，選出最有可能存活的救下，以作將來的信徒，同時也為剩下的那些有可能還活著的做臨終洗禮。」[168]「根據我們交談過的傳教士所給的數字，取其平均數，我得出的結論是，每天在北京大約有24個嬰兒被扔到那個亂墳崗……這樣算下來的結果，在京城一地每年就有近9000棄嬰。一般認為此數相當於帝國其他部分的總和。」[169] 所提棄嬰數目，正如他們所估計的北京人口數量一樣，明顯有誇大之嫌。

如果說棄嬰現象屬耳聞的話，太監則是親見。在圓明園、熱河皇家御花園、紫禁城，使團隨處都能看到這種「不男不女」的太監。斯當東猛烈地抨擊了自己親見的這種太監現象：

宮內侍從人員全部或絕大部分是在性熟期以前被割去生殖機能的人。在一個國家裡，只是瘋狂的猜忌心理才想到要戕賊一種性別的主意，使其成為另一種性別的護衛者，並且可以不懷疑，同時也只有無限制濫用權力才能把這種殘酷不人道的主意付諸實施……乾隆皇帝的祖父，康熙皇帝，曾放逐了六千名太監到邊遠少數民族地區，但從那時到現在，太監人數又逐漸增多，北京和圓明園內的宮殿裡又充滿了這種人了。

割去了生殖機能的太監可以穿堂入室無所顧忌地服侍宮內婦女。土耳其也有這種人，他們稱之為黑閹人，意思是所有性別的痕跡都消失了，在歐洲少數地方也有自動施行這種手術的，但他們是為了節育和改善自己的聲調。

---

168 John Barrow, *Travels in China*, pp.168-169. 中譯文參見約翰·巴羅著，李國慶、歐陽少春譯：《我看乾隆盛世》，第 124 頁。

169 John Barrow, *Travels in China*, pp.169-170. 中譯文參見約翰·巴羅著，李國慶、歐陽少春譯：《我看乾隆盛世》，第 125 頁。

中國人根本不懂外科學，他們連放血都不會，人體解剖是他們所深惡痛絕的。在這種情形下，對於一個英國人來說，簡直無法理解他們是怎樣進行這種割生殖器的複雜手術的。[170]

太監是中國皇權制度的附屬品，如此非人道現象的長期存在，的確給使團成員上了一堂生動的中國皇權專制的歷史課。

除了以日記、遊記、報告這些文字性的材料記錄自己的訪華見聞和感受外，使團繪圖師亞歷山大還留有大量的寫實圖畫，這些作品更為生動、形象地記錄了沿途的城鎮要塞、山川形勢、風土人情、民居建築。其中涉及北京、熱河的風物畫大致有三類：一、建築畫，如《在白河見到的兵站和禮炮》、《天津附近的軍堡》、《圓明園的房子》、《北京的皇宮》、《牌坊草圖》、《熱河「小布達拉宮」》等；二、人物畫，《乾隆皇帝》、《乾隆皇帝側身坐像》、《喬大人》、《抽旱煙的喬大人》、《中國軍官王文雄》、《上層社會母子與僕人》等；三、風景畫，如《避暑山莊中遠眺棒槌山》等。這些圖畫為使團的「北京經驗」增添了新的材料，也給這位地位低微的畫師帶來了不朽的聲譽。

使團成員對所經北京、熱河等京畿地區的遊覽雖帶有走馬觀花、浮光掠影的性質，其描述也不免一鱗半爪，或片斷素描，但大體反映了他們所見的實景實情，由此引發的觀感也具有「經驗」的成分。由於使團是一個集體，成員之間能分享所見所聞的材料資源，在使團內部亦形成一種獨特的集體記憶，甚或有故事流傳，他們在飽覽風光迷人的景色後逐漸使直觀的印象形成一個鮮活、充實的新的「北京形象」。使團成

---

170 Sir George Staunton, *An Authentic Account of an Embassy from the King of Great Britain to the Emperor of China*, In 3 vols, Vol.3, pp.128-130. 中譯文參見斯當東著、葉篤義譯：《英使謁見乾隆紀實》，第 401 頁。

員對北京的解讀不再是傳教士那種充滿對巍峨的東方帝都羨慕的筆調，而是在細微的觀察之中伴隨某種文明的批判和超越的審視，這是一個新的轉變，它是一個步入近代社會且伴隨工業革命崛起的新興民族對一座浸透著古老文明的大都市的審讀。

四、阿美士德使團的「禮儀之爭」—— 叩頭

　　1816 年 1 月 20 日，英政府宣佈委任阿美士德（William Pitt Amherst, 1773-1857）為赴華全權公使出訪中國。此次出使的目的在於「消除一向受到種種冤抑，免除將來這種或其他類似性質的情況繼續發生，並將東印度公司的貿易建立在一種安穩、健全和公平的基礎之上，避免地方當局任意侵害，並受到中國皇帝及欽定章程的保護」。[171] 2 月 8 日，阿美士德率領副使埃利斯（Henry Ellis）、特使男侍小阿美士德（Hon. Mr. Amherst）等十三名使團成員乘坐軍艦「奧爾斯特號」（Alceste，一譯「阿爾賽斯特」號）從英國斯皮特黑德（Spithead）出發，隨行者有皇家雙桅帆船「利拉號」（Lyra）及公司特許船「休伊特將軍號」（General Hewitt）。7 月 10 日，使團抵達南丫群島，英國東印度公司在廣州的特別委員會主席小斯當東爵士（Sir George Thomas Staunton）及商館人員

---

[171] John Francis Davis, *The Chinese: A General Description of the Empire of China and its Inhabitants* (London: Charles Knight, 1836), Vol. 1, p.90. 小斯當東對使團的緣起和目的有不同的看法，他說：「這一出使計劃的緣起與我本人或我的友人毫無關聯。在我們看來，決定那時出使中國，並不合時宜。出使的準備工作，在好多方面均與我的朋友約翰‧巴羅爵士的意見與建議相左，他個人明顯最懂得這一問題。使團的唯一目的在於解決發生在廣州的幾起糾紛，並重建兩國貿易關係；但是這些目標在他們到達中國前早已完全得以實現。」George Thomas Staunton, *Memoirs of the Chief Incidents of the Public Life of Sir George Thomas Staunton, Bart* (London: L. Booth, 1856), pp.65-66. 中譯文參見〔英〕喬治‧托馬斯‧斯當東著、屈文生譯：《小斯當東回憶錄》，上海人民出版社 2015 年版，第 61-62 頁。

黑斯廷斯‧特朗（Hastings Trone）、德庇時（John Francis Davis）、馬禮遜（Robert Morrison）、曼寧（Thomas Manning）、亞歷山大‧跛臣（Alexander Pearson）六人加入使團。使團其他人員包括傭僕、樂隊、衛隊，共計 72 人。[172]7 月 28 日，「奧爾斯特號」號停泊在廣州白河口外。此後的行程：8 月 9 日，使團在塘沽登陸。8 月 12 日，到達天津，開始討論叩頭問題。8 月 20 日，到達通州。8 月 28 日，離開通州。8 月 29 日晨到達海淀圓明園，隨即被通知朝見嘉慶皇帝；特使以匆促故稱病未見。8 月 30 日，返回通州。9 月 2 日離開通州從陸路南下。1817 年 1 月 1 日，回到廣州。1 月 20 日離開廣州。8 月 17 日，回到英國斯皮特黑德。[173] 整個訪華行程歷時一年半，在京停留不到一天。相對於馬戛爾尼使團成員留下的文獻大肆渲染他們的沿途觀賞所得及其在北京、熱河的經歷，阿美士德使團留下的文獻記載北京之行的篇幅並不多，這是他們在北京所待時間太短所致。阿美士德使團成員倒是詳細記載了使團訪華禮儀之爭的過程，這當然是對他們在北京「遭遇」的辯護性解釋。[174]

8 月 10 日使團在塘沽上岸後，小斯當東從清廷小官處得知，使團「到達北京的時間確定，觀見定於 22 日進行」。當時，他們感覺旅行時

---

172 〔英〕克拉克‧阿裨爾著、劉海岩譯：《中國旅行記（1816-1817 年）——阿美士德使團醫官筆下的清代中國》，上海：上海古籍出版社，2012 年，第 322-323 頁。而據使團翻譯馬禮遜的回憶，在大沽口登陸時為 75 人，中方查驗名單時表示「使團有 50 個人就足夠了，用不了 75 個人」。參見附錄一附加註釋 7《馬禮遜先生大沽拜訪欽差》，同上書，第 331 頁。

173 Hosea Ballou Morse, *The chronicles of the East India company trading to China 1635-1834*, Vol III, p.256. 中譯文參見馬士著、區宗華譯：《東印度公司對華貿易編年史（1635-1834）》第三卷，第 287-288 頁。

174 有關阿美士德使團的中文研究成果，迄今僅有劉蘭青：〈嘉慶帝驅逐英使阿美士德團述論〉，載《北京檔案史料》2007 年第 3 期。該文主要利用了第一歷史檔案館所藏檔案史料。

間「實在是非同尋常的短」。[175] 使團到達天津後，8 月 13 日中方設宴招待使團，就使團觀見嘉慶皇帝的禮儀問題，清廷欽差工部尚書蘇楞額、長蘆鹽政廣惠與阿美士德、埃利斯、小斯當東首次進行會商。阿美士德表示「他準備在各方面都遵行馬戛爾尼勳爵的先例」行禮。然而，雙方對「馬戛爾尼勳爵的先例」卻看法不一。蘇楞額堅稱，馬戛爾尼「在觀見皇帝時和其他場合都行了叩頭禮」，並要求當時在場的小斯當東作證。小斯當東的回答極富技巧，「大使對前一使團有關情形的了解，來源於馬戛爾尼勳爵回國後呈遞給我們君主的真實報告，我們現在的訓令也是根據這一報告做出的。他在 23 年以前還只是個 12 歲的孩子，向他詢問有關當時情況的意見或證詞，或者認為他的意見對於裁決一個已經由更高權威決定了的問題具有任何重要性，都是不妥當和十分荒唐的」。[176] 顯然，小斯當東迴避了提問。這樣，雙方在認知馬戛爾尼是否在觀見乾隆皇帝時行叩頭禮的問題上出現了分歧。由於馬戛爾尼本人及其使團成員在他們回國公開出版的回憶錄和提交的報告中對觀見乾隆皇帝的禮儀陳述與實際情形有很大差異，所以雙方所據的證詞版本及其理解自然就很不一樣。[177]

接著，雙方圍繞觀見嘉慶帝的禮儀展開談判，清廷官員軟硬兼施、步步進逼，試圖迫使英國使團就範，按照通常的中方禮儀行跪拜

---

175 Henry Ellis, *Journal of the Proceedings of the Late Embassy to China*, p.80. 中譯文參見亨利‧埃利斯著，劉天路、劉甜甜譯：《阿美士德使團出使中國日誌》，第 57 頁。

176 Henry Ellis, *Journal of the Proceedings of the Late Embassy to China*, pp.92-93. 中譯文參見亨利‧埃利斯著，劉天路、劉甜甜譯：《阿美士德使團出使中國日誌》，第 65 頁。

177 有關馬戛爾尼使團的觀見禮儀之爭情形的最新研究成果，參見秦國經的《從清宮檔案看英使馬戛爾尼訪華歷史事實》和戴廷傑的《兼聽則明 —— 馬戛爾尼使華再探》，兩文分別從中、外兩個不同視角的材料對馬戛爾尼使團觀見乾隆的禮儀做了非常精確地考證，收入中國第一歷史檔案館編：《英使馬戛爾尼訪華檔案史料滙編》，北京：國際文化出版公司 1996 年版，第 22-148 頁。

禮。阿美士德開始堅持「打算以他向英國君主表達尊敬的同樣方式覲見中國皇帝，這是馬戛爾尼勳爵的做法，也是他的君主對現在這個使團的訓令」。迫於中方的壓力，後來表示「為了表明他願意協商的誠意，儘管他在自己君主的王位前習慣上只鞠躬一次，但這一次，中國官員們跪拜多少次，他就會毫不猶豫地鞠躬多少次」。中方「要求阿美士德勳爵應該單膝跪地」。這一提議遭到了英方的反對。[178] 雙方在覲見禮儀上不能達成一致意見，更不要說讓對方滿意。上午的談判結束後，從會談內間進入大堂，桌子正面覆蓋著黃色絲綢，上面放著一個點著的香爐，中國官員行跪拜禮九次，英國使團成員跟著鞠躬九次，這就算是上午會談的初步「成果」。

用完正餐後，雙方重新回到內間會談，廣惠重提覲見皇帝時如何行禮的問題，經過幾個回合的交鋒，阿美士德的態度有所退讓，表示「如果在覲見皇帝時他們或者其他大臣也在場的話，大臣們跪拜幾次，他也會毫不猶豫地屈體幾次」。但「他認為這樣的禮儀並不能表示尊敬程度有一絲一毫的增加」。在英方「再次明確地說明了禮儀的具體形式之後，會議就結束了」。[179] 這裡的關鍵詞「屈體」、「禮儀的具體形式」究竟意指什麼？從蘇楞額的奏摺可知，實為「九跪一膝，九一俯首」。[180] 它與清廷通常要求的「三跪九叩」有所不同，而為英方妥協後

---

178 Henry Ellis, *Journal of the Proceedings of the Late Embassy to China*, pp.93-96. 中譯文參見亨利‧埃利斯著，劉天路、劉甜甜譯：《阿美士德使團出使中國日誌》，第 65-67 頁。

179 Henry Ellis, *Journal of the Proceedings of the Late Embassy to China*, pp.97-98. 中譯文參見亨利‧埃利斯著，劉天路、劉甜甜譯：《阿美士德使團出使中國日誌》，第 68-69 頁。

180 據〈欽差工部尚書蘇楞額等覆奏英貢使在津謝宴行禮各情節並帶領該使等起程進京日期折〉（二十一年閏六月二十日）：「據譯生馬遜云，『貢使等來朝一心，無不誠敬。惟英咭唎國禮節與天朝不能相似，在本國遇貴官尊者，係免冠拱立，一俯首；在國王前係免冠，跪一膝，一俯首；如向國王之位係免冠拜揖，一俯首，是極大之禮』。奴才等復知，『既知恭敬，自應隨同行禮，方為順從』。伊等似有難色，奴才等反覆開導，

認可的禮節。

對於英國使團來說，他們的前車之鑒有兩種模式：一是俄國模式，1805 年（嘉慶十年）俄羅斯派遣戈羅夫金伯爵使團前往北京，抵達庫倫後因不順從中國的禮儀規範遭清廷拒絕，被迫折返。一是荷蘭模式，1795 年（乾隆六十年）荷蘭東印度公司派遣德勝使團抵達北京訪問，在京多次觀見乾隆，荷蘭使團完全按照清廷要求行朝拜禮儀，其待遇與中國周圍被納入朝貢體系的國家無異，因此在回到歐洲後，他們的出使被當作一個笑話傳揚。副使埃利斯總結這次會談的結果時這樣寫道：

我們成功地抵制了導致俄國大使使華失敗、被迫從邊境返回的那一要求。從來沒有人提出過像今天這樣的禮儀儀式，無論是等價或不等價的，作為順從中國觀見皇帝的習俗權宜之計。順從中國觀見禮儀的唯一一次先例是上一次的荷蘭使團。荷蘭使團在整個過程中所受到的對待，以及中國人想方設法在一些無足輕重的場合無數次要求他們以最喪失體面的形式重複行禮的事實，足以證明不順從中國禮儀是適宜的。**181**

曲為引論。據云，『英咭唎國外貌行禮，雖不與天朝相同，其心中恭敬則一，並無不尊之處』。奴才等又告，『汝等向位免冠拜揖一俯首，乃亦係汝國之禮。中華瞻敬，實屬簡便。且大皇帝如此恩典，汝豈不知感？即將來入觀，咫尺天威，汝等免冠，跪一膝，一俯首，豈足為向化輸誠，盡汝國王之意？』據云，『貢使等雖敬心無二，實不敢改易本國禮節，恐回國時本國王見怪。惟有行禮時照本國禮節加增，仰答恩典。想大皇帝俯念夷忠，自必歡喜』等語。奴才等別無異說，察其詞氣，甚屬恭順，尚非空言，至誠有心，支飾隨帶同望闕行三跪九叩禮。伊等即向上三免冠，九拜揖，九俯首。並云，『如見大皇帝時，情願免冠，九跪一膝，九一俯首。』奴才等觀其禮節，究有不合，俟沿途再行開導。」故宮博物院輯：《清代外交史料》（嘉慶朝）五，台北：成文出版社 1969 年版，第 29 頁，總第 537-538 頁。

181 Henry Ellis, *Journal of the Proceedings of the Late Embassy to China*, p.99. 中譯文參見亨利・埃利斯著，劉天路、劉其心譯：《阿美士德使團出使中國日誌》，第 69 頁。

阿美士德希望既不要像俄國使團那樣中途折回，又要避免荷蘭使團的「卑恭屈膝」，這次會談他爭取到的就是這樣一個結果。

擔任阿美士德使團翻譯的羅伯特·馬禮遜特別提到「身體的不同姿態」表示「恭順和尊敬」的不同程度：單膝跪地較站立俯首為重，雙膝跪地較單膝跪地為重，雙膝跪地兼以雙手和前額觸地則更重。依據中國人的觀念，以這種姿態行禮，重複次數越多，禮越重，九次比六次重，六次比三次重，三次比一次重。[182] 在中國皇帝面前是否行跪拜禮，阿美士德所獲指示殊為分歧：「他的本國政府准許他便宜行事，只要能達成出使的目的，盡可順從中國的要求；但東印度公司董事會卻認為在廣州能產生的結果比較在北京的任何表面利益更加重要。」[183] 上級的不同指示版本本來給阿美士德使團的靈活處理留下了餘地。

阿美士德使團內部對待觀見禮儀的態度也不一致。副使埃利斯認為，如果因不願叩頭而失去觀見皇帝或後面有的機會，代價實在太大。「在叩頭本身以及遵行它會帶來何種影響的問題上，我起初就持有不同意見，認為如果中國人在其他方面對待使團的態度還算令人滿意的話，在叩頭這一點上進行反抗，對於維護我們國家的尊嚴決不是至關重要的。因此，由於堅決拒絕服從中國人的要求而使得使團有可能不被接受，我自然會感到深深遺憾……如果不在意九次雙膝跪下伏地叩頭與九次單膝跪地深度鞠躬之間的區別而取得一個相反的結果，所付出的代價算不算過於昂貴。即使我們得到接見，但不允許討論使團的深層目標，我仍然會認為，在某種程度上，是在禮儀問題上的長時間抗爭阻礙

---

182 Robert Morrison, *A Memoir of the Principal Occurrences during an Embassy from the British Government to the Court of China in the Year 1816*, (London, 1816), p.141. 又參見克拉克·阿裨爾著、劉海岩譯：《中國旅行記（1816-1817 年）——阿美士德使團醫官筆下的清代中國》，上海古籍出版社 2012 年版，第 334-335 頁。

183 參見馬士著、張滙文等譯：《中華帝國對外關係史》第一卷，第 63 頁。

了他們作出對我們更為有利的決定。」[184] 他對行跪拜禮或叩頭是否有損尊嚴這一點並不太在意，以為達成出使的深層目標更為重要。

小斯當東的意見則完全相反。8月8日在塘沽上岸之前，他就叩頭問題對阿美士德明確表態：「蒙閣下榮耀地要我提出關於答應用中國儀式來達到目的這個方法，會對在廣州的不列顛人的品格和利益帶來影響的意見，我懇求說，我覺得有一個堅強的信念，屈從將是不合適的，即使因拒絕會招致完全不接受本使團的危險。我非常了解當前的使命目的的重要性，但不能使我相信由於屈從的問題而對它的成功就有一點促進，而僅獲接見（這不能說是榮耀的接見）本使團，我認為用這種犧牲作代價是太大了。」[185] 小斯當東根據的更多的是他在廣州商館與清朝官員打交道的經驗，即使叩頭也未必贏得清廷的讓步，維護使團的尊嚴也許有助於清廷改變對英商的政策。埃利斯的靈活態度與小斯當東的強硬主張可以說正是英國政府與東印度公司分歧的延伸。

阿美士德就觀見禮儀如何行事一直有所猶豫，在天津與清廷官員會談達成的協議，應該說更多的是採納了埃利斯的意見，或者說阿美士德自己的選擇。而當時的清廷官員錯以為可能是小斯當東將馬戛爾尼使團行跪拜禮的實情告訴了阿美士德，才使阿美士德做出上述妥協。8月14日使團離開天津時，蘇、廣兩位大人回訪了使團的正、副使阿美士德、小斯當東、埃利斯三人，並再次舉行會談，對前一天提出的有關禮儀的主要問題進行了仔細討論。在會談中，中方以為前一天會議的結果

---

184 Henry Ellis, *Journal of the Proceedings of the Late Embassy to China*, p.153. 中譯文參見亨利 · 埃利斯著，劉天路、劉甜甜譯：《阿美士德使團出使中國日誌》，第 105 頁。

185 Hosea Ballou Morse, *The chronicles of the East India company trading to China 1635-1834*, Vol. III, p.262. 中譯文參見馬士著、區宗華譯：《東印度公司對華貿易編年史（1635-1834）》第三卷，第 294 頁。又參見斯當東著、侯毅譯：〈1816 年英使觀見嘉慶帝紀事〉，載《清史研究》2007 年第 2 期。斯當東 1816 年 8 月 8 日日記收入他致阿美士德信原文。

可能與小斯當東在使團內部所起的作用有關，因此將注意力特別轉向小斯當東本人，再次質詢小斯當東，如果皇帝要求他為馬戛爾尼勳爵順從一事作證的話，他會怎樣做？「小斯當東爵士非常明智地回答說，他當時還是個孩子，他的回憶可能沒有任何價值。他利用這一機會，向他們轉述了他個人的意見：他的君主的命令十分明確，不允許阿美士德勳爵順從這一禮儀，堅持在這一點上施加壓力必然是無效的。」[186] 清廷官員沒想到小斯當東做了並不如意的回答。小斯當東拒絕行跪拜禮的態度是明確而堅定的，他的經驗告訴他不能妥協退讓。埃利斯似乎感到如此下去，使團取得進展的希望就會越來越渺茫。「對於有關禮儀問題討論的必然增多，我不得不感到遺憾，因為我認為，在這些問題上我們的每一次勝利，都意味著實現使團更實質性目標的機會的減少。」[187] 對使團的不妙前景，埃利斯似乎有了某種預感。

8 月 15 日中午使團離開天津到達楊村時，蘇楞額、廣惠與阿美士德及其兩位副使舉行會談。蘇、廣兩位大人傳達嘉慶皇帝下達的諭旨：拒絕使團隨行樂隊進京，讓他們返回船上，等候大使返回。「只有 4 個人 —— 特使、兩名副使和傑弗里 —— 被允許觀見皇帝，另有 12 名隨員被允許出席宴會。」[188] 這是中方對使團拒絕行禮做出的第一個強硬反應，對中方的這一決定，使團「深感驚詫」，因為馬戛爾尼使團中「就有一個樂隊，為這樣的場合增加了所需要的豪華氣氛」。[189] 黃昏時分，

---

186 Henry Ellis, *Journal of the Proceedings of the Late Embassy to China*, p.108. 中譯文參見亨利‧埃利斯著，劉天路、劉甜甜譯：《阿美士德使團出使中國日誌》，第 75 頁。

187 同上。

188 Henry Ellis, *Journal of the Proceedings of the Late Embassy to China*, pp.111-112. 中譯文參見亨利‧埃利斯著，劉天路、劉甜甜譯：《阿美士德使團出使中國日誌》，第 76-77 頁。

189 Henry Ellis, *Journal of the Proceedings of the Late Embassy to China*, p.111. 中譯文參見亨利‧埃利斯著，劉天路、劉甜甜譯：《阿美士德使團出使中國日誌》，第 77 頁。

雙方再次舉行會談，中方告知使團在海岸邊已看不到那些運送使團的船隻了。[190] 欽差廣惠宣佈說，「這些船艦沒有得到皇帝的允許就離開海岸會讓皇帝大為憤怒，他們個人也要為此承擔責任」。阿美士德勳爵告訴他們，「護送船的船長接到過他的政府的命令，在特使上岸後立即返回廣州，所以他很可能一有順風就啟航開走了」。蘇楞額得悉英方船隻擅自離去的消息自然非常不滿，要求使團「提供某些理由，以便向皇帝交代」。當天晚上，使團「將一份文件交給了中國官員，為船艦離去提出了幾個理由，主要是停泊地的不安全和前次使團的先例」。[191] 這些理由實際掩蓋了他們的真正圖謀，即讓船隊離去，以使中方安排或允許使團像馬戛爾尼使團那樣從陸路南下，從而獲得一次貫穿中國南北的旅行機會。後來英國使團從通州南下時，中方對英方的意圖懵然不知，竟以為「嘆咭唎來使於天津登岸後，即將原船開行，其意狃於上次故智，希冀由浙放洋，此次特令紆道行走，經由數省抵粵，正欲使知中國疆域之閣廓、山川之險阻，即使其潛繪地圖，該使臣所歷，皆屬腹地，距海甚遠，雖知道路情形，亦何所施其伎倆，若令由浙放洋，乃是適如所願，豈為計之得乎」。[192] 中方以從前款待馬戛爾尼使團的方式安排阿美士德使團南下，結果正中英國使團下懷。

8月16日上午，蘇楞額、廣惠會見阿美士德傳達諭旨，「堅持要求阿美士德勳爵行叩頭禮，並且要求小斯當東爵士為事實作證。最後，命

---

190 據〈直隸總督那彥成奏報英貢使船五艘原泊天津海口現已移動片〉（嘉慶二十一年閏六月）裏報：「嘆咭唎貢船五隻，原泊天津海口，旋已移動，不知去向。」收入中國第一歷史檔案館、澳門基金會、暨南大學古籍研究所合編：《明清時期澳門問題檔案文獻匯編》（二），北京：人民出版社1999年版，第72頁。

191 Henry Ellis, *Journal of the Proceedings of the Late Embassy to China*, p.114-116. 中譯本參見亨利‧埃利斯著，劉天路、劉甜甜譯：《阿美士德使團出使中國日誌》，第79-80頁。

192 中國第一歷史檔案館、澳門基金會、暨南大學古籍研究所合編：《明清時期澳門問題檔案文獻滙編》（二），第85頁。

令把禮物退回，皇帝不能接受大使，除非他行大清禮儀」。阿美士德回復，「他的目的一直是把向皇帝陛下表達尊敬和服從他的君主的命令結合起來，他提出的行禮方式與中國禮儀要求的方式十分接近，他自認為會讓皇帝滿意」。[193] 阿美士德在這裡所謂的「行禮方式」，據蘇楞額具奏：「但九跪一膝，九一仰首，與三跪九叩之禮，究不相同。汝等仍應遵照三跪九叩，以便求恩。據云，二十日貢使等所說九跪一膝，九一仰首，若不似中華之禮。如今請跪一膝，三俯首，如此三次，與三跪九叩之禮，似相仿照。」[194] 阿美士德的模糊回答沒有獲得中方的認可，阿美士德遂轉而提出建議，「一名與他有著相同官階的滿族官員，在攝政王的畫像前行叩頭禮。在這種情況下，他就可以順從皇帝的意願」。中方官員表示不可能。阿美士德又生一計，「作為他行叩頭禮的回報，他只有請求皇帝陛下發佈一道諭旨，宣佈任何中國大使今後在英國朝廷出現的時候，也應該在英國君主面前行這種清朝禮儀」。中方官員表示「更難以接受」。[195] 雙方的談判到此陷入僵持狀態。

在會談中，中方提到所有外國大使覲見時都要行叩頭禮，並且以暹羅和日本為例。阿美士德對此回答說，「這些國家無論在文明程度上還是在國家力量方面都不能和英國相提並論。官員們對這一點很願意承

---

193 Henry Ellis, *Journal of the Proceedings of the Late Embassy to China*, pp.117-121. 中譯文參見亨利·埃利斯著，劉天路、劉甜甜譯：《阿美士德使團出使中國日誌》，第 80-81 頁。嘉慶聞報英使離開天津，曾嚴責蘇楞額、廣惠：「所奏錯誤極矣 …… 曾面諭務將該貢使等禮節調習嫻熟，方可令其入覲，如稍不恭順，即令在津等候，毋丞丞啟程來京。今該貢使既不肯行中國禮儀，即應奏明候旨。乃蘇楞額、廣惠於二十一日帶領啟程，實屬冒昧。」參見第一歷史檔案館藏：軍機處上諭檔，卷 884（1），嘉慶二十一年閏六月二十二日上諭。

194 台北故宮博物院輯：《清代外交史料》（嘉慶朝）五，第 39 頁，總第 537-538 頁。

195 Henry Ellis, *Journal of the Proceedings of the Late Embassy to China*, pp.117-121. 中譯文參見亨利·埃利斯著，劉天路、劉甜甜譯：《阿美士德使團出使中國日誌》，第 83 頁。

認，他們説，它們的大使絕對得不到如此受尊重的接待。接著，他們又列舉了皇帝陛下安排的大使在北京逗留期間的娛樂活動」。[196] 中方對英國使團的待遇已超出尋常，這一點並未打動英方。

8 月 17 日，英國使團接到中方通知前往通州，在那裡他們將會見兩名比蘇楞額和廣惠級別更高的官員 —— 王爺和世泰和禮部尚書穆克登額。阿美士德被要求在這兩位官員面前演習清朝禮儀，或在蘇楞額和廣惠面前演習行禮。阿美士德承諾，「嚴格遵行他所提議的禮儀，他也可以毫不猶豫地對此作出書面保證」。雙方經過商議，「最後確定，屈膝和躬身的次數應當與叩頭的次數相一致，也就是説，屈一次膝，躬三次身，重複三遍」。[197] 但他並不願事先做這樣的演示。當天，蘇楞額有「奏報轉諭英貢使行三跪九叩頭不從等情折」，詳述與阿美士德、小斯當東交涉情形，內稱：「奴才等細思其言，自係詞窮暫為支飾，誠如聖諭，與其到京逐回，不若中途轉回。奴才等斷不敢希圖將就，不目睹該貢使等演習三跪九叩之禮，率行帶領到園，致進表行禮稍不如儀，自於重咎。」[198]

隨後兩天使團前進的速度放慢。8 月 18 日一天行進不到 20 英里，這顯然是在等候中方的決定。8 月 19 日，中方對使團基本物資的供應完全停止，這是中方對使團不願遵從清朝禮儀做出的進一步反應。使團從一開始就向中方抱怨供應品貧乏，這與前次馬戛爾尼使團受到豐盛的款待大相逕庭。

---

196 Henry Ellis, *Journal of the Proceedings of the Late Embassy to China*, p118. 中譯文參見亨利·埃利斯著，劉天路、劉甜甜譯：《阿美士德使團出使中國日誌》，第 81 頁。

197 Henry Ellis, *Journal of the Proceedings of the Late Embassy to China*, p124. 中譯文參見亨利·埃利斯著，劉天路、劉甜甜譯：《阿美士德使團出使中國日誌》，第 85 頁。

198 參見中國第一歷史檔案館、澳門基金會、暨南大學古籍研究所合編：《明清時期澳門問題檔案文獻彙編》（二），第 72 頁。

8 月 20 日，使團抵達通州。「在通州，為英國使團準備的住處很小，甚至還不夠使團主要成員居住。這個住處主體是一小套住房，由一長溜一層建築組成，住房前建有柱廊。房屋建在一個有圍牆的院子的一頭，院子的另一頭有一個大門以供進出。這些房屋供特使以及使團一兩名主要成員住宿，其他人寧願睡在船上，但用餐則要聚集到特使的房間。」[199] 這樣的待遇可能是清廷官員基於英方不從中國禮儀態度所刻意做出的安排。8 月 22 日中午，和世泰、穆克登額、蘇楞額、廣惠接見使團正、副使、小阿美士德和翻譯馬禮遜，和世泰告訴阿美士德，來看他是要看他行大清禮儀。大使要麼遵從清朝禮儀，要麼就會被遣回。阿美士德表示他來中國目的是表達對皇帝陛下所懷有的尊重和崇敬之情，他受命以皇帝的偉大父親乾隆曾經接受過的禮儀覲見皇帝陛下。和世泰堅稱，對於叩頭禮節問題，絕對要遵守。在得悉這是中方的最後決定時，阿美士德從衣袍裡取出一封封好的攝政王的信件，請求和世泰轉遞給皇帝陛下。第二天，接待使團的天津兵備道張五緯將阿美士德昨天提交的信件退回給使團翻譯馬禮遜，理由是信中沒有提到大使的名字。張五緯還交給阿美士德一份中方檔案的摘錄，其中包含有關馬戛爾尼勳爵遵行清朝禮儀的敘述。[200]

8 月 24 日，中方譴責小斯當東隱瞞有關馬戛爾尼覲見的真情，教唆大使拒絕皇帝的合理要求。張五緯通知馬禮遜，要求會見小斯當東就此事進行質詢，並要阿美士德寫信給護送使團的英國船隊，命令他們在盡可能近的地點停留，以便盡快轉送。

199 克拉克·阿裨爾著、劉海岩譯：《中國旅行記（1816-1817 年）—— 阿美士德使團醫官筆下的清代中國》，第 89 頁。

200 Henry Ellis, *Journal of the Proceedings of the Late Embassy to China*, p.154. 中譯文參見亨利·埃利斯著，劉天路、劉甜甜譯：《阿美士德使團出使中國日誌》，第 106 頁。又參見斯當東著、侯毅譯：〈1816 年英使覲見嘉慶帝紀事〉，載《清史研究》2007 年第 2 期。

8 月 26 日，張五緯向使團透露中方的兩種看法：一種看法認為，使團可以確信會得到接見，但遵從禮儀與否將會決定接見他們的態度是憤怒還是親切。一種看法可能來自高級官員，認為這個問題關係到大清皇帝和英國的尊嚴，在這種情形下，皇帝不可能屈服。[201] 同日，張五緯向英方提交〈英國特使呈遞表文儀式概要〉，顯示中方已有意讓英國使團知曉觀見皇帝的禮儀及安排。[202] 使團內部在經過一陣討論後達成一致意見，「如果王爺的態度是和善的、友好的，能夠使我們期望可以完成使團的使命，我們會無條件地同意在禮儀問題上重新進行考慮」。[203]

8 月 27 日，小斯當東向阿美士德提交了一份意見大綱，「聲明堅持他在『阿爾賽斯特』號上所提出的有關遵行禮儀的後果的意見，認為使團被拒絕不會產生長期性的有害影響」。阿美士德則以為「最好還是按中國禮節行禮為好」，埃利斯支持阿美士德的意見。小斯當東遂與同來的其他五位商館人士商量，這些人士相對來說富有中國經驗，他們「認為沒有可能按照中國禮節行禮」。小斯當東將他們的意見反饋給阿美士德，最後得到了阿美士德的認可。[204] 英國使團向拒絕叩頭這一方向邁出了決定性的一步。和世泰與阿美士德當天舉行了會談，阿美士德陳述了他拒絕按照中方要求行跪拜禮的理由，和世泰則堅持順從的必要和正當，雙方的意見仍分歧很大。[205] 正是帶著這種分歧，8 月 28 日清晨，使團從通州啟程前往北京。和世泰在當天奏稱：「嘆咭唎國貢使連日演習

201 Henry Ellis, *Journal of the Proceedings of the Late Embassy to China*, p.167.

202 此件英譯本收入克拉克・阿裨爾著、劉海岩譯：《中國旅行記（1816-1817 年）——阿美士德使團醫官筆下的清代中國》，第 354-356 頁。英譯文較原文略有刪減。上諭原文見第一歷史檔案館編：《嘉慶道光兩朝上諭檔》第 21 冊（嘉慶二十一年），桂林：廣西師範大學出版社，2000 年，第 353-355 頁。

203 參見斯當東著、侯毅譯：〈1816 年英使覲見嘉慶帝紀事〉，載《清史研究》2007 年第 2 期。

204 同上。

205 Henry Ellis, *Journal of the Proceedings of the Late Embassy to China*, p.169.

禮儀極為敬謹。該國遠隔重洋，輸誠慕化，自乾隆五十八年入貢，今復遣使來庭納貢，恭順可嘉。本日和世泰、穆克登額已帶領該使臣等來到海淀路蠍子湖公館，著於初七日（8月29日）在正大光明殿瞻觀各等因。十二日遣令回國。」[206] 這無異是謊報實情。從和世泰的奏報可知，中方原擬使團在京停留六天（8月29-9月3日）。和世泰擅自所為實際上違背了嘉慶皇帝的本意，據嘉慶二十一年八月二十五日（1816年10月15日）〈寄諭兩廣總督蔣攸銛英貢使抵粵當以禮遣歸並橄飭該國王嗣後貿易須在指定地點並選誠實之人經理〉曰：「朕預行計及，是以該貢使到津後，兩次派員前往察看情形，如實不能跪叩，原令不必來京納其貢獻，賞繼遣回，於詞甚順。乃蘇楞額、和世泰俱不欽遵辦理，將該貢使連夜帶至宮門。和世泰又不以實奏，以致不能成禮。該貢使之咎本輕，至該國王於數萬里外，輸誠納賮，極為恭順，其使臣不能恪恭將命，非國王所能逆料。」[207] 看得出來，嘉慶帝要求英使遵循大清禮儀的立場始終如一，問題在執行者沒有拿捏把握好他的指示。

從後來嘉慶帝諭旨追責可知，他基本掌握事態的發展線索：「此次嘆咭唎國進貢使臣至天津海口登岸，特命蘇楞額、廣惠傳旨賜宴。令其謝宴行三跪九叩禮，如合式，即日帶領進京。如不諳禮儀，具奏候旨，其原船勿令駕駛，仍由原路回津，泛海還國。蘇楞額、廣惠故違旨意。徑行帶來，又縱令原船私去，伊二人之咎在此。因事已不妥，又命和世泰、穆克登額迎赴通州演禮，以七月初六日為限，限內行禮。即日帶

---

206 〈附錄二（2）和世泰從通州謊報特使的行為〉，收入克拉克·阿裨爾著、劉海岩譯：《中國旅行記（1816-1817年）——阿美士德使團醫官筆下的清代中國》，第354頁。英譯文較原文略有刪減。上諭原文見第一歷史檔案館編：《嘉慶道光兩朝上諭檔》第21冊（嘉慶二十一年），第379-380頁。

207 中國第一歷史檔案館、澳門基金會、暨南大學古籍研究所合編：《明清時期澳門問題檔案文獻彙編》（二），第104頁。

來。滿限尚未如儀，即行參奏候旨。和世泰、穆克登額於初五日含混具奏，初六日逕自帶來。朕於未初二刻御勤政殿，召見伊二人，先詢以演禮之事，伊二人免冠碰頭云，並未演禮，及至再問以『既未演禮。何不參奏？』和世泰云：『明日進見。必能如儀。』此一節伊二人之咎已同前二人矣。」**208** 如果參照英人的記載，諭旨陳述與事實完全相符。

8月29日拂曉，使團甫抵海淀，就直接被拉到嘉慶皇帝所在的圓明園。阿美士德剛到圓明園蠣子湖公館，張五緯就過來傳達和世泰的指示，通知他及其兒子小阿美士德、兩名副使去見皇帝。英方表示，「在特使閣下現在疲憊、虛弱並且缺少所有必需裝備的情況下，他絕對不可能參加覲見」。和世泰隨即與阿美士德當面交換意見，阿表示「如果不攜帶國書而覲見皇帝，是極為失禮和不規範的」。和世泰回復説，「在就要進行的覲見中，皇帝只是希望見見大使，並不打算談正事」。阿美士德不接受這一建議。張五緯建議阿美士德去和世泰的房間裡私下交談，阿美士德「很自然地認識到，如果他前往公爺的房間的話，這樣一個一般來説對中國人最有説服力的辯解理由就不能再用了，所以他斷然表示拒絕」。在這種情形下，可能因為嘉慶在等待，情急之下，中方官員上來拉扯阿美士德，阿美士德堅決不從，「宣稱除非使用極端暴力，否則他不會離開這間屋子，前去給他安排的住處之外的任何地方」。隨後使團就接到消息，「皇帝取消了他的覲見，並且願意讓他的醫生為大使提供他的疾病所需要的一切醫療幫助」。果然皇帝的私人醫生迅即前來看望阿美士德，使團被引到安排給他們的住處 —— 它曾經是接待過馬戛爾尼使團欽差大臣松筠的庭院。使團成員們進入屋內，感到「房子

208《清實錄》第三二冊，《仁宗睿皇帝實錄（五）》，卷三二〇，嘉慶二十一年七月，北京：中華書局1986年版，第241頁。又參見王之春：《清朝柔遠記》，北京：中華書局2000年版，第170頁。

十分寬敞，環境優美，主體部分附近生長著花和樹木。它是那樣令人賞心悅目，我們不由得渴望著能夠在這住幾天」。[209] 但不過兩小時，中方拒絕卸下行李，並告英方「大使沒有按照皇帝的命令參加覲見，皇帝十分生氣，下令立即離開」。英方推測，「皇帝之所以突然之間怒氣大發，部分原因可能是由於這名醫生報告說大使身體不適只不過是借口而已」。[210]

中方對阿美士德拒絕覲見嘉慶皇帝的過程敘述與英方記載強調中方官員強拖硬拽有很大出入。據《清實錄‧嘉慶朝實錄》卷三百二十載：「至初七日早膳後，卯正二刻。朕傳旨升殿，召見來使。和世泰初次奏稱：『不能快走，俟至門時再請。』二次奏稱：『正使病洩，少緩片刻。』三次奏稱：『正使病倒，不能進見。』即諭以『正使回寓賞醫調治，令副使進見』，四次奏稱：『副使俱病，俟正使痊癒後，一同進見。』中國為天下共主，豈有如此侮慢倨傲甘心忍受之理？是以降旨逐其使臣回國，不治重罪，乃命廣惠護送至廣東下船。」[211] 在中方記載中，有兩個情節不見英人記載：一是強調嘉慶四次傳喚使節覲見，英使均以病

---

209 「準備供使團住宿的房子，無論其自身還是位置都非常舒適，是一位值得尊敬的陪同馬戛爾尼的官員松大人的宅邸，他現在身在俄國的邊境地區」。參見克拉克‧阿裨爾著、劉海岩譯：《中國旅行記（1816-1817年）—— 阿美士德使團醫官筆下的清代中國》，第103頁。

210 Henry Ellis, *Journal of the Proceedings of the Late Embassy to China*, pp.178-183. 中譯本參見亨利‧埃利斯著，劉天路、劉甜甜譯：《阿美士德使團出使中國日誌》，第120-124頁。關於這位御醫還有更為詳細的記錄，「皇上派來的御醫隨即前來探視特使。這位醫生看上去已經人過中年，穿著官員的衣服。他測試了勳爵兩個手腕的脈搏，說勳爵的胃很有可能是由於食用中國食品而失調，建議休息和服用催吐劑，然後就離開了。這個醫生向皇上的報告，對我們後來的待遇產生了重要的影響，就如同隨後所看到的那樣」。參見克拉克‧阿裨爾著、劉海岩譯：《中國旅行記（1816-1817年）—— 阿美士德使團醫官筆下的清代中國》，第96頁。

211 《清實錄》第三二冊，《仁宗睿皇帝實錄（五）》，卷三二〇，嘉慶二十一年七月，第241頁。又參見王之春：《清朝柔遠記》，第170-171頁。

故托辭；二是三次傳喚英國正使不成，「四次奏稱副使俱病」。小斯當東的〈1816年英使覲見嘉慶帝紀事〉和克拉克‧阿裨爾的《中國旅行記（1816-1817年）——阿美士德使團醫官筆下的清代中國》均不見載此事，顯為有意隱瞞。事情敗壞到此，嘉慶帝勃然大怒，才下令驅逐使團。《清實錄》的記載與嘉慶帝給英國使團《頒給英國國王敕書》內容一致。

美國著名中外關係史學者馬士這樣敘述29日阿美士德使團拒絕覲見禮儀的原委：「在8月29日早上，特使風塵滿面，經過12個小時的酷暑夜在粗石路上的旅途困頓之後，被朝廷上的皇帝和國家的大臣推擁著，拖著手，並推向皇帝召見的殿堂方向，以便立即覲見。他要求有時間去拿取委任書，把自己打扮成配得上是一個大不列顛的貴族和他的君主的特使的樣子，而最主要是，要有一段時間恢復他15000里旅途而產生的疲勞，以便於覲見。——但最後他宣稱，他拒絕叩頭（his refusal to perform the kotow）。他終於突然走開，皇帝聽到這個報告，對他的態度表示震怒，下令他立即在當天晚上再回通州，再從該處返回廣東。」[212]在馬士敘述的版本裡，最惹人注目的詞眼是「拒絕叩頭」，這在外人看來是不肯屈從的象徵。

英國使團從北京返回通州的路途中，一切都發生了變化，阿美士德及其隨行人員敏感地覺察到這一變化。「沒有士兵為我們開道了，也沒有人打著燈籠為我們照路了，我們事實上必須要自己面對黑暗和壞天氣。船上宣告我們是貢使的旗幟被撤掉了，但沒有換上任何其他旗

[212] Hosea Ballou Morse, *The chronicles of the East India company trading to China 1635-1834*, Vol. III, p.264. 中譯文參見馬士著、區宗華譯：《東印度公司對華貿易編年史（1635-1834）》第三卷，第296頁。

幟。」[213] 使團明顯遭到了冷遇。

中方將阿美士德使團打發回通州後第二天，8 月 30 日（嘉慶二十一年七月初八日）嘉慶帝在知悉阿美士德拒絕觀見的全部內情後，對自己的匆促決定似有所悔。[214] 他在給英國使團《頒給英國國王敕書》中，對遣返使團的緣由做了説明：

爾使臣始達天津，朕飭派官吏在彼賜宴，詎爾使臣於謝宴時即不遵禮節，朕以遠國小臣，未嫻儀度，可從矜恕，特命大臣於爾使臣將次抵京之時，告以乾隆五十八年爾使臣行禮，悉跪叩如儀，此次豈容改畢。爾使臣面告我大臣以臨期遵行跪叩，不致愆儀。我大臣據以入奏，朕乃降旨，於七月初七日令爾使臣瞻覲，初八日於正大光明殿賜宴頒賞，再於同樂園賜食，初九日陛辭，並於是日賜游萬壽山，十一日在太和門頒賞，再赴禮部筵宴，十二日遣行。其行禮日期、儀節，我大臣俱已告知爾使臣矣。初七日瞻覲之期，爾使已至宮門，朕將御殿，爾正使忽稱急病不能動履，朕以正使猝病，事或有之，因祇令副使入見，乃副使二人亦同稱患病，其為無禮莫此之甚。朕不加深責，即日遣令歸國，爾使臣既無瞻覲，則爾國王表文，亦不便進呈，仍由爾使臣繼回。但念爾國王數萬里外奉表納贐，爾使臣不能敬恭將事，代達悃忱，乃爾使臣

---

213 Henry Ellis, *Journal of the Proceedings of the Late Embassy to China*, p.190. 中譯本參見亨利‧埃利斯著，劉天路、劉甜甜譯：《阿美士德使團出使中國日誌》，第 128 頁。

214 嘉慶諭旨：「近日召見廷臣，始知來使由通州直至朝房，行走一夜。來使云：『進見朝服在後，尚未趕到，便服焉能瞻謁大皇帝？』此等情節，和世泰見時何不陳奏？即或遺忘，或晚間補奏，或次日一早具奏俱可，直至將次升殿，總未奏明情節。伊二人之罪，重於蘇楞額矣。若豫先奏明，必改期召見，成禮而返。不料庸臣誤事至此！朕實無顏下對臣工，惟躬自引咎耳。四人之罪，俟部議上時再行處分，先將此旨通諭中外及蒙古王公等知之。」《清實錄》第三二冊，《仁宗睿皇帝實錄（五）》，卷三二〇，嘉慶二十一年七月，第 241 頁。又參見王之春：《清朝柔遠記》，第 170-171 頁。

之咎，爾國王恭順之心，朕實鑒之。特將貢物內地理圖、畫像、山水人像收納，嘉爾誠心，即同全收。並賜爾國王白如意一柄、翡翠玉朝珠一盤、大荷包二對、小荷包八個，以示懷柔。至爾國距中華過遠，遣使遠涉，良非易事，且來使於中國禮儀不能諳習，重勞唇舌，非所樂聞。天朝不寶遠物，凡爾國奇巧之器，亦不視為珍異，爾國王其輯和爾人民，慎固爾疆土，無間遠邇，朕實嘉之。嗣後毋庸遣使遠來，徒煩跋涉，但能傾心效順，不必歲時來朝，始稱向化也。[215]

這封敕書對使團來京不從禮儀的傲態、中方原對使團的周到安排、雙方交換的禮品做了詳細交代，遣詞造句，頗費斟酌，既體現了清皇寬宏柔遠之情，又指出了英使無禮拒從之實，在外交策略上可謂仁至義盡，義正詞嚴。這封敕書直到 1817 年 1 月 7 日才由兩廣總督蔣攸銛在廣州交給阿美士德，在接受敕書時，阿美士德「深深地鞠躬」。這封敕書由漢、滿、拉丁三種文字撰寫。閱畢這封敕文，使團的最初反應是：「和以往一樣，這封信用對英國國王的訓令的格式寫成，但除了這點以外，並不像起先想像的那樣傲慢。實際上，整個地說，它遠不如乾隆皇帝給國王陛下的信那樣令人憎惡。對於圓明園發生的事情，信中做了錯誤的陳述，把使團被遣回歸咎於大使和副使以身體不適的荒謬借口中，固執

<hr>

215 中國第一歷史檔案館、澳門基金會、暨南大學古籍研究所合編：《明清時期澳門問題檔案文獻彙編》（二），第 75-76 頁。嘉慶皇帝贈送使團的禮品，阿裨爾亦有記載：「皇上送給攝政王的禮物，包括一件由硅石雕刻而成的『如意』，呈淺綠色，中國人稱之為『玉』；一串瑪瑙項珠以及其他一些珠子；還有幾件繡有凸起來裝飾的絲綢小包。作為這些禮物的回贈，他們從英國的禮品中挑選了英國國王和王后的肖像、一幅唐開斯特（Doncaster）賽馬的油畫、幾幅雕版畫和幾幅中國地圖；正如後來發佈的一份上諭所說的，以表『厚往薄來之意』！」克拉克·阿裨爾著、劉海岩譯：《中國旅行記（1816-1817年）——阿美士德使團醫官筆下的清代中國》，第 107 頁。

地拒絕覲見皇帝。」[216] 被驅逐出京的積怨似稍有和緩。

在嘉慶二十一年七月二十二日〈寄諭兩江總督百齡英使已知悔懼仍當待之以禮至改令由浙洋行走一節著不可行〉的諭旨中,嘉慶帝一方面嚴責和世泰處理不當,一方面道明交換禮品的真正用心:「此次該使臣於抵宮門之日,稱病不能瞻覲,後來察知乃係該使臣由通至京,行走竟夜,及到宮門時,伊等所帶朝服尚在途次,不敢以便服行禮,是以稱病,和世泰未將實情奏明改期行禮,乃和世泰奏對舛錯所致。即日遣歸,朕復念該國王遠在重瀛萬里之外,輸誠納贐,不忍拂其恭順之忱,又降旨擇其貢物中之最輕者,賞收地理圖、畫像、印畫三件,立頒賞該國王白玉如意,翡翠玉朝珠、大小荷包,以示厚往薄來之意。」[217] 嘉慶帝頒發敕書和在通州交換禮品這一幕,可以說是嘉慶帝對自己倉促決定的一個彌補。對這次接洽使團處事不當的官員,嘉慶帝諭旨問責:「蘇楞額革去工部尚書、鑲紅旗漢軍都統,加恩以三品頂帶降補工部左侍郎,仍留總管內務府大臣;廣惠降內務府八品筆帖式;和世泰革去理藩院尚書、鑲白旗漢軍都統,仍留公爵、總管內務府大臣;穆克登額革去禮部尚書、鑲黃旗漢軍都統,降補鑲藍旗漢軍副都統。」[218] 使團通過與之打交道的一位廣州通事和張五緯在 9 月 2、3 日獲悉了這一消息。[219]

---

216 Henry Ellis, *Journal of the Proceedings of the Late Embassy to China*, p.413. 中譯文參見亨利‧埃利斯著,劉天路、劉甜甜譯:《阿美士德使團出使中國日誌》,第 283 頁。

217 中國第一歷史檔案館、澳門基金會、暨南大學古籍研究所合編:《明清時期澳門問題檔案文獻彙編》(二),第 84 頁。

218 《清實錄》第三二冊,《仁宗睿皇帝實錄(五)》,卷三二〇,嘉慶二十一年七月,第 241 頁。又參見王之春:《清朝柔遠記》,第 171 頁。

219 Henry Ellis, *Journal of the Proceedings of the Late Embassy to China*, pp.193-194. 中譯文參見亨利‧埃利斯著,劉天路、劉甜甜譯:《阿美士德使團出使中國日誌》,第 134 頁。又參見克拉克‧阿裨爾著,劉海岩譯:《中國旅行記(1816-1817 年)—— 阿美士德使團醫官筆下的清代中國》,第 107 頁。

小斯當東、埃利斯的日誌主要關注使團與中方官員的交往（特別是禮儀之爭），因此留下有關通州到北京沿途所見風光的記載頗少。加上使團往返都未進入北京城內，而在城外與北京擦肩而過，沒有機會去遊覽北京。「在返回的路上，我們仔細地觀看了北京的城牆。和通州城牆一樣，北京的城牆也是磚築成的，有著石頭地基。城牆很厚，牆體用泥土填充，所以可以認為磚石砌成的只是外層。不過，要在炮眼那裡安放大口徑的大炮，城牆的頂部可能還不夠結實。所有的城門以及城牆每間隔一段的地方都矗立著很高的塔樓，四面都有炮眼，可以安放大炮。實際上，我沒有看到安放著任何大炮，卻有著一些木頭做的仿製品。塔樓旁有一座好幾層的木頭建築，作為城門的標誌。這些建築中的一座裝潢華麗，向外伸出的屋頂隨高度的增加，一層比一層小。屋頂上覆蓋綠色和黃色的瓦，在陽光照射下顯得十分燦爛。有一道水渠環繞著我們所經過的城牆。高高聳立的城牆，一個又一個的城堡和令人驚歎的塔樓，為坐落在平原之上的北京城留下一幅壯麗的外貌，無愧於一個偉大帝國的京城。」從北京城下走過，使團成員們只能依依不捨地仰望這座令他們心動神馳的東方帝都，而埃利斯則更想去遊覽遠方的西山。「京城西山藍色的山峰無邊無際，是北京附近最為壯麗的景色。對使團中的許多人來說，北京的街道可能有著巨大的吸引力，但對我來說，去看看這道瑰麗的山脈，會得到更大的滿足。」[220]

　　相對來說，使團成員克拉克·阿裨爾作為醫官、博物學家，在他的《中國旅行記》中卻留下了大量使團沿途見聞和風光的記載。關於通州城，阿裨爾引用了使團庫克上尉的描述：「通州街道的一般佈局與天津很相像，但房屋的整潔程度，以及城裡居民的外表，卻比天津差

---

220 Henry Ellis, *Journal of the Proceedings of the Late Embassy to China*, p.185. 中譯文參見亨利·埃利斯著，劉天路、劉甜甜譯：《阿美士德使團出使中國日誌》，第 125 頁。

了很多。庫克上尉由於騎馬，所以比乘車者有更多的機會觀察周圍的情景，承蒙他的惠允特引述他對通州城牆和城門的評論。『我們跨過架在壕溝上的一座橋，到達城的外牆，這條壕溝的寬度和深度足以對攻城者構成相當大的障礙——如果壕溝不被填塞的話。城牆的高度看來有 60 到 70 英尺，從拱形城門洞的長度判斷，城牆的厚度有 50 英尺。穿過這道城牆後，我們又從它的右角穿過第二道大約有 30 英尺厚的城牆。城門是用木頭製作的，七八英吋厚。城牆和城門有許多供弓箭和步槍使用的射擊孔，但我沒有看到大炮。』」[221] 作為軍官，庫克更多地是從軍事眼光觀察通州的建築設施。從通州到北京的道路給阿裨爾的感覺很差，「這條道路是用大塊花崗岩鋪成的，鋪的很不規則，石塊之間由於長時期的磨損出現了很大的坑洞，其深度足以把四輪馬車顛翻。在整條道路上，這種坑洞不斷出現，給乘坐兩輪車的人帶來極大的煩惱。我們經過這一地區時，一直到白天，道路兩旁種植的黍類作物生長茂盛，但卻沒有看到值得描述的景色」。[222] 阿裨爾光顧了通州城外的市場，他發現，歐洲銀幣在通州可以找到很多，「18 便士和 3 先令的英國硬幣特別受歡迎，價值好像和西班牙元一樣高」。[223] 使團成員不被允許進城，城外街道兩旁是不值得一逛的店舖和公共遊樂場所，多數店舖擺滿了冬季服裝——皮衣，它們主要是由商隊從西伯利亞運來，阿裨爾花費 14 西班牙元買了一件鹿皮大衣。皮貨店之外，還有藥舖、酒館。街上隨處可見的乞丐使阿裨爾感到「在中國這種現象會普遍存在」，這與巴羅在《中國旅行記》中認為乾隆年間中國不存在乞丐很不一樣。作為博物學家的阿裨爾對搜集植物標本最感興趣，「在圓明園附近，在北京城牆

---

221 克拉克·阿裨爾著、劉海岩譯：《中國旅行記（1816-1817 年）—— 阿美士德使團醫官筆下的清代中國》，第 93 頁。

222 同上，第 96 頁。

223 同上，第 109 頁。

下，我都曾看到廣闊的地面上到處盛行開著粉紅色和黃色的鮮花，可以讓人引發像中國詩人那樣的熱情，月光下，徜徉在蓮花掩映的河畔，快樂地吟誦著詩句」。「白菜完全可以說是這個國家的植物。整個中華帝國白菜的消費是極大的，尤其是北京；按照一些作者所談，每當 10 月至 11 月，北京城的九個城門，經常從早到晚被運白菜的各種車輛堵塞住了。事實上，可以將這種蔬菜與中國人的關係看作馬鈴薯與愛爾蘭人的關係一樣。」通州當地的居民將他們種植的植物作為禮物送給他，而阿裨爾回贈的「最受歡迎的禮物是黑鉛筆和普通的英國信箋紙」。[224]

英國使團在大沽口登陸後，其行蹤處處受到清軍士兵的嚴密監控。如在通州，8 月 24 日埃利斯的日誌寫道：「在過去的 3 天裡，兩名俄國人以及一名為俄國服務的法國人一直在我們駐地附近轉悠。那名法國人第一天與阿美士德勳爵樂隊的鼓手進行交談，告訴他他們希望能向大使表達敬意，但一直受到中國衛兵的阻止，除了那些頭戴官帽的人以外，他們不允許任何人進入。他說自己在中國已經待了 9 年。阿美士德勳爵決定不和他們做任何聯繫，此後也就沒有發生什麼交往。」[225] 8 月 25 日晚，「張五緯送給馬禮遜先生一份文件，據稱是北京地方長官發佈的一道諭令，命令成培增加我們駐地的衛兵人數，並且嚴密監視我們與中國人的所有聯繫。發佈這些命令，是由於那些長期居住在廣州的外國人會說中國話，而對那些與外國人聯繫的叛逆的中國人，將嚴懲不貸」。[226] 對於軍事裝備更是嚴禁使團採購，「他們竭力反對我們購買這個

---

224 克拉克‧阿裨爾著、劉海岩譯：《中國旅行記（1816-1817 年）——阿美士德使團醫官筆下的清代中國》，第 108-119 頁。

225 Henry Ellis, *Journal of the Proceedings of the Late Embassy to China*, p.162. 中譯文參見亨利‧埃利斯著，劉天路、劉甜甜譯：《阿美士德使團出使中國日誌》，第 111 頁。

226 Henry Ellis, *Journal of the Proceedings of the Late Embassy to China*, p.165. 中譯文參見亨利‧埃利斯著，劉天路、劉甜甜譯：《阿美士德使團出使中國日誌》，第 113 頁。

地方的任何兵器，一名隨員買了一把劍，當他公開帶著它走進特使駐地時，被中國人沒收了」。[227]

在通州停留期間，由於水土不服，使團中有多人患病，在樂隊和衛隊中尤其嚴重。疾病主要是痢疾和發炎，發病者多為飲用白河河水產生的不良反應。樂隊一名叫布斯（Pybus）的樂手，「在離開通州前往圓明園的前一天去世。他以軍人的葬禮被埋葬在一處中國人的墓地，這處墓地也埋葬了馬戛爾尼的一名隨員、他的同胞伊德（Eade）」。[228]

英國使團離開通州後，英使抗拒中方禮儀的強硬態度頓使清廷感覺不安和警覺，朝野上下都覺察到英國具有不同於其他「朝貢」國的實力。因此在使團南下後斷然採取了相應的措施。第一個步驟是針對鼓動使團採取強硬態度的小斯當東，「嚴詞飭禁」，不許其再重返中國。8月30日（嘉慶二十一年七月初八日）軍機大臣〈寄諭兩廣總督蔣攸銛英貢使到粵即將頒給該國王敕書交彼恭繼回國呵噹東亦飭令同回並可否停止該國貿易酌議具奏〉：「至該副使斯當東久住澳門，通曉內地語言，人本譎詐，此次該使臣等反覆狡猾，料必係伊從中播弄。斯當東到粵時，即飭令同該正使一併回國，勿許停留。伊若請於回國後，仍來澳門充當大班，亦嚴詞飭禁，斷不許其再來。並諭知各洋行勿許私自容留，違者治罪。」[229] 10月15日（嘉慶二十一年八月二十五日）軍機大臣〈寄諭兩廣總督蔣攸銛英貢使抵粵仍當以禮遣歸並橄飭該國王嗣後貿易須在指定地點並選誠實之人經理〉重申：「其爾國遣來粵東經理貿易事件，亦必慎選誠實之人才可任用，如呵噹東之狡猾愚昧、不知禮體者，斷不

---

227 克拉克・阿裨爾著、劉海岩譯：《中國旅行記（1816-1817 年）——阿美士德使團醫官筆下的清代中國》，第 109 頁。

228 同上，第 121 頁。

229 收入中國第一歷史檔案館、澳門基金會、暨南大學古籍研究所合編：《明清時期澳門問題檔案文獻彙編》（二），第 77 頁。

可令其復來粵省。」[230] 這等於宣佈小斯當東從此為不受歡迎的人。第二個步驟是「著直隸、山東、江蘇、浙江、福建、廣東各省督撫飭知沿海文武員弁，各將水師炮械勤加訓練，並留心察探，此後如有噗咭唎國夷船馳近海口，即行驅逐，不許寄椗停泊，亦不准其一人登岸，倘該船夷船不遵約束，竟有搶掠情事，即痛加剿殺，或用炮轟擊，不可稍存姑息」。[231] 這等於宣佈英國為敵國，這可能是清朝自開國以來對西方國家採取的最嚴厲防範措施。

英國方面對阿美士德出使北京的評價可從兩份文件看出來，一份是出自副使埃利斯的意見：「反思前往北京朝廷的兩個使團所取得的結果，不能不產生某種屈辱感。派遣這兩個使團的明確目的即使不是要取得更多的特許權，至少也是要增加貿易的保障，就此而言，兩個使團都遭到了徹底的失敗，而後一個使團肯定還會引起更加嚴重的不滿。」如果詢及他本人對順從中國禮儀持何種態度，他說：「我都不會認為使團僅僅得到接見會帶來任何實質性的好處。同時我也不會認為，使團出於尊重無可置疑的行家的意見和豐富的地方經驗而採取的行動，影響了派遣使團這一措施本身的總體得當性。」[232] 一份是 1820 年十六位廣州商館同仁致小斯東的證明函，函中說：「我們在華英國商館下文簽名的各位成員，完全能夠體會您在擔任中國使團使節時所做貢獻的價值，請您接受這一高度敬重你的證明函，我們在此秉持的是您行事的原則。您在最為尷尬難堪的情況下展現出了果斷又明智的判斷力，意志不堅定者可能早就在您承受的重擔下壓垮了腰身，您的果斷維護了祖國的榮譽，

---

230 收入中國第一歷史檔案館、澳門基金會、暨南大學古籍研究所合編：《明清時期澳門問題檔案文獻彙編》（二），第 105 頁。

231 同上，第 89 頁。

232 Henry Ellis, *Journal of the Proceedings of the Late Embassy to China*, p.437. 中譯文參見亨利‧埃利斯著，劉天路、劉甜甜譯：《阿美士德使團出使中國日誌》，第 298 頁。

同時也促進了國家的商業利益；而它們之間歷來就有著天然的、密切的聯繫。」[233] 當英國方面確定順從中國禮儀也不會獲取商貿上的利益保障時，選擇反抗就是一個必要的選擇。從這個意義上說，小斯當東的強硬主張，也就是阿美士德使團的選擇，可以說是英國力圖衝破清朝傳統朝貢體系的最後一搏，中英關係由此開始緊張，鴉片戰爭的爆發只是這種事態蓄積、升級的結果。

結　語

馬戛爾尼使團訪華在中西關係史上是一個重要轉折點，在中英關係史上更是一個新的起點。對英國乃至歐洲來說，都具有極為重要的歷史意義。正因其如此重要，研究中英關係史的著名學者普理查德才認定其為早期中英關係發展的「關鍵性年代」。[234]

首先，馬戛爾尼使團出版的遊記、報告，改變了過去主要由傳教士傳播「中國經驗」的做法，開啟了非神職人員主導歐洲「中國經驗」的新局面。

從明末意大利耶穌會士羅明堅、利瑪竇進入中國開創傳教士漢學時代，歐洲主要通過在華的傳教士傳輸「中國經驗」，了解遙遠的東方文明古國 —— 中國。接踵而至的法國耶穌會士雖在十八世紀取代意大利人掌控了在華傳教的主導權，但他們的職業身份並沒有改變，他們以天主教的立場解讀中國，他們的「中國經驗」往往局限在宗教的範圍內，帶有強烈的宗教色彩。十八世紀是「傳教士漢學」步入鼎盛的時

---

233 George Thomas Staunton, *Memoirs of the Chief Incidents of the Public Life of Sir George Thomas Staunton, Bart*, p.71. 喬治・托馬斯・斯當東著、屈文生譯：《小斯當東回憶錄》，第 65 頁。

234 Earl H. Pritchard, *The Crucial Years of Early Anglo-Chinese Relations, 1750-1800*.

代。[235]

馬戛爾尼使團的遊記、報告、畫冊出版後，很快風行歐洲，刮起了一股新的出版「中國熱」。這些讀物不具宗教色彩，至少在三方面為歐洲的漢學知識譜系增添了新質：一是因有一批職業科學家、機械師、醫師等專業人材參加馬戛爾尼使團，他們對中國相關學科知識（如力學、化學、天文、醫學等）的評估和中西之間差距的比較，較此前傳教士的了解明顯有了新的進步。斯當東、巴羅在他們的遊記中對中國古代科技、藝術，如印刷、火藥、建築、人文、藝術有大篇幅的評論，[236] 這些看法實為使團的經驗總結。二是因有一批軍官和不同兵種的職業軍人參加使團，使團無形之中帶有軍事色彩，他們對所遊歷之地進行軍事考察（如測量山川地形、觀測軍事工事、調查兵力部署、觀察軍事武器、考核清軍素質），大大推進了對中國實際軍事狀況的了解。三是因有專業畫師和繪圖員參加使團，他們創作的近千幅圖畫為歐洲漢學知識譜系增添了新的篇章。過去雖有傳教士畫師進入宮廷，為清廷繪畫，為增進中西美術交流做出了重要貢獻，但與這些傳教士畫師服務於中國皇帝不同，馬戛爾尼使團的畫師亞歷山大的創作目的完全是為了滿足其了解中國願望的需要，所以他的畫作具有寫實、傳實的性質，他為西方展現了一幅幅十八世紀末中國風情的絢麗畫卷。豎立在博克斯利教堂的墓碑給亞歷山大以這樣的評價：

---

235 有關「傳教士漢學」概念及其相關研究，參見張西平：《傳教士漢學研究》，鄭州：大象出版社 2005 年版。

236 Sir George Staunton, *An Authentic Account of an Embassy from the King of Great Britain to the Emperor of China*, In 3 vols, Vol. 3, pp.104-131. 中譯文參見斯當東著、葉篤義譯：《英使謁見乾隆紀實》，第 392-402 頁。John Barrow, *Travels in China*, pp.236-356. 中譯文參見約翰．巴羅著，李國慶、歐陽少春譯：《我看乾隆盛世》，第 172-256 頁。

他於 1792 年隨一個特使團去了中國，並且通過他畫筆的力量，使歐洲比以前任何時候都更好地了解中國。這位畫家本人性情溫和，平易近人，待人寬厚，並且具有聖潔的人格，耐心地等待福音書所帶來的名聲、榮耀和不朽。1767 年 4 月 10 日，他出生於梅德斯通，並於 1816 年 7 月 23 日在那裡去世。[237]

「使歐洲比以前任何時候都更好地了解中國」這一評語，可謂亞歷山大的最佳墓誌銘。

「有關中國知識的激增也許是使團最為重要的收穫。」[238] 這些新增的中國知識大大改變了歐洲漢學依附神學的狀況，提升了其科學化、專業化和技藝的水平，增添了新的軍事色彩，從而使歐洲漢學朝著世俗化和旅行者的方向發展。

其次，馬戛爾尼使團的旅行記、報告對中國的現狀和實力作了新的評估，強化了其原有的貶華傾向和英國人此前已有的優越感，增強了其向中國殖民開拓的信心。

在英國使團來到中國以前，英國著名哲學家休謨就批評中國：「沒有人敢於抵制流行看法的洪流，後輩也沒有足夠的勇氣敢於對祖宗制定、世代相傳、大家公認的成規提出異議。這似乎是一個非常自然的理由，能說明為什麼這個巨大帝國裡科學的進步如此緩慢。」[239] 經濟學家亞當·斯密也發現：「今日旅行家關於中國耕作、勤勞及人口稠密狀態的報告，與 500 年前視察該國的馬可·波羅的記述比較，幾乎沒有什麼

---

237 威廉·亞歷山大著、沈弘譯：《1793：英國使團畫家筆下的乾隆盛世 —— 中國人的服飾和習俗圖鑒》，第 37-38 頁。

238 Earl H. Pritchard, *Anglo-Chinese Relations during Seventeenth and Eighteenth Centuries*, p.184.

239 〔英〕休謨（David Hume）著、楊適等譯：《人性的高貴與悲劣 —— 休謨散文集》，上海三聯書店 1988 年版，第 48 頁。

區別。也許在馬可‧波羅時代以前好久，中國的財富就已經完全到了該國法律制度所允許的發展程度。各旅行家的報告，雖然有許多相互矛盾的地方，但關於中國勞動工資低廉和勞動者難於贍養家屬的記述，則眾口一詞。」「中國下層人民的貧困程度，遠遠超過歐洲最貧乏國民的貧困程度。」[240] 敏銳的英國思想家已捕捉到中國在科技、經濟方面發展緩慢的信息。

英國使團經過自己的實地考察，大大強化了此前的貶華傾向。馬戛爾尼批評中國政治狀況時說：「種種原因導致政治領域不可思議的現象。自從韃靼人 150 年前進入中國以來，這個國家在一種削弱的管理狀態下逐漸衰落，被內戰和叛亂攪得混亂不堪，被幾個無價值的競爭者爭奪不已。」[241] 斯當東對當時中國科技水平表現出不屑一顧的觀感：「他們對於地球和宇宙的關係完全無知，這就使他們無法確定各個地方的經緯度，因此航海技術永遠得不到改進。」「中國人對於事物的研究只限於能夠達到實際利用的目的為止。他們對於磁性吸引力的一些普通的知識在他們的航海範圍內已經足夠用的了。」「中國人雖然在特定的幾種工業上的技術非常高超，但在工業上和科學上，比起西歐國家來，實在處於極落後的地位。」[242] 巴羅對中國的文明程度評價很低：「在總體上，可以認定中國是現今世界上尚存的、最早達到一定文明程度的國家之一。不過此後，因為朝廷的政策或其他原因，它就停滯不前了。他們在 2000 年前，當全歐洲相對而言可以說還未開化之時，他們就已經有了

---

[240] 柳卸林主編：《世界名人論中國文化》，武漢：湖北人民出版社 1991 年版，第 371-372 頁。

[241] J. L. Cranmer-Byng, *An Embassy to China: being the Journal Kept by Lord Macartney during his Embassy to the Emperor Ch'ien-lung, 1793-1794*, p.236.

[242] Sir George Staunton, *An Authentic Account of an Embassy from the King of Great Britain to the Emperor of China*, In 3 vols, Vol. 2, pp.65-66, 73;Vol. 3, p.498. 中譯文參見斯當東著、葉篤義譯：《英使謁見乾隆紀實》，第 225、227-228、498 頁。

跟他們目前所有的一樣高的文明了。但是從那以後,沒有任何方面有任何進展,在許多方面反而倒退。目前,跟歐洲相比,他們可以說是在微不足道的小事上偉大,在舉足輕重的大事上渺小。」[243] 使團這三位要員對中國現狀的評價,徹底修正甚至顛覆了此前十八世紀歐洲「中國熱」所樹立的中國形象。對此,美國學者孟德衛(David E. Mungello)如是評論道:「早在 1800 年前,中國的衰弱已經漸露端倪。1792-1794 年馬戛爾尼使華期間的觀察就給出了一個最清晰的影像。」[244] 佩雷菲特更是明確地說:「從此,中國的形象黯淡了。」[245]

中國形象的改變並不獨是英國使團所有,法國啟蒙思想家早已有之,甚至可以說可能是法國人影響了英國人的看法。但對中國實力的評估,卻是英國使團此行的一個最大收穫。孟德衛認為:「雖然馬戛爾尼使團的出使是一次外交失敗,但在東印度公司看來,其所獲取的信息可以抵償他們的贊助費用。」[246] 斯當東在他的報告附錄中有十個表,詳列了他獲得有關中國土地、人口、國家收入、官員數目及薪俸、英國和其他歐洲各國對華貿易、英國對華貿易、外國從中國運出茶葉統計等統計數據,這些數據充分顯示了英國使團對中國了解的精確程度,為英方決策提供了可靠依據。[247] 巴羅的旅行記從皇城行宮、社會百態、宮

---

243 John Barrow, *Travels in China*, p.355. 中譯文參見約翰·巴羅著,李國慶、歐陽少春譯:《我看乾隆盛世》,第 255-256 頁。

244 David E. Mungello, *The great encounter of China and the West, 1500-1800*, p.150. 中譯文參見孟德衛著、江文君等譯:《1500-1800 中西方的偉大相遇》,第 182 頁。

245 佩雷菲特著、王國卿等譯:《停滯的帝國 —— 兩個世界的撞擊》,第 563 頁。

246 David E. Mungello, *The great encounter of China and the West, 1500-1800*, p.153. 中譯文參見孟德衛著、江文君等譯:《1500-1800 中西方的偉大相遇》,第 187 頁。

247 Sir George Staunton, *An Authentic Account of an Embassy from the King of Great Britain to the Emperor of China*, In 3 vols, Vol. 3, pp.467-489. 中譯文參見斯當東著、葉篤義譯:《英使謁見乾隆紀實》,第 537-555 頁。

廷生活、人文藝術、法律制度、宗教信仰、農村面貌多方面對其所見所聞作了報道，他的評述雖充滿了傲慢與偏見，但也的確展現了中英實力對比的天秤已朝著有利於英國的方向傾斜。馬戞爾尼在他的《馬戞爾尼關於中國的考察報告》一文中，分風俗與個性、宗教、政府、法律、財富、人口、稅收、軍事、貿易與商業、藝術與科學、水利、航海、中國語言、結論諸節對中國的現狀作了新的評估。這份內部報告明顯增強了英國方面的實力感。「馬戞爾尼的夥伴們到達中國時堅信自己比其他歐洲人強，他們回國時又增加了一種新的信念：他們同樣也比中國人強。他們看到這個從馬可‧波羅以來大家都說得天花亂墜的帝國竟是如此的落後。為什麼呢？因為它反對進步、反對科學、反對事業精神。相反，他們卻發現了自己強大的動力。」[248] 英國使團成員普遍認為在航海、科技、軍事這些方面，他們已遙遙領先於中國。「中華帝國是一艘古老、瘋狂、一流的戰艦，只是幸運地有了幾位能力強、而又謹慎的船長才使它在過去 150 年期間沒有沉沒。僅憑它那巨大的外表就足以威懾周圍的鄰國。然而一旦來了個無能之輩在甲板上掌舵，輪船就會喪失紀律和安全。」[249] 使團的這一預感增強了大英帝國向中國殖民開拓的決心，大清帝國這艘風雨飄搖的舊船離沉沒的日期為時不遠了。

最後，馬戞爾尼使團的使華遊記為英國發動兩次鴉片戰爭提供了豐富的情報資源和動力因素，成為英國抉擇英中關係的重要依據，從這個意義上說，馬戞爾尼使團實際開啟了中英關係甚至中西近代關係史的序幕。

劉半農可能是最早洞見英國使團的文獻材料與後來歷史演變存有

---

248 佩雷菲特著、王國卿等譯：《停滯的帝國 —— 兩個世界的撞擊》，第 628 頁。

249 J. L. Cranmer-Byng, *An Embassy to China: being the Journal Kept by Lord Macartney during his Embassy to the Emperor Ch'ien-lung, 1793-1794*, pp.212-213.

密不可分的關係的中國學人。1916 年他在《1793 年乾隆英使觀見記》譯序中寫下了如下這段話：

> 濮蘭德《清室外紀》有言，英使來華，所求互派公使，推廣商業，議訂稅則諸事。中朝一不之許，但賜以文綺珍玩令歸，故英使所得，文綺珍玩而外，僅有本人及隨員之筆記而已。吾則謂此筆記之值，重於文綺珍玩為倍萬，而重於所求諸事者，為倍亦百。蓋自有此書，而吾國內情，向之閉關自守，不以示人者，至此乃盡為英人所燭。彼其尺進寸，益窮日之力，合有形無形以謀我者，未始非此書為其先導也。**250**

黃一農先生根據自己發現的一首英詩和馬戛爾尼與聞羅伯特‧克萊夫（Robert Clive）龐大的殖民計劃一事，**251** 認為「在十八世紀末，當自認是『天朝上國』的乾隆皇帝視馬戛爾尼為貢使時，也有英人期望中國向大不列顛帝國進貢。事實上，馬戛爾尼亦曾聽聞 Robert Clive 欲在中國大陸建立一塊殖民地的計劃。亦即，英使來華的目的，加強商貿或只不過是其表面或近程的企圖而已！」**252** 視馬戛爾尼使華是大英帝國向中國殖民拓展戰略的有機組成部分。

馬戛爾尼使團與後來的中英關係及兩次鴉片戰爭存有密切關係，大致有四條線索可循：一是馬戛爾尼使團對沿途風土人情、城市面貌、地理環境的實地考察，填補了此前英國人沒有親身遊歷北京、熱河、天

---

250 馬戛爾尼著、劉半農譯：《1793 年乾隆英使觀見記》，第 4 頁。

251 J. L. Cranmer-Byng, *An Embassy to China: being the Journal Kept by Lord Macartney during his Embassy to the Emperor Ch'ien-lung, 1793-1794*, p.213. 此段載 1794 年 1 月 2 日馬戛爾尼日記，秦仲龢中譯本未譯。

252 黃一農：〈印象與真相 —— 清朝中英兩國的觀禮之爭〉，載台北《歷史語言研究所集刊》第七十八本第一分，2007 年 3 月，第 37 頁。

津等地和黃海、渤海海域的空白，其旅行紀錄自然也就成為後來英國人「中國經驗」的主要材料來源。事實上，英國軍隊在兩次鴉片戰爭的活動區域和入侵北京的路線，正是馬戛爾尼使團走過的舊路，使團不啻充當了英軍或英法聯軍的先導。二是馬戛爾尼使團掌握了大量中國軍事情報，從環繞在英國戰艦周圍簡單、笨重、低矮的中國帆船，他們看出了中國水師與英國海軍的明顯差距；從粗獷的武將王大人那裡，他們獲悉了中國軍隊的步、騎兵人數和諸多軍事材料；[253] 從清軍那些翻跟斗、疊羅漢的操練，他們得出其根本無法匹敵以精確瞄準火器為主要訓練內容的英軍的結論。[254] 乾隆皇帝為了展示軍威，上諭沿途各省督撫排列軍隊，供使團檢閱，沒想到這反而給英國使團提供了實際觀察清軍的絕好機會，據馬戛爾尼 12 月 18 日日記載，使團南下後，「自南州府以降，每過一城鎮即有極嚴肅之兵隊向吾輩行禮，此軍隊行禮之事吾於所經各處均遇之」。「然以余觀之，此種寬衣大袖之兵，既未受過軍事教育，而所用軍器又不過刀、槍、弓、矢之屬，一旦不幸，洋兵長驅而來，此輩果能抵抗與否？尚屬一不易置答之疑問也。」[255]12 月 25 日日記甚至狂妄的聲稱：「只要我們派兩三艘小戰艦，不消兩個月功夫，就可以把中國沿海的海軍全部摧毀，沿海各省居民，大都靠捕魚為業的，這麼一

---

253 Sir George Staunton, *An Authentic Account of an Embassy from the King of Great Britain to the Emperor of China*, In 3 vols, Vol .2, p.134; Vol. 3, pp.392-393. 中譯文參見斯當東著、葉篤義譯：《英使謁見乾隆紀實》，第 252、506 頁。

254 參見威廉‧亞歷山大著、沈弘譯：《1793：英國使團畫家筆下的乾隆盛世 —— 中國人的服飾和習俗圖鑒》，第 28、49 頁。

255 Helen H. Robbins, *Our First Ambassador to China: An Account of the Life of George Earl of Macartney, with extracts from his letters, and the narrative of his experences in China, as told by himself, 1737-1806, from hitherto unpublished correspondence and documents*, pp.376-377. 中譯文參見馬戛爾尼著、劉半農譯：《1793 年乾隆英使覲見記》，第 215 頁。

來，他們的生活便大受影響，說不定會發生饑荒呢。」[256] 馬戛爾尼以為清軍缺乏戰鬥力，不堪一擊。依恃其擁有的軍事優勢，英軍後來膽敢遠道而來，悍然發動一場又一場侵略戰爭。三是使團當時雖未就擴大兩國通商的六項要求與清朝達成協議，但他們掌握了中歐之間茶葉貿易較為真實的數據，這為英方後來的決策提供了重要依據，英國發動鴉片戰爭實為其以戰爭手段達到馬戛爾尼使團擴大通商要求的繼續。兩次鴉片戰爭所強加給中國的不平等條約，遠遠超越了馬戛爾尼使團當年提出各項要求的範圍。四是使團的最小成員小斯當東 1816 年作為阿美士德使團的副使再次訪華，以後又當選為英國議會議員，1840 年英國下議院就發動鴉片戰爭進行辯論時，他是主戰的強硬派代表。[257] 更為湊巧的是，1860 年 10 月 18 日，侵入北京的英法聯軍闖進圓明園，在這裡發現了馬戛爾尼使團贈送的大部分禮品，包括各種天文儀器和火炮，原封不動地放在那裡，他們將這些物品帶回英國，歷史在這裡又奇妙地出現了會合。

阿美士德使華失敗以後，英國處理對華關係剩下的只有三種選擇：「訴諸武力，強迫他們作出某種公正的安排；完全聽任他們的旨意；或是撤去全部貿易，直到他們提議恢復為止。事情的進程按第二條持續下去，到了採取第一條之後才實現了全部海岸對西方國家的企業的開

---

256 J. L. Cranmer-Byng, *An Embassy to China: being the Journal Kept by Lord Macartney during his Embassy to the Emperor Ch'ien-lung, 1793-1794*, p.170. 中譯文參見秦仲龢譯：《英使謁見乾隆紀實》，第 262-263 頁。

257 佩雷菲特：〈序言〉，收入中國第一歷史檔案館編：《英使馬戛爾尼訪華檔案史料彙編》，第 11 頁。又參見游博青：〈英人斯當東與鴉片戰爭前的中英關係〉，收入復旦大學歷史地理研究中心：《跨越空間的文化 —— 16-19 世紀中西文化的相遇與調適》，上海：東方出版中心 2010 年版，第 275-295 頁。

放。」[258] 當英國即將完成工業革命，對拓展海外市場和原料產地有著更大的欲求之時，發動戰爭達成自己的目的就勢成必然。

返觀中國，這件對英國具有重要歷史意義的事件，在中國卻是一片空白，幾乎沒有留下任何痕跡。隨著馬戛爾尼使團的離去，清朝又回復原態。英國陣容強大的使團，沒有引發清廷深入探究英國的衝動；馬戛爾尼使團贈送的科技儀器、軍事武器，沒有激發起中方研究近代科學的興趣。一切就像沒有發生一樣，中國後續的歷史沒有因此產生任何連鎖反應。面對這樣一種無奈的結局，戴逸先生只能以「失去了的機會」表達對清朝的遺憾。[259] 如果說，乾隆的「限關自守」政策所發揮了限制性接觸這一防範作用，也許還情有可原，但面對軍事、科技方面落後的壓力卻無動於衷，沒有採取任何積極的應對措施和制度更新，則反映了清朝自我更新機制的衰竭。由此造成的社會停滯局面，最終讓清朝在兩次鴉片戰爭中付出了慘重的代價。

258 Samuel Wells Williams, *The Middle Kingdom: a survey of the geography, government, education, social life, arts, religion, etc. of the Chinese Empire and its inhabitants*, Vol. II (New York: Wiley, 1848), p.459. 中譯文參見〔美〕衛三畏著、陳俱譯：《中國總論》下冊，上海古籍出版社 2005 年版，第 909 頁。

259 參見戴逸：〈失去了的機會 —— 為朱雍著《不願打開的中國大門》一書所寫序言〉，收入朱雍：《不願打開的中國大門》，南昌：江西人民出版社 1989 年版，第 1-17 頁。

盛世下的憂患

——中西關係視角下的康雍乾盛世

18 世紀是東西方雙雄並峙、互相對望的時代。一方面，中國作為東方古老文明國家的樣板，在清朝康熙、雍正、乾隆三帝時期達到帝制社會的鼎盛，傲然屹立於世界的東方，雄視四鄰。另一方面，西方國家的政治、經濟、文化正在發生革命性的轉型，其殖民鋒芒指向中國，法國、葡萄牙、意大利等國借大批傳教士在華佈道；荷蘭、葡萄牙、西班牙、英國紛紛派遣使節來到北京，洽談商貿；俄羅斯虎視眈眈，覬覦中國東北、西北、蒙古廣大地區。中西方雖然平靜地度過了一個世紀，但在強勢的清朝背後，映襯著沉重的陰影，一場由西向東的颶風正在呼嘯而來。將 18 世紀中國置於廣闊的世界背景中去考察，特別是將其與西方同時正在發生的巨大變革對比，可以看出中西關係正在發生複雜而微妙的變化，從這一視角重新探討康雍乾盛世，我們對這段歷史或許可以獲致更為深刻的理解。

一、　中西交流給北京帶來的「西方元素」

　　18 世紀的中國在歷經康熙、雍正、乾隆三朝後，步入了前所未有的「盛世」。從傳統的意義來看，所謂「盛世」，包括以君主專制為核心的中央集權權威秩序得到確認和強化，剷除地方割據勢力，吏治相對清明；通過對外用兵拓展疆域、鞏固邊疆，加強邊遠少數民族對清朝的認同感、歸附感；社會秩序相對穩定，士人在科舉體制內獲得對知識、權力的滿足，異端情緒逐漸平息；經濟發展，商業繁榮，人口增長，農民生活相對自足。這些條件到乾隆年間都已具備。好大喜功的康熙、乾隆兩帝在文治武功方面都遠超歷代君主，事實上他們在位的時間也最長，幾乎跨越 18 世紀。中國歷代的疆域版圖之廣以乾隆朝為最。毫無疑問，中國是當時世界上最強大的國家。誠如戴逸先生中肯地指出：「直到 18 世紀，當時正處在清朝的康雍乾盛世，政治清明、社會安定、

經濟繁榮、文化昌盛、多民族國家的統一大大鞏固。如果只把它和漢、唐、元、明作縱向比較，而不進行世界性的橫向比較，中國封建社會看起來仍具有活力，仍在繼續發展。18 世紀的中國確有值得稱道的巨大成就。」[1] 這是就中國自身的發展而言。

與此相適應，18 世紀的北京也是當時世界上最具國際性的都市。北京不僅是東方世界的交流中心，清廷於此與周邊的朝鮮、日本、琉球、安南、呂宋、暹羅、緬甸、文萊等國，以及東南亞、中亞、西亞諸國保持著傳統往來關係，而且是與歐洲各國交往最為頻繁的東方帝都。歐洲通過傳教士、外交使節、貿易往來三條途徑與北京保持密切的交往。據統計，18 世紀耶穌會派往北京或遊歷過北京的傳教士達到 115 名；[2] 迄至 1840 年，遣使會來到北京的傳教士至少有 16 名，他們是：畢天祥、德里格、馬國賢、山遙瞻、羅廣祥、吉德明、巴茂正、韓納慶、福文高、李拱辰、南彌德、畢學源、高守謙、蘇薩、趙主教、孟振生；[3] 方濟各會在北京設立了教區。從 1716 年到 1860 年，俄羅斯東正教向北京派出佈道團十三屆，有 130 多名神職人員；[4] 這些傳教士常駐北京，集傳教、外交、研究與搜集情報於一身。平心而論，這些西來的傳教士一方面將西方的宗教、文化、科技帶到中國，促進了西方與中國

1　戴逸：《18 世紀的中國與世界·導言卷》，瀋陽：遼海出版社 1999 年版，第 4 頁。

2　參見拙作〈十八世紀法國耶穌會士的「北京經驗」〉，載《中國文化》第三十四期，2011 年秋季號。

3　另有華人司鐸多名。迄今對遣使會研究的中文成果甚為缺乏，遣使會在耶穌會被解散後，取代耶穌會在北京的角色，同時大力發展華人主教、司鐸，成為 19 世紀在北京傳教舉足輕重的勢力。參見耿昇《遣使會傳教士的在華活動》和《1697-1935 年在華遣使會士列傳》，收入《16-20 世紀入華天主教傳教士列傳》，桂林：廣西師範大學出版社，2010 年版，第 531-546、549-573 頁。P. Octave Ferreux C.M. 著，吳宗文譯：《遣使會在華傳教史》，台北：華明書局 1977 年初版。

4　參見尼·伊·維謝洛夫斯基編：《俄國駐北京傳道團史料》第一冊，第 122-128 頁。

的文化交流；一方面將中國文化帶往西方，大力發展西方漢學，極大地滿足了西方了解中國的慾望，引發了 18 世紀歐洲的「中國潮」、「中國風」。在世界範圍內架起了一座中西文化交流的橋樑。與此同時，必須承認西方傳教士也是向東方殖民開拓的先行者。他們因長駐北京，有些人甚至充當西方獲取中國情報的「坐探」，為後來西方向中國的殖民開拓做了必要的知識準備。在 18 世紀，歐洲各國派遣赴京的使團或使節，俄羅斯有伊茲瑪依洛夫使團（1720-1721）、薩瓦使團（1726-1727），葡萄牙有麥大成使團（1711）、斐拉理使團（1720-1721）、麥德樂使團（1727）、巴哲格使團（1753），英國有馬戛爾尼使團（1793），荷蘭有德勝、范罷覽使團（1795），教廷有多羅使團（1705）、嘉樂使團（1720-1721），中歐繼續保持外交往來。《皇清職貢圖》卷一曾對來往的歐洲使節加以描繪，內中涉及俄羅斯、英吉利、法蘭西、荷蘭等國。在商貿方面，來自北方的俄羅斯商隊以北京為中心展開活動，北京一度是中俄貿易的主要場所；傳教士、歐洲其他國家使節、使團隨身攜帶的物品、禮品源源不斷地運往京城。可以說，北京與歐洲的來往保持相當開放的局面。從整體來說，18 世紀的中國雖然維持封閉的狀態，但從局部諸如北京、廣州這些城市來說，卻與外部保持密切的聯繫。北京是當時世界上與外部交往最為頻繁的都城，北京有足夠的渠道了解外部世界。

「西方元素」成為京城豐富多彩多元文化的一部分。東、西、南、北四堂和俄羅斯館、俄羅斯東正教堂這些區別於中式建築的西方風格建築，還有欽天監觀象台的歐式儀器，留下了西力東漸的明證。作為耶穌會士入京的另一個重要副產品是一批中國教徒的出現和司鐸的產生，據費賴之《在華耶穌會士列傳及書目》一書記載，經耶穌會培養的中國神父或修士在京或來京的有：游文輝、鐘鳴仁與鐘鳴禮兄弟、鄭瑪諾、何天章、馬瑪諾、樊守義、霍儒良、程儒良、羅秉中、高若望、陳聖修、彭德望、沈東行、李瑪寶、尚瑪諾（新張）、仇伯都、陳多祿、□雅谷

（賈迪我）、周若瑟、楊方濟、薛而凡、蘇多默、沙達德、孫覺人、艾若翰、劉多默、崔保祿、劉保祿、楊達、藍方濟、曹貌祿、劉道路、姚若翰、楊德望、高類思、侯鈺、賈克興、楊等 39 人，[5] 數量居全國之冠，[6] 這反映了 17、18 世紀耶穌會在京滲透之深。與元朝信仰天主教者多非漢人不同，明、清兩朝的天主教信徒除少數為旗人者外，[7] 多為漢人，這也是清朝猜忌天主教的重要緣由。

與 18 世紀歐洲的代表性城市巴黎、倫敦、莫斯科、羅馬相比，在城市規模、人口數量、財富積聚、文化含量等方面，北京仍具有無可比擬的明顯優勢。[8] 這與大一統的中央集權制秩序給北京帶來的豐厚的政治、經濟、文化諸方面的資源密切相關。

二、不對稱的中西方文化交流

不過，中歐之間的交流（特別是信息交流）並不對稱。西方文化之輸入中國與中國文化之傳入西方，其中介主要是由來華的西方傳

---

5 參見費賴之著、馮承鈞譯：《在華耶穌會士列傳及書目》上、下冊，第 105、127、380、412、461、680、683、754、755、756、757、762、763、764、766、773、810、837、838、843、846、870、872、907、915、924、927、958、960、970、975、1040、1042、1052 頁。

6 據統計，華人加入耶穌會者有 81 人（內含司鐸 50 人），參見〔法〕沙不烈（Robert Chabrié）著、馮承鈞譯：《明末奉使羅馬教廷耶穌會士卜彌格傳》，上海古籍出版社 2014 年版，第 19 頁。

7 清代旗人信教並導致教案最知名者有：雍正間有蘇努及其子九人案，嘉慶年間德天賜案，圖欽、圖敏、魁敏、窩什布等案。參見方豪：《中國天主教史人物傳》，北京：宗教文化出版社，2007 年版，第 510-515、600-610 頁。

8 有關 17 世紀末北京與巴黎人口的比較，參見李明著，郭強、龍雲、李偉譯：《中國近事報道（1687-1692）》，第 66 頁。有關 18 世紀北京與倫敦人口的比較，參見約翰·巴羅著，李國慶、歐陽少春譯：《我看乾隆盛世》，第 433-434 頁。

教士、旅行者和外交使節來承擔，耶穌會士在其中扮演的角色尤為重要。[9] 在中西對望、對話、互相認識的 18 世紀，歐洲對中國的了解遠遠超過中國對西方了解的程度，西方從中國獲取的信息和靈感遠遠超過中國從西方所得到的一切。中西之間的這一差距在 19 世紀得到應驗。中國因對西方了解甚少或根本不了解，屢受戰爭挫辱，反過來被迫走上了向西方學習的道路。

通過與中國長達兩三百年的接觸，特別是駐節北京的親身經歷，西方對中國的認識從外部到內部、從表層到深入、從地方到中央，有了極大的發展。西方對中國基本國情的了解，包括歷史、地理、人口、政治、經濟、文化、軍事諸方面的了解不能說已瞭如指掌，但大體不差，法國耶穌會士的三大漢學名著和英國馬戛爾尼使團的報告可以作為例證說明這一點。神秘的紫禁城對於那些頻頻出入宮廷的傳教士來說其實已經熟悉，由於擔任中歐交往之間的翻譯，清廷的外交秘辛完全為傳教士們所知曉。從利瑪竇以來，北京作為帝都始終是耶穌會士工作的主要目標和重心所在，耶穌會士從適應策略 —— 知識傳教 —— 上層傳教，經過兩個多世紀的探索，逐漸形成一套系統的行之有效的傳教策略，這樣一種傳教策略對後來的西方對華戰略有著極其重要的影響。西方通過長期的、各種途徑的接觸，認識到在中國這樣一個君主專制的中央集權國家，皇帝是國家重心之所在，故其遠征中國的戰略，逐漸從沿海騷擾發展到進而要求打入京城、「擒賊先擒王」的「斬首」。面對

---

9 有關耶穌會在中國傳播西學及西書流通的最新研究，參見 Noel Golvers, *Libraries of Western Learning for China. Circulation of Western Books between Europe and China in the Jesuit Mission (ca. 1650 –ca. 1750) 1. Logistics of Book Acquisition and Circulation.* (《為中國而設的西學圖書館：歐洲與中華耶穌會傳教站間的西書流通（大約 1650 到 1750 年間），第一部，書籍的取得與流通機制》), 2. *Formation of Jesuit Libraries* (《第二部，耶穌會圖書館的設立》), 3. *Of Books and Readers*（第三部《圖書與讀者》）(Belgium: Ferdnand Verbiest Institute, 2013, 2013, 2015).

遼闊的中華大地，西方殖民者採取的是不同殖民戰略。法國漢學家沙不烈（Robert Chabrié）談及 17、18 世紀西方各國對華戰略時如是看：「葡萄牙、西班牙、荷蘭、俄羅斯、英吉利、法蘭西等國各在其侵略行動中表示其特性。」「葡萄牙之特性則在將侵略精神與傳教精神嚴密結合；至若謀利精神，無論其表現如何強烈，只能退居第三位。」[10] 這實際上也適用於同一時期的西班牙、荷蘭、法國。後起的英國由於商業比較發達，最先經歷工業革命，故對尋求發展與中國的商貿關係和開拓中國市場，抱有強烈的興趣。總的來看，西歐列強由於距離中國遙遠，主要是選擇在東南沿海進行海盜式的騷擾和活動，企圖在這些區域建立自己立足和通商的據點，對宗教遠征和商貿往來懷抱濃厚的興趣。俄羅斯憑借其在陸地與中國接壤的優勢，尋求向東、向南擴張領土，對宗教傳播興趣不大。俄國人企圖吞併大片土地的「面」的欲求和西歐列強「打點」的謀劃，成為西方列強宰制中國的兩個相輔相成的戰略選擇。近代以降，英、法列強在兩次鴉片戰爭中組織遠征軍直撲北京，以此要挾建立通商口岸等條件，表現了其「斬首」戰略和「打點」謀劃的結合；而俄羅斯則乘清朝之危，大肆威逼、勒索清朝讓出大片土地，以逞其對「面」的欲求。「北京經驗」在西人的「中國經驗」中可謂重中之重，稱得上是其精粹之所在。

來京的西方人士通過自己的觀察和體驗，對中國政治制度、經濟發展、科技水平、軍事實力進行評估。關於政治制度，《利瑪竇中國札記》第 1 卷第 6 章〈中國的政府機構〉對明朝的政府機構及其職能加以介紹。安文思的《中國新史》從第 12 章到第 16 章，用了五章的篇幅介紹清初在北京的中央政府機構和京兆機構，基本上符合清廷實情。李明的《中國近事報道》第 9 封信為〈致紅衣主教德斯泰大人：論中國政治

---

10 沙不烈著、馮承鈞譯：《明末奉使羅馬教廷耶穌會士卜彌格傳》，第 4 頁。

及政府〉。杜赫德編輯《中華帝國全志》第二卷大篇幅地評述了清朝的宮廷禮儀、政治制度。約翰·巴羅的《中國旅行記》第七章專門討論了「朝廷 — 法律 — 土地所有權與稅收 — 歲入 — 文官、武官,及文武機構」這些政治問題。《馬戛爾尼勳爵私人日誌》則評述了清朝政府、司法、文武官員的等級和制度等問題。這些文獻對中國政治制度的詳細介紹和評述,不斷充實西方對中國政治內情的了解,更新他們對中國政治制度的認識。在西方沒有發展出近代意義的文官制度以前,中國傳統的君主專制和官僚制度所呈現的規範、有序和完備的體系給西人留下了深刻的印象,龐大的帝國體系和精密的官僚制度是令西人著迷且精研的課題。法國、俄羅斯先後向統一的民族國家和中央集權的君主專制邁進,與中國的影響有著一定的關係。

關於經濟發展,將西人的中國觀感按編年排列,可以看出他們對中國經濟發展和中歐經濟比較的大致認識。1585年出版的西班牙人門多薩著《中華大帝國史》在第一卷第三、四章描述了「這個帝國的富饒,它生產的果實及其他東西」,表現了西人對中華帝國的富饒與繁榮之羨慕。這是大航海時代來臨之初,西方對中國的最初印象。《利瑪竇中國札記》承認:「作為中國食譜上主要食品的大米產量遠比歐洲富裕得多。」「食用蔬菜的種類和質量和栽培植物的種植情況也差不多,所有這些中國人使用的數量都要比歐洲人的通常數量多得多。」[11] 利瑪竇在華二十八年(1582-1610),他的看法顯然是據所獲大量一手材料而得。安文思的《中國新史》則聲稱:「航行和物產豐富即一個國家擁有各種各樣的商品,是貿易的兩個源頭。中國具有這兩個優勢,沒有別的國家能超過它。」「至於肉、魚、水果及其他食物,完全可以這樣

11　利瑪竇、金尼閣著,何高濟、王遵仲、李申譯:《利瑪竇中國札記》,第10-11頁。

說，我們歐洲有的，他們都有，而且有許多是我們所沒有的品種。」**12**
安文思來自葡萄牙，他對比中西經濟的感受和眼光明顯受到本土經驗
的限制。隨著法國耶穌會士們的到來，情況開始發生微妙的變化，李明
的《中國近事報道（1687-1692）》宣稱：「中國人在住房上遠遠不如我
們，他們的房子不如我們的豪華美麗。」「在法國，無論個人的財富，
還是個人的雄心都在奢侈豪華方面比歐洲任何一個王國走得更遠，而中
國人在一般活動和公共場合幾乎都超過我們，看上去更為講究排場，更
加盛大隆重；但私下裡居家過日子，我們的居室卻是無比富麗堂皇，有
錢人數目雖少，生活卻過得更輕鬆，裝束打扮更舒適，飲食起居伺候得
更周到。一般說，費用支出更穩定平衡。」**13** 雖然公共盛典的排場，法
國遠不如中國，但從普通人的生活水平來看，法國並不亞於中國人，
在居室方面甚至更加優越。杜赫德編纂的《中華帝國全志》一方面盛讚
中國，「若說中國地大物博，風光秀麗，這一點都不誇張，單是中國的
一個省份就足以成就一個巨大的王國，以饗皇子的統治野心。其他國家
的物產在中國總平都能找到，而中國的很多東西卻是獨此一家」。「中
國物產如此豐富可以說歸功於其土壤肥沃、人民勤勞和星羅棋布的湖泊
溪流以及縱貫全國的運河。」一方面又指出，「儘管這裡物產富足，但
是矛盾之處也確實存在。這個世界上最富強繁榮的帝國在某種意義上說
來非常貧乏。她雖然地域遼闊，土壤肥沃，也不過勉強可以維持居民的
生計，大膽的說一句，他們需要再大一倍的國土才能安居樂業」。「極
度貧困匱乏使很多中國人會做出令人髮指的事來。一個人如果在廣州了
解更深入一些就會發現一些司空見慣的現象，比如父母遺棄幾個親生子

---

12 安文思著，何高濟、李申譯：《中國新史》，第 84、88 頁。

13 李明著，郭強、龍雲、李偉譯：《中國近事報道（1687-1692）》，第 144、163 頁。

女，父母賣女為奴，一己私利驅動了許多人。」[14]18世紀中國極度的人口膨脹和土地使用、資源匱乏之間的矛盾日益暴露於外人面前，一個具有雙重性格的中華帝國形象出現在法人的文本中。馬戛爾尼使團遊覽了京津、直隸、山東、江蘇、浙江、江西、廣東等省，飽覽中國的大好河山。約翰‧巴羅的《中國旅行記》第九章《農村面貌》以一章的篇幅討論了他所見中國從北到南廣大農村的面貌，留下了許多即使在今天看來也頗有價值的材料。當時中國與英國的農業已呈現明顯差距，表現在生產方式上，「英國大農場優於小農場。主要是大農場能夠使佃農更好地分工合作，因而能夠把莊稼種得更好，這是小農場根本做不到的」。「在中國，90%的農民可以認為是個體小農，擁有的牲口極少（附加一句，數百萬的農民根本沒有牲口），因此人們根本不要期望整個國家的土地得到了充分的開墾和利用。就園藝而言，他們也許有許多值得稱讚的地方。但是，在大規模發展農業方面，他們當然不能與歐洲許多國家相提並論。」[15] 在人均耕地面積上，「如果我們考慮一下在長城以內中國的整面積為 1,297,999 平方英里，也即 830,719,360 英畝，而總人口多達 333,000,000，那麼我們會發現每平方英里將有 256 個人，每個人擁有土地 2.5 英畝。大不列顛平均每平方英里有 120 人，每人可分享 5 英畝土地，或者說每個家庭可獲得 12.5 英畝地。因此，中國人口與英國人口比例為 256 比 120 人，稍大於二比一。英國每人可獲得的土地正好是

14 J. B. Du Halde, *The General History of China: Containing a Geographical, Historical, Chronological, Political and Physical Description of the Empire of China, Chinese-Tartary, Corea and Thibet: Including an Exact and Particular Account of Their Customs, Manners, Ceremonies, Religion, Arts and Sciences*, Vol. 2 (London: J. Watts, 1736). 中譯本參見杜赫德著、石雲龍譯：《中華帝國通史》第二卷，收入周寧編注：《世紀中國潮》，第 382、392 頁。

15 約翰‧巴羅著，李國慶、歐陽少春譯：《我看乾隆盛世》，第 422 頁。

中國每個人可獲得的兩倍」。[16] 約翰・巴羅對當時中國人口的數量估計略高於實際數字，而他對中英兩國可耕地面積的估算基本符合實情。在身體素質上，「在中國普通人中間，人們很難找到類似英國公民的啤酒大肚或英國農夫喜氣洋洋的臉。的確，他們天生就身體瘦小，滿面倦容，很少有人在面頰上顯出健康的紅潤」。[17] 英國人從所見到的每一張中國人面孔，看出了普通中國民眾生活的貧困和身體健康的不良。根據現場的觀察，約翰・巴羅得出一個符合事實的結論：「總的來說，就中國在農業上值得稱讚之處而言，如果要我斗膽說說自己的看法，那麼我會毫不猶豫地說，給一個中國農民足夠的土地（足夠到他和他的家人用鋤頭能夠耕種得過來的土地），他會比任何歐洲的農民更好地利用那塊土地，生產出更多的糧食。但是，倘若在中國將 50 或 100 公頃最好的土地按平均地租交給一個農民種植（按一般計算，我們的農民創造的價值是租金的三倍），那麼在支付種地需要的勞動力後，他幾乎會無法養家餬口。」[18] 約翰・巴羅找出了問題的癥結，中、英農業經濟的差距和中國農民生活狀況的低下，關鍵在於中國人均土地面積的不足。[19] 到 18 世紀末，英國農業經濟發展已為工業化準備了必要的條件。

關於科技水平，明末清初西學在士大夫中最受歡迎者為輿地、天

---

16 同上，第 429-430 頁。據中國學者比較可靠的統計，乾隆五十九年（1794 年）的人口數量為：3.13 億。參見葛劍雄著：《中國人口發展史》，福州：福建人民出版社 1991 年版，第 246 頁。乾隆五十五年（1790 年）間的可耕地面積約為人口的四倍，即至少 12 億畝，人均耕地面積每人 4 畝，參見鄭正、馬力、王興平：〈清朝的真實耕地面積〉，載《江海學刊》1998 年第 4 期，第 134 頁。

17 約翰・巴羅著，李國慶、歐陽少春譯：《我看乾隆盛世》，第 411-412 頁。

18 同上，第 424 頁。

19 有關 18 世紀中、英農民的比較，中文文獻可參看徐浩：《18 世紀的中國與世界・農民卷》，瀋陽：遼海出版社 1999 年版。該書對 18 世紀中英農民與農村經濟、農村生產關係、農村商品經濟、農民生產生活、農民反抗鬥爭作了詳細比較。

文、數學，這實際上也是中國士大夫認可自身在這些學科比較薄弱、急需彌補缺陷的領域。據統計，明清耶穌會士著譯涉及的學科相當廣泛，除傳教和漢學類的書籍外，天文、數學、地理、輿地方面的著譯所佔比重較大。[20] 其中在輿地學方面，「利瑪竇之《萬國輿圖》、南懷仁之《坤輿全圖》、白進等所著之《皇輿全覽圖》，以及《乾坤體義》（利瑪竇著）、《職方外紀》（艾儒略著）、《坤輿圖説》（南懷仁）等書，允為最著者也」。[21] 耶穌會士的這些著作在中土產生了積極影響，柳詒徵先生曾如是評價：「元、明間人猶未泯究心於地理，至利瑪竇等來，而後知有五大洲，及地球居於天中之説。艾儒略著《職方外紀》，繪圖立説，是為吾國之有五洲萬國地誌之始。而清康熙中，各教士測繪全國輿圖，尤有功於吾國焉。」[22] 在天文方面，1600 年前後，利瑪竇將歐洲的天球儀、星盤和日晷等小型儀器介紹到中國來。從 1629 年起，鄧玉函、羅雅谷、湯若望等耶穌會士應徐光啟之邀，供職皇家天文機構，在《崇禎曆書》等書籍裡描述了十幾種歐洲式天文儀器，包括托勒密時代的儀器、第谷的儀器和伽利略的望遠鏡。清朝初年，湯若望開始執掌欽天監，並將《崇禎曆書》修訂為《西洋新法曆書》。1669-1674 年，南懷仁為北京觀象台主持設計、製造黃道經緯儀、赤道經緯儀、地平經儀、象限儀、紀限儀和天體儀，刊刻了相關設計圖紙和説明書。1713-1715年，紀理安為觀象台添造了一架歐洲風格的地平經緯儀。1745-1754年，戴進賢、劉松齡等為觀象台製造了一架璣衡撫辰儀。這些傳教士所製造的天文儀器和傳授的技術，對中國人來説都是新知識，只是有些

20　參見彭斐章主編：《中外圖書交流史》，長沙：湖南教育出版社 1998 年版，第 153 頁。該頁有耶穌會士「著譯圖書學科分類統計表」。

21　徐宗澤：《明清間耶穌會士譯著提要》，上海書店出版社 2006 年版，第 4 頁。

22　柳詒徵：《中國文化史》下冊，上海：東方出版中心 1996 年版，第 679-680 頁。

技術僅停留在文字介紹，有些儀器只是皇家御用品，未能廣泛傳播。[23]
在數學方面，明萬曆年間，利瑪竇與徐光啟合譯了《幾何原本》，與李
之藻合譯了《同文算指》。明末清初，為配合曆法改革所編的《崇禎曆
書》、《西洋新法曆書》，裡面收有若干種數學方面的著作，包括艾儒略
的《幾何要法》四卷，鄧玉函的《大測》二卷、《割圓八線表》六卷、
《測天約說》二卷，湯若望的《渾天儀說》五卷、《共譯各圖八線表》六
卷，羅雅谷的《測量全義》十卷、《比例規解》一卷等。與此同時，中
國數學家梅文鼎（1633-1721）對傳入的西方數學進行系統的整理、編排
和闡發，消化新傳的西方數學。康熙帝向來京的法國耶穌會士張誠、白
晉學習西方的數學，此事經白晉的《康熙皇帝傳》介紹，在歐洲傳為佳
話。康熙主持的《數理精蘊》既對傳入的西方數學知識作了系統編排，
又對西方數學與中國傳統數學做了比較，是當時中西結合的一部數學百
科全書。[24] 傳教士並非專職的科技人員（法國耶穌會士的科學素養較高，
可視為例外），但他們傳授的西方科技確給中國帶來了一股新風，成為
17、18 世紀中西文化交流最有價值的內容。

　　在明末到清朝乾隆年間的中西文化交流中，西方傳教士也從中國
獲取了大量信息、情報。在科技方面，他們所獲主要是傳統工藝，如瓷
器、紡織、人痘、植物、染色、漆器等技藝知識。他們開始形成中國科
技停滯不前的觀點。[25]「中國人擅長多種工藝，特別是絲綢和某類棉布的
製作。他們擅長印染和定色之方，也優於處理顏料上色的研磨和調和，
漆的製造和使用，以及利落的木匠手工活。但據說他們水平最高的是陶

---

23 參見張柏春：《明清測天儀器之歐化》，瀋陽：遼寧教育出版社 2000 年版。該書對 17、
18 世紀中國測天儀器之歐化過程描述甚詳。

24 有關西方數學在 17、18 世紀中國的傳入情形，參見杜石然：《數學·歷史·社會》，瀋
陽：遼寧教育出版社 2003 年版，第 181-212 頁。

25 參見韓琦：《中國科學技術的西傳及其影響》，石家莊：河北人民出版社 1999 年版。

瓷技術，也就是將泥土盡可能做成各種用具，而且隨意設計、上釉、著色和烘乾。」「至於科學，中國肯定遠遠落後於歐洲。」[26] 這就是從中國考察歸來的馬戛爾尼使團的結論。由於擁有「絕技」的耶穌會士多被召往北京，故上述科技交流基本上是在京城進行，帶有濃厚的「御用」性質，這可謂 17、18 世紀中西科技交流的一大局限。由於中西方之間的科技差距在當時尚未拉開，中國仍有能力消化來自傳教士帶來的信息，因此中國士人並不以差距，而是以差異來看待雙方的落差。加上康熙極力倡導「西學中源」説，士人以傳統的方式輕易地把中西學之間的裂縫抹平了，康熙皇帝和士大夫對西學的「受容」某種程度上仍受制於天朝的尊嚴和儒教的訓誡。馬戛爾尼、約翰·巴羅在他們的報告中對中國科技的評價和中西之間差距的看法，雖然帶有一定偏見，但大體反映了走在歐洲前列的英國人的自信。[27]

關於軍事技術，國人最先認可西人武器，首推火炮。明末，遼東邊境戰事頻繁，面對強悍的清軍，明朝將目光投向火力較猛的西洋火炮，時人稱之「紅夷大炮」。《明史·徐光啟傳》謂：「徐光啟從利瑪竇學天文、曆算、火器，盡其術。神宗時遼東方急，光啟乃請多鑄西洋大炮，以資城守。」黃伯祿《正教奉褒》又謂：「天啟二年，上依部議敕羅加望、陽瑪諾、龍華民等製造銃炮，以資戎行。」西洋火炮在明軍抵抗清軍的寧遠之戰中一度發揮作用。但是清軍很快仿造在圍城之戰中繳獲的「紅夷大炮」。清初命南懷仁製造大炮，「紅夷大炮」改稱「紅衣大炮」，一字之改，表現了清軍為這種武器的正名。西洋火炮成為清

---

26 喬治·馬戛爾尼、約翰·巴羅著，何高濟、何毓寧譯：《馬戛爾尼使團使華觀感》，第 60、61 頁。

27 有關英國使團對中國科技的評價，參見喬治·馬戛爾尼、約翰·巴羅著，何高濟、何毓寧譯：《馬戛爾尼使團使華觀感》，第 60-70 頁。約翰·巴羅著，李國慶、歐陽少春譯：《我看乾隆盛世》，第 203-228 頁。

軍南下攻城略地的利器，也成為清軍平定三藩之亂使用的優勢武器。[28]
西方軍事上的另一優勢技術是造艦，在 17、18 世紀，中、西方之間雖
未發生大規模海戰，但對西方的造船技術，中國已有領教。當馬戛爾尼
使團訪華的艦隊出現在大沽口一帶時，「三十多隻中國駁船雲集在使節
船隻周圍。英國船隻的高大桅桿和其複雜的構造，在一群簡單、笨重、
低矮但相當寬闊結實的中國船隻中間形成一個鮮明的對照」。[29]「英國在
歐洲是第一位海軍強國，素被稱為海上之王，英王陛下為了表示鄭重其
事，本來準備派遣最大的船隻載運訪問使節，但鑑於黃海水淺多沙，歐
洲航海家們不熟悉這段航路，不得不改為派遣較小船隻前來。因此，禮
品中加配一付全套裝備的英國最大的軍艦模型，有一百零十門重炮裝備
的巨大軍艦上的各個微細部分俱在模型上表現無遺。」[30] 遺憾的是，這
尊炮艦模型未能引起清朝足夠的重視，至少事後沒有仔細研究。否則，
就不會遭遇後來鴉片戰爭的失敗。其實，此前常被國人誇耀的鄭和七下
西洋，雖然聲勢浩大，與哥倫布橫渡大西洋、發現新大陸之舉相比，兩
者使用的航海技術，也不可相提並論。鄭和下西洋是貼著海岸線航行，

28 有關西洋火炮技術在明末清初的傳播及其運用，中、西研究文獻甚多，新近重要論著
   有黃一農：〈紅夷大炮與明清戰爭：以火炮測准技術之演變為例〉，載新竹《清華學報》
   1996 年新 26 卷第 1 期。徐新照：〈明末兩部「西洋火器」文獻考辨〉，載《學術界》
   2000 年第 2 期。尹曉冬：〈明末清初幾本火器著作的初步比較〉，載《哈爾濱工業大學
   學報》（社會科學版）2005 年第七卷第 2 期。劉旭：《中國古代火藥火器史》，鄭州：大
   象出版社 2004 年版。〔英〕李約瑟（Joseph Needham）：《中國科學技術史》第五卷《化
   學及相關技術》第七分冊《軍事技術：火藥的史詩》，北京：科學出版社、上海古籍出
   版社 2005 年版，第 308-358 頁。〔美〕狄宇宙（Nicola Di Cosmo）：《與槍炮何干？火器
   和清帝國的形成》，收入〔美〕司徒琳（Lynn A. Struve）主編、趙世瑜等譯：《世界時
   間與東亞時間中的明清變遷》下卷，北京：生活·讀書·新知三聯書店 2009 年版，第
   152-207 頁。

29 斯當東著、葉篤義譯：《英使謁見乾隆紀實》，第 252 頁。

30 同上，第 250 頁。

可隔三岔五上岸補給；哥倫布跨越大西洋，遠航之風險、補給之難度不可預測。「船堅炮利」是近人對優勢的西方軍事技術的概括，實際上這一優勢在17、18世紀已顯露端倪。

如果根據上述比較，以為在18世紀西方諸國的實力已經超越中國，那將是錯誤的評判。西方諸國以英國最強，當時它的主要精力仍放在經營印度，北美獨立戰爭爆發後，它為戰爭所困，自然無暇顧及向遠東擴張。法國於1789年爆發革命，明顯受到國內戰爭的嚴重消耗。俄羅斯仍是一個傳統型的帝國，其向東殖民擴張的鋒芒已為清帝國有效遏制。意大利、德國尚處在四分五裂的狀態，根本談不上對外的殖民開拓。美國剛剛獲得獨立，其心營目注仍在國內事務。最重要的是，「西方」在整體上還不成其為一個近代意義上的文明共同體。雖然基督教是西方各國共同享有的宗教背景，但它尚不足以成為維繫西方各國共同利益的基礎。中國傳統的帝國體制繼續得到強化，中央集權進一步加強，統一的多民族國家進一步鞏固，清朝以其剛柔並濟、強悍與包容雙管，給傳統的大一統帝國體制注入了新的血液，使外部世界對之仍望而生畏。從整體上來說，在18世紀世界形勢動盪不安、此起彼伏的大環境裡，中國仍是世界上相對穩定的大國。中、西方的差異主要表現在：中國在繼續強化傳統的帝制，而西方為向近代轉型已在各方面醞釀新的革命性因素，這一差異當然不是一下子就顯現出來的，只有經過日積月累，出現飛躍性的質變，差距懸殊才會使落後的一方相形見絀。

有關18世紀中西方的實力對比，我們往往只能從西人當時的報道找尋評判中西之間差異的依據。這是因為國人當時基本上缺乏遊歷歐洲的經驗，因而也就無法根據中方文獻對中、西方之間的差異（差距）進行真實對比，也就無從談起從中國士人的文獻了解其對比中西方的真實感受。西人的記載當然帶有成見、偏見、誤會，甚至盲點，但西方當時與中國的接觸畢竟已有相當的規模，故對他們留下的文獻材料我們須加

仔細甄別，但不可簡單否定、棄置不用。在這場中西方對話中，西方是主動者，中國只是「受容」的掌控者。

三、康雍乾盛世下潛存的危機因素

戴逸先生在比較中西走向現代化的路程時深刻地指出：「西方國家走向資本主義是由幾個世紀的長期進程所準備起來的，是很多領域近代因素的滙聚、成長的結果。近代因素的積累和成長是一個靜悄悄的、未被覺察的緩慢過程。」「18 世紀的康雍乾盛世，貌似太平輝煌，實則正在滑向衰世淒涼。可當時中國沒有人能夠認識清楚這一歷史真相，只有歲月推移，迷霧消散，矛盾激化，百孔千瘡才逐漸暴露。歷史的悲劇只有在悲劇造成以後很久時間，人們才會感到切膚之痛。」[31] 戴先生的這一看法值得我們深思。他主持的「18 世紀的中國與世界」課題研究及其相關成果，反映了對這一認識的深入和細化。

誠然，戴先生視「18 世紀是世界歷史的分水嶺」這一觀點可以商榷，他可能將中西之間的差異的顯現提早了一個世紀。美國加州大學學者彭慕蘭（Kenneth Pomeranz）根據自己對中國、歐洲與現代世界經濟建構關係的研究，提出 1800 年以前並不存在一個經濟中心，仍是多元的世界。19 世紀以後，英國經過工業革命才脫穎而出，歐洲才真正領先於亞洲，世界才產生近代意義上的「大分流」或「大歧變」（The Great Divergence）。[32] 另一位加州派學者王國斌（R. Bin Wong）從經濟變

31　戴逸：《18 世紀的中國與世界 • 導言卷》，第 5 頁。

32　Kenneth Pomeranz, *The Great Divergence: China, Europe, and the Making of the Modern World Economy* (Princeton: Princeton University Press, 2000). 此書中譯本參見：〔美〕彭慕蘭著、史建雲譯：《大分流：歐洲、中國與現代世界經濟的發展》，南京：江蘇人民出版社 2003 年版。

化、國家形成、社會抗爭三個方面來做中國和西歐歷史的比較研究，提出以「中西互釋」的方法進行中西比較更為恰當，即一方面以歐洲經驗來評價中國正在發生的事情，一方面則用中國經驗來評價歐洲。他以這種方法令人信服地證明，在近代早期的歐洲和明清時期的中國，經濟變化的動力頗為相似，直到 19 世紀，它們才變得截然不同。歐洲的農村手工業被城市的機械化工廠工業所代替，更適用於新古典主義的以儲蓄和投資為動力的增長理論，而中國經濟雖因西方的入侵，擴展了貿易和市場，但主要是擴大了斯密型勞動力運作的空間，並未根本改變中國經濟發展的動力。[33] 他們的觀點引起一些中、西方學者的呼應和爭議。

荷蘭學者皮爾・弗里斯（Peer Vries）著《從北京回望曼徹斯特：英國、工業革命和中國》（*Via Peking back to Manchester: Britain, the Industrial Revolution, and China*）[34] 和他即將出版的新著《一個有著驚人差異的世界：近代早期西歐和中國的國家與經濟》（*A World of Surprising Difference: State and Economy in Early Modern Western Europe and China*）對彭慕蘭為代表的美國加州學派學者著力經濟資源和生產關係的觀點提出了挑戰，他分析了中英兩國基礎結構的「硬件」設施，包括金融財政狀況、政府機構的設置、軍隊組織以及政策方針，發現雙方的差異是如此顯著。「同清代中國相比，英國政府在基礎結構上擁有更為龐大的權力。英國有著更多的收入，可以支付更多，擁有更為高效的稅收和財政體系，更好的貨幣體系，以及債券體系，這是清政府所缺乏的。坦率地講，在 19 世紀 50 年

---

33 參見〔美〕王國斌（R. Bin Wong）著，李伯重、連玲玲譯：《轉變的中國：歷史變遷與歐洲經驗的局限》，南京：江蘇人民出版社 2010 年版。

34 Peer Vries, *Via Peking Back to Manchester: Britain, the Industrial Revolution, and China* (Leiden: Research School CNWS, Leiden University, 2003). 此書中譯本參見：〔荷〕皮爾・弗里斯著、苗婧譯：《從北京回望曼徹斯特：英國、工業革命和中國》，杭州：浙江大學出版社 2009 年版。

代之前中國是根本沒有這些的。英國擁有更為高效的政府機構和陸軍，以及當時世界上最為高效的海軍。英國中央政府的重商主義政策完全不同於當時清政府典型的農業家長式制度。」他強調，「國家政府可以被描述為一切制度背後的制度」。[35] 在此之前，德國學者貢德・弗蘭克（Andre Gunder Frank）在其著《白銀資本 —— 重視經濟全球化中的東方》，表達了不能說是相反，但是相異的觀點，他認為，從 1400-1800 年，「作為中央之國的中國，不僅是東亞的納貢貿易體系的中心，而且在整個世界經濟中即使不是中心，也佔據支配地位」。「中國在世界經濟中的這種位置和角色的現象之一是，它吸引和吞噬了大約世界生產的白銀貨幣的一半；這一統計還力圖表明，這些白銀是如何促成了 16 世紀至 18 世紀明清兩代的經濟和人口的迅速擴張與增長。」「這一切之所以能夠發生，直接緣於中國經濟和中國人民在世界市場上所具有的異乎尋常的巨大的和不斷增長的生產能力、技術、生產效率、競爭力和出口能力。這是其他地區都望塵莫及的。」「直到 1800 年，具體到中國是直到 19 世紀 40 年代的鴉片戰爭，東方才衰落，西方才上升到支配地位 — 而這顯然也是暫時的，從歷史角度看，這僅僅是很近的事情。」[36] 弗蘭克對中國的經濟發展前景持相對樂觀的態度。

圍繞 19 世紀中國為什麼衰落，西方為何勝出這一問題所展開的討論，涉及的核心內容是如何評價中、西方在前近代的政治制度、生產關係、經濟模式與近代工業化之間的關係。由於西方在 19 世紀崛起這一既定事實，討論的歧異在於認可這是一種西方內在發展孕育的必然結

---

35 參見〔荷〕皮爾・弗里斯（Peer Vries）著、苗婧譯：《從北京回望曼徹斯特：英國、工業革命和中國》，〈中文版序言〉，頁 iv。

36 〔德〕貢德・弗蘭克（Andre Gunder Frank）著、劉北城譯：《白銀資本 —— 重視經濟全球化中的東方》，〈中文版前言〉，北京：中央編譯出版社 2000 年版，第 19-20 頁。

果，還是偶然因素導致的結果。另一方面，中國雖然在 19 世紀出現了落後於西方的情形，是否意味著中國內在沒有向近代轉型的動力。對於後一問題，毛澤東曾經論斷：「中國封建社會內的商品經濟的發展，已經孕育著資本主義的萌芽，如果沒有外國資本主義的影響，中國也將緩慢地發展到資本主義社會。外國資本主義的侵入，促進了這種發展。」[37]新近李伯重對江南早期工業化的研究似為這一論斷再次提供了新的證明。[38] 最近二十年來中西學者的研究趨向是在世界視野下將中西方的歷史獨特性與近代工業化結合起來加以考察。這就要求我們對 18 世紀後中國之所以未能自發地向近代轉型的內在障礙，不是就事論事，而是放在世界環境中去做一比較研究。

18 世紀的清朝統治者在處理對外關係時，也許最大的錯誤並不是不願與外界接觸，與西方打交道。事實上，18 世紀中國與歐洲的關係之密切可謂前所未有，清朝前期的開放度較明朝也有一定的拓展。問題在於清朝在與外國的接觸中，力圖建立自己的世界體系或者按照傳統的朝貢體制建築以自我為中心的天下體系。從康熙、雍正到乾隆，他們都明確地向外部世界表現了這一意志。周圍的弱小鄰國納入傳統的朝貢體制自不待說，遠道而來的歐洲各國使節，他們亦以此相待。除了俄羅斯、英國使團對這一做法表示異議，其他歐洲國家似乎沒有反抗地就接受了清朝外交體制的規訓。而俄羅斯、英國使團表示異議的潛台詞，則實為要求英、俄君主擁有與清帝同等的地位，馬戛爾尼更是明確表示，英王喬治三世是與乾隆皇帝平起平坐的西方君主。中英之間在外交場合

37 毛澤東：〈中國革命和中國共產黨〉，收入《毛澤東選集》第 2 卷，北京：人民出版社 1969 年版，第 589 頁。

38 參見李伯重：《江南的早期工業化（1550-1850）》（修訂版），北京：中國人民大學出版社 2010 年版。

的禮儀之爭，實際上是英國擴張的殖民體系與中國傳統的朝貢體制之間的衝突。外交是政治的繼續，是內政的延伸，是以實力為後盾。所謂「禮儀」其實也是對自我認同的實力秩序的規範，它體現了對國家利益的維護能力和對別國的控制能力。

中國保持與西方的交往關係，這對中國了解正在崛起的西方會有一定幫助。問題在於因囿於傳統的朝貢體制，清朝缺乏調整與西方關係的機制，也很難與西方建立起新的互動互惠關係。[39] 當馬戛爾尼使團向乾隆提出六項有關通商的要求時，清朝如能以討價還價的談判策略加以應對，而不是斷然拒絕，這顯然是一種更為明智、更富柔性的外交選擇，它也許會對中國與西方的關係預留更多想像的空間。清朝無意這樣做，因為它不符合天朝的朝貢體制。中國在對外交往中缺乏主動性，開拓性，處處表現出被動、應付、自保的狀態，從而失去了在對外交往中獲取主動權的良機。強固的天朝帝國體制和自給自足的自然經濟，使清朝循依「華夷之辨」的思維慣性制訂對外政策，很難出現向外拓展的外交新思維。

當清朝感覺到西來的殖民者對自身的安全構成威脅時，其對外政策從嘉慶年間開始出現急轉彎。「禁教」政策嚴格執行，天主教傳教士大多被驅逐出境或被迫離華，教徒人數銳減。對外交往受到嚴格限制，俄羅斯派遣的戈羅夫金使團（1805-1806）在前往北京的路上無功而返；英國派遣的阿美士德使團（1816）在北京只呆了不到一天就被勒令出京。嘉慶皇帝關上了與歐洲交往的大門。嘉慶的對外政策之改變至少與他本人忠厚老實、平庸無為的守成性格有關，畢竟對外開拓需要雄圖大略的魄力，康熙、雍正、乾隆三帝具備這一條件，而嘉慶皇帝確實沒

---

39 John King Fairbank edited, *The Chinese World Order: Traditional China's Foreign Relations* (Cambridge: Harvard University Press, 1968).

有。航海貿易雖在嘉慶年間仍然維持正常發展,「中國在東南亞海域的航運實力,仍處於領導地位」,中國在東南亞從事遠洋航海貿易的商船總噸,超過英國來華船噸的四倍以上。但到道光年間,中西之間的力量對比發生了明顯變化,「到鴉片戰爭的前夕,來華的西方海船,1835年為199艘,總計78000噸,1837年為213艘,總計83000餘噸。這就是說,西方侵略者對華貿易所投入的船舶載重量,此時已與中國遠洋商船總噸相等了。從1820年到1837年,中間不過十五六年時間,一方面是中國遠洋商船停滯不前,另一方面是進入中國海域的洋船日益增多,一消一長之間,表明了中國航海貿易的變化,也表明了西方資本主義殖民者對中國航海事業的排擠」。**40** 與此同時,世界形勢發生巨大的變化,英國工業革命突飛猛進,美國「新大陸」開始崛起,歐洲大陸發生劇烈變革。相形之下,中國卻由於走向封閉,而陷入沉寂、保守的狀態。面對神州大地的沉寂,龔自珍悲憤地哀歎:「九州生氣恃風雷,萬馬齊暗究可哀。我勸天公重抖擻,不拘一格降人才。」

　　18世紀的中國缺乏制度革新的思想和動力。清朝在世界競爭中危機四伏。危機之一,內部民族矛盾嚴重。清朝統治集團在前期以滿族為核心,滿漢有別,北京內外城之分即是這一區別的一個象徵。這一格局維持到19世紀中期沒有根本改變。清朝前期康熙、雍正、乾隆三帝中央集權進一步強化,地方割據勢力悉數蕩平。在傳統秩序裡,只有國家,沒有「社會」。國家機器之外,農村依靠宗法制維持鄉間秩序。有清一代,由於滿族對漢族實行嚴酷的統治,漢人只能通過秘密結社來反抗,以白蓮教、天地會、哥老會為代表的秘密社會盛行成為18世紀到19世紀上半葉中國社會的重要特徵,這實為當時滿漢矛盾的一大反

40 參見中國航海學會:《中國航海史(古代航海史)》,北京:人民交通出版社1988年版,第334-336頁。

映。[41] 一般來説，秘密社會的興起是在王朝末年，皇權衰弱、對地方和士紳的控制力削弱之時，而清朝在其鼎盛的乾隆朝即已出現，説明漢族反抗滿族統治者的情緒從未稍減。

危機之二，缺乏海上開拓的能力。在大航海時代來臨之時，中國幾無海上拓展的能力，「禁海」政策實際封閉了向海外開拓的可能。從順治十二年（1655）至康熙二十三年（1684），為防堵內地人民與台灣鄭氏政權發生聯繫，清朝實行嚴格的「禁海閉關」。從康熙五十六年（1717）到雍正五年（1727）對南洋「禁海」，則主要是應對呂宋、噶喇巴兩地的西班牙、荷蘭西洋勢力的滲透。乾隆六年（1741）在福建實行「禁海」，禁止私人下南洋貿易，則是鑒於荷蘭殖民者在爪哇屠殺當地華僑。在清朝前期，沒有再像明朝鄭和下西洋那樣，舉行大規模的出海活動。清朝的「海禁」政策具有兩面性，一方面是出於軍事上防止台灣鄭氏政權和外來的西方殖民勢力向內地滲透的需要，一方面是阻撓內地人民向外發展，在貿易方面控制軍事武器和重要原料的出口。「禁海」政策在貿易上實際達到了閉關或限關（即限廣州一關）的效果，而更大的危害則是放棄了向海洋拓展的努力，面對萬里海疆，中國失去了成為海洋強國的可能。[42] 這與正在大力拓展海外殖民地的西方殖民者形成強烈對比。

危機之三，實行文化專制，文網恢恢，大興文字獄，窒息了革新的生機。慘酷嚴厲的文字獄幾乎與康熙、雍正、乾隆三朝相始終，從康熙年間的明史獄，沈天甫、朱方旦之獄，《南山集》案，到雍正年間的

41　有關清代秘密結社與排滿思想之間的關係，參見蕭一山：《清代通史》第 2 冊，北京：中華書局 1985 年版，第 892-924 頁。

42　Gang Zhao, *The Qing Opening to the Ocean: Chinese Maritime Policies, 1684-1757* (Honolulu: University of Hawai'i Press, 2013).

查嗣庭案，曾靜、呂留良案，再到乾隆年間的徐述夔《一柱樓詩》案、卓長齡等《憶鳴詩集》案、王錫侯《字貫》案，清朝統治者一方面利用文字獄這種極端手段，鉗制言論，禁錮思想，扼殺漢族士大夫的遺民情緒和反清思想；另一方面，又以開《四庫全書》館，修《四庫全書》，搜集、整理、編纂歷代典籍，網羅漢族知識精英，點綴其盛世的門面。在這種情勢之下，漢學的文字、音韻、訓詁、校勘、輯佚、考證之類學問得以助長，明末方興未艾的啟蒙思想火花漸趨泯滅。18 世紀的中西方形成一個強烈的對比：西方知識分子（以法國為代表）掀起啟蒙運動，尋找向近代轉型的突破口；中國士大夫囿於文化專制的牢籠，只能滿足於傳統典籍的集大成工作自娛。

危機之四，士大夫普遍缺乏世界知識，缺乏向外探險的衝動。在 18 世紀，清朝曾於 1729-1731 年、1731-1733 年兩次派使團赴俄羅斯訪問，此外再沒有派遣使團赴歐洲其它國家訪問，這表現了清朝對與歐洲外交往來的冷漠。對此，張星烺先生不無感慨地評論：「清代康熙、雍正、乾隆三朝盛時，外國使來中國者甚多。教化王（即今之教皇）之使亦曾數至。然清朝在此一百三十餘年長期間，竟未一次遣使浮海至西歐，採風問俗。誠可異也。」[43] 為何國人當時不願出使歐洲？1654 年被南明政權遣使羅馬教廷的耶穌會士卜彌格與羅馬宣教部之間的對話，頗能反映這一問題的癥結。當羅馬教廷質詢卜彌格「何以不多帶中國侍從俱來？」這一疑問時，卜彌格解答原因有三：其一，「蓋因華人體質不強，不適於長途旅行。當時被指派隨行者甚眾，僅有兩人願往；而此兩人中之一人因病止於中途，別一人在道數瀕於死」。其二，「中國人之自尊心，使之自負其政治、其學識、其財富皆優於他國；則其不願聲稱求救他國可知也。是故不願遣華人赴歐洲」。其三，「中國商人不甚解

---

43 張星烺：《歐化東漸史》，北京：商務印書館 2000 年版，第 41 頁。

葡萄牙語，如何能用此種語言與之交談國事？」[44] 卜氏所述隱情到 18 世紀其實也沒有什麼改變。身體不健、自負心強、不通西語，這是阻止國人遠赴歐洲的三大障礙。

17、18 世紀中國人赴歐洲者多為跟隨西方傳教士的中國教徒，見諸史載者有：順治七年（1650）隨衛匡國赴羅馬的鄭瑪諾，他在羅馬加入耶穌會，並晉陞司鐸，成為耶穌會華人晉司鐸第一人。1671 年返華，隨閔明我、恩理格入京。1673 年歿於北京。[45] 康熙二十年（1681）隨柏應理乘荷蘭商船前往歐洲的沈彌格（又名沈福宗），1694 年隨紀理安返回中國，死於中途。[46] 康熙四十六年（1707）隨傳教士艾遜爵赴意大利的中國教徒樊守義，他在歐洲呆了十餘年，1720 年回到中國。[47] 樊守義的旅歐見聞詳載於其《身見錄》一文，是為國人最早的大西洋遊記，文中對所見意大利諸地稱讚備至。[48] 康熙六十一年（1722）另一名中國教徒胡若望隨耶穌會士傅聖澤踏上了赴法國的旅程，他在法國閒居了三年後，1726 年回到廣州。[49] 雍正二年（1724）意大利傳教士馬國賢帶領五名中國人（其中有四人知名：殷若望、顧若望（一作谷文耀）、吳露

---

44 沙不烈撰、馮承鈞譯：《明末奉使羅馬教廷耶穌會士卜彌格傳》，第 82、84 頁。

45 參見費賴之著、馮承鈞譯：《在華耶穌會士列傳及書目》上冊，第 380 頁。

46 同上，第 313、480 頁。

47 參見費賴之著、馮承鈞譯：《在華耶穌會士列傳及書目》下冊，第 680-683 頁。據載，1720 年「守義抵華後，康熙皇帝欲知艾遜爵神甫消息，召守義赴京，垂詢一切。嗣後守義在京，終其餘年，曾傳教近畿、山東一帶」。1753 年 2 月 28 日歿於京師，終年七十一歲。

48 此文為閻宗臨先生在羅馬圖書館拍攝攜回，載 1941 年桂林《掃蕩報・文史地副刊》第 52-53 期。《山西師範學院學報》1959 年 2 月號復刊。收入閻宗臨：《中西交通史》，第 187-198 頁。

49 有關胡若望的歐洲之旅，參見 Jonathan D.Spence, *The Question of Hu* (New York: Knopf, 1988). 中譯本有〔美〕史景遷著、呂玉新譯：《胡若望的困惑之旅：18 世紀中國天主教徒法國蒙難記》，上海遠東出版社 2006 年版。

爵、王雅歌）從廣州乘船前往英國倫敦，經倫敦再返回羅馬[50]，1732 年馬國賢經過多方努力，終於在那不勒斯建立了一座中國學院，並收留了殷若望、顧若望兩名中國學生，這座中國學院稱得上是歐洲最早專門培養中國人的教學和研究機構。1793 年英國馬戛爾尼使團啟程赴華訪問時，即從該學院延請了兩個中國學生隨船翻譯。[51] 乾隆五年（1740）法國耶穌會士吳君自澳門回國時，率中國青年康斐理、劉保祿、藍方濟、曹貌祿、陶口五人前往，這五名中國學子到達巴黎後，進入路易大王學院學習，這是中國人留學法國之始。吳君後來擬增加求學人數，遭會督赫蒼璧反對，耶穌會會長亦禁止中國學子赴法。沙如玉接任赫蒼璧會督一職後（1745-1747），於 1746 年 11 月 16 日自北京致信法國耶穌會會長，「言及中國與澳門未能養成中國青年，擬遣赴法國學習，請求自法國或附近教區遣派新人來華」。[52] 紐若翰擔任會督期間（1747-1752），於 1751 年 12 月 20 日自澳門致耶穌會會長信札，「請會長允許再派中國青年赴法研究修養」。[53]「自是以後，迄於耶穌會之廢止，中國學子就學巴黎或拉弗累舍者時有之。」[54] 乾隆十六年（1751），北京青年楊德望、高類思得法國耶穌會士蔣友仁之助，由卜納爵（Ignatius Barborier）攜帶，前往法國拉弗累舍留學，1759 年加入耶穌會，隨後又在路易大王學院

---

50 參見方豪：《中國天主教人物傳》下冊，第 153-155 頁。

51 參見〔意〕馬國賢著、李天綱譯：《清廷十三年 —— 馬國賢在華回憶錄》，〈導言〉，第 30-32 頁。有關那不勒斯中國學院的情形，參見 Karl Josef Rivinius, *Das Collegium Sinicum zu Neapel und seine Umwandlung in ein Orientalisches Institut. Ein Beitrag zu seiner Geschichte*（《意大利那不勒斯的「中國學院」—— 前身為中國人的學院與修道院及後轉為研究所：對其歷史的貢獻》）（Sankt Augustin-Netletal: Institut Monumenta Serica, 2004）。承蒙雷立柏先生惠贈該書中譯本電子版，在此謹致謝意。

52 費賴之著、馮承鈞譯：《在華耶穌會士列傳及書目》下冊，第 745 頁。又參見方豪：《中國天主教史人物傳》下冊，第 156-159 頁。

53 費賴之著、馮承鈞譯：《在華耶穌會士列傳及書目》下冊，第 753 頁。

54 同上，第 760 頁。

學習神學。1765 年回國，1766 年回到北京任事。[55] 不過，「宗教家皆主靜修，獨善其身。不願多與外界交遊，不注意政治學術。故鴉片戰前，由中國往歐洲留學宗教者，雖代不乏人，而求其有影響於中國文化則甚微也」。[56] 此外，還有一些國人隨外國商船漂洋過海，遠赴歐洲。如乾隆四十七年（1782）廣東人謝清高乘坐外國商船遊歷亞、非、歐、美洲諸地，漂泊達十四年之久，他應是第一位環遊世界的中國人，他的出洋事跡和見聞經楊炳南筆錄，詳記於《海錄》一書。[57] 西學雖經歐洲傳教士傳播，進入了士人的視野，但大家普遍都輕視西學。[58] 一般士人囿於儒家「父母在，不遠遊」的信條和執迷於科舉制試，根本沒有遠赴歐洲遊歷的興趣，因而也就缺乏切身體驗的「西方經驗」。士大夫對歐洲所知甚為貧乏，他們只是從傳教士撰寫的一些介紹性小冊子（如艾儒略的《職方外紀》，南懷仁的《坤輿圖說》，利類思、安文思、南懷仁等撰《西方要記》之類）獲取遙遠的西方地理知識。中國著實可憐的西學與西方蔚為大觀的漢學對比相形見絀，反映了當時中西互相認識的深刻裂縫和極大差距。

上述各種危機，當然不能為清廷當政者所看清。限於維護自身統治的需要，清廷的目光緊盯在內部危機，他們像一支救火的消防隊，

---

55 參見費賴之著、馮承鈞譯：《在華耶穌會士列傳及書目》下冊，第 970-975 頁。方豪：《中國天主教史人物傳》下冊，第 160-162 頁。

56 張星烺：《歐化東漸史》，第 41 頁。有關近代以前中國人留學歐洲情形，詳見方豪：〈同治前歐洲留學史略〉一文，收入氏著《方豪六十自定稿》上冊，台北：學生書局 1969 年版，第 379-402 頁。

57 參見（清）謝清高口述、楊炳南筆錄、馮承鈞註釋：《海錄注》，北京：中華書局 1955 年版。（清）謝清高口述、楊炳南筆錄、安京校釋：《海錄校釋》，北京：商務印書館 2002 年版。

58 如《欽定四庫全書總目》介紹《西方要記》時稱：該書「專記西洋國土、人物、土產及海程遠近。大抵意在誇大其教，故語多粉飾失實。」參見《四庫全書》研究所整理：《欽定四庫全書總目》（整理本）上冊，北京：中華書局 1997 年版，第 1055 頁。

疲於奔命，應付撲滅各地起義和叛亂的烈火。對於世界形勢正在發生的革命性變化竟懵然無知。過去，人們總結中國未能成功地向近代社會轉型的歷史原因時，有一種普遍的價值默認，即將中國傳統的政治制度（包括君主專制、中央集權、科舉制度）與現代化對立起來，視之為中國邁向早期現代化的主要障礙，這成為鑄造革命的邏輯出發點和主要理由。但西方國家的早期現代化歷史卻不能證明這一點。從近代英國、德國、俄羅斯、日本的例子來看，君主制或君主立憲制保留了相當長一段時間，傳統政治制度和政治傳統完全有可能在一定程度上轉化成為現代化的正能量，並不一定只有負面作用，至少在近代的早期是如此。世界上大部分近代民族國家都不同程度地利用了傳統的政治資源，或在相當長的時間盡量保護自身傳統的政治遺產。只有美國由於是一個天生的新大陸國家，缺乏自身的政治傳統，才產生一種嶄新的政治建構。如果在經濟領域，人們認可中國出現了資本主義萌芽，甚至出現了早期的工業化，在文化思想領域有著豐厚的歷史遺產應當繼承，那麼，在政治領域就不免發生疑問，中國傳統的政治制度或政治傳統，是否就沒有轉化為現代化助力資源的可能？民國的創建者孫中山先生在設計近代國家制度時，曾發掘中國傳統的政治資源，特別留意繼承傳統的監察制度和考試制度，將西方的三權分立擴大到五權憲法。作為自由主義者的胡適論及「民主中國的歷史基礎」這個問題時，也特別指出「一個徹底民主化的社會結構」、「兩千年客觀的、競爭性的官吏考試甄選制度」、「政府創立其自身『反對面』的制度和監察制度」這些歷史因素「可以解釋辛亥革命，君主制的推翻，共和政府形式的確立，以及最近三十年與今後憲法的發展」。[59] 孫、胡的認識，表現出並不排斥利用傳統政治資源的可

---

59 Hu Shih, Historical Foundation for a Democratic China, In: *Edmund J.James Lectures on Government: Second Series* (Urbana: University of Illinois Press, 1941), pp.53-64.

能。在一個革命話語佔主流的年代，強調維護傳統政治資源，會成為保守的代名；而徹底的推翻則可贏得革命的美名。孫、胡的努力表現出某種折中的傾向。最後，我想以約翰‧巴羅的一段話作為本書的結語，這段話如實地反映了 18 世紀末西人對中國政治文化的感受，它也許某種程度上折射了傳統政治文化的偉大與局限：

　　如喬治‧斯當東爵士所說：「這裡出現一個罕見的宏偉景觀：在人類的這個泱泱大國，人們都願意結合在一個偉大的政治實體中，全國都安靜地服從一個大帝王，而他們的法律、風俗、乃至他們的語言始終沒有變化。在這些方面他們和其他的人沒有絲毫相同之處。他們既不想跟世上其他地方交往，也不企圖去佔領。」這個如實的觀察，中國是一個有力的例證，和權力相比較，人類更容易受傳統觀念的統治。[60]

60　John Barrow, *Travels in China*, Cadell, pp.486-487. 中譯文參見。喬治‧馬戛爾尼、約翰‧巴羅著，何高濟、何毓寧譯：《馬戛爾尼使團使華觀感》，第 461 頁。

附 錄

一　16-18 世紀來京西方耶穌會士一覽表 [1]

漢名	原　名	生　卒	國籍	在京時間	在京活動、事跡	備註
利瑪竇	P. Matthieu Ricci	1552-1610	意大利	1598年、1601-1610	在北京傳教，並廣泛結交士人，傳播西方曆算、輿地等知識，遺著《利瑪竇中國札記》（意大利文）。	《列傳》9
郭居靜	P. Lazare Cattaneo	1560-1640	意大利	1598	偕利瑪竇一起入京。	《列傳》15
龍華民	P. Nicolas Longobardi	1559-1654	意大利	1609-1616、1620-1654	繼利瑪竇後任中國教區會長。在北京及周圍地區傳教。1629年參與朝廷修曆。	《列傳》17
龐迪我	P. Didace de Pantoja	1571-1618	西班牙	1601-1616	偕利瑪竇一起赴京，為利氏助手，參與朝廷修曆，確定廣州至北京各城市緯度，1616年因南京教案被驅逐出京。	《列傳》19
李瑪諾	P. Emmanuel Diaz	1559-1639	葡萄牙	1604	偕倪雅谷赴北京視察，與利瑪竇在京共事兩月。	《列傳》20
費奇觀	P. Gaspard Ferreira	1571-1649	葡萄牙	1604-1610	監會鐸范禮安派其赴京，被利瑪竇委任培訓初學修士，在京郊傳教六年。	《列傳》21

1　在製作本表時，參考了〔法〕費賴之著、馮承鈞譯《在華耶穌會士列傳及書目》（上、下冊，北京：中華書局1995年版，表中備註簡稱《列傳》）、〔法〕榮振華著、耿昇譯《在華耶穌會士列傳及書目補編》（上、下冊，北京：中華書局1995年版，表中備註簡稱《補編》）、〔法〕費賴之著，梅乘騏、梅乘駿譯《明清間在華耶穌會士列傳（1552-1773）》（上海：天主教上海教區光啟社1997年版）、方豪著《中國天主教史人物傳》（北京：中華書局1988年版）四書所載列傳內容。

漢名	原名	生卒	國籍	在京時間	在京活動、事跡	備註
熊三拔	P. Sabbathin de Ursis	1575-1620	意大利	1606-1616	參與朝廷修曆，製造各種水力機械，得到萬曆皇帝欣賞。1616年因南京教案被驅逐出京。	《列傳》30
陽瑪諾	P. Emmanuel Diaz	1574-1659	葡萄牙	1621-1626	1621年被召至北京，獲准傳教。1623年任中國教區副省會長。自此中國副省區從日本教區劃出獨立。	《列傳》31
金尼閣	P. Nicolas Trigault	1577-1628	法國	1611	1611年赴京向長上滙報傳教情況，獲《利瑪竇中國札記》手稿。	《列傳》32
艾儒略	P. Jules Aleni	1582-1649	意大利	1613	被派往北京，隨後偕徐光啟去上海。	《列傳》39
畢方濟	P. François Sambiasi	1582-1649	意大利	1613-1616	1613年被召入京，1616年因南京教案被驅逐。	《列傳》40
傅汎濟（際）	P. François Furtado ou Heurtado	1587-1653	葡萄牙	約1634-1651年之間	1634年被任命為副省會長，巡歷各地教區。1641年中國教區被分為南、北兩區，北部由傅汎濟負責，管轄北京、山西、山東、陝西、河南、四川。	《列傳》45
鄧玉函	P. Jean Terrenz ou Terentio	1576-1630	德意志（瑞士）	1621-1630	1629年參與朝廷修曆，並製造天文儀器。	《列傳》46
湯若望	P. Jean Adam Schall von Bell	1591-1666	德意志	1630-1666	1630年應召入京修曆，1636年幫助明朝鑄炮。1645年順治帝命其為欽天監監正，頗得順治帝信任，1665年因教案被拘禁。	《列傳》49

漢名	原　名	生卒	國籍	在京時間	在京活動、事跡	備註
羅雅谷（各）	P. Jacques Rho	1593-1638	意大利	1630-1638	1630年為修曆應召入京，在京編寫曆書，製造天文儀器。	《列傳》55
瞿洗（西）滿	P. Simon da Cunha	1590-1660	葡萄牙	1659	一度任省區副省會長。1659年進京，獲順治帝允准，凡精通曆算的教士，皆可晉京上朝供職。	《列傳》63
聶伯多	P. Pierre Canevari	1594-1675	意大利	1665-1666	因教案解送北京。	《列傳》64
方德望	P. Etienne Faber 或 Le Fèvre	1598-1659	法國	1641-1647	協助湯若望在京傳教。	《列傳》65
金彌格	P. Michel Trigault	1602-1667	法國	1665-1666	因教案解送北京。	《列傳》70
陸若漢	P. Jean Rodriguez	1561-1634	葡萄牙	1630-1632	1630年隨勤王的明軍進入北京。1632年朝廷褒詞中第一次稱他作「耶穌會士」，而不稱「西洋學者」。	《列傳》71
郭納爵	P. Ignace da Costa	1599-1666	葡萄牙	1665-1666	因教案解送北京。	《列傳》75
何大化	P. Antoine de Gouvea	1592-1677	葡萄牙	1665-1666	因教案解送北京。	《列傳》78
潘國光	P. François Brancati	1607-1671	意大利	1665-1666	因教案解送北京。	《列傳》79
利類思	P. Louis Buglio	1606-1682	意大利	1648-1682	1648年被清軍押解北京。1655年創建聖若瑟教堂（東堂）。	《列傳》80
萬密克	P. Michel Walta	1606-1643	德意志	1640年前後	到過北京，事跡不詳。	《列傳》84、《補編》898
李方西	P. Jean-François Ronusi de Ferrariis	1608-1671	意大利	1665-1666	因教案解送北京。	《列傳》87

漢名	原名	生卒	國籍	在京時間	在京活動、事跡	備註
安文思	P. Gabriel de Magalhaens	1609-1677	葡萄牙	1648-1677	1648 年被清軍押解北京。1655 年創建聖若瑟教堂（東堂），遺著《中國新史》。	《列傳》88
衛匡國	P. Martin Martini	1614-1661	意大利	約 1657-1658	順治帝批准衛匡國及其隨從從晉京覲見。在京短暫停留。	《列傳》90
穆尼閣（各）	P. Jean-Nicolas Smogolenski	1611-1656	波蘭	1653-？	奉召來京，順治帝批准他在各地傳教。	《列傳》91
張瑪諾	P. Emmanuel Jorge	1621-1677	葡萄牙	1665-1666	因教案解送北京。	《列傳》94
成際理	P. Félicien Pacheco	1622-1686	葡萄牙	1665-1666	因教案解送北京。	《列傳》95
汪儒望	P. Jean Valat	1599-1696	法國	1665-1666	因教案解送北京。	《列傳》96
洪度貞	P. Humbert Augery	1616-1673	法國	1665-1666	因教案解送北京。	《列傳》101
劉迪我	P. Jacques Le Favre	1610-1676	法國	1665-1666	因教案解送北京。	《列傳》102
聶仲遷	P. Adrien Greslon	1614-1695	法國	1665-1666	因教案解送北京。	《列傳》104
穆格我	P. Claude Motel	1619-1671	法國	1665-1666	因教案解送北京。	《列傳》107
穆迪我	P. Jacques Motel	1618-1692	法國	1665-1666	因教案解送北京。	《列傳》108
柏應理	P. Philippe Couplet	1624-1692	比利時	1665-1666	因教案解送北京。	《列傳》114
蘇納	P. Bernard Diestel	1619-1660	德意志	約 1659-1660 之間	應召進京，在宮廷從事曆算工作，因不適北京氣候，獲准去山東。	《列傳》115
吳爾鐸	P. Albert d'Orville	1622-1662	比利時	1659 年以後	應召進京，與白乃心獲得允准，領取護照赴印度。	《列傳》116

漢名	原　名	生卒	國籍	在京時間	在京活動、事跡	備註
畢嘉	P. Jean-Dominique Gabiani	1623-1696	法國	1665-1666、1690-1693	因教案解送北京。1690 年受託進京送氣壓表，康熙留其住京三年之久，倍受恩遇。	《列傳》118
白乃心	P. Jean Grueber	1623-1680	奧地利	約 1659-1661 之間	應召進京，住了兩年。1661 年到西安與吳爾鐸會合，開始其打通亞歐大陸交通線行程。	《列傳》119
殷鐸澤	P. Prosper Intorcetta	1625-1696	意大利	1665-1666	因教案解送北京。留有對 1665 年北京大地震的詳細記載。	《列傳》120
陸安德	P. André-Jean Lubelli	1610-1683	意大利	1665-1666	因教案解送北京。	《列傳》121
魯日滿	P. François de Rougemont	1624-1676	比利時	1665-1666	因教案解送北京。	《列傳》122
瞿篤德	P. Stanislas Torrente	1616-1681	意大利	1665-1666	因教案解送北京。	《列傳》123
南懷仁	P. Ferdinand Verbiest	1623-1688	比利時	1660-1688	應召進京，協助湯若望在欽天監從事曆算工作。1665 年因教案被拘。1669 年康熙平反教案，釋放南懷仁，續任欽天監監正，頗受康熙重視。	《列傳》124
恩理格	P. Christian Herdtricht	1624-1684	奧地利	1673-1675	因通曉曆法應召晉京，後因身體不適北京氣候，並不能傳教，獲准離開。	《列傳》126

漢名	原名	生卒	國籍	在京時間	在京活動、事跡	備註
閔明我	P. Philippe-Marie Grimaldi	1639-1712	意大利	1673-1686、1694-1712	因通曉曆法進京，擅長製作天文儀器、機械裝置。1683、1685年兩次隨駕出巡東北。1686年康熙特命出使俄國。1694年回到北京，1695年任副省會長，1700任北京住院院長，1702-1707年任中國、日本省區視察員。	《列傳》135
皮方濟	P. François Pimentel	? -1675	葡萄牙	1670	隨葡萄牙遣使瑪訥撒爾達聶赴京，受到康熙的接見。	《列傳》135 附
徐日昇	P. Thomas Pereira	1645-1708	葡萄牙	1673-1708	因音樂才能應召進京，頗受康熙喜愛，多次隨駕出巡，1688年在中俄尼布楚談判中任翻譯。1691年任教區監會鐸，1706年任副省區會長。	《列傳》142
李西滿	P. Simon Rodrigues	1645-1704	葡萄牙	約1679-1682之間	被召進京，任職欽天監。	《列傳》144
羅歷山	Mgr. Alexandre Ciceri	1637-1704	意大利	1692-1696	1692年康熙著蘇霖帶領羅歷山、李國正晉京，受到康熙接見。1696年因教廷任命他為南京教區主教，遂離京。	《列傳》152
孟由義	P. Emmanuel Mendes	1656-1743	葡萄牙	1685-1688年間、1707	在京曾從南懷仁學，從事傳教。1707年在京領取鈐印信票。	《列傳》159
馬瑪諾	P. Emmanuel Rodrigues	1631- ?	葡萄牙	1694	到過北京，事跡不詳。	《列傳》160

漢名	原　名	生卒	國籍	在京時間	在京活動、事跡	備註
蘇霖	P. Joseph Suarez	1656-1736	葡萄牙	1688-1736	應召進京，在京48年。1692-1697年任北京住院院長，1711年任副省會長。從1719年起，蘇霖勸化了蘇努親王及其家屬。	《列傳》161
安多	P. Antoine Thomas	1644-1709	比利時	1685-1709	應召進京，任欽天監監副，向康熙講授數學與科學儀器知識。1692年任北京耶穌會會長，1703年任副省會長。曾多次隨駕巡視，參加《皇輿全覽圖》測繪工作。	《列傳》163
洪若翰	P. Jean de Fontaney	1643-1710	法國	1688、1692-1699、1701-1702	1688年應召進京，覲見康熙帝後獲准前往南京傳教。1692年進京，因獻「金雞納霜」治癒康熙瘧疾，獲賜住宅一所。	《列傳》170
白晉	P. Joachim Bouvet	1656-1730	法國	1688-1693、1699-1730	1688年應召進京，留在宮中服務，向康熙講解幾何學，頗受康熙青睞。1693年作為康熙特使返回歐洲，攜帶禮品和大批書籍。1699年重回北京。其著《康熙皇帝》在歐洲廣為人知。	《列傳》171
李明	P. Louis Le Comte	1655-1728	法國	1688	1688年應召進京，覲見康熙帝後獲准前往山西傳教。	《列傳》172

漢名	原名	生卒	國籍	在京時間	在京活動、事跡	備註
張誠	P. Jean-François Gerbillon	1654-1707	法國	1688-1707	1688 年應召進京，留在宮中服務。1689 年在中俄尼布楚談判中任翻譯，多次隨駕出巡，為康熙講授幾何學，頗受康熙喜愛。1700 年請求康熙賜地興建教堂，1703 年北堂落成。	《列傳》173
劉應	Mgr. Claude de Visdelou	1656-1737	法國	1688、1692-1693	1688 年應召進京，覲見康熙帝後獲准前往山西傳教。1692 年與洪若翰回京，負責培訓新教友。	《列傳》174
王石汗（王以仁）	P. Pierre Van Hamme	1651-1727	比利時	1700-1702、1706、1720-1727	在北京傳教，任住院院長。1706 年在京傳教，領取鈐印信票。1725 年任中國教區會長。	《列傳》179、《補編》865
郭天爵	P. François Simois	1650-1694	葡萄牙	1692-1694	在北京傳教，事跡不詳。	《列傳》180
盧依道	P. Isidore Lucci	1671-1719	意大利	1692-1694	應召進京，隨康熙帝第九皇子作韃靼之行。	《列傳》183
李國正	P. Emmanuel Ozorio	1663-1710	葡萄牙	1692-？	1692 年與羅歷山一起進京，受到康熙盛情接見。曾任北京住院院長。	《列傳》185
樊西元（方西滿）	P. Jean-Joseph-Simon Bayard	1661-1725	法國	1707	在京領取鈐印信票。	《列傳》193
法安多	P. Antoine Faglia	1663-1706	意大利	1694	1694 年隨閔明我同到北京，獲准到邊區省份傳教。	《列傳》194
魯（駱）保祿	P. Jean-Paul Gozani	1647-1732	意大利	1716	在京傳教，領取鈐印信票。	《列傳》195、《補編》383

漢 名	原 名	生 卒	國 籍	在京時間	在京活動、事跡	備 註
紀理安	P. Bernard-Kilian Stumpf	1655-1720	德意志	1700-1720	頗受康熙青睞，多次隨駕出巡，並授予欽天監監正。1705-1720年任中國、日本兩地監會鐸。	《列傳》198
費約理	Fr. Christophe Fiori	1672-？	意大利	1694	畫家。1694年1月末到達北京。	《列傳》201、《補編》317
鮑仲義	Fr. Joseph Baudino	1657-1718	意大利	約1694-1718之間	醫生、藥劑師和植物學家。多次隨康熙出巡。	《列傳》202
艾遜爵（艾若瑟）	P. Joseph-Antoine Provana	1662-1720	意大利	1702-1707	供職宮廷，深得康熙信任，1708年作為欽使被派往羅馬	《列傳》205
林安多（言）	Mgr. Antoine de Silva(Sylva)	1654-1726	葡萄牙	1707	在京領取鈐印信票。	《列傳》206
金澄	P. Emmanuel Camaya	1662-1723	葡萄牙	1707	在京領取鈐印信票。	《列傳》207
高嘉樂（高尚德）	P. Charles de Rezende	1664-1746	葡萄牙	1706、1724-1746	1706年在京領取鈐印信票。1724-1746年在京任兩處住院院長、副省會長，並任職欽天監。	《列傳》213
楊若翰	P. Jean de Saa	1672-1731	葡萄牙	1707	在京領取鈐印信票。	《列傳》214
龍安國	P. Antoine de Barros	1664-1708	葡萄牙	1701-1706	應召進京，因康熙派他出使羅馬，離開北京。	《列傳》218
畢登庸	P. Antoine de Costa	1666-1747	葡萄牙	1708	在京領取鈐印信票。	《列傳》219
龐嘉賓	P. Gaspard Kastner	1665-1709	德意志	1707-1709	任欽天監監正（1707-1709）。	《列傳》220
利國安	P. Jean Laureati	1666-1727	意大利	1718-1721	任中國、日本兩地監會鐸（1720），因宣誓忠於教皇有關禮儀問題的決定，被康熙拘禁。	《列傳》221

漢 名	原 名	生 卒	國 籍	在京時間	在京活動、事跡	備 註
何多敏	Fr. Jean-Dominique Paramino	1661-1713	意大利	約 1699-1713 之間	康熙出巡的隨行醫務人員。	《列傳》224
艾斯玎	P. Augustin Barelli	1656-1711	意大利	1707	在京領取鈐印信票。	《列傳》226
卜納爵（卜嘉年、卜嘉）	P. Gabriel Baborier（Gabriel-Ignace）	1663-1727	法國	1707	在京領取鈐印信票。	《列傳》228、《補編》63
瞿敬臣	P. Charles Dolzé	1663-1701	法國	約 1699-1701 之間	在韃靼（蒙古）地區傳教，葬於北京。	《列傳》230
孟正氣	P. Jean Domenge	1666-1735	法國	1703-1712	到過北京，事跡不詳。	《列傳》231
巴多明	P. Dominique Parrenin	1665-1741	法國	1699-1741	歷任康熙、雍正、乾隆三朝翻譯。	《列傳》233
南光國	P. Louis Pernon	1663-1702	法國	1699-1702	事跡不詳，卒於北京。	《列傳》234
馬若瑟	P. Joseph-Henry-Marie de Prémare	1666-1735	法國	1714-1716	應召進京，與白晉一起工作。	《列傳》235
雷孝思	P. Jean-Baptiste Régis	1663-1738	法國	約 1698-1738 之間	精於數學、天文，參加《皇輿全覽圖》測繪工作。	《列傳》236
衛嘉祿	Fr. Charles de Belleville	1656-1700 以後（不詳）	法國	約 1701	精於雕塑、建築，設計並指導北京住院的建築工作。	《列傳》237
馬安能	P. Dominique de Magalhaens	1670-1721	葡萄牙	1707	在京領取鈐印信票。	《列傳》239
薄賢士	P. Antoine de Beauvollier	1656-1708	法國	1700-1706	受康熙之命，與龍安國出使羅馬，遂離開北京。	《列傳》241
殷弘緒	P. François-Xavier d'Entrecolles	1662-1741	法國	1720、1722-1741	在京傳教，擔任法籍神父住院院長。	《列傳》242
傅聖澤	Mgr. Jean-François Foucquet	1663-1739	法國	1710-1720	從事傳教和天文研究工作。	《列傳》243

漢名	原名	生卒	國籍	在京時間	在京活動、事跡	備註
宋若翰（傅聖鐸）	P. Jean-François Pélisson	1657-？	法國	1736-1737	在北京居住。.	《列傳》244、《補編》614
羅德先	Fr. Bernard Rhodes	1645-1715	法國	1700-1715	康熙隨從醫生，尤長於外科。	《列傳》245
聶若望	P. Jean Duarte	1671-？	葡萄牙	1707	在京領取鈐印信票。	《列傳》247
穆敬遠	P. Jean Mourao	1681-1726	葡萄牙	1712、1721、1723	1712年被康熙遣使經俄羅斯赴羅馬，旅行中斷。1721年陪康熙前往熱河，患病後回澳門治療。1723年回到北京，被雍正發配到西寧。	《列傳》248
郭中傳	P. Jean-Alexis de Gollet	1664-1741	法國	1707	在京領取鈐印信票。	《列傳》250、《補編》368
樊繼訓	Fr. Pierre Frapperie	1664-1703	法國	1700-1703	名醫和藥劑師，在宮廷行醫。	《列傳》251
方記金（方全紀）	P. Jérôme Franchi	1667-1718	意大利	1707	被召赴朝廷供職，婉辭。	《列傳》253
沙守信	P. Émeric de Chavagnac	1670-1717	法國	1707	在京領取鈐印信票。	《列傳》254
龔當信	P. Cyr Contancin	1670-1733	法國	1711-1719	任法籍神父住院院長。	《列傳》256
顧鐸澤	P. Etienne-Joseph Le Couteulx	1667-1731	法國	1707	在京領取鈐印信票。	《列傳》257
戈維里	P. Pierre de Goville	1668-1758	法國	1719	去過北京一次。	《列傳》258
赫蒼壁	P. Julien-Placide Hervieu	1671-1746	法國	1707	在京領取鈐印信票。	《列傳》259
杜德美	P. Pierre Jartoux	1668-1720	法國	1701-1720	長於數學、機械學，參加《皇輿全覽圖》測繪工作。	《列傳》260
隆盛	P. Guillaume Melon	1663-1706	法國	1707	進京覲見康熙，領旨去無錫。	《列傳》261

漢名	原名	生卒	國籍	在京時間	在京活動、事跡	備註
聶若翰	P. François-Jean Noëlas	1669-1724 年以後	法國	1707	在京領取鈐印信票。	《列傳》262
湯尚賢	P. Pierre-Vincent du Tartre	1669-1724	法國	1710-1724	長於數學，參加《皇輿全覽圖》測繪工作。	《列傳》264
陸伯嘉	Fr. Jacques Brocard	1661-1718	法國	1701-1718	供職朝廷，任機械師。	《列傳》265
彭加德（彭覺世）	P. Claude Jacquemin	1669-1735 年以後	法國	1707	在京領取鈐印信票。	《列傳》268、《補編》417
馮秉正	P. Joseph-François-Marie-Anne de Moyriac de Mailla	1669-1748	法國	1710-1748	參加《皇輿全覽圖》測繪工作，撰寫《中國通史》法譯本。	《列傳》269
龐克修	P. Jean Testard	1663-1718	法國	1707	在京領取鈐印信票。	《列傳》270、《補編》840
習展（屏）	P. Marc Silveiro	1675-1738 年以後	葡萄牙	時間不詳	來過北京，任葡籍會士住院院長。	《列傳》272
德其善	P. Emmanuel Telles	1676-1715	葡萄牙	1707	在京領取鈐印信票。	《列傳》273
費隱	P. Xavier-Ehrenbert Fridelli	1673-1743	奧地利	1710-1743	參加《皇輿全覽圖》測繪工作，任北京葡籍神父住院院長 6 年。	《列傳》274
張安多	P. Antoine de Magalhaens	1677-1735	葡萄牙	1716-1721、1726-1735	任葡萄牙住院財務員，頗受康熙器重，1721 年被委任欽使，出訪葡萄牙，陪送嘉樂返歐。1726 年返京，葡使麥德樂和 9 名教士隨其同來。	《列傳》275
穆若瑟穆代來（賚）	P. Joseph Simoens	1676-1750 年以後	葡萄牙	1707	在京領取鈐印信票。	《列傳》276
德瑪諾	P. Romain Hinderer	1669-1744	法國	約 1708-1718 之間	參加《皇輿全覽圖》測繪工作。	《列傳》277

漢名	原名	生卒	國籍	在京時間	在京活動、事跡	備註
石可聖	P. Léopold Liebstein	1665-1711	波希米亞	1707-1711	長於音樂，深受康熙及王爺們的喜愛。	《列傳》278
林濟各	Fr. François-Louis Stadlin	1658-1740	瑞士	1707-1740	鐘錶技師。供職朝廷，深得康熙喜愛。	《列傳》280
白維翰（台維翰）	P. Bakowski Jeam Baptista Chrzciciel	1672-1731	波蘭	1708	在京領取鈐印信票。	《列傳》281、《補編》66
孔祿食（公類思）	P. Louis Gonzaga	1673-1718	意大利	1708、1716-1717	1708 年 12 月 8 日在北京發願，康熙御前曆算家。1716 年 9 月 28 日由於健康原因前往北京。	《列傳》282、《補編》376
隨彌嘉	Fr. Michel Viera	1681-1761	葡萄牙	1707-？	任宮廷藥劑師。	《列傳》283
麥大成	P. Jean-François Cardoso	1676-1723	葡萄牙	1711-1723	作為葡王特使來京，參加《皇輿全覽圖》測繪工作。	《列傳》284
陽秉義	P. François Thilisch	1667-1716	波希米亞	1711-1716	長於數學，供職朝廷，康熙出巡韃靼時，常侍從左右。	《列傳》285
夏德修	P. Jean-Xavier-Armand. Nyel	1670-1727 年以後	法國	1712	來過北京。	《列傳》288
郎世寧	Fr. Joseph Castiglione	1688-1766	意大利	1715-1766	擅長美術，供職朝廷，深得乾隆喜愛，留下畫作多幅，是最著名的宮廷畫家。	《列傳》293
羅懷忠	Fr. Jean-Joseph da Costa	1679-1747	意大利	1716-1747	專攻藥物學和外科技術，供職宮廷。	《列傳》294
喜大教（倪天爵）	P. Nicolas Giampriamo	？-1750	意大利	約 1716-1721 之間	以曆算家身份供職朝廷，1721 年康熙委任他為特使隨俄羅斯使團赴羅馬。	《列傳》296

漢名	原名	生卒	國籍	在京時間	在京活動、事跡	備註
戴進賢	P. Ignace Kögler	1680-1746	德意志	1717-1746	才學超群，任欽天監監正達29年。歷任住院院長、教區監會鐸、副省區省會長。1731年乾隆授予其禮部侍郎、賞二品頂戴。	《列傳》297
李國成	P. Cajétan Lopes	1690-1736	葡萄牙	1726-1727	作為麥德樂使團的翻譯來京，後以曆算家身份留京工作。	《列傳》298
徐懋德	P. André Pereira	1690-1743	葡萄牙	1724-1743	長於天文和數學，任欽天監監副，並任耶穌會副省區省會長(1732-1738)。	《列傳》299
嚴嘉樂	P. Charles Slaviczek	1678-1735	波希米亞	約1717-1735之間	長於音樂、機械，精通數學，供職朝廷，深受喜愛。	《列傳》301
米來遒（金亮）	P. Balthazar Miller	1682-1724	德意志或意大利	1720	1720年7月3日從北京發出一信。	《列傳》304、《補編》553
徐茂盛	P. Jacques-Philippe Simonelli	1680-1755	意大利	1719-1721之間	以曆算家身份被召入京。	《列傳》305
安泰	Fr. Etienne Rousset	1689-1758	法國	1719-1758	為御醫和藥劑師，常隨駕扈從。	《列傳》306
倪天爵	Fr. Jean-Baptiste Gravereau	1690-1757年以後	法國	1719-1722之間	畫家、木刻家。因患病離京。	《列傳》307
法方濟各	Fr. François Folleri	1699-1766年以後	意大利	1721-1728	作為工程師，被召入北京。	《列傳》312
利博明	Fr. Ferdinand-Bonaventure Moggi	1684-1761	意大利	1721-1761	長於繪畫、雕塑、鑴刻，聖若瑟堂是其工程傑作之一。	《列傳》313
宋君榮	P. Antoine Gaubil	1689-1759	法國	1723-1759	在朝廷任職，受命擔任翻譯，並從事天文觀測。著作等身。	《列傳》314

漢名	原名	生卒	國籍	在京時間	在京活動、事跡	備註
楊嘉祿	P. Charles-Jean-Baptiste Jacques	1688-1728	法國	約 1723-1728 之間	與宋君榮一起作為天文學傳教士召進北京。	《列傳》315
麥有年	P. Paul de Mesquita	1696-1729	葡萄牙	1726-1729	張安多帶其赴京,在朝治曆。	《列傳》317
陳善策	P. Dominique Pinheiro	1688-1748	葡萄牙	1726-1748	任北京聖若瑟住院院長、兩度出任副省會長。	《列傳》318
索智能	Mgr. Polycarpe de Sousa	1697-1757	葡萄牙	1729-1757	1740 年被任命為北京主教繼任者。	《列傳》320
黃安多	P. Antoine-Joseph Henriques	1707-1748	葡萄牙	1726	作為葡王麥德樂使團隨員進京。	《列傳》322
沙如(叩)玉	P. Valentin Chalier	1697-1747	法國	1728-1747	供職宮廷。長期擔任法籍會士住院院長、法籍神父傳教區會長(1745-1747)。	《列傳》323
孫璋	P. Alexandre de La Charme	1695-1767	法國	1728-1767	在中俄交涉中任翻譯,在北京任法國傳教區司庫,從事天文學、翻譯工作。	《列傳》324
趙加彼	P. Gabriel Boussel	1699-1764	法國	1734-1750	與吳君一起進京,常住法籍會士住院。	《列傳》333
吳君	P. Pierre Foureau	1700-1749	法國	1734-1749	在京體質羸弱多病,無力工作。1750 年帶 5 名中國青年返國。	《列傳》334
查林格	P. Joseph Zallinger	1701-1736	德意志、(一作蒂羅爾)	1736	事跡不詳,卒於北京。	《列傳》343、《補編》914
趙聖修	P. Louis des Roberts	1703-1760	法國	1748-1760	任法籍神父住院院長(1748-1754),收養大量棄嬰。	《列傳》346
任重道	P. Jacques Antonini	1701-1739	意大利	約 1738-1739 之間	寄宿在北京的耶穌會公學。	《列傳》348

漢名	原名	生卒	國籍	在京時間	在京活動、事跡	備註
魏繼晉	P. Florian Bahr	1706-1771	德意志	1739-1771	最初幾年在宮廷教授音樂，後在北京周圍地區傳教。	《列傳》349
鮑友管	P. Antoine Gogeisl	1701-1771	德意志	1738-1771	任欽天監監副（1746-1771）。	《列傳》350
劉松齡	P. Augustin de Hallerstein	1703-1774	奧地利	1739-1774	擅長曆算，先後任欽天監監副、監正。	《列傳》351
南懷仁	Mgr. Godefroid Xavier de Laimbeckhoven	1707-1787	奧地利	時間不詳	1757年開始兼任北京主教。	《列傳》352
傅作霖	P. Félix da Rocha	1713-1781	葡萄牙	1739-1781	供職朝廷，從事曆算。1753年任欽天監監副。	《列傳》353
王致誠（巴德尼）	Fr. Jean-Denis Attiret	1702-1768	法國	1738-1768	任宮廷畫師，頗得乾隆喜愛。	《列傳》356
楊自新	Fr. Gilles Thébault	1703-1766	法國	1738-1766	供職宮廷，精於鐘錶製作和機械技術。	《列傳》357
湯執中	P. Pierre d'Incarville	1706-1757	法國	1741-1757	精於花卉藝術，頗得乾隆喜愛。	《列傳》361
石若翰	P. Jean-Baptiste de La Boche	1704-1785	法國	1784-1785	因教案被押送北京。	《列傳》362
紀文	Fr. Gabriel-Léonard de Brossard	1703-1758	法國	1739-1758	在宮廷從事玻璃工藝製作。	《列傳》363
魯仲賢	P. Jean Walter	1708-1759	波希米亞	1742-1759	擅長音樂，在宮廷負責培訓青年歌唱和彈奏。	《列傳》367
林德瑤	P. Jean de Seixas	1710-1785	葡萄牙	1753-1785	陪同葡使巴哲格進京，此後留京傳教。	《列傳》369
習（沈）若望	P. Jean Simoens	1713-1758年以後	葡萄牙	約1748年	任北京耶穌會財務員，在北京公學。	《列傳》373
馬德昭	P. Antoine Gomes	1705-1751	葡萄牙	1744-1751	擅長外科。任副省會長（1748-1751）。	《列傳》376

漢名	原名	生卒	國籍	在京時間	在京活動、事跡	備註
蔣友仁	P. Michel Benoist	1715-1774	法國	1744-1774	擅長天文、工藝，供職朝廷，頗得乾隆喜愛。參與設計圓明園西洋樓。	《列傳》377
吳直方	P. Bartolomeu Azevedo	1718-1745	葡萄牙	1745	事跡不詳，卒於北京。	《列傳》381
艾啟蒙	P. Ignace Sichelbarth	1708-1780	波希米亞	約1746-1780之間	來京後，從郎世寧學畫，成為乾隆最喜愛的三畫家之一，賜予三品官銜。	《列傳》383
錢德明	P. Jean-Joseph-Marie Amiot	1718-1793	法國	1751-1793	知識淵博，在京編著有《中國叢刊》等著。	《列傳》392
高慎思	P. Joseph d'Espinha	1722-1788	葡萄牙	1751-1788	先後任欽天監監副（1770）、監正（1781）。	《列傳》396
羅啟明	Fr. Emmanuel de Mattos	1725-1764	葡萄牙	1751-1764	供職朝廷。	《列傳》399
張舒	P. Ignace Francisco	1725-1792	葡萄牙	1753-1792	常住北京，專門負責照料葡籍會士住院和公學。	《列傳》401
索德超	P. Joseph-Bernard d'Almeida	1728 1805	葡萄牙	1759-1805	從事天文工作24年後，1783年任欽天監監正。	《列傳》417
安國寧	P. André Rodrigues	1729-1796	葡萄牙	1759-1796	1775年任欽天監監副，旋任監正。兼任聖若瑟住院院長。	《列傳》418
韓國英	P. Pierre-Martial Cibot	1727-1780	法國	1760-1780	博學多才，文藝、科學、機械皆通，供職朝廷，是圓明園西洋樓噴泉等處的設計者	《列傳》419
方守義	P. J.-F-Marie-Dieudonné d'Ollières	1722-1780	法國	1760-1780	供職朝廷，在中俄交涉中充當翻譯。	《列傳》420
劉保祿（巴良）	P. Léon Baron	1738-1778年以後	法國	約1766-1771之間	與汪達洪同到京，在京住留了一段時間。	《列傳》424

漢名	原名	生卒	國籍	在京時間	在京活動、事跡	備註
汪達洪	P. Jean-Mathieu de Ventavon	1733-1787	法國	1767-1787	在宮廷任鐘錶師、機械師。	《列傳》426
晁俊秀	P. Francois Bourgeois	1723-1792	法國	1768-1792	任法籍神父住院院長。	《列傳》430
金濟時	P. Jean-Paul-Louis Collas	1735-1781	法國	1768-1781	在朝廷任曆算工作，一度可能任欽天監監正。	《列傳》431
嚴守志	P. Pierre de La Baume	1732-1770	法國	1769-1770	奉召入京。	《列傳》432
梁棟材	P. Jean-Joseph de Grammont	1736-1812（前）	法國	1769-1785、1790-1812	以宮廷曆算家之名奉召入京。1784年在京給高麗王子付洗。	《列傳》433
巴新	Fr. Louis Bazin	1712-1774	法國	1768-1774	醫生，長於外科，供職宮廷。	《列傳》434
齊類思	P. Louis Cipolla	生卒不詳	意大利	1771-1805年以後	長於玻璃器皿和車水晶的技藝，供職宮廷。	《列傳》435
賀清泰	P. Louis de Poirot	1735-1814	法國	約1771-1814	長於語言，在中俄交涉中任翻譯。	《列傳》436
潘廷章（璋）	Fr. Joseph Panzi	1733-1812	意大利	1773-1812	長於作畫，供職宮廷。	《列傳》437
李俊賢	P. Hubert.de Mèricourt	1729-1774	法國	1773-1774	供職宮廷，擔任修理鐘錶和機械工作。	《列傳》438
德阿瓜多	P. Ignace de Aguado	? -1735	葡萄牙	1735	事跡不詳，卒於北京。	《列傳》443
范大訥	P. Jean de Avendano	? -1735	葡萄牙	1735	事跡不詳，卒於北京。	《列傳》444
郅維鐸	P. Maur de Azevedo	? -1692	葡萄牙	1692	事跡不詳，卒於北京。	《列傳》445
博（波）爾德	Fr. Gilbert Bordes	? -1710年以後	法國	約1710-1711	藥劑師，事跡不詳。	《列傳》446
塞巴斯蒂昂·德阿爾梅達	P. Sebastião de Almeida	1622-1682或1683	葡萄牙	1678	1678年1月13日曾從北京發出一信。	《補編》26
賈方濟	Francisco Calado	生卒不詳	澳門	1735	事跡不詳，卒於北京。	《補編》127

漢 名	原　名	生　卒	國 籍	在京時間	在京活動、事跡	備註
卡布里爾 一萊昂·拉米	Fr. Gabriel-Léon Lamy	生卒不詳	法國	1741	與湯執中一起來京，任宮廷鐘錶匠。	《補編》447a

二 鴉片戰爭以前北京與西方關係編年事輯 [2]

元朝

1275 年（至元十二年），夏，波羅一家經過千辛萬苦地遠途跋涉，抵達上都，晉見元世祖忽必烈。馬可·波羅在中國任職十七年。

同年，聶斯脫里派教士列班·巴掃馬及其弟子從北京啟程，前往聖地耶路撒冷朝聖。

1289 年（至元二十六年），元朝設崇福司，負責管理基督教等宗教事宜。

1294 年（至元三十一年），7 月教皇使節孟高維諾到達大都，受到元成宗的召見，頗為優待，准其在大都傳教。

1305 年（大德九年），1 月 8 日孟高維諾從大都發出第一封信。

1306 年（大德十年），2 月孟高維諾從大都發出第二封信。

1307 年（大德十一年），羅馬教廷任命孟高維諾為汗八里教區總主教，統理中國及遠東教務。並派聖方濟各會傳教士七人來華協助孟高維諾。

1313 年（皇慶二年），教廷所派聖方濟各會傳教士哲拉德、裴萊

2 在製作本附錄時，曾參考〔法〕費賴之著，梅乘騏、梅乘駿譯：《明清間在華耶穌會士列傳》，上海：天主教上海教區光啟社 1997 年版；黃時鑒主編：《解說插圖中西關係史年表》，杭州：浙江人民出版社 1994 年版；顧衛民著：《中國天主教編年史》，上海：上海古籍出版社，2003 年；蕭致治、楊衛東編撰：《西風拂夕陽 鴉片戰爭前中西關係》，武漢：湖北人民出版社 2005 年版；蔡鴻生著：《俄羅斯館紀事》（增訂本），北京：中華書局 2006 年版；黃慶華著：《中葡關係史》（下冊），合肥：黃山書社 2006 年版等著，特此說明。

格林和安德魯抵達大都，其他四人死在途中。哲拉德被派赴泉州教區擔任首任主教。

1318 年 1 月 8 日（延祐四年十二月初六），裴萊格林致信教廷，報告因哲拉德病逝，其已繼任泉州教區主教；並告在汗八里有總主教、教友佩雷賈人安德魯和主教、教友佛羅倫薩人彼得。

1322 年（至治二年），泉州教區主教裴萊格林去世，安德魯從大都前往泉州繼任主教一職。

同年，鄂多立克抵達大都，在汗八里居住三年。

1328 年（致和元年），鄂多立克經西藏由陸路返回歐洲，向教廷請求多派教士來華傳教。

1333 年（元統元年），教皇約翰二十二世獲悉孟高維諾去世的消息，派方濟各會士尼古拉前往大都繼任總主教一職，尼古拉隨行人員有教士 26 人，但後來失去音信。

1342 年（至正二年），教皇使節馬黎諾里抵達大都，受到元順帝的接見，呈上教皇書信，並獻「天馬」一匹，一時傳為美談。

1346 年（至正六年），馬黎諾里離開大都，南下杭州、寧波，由泉州乘船返回歐洲。

1362 年（至正二十二年），教廷任命馬索（Thomasso）為汗八里總主教，但未到任。

明朝

1370 年（洪武三年），教皇烏爾班五世任命方濟各會士伯拉篤（Gughiemo del Prato）為北京總主教，率十二名教士來華，實未抵達中國。

1426 年（宣德元年），教皇馬丁五世任命加布阿（Giacomo da

Capua）為北京總主教，實未到任。

1521 年 1 月 11 日（正德十五年十二月初三），葡萄牙第一次遣使皮雷斯（Tomé Pires）到達北京，下榻會同館。5 月葡萄牙特使皮雷斯被請出京城，押解廣州。

1598 年（萬曆二十六年），9 月 7 日意大利籍耶穌會士利瑪竇攜郭居靜抵達北京，在京居留一月。

1601 年（萬曆二十八年），1 月 24 日（十二月二十一日）利瑪竇與西班牙籍耶穌會士龐迪我抵達北京，並被允准在北京居留。

1602 年（萬曆三十年），利瑪竇所譯《坤輿萬國全圖》由李之藻在北京刊印。

1605 年（萬曆三十三年），利瑪竇在北京城南宣武門內購得一處房屋，經改建修成禮拜堂，是為北京第一座教堂 —— 南堂的雛形。

同年，葡萄牙籍耶穌會士鄂本篤從印度經中亞、西域等地到達甘肅，成為 17 世紀唯一一位由陸路來華的西方傳教士，利瑪竇派人與到甘肅與他接洽。

1610 年（萬曆三十八年），2 月利瑪竇寫畢《天主教傳入中國史》。5 月 11 日利瑪竇在北京去世，葬於柵欄墓地。

1611 年（萬曆三十九年），意大利籍耶穌會士龍華民繼任耶穌會中國會長。

1612 年（萬曆四十年），意大利籍耶穌會士熊三拔所編《泰西水法》在北京刊行。

1615 年（萬曆四十三年），葡萄牙籍耶穌會士陽瑪諾所作《天問略》在北京刊印，此書首次將西洋望遠鏡和伽利略的天文學研究成果，如土星的光環、銀河、木星有四衛星等知識介紹給中國。

1618 年（萬曆四十六年），9 月 1 日 -9 月 4 日俄國西伯利亞地方政府派遣伊萬‧佩特林使團首次出使北京，因未帶國書及禮品，未能受到

明神宗的接見。

1620 年（萬曆四十八年），耶穌會士金尼閣率領湯若望、鄧玉函、羅雅谷抵達澳門，隨後湯若望等應召入京。

1623 年（天啟三年），兩廣總督胡應台遣游擊張燾解送澳夷 24 人赴京聽候使用，盡試其技，傳西洋大銃鑄煉之法及點放之術，擇人教演。

1624 年（天啟四年），7 名葡萄牙炮手抵達北京傳授用炮技術。

1629 年（崇禎二年），李之藻編刻了中國第一部天主教叢書 ——《天學初函》。

1630 年（崇禎三年），5 月 11 日瑞士籍耶穌會士鄧玉函在北京去世。湯若望、羅雅谷應召進入曆局修訂曆法。

1634 年（崇禎七年），7 月 12 日湯若望和李天經譯成曆書一百四十餘冊，編成百卷、十一部，呈獻朝廷，崇禎賜名《崇禎曆書》。湯若望進呈星屏、日晷、星晷、窺筒諸儀器，並出版《真福訓詮》。

1639 年（崇禎十二年），畢方濟在北京上疏，獻計四策：明曆法以昭大統，辦礦脈以裕軍需，通西商以官海利，購西銃以資戰守。

1643 年（崇禎十六年），湯若望口授，焦勗筆述《火攻挈要》刊刻。

清朝（1840 年以前）

1644 年（順治元年），清朝仿明制四夷館，設四譯館，處理涉外事務。

同年，清廷准用西洋曆法，由禮部任命湯若望為欽天監監正。

1650 年（順治七年），湯若望獲准在北京宣武門重建天主教堂（南堂）。

1652 年（順治九年），宣武門天主教堂竣工，順治帝賜以「欽差

天道」匾額一方，禮部尚書題贈堂額。

1653 年（順治十年），順治帝特敕湯若望為「通玄教師」，繕寫的木匾懸掛於天主堂內耶穌會大客廳裡。

1654 年（順治十一年），意大利籍耶穌會士龍華民在北京去世。

1655 年（順治十二年），葡萄牙籍耶穌會士安文思與意大利籍會士利類思創建了北京第二座教堂 —— 東堂（聖若瑟教堂），開始他們在北京的傳教事業。

1656 年（順治十三年），3 月 3 目日至 9 月 4 日俄羅斯費·伊·巴伊科夫使團在北京訪問，因禮儀之爭，清廷將其禮品退還，並將使團遣送出京。

同年 7 月，荷蘭東印度公司第一次遣使德·候葉爾（Peter de Goyer）和凱塞爾（Jacob de Keyzer）抵京，賫表朝貢，並請貢道。被清廷准許每八年遣使一次，每次隨帶商船四艘。關於此行，隨團成員尼霍夫（J. Nieuhof）撰有旅行記《荷蘭東印度公司的使團晉謁當時的中國皇帝韃靼大汗，介紹 1655-1657 年使團訪華期間發生的重要事情及風景地貌……，並生動描述了中國的城鎮、鄉村、官府、科學、工藝、風俗、宗教、建築、服飾、船舶、山川、植物、動物以及與韃靼人的戰爭，配有實地描繪的 150 幅插圖》。

1660 年（順治十七年），6 月 9 日比利時籍耶穌會士南懷仁從西安來到北京，參與修曆。

同年，俄羅斯沙皇派遣佩菲利耶夫出使北京，因順治皇帝拒絕接見，使團未達其目的。

1661 年（順治十八年），奧地利籍耶穌會士白乃心、比利時籍會士吳爾鐸奉耶穌會總會長之命，探索一條貫通歐亞陸路直達中國的道路，他們從北京出發，至西藏拉薩，然後經印度、波斯、土耳其到達羅馬。吳爾鐸在途經印度亞格拉城時病逝。

1664 年（康熙三年），9 月 15 日楊光先上書請求誅邪教，掀起「康熙曆獄」，湯若望等各地 25 名耶穌會士、1 名方濟各會士、4 名多明我會士被拘押在東堂。

1665 年（康熙四年），4 月 13 日北京發生地震，除湯若望、南懷仁、安文思、利類思四人留在北京外，其他被拘傳教士押解廣州。

1666 年（康熙五年），8 月 15 日湯若望因病在北京去世。

1667 年（康熙六年），6 月 20 日荷蘭東印度公司派遣專使彼得‧范‧侯爾恩（Pieter van Hoorn），抵京進貢，要求在海岸港口通商，未果。

1668 年（康熙七年），因康熙詢問西洋風土國情，利類思、安文思、南懷仁三人撰寫《西方要記》進呈，供康熙御覽。

同年，安文思撰成《中國十二絕》（或《中國十二優點》，現譯為《中國新史》）一書，其手稿由中國教團總監柏應理帶往歐洲。

1669 年（康熙八年），3 月南懷仁被授予欽天監監副。6 月應南懷仁所請，改造觀象台儀器。康熙帝為湯若望等教士平反，並召通曉曆法的恩理格、閔明我進京。

1670 年（康熙九年），6 月俄羅斯阿勃林使團在北京訪問。

同年，6 月 30 日葡萄牙遣使瑪訥撒爾達聶（Manuel de Saldanha）一行抵達北京，7 月底入宮觀見康熙帝。8 月瑪訥撒爾達聶從禮部接到康熙皇帝致葡萄牙國王阿豐索六世（Alphonse VI）諭及所贈禮品，隨即離京。

同年，7 月至 8 月俄羅斯米洛瓦諾夫使團在北京訪問。

1672 年（康熙十一年），奧地利籍耶穌會士恩里格、意大利籍閔明我抵達北京，供職欽天監。

1673 年（康熙十二年），5 月 26 日第一任中國籍耶穌會司鐸鄭瑪諾在北京病逝，享年 38 歲。鄭氏青年時代隨衛匡國赴羅馬，1671 年返

回中國，與恩理格、閔明我一同入京。

1675 年（康熙十四年），康熙帝訪問北京天主教堂，賜書「敬天」。是年，荷蘭人布特從印度經西藏拉薩，到達北京。

1676 年（康熙十五年），5 月 15 日至 9 月 1 日俄羅斯派遣尼·加·斯帕法里使團在北京訪問。

同年，南懷仁接替成際理出任耶穌會中國副省會長。

1678 年（康熙十七年），8 月葡萄牙國王派遣使臣本多·白壘拉（Bento Pereira de Faria）來華至京。白壘拉為了實現與中國自由貿易的願望，特別將其在非洲捕獲的一頭獅子輾轉運到北京，獻給康熙。利類思譯著小冊子《獅子說》在北京刊行，是為最早譯成漢文的介紹獅子這類動物的西洋書籍。

1682 年（康熙二十一年），2 月南懷仁隨康熙皇帝去盛京，作《韃靼旅行記》記述此行。4 月因南懷仁製炮精堅，加授工部右侍郎銜。

1683 年（康熙二十二年），清廷將在雅克薩戰役中俘獲的俄羅斯戰俘編入八旗中的鑲黃旗第四參領第十七佐領之內，駐紮在北京城東北角東直門的胡家圈胡同。俄羅斯人在駐地設立東正教臨時祈禱所，俗稱羅剎廟，後名聖索菲亞教堂或聖尼古拉教堂，即俄羅斯北館。

1685 年（康熙二十四年），康熙帝遣耶穌會士閔明我出使莫斯科。

1686 年（康熙二十五年），7 月荷蘭東印度公司遣使文森特·巴茲（Vincent Paets）抵京，入朝進貢。8 月 3 日受到康熙接見，9 月 14 日離開北京。清廷准許荷蘭國五年一貢，貢船准由福建進貢。

1688 年（康熙二十七年），1 月 28 日南懷仁在北京去世。2 月 7 日法國耶穌會士洪若翰、白晉、李明、張誠、劉應五人到達北京，受到康熙皇帝的接見，進呈渾天器、象顯器、千里鏡、量天器、天文經書等物。除白晉、張誠留在宮內服務外，其他三人被分發外省傳教。

同年，葡萄牙籍耶穌會士徐日昇任耶穌會北京會院院長，任期到

1691 年。

1689 年（康熙二十八年），6 月內大臣索額圖率團前往尼布楚會晤俄國使臣戈洛文伯爵，勘議邊界，徐日昇、張誠隨行擔任翻譯。7 月 24 日中俄簽訂《尼布楚條約》。索額圖率團回京後，康熙帝親自召見隨團翻譯徐日昇、張誠，垂詢會談情形。

1690 年（康熙二十九年），4 月 10 日教皇亞歷山大八世（Alexander VIII）敕令以南京、北京為正式教區，意大利籍方濟各會士伊大仁任北京主教，中國籍多明我會教士羅文藻為南京教區主教。

1692 年（康熙三十一年），比利時耶穌會士安多出任耶穌會北京會院院長及副省會長。

1693 年（康熙三十二年），5 月康熙皇帝染患瘧疾，張誠、白晉進呈金雞納霜見效，康熙大悅，以西安門靈池口前輔政大臣蘇克薩哈舊府賜給張誠、白晉，並諭工部修葺，法國耶穌會士從此獲得獨立住所。他們將該住所改建為教堂 ——「救世堂」，它是北堂（西什庫教堂）的前身。

同年，11 月到次年 2 月 19 日俄羅斯伊台斯使團在北京訪問。清廷議准俄羅斯國貿易，人不得超過二百名，犯禁之物不准交易。到京時安置俄羅斯館，不支廩給，定限八十日起程。

同年，康熙帝命白晉赴使歐洲，邀請更多身懷技藝的傳教士來華，並贈送書籍和禮品給法國國王。

1694 年（康熙三十三年），俄羅斯館在北京設立，地處北京城中玉河橋西。

1695 年（康熙三十四年），俄羅斯東正教托博爾斯克區主教正式承認北京的小教堂「羅剎廟」，後稱俄羅斯北館。

1696 年（康熙三十五年），羅馬傳信部下令劃分北京、南京、澳門主教管轄區域，其中北京教區管轄直隸、山東、遼東。

1698 年（康熙三十七年），俄羅斯派出國家商隊抵達北京。

1699 年（康熙三十八年），3 月法國耶穌會士白晉返回中國，帶來 10 名耶穌會士，康熙派蘇霖、劉應赴廣州迎接白晉出使歸來。康熙重見白晉，頗為高興，授予其「皇儲隨從翻譯員」榮銜。

1700 年，1 月 29 日（十二月十日）張誠託總管太監向皇帝轉達籌建聖堂之事，獲康熙帝恩准，並著令各部門供應建堂所需物資。

1700 年（康熙三十九年），11 月 30 日康熙皇帝批示：敬孔祭祖純為表示敬愛先師、先祖，不是宗教迷信。耶穌會士得康熙批示，通過四條不同路線將此信息傳遞到羅馬。

同年，張誠出任法籍耶穌會會長（1700-1706 年）。

1702 年（康熙四十一年），南堂開始重建，由徐日昇主持。次年，康熙皇帝「以宣武門內天主堂規模狹隘，另給銀一萬兩，飭令重修」。1712 年重建完工，南堂成為一座歐式建築。

1703 年（康熙四十二年），12 月 9 日舉行法國耶穌會天主堂（北堂）落成慶祝典禮，盛況之影響播及全國，北堂成為東方最漂亮的教堂。

同年，俄羅斯伊守·薩瓦齊耶甫商隊抵達北京，住俄羅斯館。

1705 年（康熙四十四年），12 月 14 日教皇使節多羅一行抵達北京，住在西安門內天主堂，多羅此行主要是為解決禮儀之爭問題。12 月 31 日多羅覲見康熙皇帝。

1706 年（康熙四十五年），2 月 27 日、6 月 27 日康熙皇帝兩次召見教廷使節多羅，詢及多羅來華目的，並嚴告西洋人如反對敬孔祭祖，則不准居留中國。12 月康熙帝下令驅逐顏璫及浙江代牧何納篤等出境，召見所有在京西人，傳令領票。

同年，10 月康熙帝派遣葡萄牙籍耶穌會士龍安國、法國籍耶穌會士薄賢士前往葡萄牙和羅馬教廷，交涉禮儀之爭問題。

1707 年（康熙四十六年），3 月 22 日張誠在北京病逝。

1708 年（康熙四十七年），4 月法國耶穌會士雷孝思、白晉、杜德美三人奉康熙之命，測繪萬里長城位置及附近河流地貌。10 月奧地利籍耶穌會士費隱與雷孝思、杜德美奉命往北直隸各地測繪，製作地圖。

1710 年（康熙四十九年），12 月教廷所派遣使會士德理格、山遙瞻、馬國賢抵達北京。

同年，康熙諭命時在江西臨江的耶穌會士傅聖澤進京襄助白晉研究翻譯《易經》。

1711 年，2 月 4 日（十二月二十日）康熙接見德理格、山遙瞻、馬國賢，馬國賢被留在宮中繪畫，德理格則為樂工。

1711 年（康熙五十年），耶穌會士麥大成作為葡萄牙國王特使應召抵京，所獻貢物包括康熙所特別喜歡的葡萄酒。

1715 年（康熙五十四年），4 月 30 日俄羅斯派遣修士大司祭伊拉里昂率領修士司祭拉夫連季、修士輔祭菲利蒙、教堂輔助人員阿法納耶夫等一行 10 人抵達北京，是為第一屆俄羅斯東正教駐北京傳道團。

1716 年（康熙五十五年），11 月 12、13 日康熙召集在京的西洋教士，大罵德理格不遵守利瑪竇的成規，無視中國的禮儀。

1717 年 1 月 2 日（康熙五十五年十一月廿日），德國耶穌會士戴進賢應康熙之召，進京佐理曆政。1725 年（雍正三年）補授欽天監監正。

1717 年（康熙五十六年），10 月 14 日俄羅斯修士大司祭伊拉里昂在北京逝世，他被安葬在城北安定門外的墓地裡，以後去世的俄羅斯人亦葬在此地，這裡遂成為俄羅斯人的公墓。

1719 年（康熙五十八年），康熙主持繪製的《皇輿全覽圖》歷時三十年告成。

同年，北京主教伊大仁上書羅馬傳信部，報告中國教務因禮儀之爭陷入困境。

1720 年（康熙五十九年），7 月中國天主教徒樊守義抵達北京，此前樊旅歐達十餘年，著有《身見錄》。

同年，11 月 29 日俄羅斯伊茲瑪依洛夫使團抵達北京俄羅斯館，次年 3 月 13 日離京返俄，在京期間康熙召見使團十二次。

同年，12 月教皇使節嘉樂抵達北京，多次受到康熙的召見。

同年，澳門議事會遣使斐拉理到達北京。

1721 年（康熙六十年），清廷遣使葡萄牙籍耶穌會士張安多赴葡萄牙訪問，並陪送教皇使節嘉樂返歐。

1723 年（雍正元年），4 月 9 日法國籍耶穌會士宋君榮抵達北京。

同年，遣使會士德理格在西直門內購地，建天主教堂一座，是為西堂。

1725 年（雍正三年），10 月 22 日教廷第三次遣使聖衣會士葛達多（Gotthard Plaskowitz de St. Maria）、易德豐（Ildefonso de Nativitate）抵京。11 月 7 日覲見雍正皇帝，遞呈教皇國書。

1726 年（雍正四年），11 月 1 日俄羅斯遣使薩瓦伯爵一行抵達北京，住俄羅斯館，與清廷進行談判，在京停留到次年 5 月。

同年，根據《恰克圖界約》，俄羅斯館的另一座教堂 —— 奉獻節教堂開始動工，在普拉特科夫斯基任職期間落成。

同年，11 月 19 日耶穌會士張安多返回北京，24 日受到雍正皇帝的召見。

1727 年（雍正五年），5 月葡萄牙國王唐·若昂五世遣使麥德樂（Alexandre Metelo de Sousa Menezes）抵達北京，入朝覲見雍正皇帝，貢奉禮品。

同年，法國耶穌會士馮秉正在北京劉家發現敘利亞文古鈔本《景教徒必攜》，當為七、八世紀遺物。

同年，11 月 2 日中俄簽訂《恰克圖條約》。該約第五條規定：「在

京城之俄館，嗣後僅止來京之俄人居住。俄使請造廟宇，中國辦理俄事大臣等幫助於俄館蓋廟。現在住京喇嘛一人，復議補遣三人，於此廟居住，俄人照伊規矩，禮佛念經，不得阻止。」

1729 年（雍正七年），清朝設立西洋館，以法國耶穌會士巴多明主持教授滿族子弟學習拉丁文。

同年，俄羅斯第二屆傳教團團長、修士大司祭安東尼·普拉特科夫斯基率團到達北京，以後歷屆傳教團均以俄羅斯館為駐地。

1730 年（雍正八年），北京發生大地震，天主教南堂、北堂均受損，雍正撥款銀 1 千兩，以資修葺天主堂。6 月 29 日法國耶穌會士白晉在北京去世。

1732 年（雍正十年），在北京俄羅斯南館建成「奉獻節」東正教堂，尼古拉聖像由「羅剎廟」遷入此堂。

1735 年（雍正十三年），俄羅斯傳教團學生羅索欣被理藩院聘為通事，年俸 40 兩。

1736 年（乾隆元年），俄羅斯東正教第三屆傳教團團長、修士大司祭伊拉里昂·特魯索夫率團到達北京。

1738 年（乾隆三年），法國耶穌會士王致誠抵達北京。

1741 年（乾隆六年），國子監奏准俄羅斯遣子弟入學，習滿、漢書。學生衣服、飲食等項，由理藩院給發。

同年，9 月 28 日法國耶穌會士巴多明在北京去世。巴多明 1698 年 11 月 4 日來華，在京四十年，精通多種語言，對傳教事業影響甚巨。

1743 年（乾隆八年），法國耶穌會士王致誠致信巴黎友人，詳細報道圓明園美景，後又將圓明園 40 景圖副本寄往法國，從此，圓明園的美名傳遍歐洲。

1745 年（乾隆十年），11 月 27 日俄羅斯第四屆傳教團團長、修士大司祭格爾瓦西·林妥夫斯基與隨行的八等文官拉西姆·科勃拉托夫斯

基所率領的商隊一起抵達北京。

1746 年（乾隆十一年），斯洛文尼亞籍耶穌會士劉松齡被任命為欽天監監正。

1747 年（乾隆十二年），圓明園西洋樓開始建造，郎世寧、蔣友仁、王致誠等負責設計督造。

1748 年（乾隆十三年），6 月 28 日法國耶穌會士馮秉正在北京去世。馮氏 1703 年 6 月 16 日來華，在華四十餘年，編譯《中國通史》等多種著作。

1751 年（乾隆十六年），葡萄牙耶穌會士高慎思與羅啟明修士一起來到北京，1770 年他被任命為欽天監監副，後於 1781 年傅作霖去世後任監正。

1753 年（乾隆十八年），葡萄牙國王若澤一世派遣使節巴哲格赴華訪問。使團於 4 月 30 日抵京，5 月 4 日覲見乾隆皇帝。此前葡王若澤一世曾於 1742 年向乾隆皇帝贈進禮品。6 月巴哲格一行離開北京。

1754 年（乾隆十九年），12 月 25 日俄羅斯第五屆傳教團團長、修士大司祭阿姆夫羅西·尤馬托夫隨阿列克謝·弗拉迪金所監護的商隊抵達北京。

1755 年（乾隆二十年），俄羅斯派出最後一支國家商隊赴京，以後改在恰克圖互市。

1757 年（乾隆二十二年），清廷創辦內閣俄羅斯學，供八旗學生專習俄羅斯文字。聘俄羅斯習滿文人員協同教授。

同年，5 月 26 日北京主教、葡萄牙籍耶穌會士索智能在京去世。索氏 1726 年 8 月 26 日來華，1740 年 12 月 19 日被確定為北京主教的繼任者，1741 年在澳門領受祝聖典禮，任北京主教 16 年。

1762 年（乾隆二十七年），俄羅斯政府正式宣佈廢除毛皮專營，並終止派遣官方商隊前往北京。

1763 年（乾隆二十八年），4 月 28 日俄國政府派遣的克羅波托夫使團抵達北京。為向駐京俄羅斯佈道團提供資金，該團組織了一支商隊前往北京，史稱「最後的俄國商隊」。

1766 年（乾隆三十一年），中國天主教徒高類思、楊若望從法國返回北京，他們曾在法國學習、居留近十五年。

同年，7 月 16 日法國傳教士郎世寧病逝。郎氏居京五十年，擅長畫藝，在康、雍、乾三朝宮廷服務，享年七十八歲。

1767 年（乾隆三十二年），俄羅斯女皇葉卡德琳娜二世特派專使克羅波羅夫赴京修改舊約，新約於次年 10 月 18 日簽字。

1771 年（乾隆三十六年），12 月俄羅斯第六屆傳教團團長、修士大司祭尼古拉‧茨維特在康斯坦丁的兒子、十四等文官瓦西里的護送下抵達北京。在京居住了九年，第十年返回俄國。

1773 年（乾隆三十八年），7 月 21 日羅馬教皇克萊孟十四世宣佈解散耶穌會，此消息於 1775 年傳到北京，在京耶穌會士當時尚有 17 人。11 月 15 日，在北京簽署撤銷耶穌會的敕令。

1775 年（乾隆四十年），天主教南堂失火，教堂焚毀，乾隆帝撥銀一萬兩重建。

1776 年（乾隆四十一年），由在北京的傳教士錢德明、韓國英編撰《北京傳教士關於中國歷史、科學、藝術、風俗、習慣之論考》（簡稱《中國叢刊》，*Mémoires concernant l'Histoire, les Sciences, les Arts, les Mœurs, les Usages, &c. des Chinois/par les Missionnaires de Pékin*）開始在巴黎出版，到 1814 年共出版 16 冊。

同年，法國國王路易十六任命晁俊秀為北京住院會長和整個法國傳教區代管教區的神父。因受到阻礙，1779 年 11 月 11 日改派錢德明代替他。此前，1778 年薩盧斯蒂主教非法以汪達洪取代了晁俊秀。

1781 年（乾隆四十六年），5 月 25 日乾隆皇帝傳諭兩廣總督：如

遇有西洋人情願來京，即行奉聞，遣令赴京當差，勿為阻拒。因西洋人在京者漸少，再傳諭巴延三，令其留心體察，如有西洋人來粵，即行訪問，奏聞送京。

同年，11 月 2 日俄羅斯東正教第七屆傳教團團長、修士大司祭約阿基姆‧希什科夫斯基率團到達北京。

1782 年（乾隆四十七年），羅馬教廷任命葡萄牙方濟各會士湯士選為北京教區主教。

1785 年（乾隆五十年），4 月 29 日遣使會所派主教羅廣祥、吉德明神父、輔理修士巴茂正抵達北京，接替已被解散的耶穌會。5 月 8 日遣使會與耶穌會在北京舉行交接儀式，出席交接儀式的有北京教區主教、法國耶穌會士和遣使會士。

同年，元月葡萄牙方濟各會士湯士選奉旨進京，入欽天監「專理天文」，居南堂兼理教務。

1793 年（乾隆五十八年），8 月 21 日英國馬戛爾尼使團抵達北京，先住圓明園附近的弘雅園，8 月 26 日搬往城內原粵海關監督穆騰額住所。9 月 2 日，使團大部分成員隨馬戛爾尼勳爵離京赴熱河，丁威迪、巴羅等部分成員仍留京裝配所贈科學儀器。在熱河，使團四次覲見乾隆皇帝。9 月 26 日，使團回到北京。9 月 30 日，馬戛爾尼參加乾隆皇帝入京典禮。10 月 3 日，馬戛爾尼呈遞他的要求的備忘錄。10 月 5 日，乾隆親自到圓明園觀看使團所贈禮品，並接見了裝配儀器的英國技師。10 月 6 日，使團接到命令準備離京。10 月 7 日，使團收到對備忘錄的答覆和乾隆皇帝給英王的信件，離開北京到達通州。10 月 11 日，使團乘船沿運河南下，結束了在北京的行程。

同年，10 月 8 日法國耶穌會士錢德明在北京去世。錢氏 1750 年 7 月 27 日來華，在京四十三年，知識淵博，供職朝廷，對中西文化交流貢獻巨大。

1794 年（乾隆五十九年），11 月 27 日俄羅斯第八屆傳道團團長、修士大司祭索夫羅尼‧格里鮑夫斯基率團到達北京，任期到 1808 年。自本屆起，俄方設監護官一名。

1795 年（乾隆六十年），1 月 9 日荷蘭東印度公司派遣正使德勝（Isaac Titsingh）、副使范罷覽（A. E. Van Braam Houckgeest）抵達北京訪問，在京多次受到乾隆接見，2 月 15 日使團離開北京。有關此行，德勝、范罷覽和隨團法籍翻譯小德經三人留下了旅行記載。

同年，俄羅斯傳教團在俄羅斯館創建圖書館。

1802 年（嘉慶七年），遣使會主教羅廣祥在北京去世。

1804 年（嘉慶九年），葡萄牙遣使會會士畢學源、高守謙抵達北京東堂。

1805 年（嘉慶十年），俄羅斯沙皇亞歷山大一世派遣戈羅夫金伯爵使團前往北京，抵達庫倫後因與中方發生禮儀衝突折返。

1808 年（嘉慶十三年），1 月 10 日俄羅斯東正教第九屆傳教團團長、修士大司祭雅金夫‧比丘林率團到達北京。

同年，葡萄牙遣使會士福文高補授欽天監監正，兼理算學館事務。北京主教湯士選去世，葡萄牙遣使會士沈東行繼任，由於清廷不允沈氏進京，沈只好命李拱宸代理主教。

1811 年（嘉慶十六年），俄羅斯要求遣人探望在京的東正教教士、學生，遭清廷理藩院駁回。

同年，北京尚有歐洲傳教士十一人，嘉慶帝下令只保留七人，後又遣回半老者四人，故只剩下三人。北京西堂發生火災，西堂傳教士變賣財產，將西堂以六百兩銀子賣給清廷。

1816 年（嘉慶二十一年），8 月 29 日英國阿美士德勳爵（Lord William Pitt Amherst）率團抵達北京海淀，因與清廷發生覲見清帝禮儀之爭，不願妥協，在北京待了不到一天即被嘉慶皇帝勒令出京。

1820 年（嘉慶二十五年），俄羅斯東正教第十屆傳教團團長、修士大司祭彼得‧卡緬斯基率團抵達北京。任期十年，1831 年回國。

同年，北堂法國遣使會士南彌德被逐，葡萄牙遣使會士高守謙代管北堂，並兼欽天監監正。

1821 年（道光元年），俄羅斯東正教第九屆傳教團團長雅金夫‧比丘林離開北京，隨行帶回大批滿、漢文書籍。

1826 年（道光六年），欽天監監正高守謙鑒於北京乏人，想回歐洲召募傳教士來京輔助，上疏道光皇帝，道光帝允准他回國，但不許再薦人來。

同年，在欽天監任職的傳教士高守謙辭職回國，此後欽天監不再使用西洋人士。高守謙離京後，李拱宸不久去世，北京只剩下畢學源主教一位外籍教士。

1827 年（道光七年），道光帝下諭，沒收北堂，其房產以五千兩銀子賣給一于姓官員。

1831 年（道光十一年），俄羅斯東正教第十一屆傳教團團長、修士大司祭維尼阿明‧莫拉契維奇率團隨監護官拉迪任斯基上校一起來到北京。

1838 年（道光十八年），北京主教畢學源在京去世，中國籍遣使會士韓若瑟將主教遺體、南堂和柵欄墓地轉交給俄羅斯東正教傳教團管理。

1840 年（道光二十年），俄羅斯東正教第十二屆傳教團團長、修士大司祭波利卡爾普‧圖加里諾夫隨監護官亞洲司科長尼古拉‧伊萬諾維奇‧柳比莫夫一起來到北京。

參考文獻

一、中文原始文獻、工具書

1. 北京遣使會編：《北堂圖書館藏西文善本目錄》，北京：國家圖書館出版社 2009 年版。

2. 陳方中主編：《中國天主教史籍叢編》，台北：輔仁大學出版社 2003 年版。

3. 陳高華等點校：《元典章》，北京：中華書局、天津古籍出版社 2011 年版。

4. 陳佳榮、錢江、張廣達主編：《歷代中外行紀》，上海辭書出版社 2008 年版。

5. 陳蕊編著：《國圖藏俄羅斯漢學著作目錄》，北京大學出版社 2013 年版。

6. 陳垣：《康熙與羅馬使節關係文書影印本》，北平：故宮博物院 1932 年版。

7. 馮蒸編著：《近三十年國外「中國學」工具書簡介》，北京：中華書局 1981 年版。

8. （清）福格：《聽雨叢談》，北京：中華書局 1997 年版。

9. 高智瑜、馬愛德主編：《雖逝猶存 —— 柵欄：北京最古老的天主教墓地》，澳門：澳門特別行政區政府文化局、舊金山：美國舊金山大學利瑪竇研究所 2001 年版。

10. 葛桂錄：《中英文學關係編年史》，上海三聯書店 2004 年版。

11. （明）鞏珍著、向達校注：《西洋番國志》，北京：中華書局 2000 年版。

12. 顧衛民：《中國天主教編年史》，上海古籍出版社 2003 年版。

13. 故宮博物院掌故部編：《掌故叢編》，北京：中華書局 1990 年版。

14. 故宮博物院文獻館編：《文獻叢編》第五輯，北平：故宮博物院 1930 年版。

15. （台北）「故宮博物院」編：《清季外交史料》（嘉慶朝），台北：成文出版社 1968 年版。

16. 韓琦、吳旻校注：《熙朝崇正集 熙朝定案（外三種）》，北京：中華書局 2006 年版。

17. 何秋濤：《朔方備乘》，台北：文海出版社 1964 年影印版。

18. 黃時鑒主編：《解說插圖中西關係史年表》，杭州：浙江人民出版社 1994 年版。

19. 黃省曾著、謝方校注：《西洋朝貢典錄校注》，北京：中華書局 2000 年版。

20. 黃興濤、王國榮編：《明清之際西學文本：50 種重要文獻滙編》（四冊），北京：中華書局 2013 年版。

21. 〔朝〕金景善：《燕轅直指》卷三〈留館錄‧鄂羅斯館記〉，收入林基中編：《燕行錄全集》，第 71 冊，韓國東國大學出版社 2001 年版。

22. 李景文、張禮剛、劉百陸、趙光貴編校：《古代開封猶太人：中文文獻輯要與研究》，北京：人民出版社 2011 年版。

23. （明）李之藻：《天學初函》（影印版），台北：學生書局 1965 年版。

24. 歷史語言研究所編：《明清史料》庚編，第八本，台北：歷史語言研究所1960年版。

25. （清）梁廷枏總纂、袁鍾仁校注：《粵海關志》，廣州：廣東人民出版社2002年版。

26. 梁廷枏：《海國四説》，北京：中華書局1997年版。

27. （明）劉侗、于奕正：《帝京景物略》，北京古籍出版社2001年版。

28. 劉民聲、孟憲章、步平編：《十七世紀沙俄侵略黑龍江流域史資料》，哈爾濱：黑龍江教育出版社1998年版。

29. 劉鑒唐等編著：《中英關係繫年要錄（公元13世紀-1760年）》第一卷，成都：四川省社會科學院出版社1989年版。

30. 柳卸林主編：《世界名人論中國文化》，武漢：湖北人民出版社1991年版。

31. 孟憲章主編：《中蘇貿易史資料》，北京：中國對外經濟貿易出版社1991年版。

32. 明曉艷、魏揚波：《歷史遺踪——正福寺天主教墓地》，北京：文物出版社2007年版。

33. 《明清檔案通覽》編委會編：《明清檔案通覽》，北京：中國檔案出版社2000年版。

34. （清）乾隆官修：《清朝文獻通考》第2冊，杭州：浙江古籍出版社2000年版。

35. 《清實錄》第三、四、二七、三二冊，北京：中華書局1985-1987年版。

36. 《清會典事例》第五、六冊，北京：中華書局1991年版。

37. 四庫全書研究所整理：《欽定四庫全書總目》（整理本）上冊，北京：中華書局1997年版。

38. （元）陶宗儀撰、王雪玲校：《南村輟耕錄》，瀋陽：遼寧教育出版社1998年版。

39. （清）王士禎：《池北偶談》上冊，卷四《荷蘭貢物》，北京：中華書局1997年版。

40. 王鐵崖編：《中外舊約章滙編》第一冊，北京：三聯書店1982年版。

41. （元）汪大淵著、蘇繼廎校釋：《島夷志略校釋》，北京：中華書局2000年版。

42. 吳相湘主編：《天主教東傳文獻》，台北：學生書局1966年版。

43. 吳相湘主編：《天主教東傳文獻續編》（3冊），台北：學生書局1966年版。

44. 吳相湘主編：《天主教東傳文獻三編》（6冊），台北：學生書局1972年版。

45. 吳志良、湯開建、金國平主編：《澳門編年史》第一卷，廣州：廣東人民出版社2009年版。

46. （清）魏源著、魏源全集編輯委員會編：《魏源全集》第六冊，長沙：岳麓書社2004年版。

47. 蕭致治、楊衛東編撰：《西風拂夕陽：鴉片戰爭前中西關係》，武漢：湖北人民出版社2005年版。

48. （元）熊夢祥：《析津志輯佚》，北京古籍出版社2001年版。

49. （清）謝清高口述、楊炳南筆錄、馮承鈞注釋：《海錄注》，北京：中華書局 1955 年版。

50. （清）謝清高口述、楊炳南筆錄、安京校釋：《海錄校釋》，北京：商務印書館 2002 年版。

51. 徐宗澤：《明清間耶穌會士譯著提要》，上海書店出版社 2006 年版。

52. （清）徐繼畬：《瀛寰志略》，上海書店出版社 2001 年版。

53. 葉農：《艾儒略漢文著述全集》（2 冊），桂林：廣西師範大學出版社 2011 年版。

54. （清）俞正燮：《癸巳類稿》，瀋陽：遼寧教育出版社 2001 年版。

55. （清）俞正燮：《癸巳存稿》（收入《新世紀萬有文庫》第六輯），瀋陽：遼寧教育出版社 2003 年版。

56. 張紅揚主編：《北京大學圖書館藏西文漢學珍本提要》，桂林：廣西師範大學出版社 2009 年版。

57. 張維華：《明史歐洲四國傳注釋》，上海古籍出版社 1982 年版。

58. 張西平：《梵蒂岡圖書館藏明清中西文化交流史文獻叢刊》（第一輯 44 冊、177 種），鄭州：大象出版社 2014 年版。

59. 張星烺編注、朱傑勤校訂：《中西交通史料滙編》第 1 冊，北京：中華書局 2003 年版。

60. 張星烺編注：《中西交通史料滙編》第 2 冊，北平：輔仁大學 1930 年版。

61. 張璋編校：《顧太清奕繪詩詞合集》，上海古籍出版社 1998 年版。

62. 趙曉陽編譯：《北京研究外文文獻題錄》，北京圖書館出版社 2007 年版。

63. 鄭安德：《明末清初耶穌會思想文獻滙編》（5 卷），北京大學宗教研究所 2003 年版。

64. 〔比〕鐘鳴旦、杜鼎克：《耶穌會羅馬檔案館明清天主教文獻》（12 冊），台北：利氏學社 2002 年版。

65. 〔比〕鐘鳴旦、杜鼎克、蒙曦：《法國國家圖書館明清天主教文獻》（26 冊），台北：利氏學社 2009 年版。

66. 中華書局校點版：《史記》、《漢書》、《後漢書》、《三國志》、《晉書》、《宋書》、《南齊書》、《梁書》、《陳書》、《魏書》、《北齊書》、《周書》、《隋書》、《南史》、《北史》、《舊唐書》、《新唐書》、《舊五代史》、《新五代史》、《宋史》、《遼史》、《金史》、《元史》、《明史》、《清史稿》。

67. （清）寶鋆等編、李書源整理：《籌辦夷務始末》（同治朝），北京：中華書局 2008 年版。

68. 中國第一歷史檔案館編：《清代中俄關係檔案史料選編》第一編（上、下冊），北京：中華書局 1981 年版。

69. 中國第一歷史檔案館編：《英使馬戛爾尼訪華檔案史料滙編》，北京：國際文化出版公司 1996 年版。

70. 中國第一歷史檔案館編：《清中前期西洋天主教在華活動檔案史料》（第 1-4 冊），北

京：中華書局 2003 年版。

71. 中國第一歷史檔案館編：《康熙朝漢文朱批奏摺滙編》（8 冊），北京：檔案出版社 1984-1985 年版。

72. 中國第一歷史檔案館編：《康熙朝滿文朱批奏摺全譯》，北京：中國社會科學出版社 1996 年版。

73. 中國第一歷史檔案館、中國海外漢學研究中心合編、安雙成編譯：《清初西洋傳教士滿文檔案譯本》，鄭州：大象出版社 2015 年版。

74. 中國第一歷史檔案館編：《中葡關係檔案史料滙編》，北京：中國檔案出版社 2000 年版。

75. 中國第一歷史檔案館、澳門基金會、暨南大學古籍研究所合編：《明清時期澳門問題檔案文獻滙編》，北京：人民出版社 1999 年版。

76. 中國社會科學院近代史研究所編：《中葡關係史資料集》上冊，成都：四川人民出版社 1999 年版。

77. 中國社會科學院文獻情報中心編：《俄蘇中國學手冊》（上、下冊），北京：中國社會科學出版社 1986 年版。

78. （元）周達觀著、夏鼐校注：《真臘風土記校注》，北京：中華書局 2000 年版。

79. 周駬方：《明末清初天主教史文獻叢編》（5 冊），北京圖書館出版社 2001 年版。

80. 周寧著／編注：《契丹傳奇》，北京：學苑出版社 2004 年版。

81. 周致中著，陸峻嶺校注：《異域志》，北京：中華書局 2000 年版。

82. 朱維錚：《利瑪竇中文著譯集》，香港城市大學出版社、上海．復旦大學出版社 2001 年版。

83. （清）朱一新：《京師坊巷志稿》，北京古籍出版社 2001 年版。

84. 祝平一、黃一農：《徐家滙藏書樓明清天主教文獻》（5 冊），台北：輔仁大學神學院 1996 年版。

二、中文研究論著

1. 白壽彝：《中國交通史》，北京：商務印書館 1993 年版。

2. 北京行政學院編：《青石存史 ——「利瑪竇與外國傳教士墓地」的四百年滄桑》，北京出版社 2011 年版。

3. 薄樹人：〈清欽天監人事年表〉，載中國天文學史整理研究小組編《科技史文集》第 1 輯，上海科學技術出版社 1987 年版，第 86-101 頁。

4. 曹雯：《清朝對外體制研究》，北京：社會科學文獻出版社 2010 年版。

5.　曹增友：《傳教士與中國科學》，北京：宗教文化出版社 1999 年版。

6.　曹子西主編、吳建雍著：《北京通史》第七卷，北京出版社 1996 年版。

7.　陳高華、史衛民：《元代大都上都研究》，北京：中國人民大學出版社 2010 年版。

8.　陳得芝：《蒙元史研究叢談》，北京：人民出版社 2005 年版。

9.　陳觀勝：〈利瑪竇對中國地理學之貢獻及其影響〉，載 1936 年《禹貢》第 5 卷第 3、4 期。

10.　陳開科：《巴拉第的漢學研究》，北京：學苑出版社 2007 年版。

11.　陳開科：《巴拉第與晚清中俄關係》，上海書店出版社 2008 年版。

12.　陳垣：〈元也里可溫教考〉，收入《中國現代學術經典‧陳垣卷》，石家莊：河北教育出版社 1996 年版。

13.　陳東風：《耶穌會士墓碑人物誌考》，北京：中國文聯出版社 1999 年版。

14.　陳月清、劉明翰：《北京基督教發展述略》，北京：首都師範大學出版社 1998 年版。

15.　陳受頤：《中歐文化交流史事論叢》，台北：商務印書館 1970 年版。

16.　陳佳榮：《中外交通史》，香港：學津書店 1987 年版。

17.　陳方中、江國雄：《中梵外交關係史》，台北：台灣商務印書館 2003 年版。

18.　陳復光：《有清一代之中俄關係》，昆明：雲南大學 1947 年版。又收入《民國叢書》第二編第 28 冊，上海書店出版社 1990 年版。

19.　陳志華：《中國造園藝術在歐洲的影響》，濟南：山東畫報出版社 2006 年版。

20.　蔡鴻生：《俄羅斯館紀事》（增訂本），北京：中華書局 2006 年版。

21.　蔡鴻生主編：《廣州與海洋文明》，廣州：中山大學出版社 1997 年版。

22.　崔維孝：《明清之際西班牙方濟會在華傳教研究（1579-1732）》，北京：中華書局 2006 年版。

23.　戴逸：《18 世紀的中國與世界‧導言卷》，瀋陽：遼海出版社 1999 年版。

24.　德山：《元代交通史》，呼和浩特：遠方出版社 1995 年版。

25.　党寶海：《蒙元驛站交通研究》，北京：崑崙出版社 2006 年版。

26.　党寶海：《馬可波羅眼中的中國》，北京：中華書局 2010 年版。

27.　方豪：《方豪六十自定稿》，台北：台灣學生書局 1969 年版。

28.　方豪：《方豪六十至六十四自選待定稿》，台北：台灣學生書局 1974 年版。

29.　方豪：《方豪晚年論文輯》，台北：輔仁大學出版社 2010 年版。

30.　方豪：《中國天主教史人物傳》，北京：宗教文化出版社 2007 年版。

31.　方豪：《中西交通史》（上、下冊），長沙：岳麓書社，1987 年、上海人民出版社 2008

年版。

32. 樊洪業：《耶穌會士與中國科學》，北京：中國人民大學出版社 1992 年版。

33. 范存忠：《中國文化在啟蒙時期的英國》，上海外語教育出版社 1991 年版。

34. 馮明珠：〈堅持與容忍 —— 檔案中所見康熙皇帝對中梵關係生變的因應〉，收入《中梵外交關係史國際學術研討會論文集》，台北：輔仁大學歷史學系印行 2002 年版，第 145-182 頁。

35. 耿昇：《中法文化交流史》，昆明：雲南人民出版社 2013 年版。

36. 耿昇：《法國漢學史論》（上、下冊），北京：學苑出版社 2015 年版。

37. 葛劍雄：《中國人口發展史》，福州：福建人民出版社 1991 年版。

38. 葛桂錄：《霧外的遠音 —— 英國作家與中國文化》，銀川：寧夏人民出版社 2002 年版。

39. 龔纓晏：《大航海時代 —— 鴉片的傳播與對華鴉片貿易》，北京：東方出版社 1999 年版。

40. 龔纓晏：《西方人東來之後：地理大發現後的中西關係史專題研究》，杭州：浙江大學出版社 2006 年版。

41. 龔纓晏：《歐洲與杭州：相識之路》，杭州出版社 2004 年版。

42. 顧衛民：《中國與羅馬教廷關係史略》，北京：東方出版社 2000 年版。

43. 郭小東：《打開「自由」通商之路 —— 19 世紀 30 年代在華西人對中國社會經濟的探研》，廣州：廣東人民出版社 1999 年版。

44. 郭福祥：《時間的歷史映像 —— 中國鐘錶史論集》，北京：紫禁城出版社 2013 年版。

45. 郭世榮、李迪：〈清欽天監西洋監正高慎思〉，載《內蒙古師範大學學報》（哲學社會科學版）2005 年 3 月，第 34 卷第 2 期。

46. 何兆武：《中西文化交流史論》，北京：中國青年出版社 2001 年版。

47. 何高濟、陸峻嶺：《域外集 —— 元史、中外關係史論叢》，北京：中華書局 2013 年版。

48. 何新華：《威儀天下 —— 清代外交禮儀及其變革》，上海社會科學院出版社，2011 年版。

49. 何芳川主編：《中外文化交流史》（上、下冊），北京：國際文化出版公司 2008 年版。

50. 韓光輝：《北京歷史人口地理》，北京大學出版社 1996 年版。

51. 韓琦：《中國科學技術的西傳及其影響》，石家莊：河北人民出版社 1999 年版。

52. 洪建新：〈鄭和航海前後東、西洋概念考〉，收入《鄭和下西洋論文集》第 1 集，北京：人民交通出版社 1985 年版。

53. 洪業：《勺園圖錄考》，北平：引得編纂處 1933 年版。

54. 侯仁之：《我從燕京大學來》，北京：生活·讀書·新知三聯書店 2009 年版。

55. 侯仁之：《北京城的生命印記》，北京：生活·讀書·新知三聯書店 2009 年版。

56. 黃慶華：《中葡關係史》（上、下冊），合肥：黃山書社 2006 年版。

57. 黃時鑒：《東西交流史論稿》，上海古籍出版社 1998 年版。

58. 黃時鑒：《黃時鑒文集》（3 卷），上海：中西書局 2011 年版。

59. 黃時鑒主編：《東西交流論譚》第二集，上海文藝出版社 2001 年版。

60. 黃正謙：《西學東漸之序章 —— 明末清初耶穌會史新論》，香港：中華書局 2010 年版。

61. 黃心川、張偉達：《沙俄利用東正教侵華史話》，北京：中華書局 1979 年版。

62. 黃一農：〈龍與獅對望的世界 —— 以馬夏爾尼使團訪華後的出版物為例〉，載 2003 年台北《故宮學術季刊》第 21 卷第 2 期。

63. 黃一農：〈印象與真相 —— 清朝中英兩國的覲禮之爭〉，載台北《歷史語言研究所集刊》第七十八本第一分，2007 年 3 月。

64. 姜立勳、富麗、羅志發：《北京的宗教》，天津：天津古籍出版社 1995 年版。

65. 季羨林主編：《中外文化交流史叢書》，長沙：湖南教育出版社 1998 年版。

66. 計翔翔：《十七世紀中期漢學著作研究 —— 以曾德昭〈大中國志〉、安文思〈中國新史〉為中心》，上海古籍出版社 2002 年版。

67. 江文漢：《中國古代基督教及開封猶太人》，上海：知識出版社 1982 年版。

68. 江文漢：《明清間在華的天主教耶穌會士》，上海：知識出版社 1987 年版。

69. 紀念利瑪竇來華四百週年 中西文化交流國際學術會議秘書處編：《紀念利瑪竇來華四百週年 中西文化交流國際學術會議》（論文集），台北：輔仁大學出版社 1983 年版。

70. 金國平：《中葡關係史地考證》，澳門基金會 2000 年版。

71. 賴惠敏、王士銘：〈清中葉迄民初的毛皮貿易與京城消費〉，《故宮學術季刊》第 31 卷第 2 期，2013 年冬季號。

72. 賴惠敏：〈清乾隆朝內務府皮貨買賣與京城時尚〉，收入胡曉真、王鴻泰主編：《日常生活的論述與實踐》，台北：允晨文化出版社 2011 年版，第 103-144 頁。

73. 賴惠敏：〈乾嘉時代北京的洋貨與旗人日常生活〉，收入巫仁恕、康豹、林美莉主編：《從城市看中國的現代性》，台北：近代史研究所 2000 年版，第 1-36 頁。

74. 李明濱：《中國與俄蘇文化交流志》，上海人民出版社 1998 年版。

75. 李明濱：《中國文學俄羅斯傳播史》，北京：學苑出版社 2011 年版。

76. 李喜所主編：《五千年中外文化交流史》（第一、二卷），北京：世界知識出版社

2002 年版。

77. 李伯重：《江南的早期工業化（1550-1850）》（修訂版），北京：中國人民大學出版社 2010 年版。

78. 李向玉、李長森主編：《明清時期中國與西班牙國際學術研討會論文集》，澳門理工學院 2009 年版。

79. 李偉麗：《尼・雅・比丘林及其漢學研究》，北京：學苑出版社 2007 年版。

80. 李淑蘭：《北京史稿》，北京：學苑出版社 1994 年版。

81. 李慶新：〈17 世紀廣東與荷蘭關係考述〉，載《九州學林》2005 年第七卷第一期。

82. 林有能、吳志良、黎玉琴主編：《利瑪竇與中西文化交流 —— 第二屆利瑪竇與中西文化交流學術研討會論文集》，香港：香港出版社 2012 年版。

83. 林金水：《利瑪竇與中國》，北京：中國社會科學出版社 1996 年版。

84. 林發欽：〈帝國斜陽：荷蘭使臣德勝使華考述〉，載《澳門理工學報》（人文社會科學版）2013 年，第 1 期。

85. 林仁川、徐曉望：《明末清初中西文化衝突》，上海：華東師範大學出版社 1999 年版。

86. 林梅村：《大朝春秋：蒙元考古與藝術》，北京：故宮出版社 2013 年版。

87. 羅光：《教廷與中國使節史》，台北：傳記文學出版社 1983 年版。

88. 劉潞主編：《清宮西洋儀器》，上海科學技術出版社 1999 年版。

89. 劉迎勝：《海路與陸路 —— 中古時代東西交流研究》，北京大學出版社 2011 年版。

90. 柳詒徵：《中國文化史》下冊，上海・東方出版中心 1996 年版。

91. 欒景河主編：《中俄關係的歷史與現實》，開封：河南大學出版社 2004 年版。

92. 馬肇椿：《中歐文化交流史略》，瀋陽：遼寧教育出版社 1993 年版。

93. 毛澤東：《毛澤東選集》第 2 卷，北京：人民出版社 1969 年版。

94. 孟華：《伏爾泰與孔子》，北京：新華出版社 1993 年版。

95. 孟憲章主編：《中蘇經濟貿易史》，哈爾濱：黑龍江人民出版社 1992 年版。

96. 莫小也：《十七 —— 十八世紀傳教士與西畫東漸》，杭州：中國美術學院出版社 2002 年版。

97. 米鎮波：〈清代北京俄羅斯東正教會圖書館的若干問題〉，載《故宮博物院院刊》1994 年第 3 期。

98. 米鎮波、蘇全有：〈清代俄國來華留學生問題初探〉，載《清史研究》1994 年第 1 期。

99. 聶崇正：《清宮繪畫與「西畫東漸」》，北京：紫禁城出版社 2008 年版。

100. 南京鄭和研究會編：《走向海洋的中國人 —— 鄭和下西洋 590 週年國際學術研討會論文集》，北京：海潮出版社 1996 年版。

101. 潘吉星：《中外科學之交流》，香港：中文大學出版社 1993 年版。

102. 潘吉星：《中外科學技術交流史論》，北京：中國社會科學出版社 2012 年版。

103. 龐乃明：《明代中國人的歐洲觀》，天津人民出版社 2006 年版。

104. 彭斐章主編：《中外圖書交流史》，長沙：湖南教育出版社 1998 年版。

105. 彭海：《馬可波羅來華史實》，北京：中國社會科學出版社 2010 年版。

106. 戚印平：《遠東耶穌會史研究》，北京：中華書局 2007 年版。

107. 戚印平：《日本早期耶穌會史研究》，北京：商務印書館 2003 年版。

108. 屈春海：〈清代欽天監暨時憲科職官年表〉，載《中國科技史料》1997 年第 3 期。

109. 秦國經：《明清檔案學》，北京：學苑出版社 2005 年版。

110. 秦國經、高換婷：《乾隆皇帝與馬戛爾尼》，北京：紫禁城出版社 1998 年版。

111. 宋黎明：《神父的新裝 —— 利瑪竇在中國（1582-1610）》，南京大學出版社 2011 年版。

112. 沈定平：《明清之際中西文化交流史》，北京：商務印書館 2001 年初版、2012 年增訂版。

113. 沈福偉：《中西文化交流史》，上海人民出版社 2006 年版。

114. 沈福偉：〈鄭和時代的東西洋考〉，收入《鄭和下西洋論文集》第 2 集，南京大學出版社 1985 年版。

115. 粟周熊：〈俄國駐北京傳教士團圖書館述略〉，載《北京圖書館館刊》1993 年第 3、4 期。

116. 宋嗣喜：〈溝通中俄文化的使者 —— 記十九世紀來華的俄國醫生〉，載《求是學刊》1986 年第 1 期。

117. 史玉民：《清欽天監研究》，中國科技大學博士學位論文，2001 年。

118. 史玉民：〈清欽天監管理探賾〉，載《自然辯證法通訊》2002 年第 4 期。

119. 宿豐林：《早期中俄關係史研究》，哈爾濱：黑龍江人民出版社 1999 年版。

120. 宿豐林：〈早期中俄關係史研究的最新力作 ——《俄國來華使團研究》（1608-1807）〉，載《西伯利亞研究》2011 年第 2 期。

121. 宿豐林：〈十八世紀俄國的「中國熱」〉，載《黑河學刊》1999 年第 2 期。

122. 宿豐林：〈十七八世紀俄國來華商隊對中國文化的傳播〉，載《西伯利亞研究》2001 年第 6 期。

123. 孫尚揚：《基督教與明末儒學》，北京：東方出版社 1994 年版。

124. 孫尚揚：《利瑪竇與徐光啟》，北京：新華出版社 1993 年版。

125. 孫尚揚、〔比〕鐘鳴旦：《一八四〇年以前的中國基督教》，北京：學苑出版社 2004

年版。

126. 談敏：《法國重農學派學説的中國淵源》，上海：上海人民出版社 1992 年版。

127. 陶亞兵：《中西音樂交流史稿》，北京：中國大百科全書出版社 1994 年版。

128. 陶亞兵：《明清間的中西音樂交流》，北京：東方出版社 2001 年版。

129. 湯開建：《明清天主教史稿初編 —— 從澳門出發》，澳門大學 2012 年版。

130. 湯開建：《明清天主教史論稿二編 —— 聖教在中土》（上、下冊），澳門大學 2014 年版。

131. 湯開建：〈順治時期荷蘭東印度公司與清王朝的正式交往〉，載《文史》2007 年第 1 期。

132. 佟洵主編：《基督教與北京教堂文化》，北京：中央民族大學出版社 1999 年版。

133. 佟洵等編著：《北京宗教文物古跡》，北京：光明日報出版社 2004 年版。

134. 王開璽：《清代外交禮儀的交涉與論爭》北京：人民出版社 2009 年版。

135. 王治心：《中國基督教史綱》，上海古籍出版社 2004 年版。

136. 萬明：《中葡早期關係史》，北京：社會科學文獻出版社 2001 年版。

137. 萬明：《明代中外關係史論稿》，北京：中國社會科學出版社 2011 年版。

138. 萬明：《中國融入世界的步履：明與清前期海外政策比較研究》，北京：故宮出版社 2014 年版。

139. 吳克明：《俄國東正教侵華史略》，蘭州：甘肅人民出版社 1985 年版。

140. 吳伯婭：《康雍乾三帝與西學東漸》，北京：宗教文化出版社 2002 年版。

141. 吳夢麟、熊鷹：《北京地區基督教史跡研究》，北京：文物出版社 2010 年版。

142. 吳建雍：《18 世紀的中國與世界（對外關係卷）》，瀋陽：遼海出版社 1999 年版。

143. 吳孟雪、曾麗雅：《明代歐洲漢學史》，北京：東方出版社 2000 年版。

144. 吳孟雪：《明清時期 —— 歐洲人眼中的中國》，北京：中華書局 2000 年版。

145. 吳莉葦：《天理與上帝 —— 詮釋學視角下的中西文化交流》，北京：宗教文化出版社 2014 年版。

146. 吳持哲：《歐洲文學中的蒙古題材》，呼和浩特：內蒙古大學出版社 1997 年版。

147. 吳豐：〈清代「俄羅斯佐領」考略〉，載《歷史研究》1987 年第 5 期。

148. 魏開肇：〈利瑪竇和北京〉，載《北京社會科學》1996 年第 3 期。

149. 肖玉秋：《俄國傳教團與清代中俄文化交流》，天津人民出版社 2009 年版。

150. 謝方：《謝方文存》，北京：中華書局 2012 年版。

151. 向達：《中外交通小史》，上海：商務印書館 1933 年版。

152. 向達：《中西交通史》，上海：中華書局 1934 年版。

153. 邢永福主編：《明清檔案與歷史研究論文選 1994.10-2004.9》（上、下冊），北京：新華出版社 2005 年版。

154. 徐藝圃主編：《明清檔案與歷史研究論文選 1985.10-1994.9》（上、下冊），北京：國際文化出版公司 1995 年版。

155. 徐浩：《18 世紀的中國與世界‧農民卷》，瀋陽：遼海出版社 1999 年版。

156. 徐蘋芳：〈元大都也里可溫十字寺考〉，收入《中國考古學研究 —— 夏鼐先生考古五十年紀念論文集》，北京：文物出版社 1986 年版，第 309-316 頁。

157. 徐蘋芳：〈北京房山十字寺也里可溫石刻〉，載《中國文化》第七輯，1992 年 11 月。

158. 徐萬民：〈清季俄國來華留學生與俄國漢學〉，載《徐州師範大學學報》（哲學社會科學版）2005 年第 1 期。

159. 徐宗澤：《中國天主教傳教史概論》，上海書店出版社 1990 年重印版。

160. 許光華：《法國漢學史》，北京：學苑出版社 2009 年版。

161. 許明龍：《歐洲十八世紀中國熱》，北京：外語教學與研究出版社 2007 年版。

162. 許明龍：《孟德斯鳩與中國》，北京：國際文化出版公司 1989 年版。

163. 許明龍主編：《中西文化交流先驅》，北京：東方出版社 1993 年版。

164. 蕭一山：《清代通史》第 2 冊，北京：中華書局 1985 年版。

165. 晏可佳：《中國天主教簡史》，北京：宗教文化出版社 2001 年版。

166. 余士雄主編：《馬可波羅介紹與研究》，北京：書目文獻出版社 1983 年版。

167. 余士雄：《中世紀大旅行家馬可‧波羅》，北京：中國旅遊出版社 1988 年版。

168. 余三樂：《早期西方傳教士與北京》，北京出版社 2001 年版。

169. 余三樂：《中西文化交流的歷史見證 —— 明末清初北京天主教堂》，廣州：廣東人民出版社 2006 年版。

170. 余三樂：《徐光啟與利瑪竇》，北京：中華書局 2010 年版。

171. 余太山：《兩漢魏晉南北朝正史西域傳要注》，北京：中華書局 2005 年版。

172. 余敷華、張芝聯：《中國面向世界 —— 中法友誼的歷史文化見證》，北京：生活‧讀書‧新知三聯書店 2007 年版。

173. 楊志玖：《馬可波羅在中國》，天津：南開大學出版社 1999 年版。

174. 楊靖筠：《北京天主教史》，北京：宗教文化出版社 2009 年版。

175. 楊靖筠：《北京基督教史》，北京：宗教文化出版社 2014 年版。

176. 閻國棟：《俄國漢學史》，北京：人民出版社 2006 年版。

177. 閻國棟：《俄國漢學三百年》，北京：學苑出版社 2007 年版。

178. 閻宗臨：《中西交通史》，桂林：廣西師範大學出版社 2007 年版。

179. 閻宗臨著、閻守誠編：《傳教士與法國早期漢學》，鄭州：大象出版社 2003 年版。

180. 嚴建強：《十八世紀中國文化在西歐的傳播及其反應》，杭州：中國美術學院出版社 2002 年版。

181. 姚京明：〈平托《遠遊記》裡的中國想像〉，載《文化雜誌》2004 年冬季，第 52 期。

182. 葉柏川：《俄國來華使團研究（1618-1807）》，北京：社會科學文獻出版社 2010 年版。

183. 游博青：〈英人斯當東與鴉片戰爭前的中英關係〉，收入復旦大學歷史地理研究中心編：《跨越空間的文化 —— 16-19 世紀中西文化的相遇與調適》，上海：東方出版中心 2010 年版。

184. 羽離子：〈俄羅斯首次對清政府贈書始末〉，載《近代史研究》1991 年第 4 期。

185. 于德源：《北京歷史災荒災害紀年》，北京：學苑出版社 2004 年版。

186. 于德源：《北京災害史》下冊，北京：同心出版社 2008 年版。

187. 袁宣萍：《十七至十八世紀歐洲的中國風設計》，北京：文物出版社 2006 年版。

188. 樂峰：《東正教史》（修訂本），北京：中國社會科學出版社 2005 年版。

189. 樂峰主編：《俄國宗教史》下冊，北京：社會科學文獻出版社 2008 年版。

190. 張鎧：《龐迪我與中國 —— 耶穌會「適應」策略研究》，北京圖書館出版社 1997 年版。

191. 張鎧：《中國與西班牙關係史》，鄭州：大象出版社 2003 年版。

192. 張星烺：《歐化東漸史》，北京：商務印書館 2000 年版。

193. 張維華：《明清之際中西關係簡史》，濟南：齊魯書社 1987 年版。

194. 張維華、孫西：《清前期中俄關係》，濟南：山東教育出版社 1997 年版。

195. 張奉箴：《利瑪竇在中國》，台南：聞道出版社 1983 年版。

196. 張西平：《中國與歐洲早期宗教和哲學交流史》，北京：東方出版社 2001 年版。

197. 張西平：《歐洲早期漢學史 —— 中西文化交流與西方漢學的興起》，北京：中華書局 2009 年版。

198. 張西平：《中西文化的初識：北京與羅馬》，上海：華東師範大學出版社 2012 年版。

199. 張西平：《傳教士漢學研究》，鄭州：大象出版社 2005 年版。

200. 張承友、張普、王淑華：《明末清初中外科技交流研究》，北京：學苑出版社 2000 年版。

201. 張綏：《東正教和東正教在中國》，北京：學林出版社 1986 年版。

202. 張國剛：《文明的對話：中西關係史論》，北京：北京師範大學出版社 2013 年版。

203. 張國剛：《從中西初識到禮儀之爭 —— 明清傳教士與中西文化交流》，北京：人民出版社 2003 年版。

204. 張國剛等：《明清傳教士與歐洲漢學》，北京：中國社會科學出版社 2001 年版。

205. 張國剛、吳莉葦：《啟蒙時代歐洲的中國觀 —— 一個歷史的巡禮與反思》，上海古籍出版社 2006 年版。

206. 張國剛、吳莉葦：《中西文化關係史》，北京：高等教育出版社 2006 年版。

207. 張寧：〈記元大都出土文物〉，《考古》1972 年第 6 期。

208. 張柏春：《明清測天儀器之歐化》，瀋陽：遼寧教育出版社 2000 年版。

209. 張雪峰：《清朝前期俄國駐華宗教傳道團研究》，新北市：花木蘭文化出版社 2012 年版。

210. 張雪峰：〈清朝初期中俄交往文化障礙的克服與俄國宗教傳道團來華〉，收入關貴海、欒景河主編：《中俄關係的歷史與現實》（第二輯），北京：社會科學文獻出版社 2009 年版，第 124-132 頁。

211. 張芝聯主編：《中英通使二百週年學術討論會論文集》，北京：中國社會科學出版社 1996 年版。

212. 張澤：《清代禁教期的天主教》，台北：光啟出版社 1992 年版。

213. 趙春梅：《瓦西里耶夫與中國》，北京：學苑出版社 2007 年版。

214. 鄭和下西洋 600 週年紀念活動籌備領導小組編：《鄭和下西洋研究文選（1905-2005）》，北京：海洋出版社 2005 年版。

215. 鄭永華主編：《北京宗教史》，北京：人民出版社 2011 年版。

216. 左芙蓉：《北京對外文化交流史》，成都：巴蜀書社 2008 年版。

217. 左芙蓉：《古近代北京對外文化關係史》，北京：光明日報出版社 2011 年版。

218. 中國第一歷史檔案館編：《明清檔案與歷史研究：中國第一歷史檔案館六十週年紀念論文集》，北京：中華書局 1988 年版。

219. 中國第一歷史檔案館編：《明清檔案與歷史研究論文集》，北京：中國友誼出版公司 2000 年版。

220. 中國第一歷史檔案館編：《明清檔案與歷史研究論文集》（上、下冊），北京：新華出版社 2008 年版。

221. 中國航海學會：《中國航海史（古代航海史）》，北京：人民交通出版社 1988 年版。

222. 中國國際文化書院編：《中西文化交流先驅 —— 馬可‧波羅》，北京：商務印書館 1995 年版。

223. 中國社會科學院近代史研究所：《沙俄侵華史》（第一冊），北京：人民出版社 1978 年版。

224. 周景濂編著：《中葡外交史》，北京：商務印書館1991年版。

225. 周一良主編：《中外文化交流史》，鄭州：河南人民出版社1987年版。

226. 朱傑勤：《中外關係史論文集》，鄭州：河南人民出版社1984年版。

227. 朱謙之：《中國哲學對於歐洲的影響》，福州：福建人民出版社1985年版。

228. 朱謙之：《中國景教》，北京：人民出版社1993年版。

229. 朱學勤、王麗娜：《中國與歐洲文化交流志》，上海人民出版社1998年版。

230. 朱雁冰：《耶穌會與明清之際中西文化交流》，杭州：浙江大學出版社2014年版。

231. 朱耀廷：〈《馬可波羅行紀》中的元大都 —— 農業文化與草原文化結合的產物〉，載《北京聯合大學學報（人文社會科學版）》2009年第2期。

232. 朱雍：《不願打開的中國大門 —— 18世紀的外交與中國命運》，南昌：江西人民出版社1989年版。

233. 朱祖希：《北京城演進的軌跡》，北京：光明日報出版社2004年版。

234. 卓新平主編：《相遇與對話 —— 明末清初中西文化交流國際學術研討會文集》，北京：宗教文化出版社2003年版。

235. 卓新平：《基督教猶太教志》，上海人民出版社1998年版。

三、譯著

1. 〔波蘭〕卜彌格著，張振輝、張西平譯：《卜彌格文集》，上海．華東師範大學出版社2013年版。

2. 〔波斯〕拉施特主編，余大鈞、周建奇譯：《史集》第二卷，北京：商務印書館1985年版。

3. 〔德〕斯托莫著，達素彬、張曉虎譯：《通玄教師湯若望》，北京：中國人民大學出版社1989年版。

4. 〔德〕G. G. 萊布尼茨著，〔法〕梅謙立、楊保筠譯：《中國近事 —— 為了照亮我們這個時代的歷史》，鄭州：大象出版社2005年版。

5. 〔德〕馬克思：〈希臘人暴動〉，收入《馬克思恩格斯全集》第10卷，北京：人民出版社1962年版。

6. 〔法〕菲利普．尼摩著、閻雪梅譯：《什麼是西方》，桂林：廣西師範大學出版社2009年版。

7. 〔法〕費賴之著、馮承鈞譯：《在華耶穌會士列傳及書目》（上、下冊），北京：中華書局1995年版。

8. 〔法〕費賴之著，梅乘騏、梅乘駿譯：《明清間在華耶穌會士列傳（1552-1773）》，上

海：天主教上海教區光啟社 1997 年版。

9. 〔法〕高龍鞶著、周士良譯：《江南傳教史》第一、二冊，台北：輔仁大學出版社
   2010、2014 年版。

10. 〔法〕貝爾納‧布里賽著，王嶍、麗泉、趙麗莎譯：《法蘭西在中國 300 年 —— 從路
    易十四到戴高樂》，上海遠東出版社 2014 年版。

11. 〔法〕沙里昂注、馮承鈞譯：《馬可波羅行紀》，北京：商務印書館 2012 年版。

12. 〔法〕裴化行著、管震湖譯：《利瑪竇神父傳》（上、下冊），北京：商務印書館
    1995 年版。

13. 〔法〕裴化行著、蕭睿華譯：《天主教十六世紀在華傳教志》，台北：商務印書館
    1964 年版。

14. 〔法〕榮振華著、耿昇譯：《在華耶穌會士列傳及書目補編》（上、下冊），北京：中
    華書局 1995 年版。

15. 〔法〕杜赫德編，鄭德弟、呂一民、沈堅等譯：《耶穌會士中國書簡集》（上、中、下
    卷），鄭州：大象出版社 2005 年版。

16. 〔法〕埃德蒙‧帕里斯著，張茹萍、勾永東譯：《耶穌會士秘史》，北京：中國社會
    科學出版社 1990 年版。

17. 〔法〕衛青心著，黃慶華譯：《法國傳教史》（上卷），北京：中國社會科學出版社
    1991 年版。

18. 〔法〕安田樸著、耿昇譯：《中國文化西傳歐洲史》，北京：商務印書館 2000 年版。

19. 〔法〕艾田蒲著，許鈞、錢林森譯：《中國之歐洲》（上、下冊），桂林：廣西師範大
    學出版社 2008 年版。

20. 〔法〕雅克‧布羅斯著、耿昇譯：《發現中國》，濟南：山東畫報出版社 2002 年版。

21. 〔法〕伯德萊著、耿昇譯：《清宮洋畫家》，濟南：山東畫報出版社 2002 年版。

22. 〔法〕Gilles Béguin、Dominique Morel 著、李聖雲譯：《紫禁城》，上海人民出版社
    2007 年版。

23. 〔法〕薩莫佑、〔法〕戴浩石、〔法〕貝甘著，王眉譯：《楓丹白露城堡：歐仁妮皇后
    的中國博物館》，上海：中西書局 2011 年版。

24. 〔法〕繆里爾‧德特里（Muriel Détrie）著，余磊、朱志平譯：《法國 — 中國兩個世
    界的撞擊》，上海譯文出版社 2004 年版。

25. 〔法〕戴仁編、耿昇譯：《法國中國學的歷史與現狀》，上海辭書出版社 2010 年版。

26. 〔法〕謝和耐、〔法〕戴密微等著，耿昇譯：《明清間耶穌會士入華與中西滙通》，北
    京：東方出版社 2011 年版。

27. 〔法〕張誠著、陳霞飛譯：《張誠日記（1689 年 6 月 13 日 - 1690 年 5 月 7 日）》，北京：
    商務印書館 1973 年版。

28. 〔法〕白晉著、馮作民譯:《清康乾兩帝與天主教傳教史》,台北:光啟出版社1966 年版。

29. 〔法〕沙不烈著、馮承鈞譯:《明末奉使羅馬教廷耶穌會士卜彌格傳》,上海古籍出版社 2014 年版。

30. 〔法〕伏爾泰著、王燕生譯:《哲學辭典》,北京:商務印書館 1995 年版。

31. 〔法〕宋君榮:〈有關雍正與天主教的幾封信〉,收入杜文凱編:《清代西人見聞錄》,北京:中國人民大學出版社 1985 年版。

32. 〔法〕P. Octave Ferreux C.M. 著、吳宗文譯:《遣使會在華傳教史》,台北:華明書局 1977 年版。

33. 〔法〕亨利‧柯蒂埃著、唐玉清譯:《18 世紀法國視野裡的中國》,上海書店出版社 2006 年版。

34. 〔法〕加斯東‧加恩著,江載華、鄭永泰譯:《彼得大帝時期的俄中關係史(1689-1730 年)》,北京:商務印書館 1980 年版。

35. 〔法〕榮振華、〔法〕方立中、〔法〕熱拉爾‧穆賽、〔法〕布里吉特‧阿帕烏著,耿昇譯:《16-20 世紀入華天主教傳教士列傳》,桂林:廣西師範大學出版社 2010 年版。

36. 〔法〕德爾尼著、耿昇譯:〈緊急出版《耶穌會士書簡集》中有關中國的信〉,載《中國史研究動態》1980 年第 6 期。

37. 〔法〕伊薩貝爾‧微席葉著、耿昇譯:〈《耶穌會士書簡集》的由來和現狀〉,載《中國史研究動態》1980 年第 6 期。

38. 朱靜編譯:《洋教士看中國朝廷》,上海人民出版社 1995 年版。

39. 〔荷〕包樂史著,莊國土、程紹剛譯:《中荷交往史 1601-1989》,阿姆斯特丹:蹲口店出版社 1989 年修訂版。

40. 〔荷〕伊茲勃蘭特‧伊台斯、〔德〕亞當‧勃蘭德著,北京師範學院俄語翻譯組譯:《俄國使團使華筆記(1692-1695)》,北京:商務印書館 1980 年版。

41. 〔荷〕皮爾‧弗里斯著、苗婧譯:《從北京回望曼徹斯特:英國、工業革命和中國》,杭州:浙江大學出版社 2009 年版。

42. 程紹剛譯註:《荷蘭人在福爾摩莎》,台北:聯經出版公司 2000 年版。

43. 〔美〕魏若望編:《南懷仁(1623-1688)—— 魯汶國際學術研討會論文集》,北京:社會科學文獻出版 1994 年版。

44. 〔美〕莫菲特著、中國神學研究院中國文化研究中心譯:《亞洲基督教史》,香港:基督教文藝出版社 2000 年版。

45. 〔美〕喬治‧亞歷山大‧倫森編、楊詩浩譯:《俄國向東方的擴張》,北京:商務印書館 1978 年版。

46. 〔美〕約瑟夫‧塞比斯編、王立人譯:《耶穌會士徐日昇關於中俄尼布楚談判的日

記》，北京：商務印書館 1973 年版。

47. 〔美〕司徒琳主編、趙世瑜等譯：《世界時間與東亞時間中的明清變遷》下卷，北京：
三聯書店 2009 年版。

48. 汪榮祖著、鍾志恆譯：《追尋失落的圓明園》，南京：江蘇教育出版社 2005 年版。

49. 〔俄〕馬·伊·戈爾曼著、陳弘法譯：《西方的蒙古史研究（十三世紀 — 二十世紀中
葉）》，呼和浩特：內蒙古教育出版社 2012 年版。

50. 〔俄〕馬·伊·戈爾曼著、陳弘法譯：《西方的蒙古學研究（二十世紀 50 年代 - 90 年
代中期）》，呼和浩特：內蒙古教育出版社 2012 年版。

51. 〔俄〕B. C. 米亞斯尼科夫主編、徐昌翰等譯：《19 世紀俄中關係：資料與文件》，廣
州：廣東人民出版社 2012 年版。

52. 〔俄〕П. E. 斯卡奇科夫著、B. C. 米亞斯尼科夫編、柳若梅譯：《俄羅斯漢學史》，北
京：社會科學文獻出版社 2011 年版。

53. 〔蘇〕斯卡奇科夫：〈俄國駐北京佈道團的醫生〉，載《蘇聯的中國學》1958 年第 4 期。

54. 〔俄〕阿·科爾薩克著、米鎮波譯：《俄中商貿關係史述》，北京：社會科學文獻出
版社 2010 年版。

55. 〔俄〕尼古拉·班蒂什 — 卡緬斯基編著、中國人民大學俄語教研室譯：《俄中兩國外
交文獻滙編 1619-1792》，北京：商務印書館 1982 年版。

56. 〔俄〕娜·費·傑米多娃、〔俄〕弗·斯·米亞斯尼科夫著，黃玫譯：《在華俄國外交
使者（1618-1658）》，北京：社會科學文獻出版社 2010 年版。

57. 〔俄〕A. 羅曼年科主編、朱達秋譯：《臨近又遙遠的世界 —— 俄羅斯作家筆下的中
國》，北京大學出版社 2011 年版。

58. 〔俄〕亞·弗·盧金著，劉卓星、趙永穆、孫凌齊、劉燕明譯：《俄國熊看中國
龍 —— 17-20 世紀中國在俄羅斯的形象》，重慶出版社 2007 年版。

59. 〔俄〕尼·伊·維謝洛夫斯基編：《俄國駐北京傳道團史料》第一冊，北京：商務印
書館 1978 年版。

60. 〔俄〕尼古拉·阿多拉茨基著，閻國棟、肖玉秋譯：《東正教在華兩百年史》，廣州：
廣東人民出版社 2007 年版。

61. 〔俄〕阿夫拉阿米神父輯、柳若梅譯：《歷史上北京的俄國東正教使團》，鄭州：大
象出版社 2016 年版。

62. 〔俄〕葉·科瓦列夫斯基著、閻國棟等譯：《窺視紫禁城》，北京圖書館出版社
2004 年版。

63. 〔俄〕特魯謝維奇著，徐東輝、譚萍譯：《十九世紀前的俄中外交及貿易關係》，長
沙：岳麓書社 2010 年版。

64. 〔俄〕阿·科爾薩克著、米鎮波譯：《俄中商貿關係史述》，北京：社會科學文獻出

版社 2010 年版。

65. 〔俄〕B. 謝利瓦諾夫斯基：《東正教會在中國》，香港：中華正教出版社 2014 年版。

66. 〔蘇〕齊赫文斯基主編：《中國近代史》上冊，北京：三聯書店 1974 年版。

67. 〔蘇〕普・季・雅科夫列娃著、貝璋衡譯：《1689 年第一個俄中條約》，北京：商務印書館 1973 年版。

68. 〔蘇〕米・約・斯拉德科夫斯基著、宿豐林譯：《俄國各民族與中國貿易經濟關係史（1917 年以前）》，北京：社會科學文獻出版社 2008 年版。

69. 〔蘇〕約・阿・克雷維列夫著：《宗教史》（上、下卷），北京：中國社會科學出版社 1984 年版。

70. 〔蘇〕尼科利斯基著、丁士超等譯：《俄國教會史》，北京：商務印書館 2000 年版。

71. 〔蘇〕格列勃夫：〈北京東正教俄羅斯館的外交職能〉，載《東正教之光》，1935 年哈爾濱出版。

72. 蘇聯科學院遠東研究所等編、黑龍江大學俄語系翻譯組譯：《十七世紀俄中關係》（第 1-2 卷），北京：商務印書館 1975 年版。

73. 郝建恆、侯育成、陳本栽譯：《歷史文獻補編 —— 17 世紀中俄關係文件選譯》，北京：商務印書館 1989 年版。

74. 〔葡〕雅依梅・科爾特桑著，王慶祝、朱琳等譯：《葡萄牙的發現》第六卷，北京：中國對外翻譯出版公司 1997 年版。

75. 〔葡〕曾德昭著，何高濟譯：《大中國志》，上海古籍出版社 1998 年版。

76. 〔葡〕多默・皮列士著、何高濟譯：《東方志 —— 從紅海到中國》，南京：江蘇教育出版社 2005 年版。

77. 〔葡〕費爾南・門德爾・平托著、金國平譯：《遠遊記》，澳門基金會 1999 年版。

78. 〔葡〕費爾南・門德斯・平托著、王鎖英譯：《葡萄牙人在華見聞錄》，澳門：澳門文化司署、東方葡萄牙學會，海南：海南出版社、三環出版社，1998 年。

79. 〔葡〕巴洛斯、〔西〕艾斯加蘭蒂等著、何高濟譯：《十六世紀葡萄牙文學中的中國中華帝國概述》，北京：中華書局 2013 年版。

80. 張天澤著，姚楠、錢江譯：《中葡早期通商史》，香港：中華書局 1988 年版。

81. 〔瑞士〕馮鐵、〔瑞士〕費瑞實、〔瑞士〕高思曼著，陳壯鷹譯：《走近中國 —— 瑞士人在華見聞錄》，上海：東方出版中心 2000 年版。

82. 〔瑞典〕龍思泰著，吳義雄、郭德焱、沈正邦譯：《早期澳門史》，北京：東方出版社 1997 年版。

83. 〔西〕門多薩著、何高濟譯：《中華大帝國史》，北京：中華書局 2004 年版。

84. 〔英〕道森著、呂浦譯：《出使蒙古記》，北京：中國社會科學出版社 1983 年版。

85. 〔英〕傅熊著，王艷、〔德〕儒丹墨譯：《忘與亡：奧地利漢學史》，上海：華東師範大學出版社 2011 年版。

86. 〔英〕約翰·曼德維爾著，郭漢民、葛桂錄譯：《曼德維爾遊記》，上海書店出版社 2006 年版。

87. 劉潞、〔英〕吳芳思編譯：《帝國掠影 —— 英國訪華使團畫筆下的清代中國》，北京：中國人民大學出版社 2006 年版。

88. 李弘著、〔英〕馬思奇譯：《京華遺韻 —— 西方版畫中的明清老北京（1598-1902）》，北京：新世界出版社 2008 年版。

89. 〔英〕休謨著、楊適等譯：《人性的高貴與悲劣 —— 休謨散文集》，上海三聯書店 1988 年版。

90. 〔英〕李約瑟：《中國科學技術史》第五卷《化學及相關技術》第七分冊《軍事技術：火藥的史詩》，北京：科學出版社、上海古籍出版社 2005 年版。

91. 中華續行委辦會調查特委會編，蔡詠春、文庸、段琦、楊周懷譯：《1901-1920 年中國基督教調查資料》下卷，北京：中國社會科學出版社 2007 年版。

92. 朱傑勤譯：《中外關係史譯叢》，北京：海洋出版社 1984 年版。

93. 〔意〕艾儒略原著、謝方校釋：《職方外紀校釋》，北京：中華書局 2000 年版。

94. 〔意〕馬哥孛羅（Marco Polo）著、〔英〕亨利玉爾（H. Yule）英譯兼注、〔法〕亨利·考狄（H. Cordier）修訂兼補注、張星烺漢譯兼補注：《馬哥孛羅遊記》第 1 冊，北平：燕京大學圖書館 1929 年版。

95. 〔意〕克里斯托瓦爾·哥倫布著、孫家堃譯：《航海日記》，南京：譯林出版社 2011 年版。

96. 〔意〕白佐良、〔意〕馬西尼著，蕭曉玲、白玉崑譯：《意大利與中國》，北京：商務印書館 2002 年版。

97. 〔意〕利瑪竇、〔比〕金尼閣著，何高濟、王遵仲、李申譯、何兆武校：《利瑪竇中國札記》，北京：中華書局 2001 年版。

98. 〔意〕利瑪竇著、文錚譯：《耶穌會與天主教進入中國史》，北京：商務印書館 2014 年版。

99. 〔意〕馬可波羅（Marco Polo）口述、〔意〕魯思梯謙筆錄、〔美〕曼紐爾·科姆羅夫英譯、陳開俊等譯：《馬可羅遊記》，福州：福建科技出版社 1981 年版。

100. 〔意〕馬可波羅（Marco Polo）著、〔法〕沙海昂（A. J. H. Charignon）注、馮承鈞譯、党寶海新注：《馬可羅行紀》，石家莊：河北人民出版社 1999 年版。

101. 〔意〕路易吉·布雷桑（Luigi Bressan）著、姚建根譯：《西方人眼裡的杭州》，上海：學林出版社 2010 年版。

102. 馮承鈞：《西域南海史地考證譯叢》（第一 — 三卷），北京：商務印書館 1995、

.1999 年版。

103. 耿昇、何高濟譯：《柏朗嘉賓蒙古行紀 魯布魯克東行紀》，北京：中華書局 2002 年版。

104. 何高濟譯：《海屯行紀、鄂多立克東遊錄、沙哈魯遣使中國記》，北京：中華書局 2002 年版。

105. 劉俟余、王玉川譯：《利瑪竇全集・利瑪竇中國傳教史》（上、下冊），台北：光啟 出版社 1986 年版。

106. 羅漁譯：《利瑪竇全集・利瑪竇書信集》（上、下冊），台北：光啟出版社 1986 年版。

四、西文著作

英文：

1. Abel, Clark, *Narrative of a Journey to the Interior of China, and of a Voyage to and from that Country, in the Years 1816 and 1817* (London: Longman, Hurst, Rees, Orme and Brown, 1818).

2. Adshead, Samuel Adrian M., *China in World History* (Houndmills, Basingstoke, Hampshire: Macmillan; New York: St. Martin's Press, 2000). 中譯本〔英〕艾茲赫德著、姜智芹譯：《世界歷史中的中國》，上海人民出版社 2009 年版。

3. Alexander, William, *Picturesque Representations of the Dress and Manners of the Chinese: Illustrated in Fifty Coloured Engravings, with Descriptions* (London: Printed for J. Goodwin by W. Lewis, 1814). 中譯本〔英〕威廉・亞歷山大著、沈弘譯：《1793：英國使團畫家筆下的乾隆盛世 —— 中國人的服飾和習俗圖鑒》，杭州・浙江古籍出版社 2006 年版。

4. Allan, C. W., *Jesuits at the Court of Peking* (Shanghai: Kelly and Walsh Limited, 1935).

5. Anderson, Aeneas, *A Narrative of the British Embassy to China, in the Years 1792, 1793, and 1794, Second Edition* (London: J. Debrett, 1795). 中譯本〔英〕愛尼斯・安德遜著、費振東譯：《英使訪華錄》，北京：商務印書館 1963 年版；北京：群言出版社 2002 年版，改題為《英國人眼中的大清王朝》。

6. Arlington, Lewis Charles and Lewisohn, William, *In Search of Old Peking* (Peking: Henri Vetch, 1935). 中譯本〔美〕L. C. 阿靈敦、〔英〕威廉・盧因森著，趙曉陽譯：《尋找老北京》，北京：清華大學出版社 2012 年版。

7. Baddeley, John F., *Russia, Mongolia, China* (London: Macmillan, 1919). 中譯本〔英〕約・弗・巴德利著，吳持哲、吳有剛譯：《俄國・蒙古・中國》（上、下卷），北京：商務印書館 1981 年版。

8. Barrow, John, *Travels in China: Containing Descriptions, Observations, and Comparisons, Made and Collected in the Course of a Short Residence at the Imperial Palace of Yuen-min-yuen, and on a Subsequent Journey through the Country from Pekin to Canton* (London: T. Cadell and W. Davies, 1806). 中譯本〔英〕約翰・巴羅著，李國慶、歐陽少春譯：《我看乾隆盛世》，北京：國家圖書館

出版社，2007 年。〔英〕喬治‧馬戛爾尼、〔英〕約翰‧巴羅著，何高濟、何毓寧譯：《馬戛爾尼使團使華觀感》，北京：商務印書館 2013 年版。

9.   Bickers, Robert A., *Ritual & Diplomacy: The Macartney Mission to China 1792-1794* (London: The British Association for Chinese Studies, 1993).

10.   Boxer, C.R., *Dutch Merchants and Mariners in Asia, 1602-1795* (London: Variorum Reprints, 1988).

11.   Bredon, Juliet, *Peking: A Historical and Intimate Description of its Chief Places of Interest* (Shanghai: Kelly & Welsh, 1931).

12.   Bretschneider, E., *Archaeological and Historical Researches on Peking and its Environs* (Shanghai: Merican Presbyterian Mission Press, London: Trubner&Co., 1876).

13.   Brockey, Liam Matthew, *Journey to the East: the Jesuit Mission to China, 1579-1724* (Cambridge: Belknap Press of Harvard University Press, 2007). 中譯本〔美〕柏里安著，陳玉芬譯：《東遊記：耶穌會在華傳教史 1579-1724》，澳門大學 2014 年版。〔美〕柏理安著，毛端方譯：《東方之旅：1579-1724 耶穌會傳教團在中國》，南京：江蘇人民出版社 2017 年版。

14.   Malone, Carroll Brown *History of the Peking Summer Palaces under the Ching Dynasty* (Urbana: University of Illinois Press, 1934).

15.   Catholic University of America, *New Catholic Encyclopedia,* Vol. III (New York: Mcgraw-Hill Book Gompany, 1967).

16.   Charbonnier, Jean-Pierre, *Christians in China: A.D. 600 to 2000* (San Francisco, CA: Ignatius Press, 2007). 中譯本〔法〕沙百里著、耿昇譯：《中國基督徒史》，北京：中國社會科學出版社 1998 年版。

17.   Criveller, Gianni, *Preaching Christ in Late Ming China: the Jesuits' Presentation of Christ from Matteo Ricci to Giulio Aleni* (Taipei; Brescia: Taipei Ricci Institute, in collaboration with Fondazione Civiltà Bresciana, 1997). 中譯本〔意〕柯毅霖著、王志成等譯：《晚明基督論》，成都：四川人民出版社 1999 年版。

18.   Cupitt, Don, *The Meaning of the West* (London: SCM Press, 2008). 中譯本〔英〕唐‧庫巴特著，王志成、靈海譯：《西方的意義》，成都：四川人民出版社 2012 年版。

19.   Davis, John Francis, *Sketches of China, Partly during an Inland Journey of Four Months, between Peking, Nanking, and Canton; with Notices and Observations Relative to the Present War*, Vol.2 (London: C. Knight & Co., 1841).

20.   De Magalhaes, Gabriel, *A New History of China: Containing a Description of the Most Considerable Particulars of That Vast Empire* (London: Thomas Newborough, 1688). 中譯本〔葡〕安文思著，何高濟、李申譯：《中國新史》，鄭州：大象出版社 2004 年版。

21.   De Rachewiltz, Igor, *Papal Envoys to the Great Khans* (Stanford: Stanford University Press, 1971).

22. Deiwiks, Shu-Jyuan, Führer, Bernhard, and Geulen, Therese, *Europe Meets China, China Meets Europe: The Beginnings of European-Chinese Scientific Exchange in the 17th Century* (Nettetal: Steyler Verlag, 2014).

23. Du Halde, J. B., *The General History of China: Containing a Geographical, Historical, Chronological, Political and Physical Description of the Empire of China, Chinese-Tartary, Corea and Thibet: Including an Exact and Particular Account of Their Customs, Manners, Ceremonies, Religion, Arts and Sciences* Vol. 1-4 (J. Watts, 1736). 中譯本〔法〕杜赫德編著、石雲龍譯：《中華帝國通史》第二卷，收入周寧編注：《世紀中國潮》，北京：學苑出版社 2004 年版。

24. Dunne, George Harold, *Generation of Giants: the Story of the Jesuits in China in the Last Decades of the Ming Dynasty* (Notre Dame, Ind.: University of Notre Dame Press, 1962). 中譯本〔美〕鄧恩著，余三樂、石蓉譯：《從利瑪竇到湯若望 —— 晚明的耶穌會傳教士》，上海古籍出版社 2008 年版。

25. Duyvendak, J. J. L., The Last Dutch Embassy in the "Veritable Records", *T'oung Pao*, Vol.34, Livr.3, 1938.

26. Duyvendak, J. J. L., "Supplementary Documents on the Last Dutch Embassy to the Chinese Court", *T'oung Pao*, Vol. 35, Livr. 5, 1940.

27. Elder, Chris, *Old Peking: City of the Ruler of the World* (Hong Kong: Oxford University Press, 1997).

28. Ellis, Henry, *Journal of the Proceedings of the Late Embassy to China* (London: J. Murray, 1817).

29. Fairbank, John King, *The Chinese World Order: Traditional China's Foreign Relations* (Cambridge, Mass: Harvard University Press, 1968). 中譯本〔美〕費正清編、杜繼東譯：《中國的世界秩序：傳統中國的對外關係》，北京：中國社會科學出版社 2010 年版。

30. Fisher, Raymond Henry, *The Russian Fur Trade (1550-1700)* (Berkeley and Los Angeles: University of California Press, 1943).

31. Foust, Clifford M., *Muscovite and Mandarin: Russia's Trade with China and Its Setting, 1727-1805* (North Carolina: University of North Carolina Press, 2012).

32. Frank, Andre Gunder, *ReORIENT: Global Economy in the Asian Age* (Berkeley: University of California Press, 1998). 中譯本〔德〕貢德·弗蘭克著、劉北城譯：《白銀資本 —— 重視經濟全球化中的東方》，北京：中央編譯出版社 2000 年版。

33. Fu, Lo-shu, *A Documentary Chronicle of Sino-Western Relations, 1644-1820* (Published for the Association for Asian Studies by the University of Arizona Press, 1966).

34. Zhao, Gang, *The Qing Opening to the Ocean: Chinese Maritime Policies 1684-1757* (Honolulu: University of Hawai'i Press, 2013).

35. Gernet, Jacques, *China and the Christian Impact: a Conflict of Cultures* (Cambridge: Cambridge University Press, 1985). 中譯本〔法〕謝和耐著、耿昇譯：《中國與基督教》，上海古籍出版社 2003 年版。

36. Goodrich, Anne Swann, *Chinese Hells: The Peking Temple of Eighteen Hells and Chinese Conceptions of Hell* (Sankt Augustin: Monumenta Serica, 1981).

37. Goodrich, Anne Swann, *Peking Paper Gods: A Look at Home Worship* (Nettetal: Steyle-Verlag, 1991).

38. Goodrich, Anne Swann, *The Peking Temple of the Eastern Peak (The Tung-yüeh Miao of Peking and Its Lore with 20 Plates)* (Japan: Monumenta Serica, 1964).

39. Greenberg, Michael, *British Trade and the Opening of China 1800-42* (Cambridge: Cambridge University Press, 1951, 1969). 中譯本〔英〕格林堡著、康成譯：《鴉片戰爭前中英通商史》，北京：商務印書館 1961 年版。

40. Golvers, Noël, *Ferdinand Verbiest, S.J. (1623-1688) and the Chinese Heaven : The Composition of his Astronomical Corpus, and its Reception in the European Republic of Letters,* (Leuven: Leuven University Press, 2003).

41. Golvers, Noël, *Libraries of Western Learning for China. Circulation of Western Books between Europe and China in the Jesuit Mission (ca. 1650-ca. 1750) 1. Logistics of Book Acquisition and Circulation, 2. Formation of Jesuit Libraries, 3. Of Books and Readers* (Lellven: Ferdinand Verbiest Institute KUL, 2012, 2013, 2015).

42. Golvers, Noël, *The Astronomia Europaea of Ferdinand Verbiest, S. J.（Dillingen, 1687）Text, Translation, Notes and Commentaries* (Nettetal: Steyler Verlag, 1993).

43. Golvers, Noël and Nicolaidis, Efthymios, *Ferdinand Verbiest and Jesuit Science in 17th Century China : An Annotated Edition and Translation of the Constantinople Manuscript (1676)* (Athens: Institute for Neohellenic Research; Leuven: Ferdinand Verbiest Institute, KUL, 2009).

44. Grousset, René, *The Empire of the Steppes: a History of Central Asia* (New Brunswick : Rutgers University Press, 1970). 中譯本〔法〕勒內‧格鲁塞著、藍琪譯：《草原帝國》，北京：商務印書館 1999 年版。

45. Hedin, Sven Anders, *Jehol, City of Emperors, Translated from the Swedish by E. G. Nash* (London: Kegan Paul, Trench, Trübner & Co., Ltd., 1932). 中譯本〔瑞典〕斯文‧赫定著、于廣達譯：《熱河：帝王之都》，北京：中信出版社 2008 年版。

46. Hevia, James Louis, *Cherishing Men from Afar: Qing Guest Ritual and the Macartney Embassy of 1793* (Durham: Duke University Press, 1995). 中譯本〔美〕何偉亞著、鄧常春譯：《懷柔遠人：馬嘎爾尼使華的中英禮儀衝突》，北京：社會科學文獻出版社 2002 年版。

47. Heyndrickx, Jerome, *Philippe Couplet S. J. (1623-1693) The Man Who Brought China to Europe* (Nettetal: Steyler Verlag, 1990).

48. Holmes, Samuel, *The Journal of Mr. Samuel Holmes, Serjeant-Major of the XIth Light Dragoons, During his Attendance, as One of the Guard on Lord Macartney's Embassy to China and Tartary 1792-3* (London: W. Bulmer & Co., 1798).

49. Hou, Renzhi, *An Historical Geography of Peiping*, Ph.D Dissertation (Liverpool: University of

Liverpool, 1949).

50. Hu Shih, *Historical Foundation for a Democratic China,* In: Edmund J. James Lectures on Government: Second Series (Urbana University of Illinois Press, 1941).

51. Innocent, Archmandrite, The Russian Orthodox Mission in China, *The Chinese Recorder,* Vol. 47, No. 10, 1916.

52. Lach, Donald F., *Asia in the Making of Europe,* 3 vol. (Chicago: University of Chicago Press, 1965, 1977, 1993). 中譯本〔美〕唐納德・F・拉赫著、周寧總校譯:《歐洲形成中的亞洲》,北京:人民出版社,2013 年。

53. Latourette, Kenneth Scott, *A History of Christian Missions in China* (New York: The Macmillan Company, 1929). 中譯本〔美〕賴德烈著、雷立柏譯:《基督教在華傳教史》,香港:道風書社 2009 年版。

54. Lee, Thomas H. C., ed., *China and Europe: Images and Influences in Sixteenth to Eighteenth Centuries* (Hong Kong: The Chinese University Press, 1991).

55. Legouix, Susan, *Image of China: William Alexander* (London: Jupiter Books, 1980).

56. Macartney, George Macartney, Earl, *An Embassy to China: being the Journal Kept by Lord Macartney during his Embassy to the Emperor Ch'ien-lung, 1793-1794* (London: Longnans, Green and Co., 1962). 中譯本〔英〕馬戛爾尼著、秦仲龢譯:《英使覲見乾隆紀實》,香港:大華出版社 1966 年版。(收入沈雲龍主編:《英使謁見乾隆紀實》,台北:文海出版社有限公司 1973 年版。)〔英〕喬治・馬戛爾尼、〔英〕約翰・巴羅著,何高濟、何毓寧譯:《馬戛爾尼使團使華觀感》,北京:商務印書館 2013 年版。

57. Macau Ricci Institute, *Acta Pekinensia Western Historical Sources for the Kangxi Reign,* International Symposium Organised by the Macau Ricci Institute, Macao, 5th-7th October 2010 (Macao: The Macau Ricci Institute, 2013).

58. Malek, Roman, *The Chinese Face of Jesus Christ (*Nettetal: Steyler Verlag, 2002).

59. Malek, Roman, ed., *Western Learning and Christianity in China. The Contribution and Impact of Johann Adam Schall von Bell, S. J. (1592-1666),* 2 vols. (Nettetal: Steyler Verlag, 1998).

60. Malek, Roman, and Criveller, Gianni, *Light a Candle: Encounters and Friendship with China. Festschrift in Honour of Angelo S. Lazzarotto P.I.M.E* (Nettetal: Steyler Verlag, 2010).

61. Mancall, Mark, *Russia and China, Their Diplomatic Relations to 1728* (Cambridge: Harvard University Press, 1971).

62. Meng Ssu Ming, The E-Lo-ssu (Russian in Peking), *Harvard Journal of Asiatic Studies,* Vol. 23, 1960-1961.

63. Mish, John L., Creating an Image of Europe for China: Aleni's His-fang Ta-wen Introduction, Translation, and Notes, *Monumenta Serica Journal of Oriental Studies,* Vol. 23, 1964.

64. Morrison, Robert, *A View of China, for Philological Purposes: Containing a Sketch of Chinese*

Chronology, Geography, Government, Religion & Customs, Designed for the Use of Persons Who Study the Chinese Language (Macao: printed at the Honorable the East India Company's Press by P.P. Thoms; published and sold by Black, Parbury, and Allen, 1817).

65.　Morse, Hosea Ballou, *International Relations of the Chinese Empire,* 3 vol. (London: Longmans, Green, and Co., 1910-1918). 中譯本〔美〕馬士著、張滙文等譯:《中華帝國對外關係史》（三卷），上海書店出版社 2000 年版。

66.　Morse, Hosea Ballou, *The Chronicles of the East India Company Trading to China 1635-1834,* 5 Vols. (Oxford: Clarendon Press, 1926-1929). 中譯本〔美〕馬士著、區宗華譯:《東印度公司對華貿易編年史》五卷，廣州：廣東人民出版社 2016 年版。

67.　Moule, A. C., *Christians in China before the year 1550* (London: Society for Promoting Christian Knowledge; New York; Toronto: The Macmillan Co., 1930). 中譯本〔英〕阿‧克‧穆爾著、郝鎮華譯:《一五五○年前的中國基督教史》，北京：中華書局 1984 年版。

68.　Mungello, D. E., *The Chinese Rites Controversy: Its History and Meaning* (Nettetal: Steyler Verlag, 1994). 中譯本李天綱:《中國禮儀之爭：歷史、文獻和意義》，上海古籍出版社 1998 年版。

69.　Mungello, D. E., *The Great Encounter of China and the West, 1500-1800* (Lanham, Md.: Rowman & Littlefield Publishers, 2013). 中譯本〔美〕孟德衛著、江文君等譯:《1500-1800 中西方的偉大相遇》，北京：新星出版社 2007 年版。

70.　Naquin, Susan, *Peking: Temples and City Life, 1400-1900* (Berkeley: University of California Press, 2000).

71.　Needham, Joseph, *Science and Civilisation in China* (Cambridge: Cambridge University Press, 1954-).

72.　Nesterova, Elena, The Russian Painter Anton Legasov in China from the History of the Russian Ecclesiastic Mission in Peking, *Monumenta Serica Journal of Oriental Studies*, Vol. 48, 2000.

73.　Noll, Ray R., ed., *100 Roman Documents Concerning the Chinese Rites Controversy (1645-1941)* (San Francisco: The Ricci Institute for Chinese-Western Cultural History, 1992). 中譯本〔美〕蘇爾、〔美〕諾爾編，沈保義、顧衛民、朱靜譯:《中國禮儀之爭西文文獻一百篇（1645-1941）》，上海古籍出版社 2001 年版。

74.　Olschki, Leonardo, *Marco Polo's Asia: An Introduction to His "Description of the World" called "Il Milione"*, trans. by John A. Scott (Berkeley: University of California Press, 1960).

75.　Parry, A., Russian (Greek Orthodox) Missionaries in China, 1689-1917, their Cultural, Political, and Economic Role, *Pacific Historical Review*, Vol.9, No.4, 1940.

76.　Pomeranz, Kenneth, *The Great Divergence: China, Europe, and the Making of the Modern World Economy* (New Jersey: Princeton University Press, 2000). 中譯本〔美〕彭慕蘭著、史建雲譯:《大分流:歐洲、中國與現代世界的經濟發展》，南京:江蘇人民出版社 2003 年版。

77. Pritchard, Earl Hampton, *Anglo-Chinese Relations during Seventeenth and Eighteenth Centuries* (Urbana: University of Illinois Press, 1930).

78. Pritchard, Earl Hampton, Letters from Missionaries at Peking Relating to the Macartney Embassy (1793-1803), *T'oung Pao*, Vol.31, No.1/2, 1934.

79. Pritchard, Earl Hampton, The Instruction of the East India Company to Lord Macartney on His Embassy to China and His Reports to the Company,1792-4, *The Journal of the Royal Asian Society of Great Britain and Ireland*, 1938. 中譯本 H. 普利查德編注、朱傑勤譯:〈英東印度公司與來華大使馬卡特尼通訊錄〉,收入《中外關係史譯叢》,北京:海洋出版社 1984 年版。

80. Pritchard, Earl Hampton, *The Crucial Years of Early Anglo-Chinese Relaton, 1750-1800* (Pullman Washington: Research Studies of the State College of Washington, 1936).

81. Pritchard, Earl Hampton, The Kotow in the Macartney Embassy to China in 1793, *The Far Eastern Quarterly*, Vol. 2, No. 2, 1943.

82. Qian Zhongshu, *China in the English Literature of the Seventeenth and Eighteenth Centuries*, 收入《錢鍾書英文文集》,北京:外語教學與研究出版社 2005 年版。

83. Reed, Marcia, and Demattè, Paola, *China on Paper: European and Chinese Works from the Late Sixteenth to the Early Nineteenth Century* (Los Angeles: Getty Research Institute, 2007).

84. Ripa, Matteo, *Memoirs of Father Ripa during Thirteen Years' Residence at the Court of Peking in the Service of the Emperor of China* (Beijing: Foreign Language Teaching and Research Press, 2008). 中譯本〔意〕馬國賢著、李天綱譯:《清廷十三年 —— 馬國賢在華回憶錄》,上海古籍出版社 2004 年版。

85. Robbins, Helen Henrietta Macartney, *Our First Ambassador to China: An Account of the Life of George, Earl of Macartney, with extracts from his letters, and the narrative of his experiences in China, as told by himself, 1737-1806, from hitherto unpublished correspondence and documents* (London: John Murray, 1908). 中譯本〔英〕馬戛爾尼著、劉半農譯:《1793 年乾隆英使覲見記》,天津人民出版社 2006 年版。

86. Roberts, John Anthony George, *China through Western Eyes: the Nineteenth Century: a reader in history* (Far Thrupp, England: A. Sutton, 1991). 中譯本〔英〕約·羅伯茨編著,蔣重躍、劉林海譯:《十九世紀西方人眼中的中國》,北京:中華書局 2006 年版。

87. Rowbotham, Arnold H., *Missionary and Mandarin: The Jesuits at the Court of China* (New York: Russell & Russell, 1966).

88. Singer, Aubrey, *The Lion and the Dragon: The Story of the First British Embassy to the Court of the Emperor Qianlong in Peking* (London: Barrie & Jenkins Ltd., 1992).

89. Sirén, Osvaldo, *The Walls and Gates of Peking* (London: John Lane press, 1924). 中譯本〔瑞典〕喜仁龍著,鄧可譯:《北京的城牆與城門》,北京聯合出版公司 2017 年版。

90. Spence, Jonathan D., *The Memory Palace of Matteo Ricci* (London: Faber and Faber, 1985). 中譯

本〔美〕史景遷：《利瑪竇的記憶之宮》，上海遠東出版社 2005 年版。

91. Spence, Jonathan D., *The Chan's Great Continent: China in Western Minds* (New York and London: W. W. Norton & Company, 1998). 中譯本〔美〕史景遷：《大汗之國》，桂林：廣西師範大學出版社 2013 年版。

92. Staunton, George, *An Authentic Account of an Embassy from the King of Great Britain to the Emperor of China: Taken Chiefly from the Papers of His Excellency the Earl of Macartney* (Cambridge: Cambridge University Press, 2012). 中譯本〔英〕斯當東著、葉篤義譯：《英使謁見乾隆紀實》，上海書店出版社 1997 年版。

93. Staunton, G. T., *Notes of Proceedings and Occurrences, During the British Embassy to Peking in 1816* (London: Patrick Tuck, 1824).

94. Steinhardt, Nancy Shatzman, *Chinese Imperial City Planning* (Honolulu: University of Hawai'i Press, 1990).

95. Van Braam, Houckgeest André Everard, *An Authentic Account of the Embassy of the Dutch East-India Company to the Court of the Emperor of China in the Years 1794 and 1795 (subsequent to that of the Earl of Macartney.), Containing a Description of Several Parts of the Chinese Empire, Unknown to Europeans*, 2 vols. (London: Printed for R. Phillips, 1798).

96. Vries, Peer, *Via Peking Back to Manchester: Britain, the Industrial Revolution, and China* (The Netherlands: CNWS Publications at Leiden University, 2003).

97. Wardega, Artur K., and De Saldanha, António Vasconcelos, eds., *In the Light and Shadow of an Emperor: Tomás Pereira, S. J. (1645-1708), the Kangxi Emperor and the Jesuit Mission in China* (London: Cambridge Scholars Publishing, 2012).

98. Widmer, Eric, *The Russian Ecclesiastical Mission in Peking during the Eighteenth Century* (Cambridge: Harvard University Press, 1976).

99. Williams, S. Wells, *The Middle Kingdom: A Survey of the Geography, Government, Literature, Social Life, Arts, and History of the Chinese Empire and Its Inhabitants* (New York: Charles Scribner's Sons, 1895). 中譯本〔美〕衛三畏著、陳俱譯：《中國總論》（上、下冊），上海古籍出版社 2005 年版。

100. Wills, John E., *Embassies and Illusions: Dutch and Portuguese Envoys to K'ang-hsi 1666-1687* (Cambridge, Mass.: Council on East Asian Studies, Harvard University, 1984).

101. Witek, John W., *Controversial Ideas in China and in Europe: A Biography of Jean-François Foucquet, S. J. (1665-1741)* (Roma: Institutum Historicum Societatis Iesu, 1982). 中譯本〔美〕魏若望、吳莉葦譯：《耶穌會士傅聖澤神甫傳：索隱派思想在中國及歐洲》，鄭州：大象出版社 2006 年版。

102. Witek, John W., *Ferdinand Verbiest, S. J.（1623-1688）Jesuit Missionary, Scientist, Engineer and Diplomat* (Nettetal: Steyler Verlag, 1993).

103. Wong, Roy Bin., *China Transformed: Historical Change and the Limits of European Experience* (Ithaca,

N.Y.: Cornell University Press, 1997). 中譯本〔美〕王國斌著，李伯重、連玲玲譯：《轉變的中國：歷史變遷與歐洲經驗的局限》，南京：江蘇人民出版社 2010 年版。

104. Wood, Frances, *Did Marco Polo Go to China?* (Colorado: Westview Press, 1996). 中譯本〔英〕吳芳思著、洪允息譯：《馬可波羅到過中國嗎？》，北京：新華出版社 1997 年版。

105. Wright, D. B., and Davis, D. W., New Evidence on the Authorship of "Titsingh's" Journal, *Ch'ing-shih Wen-t'i*, Vol. 5, No. 1, 1984.

106. Yule, Henry trans. & eds., *Cathay and the Way Thither*, 4 Vols. (London: Printed for the Hakluyt Society, 1913-1916). 中譯本〔英〕裕爾撰、〔法〕考迪埃修訂，張緒山譯：《東域紀程錄叢》，北京：中華書局 2008 年版。中文譯本僅翻譯第一卷。

法文：

1. Amiot, Joseph Marie, *Mémoires concernant l'histoire, les sciences, les arts, les moeurs, les usages, etc. des Chinois / par les missionnaires de Pékin*, 16 vols (Paris: Nyon, 1776-1814).

2. Brizay, Bernard, *Le sac du Palais d'été: l'expédition anglo-française de Chine en 1860* (Monaco: Rocher, 2009). 中譯本〔法〕伯特‧布立賽著，高發明、顧泉、李鴻飛譯：《1860：圓明園大劫難》，杭州：浙江古籍出版社 2005 年版。

3. Cordier, Henri, Cinq lettres inédites du Père Gerbillon, S. J., *T'oung Pao*, Vol. 7, No. 4, 1906.

4. Cordier, Henri, Le Consulat de France à Canton au XVIIIe siècle, *T'oung Pao*, Vol. 9, No. 1, 1908.

5. Cordier, Henri, L'arrivée des Portugais en Chine, *T'oung Pao*, Vol. 12, No. 4, 1911.

6. Cordier, Henri, Mélanges géographiques et historiques (Gaubil), *T'oung Pao*, Vol. 16, No. 4, 1915.

7. Cordier, Henri, La suppression de la Compagnie de Jésus et la mission de Peking, *T'oung Pao*, Vol. 17, No. 3, 1916.

8. De Guignes, Chrétien-Louis-Joseph, *Voyages à Peking, Manille et l'île de France: faits dans l'intervalle des années 1784 à 1801. Atlas*, 3 vols. (Paris: Imprimerie imperiale, 1808).

9. De Kéroulée, Georges, *Un voyage à Pé-kin* (Paris: P. Brunet, 1861).

10. De Mailla, Joseph Anne Marie Moyriac, *Histoire générale de la Chine: ou, Annales de cet empire*, 13 Vols. (Paris: P.-D. Pierres, 1777-1785.)

11. De Mairan, Dortous, *Lettres au R. P. Parrenin, Jésuite, missionnaire à Pekin: contenant diverses questions sur la Chine* (Paris: Imprimerie Royale, 1770).

12. Eyriés et Klaptoth, *Rapport sur le plan de Péking, publié à St.-Petersbourg en 1829* (Nouveau Journal Asiatiques, 1829), t. IV.

13. Favier, Alphonse, *Péking: Histoire et Description* (Desclée, De Brouwer, 1902). 中譯本〔法〕樊國梁著、陳曉徑譯：《老北京那些事兒》，北京：中央編譯出版社 2010 年版。

14. Fester, Louis, *Notices biographiques et bibliographiques sur les jésuites de l'ancienne mission de Chine, 1552-1773* (San Francisco: Chinese Materials Center, 1976).

15. Gaubil, A., and Cordier, Henri, Situation de Ho-lin en Tartarie, Manuscrit inédit du Père A. Gaubil, S. J., publié avec une introduction et des notes, *T'oung Pao*, Vol. 4, No. 1, 1893.

16. Landry-Deron, Isabelle, *La preuve par la Chine: la "Description" de J.-B. Du Halde, Jésuite, 1735* (Paris: Éditions de L'École des hautes Études en Sciences Sociales, 2002). 中譯本〔法〕藍莉著、許明龍譯：《請中國作證 —— 杜赫德的〈中華帝國全志〉》，北京：商務印書館 2015 年版。

17. Le Comte, Louis, *Nouveaux Mémoires sur l'état présent de la Chine 1687-1692*, 3 vols. (Paris: J. Anisson, 1696-1698). 中譯本〔法〕李明著，郭強、龍雲、李偉譯：《中國近事報道 (1687-1692)》，鄭州：大象出版社 2004 年版。

18. Pelliot, Paul, *Les Mongols et la papauté* (Paris: A. Picard, 1923). 中譯本〔法〕伯希和撰、馮承鈞譯：《蒙古與教廷》，北京：中華書局 2001 年版。

19. Peyrefitte, Alain, *L'empire immobile ou Le choc des mondes: Récit historique* (Paris: Fayard, 1989). 中譯本〔法〕佩雷菲特著，王國卿、毛鳳支等譯：《停滯的帝國 —— 兩個世界的撞擊》，北京：三聯書店 2013 年版。

20. Pinot, Virgile, *La Chine et la formation de l'esprit philosophique en France (1640-1740)* (Paris: Librairie Orientaliste Paul Geuthner, 1932). 中譯本〔法〕維吉爾·畢諾著、耿昇譯：《中國對法國哲學思想形成的影響》，北京：商務印書館 2000 年版。

21. Tchen, Ysia, *La musique chinoise en France au XVIII e siècle* (Paris: Publication orientaliste de France, 1974). 中譯本〔法〕陳艷霞著、耿昇譯：《華樂西傳法蘭西》，北京：商務印書館 1998 年版。

22. Thomaz de Bossièrre, Yves de, Mme, *Jean-François Gerbillon, S. J. (1654-1707): mathématicien de Louis XIV et, premier Supérieur général de la Mission française de Chine (1700-1707)* (Leuven: Ferdinand Verbiest Foundation, K. U. Leuven, 1994). 中譯本〔法〕伊夫斯·德·托瑪斯·博西耶爾夫人著、辛岩譯：《耶穌會士張誠 —— 路易十四派往中國的五位數學家之一》，鄭州：大象出版社 2009 年版。

德文：

1. Grube, Wilhelm, *Zur Pekinger Volkskunde,* in: Veröffentlichungen aus dem Königlichen Museum für Völkerkunde, Berlin (W. Spemann, 1901).

2. Grube, Wilhelm, Pekinger Todtengebräuche, *Journal of The Peking Oriental Society*, Vol. 4, 1898.

3. Rivinius, Karl Josef, *Das Collegium Sinicum zu Neapel und seine Umwandlung in ein Orientalisches Institut. Ein Beitrag zu seiner Geschichte* (Nettetal: Steyler Verlag), 2004.

4. Stücken, Christian, *Der Mandarin des Himmels: Zeit und Leben des Chinamissionars Ignaz Kögler S. J.（1680-1746）* (Nettetal: Steyler Verlag), 2003.

5. Väth, Alfons, *Johann Adam Schall von Bell S. J.: Missionar in China, kaiserlicher Astronom und Ratgeber am Hofe von Peking 1592-1666*, ein Lebens und Zeitbild (Nettetal: Steyler Verlag, 1991). 中譯本〔德〕魏德著、楊丙辰譯:《湯若望傳》（上、下冊），上海：商務印書館 1949 年版；北京：知識產權出版社 2015 年版。

6. Von Collani, Claudia, *P. Joachim Bouvet S. J.: sein Leben und sein Werk* (Nettetal: Steyler Verlag, 1985). 中譯本〔德〕柯蘭霓著、李岩譯:《耶穌會士白晉的生平與著作》，鄭州：大象出版社 2009 年版。

荷蘭文：

1. Johan Nieuhof, *Het Gezantschap Der Neêrlandtsche Oost-Indische Compagnie, aan den grooten Tartarischen Cham, Den tegenwoordigen Keizer van China: Waarin de gedenkwaerdighste Geschiedenissen, die onder het reizen door de Sineesche landtschappen, Quantung, Kiangsi, Nanking, Xantung en Peking, en aan het Keizerlijke Hof te Peking, sedert den jare 1655 tot 1657 zijn voorgevallen, op het bondigste verhandelt worden. Beneffens Een Naukeurige Beschryving der Sineesche Steden, Dorpen, Regeering, Wetenschappen, Hantwerken, Zeden, Godsdiensten, Gebouwen, Drachten, Schepen, Bergen, Gewassen, Dieren, &c. en Oorlogen tegen de Tarters. Verçiert men over de 150 Afbeeltsels, na't leven in Sina getekent: En beschreven* (Amsterdam: Jacob van Meurs, 1665).〔荷〕約翰・尼霍夫著，〔荷〕包樂史、〔中〕莊國土譯:《〈荷使初訪中國記〉研究》，廈門大學出版社 1989 年版。

2. Blussé, Léonard and Falkenburg, R., *Johan Nieuhofs Beelden van een Chinareis 1655-1657* (Middelburg: Stichting VOC Publicaties, 1987).

俄文：

1. Бунаков Е. В. Из истории русско-китайских отношений в первой половине XIX в. Советское Востоковедение. 1956г.

2. Н. Адоратский Л. С. Православная миссия в Китае за 200 лет её существования. Странник. 1887г.

五、日文著作

1. 後藤末雄著、矢沢利彥校訂:《中國思想のフランス西漸》（東洋文庫 144-148），東京：平凡社 1969 年版。

2. 矢沢利彥:《西洋人の見た十六～十八世紀の中國女性》，東京：東方書店 1990 年版。

3. 矢沢利彥:《西洋人の見た中國皇帝》，東京：東方書店 1992 年版。

4. 矢沢利彥:《西洋人の見た十六～十八世紀中國官僚》，東京：東方書店 1993 年版。

5. 矢沢利彥:《北京四天主堂物語》，東京：平河出版社 1987 年版。

6. 矢沢利彥著、艾廉瑩譯：〈日文本《耶穌會士中國書簡集》解説〉，載《中國史研究動態》1980 年第 6 期。

7. 岩村忍：《十三世紀東西交涉史序説》，東京：三省堂 1939 年版。

8. 岩村忍：《蒙古の歐洲遠征》，東京：三省堂 1941 年版。

9. 岩井大慧：〈元代の東西交通〉，收入東京帝國大學史學會編：《史學會創立五十週年紀念 東西交涉史論》上冊，東京：冨山房 1939 年版。

10. 羽田亨：《元朝驛傳雜考》，東京：東洋文庫 1930 年版。

11. 佐伯好郎：《支那基督教の研究》第 2、3 冊，東京：春秋社 1943-44 年版。

書　成　後　記

　　本書是我承擔的教育部人文社會科學研究項目「鴉片戰爭以前西方人士的『北京經驗』研究」（11YJA770040）和國家社科基金項目「鴉片戰爭前北京與西方文明研究」（12BZS070）的最終成果。從 2006 年我應約在同心出版社出版的《北京文化發展研究報告 2006》、《2005 北京文化發展報告》分別發表〈中外文化交流史上的北京〉、〈北京文化的國際化與城市競爭力的提升〉兩文，到 2008 年為外語教學與研究出版社主編「京華往事叢書」（Memories of Peking），再到 2011 年教育部人文社會科學研究項目立項資助我申報的課題，我在這一研究領域實際工作已有十二三年時間。

　　這是一次學術長征。在本書出版之際，我想簡要回顧自己從事這項研究工作的大致歷程。當初我萌發研究這一課題的動機，既是為滿足自己蓄積已久的學術興趣，也是有意尋求新的學術生長點。我的工作依循穩健發展、扎實推進的思路，從易到難，逐步深入。北京大學圖書館接收了原燕京大學、中法大學、中德學會等多家機構的圖書資料，皮藏有豐富的早期西方漢學文獻，為我的研究提供了極大的便利。而這一課題涉及多種語言的歷史文獻，對我來說幾乎又構成一道天然障礙。2010 年上半年我首先選擇從〈馬戛爾尼使團的「北京經驗」〉（第八章）入手，因為這一章的文獻材料主要是自己能夠閱讀的英語文獻，其可資利用的材料十分豐富，當時雖有法國學者佩雷菲特、美國學者何偉亞等人富有影響力的研究成果問世，但對馬戛爾尼使團的「北京經驗」仍缺乏自覺的探討。為了克服外語閱讀的局限性，對於那些自己沒有掌握的西語文獻，我採取選擇大家認可的譯本和查閱相關的權威工具書加以核對來彌補。2010 年下半年到 2011 年，我撰寫了本書的第二到四章，這三章的核心材料實為採用已有比較可靠的中文譯本，如《利瑪竇中國箚

記》、《利瑪竇全集》、《耶穌會與天主教進入中國史》、安文思著《中國新史》、李明著《中國近事報道》、《耶穌會士中國書簡集》、《十七世紀俄中關係》、《在華俄國外交使者（1618-1658）》等，這些譯著大多係新近出版，國內史學界尚少見利用，它們內含有豐富的西人「北京經驗」材料。當我接觸這些文獻時，立即就有一種如獲至寶之感，發現的衝動油然而生。2011 年底我撰成這四章後，實際上已接近完成本書內容的一半，我內心有了繼續掘進的底氣和信心。2012 年申請國家社科基金立項如願以償。2013 年我撰寫本書的第一章，2014 年上半年完成本書的總結。隨著研究的逐步展開，我可以說進入了這一課題的深水區，在材料、語言方面都遇到了難以克服的各種困難，進展維艱。我曾有意請相關專家來寫第七章〈俄國東正教的「北京經驗」〉，但因他們實在太忙，無暇接受約請，只好多次請教陳開科、柳若梅諸友，自己勉力撰寫了這一章。

在此期間，我因打算修訂過去出版且早已脫銷的《胡適文集》、《傅斯年全集》，清理自己在五四運動史、胡適、傅斯年方面的研究成果，增訂《嚴復評傳》，以為自己此前二十年的學術成果加工升級、滙集成書；加上又接受了國家出版基金項目《中國近代思想家文庫》的《蔡元培卷》、《傅斯年卷》，兩岸暨香港、澳門合作項目《中華民國專題史研究》第二卷的約稿，可以想像這一段的工作極為忙碌、緊湊，本項課題的結項因此往後延期了兩年。

在我的研究過程中，承蒙諸多新老朋友、同道的邀請，參加了多場相關學術研討會。這些會議包括：2010 年 5 月 22-23 日，在北京參加中國社會科學院近代史研究所主辦的「第三屆中國與世界國際學術研討會」，提交論文〈獅與龍的對話 —— 英國馬戛爾尼使團的「北京經驗」〉；10 月 30 日-11 月 1 日，赴南京參加《中國社會科學》雜誌社與南京大學歷史系共同主辦的「第四屆歷史學前沿論壇」，提交論

文〈十七世紀西方耶穌會士眼中的北京 —— 以利瑪竇、安文思、李明為中心的討論〉。2011 年 7 月 8-10 日，在首都師範大學參加「美國世界史學會第 20 屆年會」，提交論文〈十八世紀法國耶穌會士的「北京經驗」〉；11 月 16-20 日，赴香港參加由香港樹仁大學、浸會大學主辦的「中國與世界」國際學術研討會，提交論文〈來自北極熊的窺探 —— 十世紀俄羅斯遣使的「北京經驗」〉。2012 年 9 月 20-23 日，赴河南登封市參加北京大學高等人文研究院等機構主辦的嵩山論壇 ——「華夏文明與世界文明對話」，提交論文〈歐洲與中國文明對話的新開端 —— 以西人在元大都「汗八里」的經驗為中心的考察〉。2013 年 4 月 3-5 日，赴西安參加陝西省人民政府主辦、西北大學承辦的「清明·弘揚民族獨特傳統文化」學術交流會，提交論文〈盛世下的憂患 —— 中西關係視角下的康雍乾盛世〉。2014 年 11 月 3-5 日，赴奧地利維也納參加中華炎黃文化研究會、北京外國語大學、維也納大學等單位主辦的「中歐文化交流的過去與未來 —— 21 世紀中華文化世界論壇第八屆國際學術研討會」，提交論文〈俄羅斯東正教在京活動述評（1716-1859）〉；11 月 22-23 日，在北京參加中國社科院近代史所、北京大學歷史學系主辦的「戰爭與外交：第五屆近代中外關係史國際學術研討會」，提交論文〈俄羅斯東正教傳教團的「北京經驗」〉。2015 年 4 月 2-5 日，赴西安參加陝西省人民政府主辦、西北大學承辦的「文以載道·文以化人」清明黃帝文化學術交流會，提交論文〈文明的衝突與權力的博弈 —— 以「中國禮儀之爭」為中心的討論〉；6 月 5-6 日，參加北京大學東方學研究院主辦的首屆「21 世紀東方文化論壇」國際學術研討會，提交論文〈朝拜東方帝都 —— 馬可波羅的「汗八里經驗」〉；10 月 17-18 日，參加由北京大學主辦的海峽兩岸暨香港人文社會科學論壇「中華文化與現代世界 —— 紀念新文化運動一百周年」和 10 月 24 日由北京師範大學歷史學院中國近現代史研究中心主辦的第三屆「近代

文化與近代中國」國際學術研討會，提交論文〈國際視野下的北京研究 ——《北京與西方文明》導論〉。應邀參會提交的論文或收入論文集，或在國內外學術刊物發表。通過參加這些學術研討會，我得以結識不少同行朋友，獲得向他們請教的良機。在此，我謹向這些研討會的主辦者和邀請人，表示衷心的感謝！

在進入新世紀後，我有幸獲得了一些出國訪學或客座研究的機會。2001 年 7 月-2002 年 6 月獲 Freeman Fellowship 資助，赴美國伊利諾大學（UIUC）訪學。2006 年 9 月-2007 年 3 月、2011 年 12 月，兩度赴德國柏林自由大學漢學系訪學並講授中國近代史料學、中國近代思想史課程。2011 年 10 月、2014 年 6 月-8 月，兩度赴台北近代史研究所從事研究。2013 年 7、8 月，赴日本東京大學訪學。2016 年 6 月-9 月，赴英國牛津大學中國研究中心訪學。我還多次應李又寧教授邀請，赴美國紐約聖約翰大學參加國際學術研討會。每次外訪期間，不管時間長短，我都會利用各種可能的途徑查閱、搜集資料，與海外同行進行交流。這些海外訪學對於拓展我的研究視野，了解西方社會與文明，提供了必要的觀察機會。在此，我謹對出境訪問期間提供接待、資助的海外機構、北京大學人文基金及其海外學者于子僑、李又寧、羅梅君（Mechthild Leutner）、余凱思（Klaus Mühlhahn）、巴斯蒂（Marianne Bastid-Bruguière）、黃克武、村田雄二郎、拉納·米特（Rana Mitter）諸位教授，表示誠摯的謝意！

本著的大部分章節，在撰成後得以在國內外各種刊物上發表或轉載，如導論第二節（載《史學月刊》2015 年第 9 期，中國人民大學複印報刊資料《歷史學》2015 年第 12 期複印）、第一章（第一、五至七節載《北京大學學報》（哲學社會科學版）2013 年第 5 期，中國人民大學複印報刊資料《宋遼金元史》2013 年第 6 期複印；第二至四節載《中國高校社會科學》2016 年第 1 期）、第二章（載《歷史研究》2011 年

第 3 期，中國人民大學複印報刊資料《明清史》2011 年第 9 期複印）、第三章（載《中國文化》2013 年秋季號，中國人民大學複印報刊資料《明清史》2013 年第 12 期複印）、第四章（載《中國文化》第 34 輯，2011 年秋季號；Chinese Studies in History, vol. 46, no. 2, Winter 2012-13, pp.35-57）、第五章（第一節載《北京行政學院學報》2015 年第 6 期，中國人民大學複印報刊資料《明清史》2016 年第 1 期複印）、第七章（第三節載《安徽史學》2016 年第 1 期；第一、二、四節載《華中師範大學學報》（哲學社會科學版）2016 年第 3 期；第五節收入《近代中外關係史研究》第 5 輯，北京：社會科學文獻出版社，2015 年 11 月，第 70-77 頁）、第八章（第二、三節載《北京社會科學》2010 年第 6 期；第一節載《國際漢學》第 25 輯，鄭州：大象出版社，2014 年 4 月出版，第 102-113 頁）、總結（載《北京大學學報》（哲學社會科學版）2014 年第 5 期，中國人民大學複印報刊資料《明清史》2014 年第 12 期複印，《新華文摘》2014 年第 23 期轉載）。在此，我謹向提供發表園地的這些刊物及其責任編輯（恕我不一一點名），表示誠摯的感謝！

2016 年 6 月初我向教育部社科司、國家社科基金規劃辦提交了本課題的結項報告。在隨後的一年多時間裡，我繼續進行修改，「北京大學人文學科文庫」總主編申丹教授多次督促、關照。2017 年 12 月我正式將改訂稿交給北大出版社和香港三聯書店，獲得了兩社的認可，被分別納入「北京大學人文學科文庫」、「三聯學術文庫」，擬出簡體版、繁體版，隨後進入編輯流程。在此，我謹對參與評審書稿的陳佳榮、耿昇、李孝聰、張西平、任大援、陳開科等教授和匿名評審的其他先生，對香港三聯書店總編輯侯明、策劃編輯顧瑜，對參與核校外文的蘇載玞、葉向陽，表示衷心的感謝！

過去十年我有意識地在學術上轉型，一方面繼續推進在中國近現代思想史研究領域的工作，尋求新的提升和拓展；一方面開拓中西文化

交流史研究，尋找新的學術發展空間，可謂兩棲作戰。面對新潮如湧的學術浪潮，我以夸父追日之精神，只爭朝夕，盡可能以較快速度消化中外學術界的相關前沿資訊，使之融會於自己的研究成果。

在拙著即將問世之際，我懷著忐忑不安的心情看著這個新生兒的誕生，這樣說並非自謙。當我向出版社交付書稿時，就感覺尚存這樣那樣不盡人意之處。追求完美當然是每一個學者的最高境界。但研究工作總有階段性之分，我應該對過去在這一領域的工作成果先作一個交代。我的下一個目標是啟動續篇的研究 ——「近代北京與西方文明」。至於本書所存的問題，就留待以後有機會再修訂、增補吧！

2018 年 5 月 14 日於京西水清木華園

作者簡介

　　歐陽哲生，北京大學歷史學系教授、博士生導師。曾赴美國伊利諾伊大學、德國柏林自由大學、日本東京大學、英國牛津大學等校從事客座研究，多次前往香港中文大學、台灣中央研究院近代史所等港台機構訪學。主要從事中國近現代思想史、中西文化交流史研究。在《歷史研究》、《近代史研究》、《中國哲學史》、《北京大學學報》、《中國文化》、*Chinese Studies in History* 等國內外刊物發表論文百餘篇。著作有:《自由主義之累 —— 胡適思想之現代闡釋》、《嚴復評傳》、《二十世紀中國文化》、《科學與政治 —— 丁文江研究》、《探尋胡適的精神世界》、《五四運動的歷史詮釋》、《傅斯年一生志業研究》、《中華民國專題史》（第二卷，合著）等。編著有:《胡適文集》（12 冊）、《傅斯年文集》（7 卷）、《丁文江文集》（7 卷）等。主編《海外名家名作叢書》、《人文中國書系》、《京華往事叢書》。

三聯學術文庫

叢書策劃編輯　顧　瑜

責任編輯　　　洪振邦　李　斌

書籍設計　　　吳冠曼

書　　名　古代北京與西方文明

著　　者　歐陽哲生

出　　版　三聯書店（香港）有限公司

　　　　　香港北角英皇道 499 號北角工業大廈 20 樓

　　　　　Joint Publishing (H.K.) Co., Ltd.

　　　　　20/F., North Point Industrial Building,

　　　　　499 King's Road, North Point, Hong Kong

香港發行　香港聯合書刊物流有限公司

　　　　　香港新界荃灣德士古道 220-248 號 16 樓

版　　次　2019 年 1 月香港第一版第一次印刷

　　　　　2022 年 9 月香港第一版第二次印刷

規　　格　大 32 開（140 × 210 mm）792 面

國際書號　ISBN 978-962-04-4306-0